U0920983

山东企业年鉴 2005

2005 SHANDONG ENTERPRISE YEARBOOK

山东省统计局
山东省经济贸易委员会 编

中国财政经济出版社

图书在版编目（CIP）数据

山东企业年鉴 .2005/山东省统计局，山东省经济贸易委员会编.—北京：中国财政经济出版社，2005.10
ISBN 7-5005-8626-4

Ⅰ.山… Ⅱ.①山…②山… Ⅲ.企业经济-山东省-2005-年鉴 Ⅳ.F279.275.2-54

中国版本图书馆CIP数据核字（2005）第112960号

中国财政经济出版社 出版
URL:http://www.cfeph.cn
E-mail:cfeph@cfeph.cn

社址：北京海淀区阜成路甲28号 邮政编码：100036
山东恒天印务有限公司印刷 各地新华书店经销
880×1230毫米 16开 37.5印张 1000千字
2005年10月第1版 2005年10月济南第1次印刷
定价：258.00元
ISBN 7-5005-8626-4/F·7509

《山东企业年鉴2005》编辑委员会

编 辑 说 明

《山东企业年鉴 2005》由山东省统计局、山东省经济贸易委员会联合编辑。《山东企业年鉴 2005》全面反映企业改革发展状况，充分展示山东企业的风采，是一部了解、反映、研究山东企业的大型资料性、工具性统计资料图书。其内容以山东省企业调查队的年度企业调查资料和政府有关部门关于企业方面的政策文件为主，并广泛吸收企业管理部门和行业主管部门及企业的有关资料编辑而成。

一、《山东企业年鉴 2005》系 2004 年企业调查资料，如果本资料数据与以往数据有区别，以本资料为准。

二、《山东企业年鉴 2005》的主要内容，包括企业集团统计，企业景气调查，现代企业制度及国家重点企业监测，专项调查报告，有关企业政策、文件和主要行业的发展情况及不同类型企业介绍等。

三、由于时间仓促和编者水平有限，难免存有不足之处，欢迎读者指正。

编 者

2005 年 8 月

兖矿集团有限公司

董事局主席、党委书记 耿加怀

董事局副主席、总经理 王信

兖矿集团有限公司的前身是兖州矿务局。20 世纪 60 年代开发建设，1976 年 7 月建局；1987 年与原兖州煤炭基本建设公司合并；1996 年 3 月，作为全国 100 户现代企业制度试点单位，整体改制为国有独资公司，更名为“兖州矿业（集团）有限责任公司”；1999 年 5 月，进入全国 120 家大型企业集团试点，公司名称变更为“兖矿集团有限公司”。1998 年，兖州矿业（集团）有限责任公司作为独家发起人，以煤炭优良资产组建兖州煤业股份有限公司，在纽约、香港、上海三地上市。2002 年，集团公司进行组织结构调整，将下属单位重组整合为煤业、实业、物业、煤化、电铝五个专业公司及投资公司、财务公司筹备处、国际经贸公司、技术中心等直属机构。为发挥比较优势，做强煤炭主业，拓展生存空间，走出去开发煤炭资源，成立了贵州、山西 2 个区域能化公司，基本形成了跨区域开发的发展格局。

经过多年发展建设，兖矿集团已成为一个以煤炭、煤化工、电解铝为主业、多元化经营的大型企业集团，经营领域涉及采矿、煤化工、电解铝、电力、建筑、矿井建设、机械制修等行业。其中在煤炭产业方面，兖矿本部拥有兖州和济宁东部两块煤田，煤田总面积 440.4 平方公里，2003 年末煤炭可采储量为 18.7 亿吨。煤质为低灰、低硫、低磷、高发热量的气煤，是优质动力用煤和炼焦配煤。矿区设计矿井 8 对，2003 年核定生产能力 4100 万吨／年。

截止到 2004 年底，兖矿集团有限公司资产总额为 332.73 亿元，负债 197.41 亿元，所有者权益 135.32 亿元，在册职工 99147 人。2004 年全年实现销售收入 231.9 亿元，税前利润 26.03 亿元，完成煤炭产量 4111 万吨，出口煤炭 1020 万吨。

在省委、省政府及上级主管部门的正确领导和大力支持下，兖矿集团取得了辉煌的成就，先后获得国家科技进步特等奖、一等奖，全国优秀企业“金马奖”，中国质量效益型先进企业特别奖，“五一”劳动奖状，全国首批转机建制先进企业、全国企业形象建设十佳单位、中国十大企业文化品牌等荣誉称号，并被大公国际评估公司评估为“AAA”级信用企业。

建设中的兖矿煤化工

华能国际电力股份有限公司山东分公司

SHANDONG BRANCH，HUANENG POWER INTERNATIONAL，INC.

山东省优秀企业家、山东省人民政府参事、华能国际山东分公司总经理　邢品三

华能国际电力股份有限公司是在美国纽约证券交易所、香港联交所和上海交易所上市的中外合资股份制企业，在中国全国范围内开发、建设和经营管理大型火力发电厂，全资拥有16座发电厂，控股8座发电厂，参股3家电力公司，总发电装机容量18832MW，是中国目前最大的独立电力生产商之一。

华能国际电力山东分公司成立于2001年1月1日，是在华能国际购并山东华能发电股份有限公司的基础上组建的分支机构，对华能在山东的威海电厂、济宁电厂、辛店电厂、白杨河电厂、日照电厂进行管理；协助管理德州电厂。六厂总装机容量为5535MW，占山东电网统调机组容量的四分之一，占华能国际装机容量的三分之一，占华能集团火电机组容量的六分之一。

公司成立以来，始终坚持以安全生产为基础，以经济效益为中心，以股东利益为根本，以创新管理、提升企业竞争力为目标，坚持“高、严、细、实”与“四个凡事”相结合，实施科学、规范、严格、精细化管理，各厂相继通过质量/环境/职业安全卫生“三标一体”贯标工作，管理走向程序化、规范化、标准化轨道，各项工作呈现出崭新的局面，取得了较好的经济效益，树立了良好的企业形象。德州电厂、威海电厂、辛店电厂、济宁电厂、白杨河电厂、日照电厂都先后荣获山东省文明单位、思想政治工作最佳企业、华能集团文明单位、全国电力双文明单位等荣誉称号，全部跨入“全国一流火力发电厂”行列；威海电厂、白杨河电厂荣获　“山东省富民兴鲁劳动奖状”；辛店电厂荣获2003年“全国五.一劳动奖状”。德州电厂二期工程四号300MW机组为全国首台投产达标机组，威海电厂二期工程2×300MW机组、日照电厂一期2×350MW机组被誉为“精品工程”，德州二期、威海二期、日照一期三个工程分别获得中国建筑业最高奖——“鲁班奖”。截止2003年底，山东六厂累计完成发电量2945.70亿千瓦时，为山东经济发展做出了突出贡献。

华能国际山东分公司将始终坚持“坚持诚信，注重合作，不断创新，积极进取，创造业绩，服务国家”的核心价值观，在社会各界的关心支持下，不断加快创新发展，不断提升竞争力，为社会提供充足、可靠、安全、环保的电能，为股东带来长期、稳定、增长的回报，为建设大而美、富而强的新山东继续作出积极的贡献。

华能国际山东分公司总经理邢品三陪同省政府领导在公司视察▲

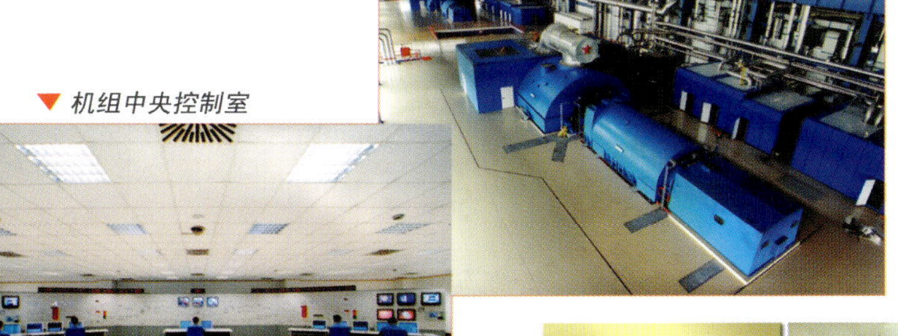

▼机组中央控制室

◀中外合资、国内首家无政府担保有限追索项目融资工程——日照发电厂汽机房

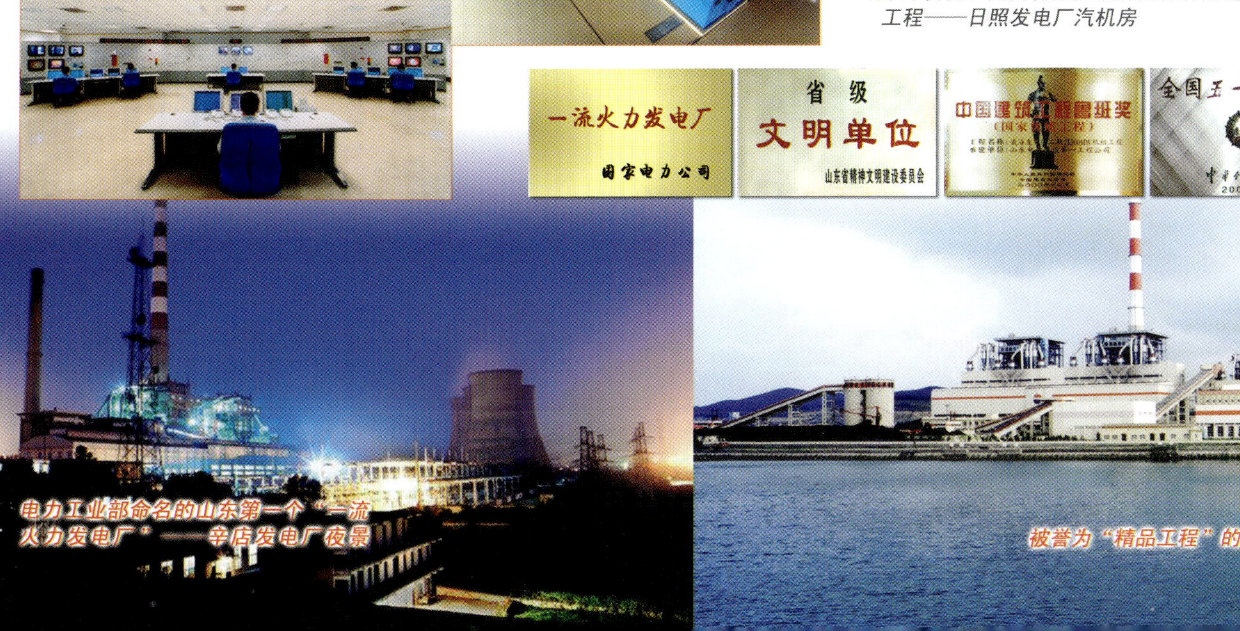

电力工业部命名的山东第一个“一流火力发电厂”——辛店发电厂夜景

被誉为“精品工程”的威海发电厂

济南钢铁集团总公司

济南钢铁集团总公司是国家特大型钢铁企业，现有职工 3.8 万人。资产总额 228 亿元。主要工艺有焦化、烧结、炼铁、炼钢、轧钢。主要产品有：中板、中厚板、圆钢、螺纹钢、角钢、槽钢、球墨铸管、化产品等。已发展成为全国最大的中厚板生产、出口龙头企业，产品出口比例、中厚板的产量、成本、市场占有率、出口量等多项指标居全国第一。2004 年生产钢 687 万吨，比上年增钢 182 万吨，进入了全国十大钢行列。全年生产铁 545 万吨、钢材 556 万吨，分别比上年提高 31%、26%；实现销售收入 274 亿元、利税 31.4 亿元、利润 20.5 亿元，分别提高 84%、50%、101%；出口钢铁产品 117 万吨，创汇 4.4 亿美元，进出口贸易总额 9.4 亿美元，分别提高 85%、180%、160%，出口钢铁产品总量在全行业排第 3 名，出口中厚板排第 1 名。济南钢铁成功上市，是山东目前 A 股首发募集资金最多、流通股最大的上市公司。

济钢建成国家级技术中心和国家级实验室，设立了博士后科研工作站。通过了质量、安全、环境管理国际认证，并在全行业率先实现三体系整合和营销服务体系认证。造船板获得了九国十个船级社认证。造

国家发改委在山东省召开“加强钢铁产业政策引导，发展循环经济现场会”，重点推介济钢发展循环经济的经验。国家发改委主任马凯在山东省省长韩寓群、副省长谢玉堂等陪同下来济钢视察。

张高丽等领导参观济钢炼铁厂

法人代表：李长顺
地址：济南市工业北路 21 号
邮编：250101
电话：（0531）88869748
传真：（0531）88982126
网址： http://www.jigang.com.cn

燃气—蒸汽发电——济钢大力发展循环经济，不断加大技术创新力度，实现经济效益、社会效益、环境效益三统一，在更高层次上利用余热、余能发电。

JINAN IRON & STEEL GROUP CORPORATION

船板、碳结中板、热轧带肋钢筋和球墨铸管获得了中国钢铁协会“实物质量金杯奖”。产品出口20多个国家和地区。加快信息化建设，实现了办公自动化和ERP。连续3年被评为全国质量效益型先进企业，并获特别奖，2003年荣获全国质量管理奖，成为设此奖项以来全国冶金行业获此殊荣的3家钢铁企业之一。

关注社会责任，推行清洁生产，发展循环经济，利用工艺结构调整节余的副产煤气，成功实施了燃气—蒸汽联合发电，该项目比常规煤电机组效率提高50%，年发电量达9.9亿千瓦时。1995年到2004年，济钢年产钢从170万吨增加到687万吨，增加了3倍，年耗新水总量不仅没有增加，而且减少280万立方米，累计节约标准煤1300万吨，节能效益达90亿元左右。主导产品中厚板成本连续保持全行业领先，在激烈的市场竞争中保持了低成本竞争优势。节能降耗不仅增加了效益，而且改善了环境，全公司整体建成了省级清洁文明工厂。

济钢中厚板生产线

2004年6月29日，“济南钢铁”A股在上海证券交易所成功上市，山东省委常委、常务副省长林廷生，济钢集团总公司总经理李长顺共同为上市鸣锣。

济钢120吨转炉

干熄焦工程——干熄焦技术是济钢发展循环经济技术的一项标志性工程，节能、环保和自动化控制等均达到国内一流。

德州晶华集团有限公司

DEZHOU JINGHUA GROUP CO.,LTD

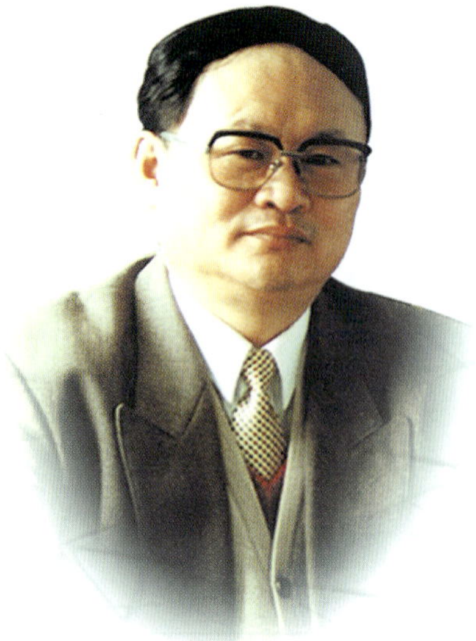

党委书记
董事长 苗建中

- 工程技术应用研究员
- 全国五一劳动奖章获得者
- 国务院首批政府特殊津贴获得者
- 山东省专业技术拔尖人才
- 山东省人大代表
- 中国优秀企业家
- 全国建材系统劳动模范

德州晶华集团有限公司是"全国建材百强企业""全国工业企业经济效益500强企业"，"山东省百家重点企业"。集团占地266万平方米，辖18个生产厂区，4个铁路货场，6条铁路专运线，一个自备电厂。拥有员工7600人，其中工程技术人员760人；企业信誉等级AAA。集团资产总值32亿元，年销售收入10.8亿元，利税1.16亿元。

晶华集团日用玻璃2004年荣膺"中国日用玻璃市场品质信誉第一品牌"。拥有以高档装饰瓶为代表的日用玻璃生产线20条，年生产能力20万吨。品种丰富，档次齐全，已经形成翠绿、普白、高白、乳白、蒙砂、美工、仿陶、模制抗生素等十大系列800多个品种，其中获国家专利的仿瓷、仿陶美工瓶，以其成熟的工艺和技术优势，在全国日用玻璃高端市场占有主导地位。拥有高档浮法生产线3条，年产优质浮法玻璃500万重箱。可生产2—20毫米系列的多种规格，荣获部优称号。其产品透明度高，厚薄均匀，板面平滑，被广泛应用于建筑、钢化、工业制镜等领域，并有大量出口。拥有以回转窑为代表的水泥生产线5条，年产优质粉煤灰水泥160万吨。晶华粉煤灰利用技术在国内领先，已形成一条绿色环保产业链。大坝牌"325号、425号、525号系列水泥品种齐全，品质优良，深得广大用户的推崇和信赖。拥有空心玻璃砖生产线5条，年产空心玻璃砖1800万块，生产规模为亚洲第一。产品远销美国、日本、欧盟、新加坡等五大洲的20多个国家和地区，赢得了广泛赞誉。。

2001—2003年，晶华投资近6亿元，建成了具有划时代意义的三大项目：购并淄博南定玻璃厂8600万元资产，拥有了首条进口十双日用玻璃机组；立足高技术含量建成日产400吨级浮法项目和日产2500吨级旋窑水泥项目；使晶华主导产品达到与国际接轨的现代化装备水平。三大项目的全面建成，填补了德州市"平板无浮法、水泥无旋窑、日用玻璃无十双"的产业空白。

2004以来，以浮法二线、旋窑二线、高档轻量瓶、空心砖一窑三线为代表的一批重点项目多点开花。2004年7、8月份，晶华相继点了三把火，投资额近2亿元的淄博晶华高白料瓶项目、晶华麦克高档装饰瓶一期工程、空心砖一窑三线等三个重点项目先后竣工。2005年一季度，投资3600万元的晶华麦克高档装饰瓶二期工程创造了"百日投产"的行业奇迹；投资额达2.2亿元的超宽浮法二线顺利投产达产。现在，晶华集团已建成全国规模最大、品种最全的日用玻璃生产基地；全国最大的粉煤灰水泥生产基地和华北地区重要的精品浮法玻璃生产基地；玻璃空心砖生产规模跃和工艺水平跃居亚洲第一。

晶华集团董事长、教授级高工苗建中是国务院首批政府特殊津贴获得者，曾荣获全国五一劳动奖章、全国建材系统劳动模范、山东省优秀企业家等多项荣誉称号；当选山东省九届、十届人大代表。工程技术与企业管理专业的有机融合，铸就了他独到而鲜明的企业家风格。在多年企业实践中，为中国硅酸盐产业的发展做出了突出贡献。

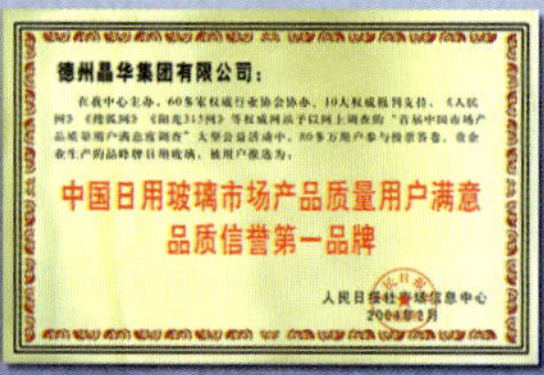

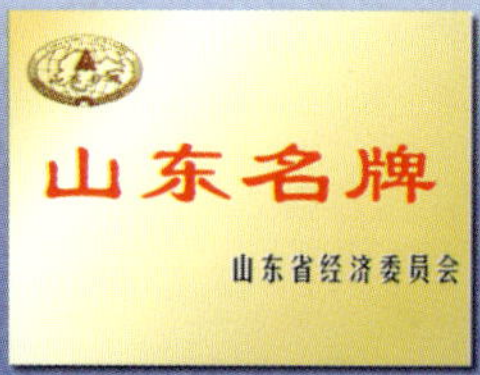

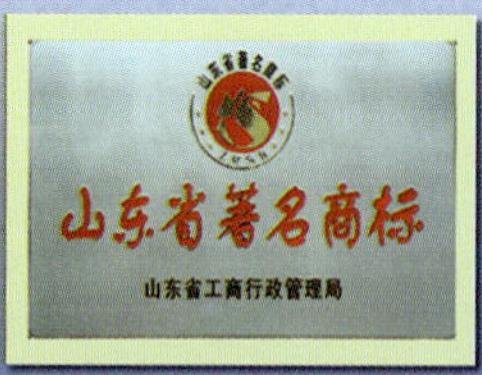

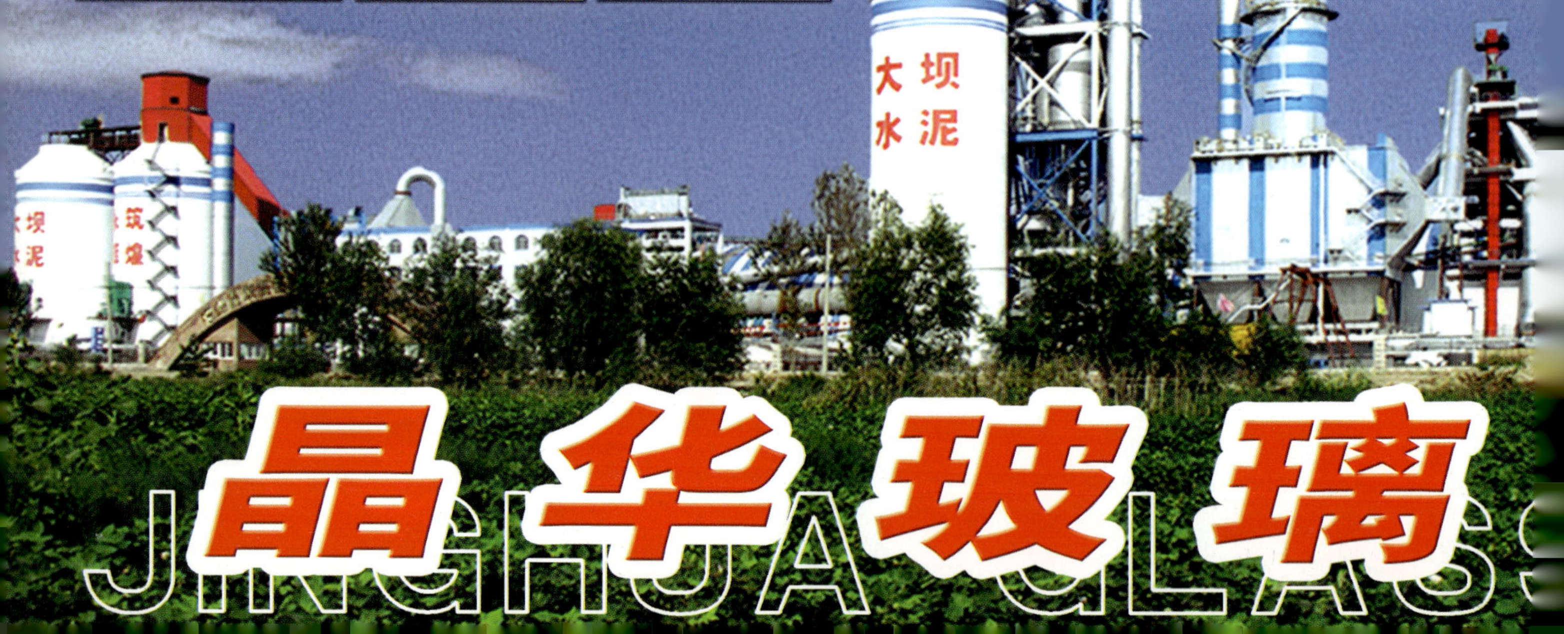

塑造一流
地址：山东省德州市迎宾路122号
电话：0534-2324929
传真：0534-2348984
Http://www.ejhgroup.com
全国最大的粉煤灰水泥生产基地
华北地区重要的优质浮法玻璃生产基地
全国最大的酒包装玻璃瓶生产基地
亚洲最大的空心玻璃砖产销基地
庄东同北
三沟
老窖
白云边
大坝水泥
DABA CEMENT

PetroChina 中国石油

中国石油天然气股份有限公司
山东销售分公司

团结奋进勇于进取的领导班子

中国石油山东销售分公司是中国石油天然气股份有限公司在山东省设立的全资分公司，自2000年进入山东地区开发成品油销售网络，主要从事汽油、柴油、润滑油等成品油的批发和零售业务。

山东销售分公司进入山东成品油市场以来，本着“诚信、创新、业绩、和谐、安全”的理念，依托中国石油强大的资源和品牌优势，以规范的管理制度、可靠的油品质量和一流的服务水平，忠实地履行对社会、政府、消费者服务的职责，保障油品供应，平抑油品价格，维护市场秩序，较好地发挥了成品油销售主渠道作用，给消费者带来了更多的实惠，受到了广大客户的信赖和支持。

5年来，山东销售分公司取得了快速的发展，年销售成品油达300万吨。共拥有所属二级公司18家、资产型油库19座、自有加油站650座，累计总投资12亿元，吸纳各层次社会劳动力5000余人，交纳各类税金近2亿元，为维护社会稳定、增加地方财政收入、促进社会经济发展做出了较大贡献。

在企业发展上，中国石油致力于“创造能源与环境的和谐”，将健康、安全与环境作为一项关键的管理要素，有机地融入到每一项生产经营业务活动之中，服务于人民，造福于社会。

好车加好油 好油在中油

诚信经营的便利店

创一流服务

展中油风采

我们的目标：健康 安全 环保

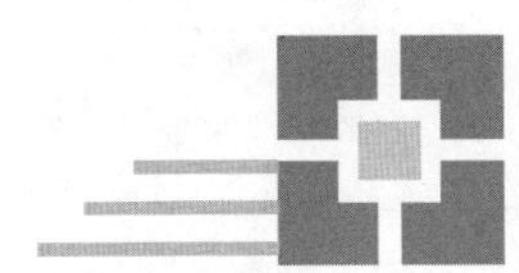

目录

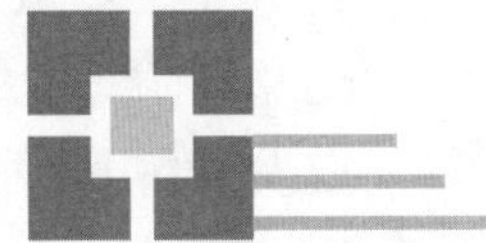

第一篇 企业概况

第二篇 企业集团

第三篇 企业景气

第四篇　企业改革发展

第五篇　行业发展

第六篇　企业政策

附录:

第一篇 企业概况

1－1　工业生产快速增长　运行质量稳步提高

——2004年全省规模以上工业经济运行情况分析

2004年,全省规模以上工业企业个数迅速增加,工业生产保持快速增长态势,产销衔接状况良好,生产、效益总量居全国前列,地方工业增势强劲,非公有制经济和高新技术产业所占比重不断提高,对全省经济的影响不断增强,制造业强省战略取得明显成效,经济运行质量持续提高,有力地推动了全省国民经济的快速增长。

一、工业经济运行的主要特点

产销衔接状况良好,工业生产保持快速增长。2004年,全省规模以上工业完成工业增加值6498.31亿元,同比增长26.5%。增幅比上年提高3.8个百分点。其中,轻工业完成增加值2343.37亿元,同比增长27.0%;重工业完成增加值4154.94亿元,增长26.3%;轻重工业增幅相差0.7个百分点。2004年,全省规模以上工业产销率为98.11%,同比提高0.3个百分点,产销衔接状况良好。其中,国有工业产销率为99.73%,在各经济类型中最高。股份制企业产销率为98.13%,同比提高0.6个百分点,在各经济类型中增幅提高最大。2005年1月份,实现工业增加值547.97亿元,同比增长38.2%,增幅比上年同期高17.4个百分点。其中,制造业实现工业增加值442.61亿元,增长46.3%,占全部工业的比重为80.8%,分别比上年同期高24.7和1.4个百分点。

经济效益总体运行质量稳步提高。2004年,全省规模以上工业实现销售收入21055.08亿元,同比增长40.7%;实现利润1383.57亿元,增长48.7%;实现利税2292.11亿元,增长42.2%。反映工业经济总体运行质量的总量指标工业经济效益综合指数为185.78,同比提高22.0个百分点,增幅分别比一季度、上半年和三季度提高7.6、3.6和1.3个百分点。反映经济效益水平的七项主要经济指标中,与上年同期相比六升一降。其中,总资产贡献率为15.46%,同比提高2.1个百分点;资本保值增值率为121.80%,同比提高1.2个百分点;流动资产周转率为2.79次,加快0.3次;资产负债率(逆指标)为58.50%,同比下降0.4个百分点;成本费用利润率为7.11%,同比提高0.4个百分点;产品销售率为98.11%,同比提高0.3个百分点;全员劳动生产率为100694元／人,增长21874元／人。

制造业发展活力进一步增强,制造业强省战略取得明显成效。一是制造业所占比重和贡献率提高,拉动作用增强。2004年,全省制造业实现工业增加值5380.92亿元,同比增长30.4%,快于全部工业3.9个百分点;占全省规模以上工业的比重为82.8%,比上年提高3.8个百分点;贡献率为92.06%,拉动规模以上工业增长24.4个百分点,分别比上年提高10.8和6.0个百分点。二是结构调整成效显著。2004年,全省优先发展的电子信息、生物技术及制药、新材料等三大高新技术领域实现产品销售收入2269.26亿元,同比增长40.2%;实现利润144.51亿元,增长67.3%;实现利税222.67亿元,增长55.1%;利润、利税增幅分别比全省制造业平均水平高14.9和11.6个百分点。轻工、纺织服装、化工、机械、建材、冶金等六大传统行业快速发展,2004年实现产品销售收入15471.49亿元,同比增长42.6%;实现利润813.98亿元,实现利税1352.61亿元,同比分别增长50.3%和42.9%;增幅分别比全省平均水平高1.9、1.6和0.7个百分点。

中央工业增速加快,地方工业增势强劲。2004

年,中央工业实现利润291.27亿元,同比增长40.1%,增幅分别比一季度、上半年、三季度高36.1、23.6和9.9个百分点;实现利税496.50亿元,同比增长31.2%,增幅分别比一季度、上半年、三季度高22.8、13.5和6.2个百分点。2004年,全省地方工业实现产品销售收入18989.70亿元,同比增长43.4%;实现利润1092.30亿元,增长51.2%;实现利税1795.60亿元,增长45.6%;增幅分别比全省平均水平高2.7、2.5和3.4个百分点。全省地方工业经济效益综合指数为173.55,同比提高21.0个百分点。

二、促进工业快速增长的主要因素

企业个数迅速增加,企业改制成效明显。截至2004年末,全省规模以上工业企业达到20304家,比上年净增4127家。全省不断加大企业改制力度,重点加快国有企业改制步伐,全省国有、国有控股企业明显减少,股份制(包括股份制和股份合作制经济)、外商及港澳台投资、私营企业迅速增多。其中,国有企业1053家,国有控股企业1832家,分别比上年减少98家、129家;股份制及股份合作制企业9744家,比上年增加2825家,外商及港澳台投资企业3494家,比上年增加569家,私营企业9138家,比上年增加2984家;国有、国有控股企业所占比重由上年的7.1%、12.1%下降为5.2%和9.0%;股份制及股份合作制企业、私营企业所占比重由上年的42.8%、38.0%上升为48.0%和45.0%。

重点行业和骨干企业带动作用突出。2004年,全省规模以上工业39个大行业中,有35个大行业利润同比增长。其中,煤炭开采和洗选业增长1.1倍,黑色金属冶炼及压延加工业增长1.1倍,化学原料及化学制品制造业增长78.2%,交通运输设备制造业增长65.5%,通信设备、计算机及其他电子设备制造业增长63.8%,通用设备制造业增长55.2%,纺织业增长54.7%,非金属矿物制品业增长48.7%,电气机械及器材制造业增长44.5%,农副食品加工业增长42.4%,石油和天然气开采业增长42.4%。以上11个大行业合计实现利润922.93亿元,占全省规模以上工业利润总额的66.7%,拉动全省规模以上工业利润增长36.6个百分点。从企业情况看,全省工业利润前50名企业共实现利润550.60亿元,占规模以上工业利润的39.8%。拉动全省规模以上工业利润增长18.6个百分点,其中,实现利润增长1倍以上的就有13家。

高新技术产业及非公有制经济的拉动作用不断增强。一是高新技术产业快速发展,所占比重不断提高。2004年,全省高新技术产业实现总产值4672.25亿元,同比增长37.6%,占规模以上工业的比重为21.90%,比年初提高2.3个百分点;实现工业增加值1251.09亿元,同比增长29.3%,增幅比规模以上工业高2.8个百分点,拉动规模以上工业增长5.5个百分点,比上年提高1.4个百分点。二是非公有制经济发展迅猛,对全省规模以上工业的影响不断增强。2004年,全省规模以上非公有制工业实现工业增加值3312.67亿元,同比增长37.5%,占规模以上工业的比重为51.0%,拉动规模以上工业增长17.6个百分点。

成本费用下降,盈利能力有所增强。2004年,全省规模以上工业成本费用(产品销售成本、产品销售费用、管理费用、财务费用)为19454.43亿元,占全省规模以上工业产品销售收入的比重为92.4%,比上年低0.8个百分点。实现工业产品销售利润率6.57%,比上年提高0.4个百分点。但从全年看,成本费用所占比重有所上升,年末比重比上半年和三季度分别高0.2和0.03个百分点。

不断加大外部市场开拓力度,工业经济外向度趋强。2004年,全省规模以上工业实现出口产品销售收入2598.55亿元,同比增长37.9%,占全省规模以上工业销售收入的比重为12.3%,比一季度、上半年、三季度分别高1.3、0.8和0.5个百分点。完成出口交货值2682.56亿元,同比增长32.3%。外商及港澳台商投资企业实现工业增加值1007.39亿元,同比增长29.0%,增幅比全省平均水平高2.5个百分点,拉动规模以上工业增长4.4个百分点,比上年提高0.6个百分点。

三、面临的主要问题及建议

两项资金占流动资产比重有所上升。截至2004年末,全省规模以上工业两项资金占用为

2383.56亿元,同比增长22.2%,增幅分别比一季度、上半年、三季度高7.4、5.3和3.7个百分点;两项资金占流动资产的比重为31.53%,虽同比下降0.8个百分点,但比一季度、上半年和三季度分别高0.8、0.1和0.4个百分点。

山东半岛城市群生产总量不断增加,盈利能力高于全省平均水平,但所占比重有所下降。2004年,山东半岛城市群实现工业增加值4491.28亿元,同比增长27.2%;实现销售收入14324.11亿元,增长38.2%;实现利润957.73亿元,增长48.5%;实现利税1554.31亿元,增长40.2%;占全省规模以上工业的比重分别为69.1%、68.0%、69.2%和67.8%,比上半年分别低1.2、1.3、2.1和1.9个百分点。实现销售利润率6.69%,比全省平均水平高0.1个百分点。

农村工业增速较快,盈利能力略高于全省平均水平,但所占比重偏低、规模偏小。农村工业的发展,是解决农村劳动力转移的有效途径。2004年,全省规模以上农村工业户数已达11161户,占全省规模以上工业户数的55.0%;实现产品销售收入6729.63亿元,同比增长54.5%;实现利润444.55亿元,同比增长66.2%;实现利税679.52亿元,同比增长61.7%;利润、利税增幅分别比全省平均水平高17.5和19.5个百分点;实现销售利润率6.61%,比全省平均水平高0.04个百分点。但全省农村工业企业规模偏小,平均资产只有3262.81万元,比全省平均水平少5415.46万元;资产总计、销售收入、利润和利税占全省规模以上工业的比重分别只占20.7%、32.0%、32.1%和29.6%。

1－2 小型工业企业生产经营的喜与忧

——全省小型工业企业一季度生产经营形势简析

近期,山东省企业调查队对济南、青岛等13个市的55家小型工业企业进行了快速走访调研。根据走访调研情况分析,我省小型工业企业整体发展继续保持良好的势头,规模扩大,产销基本衔接,但发展过程中仍然存在的一些问题值得重视。

一、基本情况及特点

本次调研的55家企业共涉及18个行业,主要集中在纺织业、木材加工业、塑料制品业、非金属矿物制品业、金属制品业、通用设备制造业等行业。主要特点是:

1.生产继续保持较快增长。55家企业的一季度产品销售收入为4410万元,比2004年同期增长24.1%,其中,增长的企业有47家,占85.5%,增长速度在25%以上的企业有17家,占30.9%。预计55家企业二季度产品销售收入为5628万元,比一季度增长27.6%,其中与一季度销售收入相比,增长的企业有43家,占78.2%,增长在25%以上的企业有22家,占40.0%。

2.生产(设备)能力利用充足。55家企业3月份生产(设备)能力平均利用率为80.1%,其中,生产(设备)能力利用率在80%以上的企业有32家,占58.2%,生产(设备)能力利用率在50%以下的企业有4家,占7.3%。

3.企业用工增加,规模继续扩张。55家企业3月底从业人员有3165人,其中,户籍在农村的从业人员有2541人,占全部从业人员总数的80.3%;从业人员的户籍全部在农村的企业有27家,占49.1%。预计二季度从业人员比一季度净增136人,增长4.3%,其中预计二季度用工计划增加的企业有30家,占54.5%,增加244人,预计二季度用工计划减少的企业有4家,占7.3%,减少108人。

4.小型工业企业污染问题得到缓解。近几年来,我省通过对浪费资源、污染严重的"五小企业"进行整治,关停并转,保护了生态环境。据调查企业反映,在国家、省及当地法律法规的约束下,企业采取了相应地措施,使污染环境的问题得到一定缓解。如济南市"蓝天工程"关停了近郊石头、石料、石灰加工小企业;济宁市、潍坊市对石材开采进行了限制。

5.企业布局发生了较大变化。小型工业企业布局开始由分散向相对集中、连片发展转变,工业小区已成为小型工业企业发展的主体。各乡镇采取有力措施,合理规划,积极引导企业向小城镇和公路沿线集中,集聚效应大大提高。

二、存在的主要问题

一季度,我省小型工业企业发展较快,实力不断增强,在全省工业经济中占有重要的一席之地。但是,根据调研情况反映,由于外部环境影响和本身局限性,我省小型工业企业在发展过程中,仍然存在一些问题,值得重视。

1.能源供应情况应该引起关注。现在我省煤炭、石油、电等能源供应总体平稳,但是部分市已经出现能源供应趋紧的苗头,煤炭、汽油、柴油等价格上涨,青岛、潍坊、泰安、临沂等市的企业出现限电停电的情况,主要集中在农村地区。55家企业3月份因停电影响企业少开工496小时,其中,因停电影响少开工的企业有15家,占27.3%。随着,固定资产投资的增长和夏季用电高峰的来临,二季度的能源供应情况更趋紧张。

2.原材料价格上涨,压减盈利空间,企业面临困难。自2003年以来,棉花、煤炭、钢材等原材料价格一路上涨,据调查企业反映,2004年3月份二级棉花1.78万元/吨,三级棉花1.73万元/吨,四级棉花1.72万元/吨,综合进价约1.75万元/吨,分别比2003年同期上涨38%、38.1%、36.1%和37.5%。2003年3月份原煤价格在260-270元/吨,而目前原煤价格已达400-430元/吨。同时,钢材价格涨幅较大,与上年同期相比,普通小型钢上升30.5%,普通中型钢上升12.6%,无缝钢管上升54.4%,线材上升34.7%。原材料价格的上涨,加大了生产成本。但一些产成品价格,并没有"水涨船高",造成企业利润减少。同时,企业按照合同供货,产品价格订立后,就要遵照合同执行,不能随意提高产品价格,而原料价格的不断上涨,给企业带来了经营风险。

3.资金匮乏仍然是制约小型工业企业发展的"瓶颈"。调研发现,企业融资困难、资金来源渠道单一成为制约我省小型工业企业进一步发展的"瓶颈"。绝大多数企业生产发展源于自有资金,少部分依靠民间借贷,虽然国家早已出台了对中小企业融资的有关优惠政策,但贷款难题仍没有解决。一些经营形势较好的企业,因为缺乏资金而无法扩大生产规模、更新设备,使其在短期内很难有质的飞跃。同时,部分企业之间相互拖欠货款,赖账不还,也是造成企业资金困难的一个因素。

4.从业人员素质低,生产设备落后,技术人才缺乏。55家调研企业80.3%的从业人员来自农村,大多是小学或初中学历,文化素质水平低,缺乏产业工人的技能;近2/3的小型企业的生产设备落后,等级水平停留在20世纪80年代以前;小型工业企业条件差、待遇低,有学历的技术人才不愿到此就业,新设备不能充分利用,影响了生产效率。

三、几点建议

1.完善企业信用担保运营体系,广开融资渠道。近几年来,我省加快了中小企业信用担保体系建设,金融环境得到了一定程度的改善,但这仍然难以解决企业的资金需求。解决融资困难应多方着手,一是金融部门要积极扶持那些市场销路好,有发展潜力的企业。二是在国有银行设立专门为中小企业服务的信贷部门,制定和完善适合中小企业特点的贷款政策和管理办法。三是要继续完善商业化的中小企业信用担保运营体系,广泛吸纳民间资金的进入,扩大信用担保资金的规模,提高信用担保资金的使用效率。

2.提升企业发展素质,注重可持续协调发展。一是转换用工机制,挖掘人才,知人善用,提高优秀人才的待遇,还要注重人才的后续教育,加快人才自身知识的更新换代。二是企业经营主要提高自身各方面的素质,学习法律、企业管理知识,善于捕捉商机,对企业的生产经营进行科学管理。三是企业要自觉树立信用意识,提高企业资信度,改变小型工业企业形象,缓解企业融资难。同时还要增强企业可持续性发展意识,一要努力提高环保意识,严格按照环保的有关要求进行生产经营活动。二要顺应企业专业化分工协作的客观潮流,建立企业间比较稳定的协作关系。

3.完善政府服务体系。一要切实转变政府职能,提高政府的办事效率,充分发挥决策、引导和服务的职能,有效保护企业合法权益,切实营造利于企业发展的良好环境。二要进一步优化软环境建设,规范政府行为,坚决清理乱收费项目,切实减轻企业负担。三要多种形式多方面地为企业提供专利技术、技术咨询等服务,帮助企业进行技术交流、技术合作攻关,开展技术人才培训。政府要因地制宜,充分发挥当地优势,实施分类指导,促进小型工业企业的健康发展。　　（吴金胜）

1－3　经营环境不断优化　民营经济发展加快

——2004年上半年规模以下民营工业企业经济发展状况分析

近期,省企业调查队在全省开展了一次关于民营工业企业发展成长与经营环境问题的专项调查。调查样本为104家民营工业企业,分布在26个行业中。调查结果表明,自省委、省政府提出突出抓好“三个亮点”工作以来,全省民营企业外部经营环境进一步优化,民营工业企业单位数量迅速增加,发展潜力明显增强。

一、民营工业企业经营环境不断优化

近几年我省相继出台了许多优惠政策,改善企业发展外部环境,民营工业企业的外部环境越来越好。2004年上半年调查的104家企业负责人对本地外部经营环境评价中,认为外部经营环境很好的40家,占38.5%,比2001年提高4.5个百分点;认为一般的62家,占59.6%,提高3.6个百分点;认为较差的2家,占1.9%,比2001年下降8.1个百分点。主要表现在如下几个方面:

1.政府部门行为进一步规范,企业负担切实减轻。所调查的104家企业,在“企业2003年与税收、劳动和社会保障、消防和建筑物安全管理、卫生防疫、公安、环境保护、技术监督七家部门的交往(如接受检查、参加会议)情况”调查显示,2003年企业用于与七个部门交往的天数平均为18天,其中交往最多的为税务部门为8天,其他部门一般为1-2天。94.2%的企业认为七个部门执行有关政策到位,以“乱摊派、乱收费、乱罚款”为内容的所谓“三乱”,经过近年来的整顿成效显著,有较大改善,没有不合理罚款,企业负担切实减轻。仅有5.8%的企业反映还存在少许官员到企业“吃拿要”的现象。

2.政府为企业服务的意识进一步强化。从2003年政府对企业提供的服务情况看,所调查的104家企业中,有6家政府为其介绍了国外投资者,占5.8%;有11家政府为其介绍了潜在国外客户,占10.5%;有31家政府为其介绍了国内潜在用户,占29.8%;有7家企业得到当地政府贷款担保机构的担保,占6.7%。政府对企业的服务意识强化。

3.融资环境有所改善。中小企业的融资问题越来越受到各级政府和社会各界的关注,近年来我省也加快了中小企业信用担保体系建设,全省金融环境得到了一定程度的改善。从104家企业调查情况看,有31家企业有银行贷款,占30.1%,2004年

上半年有16家得到了银行贷款,占15.4%,其中有7家企业得到当地政府贷款担保机构的担保,占6.7%。有73家没有银行贷款,其中有43家不需要贷款,占41.3%,另30家向银行贷款被拒绝,占28.8%;银行拒绝贷款的原因,有15家企业缺乏担保,有6家企业申请手续不完备,有9家企业项目缺乏可行性。调查结果显示,融资难仍然是民营企业发展的瓶颈之一,35.6%的企业认为资金短缺、融资困难是制约企业发展的主要因素。民营企业融资难主要是其自身因素的影响。民营企业大多规模小,资信度较低,抵御市场风险能力较差,融资成本较大。银行为了降低风险,对民营企业贷款项目审核特别严格,提高了"门槛",加大了民营企业的贷款难度。

4.企业对交通运输、邮电通讯和水电供应等经营硬环境的评价。调查结果显示,企业对2004年上半年水电供应的评价中,70.2%的企业比较满意,20.2%的企业认为与往年没有变化,9.6%的企业不满意;企业对邮电通讯的评价,满意的占84.6%,认为一般的占8.7%,不满意的占6.7%;企业对交通运输的的评价,满意的占57.7%,认为一般的占28.8%,不满意的占13.5%。

二、民营工业企业发展加快

1.从产值来看。2001年全省规模以下民营工业企业总产值达1540亿元,比上年同期增长17.7%;2002年总产值达1850亿元,比上年同期增长20.1%,增幅比上年同期提高2.4个百分点;2003年总产值达2260亿元,比上年同期增长22.2%,增幅比上年同期提高1.1个百分点;2004年上半年规模以下民营工业企业总产值1190亿元,比去年同期增长24.7%,增幅比去年同期提高2.2个百分点,生产呈加快发展的态势。

2.从企业数来看。2001年规模以下民营工业企业个数为7.4万个,2001-2003年两年中,随着经济环境的改善和新增项目的投产,单位数量迅速增加。到2003年底规模以下民营工业企业为9.7万家,增加2.4万个,年均增长14.5%;从新建企业数量情况看,2001-2003年两年规模以下民营工业新建企业3.1万户,2004年上半年又新建企业4490家,2001年以来新建企业占2004年上半年企业总量的35.8%。

3.从企业的从业人数来看。2001-2003年,规模以下民营工业企业从业人员由220万人增加到260万人,两年增加了40万人,年均增长8.7%;2004年上半年规模以下民营工业企业从业人数265万人,比去年同期增长4.3%。从104家调查企业情况看,有7家企业2004年下半年计划增加用工179人,有6家企业计划减少用工39人,104家企业下半年计划净增加用工140人,比上半年增长4%。

4.从企业成立年份和发展前景看。据对全省104家民营工业企业的调查显示,绝大多数民营企业都比较年轻。5年以下的民营企业占42.3%,5-10年民营企业占到30.8%,10-20年民营企业占22.1%,20年以上民营企业占4.8%。这说明,我省近90%的企业是20世纪90年代诞生的,其中近四成的企业为2000年以后新建的,多数企业比较年轻,正处在成长壮大阶段。

从104家民营企业对自身发展前景看,有七成多的企业处在平稳发展期,另有近4%的企业处于快速成长期。处于平稳发展期或快速成长期的民营企业近八成。另有15%的企业发展前景难以预测,还有5%的企业处于衰退期。

5.从企业产值规模看。随着我省规模以下民营工业企业经济的逐步发展壮大,部分成长快的工业企业发展成为规模以上工业企业,近年来呈加快增长的趋势。2001年全省有774家规模以下工业企业发展壮大升入规模以上工业企业,2002年达到1310家,2003年达到1556家,2004年上半年又有2000多家企业升入规模以上工业企业。说明我省规模以下民营工业企业在总量扩大的同时,经济实力不断增强。

6.从企业营利水平看。2001年规模以下民营工业企业产品销售率为87.4%,2003年企业产品销售率为94.7%,比2001年提高7.3个百分点,2004年上半年企业产品销售率为94.6%,与上年持平,产销基本协调。企业营利水平持续上升,2001年营业利润70亿元,2002年营业利润为85亿元,比上年同期增长21.1%,2003年营业利润为120亿元,比上年同期增长41.1%;2004年上半年营业利润为68亿元,比上年同期增长22.5%。

7.从企业生产(设备)能力利用情况看。104家民营企业调查问卷显示,2004年上半年生产(设备)能力平均利用率为73.2%,比去年同期提高3个百分点,其中生产(设备)能力利用率在80%以上的企业占54.8%。 (李常良)

1 － 4　2004年全省规模以上大中型工业企业名录

表1-4

法人单位名称	行政区划代码（省地县码）	企业规模含义	注册类型	注册类型含义	隶属关系	隶属关系含义
莱阳市电业公司	370682	中型	110	国有	50	县
济南新远摩托车配件有限公司	370181	中型	310	中外合资经营	90	其他
山东西水橡胶集团有限公司	370523	大型	130	股份合作	90	其他
滕州市金达煤炭有限责任公司	370481	中型	159	其他有限责任公司	50	县
山东淄博山川医用器材有限公司	370302	中型	130	股份合作	90	其他
山东环球渔具股份有限公司	371001	中型	160	股份有限公司	40	地区
山东北方现代化学有限公司（山东化工厂）	370105	中型	151	国有独资公司	10	中央
山东新华印刷厂	370103	中型	110	国有	20	省
山东鑫亚工业股份有限公司	371502	中型	110	国有	40	地区
山东机械设备进出口集团益都阀门有限公司	370781	中型	159	其他有限责任公司	90	其他
山东水利工程机械总厂	370112	中型	110	国有	90	其他
山东重骑摩托车（集团）厂	370103	中型	110	国有	40	地区
高青流云纺织有限责任公司	370322	中型	159	其他有限责任公司	50	县
山东省地质探矿机械厂	370102	中型	110	国有	10	中央
山东对外经济贸易食品厂	370214	中型	110	国有	20	省
青岛双星集团鲁中公司	370323	中型	159	其他有限责任公司	50	县
齐鲁制药有限公司	370112	大型	159	其他有限责任公司	20	省
山东黄台火力发电厂	370112	大型	110	国有	10	中央
山东扳倒井集团	370322	中型	160	股份有限公司	50	县
山东天鹅棉业机械股份有限公司	370105	中型	160	股份有限公司	20	省
山东工艺进出口集团发制品厂	370214	中型	110	国有	90	其他
山东沂源鲁山水泥股份有限公司	370323	中型	130	股份合作	50	县
山东省沂源制革总厂	370323	中型	130	股份合作	50	县
浪潮集团有限公司	370102	大型	159	其他有限责任公司	20	省
山东电力设备厂	370103	中型	110	国有	10	中央
山东电力集团公司	370000	大型	110	国有	10	中央
山东省黄金集团有限公司三山岛金矿	370683	中型	110	国有	20	省
山东北方光学电子有限公司	370901	中型	110	国有	10	中央
德州公路机械厂	371401	中型	110	国有	20	省
一汽山东汽车改装厂	370684	中型	141	国有联营	90	其他
山东聊城客车工业集团有限责任公司	371502	大型	151	国有独资公司	20	省
山东黑豹股份有限公司	371081	中型	160	股份有限公司	50	县
烟台新潮实业股份有限公司	370612	中型	160	股份有限公司	72	村委会
济南柴油机股份公司	370102	大型	160	股份有限公司	10	中央
山东润源实业有限公司	371581	中型	173	私营有限责任公司	90	其他
山东省亿利达集团有限公司	371302	中型	173	私营有限责任公司	90	其他
山东侨牌集团有限责任公司	370322	中型	159	其他有限责任公司	50	县
山东泰山稀土有限公司	370982	中型	159	其他有限责任公司	90	其他
山东昌华食品集团有限公司	371103	中型	173	私营有限责任公司	90	其他
山东华夏集团有限公司	371004	大型	173	私营有限责任公司	40	地区
济南长城炼油厂	370103	中型	110	国有	40	地区
济南市明湖热电厂	370105	中型	110	国有	40	地区

续表1

法人单位名称	行政区划代码（省地县码）	企业规模含义	注册类型	注册类型含义	隶属关系	隶属关系含义
济南文建印刷厂(7213工厂)	370104	中型	110	国有	10	中央
济南市冶金科学研究所	370103	中型	130	股份合作	40	地区
济南啤酒集团总公司	370105	大型	110	国有	40	地区
济南市煤气公司	370102	中型	110	国有	40	地区
济南锅炉集团有限公司	370105	大型	151	国有独资公司	40	地区
济南汽车配件厂	370104	中型	110	国有	40	地区
山东健康药业有限公司（东风制药）	370104	中型	210	与港澳台商合资经营	40	地区
济南石化集团股份有限公司	370112	中型	160	股份有限公司	40	地区
中国石化济南炼油厂	370102	中型	110	国有	10	中央
济南新华印刷厂	370102	中型	130	股份合作	40	地区
中国北车集团济南机车车辆厂	370104	大型	110	国有	10	中央
中国人民解放军3520厂	370104	中型	110	国有	10	中央
六四五五厂	370103	中型	110	国有	10	中央
济南钢铁集团总公司生产服务公司	370112	中型	120	集体	40	地区
济南钢铁集团总公司	370112	大型	141	国有联营	20	省
山东塑料试验厂	370112	中型	120	集体	40	地区
济南一机床集团有限公司	370103	大型	151	国有独资公司	40	地区
济南金钟电子衡器股份有限公司	370103	中型	160	股份有限公司	40	地区
济南双利达集团有限公司	370105	中型	159	其他有限责任公司	40	地区
济南市南郊热电厂	370103	中型	110	国有	40	地区
济南市北郊热电厂	370105	中型	110	国有	40	地区
济南方信集团有限公司	370103	中型	159	其他有限责任公司	40	地区
济南裘革制品总厂	370105	中型	120	集体	40	地区
山东吉美乐有限公司	370102	中型	159	其他有限责任公司	40	地区
中国人民解放军第七四二三工厂（液压泵）	370103	中型	110	国有	10	中央
济南华能气动元器件公司	370112	中型	141	国有联营	40	地区
济南元首针织股份有限公司	370105	中型	160	股份有限公司	40	地区
济南市自来水公司	370103	中型	110	国有	40	地区
济南光明机器有限公司	370104	中型	173	私营有限责任公司	90	其他
济南瑞通铁路电务有限责任公司	370102	中型	159	其他有限责任公司	10	中央
山东华艺集团	370102	中型	173	私营有限责任公司	90	其他
济南黄台煤气炉有限公司	370102	中型	173	私营有限责任公司	90	其他
济南华达企业集团总公司	370102	中型	120	集体	62	镇
济南国茂集团总公司	370104	中型	120	集体	62	镇
济南美里湖旅游经济开发区实业总公司	370104	中型	120	集体	61	街道
济南古城实业总公司	370104	中型	120	集体	62	镇
北园集团公司	370105	大型	120	集体	63	乡
济南市历城区供电局	370112	中型	110	国有	50	县
济南市镁碳砖厂	370112	中型	173	私营有限责任公司	90	其他
济南兴财实业有限公司	370112	中型	159	其他有限责任公司	63	乡
章丘市双虎水泥厂	370181	中型	120	集体	90	其他
章丘市炊具机械总厂	370181	中型	120	集体	90	其他
济南市锻造厂	370181	中型	120	集体	90	其他
章丘市东风煤炭集团总公司	370181	中型	110	国有	50	县
山东华塑建材有限公司	370181	中型	159	其他有限责任公司	50	县
明水化肥厂	370181	中型	110	国有	40	地区
山东明水汽车配件厂	370181	中型	110	国有	20	省
章丘市鲁明化工有限公司	370181	中型	159	其他有限责任公司	50	县

续表2

法人单位名称	行政区划代码（省地县码）	企业规模含义	注册类型	注册类型含义	隶属关系	隶属关系含义
章丘市供电公司	370181	中型	110	国有	50	县
山东省汇丰机械集团总公司	370181	中型	120	集体	50	县
章丘日月化工有限公司	370181	中型	159	其他有限责任公司	50	县
明水热电厂	370181	中型	110	国有	50	县
山东交通水泥厂	370181	中型	110	国有	20	省
济南普天通信设备厂	370181	中型	110	国有	10	中央
章丘市金属颜料厂	370181	中型	171	私营独资	90	其他
章丘市琅沟热电厂	370181	中型	110	国有	50	县
章丘市裕卓水泥有限公司	370181	中型	159	其他有限责任公司	90	其他
章丘市汇丰铸造厂	370181	中型	120	集体	90	其他
济南圣泉集团股份有限公司	370181	中型	160	股份有限公司	90	其他
济南兴隆水泥厂	370181	中型	120	集体	90	其他
章丘海尔电机有限公司	370181	中型	159	其他有限责任公司	50	县
长清县供电公司	370113	中型	110	国有	50	县
山东水龙王集团有限公司	370113	中型	120	集体	63	乡
平阴浩大水泥有限责任公司	370124	中型	159	其他有限责任公司	50	县
山东平阴丰源碳素有限责任公司	370124	中型	173	私营有限责任公司	90	其他
济南第七棉纺织厂	370124	中型	110	国有	40	地区
山东平阴铝厂	370124	中型	110	国有	20	省
平阴铝厂碳素厂	370124	中型	120	集体	63	乡
济南市琦泉热电有限责任公司	370124	中型	159	其他有限责任公司	50	县
山东福胶集团有限公司	370124	中型	159	其他有限责任公司	40	地区
齐鲁制药厂平阴分厂	370124	中型	110	国有	90	其他
济南华玫矿业有限责任公司	370124	中型	159	其他有限责任公司	50	县
济南黄河特钢有限责任公司	370124	中型	159	其他有限责任公司	90	其他
平阴鲁西化工第三化肥厂有限公司	370124	中型	160	股份有限公司	50	县
国营青岛造纸厂	370205	中型	110	国有	40	地区
国营青岛晶华玻璃厂	370205	中型	159	其他有限责任公司	40	地区
青岛纺联集团五棉有限公司	370205	中型	159	其他有限责任公司	40	地区
青岛一木集团公司	370205	中型	120	集体	40	地区
青岛电站阀门有限公司	370213	中型	159	其他有限责任公司	40	地区
青岛公平衡器总公司	370203	中型	130	股份合作	40	地区
青岛工艺美术集团公司	370205	中型	120	集体	40	地区
青岛孚德鞋业有限公司	370202	中型	159	其他有限责任公司	40	地区
青岛塑料总厂	370205	中型	110	国有	40	地区
青岛宏达塑胶总公司	370205	中型	120	集体	40	地区
国营青岛造船厂	370202	中型	110	国有	40	地区
青岛汽车零部件厂	370203	中型	110	国有	40	地区
青岛华金集团股份有限公司	370203	中型	160	股份有限公司	40	地区
中国第一汽车集团青岛汽车厂	370213	大型	110	国有	10	中央
青岛纺联集团八棉有限公司	370213	中型	159	其他有限责任公司	40	地区
青岛国风集团黄海制药有限责任公司	370212	中型	159	其他有限责任公司	40	地区
青岛瑞普电气有限责任公司	370205	中型	151	国有独资公司	40	地区
青岛纺联集团一棉有限公司	370205	中型	159	其他有限责任公司	40	地区
青岛海晶化工集团有限公司	370205	大型	151	国有独资公司	40	地区
青岛双桃精细化工（集团）有限公司	370205	中型	159	其他有限责任公司	40	地区
青岛国风集团华阳制药有限责任公司	370203	中型	159	其他有限责任公司	40	地区
青岛纺联集团六棉有限公司	370213	大型	159	其他有限责任公司	40	地区

续表3

法人单位名称	行政区划代码（省地县码）	企业规模含义	注册类型	注册类型含义	隶属关系	隶属关系含义
青岛海洋化工有限公司	370213	中型	151	国有独资公司	40	地区
青岛元鼎非金属制品有限责任公司	370203	中型	159	其他有限责任公司	40	地区
青岛捷能电工电子集团有限责任公司	370205	大型	151	国有独资公司	40	地区
青岛纺织机械厂	370205	中型	110	国有	10	中央
青岛橡六集团有限公司	370213	大型	151	国有独资公司	40	地区
青岛电度表厂	370203	中型	130	股份合作	40	地区
青岛金羽木业有限公司	370203	中型	159	其他有限责任公司	40	地区
青岛前哨精密机械公司	370205	中型	110	国有	10	中央
青岛四机工业有限公司	370205	中型	159	其他有限责任公司	90	其他
重汽车集团专用汽车公司	370205	中型	110	国有	10	中央
青岛铸造机械集团公司	370203	中型	110	国有	40	地区
双星集团有限责任公司	370202	大型	151	国有独资公司	40	地区
四方机车车辆厂	370205	大型	110	国有	10	中央
青岛东岳泡花碱有限公司	370203	中型	159	其他有限责任公司	40	地区
青岛石油化工厂	370213	大型	110	国有	10	中央
青岛燃气集团有限责任公司	370205	大型	151	国有独资公司	40	地区
海信集团有限公司	370202	大型	151	国有独资公司	40	地区
青岛发电厂	370205	大型	110	国有	10	中央
青岛市自来水集团有限公司	370202	大型	151	国有独资公司	40	地区
青岛黄海橡胶集团有限责任公司	370213	大型	151	国有独资公司	40	地区
山东省青岛生建机械厂	370213	中型	110	国有	40	地区
青岛市奶业公司	370202	中型	159	其他有限责任公司	40	地区
青岛供电公司	370202	中型	110	国有	10	中央
青岛汽车散热器有限公司	370203	中型	159	其他有限责任公司	40	地区
青岛金华加工厂	370211	中型	110	国有	90	其他
青岛热电集团有限公司	370203	大型	151	国有独资公司	40	地区
海尔集团公司	370212	大型	120	集体	40	地区
青岛开发区热电燃气总公司	370211	中型	110	国有	50	县
青岛开发区供排水总公司	370211	中型	110	国有	50	县
澳柯玛集团总公司	370211	大型	120	集体	40	地区
青岛华欧集团有限责任公司	370211	中型	159	其他有限责任公司	40	地区
青岛开源集团有限公司	370202	中型	159	其他有限责任公司	40	地区
青岛市李沧区造纸厂	370213	中型	120	集体	72	村委会
青岛电子元件六厂	370211	中型	120	集体	50	县
山东黄岛发电厂	370211	大型	110	国有	10	中央
青岛安利橡胶有限公司	370211	中型	159	其他有限责任公司	63	乡
青岛金晶股份有限公司	370211	中型	160	股份有限公司	50	县
青岛万年集团有限公司	370212	中型	130	股份合作	90	其他
青岛崂发包装制品集团有限公司	370212	中型	174	私营有限股份公司	90	其他
青岛崂山玻璃有限公司	370212	中型	159	其他有限责任公司	61	街道
青岛鲁碧水泥制造有限公司	370213	中型	159	其他有限责任公司	90	其他
青岛城阳区冰柜配件有限公司	370214	中型	173	私营有限责任公司	90	其他
青岛四机宏达工贸有限公司	370214	中型	159	其他有限责任公司	90	其他
青岛喜盈门集团公司	370214	大型	120	集体	61	街道
青岛正进集团进出口有限公司	370214	大型	173	私营有限责任公司	90	其他
青岛崂塑建材集团公司	370212	中型	159	其他有限责任公司	61	街道
青岛海化化工有限责任公司	370212	中型	159	其他有限责任公司	61	街道
青岛即发集团控股有限公司	370282	大型	130	股份合作	50	县

续表 4

法人单位名称	行政区划代码（省地县码）	企业规模含义	注册类型	注册类型含义	隶属关系	隶属关系含义
即墨市五金工业公司	370282	中型	120	集体	50	县
即墨市海隆机械有限公司	370282	中型	160	股份有限公司	50	县
青岛黄海轮胎厂	370282	中型	171	私营独资	90	其他
青岛锚链股份有限公司	370282	中型	160	股份有限公司	50	县
即墨市热电厂	370282	中型	110	国有	50	县
即墨市电业公司	370282	中型	110	国有	40	地区
胶南市供电公司	370284	中型	110	国有	50	县
青岛天一集团有限公司	370284	中型	159	其他有限责任公司	50	县
青岛晶体元件厂	370284	中型	130	股份合作	50	县
青岛恒源化工有限公司	370284	大型	130	股份合作	50	县
胶南易通热电有限责任公司	370284	中型	159	其他有限责任公司	50	县
胶南市海龙福利板纸有限公司	370284	中型	159	其他有限责任公司	62	镇
青岛泰发集团股份有限公司	370284	大型	160	股份有限公司	62	镇
青岛万德集团股份有限公司	370284	中型	160	股份有限公司	50	县
青岛环球机械股份有限公司	370284	中型	160	股份有限公司	50	县
青岛华海环保工业有限公司	370284	中型	159	其他有限责任公司	50	县
青岛亚东橡机集团有限公司	370284	中型	173	私营有限责任公司	90	其他
青岛现代人热力发展有限公司	370285	中型	160	股份有限公司	50	县
青岛热电集团金莱热电有限公司	370285	中型	159	其他有限责任公司	50	县
莱西市电力工业公司	370285	中型	110	国有	50	县
青岛东方化工集团股份有限公司	370285	中型	160	股份有限公司	50	县
青岛蓝宝石酒业股份有限公司	370285	中型	160	股份有限公司	50	县
青岛九联集团股份有限公司	370285	大型	160	股份有限公司	72	村委会
中国轻骑集团青岛鸿达厂	370283	中型	110	国有	50	县
青岛兴平热电有限公司	370283	中型	159	其他有限责任公司	50	县
平度市电业公司	370283	中型	110	国有	50	县
山东天象集团公司	370283	中型	120	集体	62	镇
平度市鑫汇黄金矿业有限责任公司	370283	中型	110	国有	20	省
青岛大有纺织有限责任公司	370283	中型	159	其他有限责任公司	50	县
山东玻璃总公司	370304	大型	143	国有与集体联营	40	地区
山东淄博交通车轮厂	370303	中型	110	国有	20	省
山东风阳集团股份有限公司	370306	中型	160	股份有限公司	40	地区
山东淄博华光陶瓷股份有限公司	370303	大型	160	股份有限公司	40	地区
山东新华医疗器械集团	370303	大型	160	股份有限公司	40	地区
山东金洋药业有限公司	370302	中型	120	集体	40	地区
山东东大化学工业(集团)公司	370303	大型	110	国有	40	地区
淄博真空设备厂有限公司	370304	中型	173	私营有限责任公司	90	其他
山东齐赛纺织有限现任公司	370303	中型	159	其他有限责任公司	50	县
山东青龙山水泥股份有限公司	370303	中型	160	股份有限公司	40	地区
山东淄博电瓷厂	370302	中型	173	私营有限责任公司	50	县
淄博柴油机厂	370303	中型	110	国有	10	中央
博山区电机厂集团股份有限公司	370304	中型	160	股份有限公司	50	县
淄博丝绸印染厂(天力丝绸公司)	370306	中型	110	国有	20	省
山东红卫电机股份有限公司	370303	中型	110	国有	40	地区
淄博热电股份有限公司	370303	中型	160	股份有限公司	40	地区
山东汽车弹簧厂	370303	中型	110	国有	20	省
山东茂华硅工有限公司(生建水泥)	370303	中型	110	国有	20	省
山东大成农药股份有限公司	370303	大型	160	股份有限公司	40	地区

续表5

法人单位名称	行政区划代码（省地县码）	企业规模含义	注册类型	注册类型含义	隶属关系	隶属关系含义
淄博生建机械厂	370302	中型	110	国有	20	省
淄博面粉厂	370303	中型	110	国有	40	地区
山东机器(集团)有限公司(山东机器厂)	370304	中型	110	国有	10	中央
山东崇正鲁建重型机械有限公司	370304	中型	110	国有	40	地区
淄博齐鲁焊业有限公司	370306	中型	159	其他有限责任公司	50	县
淄博市自来水公司	370303	中型	110	国有	40	地区
山东博山制药有限公司	370304	中型	120	集体	40	地区
山东汽车齿轮总厂	370303	中型	110	国有	20	省
淄博铝厂有限公司	370303	中型	110	国有	50	县
山东金岭铁矿	370303	大型	110	国有	20	省
淄博供电公司	370303	大型	110	国有	10	中央
山东八三炭素厂(生建八三厂)	370306	中型	110	国有	20	省
山东三金玻璃机械集团有限公司	370306	中型	159	其他有限责任公司	50	县
淄博市热力公司	370303	中型	110	国有	40	地区
淄博矿业集团有限责任公司(淄博矿务局)	370302	大型	110	国有	20	省
中国石化集团齐鲁石化公司	370305	大型	110	国有	10	中央
淄博市沣水煤矿	370303	中型	110	国有	50	县
淄博市煤气公司	370303	中型	110	国有	40	地区
华能国际电力股份有限公辛店电厂	370305	中型	110	国有	10	中央
山东铝业公司	370303	大型	110	国有	10	中央
张店钢铁总厂	370303	大型	110	国有	20	省
山东冶金机械厂	370303	中型	110	国有	20	省
兰雁集团股份有限公司	370306	大型	160	股份有限公司	40	地区
淄博市焦化煤气公司	370303	中型	110	国有	40	地区
淄博蓄电池厂(四八一厂)	370303	中型	110	国有	10	中央
中国华能集团公司白杨河电厂	370304	中型	110	国有	10	中央
山东东佳集团	370304	中型	160	股份有限公司	50	县
淄博牵引电机集团有限公司	370303	中型	160	股份有限公司	40	地区
淄博华辰集团总公司(淄川片)	370302	中型	143	国有与集体联营	40	地区
四砂股份有限公司	370303	中型	160	股份有限公司	40	地区
淄博海信电子有限公司	370303	中型	159	其他有限责任公司	50	县
淄博市王庄煤矿	370305	中型	110	国有	50	县
淄博合力化工有限公司	370303	中型	120	集体	40	地区
山东新华医药集团有限责任公司	370303	大型	110	国有	40	地区
淄博宝艺服装有限责任公司	370302	中型	173	私营有限责任公司	90	其他
淄博竹林集团有限公司	370304	中型	120	集体	72	村委会
胜利油田淄博制管有限公司	370303	中型	151	国有独资公司	40	地区
淄博星团纺织有限公司	370305	中型	159	其他有限责任公司	50	县
淄博汽车制造厂	370302	中型	110	国有	20	省
万杰集团公司	370304	大型	159	其他有限责任公司	90	其他
淄博弘扬石油设备有限公司	370302	中型	130	股份合作	50	县
淄博鲁中水泥厂	370302	中型	120	集体	72	村委会
山东金源线缆集团股份有限公司	370302	中型	160	股份有限公司	62	镇
淄博华源集团总公司	370302	中型	120	集体	62	镇
山东淄博绒线厂	370302	中型	130	股份合作	90	其他
山东省淄博市淄川水泥厂	370302	中型	120	集体	72	村委会
淄博镁铝耐火材料厂	370302	中型	120	集体	72	村委会
山东淄博龙泉电厂	370302	中型	120	集体	62	镇

续表6

法人单位名称	行政区划代码（省地县码）	企业规模含义	注册类型	注册类型含义	隶属关系	隶属关系含义
淄博矿务局劳动服务公司	370302	中型	120	集体	20	省
山东宇星工贸公司	370302	中型	130	股份合作	90	其他
淄博金城实业股份有限公司	370302	中型	160	股份有限公司	62	镇
山东张店湖岭水泥公司	370303	中型	120	集体	62	镇
山东电波晶体元器件厂	370303	中型	120	集体	50	县
淄博泰光电力器材厂	370303	中型	130	股份合作	72	村委会
淄博市张店金龙建陶厂	370303	中型	120	集体	72	村委会
淄博市张店区沣水镇煤炭公司	370303	中型	120	集体	62	镇
淄博星辰建筑陶瓷公司	370303	中型	130	股份合作	72	村委会
淄博市亿达社会福利建陶厂	370303	中型	120	集体	72	村委会
淄博市东岳实业总公司建材厂	370303	中型	120	集体	72	村委会
淄博鲁辰建陶厂	370303	中型	120	集体	72	村委会
淄博兴岳建陶厂	370303	中型	120	集体	72	村委会
淄博华美建材厂	370303	中型	120	集体	72	村委会
淄博鲁中建材厂	370303	中型	120	集体	72	村委会
淄博市第二水泥厂	370303	中型	120	集体	72	村委会
淄博市化工设备厂	370303	中型	173	私营有限责任公司	62	镇
淄博工业搪瓷厂	370303	中型	120	集体	62	镇
淄博昌国特种水泥股份有限公司	370303	中型	160	股份有限公司	62	镇
博山区自来水公司	370304	中型	110	国有	50	县
淄博涤纶厂	370304	中型	130	股份合作	90	其他
淄博黑山玻璃有限公司	370304	中型	173	私营有限责任公司	90	其他
博山社会福利颜料化工福颜化工有限公司厂	370304	中型	120	集体	63	乡
淄博高强度螺栓厂	370304	中型	120	集体	63	乡
山东齐鲁增塑剂股份有限公司	370305	中型	160	股份有限公司	50	县
山东天辰股份有限公司	370305	中型	142	集体联营	62	镇
淄博市临淄区化工厂	370305	中型	120	集体	50	县
山东齐丰工贸集团股份有限公司	370305	中型	160	股份有限公司	50	县
山东新风股份有限公司	370305	中型	160	股份有限公司	50	县
山东临淄制药厂	370305	中型	120	集体	50	县
淄博市临淄有机化工股份有限公司	370305	中型	160	股份有限公司	62	镇
淄博市临淄社会福利医药玻璃厂	370305	中型	120	集体	62	镇
淄博市临淄板纸厂	370305	中型	171	私营独资	62	镇
淄博顺达企业集团总公司	370305	中型	120	集体	72	村委会
山东齐峰化轻集团公司	370305	中型	130	股份合作	90	其他
齐鲁塑编(集团)股份有限公司	370305	中型	160	股份有限公司	50	县
山东美陵化工设备股份有限公司	370305	中型	160	股份有限公司	62	镇
淄博市包钢灵芝稀土高科有限公司	370305	中型	159	其他有限责任公司	50	县
山东齐银水泥股份有限公司	370305	中型	310	中外合资经营	50	县
山东曙光集团公司	370305	中型	120	集体	71	居委会
山东赫达股份有限公司	370306	中型	160	股份有限公司	90	其他
山东鲁宝冶金股份有限公司	370306	中型	160	股份有限公司	61	街道
山东海天轻纺股份有限公司	370306	中型	160	股份有限公司	90	其他
淄博鑫耐达耐火材料股份有限公司	370306	中型	160	股份有限公司	90	其他
山东晨龙纸业股份有限公司	370321	中型	160	股份有限公司	62	镇
山东黄河龙酒业集团股份有限公司	370321	中型	160	股份有限公司	50	县
桓台县供电公司	370321	中型	110	国有	50	县
淄博博丰复合肥厂	370321	中型	159	其他有限责任公司	62	镇

续表7

法人单位名称	行政区划代码（省地县码）	企业规模含义	注册类型	注册类型含义	隶属关系	隶属关系含义
山东省桓台县化工厂	370321	中型	160	股份有限公司	62	镇
山东万家园集团股份有限公司	370321	中型	160	股份有限公司	62	镇
山东早春集团股份有限公司	370321	中型	160	股份有限公司	63	乡
山东省淄博蠕墨铸铁股份有限公司	370321	中型	160	股份有限公司	62	镇
淄博特种泵阀有限公司	370321	中型	173	私营有限责任公司	62	镇
淄博轻工机械股份有限公司	370321	中型	160	股份有限公司	50	县
淄博新宇化肥有限公司	370321	中型	159	其他有限责任公司	50	县
山东淄博万象化工有限公司	370321	中型	159	其他有限责任公司	62	镇
山东省贵和纸业集团有限公司	370321	中型	159	其他有限责任公司	50	县
淄博北斗星纺织有限公司	370321	中型	159	其他有限责任公司	50	县
山东万泰纺织有限公司	370402	中型	159	其他有限责任公司	40	地区
山东鲁南机床有限公司	370481	中型	159	其他有限责任公司	40	地区
山东安厦水泥集团有限公司	370402	大型	110	国有	50	县
枣庄内丰集团公司	370402	中型	110	国有	40	地区
枣庄热电公司	370402	中型	110	国有	40	地区
兖矿鲁南化肥厂	370481	大型	110	国有	40	地区
华电国际电力股份有限公司十里泉发电厂	370402	大型	340	外商投资股份有限公司	20	省
枣庄矿业集团有限责任公司	370403	大型	151	国有独资公司	20	省
枣庄泉兴矿业有限公司	370481	中型	159	其他有限责任公司	40	地区
枣庄供电公司	370402	中型	110	国有	10	中央
山东鲁南水泥有限公司	370481	中型	159	其他有限责任公司	10	中央
山东东方工艺品股份有限公司	370404	中型	160	股份有限公司	50	县
山东枣庄翔豹制衣有限公司	370402	中型	159	其他有限责任公司	40	地区
山东鲁南牧工商联合公司肉联厂	370481	中型	120	集体	63	乡
山东丰源煤电股份有限公司	370481	大型	160	股份有限公司	50	县
枣庄市市中区永安水泥厂	370402	中型	171	私营独资	90	其他
山东神工化工股份有限公司	370403	中型	160	股份有限公司	90	其他
山东顺兴水泥股份有限公司	370403	中型	160	股份有限公司	90	其他
山东华众纸业有限公司	370403	大型	310	中外合资经营	50	县
山东榴园水泥有限公司	370404	大型	159	其他有限责任公司	50	县
山东万通纸业总公司	370405	中型	110	国有	50	县
台儿庄区水泥有限公司	370405	中型	159	其他有限责任公司	50	县
山东石大科技有限公司	370501	中型	159	其他有限责任公司	40	地区
东营市化工厂	370502	中型	159	其他有限责任公司	40	地区
东营电业局	370501	中型	110	国有	40	地区
东营人造板厂	370501	中型	110	国有	40	地区
胜利油田大明集团股份有限公司	370501	大型	160	股份有限公司	90	其他
胜利油田东胜精攻石油开发集团有限公司	370501	中型	159	其他有限责任公司	90	其他
胜利高原有限公司	370502	中型	310	中外合资经营	40	地区
东营市天信纺织有限公司	370502	大型	159	其他有限责任公司	40	地区
东营市海科化学工业有限责任公司	370502	中型	159	其他有限责任公司	50	县
山东垦利石化有限责任公司	370521	大型	159	其他有限责任公司	50	县
山东省垦利县化肥厂	370521	中型	110	国有	50	县
万达集团股份有限公司	370521	大型	160	股份有限公司	62	镇
山东胜通集团股份有限公司	370521	中型	160	股份有限公司	62	镇
东营市东辰集团有限公司	370521	中型	159	其他有限责任公司	62	镇
山东华星石油化工集团有限公司	370523	中型	159	其他有限责任公司	90	其他
山东金岭集团公司	370523	中型	120	集体	62	镇

续表 8

法人单位名称	行政区划代码（省地县码）	企业规模含义	注册类型	注册类型含义	隶属关系	隶属关系含义
东营市圣源油脂加工有限责任公司	370523	中型	120	集体	50	县
华泰集团有限公司	370523	大型	159	其他有限责任公司	90	其他
山东大海集团有限公司	370523	大型	159	其他有限责任公司	90	其他
山东半球面粉有限公司	370523	中型	159	其他有限责任公司	90	其他
山东省广饶县植物油厂	370523	中型	159	其他有限责任公司	90	其他
东营市恒丰橡塑有限公司	370523	中型	173	私营有限责任公司	90	其他
东营市金宇轮胎厂	370523	大型	120	集体	62	镇
山东华鹏包装有限公司	370523	中型	159	其他有限责任公司	90	其他
广饶县盐化工业集团总公司	370523	中型	110	国有	50	县
东营市华誉实业集团有限公司	370523	中型	159	其他有限责任公司	90	其他
山东省广饶县石油助剂厂	370523	中型	120	集体	62	镇
山东正和集团股份有限公司	370523	大型	160	股份有限公司	90	其他
广饶县电业公司	370523	中型	110	国有	50	县
信义集团公司	370523	中型	120	集体	62	镇
烟台第二机床附件厂	370613	中型	110	国有	40	地区
烟台富野机械有限公司	370602	中型	159	其他有限责任公司	40	地区
烟台万华合成革集团有限公司	370602	大型	151	国有独资公司	40	地区
中国水产烟台海洋渔业公司水产食品加工厂	370602	中型	110	国有	10	中央
烟台铣床附件厂	370602	中型	110	国有	40	地区
烟台制革有限责任公司	370602	中型	159	其他有限责任公司	40	地区
山东省烟台市水产供销公司	370602	中型	110	国有	40	地区
烟台市自来水公司	370602	中型	110	国有	40	地区
烟台益丰灯芯绒有限公司	370602	中型	159	其他有限责任公司	40	地区
山东省三环锁业集团公司	370602	大型	159	其他有限责任公司	40	地区
烟台凯联化工有限公司	370602	中型	159	其他有限责任公司	40	地区
烟台氯碱厂	370602	中型	120	集体	40	地区
烟台信达包装器材有限公司	370602	中型	159	其他有限责任公司	10	中央
烟台供电公司	370602	大型	110	国有	10	中央
烟台北极星国有控股有限公司	370602	中型	141	国有联营	40	地区
烟台鲁宝钢管有限责任公司	370602	中型	159	其他有限责任公司	10	中央
烟台市管道煤气公司	370602	中型	110	国有	40	地区
山东烟台钢管总厂	370602	中型	110	国有	20	省
烟台冰轮集团有限公司	370602	大型	151	国有独资公司	40	地区
山东绿叶制药股份有限公司	370613	中型	160	股份有限公司	90	其他
烟台沃森五金有限公司	370602	中型	159	其他有限责任公司	50	县
烟台市电缆厂	370602	中型	120	集体	71	居委会
烟台市金鹏精密针业有限公司	370602	中型	159	其他有限责任公司	90	其他
烟台六塑产业有限公司	370602	中型	159	其他有限责任公司	50	县
烟台市风机厂	370602	中型	120	集体	71	居委会
烟台只楚药业有限公司	370602	中型	120	集体	71	居委会
烟台市建设机机械厂	370613	中型	130	股份合作	61	街道
烟台婴儿乐集团公司	370602	中型	110	国有	50	县
烟台市金河实业有限公司	370611	中型	159	其他有限责任公司	40	地区
烟台市福山区电业公司	370611	中型	110	国有	50	县
蓬莱兴华工业有限公司	370684	中型	159	其他有限责任公司	90	其他
蓬莱市大柳行金矿	370684	中型	120	集体	50	县
蓬莱市聚鑫电器有限公司	370684	中型	159	其他有限责任公司	90	其他
蓬莱市福鑫橡塑有限公司	370684	中型	190	其他内资	90	其他

续表 9

法人单位名称	行政区划代码（省地县码）	企业规模含义	注册类型	注册类型含义	隶属关系	隶属关系含义
蓬莱市电业公司	370684	中型	110	国有	50	县
山东振龙集团公司	370684	中型	160	股份有限公司	63	乡
蓬莱得宝新光源灯饰有限公司	370684	中型	210	与港澳台商合资经营	63	乡
蓬莱金创集团公司	370684	中型	120	集体	50	县
蓬莱市蓬龙水泥有限公司	370684	中型	159	其他有限责任公司	90	其他
山东蔚阳集团有限公司	370684	中型	160	股份有限公司	63	乡
山东九顶集团公司	370684	中型	160	股份有限公司	63	乡
山东京蓬生物药业有限公司	370684	中型	160	股份有限公司	63	乡
山东芝山集团有限公司	370684	中型	171	私营独资	90	其他
蓬莱市晨光五金集团有限公司	370684	中型	173	私营有限责任公司	90	其他
山东蓬泰特种漆包线有限公司	370684	中型	210	与港澳台商合资经营	63	乡
蓬莱磐龙水泥有限公司	370684	中型	160	股份有限公司	90	其他
烟台长城水泥有限公司	370684	中型	174	私营有限股份公司	90	其他
蓬莱市中海水泥有限公司	370684	中型	173	私营有限责任公司	90	其他
蓬莱万寿机械有限公司	370684	中型	159	其他有限责任公司	90	其他
招远市金昶集团公司	370685	中型	120	集体	63	乡
山东永嘉缸盖集团公司	370685	中型	120	集体	63	乡
招远市酿酒厂	370685	中型	110	国有	50	县
招远市鹰轮机械有限公司	370685	中型	159	其他有限责任公司	63	乡
招远市针织厂有限公司	370685	中型	159	其他有限责任公司	50	县
招远市清韵家纺有限公司	370685	中型	159	其他有限责任公司	50	县
招远市供电公司	370685	大型	110	国有	50	县
山东省锦绣家用纺织品有限公司	370685	中型	159	其他有限责任公司	50	县
招远市七六一有限责任公司	370685	中型	159	其他有限责任公司	50	县
招远市化工总厂	370685	中型	120	集体	50	县
山东招金集团公司	370685	大型	110	国有	50	县
山东金峰五金琐业有限公司	370685	中型	159	其他有限责任公司	50	县
山东玲珑橡胶有限公司	370685	大型	159	其他有限责任公司	50	县
山东金辉集团公司	370685	中型	120	集体	63	乡
山东鲁鑫贵金属集团公司	370685	中型	120	集体	50	县
山东力源集团有限公司	370685	中型	159	其他有限责任公司	50	县
山东鸿福集团公司	370685	中型	120	集体	72	村委会
招远市玲珑橡胶助剂总厂	370685	中型	171	私营独资	90	其他
山东河西黄金矿业集团公司	370685	中型	120	集体	63	乡
招远康泰工业集团公司	370685	中型	120	集体	50	县
招远市膜天集团有限公司	370685	中型	159	其他有限责任公司	50	县
栖霞市银云活塞液压件有限公司	370686	中型	159	其他有限责任公司	50	县
栖霞市供电公司	370686	中型	110	国有	20	省
山东野夼集团公司	370686	中型	120	集体	72	村委会
栖霞市金兴矿业公司	370686	中型	110	国有	50	县
烟台市塔峰实业有限公司	370686	中型	173	私营有限责任公司	90	其他
山东省栖霞市服装集团公司	370686	中型	120	集体	50	县
山东德棉集团栖霞棉纺有限公司	370686	中型	141	国有联营	50	县
烟台白洋河酿酒有限责任公司	370686	中型	159	其他有限责任公司	50	县
烟台胶东水泥有限公司	370686	中型	173	私营有限责任公司	90	其他
海阳市电业公司	370687	中型	110	国有	50	县
方圆集团	370687	大型	159	其他有限责任公司	63	乡
山东众冶集团公司	370687	中型	120	集体	72	村委会

续表 10

法人单位名称	行政区划代码（省地县码）	企业规模含义	注册类型	注册类型含义	隶属关系	隶属关系含义
海阳华源有限公司	370687	中型	159	其他有限责任公司	50	县
海阳日月五金有限公司	370687	中型	159	其他有限责任公司	50	县
山东富尔达空调设备有限公司	370687	中型	173	私营有限责任公司	90	其他
烟台银河纺织有限公司	370612	中型	159	其他有限责任公司	50	县
烟台隆达纸业有限公司	370612	中型	310	中外合资经营	50	县
烟台海德建筑工程机械厂	370612	中型	120	集体	72	村委会
烟台市工业炉厂	370612	中型	120	集体	72	村委会
山东出口商品基地建设分公司牟平冷藏厂	370612	中型	120	集体	72	村委会
烟台市牟平金矿	370612	中型	110	国有	50	县
山东富海实业股份有限公司铝业分公司	370612	中型	160	股份有限公司	90	其他
烟台市牟平丝绸厂	370612	中型	110	国有	50	县
烟台海德机床厂	370612	中型	120	集体	72	村委会
烟台市牟平区电业集团公司	370612	中型	110	国有	50	县
潍坊巨龙纺织有限公司	370705	中型	159	其他有限责任公司	40	地区
山东海化集团潍坊水泥厂	370702	中型	110	国有	40	地区
山东新华印刷厂潍坊厂	370705	中型	110	国有	20	省
山东省潍坊生建集团	370702	中型	110	国有	20	省
山东潍坊拖拉机厂集团有限公司	370705	中型	159	其他有限责任公司	40	地区
青岛啤酒（潍坊）有限公司	370705	中型	159	其他有限责任公司	40	地区
潍坊柴油机厂	370705	大型	110	国有	20	省
山东潍棉纺织有限公司	370705	中型	159	其他有限责任公司	40	地区
潍坊市自来水总公司	370705	中型	110	国有	40	地区
山东潍坊发电厂	370705	大型	110	国有	20	省
潍坊北大青鸟华光科技股份有限公司	370705	中型	160	股份有限公司	40	地区
潍坊市煤气总公司	370705	中型	110	国有	40	地区
山东海龙股份有限公司	370703	大型	160	股份有限公司	40	地区
山东拳王集团实业有限公司	370702	中型	159	其他有限责任公司	50	县
山东海化集团有限公司	370783	大型	151	国有独资公司	40	地区
潍坊弘润石化助剂有限公司	370781	中型	159	其他有限责任公司	40	地区
山东沃华医药科技股份有限公司	370702	中型	160	股份有限公司	40	地区
山东海化天合有机化工有限公司	370705	中型	159	其他有限责任公司	40	地区
潍坊钢铁集团公司	370705	大型	120	集体	50	县
潍坊第六棉纺织厂	370705	中型	120	集体	72	村委会
潍坊市广潍进口汽车修理厂	370705	中型	160	股份有限公司	61	街道
山东耶莉娅服装集团总公司	370702	中型	120	集体	72	村委会
山东金宝集团总公司	370705	中型	120	集体	72	村委会
潍坊扬帆机械股份有限公司	370702	中型	159	其他有限责任公司	50	县
潍坊市寒亭区供电公司	370703	中型	110	国有	20	省
河北宣工福田重工有限公司潍坊农业装备分公司	370704	中型	160	股份有限公司	50	县
安丘瑞贝轻工机械有限公司	370784	中型	159	其他有限责任公司	50	县
安丘市同力服装有限责任公司	370784	中型	159	其他有限责任公司	50	县
山东华源蓝天纸业有限公司	370784	中型	159	其他有限责任公司	50	县
安丘市热电厂	370784	中型	151	国有独资公司	50	县
安丘市供电公司	370784	中型	110	国有	50	县
安丘市外贸食品有限责任公司	370784	中型	159	其他有限责任公司	50	县
安丘市鲁安药业有限责任公司	370784	中型	159	其他有限责任公司	50	县
潍坊三丰钢管有限责任公司	370784	中型	171	私营独资	90	其他
山东景芝集团有限公司	370784	中型	151	国有独资公司	50	县

续表11

法人单位名称	行政区划代码（省地县码）	企业规模含义	注册类型	注册类型含义	隶属关系	隶属关系含义
山东寿光巨能电力集团有限公司	370783	大型	110	国有	50	县
山东墨龙石油机械股份有限公司	370783	中型	120	集体	63	乡
寿光市嘉信纺织有限公司	370783	中型	120	集体	63	乡
山东莱央子盐场	370783	中型	110	国有	20	省
山东红仙霞服装有限公司	370783	中型	120	集体	50	县
寿光市新龙电化有限责任公司	370783	中型	120	集体	50	县
山东圣海集团公司	370783	中型	120	集体	63	乡
山东金河纺织集团有限公司	370783	中型	160	股份有限公司	90	其他
山东千榕家纺有限公司	370783	中型	120	集体	50	县
鲁丽集团有限公司	370783	大型	120	集体	90	其他
寿光富康制药有限公司	370783	中型	190	其他内资	50	县
寿光市银宝橡胶工业有限公司	370783	中型	171	私营独资	90	其他
山东凯马汽车制造有限公司	370783	中型	159	其他有限责任公司	50	县
山东联盟化工集团有限公司	370783	大型	190	其他内资	50	县
山东寿光健元春有限公司	370783	中型	159	其他有限责任公司	90	其他
潍坊广华集团总公司	370724	中型	110	国有	50	县
山东秦池酒业有限公司	370724	中型	159	其他有限责任公司	50	县
山东万豪纸业集团股份有限公司	370724	中型	160	股份有限公司	50	县
潍坊市临朐焦化热力集团公司	370724	中型	159	其他有限责任公司	50	县
山东临朐制丝有限公司	370724	中型	159	其他有限责任公司	20	省
山东省潍坊市五井煤矿	370724	中型	110	国有	40	地区
临朐县第一棉纺织有限公司	370724	中型	159	其他有限责任公司	50	县
山东气缸套股份有限公司	370724	中型	160	股份有限公司	50	县
山东临朐胜潍特种水泥有限公司	370724	中型	141	国有联营	50	县
山东昌乐矿山机械总厂有限公司	370725	中型	159	其他有限责任公司	50	县
潍坊朱刘煤矿有限公司	370725	中型	159	其他有限责任公司	40	地区
山东江海麦芽有限公司	370725	中型	160	股份有限公司	63	乡
昌乐县供电公司	370725	中型	110	国有	50	县
山东乐化集团有限公司	370725	大型	160	股份有限公司	90	其他
潍坊汇源实业有限公司	370725	中型	173	私营有限责任公司	90	其他
山东海化集团潍坊振兴焦化有限公司	370725	大型	173	私营有限责任公司	40	地区
昌邑市利得尔工艺品有限公司	370786	中型	159	其他有限责任公司	50	县
山东昌邑石化有限公司	370786	中型	159	其他有限责任公司	50	县
山东昌邑美尔雅巾被有限责任公司	370786	中型	160	股份有限公司	50	县
昌邑市牧工商集团总公司	370786	中型	159	其他有限责任公司	50	县
昌邑市永富弹簧有限公司	370786	中型	173	私营有限责任公司	90	其他
昌邑市第三棉纺厂	370786	中型	120	集体	72	村委会
山东昌邑灶户盐化有限公司	370786	中型	159	其他有限责任公司	50	县
昌邑市供电公司	370786	中型	110	国有	50	县
昌邑盐业公司	370786	中型	110	国有	20	省
山东三得利纺织服装集团有限责任公司	370786	中型	120	集体	62	镇
山东后官集团公司	370786	中型	173	私营有限责任公司	90	其他
潍坊鲁邑橡胶制品有限公司	370786	中型	160	股份有限公司	90	其他
山东新昌肉食有限责任公司	370786	中型	159	其他有限责任公司	50	县
昌邑大富实业有限责任公司	370786	中型	173	私营有限责任公司	90	其他
昌邑市鸿程铸造有限公司	370786	中型	173	私营有限责任公司	90	其他
孚日家纺股份有限公司	370785	大型	160	股份有限公司	90	其他
高密春雨机械有限公司	370785	中型	159	其他有限责任公司	90	其他

续表12

法人单位名称	行政区划代码（省地县码）	企业规模含义	注册类型	注册类型含义	隶属关系	隶属关系含义
山东高密高锻机械有限公司	370785	中型	159	其他有限责任公司	90	其他
高密市华优精密铸造有限公司	370785	中型	173	私营有限责任公司	90	其他
山东高密大昌纺织有限公司	370785	中型	159	其他有限责任公司	90	其他
山东长盛泰玻璃制品有限公司	370785	中型	159	其他有限责任公司	90	其他
高密市供电公司	370785	大型	110	国有	50	县
山东高天实业股份有限公司	370785	中型	160	股份有限公司	90	其他
山东省高密高源企业集团公司	370785	中型	110	国有	50	县
山东天达生物制药股份有限公司	370785	中型	160	股份有限公司	90	其他
山东高密银鹰化纤股份有限公司	370785	大型	160	股份有限公司	90	其他
山东泰山民爆器材有限公司	371121	中型	159	其他有限责任公司	50	县
五莲县供电公司	371121	中型	110	国有	50	县
山东山狮钢球有限公司	371121	中型	159	其他有限责任公司	50	县
山东省五莲县顺达机械有限公司	371121	中型	160	股份有限公司	62	镇
五莲县减震器有限公司	371121	中型	159	其他有限责任公司	50	县
山东五征农用车有限公司	371121	中型	159	其他有限责任公司	50	县
山东省五莲县银河酒业集团	371121	中型	110	国有	50	县
五莲县阳光热电有限公司	371121	中型	159	其他有限责任公司	50	县
山东宝山矿业有限公司	371121	中型	110	国有	50	县
山东华龙纺织有限公司	371121	大型	159	其他有限责任公司	50	县
山东遨游制动器集团总厂	371121	中型	159	其他有限责任公司	63	乡
五莲县锦良工艺品有限公司	371121	中型	159	其他有限责任公司	50	县
济宁圣城化工实验有限责任公司	370811	中型	159	其他有限责任公司	40	地区
济宁华一轻工机械有限公司	370801	中型	159	其他有限责任公司	40	地区
济宁远征电源有限责任公司	370801	中型	159	其他有限责任公司	40	地区
山东济宁车轮厂	370802	中型	110	国有	40	地区
济宁博特精密丝杠制造有限公司	370802	中型	160	股份有限公司	40	地区
济宁精益轴承有限公司	370801	中型	159	其他有限责任公司	40	地区
山东山矿机械有限公司	370802	中型	159	其他有限责任公司	40	地区
华能国际电力股份有限公司济宁电厂	370802	中型	340	外商投资股份有限公司	10	中央
济宁供电公司	370801	大型	110	国有	10	中央
山东塑料制品实验厂	370802	中型	120	集体	20	省
山东民生煤化有限公司	370802	大型	160	股份有限公司	40	地区
济宁市煤气公司	370802	中型	110	国有	40	地区
济宁市东郊热电厂	370801	中型	110	国有	40	地区
济宁市供水集团	370802	中型	110	国有	40	地区
山推工程机械股份有限公司	370801	大型	160	股份有限公司	20	省
山东鲁抗医药集团有限公司	370802	大型	159	其他有限责任公司	40	地区
山东济兴医化（集团）有限责任公司	370811	中型	159	其他有限责任公司	62	镇
山东樱花纺织集团有限公司	370802	大型	159	其他有限责任公司	40	地区
济宁樱花五金制品有限公司	370802	中型	173	私营有限责任公司	71	居委会
菱花集团公司	370801	大型	120	集体	62	镇
山东德昌集团总公司	370811	中型	120	集体	62	镇
山东拖拉机厂	370882	大型	110	国有	40	地区
山东兖州雪花淀粉有限公司	370882	中型	173	私营有限责任公司	90	其他
青岛钢铁集团兖州市焦化厂	370882	中型	110	国有	50	县
兖州市热电厂	370882	中型	173	私营有限责任公司	62	镇
山东省兖州市大统矿业有限公司	370882	中型	159	其他有限责任公司	50	县
兖州市明月化工有限公司	370882	中型	160	股份有限公司	50	县

续表 13

法人单位名称	行政区划代码（省地县码）	企业规模含义	注册类型	注册类型含义	隶属关系	隶属关系含义
山东兴隆纸业有限公司	370882	中型	159	其他有限责任公司	62	镇
山东大丰机械有限公司	370882	中型	173	私营有限责任公司	90	其他
山东兖州市热电公司	370882	中型	120	集体	50	县
兖矿集团有限公司	370883	大型	160	股份有限公司	20	省
山东鲁南铁合金总厂	370883	中型	110	国有	90	其他
山东峄山化工集团有限公司	370883	大型	159	其他有限责任公司	50	县
邹城市供电公司	370883	中型	110	国有	50	县
燕京啤酒(山东无名)股份有限公司	370883	中型	160	股份有限公司	50	县
邹城市织布股份有限公司	370883	中型	160	股份有限公司	50	县
邹城市鸿雁集团公司	370883	中型	159	其他有限责任公司	90	其他
邹城市开来化工制造有限责任公司	370883	中型	110	国有	50	县
微山县供电公司	370826	中型	110	国有	50	县
山东省微山县酿酒厂	370826	中型	110	国有	50	县
山东昊福集团有限公司	370826	中型	159	其他有限责任公司	61	街道
山东省微山湖矿业集团有限公司	370826	中型	160	股份有限公司	50	县
山东省七五生建煤矿	370826	中型	110	国有	20	省
山东省岱庄生建煤矿	370826	中型	110	国有	20	省
山东霓红王电子有限公司	370826	中型	159	其他有限责任公司	61	街道
山东微山崔庄煤矿有限责任公司	370826	中型	159	其他有限责任公司	50	县
山东省鲁王集团总公司	370827	中型	130	股份合作	62	镇
鱼台县供电公司	370827	中型	110	国有	50	县
山东省金曼克电气集团股份有限公司	370828	中型	340	外商投资股份有限公司	50	县
山东省金贵集团	370828	中型	110	国有	50	县
金乡县供电局	370828	中型	110	国有	50	县
嘉祥县嘉冠油脂化工有限公司	370829	中型	130	股份合作	50	县
山东祥酒厂	370829	中型	130	股份合作	50	县
嘉祥县棉麻公司	370829	中型	120	集体	50	县
鲁祥铜业集团	370829	中型	120	集体	62	镇
嘉祥县电力局	370829	中型	110	国有	50	县
山东精良机械有限公司	370830	中型	159	其他有限责任公司	50	县
山东省汶上县供电局	370830	中型	110	国有	50	县
山东凤凰纺织集团公司	370830	大型	110	国有	50	县
泗水县供电公司	370831	中型	110	国有	50	县
泰安市自来水公司	370901	中型	110	国有	40	地区
山东煤矿泰安机械厂	370901	中型	110	国有	20	省
泰安起重机械厂	370901	中型	110	国有	20	省
泰山集团股份有限公司	370901	中型	160	股份有限公司	40	地区
泰安岳首工程机械集团有限公司	370902	中型	173	私营有限责任公司	90	其他
泰安五岳专用汽车有限公司	370901	中型	110	国有	40	地区
泰安阳光矿业集团有限责任公司	370982	中型	151	国有独资公司	40	地区
泰安市宏康机械制造有限公司	370903	中型	173	私营有限责任公司	90	其他
泰安特种车制造厂	370901	中型	110	国有	40	地区
山东省生建摩托车发动机厂	370901	中型	110	国有	20	省
山东省泰安市装载机厂	370902	中型	173	私营有限责任公司	90	其他
泰安工程机械总厂	370902	中型	120	集体	72	村委会
山东宝来利来生物工程股份有限公司	370902	中型	173	私营有限责任公司	90	其他
山东岱银纺织集团股份有限公司	370902	大型	160	股份有限公司	50	县
山东新华机器厂	370902	中型	110	国有	50	县

续表 14

法人单位名称	行政区划代码（省地县码）	企业规模含义	注册类型	注册类型含义	隶属关系	隶属关系含义
山东鼎力股份有限公司	370903	中型	160	股份有限公司	90	其他
山东省飞达化工科技有限公司	370921	中型	159	其他有限责任公司	50	县
宁阳正大煤业有限公司	370921	中型	159	其他有限责任公司	50	县
山东华宁矿业有限公司	370921	中型	159	其他有限责任公司	50	县
山东省华阳农药化工集团有限公司	370921	大型	159	其他有限责任公司	50	县
山东省天和纸业有限公司	370921	中型	159	其他有限责任公司	63	乡
宁阳县供电公司	370921	中型	110	国有	50	县
山东省宁阳县水泥厂	370921	中型	120	集体	63	乡
山东海化魁星化工有限公司	370921	中型	159	其他有限责任公司	50	县
山东金阳矿业集团有限公司	370921	中型	159	其他有限责任公司	63	乡
泰山水泥有限公司	370921	中型	159	其他有限责任公司	63	乡
肥城鲁泰建材有限公司	370983	中型	159	其他有限责任公司	50	县
肥城银宝食品有限公司	370983	中型	173	私营有限责任公司	50	县
肥城市印刷厂	370983	中型	110	国有	50	县
肥城矿业集团有限责任公司	370983	大型	151	国有独资公司	20	省
山东泰鹏集团有限公司	370983	中型	159	其他有限责任公司	50	县
肥城市万灵山水泥有限公司	370983	中型	159	其他有限责任公司	90	其他
山东泰山轮胎厂	370983	中型	159	其他有限责任公司	50	县
山东聚源煤矿集团有限公司	370983	中型	110	国有	50	县
山东省肥城市化肥厂	370983	大型	110	国有	50	县
山东隆源集团有限公司	370983	中型	159	其他有限责任公司	50	县
山东肥城精制盐厂	370983	中型	110	国有	50	县
肥城市供电公司	370983	中型	110	国有	50	县
山东省傲饰集团有限公司	370983	中型	120	集体	50	县
济南钢铁集团石横特殊钢厂	370983	中型	110	国有	90	其他
山东鲁龙机械工业有限公司	370983	中型	173	私营有限责任公司	90	其他
东平金利建材工业公司	370923	中型	110	国有	50	县
山东东岳橡胶制品有限公司	370923	中型	159	其他有限责任公司	50	县
山东瑞星化工有限公司	370923	大型	173	私营有限责任公司	50	县
山东九鑫机械工具有限公司	370923	中型	173	私营有限责任公司	50	县
东平县供电公司	370923	中型	110	国有	50	县
东平县光大油脂厂	370923	中型	130	股份合作	50	县
威海鑫山冶金有限公司	371083	中型	160	股份有限公司	40	地区
威海武岭爆破器材有限公司	371001	中型	159	其他有限责任公司	40	地区
威海皓菲服装有限责任公司	371001	中型	159	其他有限责任公司	40	地区
威海热电厂	371001	大型	110	国有	40	地区
威海市金猴集团有限责任公司	371001	中型	159	其他有限责任公司	40	地区
山东中威橡胶厂	371001	中型	159	其他有限责任公司	40	地区
威海山花地毯集团有限公司	371001	中型	159	其他有限责任公司	40	地区
威海市山海皮业有限公司	371001	中型	120	集体	40	地区
威海海马集团公司	371001	中型	120	集体	40	地区
威海外贸富泉服装厂	371001	中型	120	集体	40	地区
山东蓝星玻璃(集团)有限公司	371001	大型	159	其他有限责任公司	40	地区
威海光威渔具有限公司	371003	大型	159	其他有限责任公司	61	街道
山东双轮集团有限公司	371001	中型	160	股份有限公司	40	地区
三角集团有限公司	371001	大型	151	国有独资公司	40	地区
威海华羽服装有限公司	371001	中型	159	其他有限责任公司	40	地区
威海七八一工厂	371004	中型	130	股份合作	40	地区

续表15

法人单位名称	行政区划代码（省地县码）	企业规模含义	注册类型	注册类型含义	隶属关系	隶属关系含义
星王集团有限公司	371004	中型	120	集体	40	地区
山东崮山水产集团公司	371004	中型	120	集体	40	地区
威海市宇王水产有限公司	371002	中型	159	其他有限责任公司	50	县
山东孙家疃水产集团公司	371002	中型	120	集体	62	镇
山东省威海船厂	371001	中型	110	国有	20	省
山东工友集团股份有限公司	371002	大型	160	股份有限公司	90	其他
威海市侨乡集团股份有限公司	371002	中型	120	集体	61	街道
山东望岛集团公司	371002	中型	120	集体	61	街道
威海康泉食品集团公司	371002	中型	120	集体	62	镇
威海金马笔业有限公司	371002	中型	160	股份有限公司	50	县
威海羊亭水产总公司	371002	中型	120	集体	62	镇
威海兴威工业集团公司	371002	中型	120	集体	62	镇
山东金泉服装有限公司	371002	中型	120	集体	62	镇
威海恒宇工业集团公司	371003	中型	159	其他有限责任公司	61	街道
威海鑫泉集团公司	371002	中型	120	集体	62	镇
乳山市曙光啤酒有限公司	371083	中型	130	股份合作	62	镇
山东华冠丝绸有限公司	371083	中型	110	国有	20	省
青岛东方化工集团乳山化肥有限公司	371083	中型	130	股份合作	50	县
山东笙歌公司	371083	中型	120	集体	50	县
山东海大集团公司	371083	中型	110	国有	50	县
山东乳山黄海花生制品厂	371083	中型	110	国有	50	县
乳山市造船厂	371083	中型	130	股份合作	50	县
乳山市电业总公司	371083	中型	110	国有	50	县
山东金洲矿业集团有限公司	371083	中型	110	国有	50	县
乳山市热电厂	371083	中型	110	国有	50	县
山东乳山工艺品工业公司	371083	中型	130	股份合作	50	县
烟台三环集团乳山双连有限公司	371083	中型	159	其他有限责任公司	50	县
威海市丝针织工业公司	371083	中型	120	集体	50	县
乳山威美食品限责任公司	371083	中型	130	股份合作	50	县
山东乳山玉龙车辆有限公司	371083	中型	160	股份有限公司	62	镇
乳山市谷山电机有限公司	371083	中型	160	股份有限公司	50	县
山东铃兰味精工业公司	371081	中型	130	股份合作	50	县
山东省文登市昆俞花生制品厂	371081	中型	130	股份合作	50	县
威海昆嵛啤酒厂	371081	中型	130	股份合作	50	县
山东省艺达有限公司	371081	中型	160	股份有限公司	50	县
文登市制革厂	371081	大型	120	集体	50	县
山东同大有限公司	371081	中型	159	其他有限责任公司	50	县
威海市艺源绣业集团有限公司	371081	中型	120	集体	50	县
文登市大方水泥厂	371081	中型	110	国有	50	县
山东曲轴总厂	371081	大型	110	国有	50	县
文登市电机厂	371081	中型	110	国有	50	县
宏安集团有限公司	371081	大型	120	集体	61	街道
山东省文登市二轻机械厂	371081	中型	120	集体	62	镇
文登市口子橡胶厂	371081	中型	120	集体	62	镇
文登市口子建材厂	371081	中型	120	集体	90	其他
文登市前岛渔业公司	371081	中型	120	集体	62	镇
山东庆顺渔业股份有限公司	371081	中型	160	股份有限公司	62	镇
文登市小观水泥厂	371081	中型	120	集体	62	镇

续表16

法人单位名称	行政区划代码（省地县码）	企业规模含义	注册类型	注册类型含义	隶属关系	隶属关系含义
威海固恒建筑机械厂	371081	中型	120	集体	62	镇
山东省文登市建筑机械厂	371081	中型	120	集体	62	镇
山东省文登市啤酒厂	371081	中型	120	集体	62	镇
山东省文登市车辆总厂	371081	中型	120	集体	62	镇
文登市第一通用机械厂	371081	中型	120	集体	62	镇
文登市大水泊冶炼厂	371081	中型	120	集体	62	镇
文登市电业总公司	371081	大型	110	国有	50	县
文登市皮革皮件厂	371081	中型	120	集体	62	镇
山东省航天发泡剂总厂	371081	中型	130	股份合作	50	县
文登市泽库镇第四渔业公司	371081	中型	120	集体	62	镇
文登市泽库镇第二渔业公司	371081	中型	120	集体	62	镇
文登市泽库镇渔业总公司	371081	中型	120	集体	62	镇
山东省文登市建设机械厂	371081	中型	120	集体	62	镇
文登市出口礼花厂	371081	中型	120	集体	62	镇
山东威达机床工具集团总公司	371081	中型	159	其他有限责任公司	62	镇
山东云龙绣品工业公司	371081	大型	120	集体	50	县
威海金通实业有限公司	371002	中型	210	与港澳台商合资经营	62	镇
威海市齐全木机集团有限公司	371002	中型	159	其他有限责任公司	90	其他
文登市化肥厂	371081	中型	130	股份合作	50	县
威海万丰建筑机械厂	371081	中型	120	集体	62	镇
文登市金洋乳品（集团）有限公司	371081	中型	160	股份有限公司	62	镇
山东力象实业有限公司	371081	中型	159	其他有限责任公司	62	镇
文登三峰轮胎有限公司	371081	中型	110	国有	50	县
威海申威药业有限公司	371081	中型	159	其他有限责任公司	61	街道
威海恒大电机集团公司	371081	中型	120	集体	62	镇
荣成市沟姜家渔业公司	371082	中型	120	集体	72	村委会
山东蚧口渔业集团有限公司	371082	中型	159	其他有限责任公司	71	居委会
荣成市兴达塑料制品有限公司	371082	中型	130	股份合作	50	县
荣成市黄海造船有限公司	371082	中型	159	其他有限责任公司	50	县
荣成市橡胶厂	371082	大型	160	股份有限公司	50	县
山东崖头集团实业有限公司	371082	中型	159	其他有限责任公司	72	村委会
荣成市造船工业有限公司	371082	中型	159	其他有限责任公司	50	县
荣成市石岛捕捞公司	371082	中型	120	集体	63	乡
山东石岛水产供销集团总公司	371082	中型	159	其他有限责任公司	50	县
荣成市牧云庵渔业公司	371082	中型	120	集体	63	乡
山东荣成高虹电力集团总公司	371082	大型	110	国有	50	县
山东恒力虎山机械科技有限责任公司	371082	中型	160	股份有限公司	63	乡
荣成市礼村渔业总公司	371082	中型	120	集体	72	村委会
荣成市河口渔业公司	371082	中型	120	集体	72	村委会
荣成市青鱼滩渔业公司	371082	中型	120	集体	72	村委会
荣成市峰富橡胶厂	371082	中型	120	集体	63	乡
山东斥山水产集团有限公司	371082	大型	120	集体	63	乡
荣成市化工总厂有限公司	371082	中型	160	股份有限公司	50	县
荣成市双象橡胶集团	371082	中型	160	股份有限公司	50	县
荣成市石岛镇张家渔工商公司	371082	中型	120	集体	72	村委会
荣成市通利企业集团总公司	371082	中型	120	集体	63	乡
荣成市石岛明泰渔业有限公司	371082	中型	120	集体	63	乡
西霞口集团有限公司	371082	中型	159	其他有限责任公司	72	村委会

续表17

法人单位名称	行政区划代码（省地县码）	企业规模含义	注册类型	注册类型含义	隶属关系	隶属关系含义
山东大鱼岛集团造船有限公司	371082	中型	120	集体	63	乡
荣成市大明集团有限公司	371082	中型	130	股份合作	63	乡
山东华鹏玻璃股份有限公司	371082	中型	160	股份有限公司	50	县
荣成市恒大化工（集团）有限公司	371082	中型	159	其他有限责任公司	50	县
荣成市马山集团有限公司	371082	中型	159	其他有限责任公司	63	乡
滨州供电公司	371601	中型	110	国有	10	中央
山东滨化集团有限责任公司	371601	大型	110	国有	40	地区
山东省滨州裕华集团实业总公司	371602	中型	120	集体	61	街道
山东省滨州市金鹏纺织集团有限责任公司	371602	中型	120	集体	50	县
山东滨州春晓针复制衣集团有限公司	371602	中型	110	国有	50	县
山东滨州环宇纺织科技有限责任公司	371602	大型	159	其他有限责任公司	61	街道
惠民县渤海活塞有限责任公司	371621	中型	110	国有	50	县
惠民县彩霞地毯集团公司	371621	中型	159	其他有限责任公司	50	县
阳信县锦华纺织有限责任公司	371622	中型	159	其他有限责任公司	50	县
山东省鲁北企业集团总公司	371623	大型	160	股份有限公司	50	县
山东埕口盐化集团总公司	371623	中型	110	国有	50	县
无棣县电业总公司	371623	中型	110	国有	50	县
山东省博兴县第一油棉厂	371625	中型	120	集体	50	县
博兴县供电公司	371625	中型	110	国有	50	县
山东博兴汇仁纺织有限责任公司	371625	中型	159	其他有限责任公司	50	县
山东邹平铜业有限公司	371626	中型	110	国有	50	县
山东亚视集团公司	371626	大型	110	国有	50	县
邹平第一油棉厂	371626	中型	120	集体	50	县
山东齐星集团有限公司	371626	大型	110	国有	50	县
山东西王集团有限公司	371626	大型	159	其他有限责任公司	62	镇
山东省邹平魏桥集团公司	371626	中型	120	集体	62	镇
山东魏桥创业集团有限公司	371626	大型	159	其他有限责任公司	50	县
山东海丰纺织有限公司	371626	中型	159	其他有限责任公司	50	县
高青县第三油棉厂	370322	中型	120	集体	50	县
第四油棉有限责任公司	370322	中型	120	集体	50	县
淄博渤海活塞有限责任公司	370322	中型	159	其他有限责任公司	50	县
高青青苑纸业有限责任公司	370322	中型	110	国有	50	县
山东新华印刷厂德州厂	371401	中型	110	国有	20	省
山东省德州生建机械厂	371401	中型	110	国有	20	省
中国新星石油公司德州石油机械厂	371401	中型	110	国有	10	中央
德州医药股份有限公司德州制药厂	371401	中型	160	股份有限公司	40	地区
德州液压机具厂	371401	中型	159	其他有限责任公司	40	地区
济南汽车制造总厂德州方向机厂	371401	中型	110	国有	40	地区
山东德州又一村酿酒有限公司	371401	中型	110	国有	40	地区
山东德州扒鸡集团有限公司	371401	中型	110	国有	40	地区
德州金车运隆有限公司	371402	中型	159	其他有限责任公司	50	县
山东华鲁恒升集团有限公司	371401	大型	151	国有独资公司	40	地区
山东皇明太阳能有限公司	371402	中型	159	其他有限责任公司	90	其他
山东德棉集团有限公司	371401	大型	151	国有独资公司	40	地区
德州华北纸业（集团）有限公司	371402	中型	159	其他有限责任公司	63	乡
山东晶华集团有限公司	371401	大型	110	国有	40	地区
鲁银投资集团山东毛绒制品有限公司	371482	中型	151	国有独资公司	20	省
山东德工机械有限公司	371401	中型	110	国有	20	省

续表 18

法人单位名称	行政区划代码（省地县码）	企业规模含义	注册类型	注册类型含义	隶属关系	隶属关系含义
德州科海电子有限公司	371402	中型	159	其他有限责任公司	50	县
德州恒东农药化工有限公司	371401	中型	159	其他有限责任公司	40	地区
德州恒力电机有限责任公司	371401	中型	159	其他有限责任公司	40	地区
德州德青升源纺织有限公司	371403	中型	159	其他有限责任公司	40	地区
山东德州石油化工总厂	371401	大型	110	国有	40	地区
德州市丽华裘皮时装厂	371402	中型	120	集体	50	县
德州虹桥染料化工有限公司	371401	中型	159	其他有限责任公司	40	地区
德州市碳素厂	371402	中型	120	集体	62	镇
德州市同业电缆有限责任公司	371402	中型	159	其他有限责任公司	50	县
山东省陵县信达染化(集团)有限公司	371421	中型	159	其他有限责任公司	50	县
天津市第一棉纺织厂陵县分厂	371421	中型	142	集体联营	72	村委会
山东省宏祥化纤集团	371421	中型	110	国有	50	县
德州明星纺织印染厂	371421	中型	120	集体	72	村委会
山东省陵县绿源化工集团有限公司	371421	中型	160	股份有限公司	50	县
陵县电业公司	371421	中型	110	国有	50	县
平原县电业公司	371426	中型	110	国有	20	省
平原凯诚化工	371426	中型	171	私营独资	63	乡
平原县棉纺厂	371426	中型	120	集体	50	县
山东省平原热电厂	371426	中型	110	国有	50	县
山东德齐龙化工集团有限公司	371426	大型	130	股份合作	50	县
山东照东方纸业集团有限公司	371426	大型	160	股份有限公司	50	县
夏津县供电公司	371427	中型	110	国有	50	县
津华植物油有限公司	371427	中型	120	集体	63	乡
山东省武城县电业公司	371428	中型	110	国有	50	县
山东省武城县神龙集团股份有限公司	371428	中型	160	股份有限公司	50	县
山东省武城古贝春有限责任公司	371428	中型	159	其他有限责任公司	50	县
山东水兴橡塑股份有限公司	371428	中型	160	股份有限公司	50	县
齐河县电业公司	371425	中型	110	国有	20	省
山东晨鸣纸业集团齐河板纸有限公司	371425	大型	110	国有	50	县
山东瑞普生化有限公司	371425	中型	171	私营独资	50	县
山东金石集团有限公司	371425	中型	171	私营独资	50	县
山东省禹城市环宇集团总公司	371482	中型	110	国有	50	县
禹城市兴达建材有限公司	371482	中型	159	其他有限责任公司	50	县
山东天成机械集团有限公司	371482	中型	110	国有	50	县
山东禹王亭集团酒业股份有限公司	371482	中型	110	国有	50	县
山东省禹城市东方集团总公司	371482	中型	120	集体	50	县
山东省禹王实业总公司	371482	中型	171	私营独资	72	村委会
山东光大电力集团	371482	中型	110	国有	50	县
禹城市通裕集团公司	371482	中型	171	私营独资	63	乡
乐陵市电业公司	371481	中型	110	国有	50	县
山东省乐陵市乐鑫集团	371481	中型	173	私营有限责任公司	63	乡
山东省华乐实业集团公司	371481	中型	120	集体	63	乡
山东省乐陵市威龙工业有限责任公司	371481	中型	130	股份合作	63	乡
乐陵市浩天食品有限公司	371481	中型	159	其他有限责任公司	50	县
山东国强五金制品集团有限公司	371481	中型	173	私营有限责任公司	50	县
乐陵市希森集团有限公司	371481	中型	173	私营有限责任公司	63	乡
临邑县电业公司	371424	中型	110	国有	50	县
山东恒源石油化工集团有限公司	371424	大型	110	国有	50	县

续表19

法人单位名称	行政区划代码（省地县码）	企业规模含义	注册类型	注册类型含义	隶属关系	隶属关系含义
德州昌源纸业有限责任公司	371424	中型	174	私营有限股份公司	50	县
商河县电业局	370126	中型	110	国有	50	县
商河宏业棉纺织(集团)有限公司	370126	中型	159	其他有限责任公司	50	县
山东力诺新材料有限公司	370126	中型	173	私营有限责任公司	90	其他
济阳县电力总公司	370125	中型	110	国有	50	县
济南市闻韶化工有限公司	370125	中型	173	私营有限责任公司	90	其他
宁津县永兴化工有限责任公司	371422	中型	159	其他有限责任公司	50	县
宁津县电业公司	371422	中型	110	国有	40	地区
山东津汇集团有限公司	371422	中型	159	其他有限责任公司	50	县
庆云县电业公司	371423	中型	110	国有	50	县
山东光岳转向节总厂	371502	中型	110	国有	20	省
聊城昌华造纸机械有限公司	371502	中型	173	私营有限责任公司	90	其他
聊城市五岳电机有限公司	371502	中型	159	其他有限责任公司	40	地区
山东山环活塞环有限公司	371502	中型	159	其他有限责任公司	90	其他
济柴聊城机械有限公司	371502	中型	110	国有	40	地区
聊城市供电公司	371502	大型	110	国有	20	省
山东昌裕集团有限公司	371502	中型	160	股份有限公司	62	镇
聊城市昌润热电有限责任公司	371502	中型	110	国有	40	地区
迅力特种汽车有限公司	371581	中型	159	其他有限责任公司	50	县
卫河酒业有限责任公司	371581	中型	173	私营有限责任公司	90	其他
彩虹热电有限责任公司	371581	中型	151	国有独资公司	50	县
临清市电业公司	371581	中型	110	国有	50	县
山东临清市建筑机械厂	371581	中型	130	股份合作	50	县
兴隆浸出油厂	371581	中型	173	私营有限责任公司	90	其他
银河纸业有限责任公司	371581	大型	151	国有独资公司	50	县
华润纺织有限公司	371581	中型	210	与港澳台商合资经营	40	地区
阳谷县电业管理公司	371521	中型	110	国有	50	县
山东省阳谷县塑化有限公司	371521	中型	160	股份有限公司	90	其他
山东聊城鲁西化工第五化肥厂	371521	中型	110	国有	40	地区
山东省景阳岗酒有限公司	371521	大型	110	国有	50	县
山东省阳谷县兴联塑料厂	371521	中型	171	私营独资	62	镇
山东方舟集公司	371521	中型	120	集体	20	省
莘县飞泰纺织有限公司	371522	中型	110	国有	50	县
莘星纺织印染公司	371522	中型	159	其他有限责任公司	62	镇
茌平县电业公司	371523	中型	110	国有	50	县
山东华鲁制药有限公司	371523	中型	159	其他有限责任公司	40	地区
茌平县信发热电有限责任公司	371523	大型	159	其他有限责任公司	50	县
山东三九味精有限公司	371523	大型	130	股份合作	50	县
山东东阿阿胶集团有限责任公司	371524	大型	160	股份有限公司	40	地区
山东聊城鲁西化工集团第二化肥厂	371524	中型	110	国有	50	县
山东省东阿县供电公司	371524	中型	110	国有	50	县
冠县四棉纺织有限公司	371525	中型	160	股份有限公司	50	县
冠县电业公司	371525	中型	110	国有	50	县
冠县冠洲集团总公司	371525	中型	120	集体	63	乡
山东泉林纸业有限责任公司	371526	大型	159	其他有限责任公司	50	县
高唐化工总厂	371526	中型	110	国有	50	县
高唐蓝山集团总公司	371526	大型	110	国有	50	县
高唐县热电厂	371526	中型	110	国有	50	县

续表 20

法人单位名称	行政区划代码（省地县码）	企业规模含义	注册类型	注册类型含义	隶属关系	隶属关系含义
高唐县供电公司	371526	中型	110	国有	50	县
山东时风(集团)有限责任公司	371526	大型	159	其他有限责任公司	50	县
山东中通飞燕汽车有限公司	371330	中型	159	其他有限责任公司	50	县
山东兰陵企业(集团)总公司	371301	大型	110	国有	40	地区
临沂华盛企业集团总公司	371330	中型	110	国有	50	县
山东临沂陶瓷企业集团总公司	371301	中型	110	国有	40	地区
临沂市海信电子有限公司	371330	中型	130	股份合作	40	地区
山东省天河企业有限公司	371301	中型	110	国有	20	省
山东临沂坪上玻璃厂	371327	中型	110	国有	40	地区
山东真情集团有限公司	371301	中型	151	国有独资公司	40	地区
山东新华印刷厂临沂厂	371330	中型	110	国有	20	省
山东沂州水泥集团总公司	371301	大型	110	国有	40	地区
临沂供电公司	371301	中型	110	国有	10	中央
临沂矿务局	371301	大型	110	国有	20	省
山东省临沂市造纸化工厂	371311	中型	120	集体	50	县
山东鲁光化工厂	371301	中型	110	国有	40	地区
临沂恒源热电有限公司	371301	中型	110	国有	40	地区
临沂宇光矿业有限责任公司	371301	中型	159	其他有限责任公司	40	地区
山东临沂发电有限责任公司	371301	中型	159	其他有限责任公司	20	省
华盛江泉集团有限公司	371311	大型	120	集体	72	村委会
临沂市庆云山水泥有限公司	371301	中型	159	其他有限责任公司	40	地区
临沂市华兴纸业有限公司	371301	中型	159	其他有限责任公司	40	地区
山东临沂云雀陶瓷有限公司	371311	中型	159	其他有限责任公司	50	县
山东临沂电力金具股份有限公司	371302	中型	160	股份有限公司	50	县
山东三维油脂企业集团总公司	371302	中型	160	股份有限公司	90	其他
临沂金湖水泥厂	371302	中型	120	集体	63	乡
临沂市相公铸钢厂	371312	中型	120	集体	72	村委会
山东双山电子锁业股份有限公司	371312	中型	160	股份有限公司	90	其他
山东华森水泥集团公司	371302	中型	120	集体	63	乡
山东华星工程机械有限公司	371302	中型	159	其他有限责任公司	90	其他
山东兴达陶瓷有限公司	371311	中型	171	私营独资	90	其他
日照市自来水公司	371102	中型	110	国有	40	地区
日照三银纺织有限公司	371102	中型	159	其他有限责任公司	40	地区
山东童海集团公司	371103	中型	120	集体	71	居委会
日照市水产集团总公司	371102	大型	110	国有	40	地区
兖矿集团山东比特电子公司	371102	中型	110	国有	40	地区
山东同泰集团股份有限公司	371102	中型	160	股份有限公司	40	地区
日照阳光企业集团	371102	中型	159	其他有限责任公司	90	其他
日照海星针织服装有限公司	371102	中型	130	股份合作	40	地区
日照市东方热电有限公司	371102	中型	159	其他有限责任公司	40	地区
山东省郯城县纸板厂	371322	大型	110	国有	50	县
郯城县供电公司	371322	中型	110	国有	50	县
山东省郯城县电力水泥厂	371322	中型	110	国有	50	县
郯城县峰山水泥厂	371322	中型	110	国有	50	县
山东精华机械集团股份有限公司	371322	中型	160	股份有限公司	50	县
山东黄埔集团公司	371324	中型	120	集体	50	县
临沂震元纸业有限公司	371324	中型	110	国有	50	县
苍山县东珍食品有限公司	371324	中型	173	私营有限责任公司	63	乡

续表21

法人单位名称	行政区划代码（省地县码）	企业规模含义	注册类型	注册类型含义	隶属关系	隶属关系含义
山东省莒南县春园食品有限公司	371327	中型	159	其他有限责任公司	50	县
莒南县金胜粮油实业有限公司	371327	中型	159	其他有限责任公司	50	县
莒南县供电公司	371327	中型	110	国有	50	县
山东省莒南制药厂	371327	中型	110	国有	40	地区
莒南县化肥厂	371327	中型	110	国有	50	县
山东玉皇粮油食品有限公司	371327	中型	159	其他有限责任公司	50	县
山东莒县金能热电有限公司	371122	中型	110	国有	50	县
莒县供电公司	371122	中型	110	国有	50	县
日照市建兴铁塔有限公司	371122	中型	174	私营有限股份公司	62	镇
山东锦冠丝业有限责任公司	371122	中型	110	国有	20	省
山东华远造纸集团有限公司	371122	中型	160	股份有限公司	50	县
青援食品有限公司	371323	大型	159	其他有限责任公司	90	其他
山东双成纸业有限公司	371323	中型	120	集体	63	乡
山东省沂水县第二水泥厂	371323	中型	120	集体	72	村委会
山东连杆总厂	371323	中型	110	国有	20	省
山东沂水机床厂	371323	中型	110	国有	40	地区
沂水县供电公司	371323	中型	110	国有	50	县
沂水正航食品有限公司	371323	中型	173	私营有限责任公司	90	其他
山东省鲁洲食品集团有限公司	371323	中型	173	私营有限责任公司	63	乡
双星集团瀚海鞋业有限公司	371323	中型	110	国有	50	县
山东恒源纸业有限公司	370323	中型	130	股份合作	50	县
山东省药用玻璃股份有限公司	370323	大型	160	股份有限公司	50	县
山东瑞阳制药有限公司	370323	中型	159	其他有限责任公司	50	县
沂源海达食品有限公司	370323	中型	173	私营有限责任公司	62	镇
沂源县鲁阳热电有限公司	370323	中型	159	其他有限责任公司	50	县
山东沂源棉纺织厂	370323	中型	130	股份合作	50	县
淄博市华联矿业有限责任公司	370323	中型	130	股份合作	62	镇
蒙阴县供电公司	371328	中型	110	国有	50	县
山东东蒙企业集团公司	371328	大型	120	集体	71	居委会
山东临沂临工汽车桥箱有限公司	371326	中型	110	国有	50	县
平邑县归来庄金矿	371326	中型	110	国有	50	县
山东省平邑县电业局	371326	中型	110	国有	50	县
平邑冠鲁建材工业集团公司	371326	中型	159	其他有限责任公司	50	县
平邑县金城热电有限公司	371326	中型	110	国有	50	县
平邑县六和有限责任公司	371326	中型	173	私营有限责任公司	90	其他
平邑县丰源有限公司	371326	中型	159	其他有限责任公司	50	县
费县畜牧开发公司	371325	中型	110	国有	50	县
山东温河酒业集团股份公司	371325	中型	160	股份有限公司	50	县
大洋机械制造有限公司	371325	中型	173	私营有限责任公司	50	县
山东华沂毛纺集团股份有限公司	371325	中型	160	股份有限公司	50	县
中艺山东抽纱费县机织有限公司	371325	中型	159	其他有限责任公司	50	县
费县沂龙水泥有限责任公司	371325	中型	173	私营有限责任公司	50	县
费县供电总公司	371325	中型	110	国有	50	县
山东银光化工集团有限公司	371325	中型	310	中外合资经营	50	县
沂南县供电公司	371321	中型	110	国有	50	县
山东沂蒙轴承股份有限公司	371321	中型	160	股份有限公司	50	县
山东华日摩托车股份有限公司	371321	中型	160	股份有限公司	50	县
沂南县宝珠集团公司	371321	中型	120	集体	72	村委会

续表22

法人单位名称	行政区划代码（省地县码）	企业规模含义	注册类型	注册类型含义	隶属关系	隶属关系含义
临沭县供电公司	371329	中型	110	国有	50	县
临沭县丰收化肥有限公司	371329	中型	159	其他有限责任公司	63	乡
临沭县金星实业集团有限责任公司	371329	中型	159	其他有限责任公司	50	县
临沭县兴大食品(集团)有限公司	371329	中型	159	其他有限责任公司	50	县
山东金沂蒙集团有限公司	371329	大型	159	其他有限责任公司	50	县
菏泽绿源食品总公司	371701	中型	110	国有	40	地区
菏泽生建机械厂	371701	中型	110	国有	20	省
菏泽供电公司	371701	中型	110	国有	10	中央
山东菏泽发电厂	371701	中型	110	国有	20	省
山东菏泽华星油泵油嘴有限公司	371701	中型	159	其他有限责任公司	40	地区
鲁抗菏泽药业有限公司	371701	中型	110	国有	40	地区
山东天香毛纺织有限公司	371701	中型	151	国有独资公司	40	地区
菏泽市牡丹区棉花加工四厂	371702	中型	120	集体	50	县
菏泽睿鹰制药集团	371702	中型	160	股份有限公司	63	乡
青岛啤酒<菏泽>有限公司	371702	中型	159	其他有限责任公司	50	县
曹县电业局	371721	中型	110	国有	50	县
山东省三利轮胎制造有限公司	371721	中型	160	股份有限公司	50	县
定陶县供电公司	371727	中型	110	国有	50	县
山东林盾木业股份有限公司	371727	中型	160	股份有限公司	50	县
成武县宏达纸业有限责任公司	371723	中型	159	其他有限责任公司	50	县
山东省单县四君子酒业有限公司	371722	中型	130	股份合作	50	县
单县棉纺织厂	371722	中型	110	国有	50	县
山东省单县化工有限公司	371722	中型	159	其他有限责任公司	50	县
山东省单县供电公司	371722	中型	110	国有	50	县
巨野县供电公司	371724	中型	110	国有	50	县
山东花冠酒业有限公司	371724	中型	159	其他有限责任公司	50	县
山东省梁山县第二发电厂	370832	中型	110	国有	50	县
梁山县供电公司	370832	中型	110	国有	50	县
山东省郓城县华灵集团有限公司	371725	中型	173	私营有限责任公司	90	其他
郓城县供电局	371725	中型	110	国有	50	县
郓城县圣达纺织实业有限公司	371725	中型	159	其他有限责任公司	90	其他
鄄城县供电公司	371726	中型	110	国有	50	县
东明县石化集团有限公司	371728	中型	159	其他有限责任公司	50	县
东明县供电局	371728	中型	110	国有	50	县
东明县棉纺织厂	371728	中型	110	国有	50	县
青州益力热电有限公司	370781	中型	110	国有	50	县
青州化工股份有限公司	370781	中型	160	股份有限公司	50	县
山东起重机厂有限公司	370781	中型	159	其他有限责任公司	50	县
山东山工机械有限公司	370781	中型	159	其他有限责任公司	20	省
潍坊市华阳钢铁有限公司	370781	中型	174	私营有限股份公司	90	其他
青州市供电公司	370781	中型	110	国有	50	县
山东北联集团总公司	370781	中型	120	集体	71	居委会
大业集团公司	370781	中型	173	私营有限责任公司	90	其他
青州市兴旺水泥有限公司	370781	中型	173	私营有限责任公司	90	其他
山东鲁星钢管有限公司	370781	中型	159	其他有限责任公司	63	乡
山东青州云门酒业（集团）有限公司	370781	中型	159	其他有限责任公司	50	县
青州市德昌化工有限责任公司	370781	中型	159	其他有限责任公司	50	县
青州鲁绣抽纱有限公司	370781	中型	159	其他有限责任公司	50	县

续表23

法人单位名称	行政区划代码（省地县码）	企业规模含义	注册类型	注册类型含义	隶属关系	隶属关系含义
龙口市下丁家镇实业总公司	370681	中型	120	集体	72	村委会
龙口市诸由毛巾厂	370681	中型	120	集体	72	村委会
龙口盛达玻璃制品有限公司	370681	中型	159	其他有限责任公司	50	县
山东省龙口市水暖器材厂	370681	中型	120	集体	72	村委会
龙口市电业公司	370681	大型	110	国有	50	县
烟台威龙葡萄酒股份有限公司	370681	中型	159	其他有限责任公司	50	县
龙口矿业集团	370681	大型	110	国有	20	省
山东百年电力发展股份有限公司	370681	大型	160	股份有限公司	40	地区
山东金龙企业集团公司	370681	中型	120	集体	50	县
山东省园艺工具总厂	370681	中型	120	集体	63	乡
山东康达油泵油嘴有限公司	370681	中型	173	私营有限责任公司	90	其他
山东丛林集团公司	370681	大型	159	其他有限责任公司	63	乡
山东龙喜集团公司	370681	大型	159	其他有限责任公司	72	村委会
南山集团公司	370681	大型	160	股份有限公司	72	村委会
山东龙丰集团公司	370681	中型	110	国有	50	县
龙口市新达工具有限公司	370681	中型	159	其他有限责任公司	50	县
山东隆基集团有限公司	370681	大型	173	私营有限责任公司	90	其他
山东龙海集团有限公司	370681	中型	120	集体	63	乡
山东省曲阜市自来水公司	370881	中型	110	国有	50	县
曲阜市供电公司	370881	中型	110	国有	50	县
曲阜市造纸厂	370881	中型	120	集体	63	乡
山东裕隆矿业集团有限公司	370881	大型	151	国有独资公司	50	县
曲阜圣阳电源实业有限公司	370881	中型	159	其他有限责任公司	50	县
山东三孔集团有限公司	370881	中型	110	国有	50	县
山东圣旺集团总公司	370881	中型	160	股份有限公司	50	县
曲阜金皇活塞有限公司	370881	中型	160	股份有限公司	50	县
鲁中冶金矿山公司	371201	大型	110	国有	10	中央
莱芜钢铁集团有限公司	371201	大型	151	国有独资公司	20	省
山东煤矿莱芜机械厂	371201	中型	110	国有	20	省
泰丰纺织集团	371202	大型	160	股份有限公司	40	地区
山东人民印刷厂	371201	中型	110	国有	20	省
山东莱芜发电厂	371201	中型	110	国有	10	中央
山东泰山钢铁有限公司	371201	大型	159	其他有限责任公司	40	地区
莱芜连云建材集团总厂	371201	中型	110	国有	40	地区
山东泰山纸业股份有限公司	371202	大型	160	股份有限公司	90	其他
莱芜市槲林煤矿	371201	中型	110	国有	40	地区
莱芜市辛庄煤矿	371202	中型	120	集体	62	镇
山东华冠集团有限责任公司	371201	中型	159	其他有限责任公司	40	地区
山东广寒宫集团有限公司	371201	大型	159	其他有限责任公司	40	地区
山东莱芜宏强企业集团公司	371203	中型	174	私营有限股份公司	50	县
山东省莱芜市汶河化工有限公司	371202	中型	173	私营有限责任公司	90	其他
山东省莱芜市橡胶集团公司	371202	中型	120	集体	50	县
山东九羊企业集团总公司	371202	大型	160	股份有限公司	90	其他
山东明星矿业集团	370982	中型	110	国有	50	县
新泰市四槐树煤矿	370982	中型	120	集体	63	乡
新泰市光明煤矿	370982	中型	120	集体	63	乡
新泰市汶南煤矿	370982	中型	120	集体	63	乡
山东华耀玻璃纤维总厂	370982	中型	120	集体	63	乡

续表 24

法人单位名称	行政区划代码（省地县码）	企业规模含义	注册类型	注册类型含义	隶属关系	隶属关系含义
新泰市酿酒总厂	370982	中型	110	国有	50	县
山东万隆矿业集团有限公司	370982	中型	159	其他有限责任公司	50	县
新泰市汶河煤矿	370982	中型	120	集体	63	乡
山东升华玻璃股份有限公司	370982	中型	160	股份有限公司	50	县
泰山生力源集团玻璃有限公司	370982	中型	159	其他有限责任公司	40	地区
新泰市建新矿业集团	370982	中型	120	集体	63	乡
新泰市电力工业局	370982	中型	110	国有	50	县
新汶矿业集团有限责任公司	370982	大型	151	国有独资公司	20	省
新泰市热电厂	370982	中型	120	集体	50	县
新泰市九龙山煤矿	370982	中型	120	集体	63	乡
新泰市双高煤矿	370982	中型	120	集体	63	乡
山东泰山天盾矿山机械有限公司	370982	中型	159	其他有限责任公司	50	县
新泰市兰得染料化工有限公司	370982	中型	159	其他有限责任公司	50	县
新泰市德泰锻造有限公司	370982	中型	159	其他有限责任公司	90	其他
山东青云起重机械制造有限公司	370982	中型	159	其他有限责任公司	90	其他
新泰市王家寨煤矿	370982	中型	110	国有	50	县
新泰市新汶色织布厂	370982	中型	120	集体	63	乡
新泰市名公煤矿	370982	中型	120	集体	63	乡
青岛飞龙工艺品集团公司	370281	中型	120	集体	62	镇
青岛牧城门窗工业公司	370281	中型	120	集体	62	镇
青岛胶州长城建材集团公司	370281	中型	120	集体	50	县
胶州市供电公司	370281	中型	110	国有	50	县
青岛市胶州市水泥厂	370281	中型	174	私营有限股份公司	90	其他
胶州精锻齿轮厂	370281	中型	110	国有	50	县
青岛锻压机械集团公司	370281	中型	110	国有	40	地区
青岛东方铁塔股份有限公司	370281	中型	160	股份有限公司	90	其他
青岛衣东纺织有限公司	370281	中型	159	其他有限责任公司	50	县
诸城市兴创纺织有限公司	370782	中型	174	私营有限股份公司	72	村委会
山东兰凤针织集团有限公司	370782	中型	310	中外合资经营	50	县
诸城市第二水泥厂	370782	中型	130	股份合作	63	乡
诸城市和生食品有限公司	370782	中型	130	股份合作	50	县
得利斯集团有限公司	370782	大型	310	中外合资经营	63	乡
诸城市鲁钟陶瓷有限公司	370782	中型	130	股份合作	50	县
北汽福田汽车股份有限公司诸城汽车厂	370782	大型	160	股份有限公司	50	县
山东三工橡胶有限公司	370782	大型	159	其他有限责任公司	63	乡
诸城市伟华家纺有限公司	370782	中型	130	股份合作	50	县
山东开元电机有限公司	370782	中型	130	股份合作	50	县
诸城市龙光电力投资集团有限公司	370782	大型	159	其他有限责任公司	50	县
山东四达工贸股份有限公司	370782	中型	130	股份合作	50	县
山东通力车轮有限公司	370782	中型	130	股份合作	63	乡
山东泸河集团有限公司	370782	大型	130	股份合作	63	乡
山东隆泰水泥有限公司	370782	中型	160	股份有限公司	50	县
诸城市康佛特机械电器有限公司	370782	中型	130	股份合作	50	县
诸城市润生淀粉有限公司	370782	中型	130	股份合作	63	乡
山东高强紧固件有限公司	370782	中型	130	股份合作	50	县
山东桑莎集团公司	370782	大型	310	中外合资经营	50	县
诸城市义和车桥有限公司	370782	中型	130	股份合作	50	县
诸城市新郎服饰有限责任公司	370782	大型	310	中外合资经营	50	县

续表25

法人单位名称	行政区划代码（省地县码）	企业规模含义	注册类型	注册类型含义	隶属关系	隶属关系含义
山东省诸城天福酿酒厂	370782	中型	130	股份合作	50	县
诸城泰盛化工有限公司	370782	中型	310	中外合资经营	50	县
诸城市流芳纸业集团有限公司	370782	中型	120	集体	63	乡
诸城市曙光车桥有限责任公司	370782	中型	159	其他有限责任公司	50	县
临朐双利制衣有限公司	370724	中型	210	与港澳台商合资经营	90	其他
诸城市爱玲包装服饰有限公司	370782	中型	171	私营独资	72	村委会
莱阳市造纸厂	370682	中型	110	国有	50	县
山东莱动内燃机有限公司	370682	大型	110	国有	40	地区
山东莱阳重型机械厂	370682	中型	110	国有	40	地区
莱阳市棉纺厂	370682	中型	210	与港澳台商合资经营	72	村委会
烟台汽车运输集团客车改装厂	370682	中型	110	国有	50	县
烟台汽车制造厂	370682	中型	110	国有	20	省
山东莱阳绢纺有限公司	370682	中型	110	国有	20	省
山东天府集团公司	370682	大型	120	集体	63	乡
山东龙大企业集团有限公司	370682	大型	159	其他有限责任公司	63	乡
山东鸿达建工集团	370682	中型	160	股份有限公司	63	乡
山东吉龙实业有限公司	370682	大型	310	中外合资经营	63	乡
山东三乐食品公司	370682	中型	120	集体	63	乡
莱阳市新冷大食品有限公司	370682	中型	310	中外合资经营	50	县
山东莱阳春雪食品有限公司	370682	中型	159	其他有限责任公司	50	县
山东莱阳信发集团公司	370682	中型	173	私营有限责任公司	90	其他
山东莱州市工业缝纫机厂	370683	中型	120	集体	50	县
山东莱州市试验机总厂	370683	中型	110	国有	50	县
莱州市电力公司	370683	中型	110	国有	50	县
莱州市橡塑厂	370683	中型	120	集体	63	乡
山东烟台轴瓦厂	370683	中型	110	国有	50	县
山东黄金矿业股份有限公司新城金矿	370683	中型	110	国有	20	省
山东省黄金集团公司焦家金矿	370683	中型	110	国有	20	省
莱州市莱东石材有限公司	370683	中型	171	私营独资	90	其他
莱州市滑石工业有限责任公司	370683	中型	159	其他有限责任公司	50	县
山东华证有限公司	370683	中型	130	股份合作	90	其他
山东鲁烟草莱州印务有限公司	370683	中型	159	其他有限责任公司	90	其他
山东环日集团总公司	370683	中型	120	集体	72	村委会
滕州市郭庄矿业有限责任公司	370481	中型	159	其他有限责任公司	50	县
滕州市东谷面粉有限公司	370481	中型	159	其他有限责任公司	50	县
山东益康集团公司	370481	中型	159	其他有限责任公司	63	乡
滕州市东郭水泥有限公司	370481	中型	173	私营有限责任公司	90	其他
颐中烟草集团有限公司滕州卷烟厂	370481	中型	110	国有	20	省
滕州市恒仁淀粉有限公司	370481	中型	173	私营有限责任公司	90	其他
山东益康药业有限公司	370481	中型	159	其他有限责任公司	63	乡
山东省武所屯生建煤矿	370481	中型	110	国有	20	省
滕州市级翔集团级索煤矿	370481	中型	120	集体	50	县
滕州市汇金煤矸石热电有限责任公司	370481	中型	159	其他有限责任公司	50	县
山东华棉纺织有限公司	370481	中型	159	其他有限责任公司	50	县
山东滕州市新源热电有限公司	370481	中型	159	其他有限责任公司	50	县
滕州市春蕾纸业有限公司	370481	中型	159	其他有限责任公司	63	乡
滕州市荆河酒业有限责任公司	370481	中型	159	其他有限责任公司	50	县
胶州市精细化工有限公司	370281	中型	173	私营有限责任公司	90	其他

续表 26

法人单位名称	行政区划代码（省地县码）	企业规模含义	注册类型	注册类型含义	隶属关系	隶属关系含义
华能电厂	371004	中型	159	其他有限责任公司	90	其他
木工机械厂	371004	中型	120	集体	61	街道
威海宝源纺织集团有限公司	371004	中型	130	股份合作	40	地区
济南半导体总厂	370102	中型	110	国有	40	地区
济南市管道煤气公司	370102	中型	110	国有	40	地区
中国轻骑集团有限公司	370102	大型	151	国有独资公司	40	地区
山东小鸭集团有限责任公司	370102	大型	151	国有独资公司	40	地区
济南诚通纺织有限责任公司	370105	中型	159	其他有限责任公司	40	地区
济南天辰机器有限公司	370102	中型	173	私营有限责任公司	90	其他
山东大正实业(集团)有限公司	370112	中型	159	其他有限责任公司	90	其他
山东九阳小家电有限公司	370104	中型	173	私营有限责任公司	90	其他
山东三塑集团有限公司	370102	中型	159	其他有限责任公司	40	地区
济南二机床集团有限公司	370104	大型	151	国有独资公司	40	地区
济南农工商集团有限公司	370103	大型	151	国有独资公司	40	地区
山东峨嵋集团有限公司	370104	中型	159	其他有限责任公司	63	乡
山东通联信息产业集团有限公司	370112	中型	159	其他有限责任公司	40	地区
济南四五六有限责任公司	370112	中型	159	其他有限责任公司	40	地区
济南山水集团有限公司	370113	大型	151	国有独资公司	40	地区
济南三爱富氟化工有限公司	370105	中型	110	国有	40	地区
齐鲁考格尔集团有限公司	370105	大型	159	其他有限责任公司	40	地区
山东华光日化集团有限公司	370112	中型	151	国有独资公司	40	地区
青岛双鲸药业有限公司	370202	中型	159	其他有限责任公司	40	地区
青岛益青印刷包装厂	370205	中型	130	股份合作	40	地区
青岛双蝶集团股份有限公司	370203	中型	160	股份有限公司	40	地区
青岛中大集团股份有限公司	370205	中型	160	股份有限公司	40	地区
青岛国风药业股份有限公司	370211	大型	160	股份有限公司	40	地区
青岛昌华集团股份有限公司	370285	中型	160	股份有限公司	40	地区
青岛变压器集团有限公司	370214	大型	159	其他有限责任公司	50	县
颐中烟草（集团）有限公司	370203	大型	151	国有独资公司	10	中央
青岛亿路发集团有限公司	370214	中型	159	其他有限责任公司	61	街道
青岛电脑刺绣机总厂	370213	中型	130	股份合作	40	地区
青岛石墨股份有限公司	370285	中型	160	股份有限公司	40	地区
青岛同和空调设备股份有限公司	370283	中型	160	股份有限公司	61	街道
青岛海王纸业股份有限公司	370284	大型	160	股份有限公司	50	县
青岛琅琊台酒业（集团）股份有限公司	370284	中型	160	股份有限公司	50	县
青岛食品股份有限公司	370202	中型	160	股份有限公司	40	地区
青岛天丰造纸有限公司	370203	中型	120	集体	40	地区
青岛啤酒股份有限公司	370202	大型	159	其他有限责任公司	40	地区
青岛三恩集团有限公司	370214	大型	159	其他有限责任公司	40	地区
青岛益和电气设备有限公司	370211	中型	160	股份有限公司	72	村委会
青岛国人科技股份有限公司	370203	中型	160	股份有限公司	50	县
青岛灵山船业股份有限公司	370284	中型	160	股份有限公司	50	县
青岛茂源金属制品有限责任公司	370211	中型	173	私营有限责任公司	90	其他
青岛亨达集团有限公司	370282	中型	159	其他有限责任公司	61	街道
青岛胡氏集团有限公司	370282	中型	173	私营有限责任公司	90	其他
青岛好事中制衣有限公司	370282	中型	173	私营有限责任公司	90	其他
青岛红妮制衣有限公司	370282	中型	173	私营有限责任公司	90	其他
青岛美高集团有限公司	370214	中型	173	私营有限责任公司	90	其他

续表27

法人单位名称	行政区划代码（省地县码）	企业规模含义	注册类型	注册类型含义	隶属关系	隶属关系含义
青岛红福集团有限公司	370214	中型	173	私营有限责任公司	90	其他
青岛东方工业品制造有限公司	370284	中型	159	其他有限责任公司	90	其他
青岛海魂鞋业有限公司	370284	中型	159	其他有限责任公司	50	县
青岛啤酒第五有限公司	370212	中型	159	其他有限责任公司	40	地区
青岛汉缆集团有限公司	370212	中型	120	集体	72	村委会
青岛特种汽车集团公司	370214	大型	120	集体	61	街道
青岛良木健厚木业有限公司	370214	中型	159	其他有限责任公司	90	其他
青岛浩大实业有限公司	370214	中型	160	股份有限公司	90	其他
青岛佳元水产有限公司	370214	中型	160	股份有限公司	61	街道
山东中联包装集团总公司	371302	中型	120	集体	63	乡
山东金锣企业集团总公司	371302	大型	159	其他有限责任公司	63	乡
淄博松竹铝材有限公司	370302	中型	120	集体	62	镇
淄博龙都卫生瓷厂	370302	中型	120	集体	62	镇
淄博顺风电源有限公司	370302	中型	173	私营有限责任公司	90	其他
山东淄博板纸股份有限公司	370324	中型	160	股份有限公司	61	街道
山东三玉集团有限公司	370324	中型	159	其他有限责任公司	61	街道
烟台首钢东星（集团）公司	370611	大型	110	国有	20	省
山东丽鹏包装有限公司	370612	中型	173	私营有限责任公司	90	其他
烟台市精密铜管有限公司	370613	中型	159	其他有限责任公司	90	其他
莱州市盐业集团有限责任公司	370683	中型	159	其他有限责任公司	50	县
莱州金兴化工有限责任公司	370683	中型	159	其他有限责任公司	50	县
山东省莱州工艺品集团有限责任公司	370683	中型	159	其他有限责任公司	50	县
莱州市永丰造纸机械有限公司	370683	中型	130	股份合作	63	乡
青岛地恩地机电科技股份有限公司莱州电气分公司	370683	中型	173	私营有限责任公司	90	其他
烟台有色金属集团有限公司	370602	大型	110	国有	40	地区
烟台东方电子信息产业集团有限公司	370602	大型	151	国有独资公司	40	地区
烟台环球机床附件集团有限公司	370602	中型	110	国有	40	地区
烟台钢铁企业集团公司	370602	中型	110	国有	20	省
烟台张裕集团有限公司	370602	大型	151	国有独资公司	40	地区
山东宏兴集团总公司	370683	中型	159	其他有限责任公司	63	乡
莱州市环日橡胶厂	370683	中型	120	集体	72	村委会
莱州市海源碱业有限责任公司	370683	中型	159	其他有限责任公司	50	县
山东罗欣药业股份有限公司	371311	中型	160	股份有限公司	63	乡
临沂市科能电池有限公司	371311	中型	190	其他内资	90	其他
临沂市兴华水泥厂	371312	中型	171	私营独资	90	其他
威海同泰实业集团	371003	中型	210	与港澳台商合资经营	40	地区
海轮橡胶有限公司	371004	中型	159	其他有限责任公司	40	地区
山东华新海大海洋生物股份公司	371003	中型	160	股份有限公司	40	地区
山东钢山酒业集团有限公司	370883	中型	159	其他有限责任公司	50	县
临朐县供电公司	370724	中型	110	国有	50	县
潍坊市金河食品有限公司	370703	中型	173	私营有限责任公司	90	其他
山东裕源集团有限公司	370783	中型	159	其他有限责任公司	50	县
东阿东昌水泥有限公司	371524	中型	159	其他有限责任公司	50	县
淄博北金矿业有限公司	370305	中型	120	集体	72	村委会
淄博新力塑编有限公司	370323	中型	159	其他有限责任公司	50	县
淄博制丝厂(山东鲁梅丝业有限责任公司)	370306	中型	110	国有	20	省
淄博得益乳业有限公司	370303	中型	159	其他有限责任公司	40	地区
山东淄博丝织二厂(飞天丝绸)	370306	中型	110	国有	20	省

续表28

法人单位名称	行政区划代码（省地县码）	企业规模含义	注册类型	注册类型含义	隶属关系	隶属关系含义
山东临工挖掘机有限责任公司	371301	中型	159	其他有限责任公司	40	地区
山东省蒙阴棉纺织有限公司	371328	中型	159	其他有限责任公司	50	县
山东恒星集团有限公司	370306	中型	159	其他有限责任公司	72	村委会
山东宏河矿业集团有限公司	370883	大型	110	国有	50	县
山东旭洋机械股份有限公司	371301	中型	160	股份有限公司	40	地区
青岛啤酒荣成公司	371082	中型	159	其他有限责任公司	50	县
山东雅禾纺织股份有限公司	371301	大型	240	港澳台商投资股份有限公司	90	其他
山东省文登市双力板簧（集团）有限公司	371081	中型	160	股份有限公司	62	镇
兖州市康泰药业有限公司	370882	中型	310	中外合资经营	62	镇
山东鲁强电缆集团股份有限公司	370881	中型	160	股份有限公司	50	县
招远市双吉实业有限公司	370685	中型	159	其他有限责任公司	50	县
淄博齐鹏建筑陶瓷有限公司	370302	中型	172	私营合伙	90	其他
威海新力热电有限公司	371004	中型	220	与港澳台商合作经营	40	地区
山东临沂工程机械股份有限公司	371301	大型	160	股份有限公司	20	省
兖州市合金钢股份有限公司	370882	中型	160	股份有限公司	62	镇
临沂瑞地丝绸有限责任公司	371301	中型	159	其他有限责任公司	20	省
山东惠普矸石电力股份有限公司	370982	中型	160	股份有限公司	63	乡
临沂临工振兴机械有限公司	371301	中型	159	其他有限责任公司	40	地区
淄博富丽华陶瓷有限公司	370302	中型	171	私营独资	90	其他
山东雁宾酒业有限公司	371522	大型	160	股份有限公司	50	县
山东铝业股份有限公司	370303	大型	110	国有	10	中央
潍坊海化开发区福利塑料编织厂	370783	中型	120	集体	62	镇
华电国际电力股份有限公司	370000	大型	310	中外合资经营	10	中央
山东五洲电气股份有限公司	370705	中型	160	股份有限公司	40	地区
山东巨力股份有限公司	370702	大型	160	股份有限公司	50	县
山东祥和集团股份有限公司	370304	中型	160	股份有限公司	90	其他
山东美华瓷业集团股份有限公司	371311	中型	160	股份有限公司	63	乡
山东建设机械股份有限公司	370103	中型	160	股份有限公司	40	地区
山东光力士集团股份有限公司	370323	中型	160	股份有限公司	50	县
山东电泵股份有限公司	370304	中型	160	股份有限公司	50	县
山东红日阿康化工股份有限公司	371301	大型	340	外商投资股份有限公司	40	地区
山东省三河口生建煤矿	370826	中型	110	国有	20	省
山东鲁阳股份有限公司	370323	中型	160	股份有限公司	62	镇
山东博泵科技股份有限公司	370304	中型	160	股份有限公司	50	县
山东永泰照明电器股份有限公司	370801	中型	160	股份有限公司	40	地区
山东博山通用机械股份有限公司	370304	中型	160	股份有限公司	90	其他
山东泰山生力源集团股份有限公司	370901	中型	160	股份有限公司	40	地区
淄博众晶巾被有限公司	370306	中型	159	其他有限责任公司	50	县
山东省田庄煤矿	370882	中型	110	国有	20	省
济南志友集团股份有限公司	370103	中型	160	股份有限公司	40	地区
山东齐鲁乙烯化工股份有限公司	370305	中型	160	股份有限公司	50	县
威海汇泉集团股份有限公司	371002	中型	160	股份有限公司	50	县
山东维尔纺织集团股份有限公司	370306	中型	160	股份有限公司	50	县
山东丽波日化股份有限公司	370705	中型	160	股份有限公司	40	地区
威海北洋电气集团股份有限公司	371001	大型	160	股份有限公司	40	地区
淄博鸿泰纺织有限公司	370306	中型	159	其他有限责任公司	50	县
山东皇冠陶瓷股份有限公司	370302	中型	160	股份有限公司	62	镇
淄博飞狮巾被有限公司	370306	中型	159	其他有限责任公司	50	县

续表29

法人单位名称	行政区划代码（省地县码）	企业规模含义	注册类型	注册类型含义	隶属关系	隶属关系含义
招远市中矿金业股份有限公司	370685	大型	159	其他有限责任公司	50	县
淄博旺达集团股份有限公司	370302	中型	160	股份有限公司	62	镇
山东中轩集团股份有限公司	370305	中型	160	股份有限公司	50	县
山东齐鲁电机制造有限公司	370102	中型	110	国有	20	省
淄博华天轴承集团	370321	中型	159	其他有限责任公司	50	县
山东鲁新毛纺织股份有限公司	370982	中型	160	股份有限公司	63	乡
潍坊恒联铜板纸有限公司	370705	中型	159	其他有限责任公司	40	地区
山大鲁能信息科技有限公司	370112	中型	159	其他有限责任公司	40	地区
山东省标志服装股份有限公司	371122	中型	160	股份有限公司	62	镇
临沂财源钢铁有限公司	371312	中型	173	私营有限责任公司	90	其他
淄博雄鹰巾被有限公司	370306	中型	159	其他有限责任公司	50	县
潍坊二棉纺织有限公司	370703	中型	173	私营有限责任公司	50	县
山东鲁能泰山电力设备有限公司	370901	中型	159	其他有限责任公司	40	地区
山东九发食用菌股份有限公司菏泽分公司	371727	中型	160	股份有限公司	50	县
中国人民解放军第4808厂	370202	中型	110	国有	10	中央
中国人民解放军4808工厂军械修理厂	370205	中型	110	国有	10	中央
济南高新技术创业服务中心	370112	中型	159	其他有限责任公司	40	地区
山东省邱集煤矿	371425	中型	110	国有	20	省
临沂市自来水公司	371301	中型	110	国有	40	地区
威海啤酒集团	371002	中型	110	国有	50	县
济南华丰纺织有限公司	370105	中型	210	与港澳台商合资经营	40	地区
山东松下电子信息有限公司	370102	中型	310	中外合资经营	40	地区
西门子变压器有限公司	370103	中型	310	中外合资经营	40	地区
济南大鲁阁织染工业有限公司	370105	中型	230	港澳台商独资	90	其他
济南亨通制笔有限公司	370104	中型	210	与港澳台商合资经营	40	地区
济南东港安全印务有限公司	370112	中型	210	与港澳台商合资经营	50	县
济南含章印务有限公司	370112	中型	330	外资企业	90	其他
济南台有玻璃制品有限公司	370112	中型	220	与港澳台商合作经营	63	乡
山东华美照明电器有限公司	370112	中型	310	中外合资经营	40	地区
章丘华明水泥有限公司	370181	中型	159	其他有限责任公司	50	县
济南圣泉海沃斯化工有限公司	370181	中型	310	中外合资经营	90	其他
济南市卢堡麦芽有限公司	370113	中型	210	与港澳台商合资经营	63	乡
济南华玫服装有限公司	370124	中型	310	中外合资经营	50	县
济南玫德铸造有限公司	370124	大型	310	中外合资经营	90	其他
济阳县济北石化有限责任公司	370125	中型	159	其他有限责任公司	50	县
济南天一印务有限公司	370112	中型	210	与港澳台商合资经营	50	县
淄博华洋集团毛绒有限公司	370302	中型	210	与港澳台商合资经营	72	村委会
山东淄博汇源食品饮料有限公司	370323	中型	210	与港澳台商合资经营	62	镇
沂源县供电公司	370323	中型	110	国有	50	县
淄博锦川建筑陶瓷有限公司	370302	中型	210	与港澳台商合资经营	90	其他
淄博泰峰陶瓷有限公司	370302	中型	310	中外合资经营	72	村委会
鲁泰纺织股份有限公司	370302	大型	340	外商投资股份有限公司	50	县
淄博常鑫建筑陶瓷有限公司	370302	中型	310	中外合资经营	90	其他
淄博捷达建筑陶磁有限公司	370303	中型	120	集体	72	村委会
淄博华港热电有限公司	370303	中型	220	与港澳台商合作经营	40	地区
淄博昌盛建筑陶瓷有限公司第一分公司	370303	中型	310	中外合资经营	62	镇
淄博万达建陶有限公司	370303	中型	120	集体	72	村委会
淄博万通建陶有限公司	370303	中型	120	集体	72	村委会

续表30

法人单位名称	行政区划代码（省地县码）	企业规模含义	注册类型	注册类型含义	隶属关系	隶属关系含义
淄博美沣陶瓷有限公司	370303	中型	330	外资企业	90	其他
淄博金泉建筑陶瓷有限公司	370303	中型	310	中外合资经营	72	村委会
淄博长河建筑陶瓷有限公司	370303	中型	310	中外合资经营	90	其他
淄博博尼铸造有限公司	370304	中型	310	中外合资经营	90	其他
淄博加华新材料资源有限公司	370305	中型	310	中外合资经营	50	县
淄博嘉周热电有限公司	370306	中型	310	中外合资经营	50	县
淄博华隆化纤有限公司	370306	中型	310	中外合资经营	90	其他
淄博云涛纺织品有限公司	370321	中型	159	其他有限责任公司	50	县
淄博泰宝镭射金像有限公司	370321	中型	210	与港澳台商合资经营	62	镇
山东东岳化工有限公司	370321	中型	310	中外合资经营	62	镇
淄博鑫胜热电有限公司	370302	中型	310	中外合资经营	50	县
淄博华意建筑陶瓷有限公司	370302	中型	210	与港澳台商合资经营	90	其他
淄博美林电子有限公司	370303	中型	310	中外合资经营	50	县
淄博亚洲啤酒有限公司	370302	中型	310	中外合资经营	50	县
淄博罗成建筑陶瓷有限公司	370302	中型	210	与港澳台商合资经营	72	村委会
淄博飞龙建筑陶瓷有限公司	370302	中型	120	集体	72	村委会
淄博雁阳建筑陶瓷有限公司	370302	中型	210	与港澳台商合资经营	72	村委会
淄博龙泉磁性材料有限公司	370302	中型	210	与港澳台商合资经营	90	其他
淄博宝泉轻工制品有限公司	370302	中型	210	与港澳台商合资经营	62	镇
纳西姆工业（中国）有限公司	370304	中型	330	外资企业	90	其他
淄博华岳建筑陶瓷有限公司	370303	中型	310	中外合资经营	72	村委会
兆风陶瓷淄博青龙有限公司	370302	中型	210	与港澳台商合资经营	72	村委会
山东建设锦宏水泥有限公司	370304	中型	160	股份有限公司	40	地区
山东淄博锦宏水泥有限公司	370302	中型	240	港澳台商投资股份有限公司	40	地区
淄博巨龙建筑陶瓷有限公司	370302	中型	310	中外合资经营	72	村委会
淄博泽沣建筑陶瓷有限公司	370303	中型	120	集体	72	村委会
山东嘉业日用制品有限公司	370306	中型	210	与港澳台商合资经营	90	其他
淄博荣泰陶瓷有限公司	370303	中型	173	私营有限责任公司	62	镇
山东宏信化工股份有限公司	370306	大型	310	中外合资经营	50	县
山东华狮啤酒有限公司	370323	中型	310	中外合资经营	50	县
淄博欧格登博汇热电有限公司	370321	中型	320	中外合作经营	62	镇
山东力华防水建材有限公司	370481	中型	210	与港澳台商合资经营	50	县
东营南里实业集团股份有限公司	370502	中型	160	股份有限公司	72	村委会
东营黄河口家具实业有限公司	370503	中型	210	与港澳台商合资经营	50	县
东营胜利电化有限责任公司	370502	中型	159	其他有限责任公司	50	县
东营华德利玻璃棉制品有限公司	370521	中型	210	与港澳台商合资经营	50	县
山东驰中食品有限公司	370523	中型	173	私营有限责任公司	90	其他
烟台龙凤钢琴有限公司	370611	中型	210	与港澳台商合资经营	40	地区
烟台华润锦纶有限公司	370611	中型	210	与港澳台商合资经营	40	地区
烟台正海集团有限公司	370611	中型	210	与港澳台商合资经营	40	地区
蓬莱三菱制锁有限公司	370684	中型	210	与港澳台商合资经营	50	县
烟台青湖电子股份有限公司	370613	中型	340	外商投资股份有限公司	90	其他
莱州市永丰塑料有限公司	370683	中型	210	与港澳台商合资经营	90	其他
烟台市金岛渔具有限公司	370612	中型	210	与港澳台商合资经营	72	村委会
烟台三菱水泥有限公司	370686	中型	330	外资企业	90	其他
烟台华新包装有限公司	370611	中型	210	与港澳台商合资经营	40	地区
烟台渤海热电有限公司	370602	中型	220	与港澳台商合作经营	20	省
烟台黄海热电有限公司	370602	中型	210	与港澳台商合资经营	20	省

续表31

法人单位名称	行政区划代码（省地县码）	企业规模含义	注册类型	注册类型含义	隶属关系	隶属关系含义
烟台荣昌制药有限公司	370611	中型	330	外资企业	90	其他
烟台西蒙西轴承有限公司	370611	中型	210	与港澳台商合资经营	40	地区
烟台远星塑料机械有限公司	370685	中型	160	股份有限公司	63	乡
山东日冷食品有限公司	370611	中型	310	中外合资经营	20	省
烟台鲁银药业有限公司	370602	中型	210	与港澳台商合资经营	40	地区
烟台啤酒朝日有限公司	370602	中型	210	与港澳台商合资经营	40	地区
烟台中策橡胶有限公司	370602	中型	210	与港澳台商合资经营	40	地区
烟台霍富汽车锁有限公司	370611	中型	310	中外合资经营	40	地区
海阳林娜针毛织品有限公司	370687	中型	210	与港澳台商合资经营	90	其他
蓬莱昌盛水泥有限公司	370684	中型	210	与港澳台商合资经营	63	乡
烟台新牟电缆有限公司	370612	中型	310	中外合资经营	72	村委会
烟台和兴产业有限公司	370613	中型	330	外资企业	90	其他
招远金宝电子有限公司	370685	中型	210	与港澳台商合资经营	50	县
易特斯（烟台）精密纺织器械有限公司	370611	中型	330	外资企业	90	其他
烟台华鲁热电有限公司	370611	中型	210	与港澳台商合资经营	40	地区
大宇重工业烟台有限公司	370611	中型	330	外资企业	90	其他
龙口新龙食油有限公司	370681	中型	310	中外合资经营	50	县
烟台铁姆肯有限公司	370602	中型	330	外资企业	90	其他
莱阳恒润食品有限公司	370682	中型	210	与港澳台商合资经营	63	乡
烟台宝桥锦宏水泥有限公司	370686	中型	210	与港澳台商合资经营	63	乡
龙口市鸿雁龙泰水泥有限公司	370681	中型	210	与港澳台商合资经营	72	村委会
莱阳市永昌食品有限公司	370682	中型	210	与港澳台商合资经营	63	乡
龙口复发中记冷藏有限公司	370681	中型	330	外资企业	90	其他
山东巴通您电器有限公司	370612	中型	310	中外合资经营	90	其他
蓬莱新光颜料化工有限公司	370684	中型	310	中外合资经营	63	乡
烟台三和高分子有限公司	370612	中型	330	外资企业	90	其他
莱州市鲁达轿车配件有限公司	370683	中型	310	中外合资经营	50	县
烟台海达毛纺织有限公司	370687	中型	310	中外合资经营	50	县
和光（烟台）金属制品有限公司	370687	中型	330	外资企业	90	其他
烟台宇成电机有限公司	370612	中型	330	外资企业	90	其他
烟台万斯特有限公司	370682	中型	210	与港澳台商合资经营	50	县
烟台来福士海洋工程有限公司	370602	中型	310	中外合资经营	40	地区
烟台荏原空调设备有限公司	370611	中型	310	中外合资经营	40	地区
烟台锦宏纸业有限公司	370687	中型	210	与港澳台商合资经营	50	县
莱州市三力汽车配件有限公司	370683	中型	310	中外合资经营	90	其他
烟台华东变压器有限公司	370611	中型	330	外资企业	90	其他
烟台胜地汽车零部件制造有限公司	370611	中型	230	港澳台商独资	90	其他
龙口东立电线电缆有限公司	370681	中型	210	与港澳台商合资经营	63	乡
烟台世林电子有限公司	370612	中型	330	外资企业	90	其他
龙口海盟机械有限公司	370681	中型	310	中外合资经营	90	其他
烟台海圣变压器有限公司	370612	中型	210	与港澳台商合资经营	63	乡
烟台日新玻璃有限公司	370602	中型	230	港澳台商独资	90	其他
莱阳鲁花浓香花生油有限公司	370682	大型	210	与港澳台商合资经营	63	乡
烟台北海食品有限公司	370682	中型	330	外资企业	90	其他
莱州市华汽（集团）机械有限公司	370683	中型	310	中外合资经营	50	县
莱州鲁源汽车配件有限公司	370683	中型	330	外资企业	90	其他
莱州大光明铅笔芯有限公司	370683	中型	210	与港澳台商合资经营	90	其他
燕京啤酒（莱州）有限公司	370683	中型	310	中外合资经营	50	县

续表32

法人单位名称	行政区划代码（省地县码）	企业规模含义	注册类型	注册类型含义	隶属关系	隶属关系含义
烟台莱佛士船业有限公司	370602	中型	310	中外合资经营	40	地区
莱州市行星机械有限公司	370683	中型	310	中外合资经营	50	县
烟台大宇部品有限公司	370612	中型	310	中外合资经营	90	其他
山东龙口双龙化工有限公司	370681	中型	159	其他有限责任公司	90	其他
潍坊市大江企业集团有限公司	370784	中型	171	私营独资	90	其他
临朐好友棉织有限公司	370724	中型	210	与港澳台商合资经营	90	其他
潍坊金丝达实业有限公司	370786	中型	159	其他有限责任公司	90	其他
山东万兴集团有限公司	370782	中型	173	私营有限责任公司	90	其他
潍坊华港包装材料有限公司	370705	中型	210	与港澳台商合资经营	50	县
潍坊美城食品有限公司	370702	中型	310	中外合资经营	40	地区
潍坊特丽珂纺织有限公司	370705	中型	240	港澳台商投资股份有限公司	40	地区
潍坊亚星化学股份有限公司	370705	大型	210	与港澳台商合资经营	40	地区
潍坊宝威滤清器有限公司	370705	中型	310	中外合资经营	40	地区
潍坊富瑞食品有限公司	370704	中型	330	外资企业	90	其他
山东茂德皮革集团有限公司	370724	中型	210	与港澳台商合资经营	50	县
潍坊风筝门窗股份有限公司	370724	中型	160	股份有限公司	72	村委会
潍坊永昌食品工业有限公司	370725	中型	310	中外合资经营	50	县
潍坊乐富塑料制品有限公司	370725	中型	210	与港澳台商合资经营	90	其他
潍坊乐港食品股份有限公司	370725	大型	240	港澳台商投资股份有限公司	90	其他
昌乐宝都塑料有限公司	370725	中型	310	中外合资经营	90	其他
昌邑大有印染织造有限公司	370786	中型	310	中外合资经营	90	其他
高密市三真皮革服装有限公司	370785	中型	320	中外合作经营	90	其他
高密亚泰木业有限公司	370785	中型	230	港澳台商独资	90	其他
青州尧王制药有限公司	370781	中型	210	与港澳台商合资经营	90	其他
青州华裕纸业有限公司	370781	中型	159	其他有限责任公司	50	县
青州瑞化科技造纸有限公司	370781	中型	330	外资企业	90	其他
青州新华包装制品有限公司	370781	中型	210	与港澳台商合资经营	50	县
诸城市华日粉末冶金有限公司	370782	中型	310	中外合资经营	50	县
山东仁木食品有限公司	370782	中型	330	外资企业	50	县
寿光万龙汽车车身制造有限公司	370783	中型	210	与港澳台商合资经营	90	其他
山东海化股份有限公司	370783	大型	160	股份有限公司	40	地区
潍坊宏达发制品有限公司	370783	中型	310	中外合资经营	63	乡
山东晨鸣纸业集团股份有限公司	370783	大型	340	外商投资股份有限公司	50	县
小松山推工程机械有限公司	370801	中型	310	中外合资经营	40	地区
济宁中银电化有限公司	370802	中型	210	与港澳台商合资经营	40	地区
山东银河德普胶带有限公司	370882	中型	310	中外合资经营	62	镇
兖州嘉隆实业有限公司	370882	中型	310	中外合资经营	50	县
金乡金利纺织有限公司	370828	中型	120	集体	50	县
大宇水泥（山东）有限公司	370831	中型	330	外资企业	90	其他
泰安永佳塑料有限公司	370901	中型	210	与港澳台商合资经营	40	地区
肥城阿斯德化工有限公司	370983	中型	310	中外合资经营	50	县
山东省吉明美工业有限公司	370983	中型	310	中外合资经营	90	其他
泰安泰山亚细亚食品有限公司	370902	中型	210	与港澳台商合资经营	61	街道
新泰肯特高尔夫用品有限公司	370982	中型	210	与港澳台商合资经营	63	乡
豪顿华工程有限公司	371004	中型	210	与港澳台商合资经营	90	其他
大宇电子有限公司	371004	中型	310	中外合资经营	40	地区
威海大华木业有限公司	371002	中型	330	外资企业	90	其他
东泉服装有限公司	371004	中型	330	外资企业	90	其他

续表33

法人单位名称	行政区划代码（省地县码）	企业规模含义	注册类型	注册类型含义	隶属关系	隶属关系含义
山东三星电子有限公司	371003	中型	310	中外合资经营	40	地区
威东日食品有限公司	371004	中型	310	中外合资经营	40	地区
东源食品有限公司	371004	中型	330	外资企业	90	其他
威海英特普电子有限公司	371003	中型	330	外资企业	40	地区
威海高新大宇电子公司	371003	中型	310	中外合资经营	40	地区
泓林电子有限公司	371004	中型	310	中外合资经营	40	地区
荣成市荣达橡胶制品有限公司	371082	中型	120	集体	71	居委会
中水荣成渔业钢丝绳厂	371082	中型	110	国有	10	中央
山东院夼实业集团有限公司	371082	中型	159	其他有限责任公司	90	其他
荣成市海都食品有限公司	371082	中型	310	中外合资经营	90	其他
文登威力工具集团公司	371081	中型	220	与港澳台商合作经营	50	县
文登伊电电子有限公司	371081	中型	330	外资企业	90	其他
威海宏昆食品有限公司	371081	中型	310	中外合资经营	50	县
文登天马皮包有限公司	371081	中型	330	外资企业	90	其他
文登伊康纤维有限公司	371081	中型	330	外资企业	90	其他
文登宝利渔具有限公司	371081	中型	310	中外合资经营	62	镇
文登星都工艺家具有限公司	371081	中型	330	外资企业	90	其他
文登太阳精工钓具有限公司	371081	中型	330	外资企业	90	其他
文登三吉电子有限公司	371081	中型	330	外资企业	90	其他
文登南阳电子有限公司	371081	中型	330	外资企业	90	其他
文登半岛渔具有限公司	371081	中型	330	外资企业	90	其他
文登宇光服装有限公司	371081	中型	330	外资企业	90	其他
文登东源织衫有限公司	371081	中型	330	外资企业	90	其他
华隆（乳山）食品工业有限公司	371083	中型	230	港澳台商独资	90	其他
乳山市爱丽特皮革制品有限公司	371083	中型	310	中外合资经营	62	镇
乳山正洋食品有限公司	371083	中型	310	中外合资经营	90	其他
黄海粮油工业(山东)有限公司	371103	中型	230	港澳台商独资	10	中央
日照三木木业股份有限公司	371103	中型	340	外商投资股份有限公司	90	其他
技宝电子有限公司	371102	中型	330	外资企业	90	其他
日照华泰食品有限公司	371102	中型	310	中外合资经营	90	其他
中国轻骑集团日照摩托车公司	371102	中型	110	国有	40	地区
日照市盛华水产集团	371102	中型	120	集体	71	居委会
山东洁晶集团股份有限公司	371102	中型	160	股份有限公司	40	地区
日照森博浆纸有限责任公司	371102	中型	151	国有独资公司	40	地区
山东金马工业集团股份有限公司	371102	中型	160	股份有限公司	40	地区
青岛啤酒（日照）有限公司	371102	中型	159	其他有限责任公司	40	地区
日照东升地毯有限公司	371102	中型	159	其他有限责任公司	40	地区
山东鼎新玻璃有限公司	371102	中型	159	其他有限责任公司	40	地区
日照信中食品有限公司	371122	中型	210	与港澳台商合资经营	50	县
山东莲山水泥股份有限公司	371121	中型	160	股份有限公司	50	县
山东侨昌化学有限公司	371602	中型	159	其他有限责任公司	90	其他
山东华中琥珀啤酒有县公司	371626	中型	210	与港澳台商合资经营	50	县
滨州金汇玉米开发有限公司	371602	中型	210	与港澳台商合资经营	50	县
阳信瑞鑫毛制品有限公司	371622	中型	310	中外合资经营	63	乡
阳信长威电子有限公司	371622	中型	230	港澳台商独资	63	乡
德州元济纺织有限公司	371401	大型	230	港澳台商独资	40	地区
山东德州电业局	371401	大型	110	国有	40	地区
齐河县晏子精密铸造有限公司	371425	中型	210	与港澳台商合资经营	90	其他

续表34

法人单位名称	行政区划代码（省地县码）	企业规模含义	注册类型	注册类型含义	隶属关系	隶属关系含义
德州沪平永发造纸有限公司	371426	大型	210	与港澳台商合资经营	50	县
德州皇明太阳能真空管有限公司	371403	中型	174	私营有限股份公司	40	地区
中外合资山东德州亚太空调设备有限公司	371402	中型	210	与港澳台商合资经营	90	其他
联创实业有限公司	371581	中型	310	中外合资经营	50	县
高唐双龙养殖设备有限公司	371526	中型	330	外资企业	90	其他
临沂鑫鑫齿轮有限公司	371301	中型	220	与港澳台商合作经营	40	地区
临沂联合毛纺染织有限公司	371311	中型	210	与港澳台商合资经营	63	乡
山东沂滨水泥股份有限公司	371331	中型	160	股份有限公司	63	乡
临沂大林食品有限公司	371312	中型	310	中外合资经营	90	其他
鲁南制药股份有限公司	371301	大型	310	中外合资经营	40	地区
临沂罗塔特汽车齿轮有限责任公司	371311	中型	172	私营合伙	90	其他
临沂鲁能建筑陶瓷有限公司	371311	中型	210	与港澳台商合资经营	50	县
临沂顺达纺织有限公司	371311	中型	210	与港澳台商合资经营	63	乡
临沂佳轮汽车销售服务有限公司	371302	中型	160	股份有限公司	50	县
山东临沂华星集团有限公司	371311	中型	174	私营有限股份公司	90	其他
山东沂光电子股份有限公司	371330	中型	160	股份有限公司	40	地区
临沂华太电池有限公司	371312	中型	210	与港澳台商合资经营	90	其他
山东恒通化工股份有限公司	371322	大型	160	股份有限公司	50	县
山东绿润食品有限公司	371327	中型	210	与港澳台商合资经营	50	县
山东恒泰纺织有限公司	371323	中型	159	其他有限责任公司	50	县
山东银麦啤酒股份有限公司	371328	中型	240	港澳台商投资股份有限公司	50	县
临沭全记工艺品有限公司	371329	中型	210	与港澳台商合资经营	90	其他
山东东盛食品有限公司	371329	中型	210	与港澳台商合资经营	90	其他
山东鲁奥钢构件制造有限公司	370103	中型	159	其他有限责任公司	90	其他
山东正大福瑞达制药有限公司	370102	中型	310	中外合资经营	90	其他
山东日照发电有限公司	371102	中型	320	中外合作经营	90	其他
齐鲁安替比奥制药有限公司	370112	中型	210	与港澳台商合资经营	90	其他
山东丰华食品有限公司	371103	中型	330	外资企业	90	其他
山东鲁能塑料五金制品有限公司	370113	中型	210	与港澳台商合资经营	50	县
枣庄市声望水泥有限公司	370402	中型	173	私营有限责任公司	90	其他
山东天工纺织集团有限公司	371425	中型	171	私营独资	50	县
山东省莒南县阜丰发酵有限公司	371327	中型	159	其他有限责任公司	50	县
山东省临沂盛能(集团)股份有限公司	371311	中型	160	股份有限公司	63	乡
山东胜邦鲁南农药有限公司	371301	中型	159	其他有限责任公司	40	地区
枣庄市石榴园水泥制造有限公司	370402	中型	173	私营有限责任公司	90	其他
肥城康王酒业有限公司	370983	中型	110	国有	50	县
济宁市恒松工程机械有限责任公司	370802	中型	173	私营有限责任公司	90	其他
济南民天面粉有限责任公司	370104	中型	151	国有独资公司	40	地区
济南试金集团有限公司	370104	中型	159	其他有限责任公司	40	地区
中国重型汽车集团有限公司	370105	大型	151	国有独资公司	40	地区
安丘汶瑞机械制造有限公司	370784	中型	310	中外合资经营	50	县
青岛黑龙石墨有限公司	370283	中型	173	私营有限责任公司	90	其他
青岛华钟制药有限公司	370205	中型	310	中外合资经营	40	地区
青岛宇龙海藻有限公司	370212	中型	210	与港澳台商合资经营	61	街道
青岛联合包装有限公司	370203	中型	310	中外合资经营	40	地区
青岛大明皮革有限公司	370281	中型	330	外资企业	90	其他
青岛大元纺织有限公司	370282	中型	310	中外合资经营	90	其他
青岛东城纤维有限公司	370282	中型	330	外资企业	90	其他

续表35

法人单位名称	行政区划代码（省地县码）	企业规模含义	注册类型	注册类型含义	隶属关系	隶属关系含义
青岛北钢铸管有限公司	370214	中型	230	港澳台商独资	90	其他
青岛华龙包装有限公司	370282	中型	310	中外合资经营	90	其他
青岛吉明美机械制造有限公司	370285	中型	330	外资企业	90	其他
青岛大统纺织开发有限公司	370212	中型	330	外资企业	90	其他
青岛碧湾海产有限公司	370212	中型	210	与港澳台商合资经营	90	其他
青岛压花玻璃有限公司	370284	中型	310	中外合资经营	50	县
青岛畅达印染厂有限公司	370211	中型	210	与港澳台商合资经营	90	其他
青岛金华塑料有限公司	370281	中型	210	与港澳台商合资经营	40	地区
青岛高合有限公司	370211	中型	330	外资企业	90	其他
青岛东邦贵石贸易有限公司	370211	中型	330	外资企业	90	其他
青岛联谊木业有限公司	370281	中型	310	中外合资经营	90	其他
青岛可口可乐饮料有限公司	370212	中型	310	中外合资经营	40	地区
青岛雀巢有限公司	370285	中型	330	外资企业	90	其他
青岛东林毛皮有限公司	370284	中型	330	外资企业	90	其他
青岛海江鞋业有限公司	370282	中型	210	与港澳台商合资经营	40	地区
欧堡工业（青岛）有限公司	370281	中型	330	外资企业	90	其他
青岛嘉里植物油有限公司	370203	中型	310	中外合资经营	40	地区
固特异(青岛)工程橡胶有限公司	370205	中型	310	中外合资经营	50	县
韩一华瑞纺织有限公司	370205	中型	310	中外合资经营	90	其他
青岛金王应用化学股份有限公司	370203	中型	240	港澳台商投资股份有限公司	90	其他
青岛韩日佛檀制品有限公司	370281	中型	330	外资企业	90	其他
青岛福进餐具有限公司	370281	中型	330	外资企业	90	其他
青岛宏泰空调器材有限公司	370214	中型	340	外商投资股份有限公司	90	其他
青岛格林玛特食品有限公司	370214	中型	330	外资企业	90	其他
青岛韩申工艺品有限公司	370214	中型	330	外资企业	90	其他
青岛同辉丽光蜡烛制品有限公司	370283	中型	310	中外合资经营	90	其他
青岛爱世给尔贸易有限公司	370211	中型	330	外资企业	90	其他
青岛顶益食品有限公司	370212	中型	230	港澳台商独资	90	其他
青岛富元电子有限公司	370214	中型	330	外资企业	90	其他
青岛藤华服装有限公司	370214	中型	330	外资企业	90	其他
青岛美金针织服装有限公司	370282	中型	330	外资企业	90	其他
青岛少林电子有限公司	370283	中型	330	外资企业	90	其他
英维思（青岛）控制器有限公司	370212	中型	330	外资企业	90	其他
青岛世映玩具有限公司	370282	中型	330	外资企业	90	其他
青岛松下电子部品（保税区）有限公司	370211	中型	310	中外合资经营	50	县
青岛基珀密封工业有限公司	370205	中型	310	中外合资经营	40	地区
青岛藤华纺织有限公司	370214	中型	310	中外合资经营	40	地区
加信氏（青岛）家庭用品公司	370205	中型	310	中外合资经营	40	地区
青岛正大有限公司	370214	大型	330	外资企业	90	其他
青岛托普顿电器有限公司	370214	中型	330	外资企业	90	其他
青岛颁布旅游用品有限公司	370203	中型	330	外资企业	90	其他
青岛新新体育用品有限公司	370212	中型	330	外资企业	90	其他
青岛交河塑料有限公司	370214	中型	330	外资企业	90	其他
青岛华仁玩具有限公司	370212	中型	330	外资企业	90	其他
青岛信宇皮革有限公司	370214	中型	330	外资企业	90	其他
青岛大星电子有限公司	370213	中型	330	外资企业	90	其他
青岛南涯电子有限公司	370284	中型	330	外资企业	90	其他
青岛南南有限公司	370213	中型	330	外资企业	90	其他

续表36

法人单位名称	行政区划代码（省地县码）	企业规模含义	注册类型	注册类型含义	隶属关系	隶属关系含义
青岛三美电机有限公司	370211	大型	330	外资企业	90	其他
青岛星电电子有限公司	370213	中型	330	外资企业	90	其他
青岛荣花边有限公司	370213	中型	330	外资企业	90	其他
青岛成昌因特皮包有限公司	370285	中型	330	外资企业	90	其他
青岛韩周服装有限公司	370213	中型	330	外资企业	90	其他
青岛达中皮革制品有限公司	370282	中型	330	外资企业	90	其他
青岛嘉都丽时装有限公司	370213	中型	330	外资企业	90	其他
青岛德罗坤电子有限公司	370203	中型	330	外资企业	90	其他
青岛爱必思拉链有限公司	370213	中型	330	外资企业	90	其他
青岛高丽体育用品有限公司	370214	中型	330	外资企业	90	其他
青岛大农纺织有限公司	370214	中型	330	外资企业	90	其他
青岛三湖制鞋有限公司	370282	中型	330	外资企业	90	其他
青岛仁成人造毛皮有限公司	370213	中型	330	外资企业	90	其他
青岛罐头食品有限公司	370203	中型	330	外资企业	90	其他
青岛蜜友鞋制品有限公司	370282	中型	330	外资企业	90	其他
青岛世原鞋业有限公司	370281	中型	330	外资企业	90	其他
青岛宝库光学有限公司	370214	中型	330	外资企业	90	其他
青岛三洋水产有限公司	370211	中型	230	港澳台商独资	90	其他
青岛信元服装有限公司	370285	中型	330	外资企业	90	其他
青岛大洋橡胶有限公司	370282	中型	330	外资企业	90	其他
青岛二和纤维有限公司	370285	中型	330	外资企业	90	其他
青岛艾斯开包装有限公司	370214	中型	330	外资企业	90	其他
青岛东星纤维有限公司	370214	中型	330	外资企业	90	其他
青岛双龙服装有限公司	370282	中型	330	外资企业	90	其他
青岛韩瑞橡胶有限公司	370214	中型	330	外资企业	90	其他
青岛绵花纤维有限公司	370285	中型	330	外资企业	90	其他
青岛菱东纺织有限公司	370211	中型	330	外资企业	90	其他
青岛英格尔钢塑制品有限公司	370282	中型	230	港澳台商独资	90	其他
青岛信五皮革有限公司	370281	中型	330	外资企业	90	其他
青岛心和服装有限公司	370284	中型	230	港澳台商独资	90	其他
青岛安普泰科电子有限公司	370214	大型	330	外资企业	90	其他
青岛东成高尔夫有限公司	370214	中型	330	外资企业	90	其他
丸久（青岛）时装有限公司	370282	中型	330	外资企业	90	其他
青岛韩信鞋业有限公司	370214	中型	330	外资企业	90	其他
青岛福生食品有限公司	370281	中型	330	外资企业	90	其他
青岛三莹电子有限公司	370283	中型	330	外资企业	90	其他
希杰（青岛）食品有限公司	370285	中型	330	外资企业	90	其他
青岛雅优益食品有限公司	370284	中型	330	外资企业	90	其他
青岛昌新鞋业有限公司	370281	中型	330	外资企业	90	其他
青岛三进电子有限公司	370283	中型	330	外资企业	90	其他
青岛三永鞋业有限公司	370281	中型	330	外资企业	90	其他
青岛大农服装有限公司	370214	中型	330	外资企业	90	其他
青岛大东电子有限公司	370283	中型	330	外资企业	90	其他
青岛大弘化纤有限公司	370284	中型	330	外资企业	90	其他
青岛泰庚鞋业有限公司	370281	中型	330	外资企业	90	其他
青岛泰光制鞋有限公司	370285	大型	330	外资企业	90	其他
青岛永元运动服装有限公司	370282	中型	330	外资企业	90	其他
青岛昌隆文具有限公司	370211	中型	320	中外合作经营	90	其他

续表37

法人单位名称	行政区划代码（省地县码）	企业规模含义	注册类型	注册类型含义	隶属关系	隶属关系含义
青岛中达化纤有限公司	370211	中型	310	中外合资经营	40	地区
青岛韩一纺织有限公司	370205	中型	320	中外合作经营	40	地区
山东大洋食品集团有限公司	370281	中型	310	中外合资经营	90	其他
华能国际电力股份有限公司德州电厂	371401	大型	340	外商投资股份有限公司	90	其他
威海万丰奥威汽轮有限公司	371003	中型	159	其他有限责任公司	40	地区
烟台氨纶集团有限公司	370611	中型	160	股份有限公司	40	地区
烟台海洋水泥有限公司	370687	中型	171	私营独资	90	其他
山东万得集团有限公司	371081	中型	173	私营有限责任公司	50	县
菏泽华瑞食品有限责任公司	371701	中型	159	其他有限责任公司	40	地区
龙口市长恒水泥有限公司	370681	中型	171	私营独资	90	其他
蓬莱市义利水泥有限公司	370684	中型	173	私营有限责任公司	90	其他
烟台中粮葡萄酿酒有限公司	370684	中型	159	其他有限责任公司	50	县
蓬莱金华纺织有限公司	370684	中型	159	其他有限责任公司	50	县
烟台宏源时装有限公司	370613	中型	330	外资企业	90	其他
龙口市广源食品有限公司	370681	中型	310	中外合资经营	63	乡
莱州鸿源台钳制作有限公司	370683	中型	230	港澳台商独资	90	其他
济南冠世时装有限公司	370105	中型	310	中外合资经营	40	地区
山东太古飞机工程有限公司	370112	中型	210	与港澳台商合资经营	40	地区
济南趵突泉酿酒有限责任公司	370112	中型	159	其他有限责任公司	50	县
济南康泰有限公司	370181	中型	159	其他有限责任公司	50	县
山东章丘发电有限责任公司	370181	中型	159	其他有限责任公司	90	其他
山东中创软件工程股份有限公司	370102	中型	160	股份有限公司	40	地区
潍坊天昊巾被有限责任公司	370705	中型	159	其他有限责任公司	40	地区
潍坊盛泰药业有限公司	370725	中型	160	股份有限公司	90	其他
潍坊塑料建材有限公司	370724	中型	159	其他有限责任公司	90	其他
山东潍坊华润纺织有限公司	370705	中型	330	外资企业	90	其他
潍坊渤海水产综合开发公司	370703	中型	110	国有	50	县
潍坊市通用机械有限责任公司	370784	中型	159	其他有限责任公司	50	县
安丘市瑞泰纺织有限公司	370784	中型	159	其他有限责任公司	50	县
山东安丘奥宝化工有限公司	370784	中型	159	其他有限责任公司	50	县
山东润光液压科技股份有限公司	370781	中型	173	私营有限责任公司	90	其他
淄博多星电器集团有限责任公司	370306	中型	159	其他有限责任公司	50	县
淄博昆仑瓷器有限公司	370302	中型	173	私营有限责任公司	90	其他
淄博鲁宏公司	370302	中型	159	其他有限责任公司	90	其他
淄博市淄川耿瓷瓷化砖厂	370302	中型	171	私营独资	90	其他
淄博大工机械有限公司	370302	中型	159	其他有限责任公司	50	县
淄博斯丹克陶瓷有限公司	370302	中型	173	私营有限责任公司	90	其他
临沂金罗电池有限公司	371311	中型	173	私营有限责任公司	90	其他
山东临沂古城有限责任公司	371301	中型	159	其他有限责任公司	40	地区
山东金升有色集团有限公司	371302	中型	159	其他有限责任公司	90	其他
山东新光实业集团有限公司	371311	大型	160	股份有限公司	63	乡
临沂市华丰化肥有限公司	371329	中型	159	其他有限责任公司	90	其他
山东金正大生态工程股份有限公司	371329	中型	160	股份有限公司	50	县
山东常林机械集团股份有限公司	371329	大型	159	其他有限责任公司	50	县
山东省蒙阴宏大纺织有限公司	371328	中型	159	其他有限责任公司	50	县
山东靖海实业集团有限公司	371082	大型	160	股份有限公司	63	乡
山东蜊江水产总公司	371082	中型	120	集体	63	乡
文登市风机厂	371081	中型	120	集体	62	镇

续表38

法人单位名称	行政区划代码（省地县码）	企业规模含义	注册类型	注册类型含义	隶属关系	隶属关系含义
威海文隆电池有限公司	371081	中型	310	中外合资经营	62	镇
威海颐阳酒业有限公司	371081	中型	130	股份合作	50	县
山东凌志包装集团公司	370811	中型	130	股份合作	62	镇
山东济宁运河发电有限公司	370811	中型	159	其他有限责任公司	20	省
济宁碳素工业总公司	370811	中型	130	股份合作	62	镇
济宁张山水泥厂	370811	中型	130	股份合作	62	镇
兖州翔宇化纤纺织有限公司	370882	中型	160	股份有限公司	62	镇
山东太阳纸业股份有限公司	370882	大型	160	股份有限公司	62	镇
山东鲁中水泥厂	370831	中型	110	国有	50	县
山东省汶上县金成机械公司	370830	中型	171	私营独资	90	其他
山东梁山东岳挂车制造有限公司	370832	中型	173	私营有限责任公司	90	其他
山东梁山通亚汽车制造有限公司	370832	中型	173	私营有限责任公司	90	其他
德州常兴集团有限公司	371403	中型	173	私营有限责任公司	40	地区
德州市华北农机厂	371404	中型	120	集体	72	村委会
山东坤华集团油脂有限公司	371425	中型	110	国有	20	省
亚洲纺织（德州）有限公司	371482	中型	330	外资企业	50	县
山东贺友集团总公司	371482	中型	110	国有	50	县
泰安复发中记食品有限公司	370903	中型	330	外资企业	90	其他
山东鲁峰专用汽车有限责任公司	370901	中型	159	其他有限责任公司	20	省
泰安鲁润水泥制造有限公司	370903	中型	160	股份有限公司	90	其他
山东鲁通线缆有限公司	370901	中型	159	其他有限责任公司	90	其他
泰安双丰化肥有限公司	370982	中型	159	其他有限责任公司	50	县
山东鲁能泰山矿业开发有限公司	370903	中型	159	其他有限责任公司	90	其他
泰安华兴纺织有限公司	370921	中型	159	其他有限责任公司	50	县
宁阳县华润纸业有限公司	370921	中型	159	其他有限责任公司	50	县
肥城市龙祥纺织有限公司	370983	中型	160	股份有限公司	50	县
新泰市富信玻纤制品有限公司	370982	中型	149	其他联营	50	县
新泰市绿宝啤酒有限公司	370982	中型	159	其他有限责任公司	50	县
新泰市韩庄煤矿	370982	中型	120	集体	63	乡
泰安康平纳毛纺织有限公司	370901	中型	159	其他有限责任公司	40	地区
山东省单县天元纸业有限公司	371722	中型	173	私营有限责任公司	90	其他
成武县银翔棉纺织有限公司	371723	中型	160	股份有限公司	50	县
山东金牌实业有限公司	371522	中型	173	私营有限责任公司	90	其他
山东金号织业有限公司	371523	中型	159	其他有限责任公司	50	县
冠县二棉纺织有限责任公司	371525	中型	159	其他有限责任公司	63	乡
临清市鲁西棉纺织厂	371581	中型	120	集体	50	县
东营市大唐纺织印染有限责任公司	370523	中型	173	私营有限责任公司	90	其他
东营市金泽毛纺有限责任公司	370522	中型	159	其他有限责任公司	63	乡
滕州市华闻纸业有限责任公司	370481	中型	120	集体	72	村委会
青岛啤酒(薛城)有限公司	370403	中型	159	其他有限责任公司	50	县
枣庄市唤友水泥有限公司	370406	中型	171	私营独资	63	乡
山东王晁煤电集团有限公司	370405	中型	110	国有	50	县
惠民县电业局	371621	中型	110	国有	50	县
山东沾化明珠集团有限公司	371624	中型	120	集体	50	县
山东省博兴县华兴企业集团公司	371625	中型	160	股份有限公司	50	县
邹平县三星植物油厂	371626	中型	171	私营独资	90	其他
山东梁邹东升集团公司	371626	中型	120	集体	62	镇
山东省邹平广富钢铁集团有限公司	371626	中型	174	私营有限股份公司	90	其他

续表39

法人单位名称	行政区划代码（省地县码）	企业规模含义	注册类型	注册类型含义	隶属关系	隶属关系含义
邹平县第二油棉有限责任公司	371626	中型	120	集体	50	县
邹平长星机器有限公司	371626	中型	171	私营独资	90	其他
日照华伟纺织有限公司	371102	中型	320	中外合作经营	90	其他
山东安旭机械制造有限公司	371121	中型	159	其他有限责任公司	62	镇
山东省莱芜市全成实业有限公司	371202	中型	173	私营有限责任公司	72	村委会
山东汇金股份有限公司	371202	中型	160	股份有限公司	62	镇
山东晨鸿电工有限责任公司	370305	中型	173	私营有限责任公司	62	镇
成武县供电局	371723	中型	110	国有	50	县
菏泽黄河纺织有限公司	371726	中型	330	外资企业	90	其他
山东富豪皮革集团公司	371083	中型	120	集体	50	县
乳山市大业金矿	371083	中型	110	国有	50	县
山东高泰鞋业股份有限公司	371083	中型	160	股份有限公司	62	镇
山东鹏程食品股份有限公司	371081	中型	160	股份有限公司	50	县
东方集团公司	370503	中型	120	集体	90	其他
荣成市海达造船有限公司	371082	中型	159	其他有限责任公司	50	县
山东双兴集团有限公司	371082	中型	130	股份合作	63	乡
荣成市俚岛水产有限公司	371082	中型	159	其他有限责任公司	63	乡
迪沙药业有限公司	371004	中型	159	其他有限责任公司	40	地区
威海市金泓化工集团有限公司	371002	中型	159	其他有限责任公司	90	其他
威海威高集团有限公司	371003	大型	159	其他有限责任公司	61	街道
荣成市荣喜渔业有限公司	371082	中型	130	股份合作	90	其他
山东凯丽纸业股份有限公司	371082	中型	160	股份有限公司	50	县
荣成市锻压机床有限公司	371082	中型	160	股份有限公司	50	县
乳山市海乐水产有限公司	371083	中型	310	中外合资经营	62	镇
枣庄华润纸业有限公司	370406	中型	230	港澳台商独资	50	县
山东省枣庄市联兴玻璃有限公司	370403	中型	159	其他有限责任公司	63	乡
枣庄市广顺针纺有限责任公司	370402	中型	120	集体	50	县
山东广信浆纸有限公司	370703	中型	159	其他有限责任公司	40	地区
山东清源集团有限公司	370305	中型	173	私营有限责任公司	62	镇
山东光明钨钼股份有限公司	370306	中型	160	股份有限公司	50	县
山东滨州华润纺织有限公司	371601	中型	210	与港澳台商合资经营	40	地区
山东巨菱股份有限公司	370901	中型	160	股份有限公司	40	地区
文登市东琦工具厂	371081	中型	171	私营独资	90	其他
威海西港水产集团公司	371003	中型	120	集体	61	街道
山东凤凰制药有限公司	370522	中型	159	其他有限责任公司	50	县
山东基德纺织科技有限公司	371623	中型	159	其他有限责任公司	50	县
菏泽银河纺织有限责任公司	371701	中型	159	其他有限责任公司	40	地区
枣庄海扬纺织有限公司	370402	中型	173	私营有限责任公司	40	地区
山东鲁圣电力器材有限公司	371103	中型	173	私营有限责任公司	90	其他
商河县昌盛轻型车有限公司	370126	中型	159	其他有限责任公司	50	县
中国石油化工股份有限公司济南分公司	370102	中型	160	股份有限公司	10	中央
山东亚光纺织集团	371602	大型	159	其他有限责任公司	50	县
潍坊兰天染织有限公司	370705	中型	159	其他有限责任公司	40	地区
潍坊新盛染织有限责任公司	370705	中型	159	其他有限责任公司	40	地区
山东大鱼岛集团有限公司	371082	大型	159	其他有限责任公司	63	乡
烟台大信药业有限公司	370602	中型	173	私营有限责任公司	90	其他
烟台联发水产有限公司	370611	中型	310	中外合资经营	40	地区
济宁市兰氏木业有限责任公司	370811	中型	173	私营有限责任公司	90	其他

续表40

法人单位名称	行政区划代码（省地县码）	企业规模含义	注册类型	注册类型含义	隶属关系	隶属关系含义
济宁市任城区运河人造板厂	370811	中型	171	私营独资	90	其他
山东华金集团总公司	370831	大型	173	私营有限责任公司	62	镇
山东利华益集团股份有限公司	370522	大型	160	股份有限公司	50	县
山东金麒麟集团有限公司	371481	中型	173	私营有限责任公司	50	县
山东天幕集团总公司	370881	中型	120	集体	71	居委会
安丘福华食品有限公司	370784	中型	330	外资企业	90	其他
枣庄鲁王水泥制造有限公司	370402	中型	173	私营有限责任公司	90	其他
山东邹平北关实业总公司	371626	中型	120	集体	62	镇
山东菏达纸业有限公司	371727	中型	120	集体	63	乡
山东博莱特化纤有限公司	370784	中型	159	其他有限责任公司	50	县
安丘安泰玻璃有限公司	370784	中型	230	港澳台商独资	90	其他
临沂志同农机有限公司拖拉机厂	371311	中型	173	私营有限责任公司	72	村委会
华纺股份有限公司	371601	中型	160	股份有限公司	40	地区
枣庄市奥林水泥有限公司	370406	中型	172	私营合伙	63	乡
枣庄祥瑞针织制衣有限公司	370402	中型	173	私营有限责任公司	90	其他
烟台市喜望旺食品工业发展有限公司	370602	中型	159	其他有限责任公司	40	地区
潍坊曲轴厂	370784	中型	173	私营有限责任公司	90	其他
高唐县金兴企业集团总公司	371526	中型	160	股份有限公司	63	乡
山东淄博博汇实业总公司造纸厂	370321	大型	160	股份有限公司	90	其他
山东中际电工机械有限公司	370681	中型	173	私营有限责任公司	90	其他
青岛益青药用胶囊有限公司	370203	中型	159	其他有限责任公司	40	地区
青岛天元化工股份有限公司	370284	中型	130	股份合作	50	县
青岛海湾集团有限公司	370213	大型	151	国有独资公司	40	地区
迈可达（青岛）运动用品有限公司	370214	中型	320	中外合作经营	90	其他
青岛三钢电动工具有限公司	370282	中型	330	外资企业	90	其他
青岛金星矿业股份有限公司	370283	中型	160	股份有限公司	20	省
青岛星火纺织集团股份有限公司	370284	大型	160	股份有限公司	62	镇
青岛万福集团股份有限公司	370285	大型	160	股份有限公司	62	镇
青岛泛高服饰有限公司	370213	中型	330	外资企业	90	其他
青岛公交集团客车制修股份有限公司	370203	中型	160	股份有限公司	40	地区
山东省平度市利民水泥股份有限公司	370283	中型	160	股份有限公司	50	县
保赫曼（青岛）医用器材有限公司	370284	中型	310	中外合资经营	61	街道
青岛冷丰食品有限公司	370202	中型	330	外资企业	90	其他
青岛中泰化纤丝绸有限公司	370211	中型	159	其他有限责任公司	40	地区
青岛东光电子有限公司	370283	中型	330	外资企业	90	其他
青岛华青仪表（集团）有限公司	370283	中型	173	私营有限责任公司	90	其他
捷成地毯（青岛）有限公司	370282	中型	330	外资企业	90	其他
青岛胶洲裕富食品有限公司	370281	中型	330	外资企业	90	其他
青岛红星化工集团有限责任公司	370203	大型	151	国有独资公司	40	地区
青岛彗重人造毛皮有限公司	370214	中型	330	外资企业	90	其他
青岛胶南明月海藻工业有限责任公司	370284	中型	159	其他有限责任公司	50	县
胶南市星华金属制品有限公司	370284	中型	173	私营有限责任公司	90	其他
青岛振华工业集团有限公司	370284	中型	159	其他有限责任公司	72	村委会
青岛海威轮胎有限公司	370284	中型	174	私营有限股份公司	90	其他
青岛地恩地机械制造有限公司	370283	中型	160	股份有限公司	90	其他
青岛啤酒第三有限公司	370283	中型	160	股份有限公司	50	县
青岛巴龙特尔制衣有限公司	370283	中型	173	私营有限责任公司	90	其他
青岛光明轮胎制造有限公司	370283	中型	174	私营有限股份公司	90	其他

续表41

法人单位名称	行政区划代码（省地县码）	企业规模含义	注册类型	注册类型含义	隶属关系	隶属关系含义
青岛海达石墨有限公司	370283	中型	171	私营独资	90	其他
青岛武晓制塔有限公司	370281	中型	173	私营有限责任公司	90	其他
青岛四洲电力设备有限公司	370281	中型	310	中外合资经营	61	街道
青岛丰昌制帽有限公司	370281	中型	230	港澳台商独资	90	其他
青岛马士基集装箱工业有限公司	370214	中型	330	外资企业	90	其他
中国石化齐鲁股份有限公司	370305	大型	110	国有	10	中央
上海通用东岳汽车有限公司	370611	中型	310	中外合资经营	40	地区
青岛圣美尔轻工品有限公司	370211	中型	330	外资企业	90	其他
青岛凤凰印染有限公司	370213	中型	159	其他有限责任公司	40	地区
青岛联大金羊鞋业有限公司	370211	中型	159	其他有限责任公司	40	地区
青岛中集冷藏箱制造有限公司	370281	中型	210	与港澳台商合资经营	90	其他
青岛中集集装箱制造有限公司	370211	中型	310	中外合资经营	90	其他
青岛圣达电力股份有限公司	370283	中型	160	股份有限公司	50	县
青岛青联股份有限公司	370213	中型	160	股份有限公司	40	地区
青岛东阳集团有限公司	370214	中型	173	私营有限责任公司	90	其他
青岛城建集团市政材料有限公司	370205	中型	159	其他有限责任公司	40	地区
青岛奥爱结橡胶有限公司	370214	中型	330	外资企业	90	其他
青岛宏大纺织机械有限责任公司	370205	中型	159	其他有限责任公司	10	中央
青岛华光电缆有限公司	370281	中型	159	其他有限责任公司	61	街道
青岛正得金属制品有限公司	370281	中型	160	股份有限公司	90	其他
青岛黄海轮胎有限公司	370281	中型	174	私营有限股份公司	90	其他
青岛浩源食品有限公司	370214	中型	159	其他有限责任公司	61	街道
青岛泰旭木业有限公司	370214	中型	171	私营独资	90	其他
青岛宏丰集团股份有限公司	370214	中型	160	股份有限公司	90	其他
青岛宏丰集团空调配件有限公司	370211	中型	159	其他有限责任公司	90	其他
青岛金盛集团有限公司	370282	中型	173	私营有限责任公司	90	其他
青岛雪达集团有限公司	370282	中型	159	其他有限责任公司	90	其他
青岛金翔矿业集团	370283	中型	120	集体	62	镇
青岛广源发集团公司	370214	大型	120	集体	61	街道
青岛环球服装有限公司	370281	中型	120	集体	50	县
青岛欧特美交通设备有限公司	370212	中型	310	中外合资经营	90	其他
青岛成进不锈制品有限公司	370281	中型	330	外资企业	90	其他
青岛富信发品有限公司	370281	中型	230	港澳台商独资	90	其他
青岛华天车辆有限公司	370284	中型	310	中外合资经营	90	其他
山东三利给水设备有限公司	370214	中型	173	私营有限责任公司	90	其他
青岛浮法玻璃有限公司	370284	中型	210	与港澳台商合资经营	50	县
青岛红领集团有限公司	370282	中型	173	私营有限责任公司	90	其他
青岛协成光学有限公司	370214	中型	330	外资企业	90	其他
青岛平度九联食品有限公司	370283	中型	159	其他有限责任公司	50	县
青岛高校软控股份有限公司	370211	中型	160	股份有限公司	90	其他
青岛市恒光热电有限公司	370284	中型	159	其他有限责任公司	62	镇
青岛富士万福食品有限公司	370285	中型	310	中外合资经营	90	其他
青岛海润电子有限公司	370281	中型	210	与港澳台商合资经营	90	其他
青岛釜纺电子有限公司	370214	中型	330	外资企业	90	其他
青岛德维集团有限公司	370284	中型	159	其他有限责任公司	50	县
海尔百汇(青岛)实业有限公司	370211	中型	210	与港澳台商合资经营	90	其他
青岛大河电子有限公司	370214	中型	330	外资企业	90	其他
海尔世纪（青岛）精密制品有限公司	370281	中型	210	与港澳台商合资经营	40	地区

续表42

法人单位名称	行政区划代码（省地县码）	企业规模含义	注册类型	注册类型含义	隶属关系	隶属关系含义
诸城市外贸有限责任公司	370782	大型	310	中外合资经营	50	县
临沂海宇工贸有限公司	371311	中型	173	私营有限责任公司	90	其他
滕州市曹庄煤炭有限责任公司	370481	中型	159	其他有限责任公司	50	县
青岛啤酒（滕州）有限公司	370481	中型	159	其他有限责任公司	50	县
山东双力集团股份有限公司	371502	大型	110	国有	40	地区
莒南县凤凰纺织有限责任公司	371327	中型	159	其他有限责任公司	50	县
山东青阜纺织印染有限公司	370786	中型	173	私营有限责任公司	90	其他
山东省滕州瑞达化工有限公司	370481	中型	160	股份有限公司	50	县
宁津县鹏达集团有限责任公司	371422	中型	159	其他有限责任公司	50	县
山东都庆股份有限公司	371727	中型	160	股份有限公司	63	乡
恒华纺织有限公司	371427	中型	110	国有	50	县
新世纪枣泰水泥有限公司	370406	中型	159	其他有限责任公司	50	县
山东泰和东新股份有限公司	370901	中型	160	股份有限公司	40	地区
威海市印刷机械有限公司	371001	中型	159	其他有限责任公司	40	地区
山东龙口兴民车轮有限公司	370681	中型	159	其他有限责任公司	72	村委会
淄博东海服装有限公司	370324	中型	330	外资企业	50	县
山东孔府家集团有限公司	370881	中型	173	私营有限责任公司	50	县
济南盘龙山水泥有限责任公司	370112	中型	159	其他有限责任公司	50	县
诸城市中纺金旭纺织有限公司	370782	中型	159	其他有限责任公司	50	县
山东滨州渤海活塞股份有限公司	371601	大型	160	股份有限公司	40	地区
山东现代达驰电工电气股份有限公司	371723	中型	160	股份有限公司	50	县
山东中南集团有限公司	371428	中型	173	私营有限责任公司	90	其他
山东东方药业集团有限责任公司	370104	中型	159	其他有限责任公司	40	地区
青州市金龙布业有限公司	370781	中型	173	私营有限责任公司	90	其他
枣庄鲁棉纺织有限责任公司	370405	中型	173	私营有限责任公司	90	其他
山东红叶地毯集团公司	370724	中型	310	中外合资经营	90	其他
山东元易(集团)有限责任公司	370105	中型	159	其他有限责任公司	71	居委会
山东海王化工有限公司	370703	中型	159	其他有限责任公司	90	其他
山东华力电机集团股份有限公司	371082	大型	160	股份有限公司	50	县
诸城市万年食品有限公司	370782	中型	173	私营有限责任公司	90	其他
东营金海织布有限责任公司	370522	中型	173	私营有限责任公司	63	乡
山东金鲁城有限公司	370881	中型	159	其他有限责任公司	50	县
山东中大空调设备有限公司	371403	中型	159	其他有限责任公司	40	地区
山东英克莱集团有限公司	370801	大型	151	国有独资公司	40	地区
菏泽泰龙化工有限公司	371702	中型	159	其他有限责任公司	50	县
山东凯加食品股份有限公司	370785	中型	310	中外合资经营	90	其他
泰安瑞泰纤维有限公司	370983	中型	310	中外合资经营	63	乡
莱芜市京华焊管有限公司	371203	中型	173	私营有限责任公司	90	其他
菏泽龙燕化纤制造有限公司	371702	中型	159	其他有限责任公司	50	县
滨州黄河造纸有限公司	371602	中型	210	与港澳台商合资经营	50	县
荣成市朱口渔业有限公司	371082	中型	160	股份有限公司	63	乡
山东黎明纺织有限公司	371421	中型	159	其他有限责任公司	50	县
山东兴创纸业集团有限公司	370782	中型	310	中外合资经营	63	乡
山东潍坊制药厂有限公司	370702	中型	159	其他有限责任公司	40	地区
中国石油化工股份有限公司齐鲁分公司	370305	大型	110	国有	10	中央
山东山推机械有限公司	370801	中型	159	其他有限责任公司	90	其他
济南含章印务有限公司济阳造纸厂	370125	中型	330	外资企业	90	其他
山东清华同方鲁颖电子有限公司	371321	中型	160	股份有限公司	50	县

续表43

法人单位名称	行政区划代码（省地县码）	企业规模含义	注册类型	注册类型含义	隶属关系	隶属关系含义
山东省六和集团有限公司临沂分公司	371302	中型	159	其他有限责任公司	90	其他
枣庄市富安煤炭有限公司	370481	中型	110	国有	50	县
枣庄市峄城区福兴煤矿	370404	中型	110	国有	50	县
山东高密市商羊神酒业有限公司	370785	中型	173	私营有限责任公司	90	其他
烟台耕宝电子有限公司	370613	中型	330	外资企业	90	其他
曹县百隆纺织有限公司	371721	中型	230	港澳台商独资	90	其他
淄博兰骏纺集团	370322	中型	159	其他有限责任公司	50	县
潍坊凯美食品有限公司	370705	中型	310	中外合资经营	40	地区
山东桓台博汇社会福利化工厂	370321	中型	120	集体	62	镇
山东华荣机械公司	370302	中型	130	股份合作	62	镇
东平金马帘子布有限责任公司	370923	中型	159	其他有限责任公司	63	乡
山东寻山水产集团有限公司	371082	中型	159	其他有限责任公司	63	乡
济南化肥厂有限责任公司	370112	中型	159	其他有限责任公司	40	地区
山东谷神生物科技集团有限公司	371421	中型	110	国有	50	县
中国石化胜利油田有限公司	370530	大型	159	其他有限责任公司	10	中央
兖州市晶冠玻璃有限公司	370882	中型	159	其他有限责任公司	50	县
鱼台县观茂纺织企业有限公司	370827	中型	310	中外合资经营	90	其他
山东国际电源开发股份有限公司莱城发电厂	371201	中型	240	港澳台商投资股份有限公司	10	中央
山东只楚民营科技园股份有限公司	370602	中型	160	股份有限公司	90	其他
潍坊恒安散热器有限公司	370784	中型	159	其他有限责任公司	50	县
山东白象食品有限公司	370882	中型	160	股份有限公司	62	镇
莱州彩星包装材料有限公司	370683	中型	210	与港澳台商合资经营	90	其他
青岛青力锅炉辅机有限公司	370281	中型	173	私营有限责任公司	90	其他
青岛胶南东佳纺机集团有限公司	370284	中型	120	集体	50	县
青岛海通车桥有限公司	370213	中型	159	其他有限责任公司	50	县
青岛绮丽佳荣制衣有限公司	370281	中型	210	与港澳台商合资经营	90	其他
青岛三和电子有限公司	370283	中型	330	外资企业	90	其他
山东省曹县恒信巾业有限公司	371721	中型	173	私营有限责任公司	90	其他
荣成市华泰汽车有限公司	371082	大型	159	其他有限责任公司	50	县
威海魏桥纺织有限公司	371002	大型	159	其他有限责任公司	62	镇
淄博汇丰塑料有限公司	370321	中型	159	其他有限责任公司	50	县
山东沂蒙老区酒业有限公司	371329	中型	110	国有	50	县
山东省圣奥化工有限公司	371721	中型	160	股份有限公司	50	县
潍坊凯信机械有限公司	370705	中型	159	其他有限责任公司	40	地区
日照日发车辆制造有限公司	371121	中型	160	股份有限公司	62	镇
沂水大地玉米开发有限公司	371323	中型	159	其他有限责任公司	50	县
东明县方明药业有限公司	371728	中型	160	股份有限公司	50	县
潍坊银龙纺织有限公司	370725	中型	159	其他有限责任公司	50	县
淄博大桓九宝恩制革有限公司	370321	中型	210	与港澳台商合资经营	50	县
荣成市海山机械制造有限公司	371082	中型	159	其他有限责任公司	90	其他
山东郓城水浒酒业有限责任公司	371725	中型	159	其他有限责任公司	50	县
泰安泰山啤酒有限公司	370901	中型	210	与港澳台商合资经营	40	地区
枣庄市薛城锦辉机械铸钢厂	370403	中型	171	私营独资	90	其他
淄博强冠建陶有限公司	370302	中型	159	其他有限责任公司	72	村委会
东营科英激光电子有限公司	370502	中型	159	其他有限责任公司	40	地区
山东聊城华润纺织有限公司	371502	中型	230	港澳台商独资	40	地区
山东华孟集团有限公司	371626	中型	173	私营有限责任公司	90	其他
泰安华塑建材有限公司	370903	中型	159	其他有限责任公司	90	其他

续表 44

法人单位名称	行政区划代码（省地县码）	企业规模含义	注册类型	注册类型含义	隶属关系	隶属关系含义
山东奥峰车辆有限公司	370783	中型	160	股份有限公司	50	县
山东鲁能积成股份有限公司	370112	中型	160	股份有限公司	40	地区
山东省曹普工艺有限公司	371721	中型	160	股份有限公司	63	乡
莒县东莞水泥有限公司	371122	中型	159	其他有限责任公司	62	镇
山东武城银河纺织有限公司	371428	中型	159	其他有限责任公司	50	县
山东泰山制丝有限责任公司	370901	中型	159	其他有限责任公司	20	省
昌邑市华裕丝绸有限责任公司	370786	中型	159	其他有限责任公司	50	县
潍坊海天棉纺有限公司	370786	中型	160	股份有限公司	50	县
山东省沂水县华明纸业有限责任公司	371323	中型	159	其他有限责任公司	90	其他
好当家集团有限公司	371082	大型	159	其他有限责任公司	63	乡
淄博龙泉管道工程有限公司	370304	中型	130	股份合作	90	其他
济宁鲁鑫油脂有限公司	370802	中型	173	私营有限责任公司	50	县
潍坊华光精工设备有限公司	370705	中型	159	其他有限责任公司	40	地区
东平洲际泰亚麻纺织有限公司	370923	中型	230	港澳台商独资	50	县
诸城市新星纸业有限公司	370782	中型	159	其他有限责任公司	50	县
烟台伟成食品有限公司	370612	中型	310	中外合资经营	50	县
山东巨力管业有限公司	370705	中型	159	其他有限责任公司	50	县
茌平县森森密度板有限公司	371523	中型	172	私营合伙	90	其他
山东太阳纸业股份有限公司鱼台分公司	370827	中型	160	股份有限公司	90	其他
山东九九有限公司	370801	中型	173	私营有限责任公司	40	地区
山东聊城蓝威化工有限公司	371502	中型	159	其他有限责任公司	40	地区
聊城金纬纺织品有限公司	371502	中型	159	其他有限责任公司	90	其他
将军经贸有限公司	370112	中型	159	其他有限责任公司	10	中央
山东沾化环宇纺织有限公司	371624	中型	159	其他有限责任公司	50	县
章丘纸业有限公司	370181	中型	159	其他有限责任公司	50	县
荣成市中嘉食品工业有限公司	371082	中型	130	股份合作	71	居委会
滕州市瑞达焦化有限责任公司	370481	中型	159	其他有限责任公司	50	县
临沂宏达集团公司	371311	中型	120	集体	63	乡
龙丰（潍坊）纺织印染有限公司	370786	中型	230	港澳台商独资	90	其他
德州三和电器有限公司	371403	中型	310	中外合资经营	40	地区
山东顺天纺织有限公司	371625	中型	159	其他有限责任公司	50	县
济南庚辰钢铁有限公司	370112	中型	159	其他有限责任公司	50	县
龙口泰尔斯机械有限公司	370681	中型	310	中外合资经营	72	村委会
淄博锚链有限公司(黑旺铁矿)	370302	中型	110	国有	20	省
威海大宇船业有限公司	371004	中型	330	外资企业	40	地区
淄博金城石化有限公司	370321	中型	159	其他有限责任公司	62	镇
潍坊宝利汽车有限公司	370705	中型	159	其他有限责任公司	40	地区
邹城市永圣工贸有限公司	370883	中型	120	集体	71	居委会
邹城市恒泰玻璃纤维制品有限公司	370883	中型	159	其他有限责任公司	50	县
山东赛特电工材料有限公司	370982	中型	159	其他有限责任公司	50	县
山东海纳投资控股集团有限公司	370982	大型	173	私营有限责任公司	90	其他
平度市银泰纺织品有限公司	370283	中型	160	股份有限公司	50	县
青岛中佳食品有限公司	370213	中型	310	中外合资经营	61	街道
青岛双鹰耐火材料有限公司	370213	中型	159	其他有限责任公司	20	省
青岛广源发集团玻璃厂	370283	中型	120	集体	62	镇
青岛飞华齿轮制造有限公司	370283	中型	160	股份有限公司	50	县
青岛海珊服装服饰集团有限责任公司	370202	大型	159	其他有限责任公司	40	地区
青岛三联金属结构有限公司	370281	中型	159	其他有限责任公司	50	县

续表45

法人单位名称	行政区划代码（省地县码）	企业规模含义	注册类型	注册类型含义	隶属关系	隶属关系含义
山东厚丰汽车散热器有限责任公司	370902	中型	173	私营有限责任公司	90	其他
阳信欧亚木器有限公司	371622	中型	310	中外合资经营	50	县
济南齐鲁软件园发展中心	370102	中型	151	国有独资公司	40	地区
济宁世通化纤纺织有限公司	370802	中型	159	其他有限责任公司	40	地区
山东中原机械有限公司	370781	中型	173	私营有限责任公司	90	其他
青岛啤酒（寿光）有限公司	370783	中型	159	其他有限责任公司	50	县
蓬莱石化配件有限公司	370684	中型	174	私营有限股份公司	90	其他
淄博新博陶瓷有限公司	370302	中型	174	私营有限股份公司	90	其他
昌乐世纪阳光纸业有限公司	370725	中型	159	其他有限责任公司	50	县
龙口油泵油嘴有限责任公司	370681	中型	159	其他有限责任公司	50	县
烟台啤酒朝日有限公司二分厂	370612	中型	210	与港澳台商合资经营	40	地区
山东东阿钢球有限公司	371524	中型	159	其他有限责任公司	50	县
烟台世刚纤维有限公司	370611	中型	330	外资企业	90	其他
肥城金塔机械有限公司	370983	中型	159	其他有限责任公司	50	县
淄博恒岳建陶厂	370303	中型	120	集体	72	村委会
潍坊凤凰纸业有限公司	370705	中型	173	私营有限责任公司	90	其他
烟台安青食品有限公司	370602	中型	310	中外合资经营	90	其他
兖州市宏宇胶带有限责任公司	370882	中型	173	私营有限责任公司	62	镇
山东石横特钢有限公司	370983	大型	159	其他有限责任公司	50	县
山东恒欣镁业有限责任公司	370683	中型	159	其他有限责任公司	20	省
日照市金秋化工有限公司	371102	中型	159	其他有限责任公司	40	地区
东营市筑金新型建材有限责任公司	370502	中型	173	私营有限责任公司	90	其他
淄博泉鑫陶瓷有限公司	370302	中型	173	私营有限责任公司	90	其他
潍坊恒联生活用纸有限公司	370705	中型	160	股份有限公司	40	地区
山东青州钰铧集团公司	370781	中型	120	集体	71	居委会
烟台矢崎汽车配件有限公司	370611	大型	330	外资企业	90	其他
济宁市金梭纺织有限责任公司	370802	中型	160	股份有限公司	40	地区
潍坊东方钢管有限公司	370702	中型	159	其他有限责任公司	40	地区
金海食品有限公司	371004	中型	310	中外合资经营	40	地区
山东省东平中顺明兴纸业有限公司	370923	中型	173	私营有限责任公司	90	其他
东营鲁信纺织有限责任公司	370502	中型	159	其他有限责任公司	40	地区
山东省微山煤电有限公司	370826	中型	159	其他有限责任公司	50	县
枣庄海燕化纤有限公司	370402	中型	159	其他有限责任公司	40	地区
诸城市良丰化学有限公司	370782	中型	159	其他有限责任公司	50	县
泉林纸业夏津分公司	371427	中型	110	国有	50	县
邹城市圣达纺织集团有限公司	370883	中型	159	其他有限责任公司	50	县
浪潮乐金数字移动通信有限公司	370611	中型	310	中外合资经营	40	地区
潍坊永安实业有限公司	370783	中型	160	股份有限公司	90	其他
招远市梅林食品有限公司	370685	中型	130	股份合作	90	其他
枣庄市江南道路水泥厂	370406	中型	171	私营独资	63	乡
昌邑市海美塑品有限责任公司	370786	中型	159	其他有限责任公司	50	县
淄博市淄川强壮建陶厂	370302	中型	120	集体	72	村委会
兖州市诚合金属制品有限公司	370882	中型	173	私营有限责任公司	62	镇
山东万众钢板弹簧有限公司	370725	中型	174	私营有限股份公司	90	其他
章丘市第二水泥厂	370181	中型	120	集体	90	其他
山东金桥一生缘食品有限公司	370811	中型	159	其他有限责任公司	62	镇
山东金网通信发展有限公司	370102	中型	159	其他有限责任公司	40	地区
山东香弛粮油有限公司	371625	中型	159	其他有限责任公司	50	县

续表46

法人单位名称	行政区划代码（省地县码）	企业规模含义	注册类型	注册类型含义	隶属关系	隶属关系含义
银河纺织集团有限公司	371202	大型	159	其他有限责任公司	50	县
临沂兰裕工贸有限公司	371302	中型	173	私营有限责任公司	90	其他
枣庄市雷鸣水泥有限公司	370402	中型	173	私营有限责任公司	90	其他
山东京博石化有限公司	371625	中型	159	其他有限责任公司	50	县
山东华建铝业有限公司	370724	中型	173	私营有限责任公司	90	其他
诸城市喜庆粮油有限公司	370782	中型	159	其他有限责任公司	50	县
山东省阳谷电缆集团有限公司	371521	大型	160	股份有限公司	40	地区
肥城市云光纸业有限公司	370983	中型	159	其他有限责任公司	50	县
泰安市金山口锅炉有限责任公司	370903	中型	173	私营有限责任公司	90	其他
烟台市大展纸业有限公司	370612	中型	173	私营有限责任公司	90	其他
邹城市圣峰工贸集团有限公司	370883	中型	120	集体	71	居委会
青岛益昌纺织有限公司	370283	中型	159	其他有限责任公司	50	县
青岛远东电器集团有限公司	370284	中型	173	私营有限责任公司	90	其他
艾默生（中国）电机有限公司	370281	中型	330	外资企业	90	其他
青岛康大外贸集团有限公司	370284	中型	160	股份有限公司	90	其他
青岛扶庆鞋业有限公司	370214	中型	330	外资企业	90	其他
青岛广源发玻璃有限公司	370281	中型	172	私营合伙	90	其他
青岛吉姆皮亚珠宝有限公司	370211	中型	330	外资企业	90	其他
青岛星轮摩擦密封材料有限责任公司	370203	中型	159	其他有限责任公司	40	地区
兖州雅士佳联诚工业有限公司	370882	中型	310	中外合资经营	62	镇
菏泽天宇科技开发有限公司	371701	中型	110	国有	40	地区
山东九顶集团临朐水泥厂	370724	中型	120	集体	50	县
淄博鑫科钢构品有限公司	370321	中型	159	其他有限责任公司	62	镇
福建达利食品有限公司济阳分公司	370125	中型	210	与港澳台商合资经营	90	其他
潍坊顺福昌橡塑有限公司	370783	中型	210	与港澳台商合资经营	62	镇
枣庄市市中区东郊瑞福水泥厂	370402	中型	173	私营有限责任公司	90	其他
泰安绿龙有机食品有限公司	370983	中型	159	其他有限责任公司	90	其他
烟台冰轮塑料型材有限公司	370602	中型	159	其他有限责任公司	61	街道
山东禹城润田化工有限公司	371482	中型	190	其他内资	50	县
山东宏业纺织股份有限公司	370126	中型	160	股份有限公司	90	其他
泰安市锦花纺织有限公司	370903	中型	173	私营有限责任公司	90	其他
寿光市圣龙钢结构工程有限公司	370783	中型	171	私营独资	90	其他
山东凤祥有限责任公司	371521	大型	159	其他有限责任公司	50	县
沂南铜像水泥有限责任公司	371321	中型	159	其他有限责任公司	50	县
成武县印龙纺织有限公司	371723	中型	173	私营有限责任公司	90	其他
威海毛纺织有限公司	371001	中型	220	与港澳台商合作经营	40	地区
淄博鑫利金属制品有限公司	370305	中型	310	中外合资经营	90	其他
新泰市宏达化工有限公司	370982	中型	159	其他有限责任公司	50	县
济南百脉酿酒(集团)	370181	中型	159	其他有限责任公司	50	县
滨州海得曲轴有限责任公司	371601	中型	159	其他有限责任公司	40	地区
淄博三信水泥有限公司	370321	中型	159	其他有限责任公司	50	县
新泰市金星拖拉机厂	370982	中型	171	私营独资	90	其他
泰安市山口锻压有限公司	370903	中型	159	其他有限责任公司	90	其他
山东肥城云宇工程机械有限公司	370983	中型	159	其他有限责任公司	50	县
山东正兴轮胎有限公司	371302	中型	171	私营独资	90	其他
潍坊怡力达电声有限公司	370705	中型	210	与港澳台商合资经营	90	其他
威海新兴迪基塔尔公司	371003	中型	330	外资企业	40	地区
泰安华泰铝轮毂有限公司	370902	中型	173	私营有限责任公司	50	县

续表47

法人单位名称	行政区划代码（省地县码）	企业规模含义	注册类型	注册类型含义	隶属关系	隶属关系含义
山东八喜工贸股份有限公司	370781	中型	160	股份有限公司	50	县
淄博市临淄齐晖照明设备有限公司	370305	中型	173	私营有限责任公司	62	镇
烟台市仙坛饲养有限责任公司	370612	中型	173	私营有限责任公司	90	其他
烟台厚木华润袜业有限公司	370611	中型	330	外资企业	90	其他
山东众和热电有限公司	370303	中型	159	其他有限责任公司	40	地区
山东翔龙实业集团有限公司	371302	中型	159	其他有限责任公司	90	其他
泗水县利丰食品有限公司	370831	中型	340	外商投资股份有限公司	62	镇
济宁广通输送带有限责任公司	370802	中型	159	其他有限责任公司	50	县
山东省五莲旭日汽车饰品有限公司	371121	中型	159	其他有限责任公司	62	镇
枣庄金泰电子有限公司	370402	中型	159	其他有限责任公司	40	地区
惠民县瑞雪棉业有限责任公司	371621	中型	159	其他有限责任公司	50	县
枣庄市凝力水泥有限公司	370405	中型	120	集体	63	乡
德州德隆（集团）机床有限公司	371401	大型	110	国有	40	地区
山东宝山生态建材有限公司	370303	中型	173	私营有限责任公司	50	县
山东金城集团公司	370685	中型	120	集体	72	村委会
青岛新大洋食品集团有限公司	370205	中型	159	其他有限责任公司	40	地区
青岛酒厂有限公司	370281	中型	160	股份有限公司	50	县
青岛华金苑针织股份有限公司	370214	中型	160	股份有限公司	40	地区
青岛万福集团股份公司平度万福食品分公司	370283	中型	210	与港澳台商合资经营	90	其他
青岛天骄印务有限公司	370203	中型	160	股份有限公司	40	地区
青岛豪雅光电子有限公司	370211	中型	330	外资企业	90	其他
青岛润泽皮革制品有限公司	370281	中型	330	外资企业	90	其他
青岛恒祥化肥有限公司	370281	中型	159	其他有限责任公司	50	县
青岛泰诺福伦机械有限公司	370211	中型	210	与港澳台商合资经营	90	其他
安丘市茂源铸造有限公司	370784	中型	159	其他有限责任公司	90	其他
惠民县南北王棉业有限责任公司	371621	中型	159	其他有限责任公司	50	县
山东信科环化有限责任公司	371329	中型	110	国有	50	县
山东海化华龙硝铵有限公司	370702	中型	159	其他有限责任公司	40	地区
山东鸿洋神水产科技有限公司	371082	中型	120	集体	63	乡
江苏波司登股份有限公司山东分公司	371403	中型	160	股份有限公司	40	地区
宁津县又一春酿酒厂	371422	中型	110	国有	50	县
莱芜昌隆实业发展有限公司	371202	中型	173	私营有限责任公司	90	其他
烟台迪帕尔空调有限公司	370611	中型	310	中外合资经营	90	其他
乳山乳华纸业有限公司	371083	中型	130	股份合作	62	镇
潍坊齐荣纺织有限公司	370705	中型	159	其他有限责任公司	40	地区
曲阜市锦绣纺织有限公司	370881	中型	159	其他有限责任公司	50	县
山东惠民基德生态纺织有限责任公司	371621	中型	159	其他有限责任公司	50	县
淄博工陶耐火材料有限公司	370304	中型	110	国有	40	地区
惠民县农兴种业有限责任公司	371621	中型	159	其他有限责任公司	50	县
山东惠丰烟叶复烤有限公司	370705	中型	110	国有	20	省
日都食品有限公司	371004	中型	310	中外合资经营	40	地区
山东里能集团有限公司	370883	大型	110	国有	20	省
枣庄市安城水泥有限公司	370402	中型	173	私营有限责任公司	90	其他
曲阜市天博汽车零部件制造有限公司	370881	中型	159	其他有限责任公司	50	县
寿光市天成食品有限公司	370783	中型	173	私营有限责任公司	90	其他
山东贝莱特空调有限公司	371403	中型	159	其他有限责任公司	40	地区
兖州创世纪肉类联合有限公司	370882	中型	159	其他有限责任公司	50	县
烟台巨力化肥有限公司	370682	中型	173	私营有限责任公司	90	其他

续表48

法人单位名称	行政区划代码（省地县码）	企业规模含义	注册类型	注册类型含义	隶属关系	隶属关系含义
莒南县宇达建材有限公司	371327	中型	159	其他有限责任公司	50	县
博山颜光服装有限公司(丽纳尔集团)	370304	中型	159	其他有限责任公司	50	县
潍坊四棉纺织有限公司	370705	大型	159	其他有限责任公司	40	地区
莱芜新开元织锦有限公司	371201	中型	159	其他有限责任公司	40	地区
寿光市泰丰汽车底盘制造有限公司	370783	中型	160	股份有限公司	63	乡
威海新东方钟表有限公司	371001	中型	159	其他有限责任公司	40	地区
山东中兴碳素有限责任公司	371523	中型	159	其他有限责任公司	50	县
河北五得利集团东明面粉有限公司	371728	中型	159	其他有限责任公司	90	其他
山东长富洁晶药业有限公司	371102	中型	159	其他有限责任公司	50	县
山东金鹏铜业有限公司	371626	中型	159	其他有限责任公司	62	镇
山东东阿酒厂有限责任公司	371524	中型	173	私营有限责任公司	50	县
山东省正大纸业有限公司	371426	中型	120	集体	50	县
青岛北海船舶重工有限责任公司	370211	大型	159	其他有限责任公司	10	中央
青岛钢铁控股集团有限责任公司	370213	大型	159	其他有限责任公司	40	地区
青岛民福乐士有限公司	370282	中型	330	外资企业	90	其他
青岛晶腾家具有限公司	370281	中型	310	中外合资经营	90	其他
栖霞白洋河水泥有限公司	370686	中型	173	私营有限责任公司	90	其他
邹城市北兴工贸集团有限公司	370883	中型	120	集体	61	街道
招远市阜山镇黄金管理中心	370685	中型	130	股份合作	63	乡
山东省汶上县华伟制锨有限公司	370830	中型	173	私营有限责任公司	90	其他
泰安华鲁锻压机械有限公司	370901	中型	220	与港澳台商合作经营	40	地区
山东雪圣科技股份有限公司	370683	中型	159	其他有限责任公司	90	其他
诸城市德利源纺织有限公司	370782	中型	159	其他有限责任公司	50	县
巨野县锦源棉花加工有限公司	371724	中型	159	其他有限责任公司	63	乡
山东同大纺织机械有限公司	370786	中型	159	其他有限责任公司	50	县
枣庄永帮橡胶有限公司	370402	中型	190	其他内资	40	地区
山东海化集团瑞源实业有限公司	370783	中型	159	其他有限责任公司	40	地区
山东聊城鲁西化工集团第六化肥厂	371524	中型	110	国有	50	县
临沂市万强陶瓷有限公司	371311	中型	159	其他有限责任公司	50	县
山东佳展塑胶制品有限公司	371121	中型	230	港澳台商独资	50	县
兖矿集团如丝纺织有限公司	371724	中型	159	其他有限责任公司	50	县
诸城新纺纺织印染有限公司	370782	中型	159	其他有限责任公司	50	县
山东滨州天鸿热电有限公司	371601	中型	159	其他有限责任公司	40	地区
招远市玲珑镇黄金企业管理中心	370685	中型	120	集体	63	乡
淄博草埠实业有限公司	370323	中型	159	其他有限责任公司	50	县
淄博山国电热电有限公司(南定电厂)	370303	中型	110	国有	10	中央
泰山体育器材集团有限公司	371481	中型	159	其他有限责任公司	63	乡
济南裕兴化工有限责任公司	370105	大型	110	国有	40	地区
昌邑市姚徐邓染织有限公司	370786	中型	173	私营有限责任公司	90	其他
梁山蓝天纺织有限公司	370832	中型	173	私营有限责任公司	50	县
山东如意科技集团有限公司	370801	大型	159	其他有限责任公司	40	地区
临沂鲁能超越电器制造有限责任公司	371301	中型	159	其他有限责任公司	40	地区
山东王子纺织有限公司	371202	中型	160	股份有限公司	50	县
泗水希尔康制药有限公司	370831	中型	190	其他内资	50	县
泰安市山口泉林纸业有限公司	370903	中型	159	其他有限责任公司	90	其他
胜利油田兴达石油科工贸有限责任公司	370502	中型	159	其他有限责任公司	90	其他
日照市凌云海糖业集团有限公司	371102	中型	159	其他有限责任公司	90	其他
青州石油机械厂有限公司	370781	中型	159	其他有限责任公司	50	县

续表49

法人单位名称	行政区划代码（省地县码）	企业规模含义	注册类型	注册类型含义	隶属关系	隶属关系含义
诸城市义昌纺织印染有限公司	370782	中型	159	其他有限责任公司	50	县
烟台北方家用纺织品有限公司	370611	中型	159	其他有限责任公司	40	地区
济南慧成铸造有限公司	370181	中型	159	其他有限责任公司	90	其他
济南力诺玻璃制品有限公司	370126	中型	171	私营独资	90	其他
高密百合化纤有限公司	370785	中型	173	私营有限责任公司	90	其他
莱芜市万力型钢有限公司	371203	中型	120	集体	50	县
邹城市东升工贸集团有限公司	370883	中型	120	集体	71	居委会
青岛田润食品有限公司	370283	中型	173	私营有限责任公司	90	其他
山东绮丽服饰有限公司	370202	中型	159	其他有限责任公司	90	其他
青岛京信电子有限公司	370211	中型	330	外资企业	90	其他
淄博奥维特建陶有限公司	370303	中型	160	股份有限公司	90	其他
济南正昊化纤新材料有限公司	370102	中型	159	其他有限责任公司	40	地区
中国铝业股份有限公司山东分公司	370303	大型	110	国有	10	中央
临沂欧亚达拖拉机制造有限公司	371302	中型	173	私营有限责任公司	90	其他
泰安泰山铝电有限公司	370983	中型	159	其他有限责任公司	50	县
淄博爱斯特织造有限公司	370306	中型	159	其他有限责任公司	50	县
山东海化金星化工有限公司	370702	中型	159	其他有限责任公司	90	其他
山东鲁能光大钢结构有限公司	370801	中型	159	其他有限责任公司	90	其他
莒县城阳水泥有限公司	371122	中型	159	其他有限责任公司	62	镇
淄博华成泵业有限公司	370304	中型	130	股份合作	50	县
济阳方正家具市场	370125	中型	171	私营独资	90	其他
茌平泉林纸业有限公司	371523	中型	159	其他有限责任公司	50	县
肥城市米山水泥股份有限公司	370983	中型	159	其他有限责任公司	50	县
山东莱钢永锋钢铁有限公司	371425	大型	171	私营独资	90	其他
济南维维乳业有限公司	370112	中型	173	私营有限责任公司	90	其他
龙口玉龙纸业有限公司	370681	中型	110	国有	50	县
南车四方机车车辆股份有限公司	370212	大型	160	股份有限公司	10	中央
青岛可隆车业有限公司	370281	中型	330	外资企业	90	其他
海汇集团	371122	中型	159	其他有限责任公司	50	县
山东方明化工有限公司	371728	中型	160	股份有限公司	50	县
泰安泰山福神齿轮箱有限责任公司	370901	中型	159	其他有限责任公司	40	地区
淄博博盛铝业有限公司	370303	中型	230	港澳台商独资	50	县
山东齐氏坚果食品有限公司	371327	中型	173	私营有限责任公司	90	其他
潍坊恒联玻璃纸有限公司	370705	中型	159	其他有限责任公司	40	地区
山东九鑫日用化工有限公司	370923	中型	171	私营独资	90	其他
日照泰山洁晶生化有限公司	371102	中型	159	其他有限责任公司	40	地区
枣庄金桥水泥制造有限公司	370402	中型	173	私营有限责任公司	90	其他
泰信电子（烟台）有限公司	370611	中型	330	外资企业	90	其他
盛源油脂饲料有限公司	371427	中型	159	其他有限责任公司	90	其他
桓台县教育印刷厂	370321	中型	120	集体	62	镇
新泰市岱岳水泥有限责任公司	370982	中型	159	其他有限责任公司	50	县
山东伟业棉油集团有限公司	371329	中型	159	其他有限责任公司	50	县
德州福田汽车改装有限公司	371401	大型	110	国有	40	地区
山东鼎煜电子玻璃有限公司	371102	中型	220	与港澳台商合作经营	90	其他
山东海化集团薛城振兴焦化有限公司	370403	中型	159	其他有限责任公司	40	地区
临沂市永鑫合金钢有限公司	371331	中型	172	私营合伙	90	其他
山东普阳有限责任公司	371202	中型	159	其他有限责任公司	40	地区
莱芜市轧钢总厂线材厂	371202	中型	172	私营合伙	90	其他

续表50

法人单位名称	行政区划代码（省地县码）	企业规模含义	注册类型	注册类型含义	隶属关系	隶属关系含义
山东海化盛兴化工有限公司	370781	中型	173	私营有限责任公司	90	其他
山东瀚海化工肥料有限公司	370686	中型	159	其他有限责任公司	90	其他
山东东山矿业有限责任公司古城煤矿	370882	中型	159	其他有限责任公司	90	其他
莒南县达尔特化肥有限公司	371327	中型	159	其他有限责任公司	50	县
济南力诺药业控股集团有限公司	370112	中型	159	其他有限责任公司	40	地区
山东新德蓝木业有限公司	370811	中型	173	私营有限责任公司	62	镇
济宁市恒立化工有限公司	370811	中型	159	其他有限责任公司	40	地区
淄博宏达钢铁有限公司	370305	中型	320	中外合作经营	62	镇
临沂市宁润彩钢有限公司	371302	中型	173	私营有限责任公司	90	其他
齐河成亮纸业有限公司	371425	中型	171	私营独资	90	其他
肥城市桃乡水泥有限公司	370983	中型	159	其他有限责任公司	63	乡
山东泰开电气有限公司	370901	中型	159	其他有限责任公司	40	地区
潍坊潍柴零部件机械有限公司	370705	中型	159	其他有限责任公司	40	地区
德州亚佳制冷空调工程有限公司	371403	中型	159	其他有限责任公司	40	地区
泰安泰龙棉纺针织有限公司	370901	中型	159	其他有限责任公司	40	地区
山东浩信机械有限公司	370786	中型	173	私营有限责任公司	90	其他
肥城泰山焦化有限公司	370983	中型	159	其他有限责任公司	50	县
山东鲁花浓香花生油有限公司	371727	中型	210	与港澳台商合资经营	50	县
临沂市兰山区棉花加工厂	371302	中型	171	私营独资	90	其他
烟台市振河投资有限公司	370611	中型	173	私营有限责任公司	90	其他
潍坊昌进贵和纺织印染有限公司	370786	中型	173	私营有限责任公司	90	其他
山东华阳和乐农药有限公司	371481	中型	159	其他有限责任公司	50	县
山东银香大地乳业有限公司	371721	中型	173	私营有限责任公司	90	其他
山东联合化工有限公司	370323	中型	173	私营有限责任公司	50	县
肥城锦润实业公司	370983	中型	173	私营有限责任公司	50	县
日照钢铁控股集团有限公司	371103	中型	160	股份有限公司	90	其他
莱州金仓矿业股份有限公司	370683	中型	159	其他有限责任公司	50	县
山东大宗投资控股有限公司	370481	中型	159	其他有限责任公司	72	村委会
滕州盛隆煤焦化有限责任公司	370481	中型	160	股份有限公司	90	其他
山东鲁宝食品有限公司	370802	中型	173	私营有限责任公司	90	其他
山东超越纺织有限公司	371526	中型	173	私营有限责任公司	90	其他
滕州金州玻璃有限公司	370481	中型	159	其他有限责任公司	50	县
山东中齐耐火材料有限公司	370306	中型	110	国有	20	省
山东中泰煤业集团有限公司	370402	中型	110	国有	50	县
山东鲁源酒业有限公司	370323	中型	159	其他有限责任公司	50	县
东阿县赛雪面粉有限公司	371524	中型	173	私营有限责任公司	50	县
荣成市莹泰机械电子有限公司	371082	中型	130	股份合作	63	乡
山东海梁纸业有限公司	370832	中型	171	私营独资	50	县
沂源县联合化肥有限公司	370323	中型	173	私营有限责任公司	50	县
威海市水务集团	371001	中型	110	国有	40	地区
新泰市金汶水酒业有限公司	370982	中型	190	其他内资	50	县
泰山玻璃纤维股份有限公司	370901	中型	160	股份有限公司	40	地区

续表51

法人单位名称	行政区划代码（省地县码）	企业规模含义	注册类型	注册类型含义	隶属关系	隶属关系含义
青州威猛工程机械有限公司	370781	中型	159	其他有限责任公司	50	县
文登世宝电子有限公司	371081	中型	330	外资企业	90	其他
济宁恒通电器有限公司	370801	中型	190	其他内资	40	地区
荣成市马道水产有限公司	371082	中型	159	其他有限责任公司	63	乡
荣成市高绿水产有限公司	371082	中型	159	其他有限责任公司	63	乡
山东山口钢管集团有限公司	370903	中型	159	其他有限责任公司	90	其他
山东五莲驼宝橡胶有限公司	371121	中型	173	私营有限责任公司	62	镇
双鸿集团	371427	中型	172	私营合伙	62	镇
淄博万昌集团有限公司	370305	中型	160	股份有限公司	62	镇
成武大地玉米开发有限公司	371723	中型	159	其他有限责任公司	50	县
山东金巨有限公司	370828	中型	159	其他有限责任公司	50	县
济宁矿业集团有限公司	370801	大型	151	国有独资公司	40	地区
东营市宏远纺织有限责任公司	370521	中型	173	私营有限责任公司	50	县
山东九发食用菌有限公司青州分公司	370781	中型	159	其他有限责任公司	90	其他
山东省莒南县庞疃造纸厂	371327	中型	120	集体	72	村委会
山东九发集团公司	370612	大型	110	国有	50	县
邹平怡康糖业有限责任公司	371626	中型	110	国有	50	县
荣成市鸿源水产有限公司	371082	中型	159	其他有限责任公司	63	乡
淄博齐旺达塑料制品公司	370305	中型	173	私营有限责任公司	62	镇
山东龙口春龙集团公司	370681	中型	120	集体	63	乡
山东利津雅美纺织有限公司	370522	中型	159	其他有限责任公司	50	县
惠民县华润纺织有限公司	371621	中型	210	与港澳台商合资经营	50	县
昌邑华达织造有限公司	370786	中型	210	与港澳台商合资经营	90	其他
荣成市信诚电子有限公司	371082	中型	330	外资企业	90	其他
济南市青华山花岗集团总公司	370112	中型	159	其他有限责任公司	63	乡
济南益民制药责任有限公司	370113	中型	110	国有	50	县
山东北辰集团有限公司	370113	中型	159	其他有限责任公司	63	乡
青岛华池包装机械有限公司	370284	中型	159	其他有限责任公司	62	镇
山东鲁耐窖业有限责任工司(山耐)	370304	中型	110	国有	20	省
山东蓬莱天山染业有限公司	370684	中型	160	股份有限公司	90	其他
潍坊供电公司	370702	中型	110	国有	20	省
潍坊长安铁塔股份有限公司	370784	中型	159	其他有限责任公司	50	县
高密市利华纺织有限公司	370785	中型	173	私营有限责任公司	90	其他
华电国际电力股份有限公司邹县发电厂	370883	大型	340	外商投资股份有限公司	10	中央
山东省泰安生建电加工机床厂	370901	中型	110	国有	20	省
泰安供电公司	370901	大型	110	国有	10	中央
山东省清大实业集团有限公司	370921	中型	159	其他有限责任公司	63	乡
山东石横发电厂	370983	大型	110	国有	10	中央
山东沾化发电厂	371624	中型	110	国有	20	省
山东黄金集团有限公司沂南金矿	371321	中型	110	国有	20	省
颐中烟草有限公司青州卷烟厂	370781	大型	110	国有	10	中央
莱芜电业局	371201	中型	110	国有	10	中央

续表 52

法人单位名称	行政区划代码（省地县码）	企业规模含义	注册类型	注册类型含义	隶属关系	隶属关系含义
新泰市莲花山煤矿	370982	中型	120	集体	63	乡
山东新泰市羊泉煤矿	370982	中型	120	集体	63	乡
诸城市兆丰机械有限公司	370782	中型	159	其他有限责任公司	63	乡
莱州市天成生物金业股份有限公司	370683	大型	120	集体	50	县
将军烟草集团有限公司济南卷烟厂	370112	中型	110	国有	10	中央
北京万发炉业中心济南制造厂	370112	中型	120	集体	90	其他
山东省黄金矿业公司玲珑金矿	370685	中型	110	国有	20	省
中国水产烟台海洋渔业公司新大洋食品加工厂	370611	中型	110	国有	10	中央
济南市长清东岳花岗石厂	370113	中型	142	集体联营	72	村委会
青岛二和纤维有限公司(胶南)	370284	中型	330	外资企业	90	其他
淄博科佳陶瓷股份有限公司	370302	中型	173	私营有限责任公司	90	其他
淄博国润陶瓷股份有限公司	370302	中型	173	私营有限责任公司	90	其他
山东东鹏陶瓷股份有限公司	370302	中型	174	私营有限股份公司	90	其他
淄博春天陶瓷有限公司	370302	中型	171	私营独资	90	其他
淄博北方兄弟陶瓷有限公司	370302	中型	171	私营独资	90	其他
淄博博泰实业有限公司	370304	中型	120	集体	72	村委会
龙口市煤炭工业集团公司	370681	中型	110	国有	50	县
山东汇业集团工业公司	370681	中型	130	股份合作	61	街道
蓬莱市解宋营渔业开发总公司	370684	中型	120	集体	63	乡
山东金欧集团	370685	中型	120	集体	72	村委会
山东中策轮胎有限公司	370783	中型	171	私营独资	90	其他
文登市泽库水产总公司	371081	中型	120	集体	62	镇
沂水县兴盛矿业有限责任公司	371323	中型	159	其他有限责任公司	90	其他
山东光华纸业集团有限公司	371325	中型	159	其他有限责任公司	63	乡
禹城鸿兴源食品公司	371482	中型	171	私营独资	90	其他
茌平县鑫鑫铝业有限公司	371523	中型	173	私营有限责任公司	90	其他
山东聊城热电有限责任公司	371502	大型	110	国有	20	省
苍山县供电局	371324	中型	110	国有	50	县
山东省星发食品有限公司	371324	中型	310	中外合资经营	63	乡
山东长兴集团	370113	中型	120	集体	63	乡
冠县冠星纺织集团总公司	371525	中型	159	其他有限责任公司	50	县
淄博昌盛建筑陶瓷有限公司第二分公司	370303	中型	310	中外合资经营	62	镇
昌邑市昌宁机械有限公司	370786	中型	173	私营有限责任公司	90	其他
山东省泰安泰龙软轴软管厂	370921	中型	171	私营独资	90	其他
齐河县南北海英纸厂	371425	中型	171	私营独资	90	其他
临清市第二色织厂	371581	中型	171	私营独资	90	其他
山东金高瑭油棉绒加工有限公司	371526	中型	173	私营有限责任公司	90	其他
青岛市平度三合山精密铸造厂	370283	中型	173	私营有限责任公司	90	其他
邹平县长山传洋轧钢厂	371626	中型	171	私营独资	90	其他
济宁金威煤电有限公司	370827	中型	159	其他有限责任公司	50	县

第二篇

企业集团

2－1　企业集团构成情况(2004年)

分　组	集团个数（个）	占集团总数的比重(%)	集团所属成员企业个数（个）	占成员企业总数的比重(%)
总 计	789	100.0	4723	100.0
一、按集团审批部门分				
国务院	4	0.5	35	0.7
国务院主管部门	4	0.5	21	0.4
省级人民政府	299	37.9	2174	46.0
省级人民政府主管部门	150	19.0	773	16.4
其他	332	42.1	1720	36.4
二、按母公司控股情况分				
国有绝对控股	238	30.2	1680	35.6
国有相对控股	45	5.7	221	4.7
集体绝对控股	88	11.2	622	13.2
集体相对控股	31	3.9	179	3.8
其他	387	49.0	2021	42.8
三、按集团主营行业分				
农、林、牧、渔业	1	0.1	11	0.2
采矿业	37	4.7	193	4.1
制造业	536	67.9	2981	63.1
电力、燃气及水的生产和供应业	25	3.2	162	3.4
建筑业	55	7.0	391	8.3
交通运输、仓储和邮政业	19	2.4	116	2.5
信息传输、计算机服务和软件业	6	0.8	41	0.9
批发和零售业	72	9.1	611	12.9
住宿和餐饮业	3	0.4	25	0.5
金融业	2	0.3	11	0.2
房地产业	26	3.3	128	2.7
租赁和商务服务业	4	0.5	25	0.5
科学研究、技术服务和地质勘查业	0	0.0	0	0.0
水利、环境和公共设施管理业	1	0.1	6	0.1
居民服务和其他服务业	1	0.1	6	0.1
教育	0	0.0	0	0.0
卫生、社会保障和社会福利业	0	0.0	0	0.0
文化、体育和娱乐业	1	0.1	16	0.3
公共管理和社会组织	0	0.0	0	0.0
国际组织	0	0.0	0	0.0
四、按母公司登记注册类型分				
国有企业	84	10.6	504	10.7
国有独资企业	76	9.6	715	15.1
其他有限责任公司	342	43.3	1996	42.3
股份有限公司	153	19.4	781	16.5
中外合资企业	25	3.2	69	1.5
港澳台合资企业	5	0.6	23	0.5
其他	104	13.2	635	13.4
五、按母公司企业规模分				
大型	334	42.3	2544	53.9
中型	357	45.2	1682	35.6
小型	62	7.9	300	6.4
其他	36	4.6	197	4.2

2－2 企业集团分市地主要经济指标（2004年）

地 区	集团个数（个）	年末资产（万元）	年末负债（万元）	所有者权益（万元）	主营业务收入（万元）	利润(万元)
全省合计	789	149642465	92893169	50481530	133670174	9175375
济南市	96	46262007	31704866	13084623	30176525	1775293
青岛市	138	22707750	14440121	7280943	30249028	892784
淄博市	75	10815013	5887762	4459384	10266560	488674
枣庄市	15	2026200	1329089	439434	1258955	124285
东营市	31	8812001	3326717	5246915	9291465	2448264
烟台市	75	9555898	5050337	4014088	8179822	599974
潍坊市	62	9813826	6715762	2699170	8523462	459193
济宁市	49	8738659	5121783	2719435	6476927	733340
泰安市	15	4307449	2834909	1369089	2349851	115796
威海市	41	3124089	1994981	1030081	4238834	247552
日照市	20	2170351	1484066	655008	1677430	63128
莱芜市	7	3650919	2501464	685399	3546248	192090
临沂市	64	4812877	3040152	1561856	4866274	275604
德州市	43	2929269	1648001	1244207	2400232	154720
聊城市	25	4197358	2400211	1744837	3793016	258651
滨州市	22	5094054	3022533	2046903	5678027	328524
菏泽市	11	624745	390415	200158	697518	17503

2－3 企业集团分市地劳动工资指标（2004年）

地 区	从业人员年末人数（人）	在岗职工（人）	其他从业人员（人）	从业人员劳动报酬（万元）	在岗职工（万元）	其他从业人员（万元）
全省合计	2931936	2760642	171294	4461041	4273579	187462
济南市	478409	417452	60957	1003107	934171	68936
青岛市	434106	416939	17167	675888	657676	18212
淄博市	252640	237501	15139	338365	326640	11725
枣庄市	100415	97162	3253	182434	180619	1815
东营市	138700	130344	8356	381616	366033	15583
烟台市	214953	210712	4241	256443	251529	4914
潍坊市	186702	177844	8858	234270	225901	8369
济宁市	230187	210127	20060	356428	337037	19391
泰安市	137493	119528	17965	208858	185236	23622
威海市	95787	94181	1606	109570	108304	1266
日照市	39670	39369	301	55160	54818	342
莱芜市	61374	61115	259	111004	110770	234
临沂市	210306	200354	9952	205858	196203	9655
德州市	81722	80212	1510	66492	65759	733
聊城市	112137	112023	114	107889	107747	142
滨州市	135198	133695	1503	148171	145733	2438
菏泽市	22137	22084	53	19488	19403	85

2－4　企业集团主要经济指标（2004年）

单位:万元

	年末资产总计	固定资产原价	累计折旧	本年折旧	无形资产
总　计	49642465	86640081	30770042	4665256	4808809
一、按集团审批部门分					
国务院	8256602	4182494	1456832	137801	241599
国务院主管部门	7645557	5210808	2024014	345041	52169
省级人民政府	99739308	64197480	23498067	3517533	3095769
省级人民政府主管部门	11333285	3732152	1072361	191470	395108
其他	22667713	9317147	2718768	473411	1024164
二、按母公司控股情况分					
国有绝对控股	83051605	54947174	21798798	2898642	2630421
国有相对控股	5653471	2965314	885198	142191	167376
集体绝对控股	12259254	4962692	1280808	195295	417592
集体相对控股	4352444	1862551	362615	67240	100662
其他	44325691	21902350	6442623	1361888	1492758
三、按集团主营行业分					
农、林、牧、渔业	128537	93396	40502	3716	3442
采矿业	17492090	18130307	9062781	948100	337129
制造业	79516933	38123552	11905890	1897004	3215283
电力、燃气及水的生产和供应业	18865120	12549374	4307383	693846	172003
建筑业	5044357	1024622	310144	52551	169180
交通运输、仓储和邮政业	7226403	4496938	1019937	151114	260846
信息传输、计算机服务和软件业	7226458	8959982	3522213	813781	66954
批发和零售业	8488767	2355973	483590	79683	377479
住宿和餐饮业	89241	40528	11269	1158	4580
金融业	125859	37765	6529	1713	28025
房地产业	2980443	572287	42625	6856	133811
租赁和商务服务业	2196802	109056	25638	1996	9715
科学研究、技术服务和地质勘查业	0	0	0	0	0
水利、环境和公共设施管理业	5334	1033	319	67	1014
居民服务和其他服务业	97393	46233	10570	10570	4174
教育	0	0	0	0	0
卫生、社会保障和社会福利业	0	0	0	0	0
文化、体育和娱乐业	158728	99035	20652	3101	25174
公共管理和社会组织	0	0	0	0	0
国际组织	0	0	0	0	0
四、按母公司登记注册类型分					
国有企业	17908986	10210117	3797564	614681	519493
国有独资企业	32373705	14269044	4364965	576900	1164566
其他有限责任公司	52383394	32684483	12911910	1816783	2146676
股份有限公司	17654918	11186239	3892057	550559	502855
中外合资企业	6847960	4933779	1450767	230743	177874
港澳台合资企业	141708	80345	31897	5914	6841
其他	22331794	13276074	4320882	869676	290504
五、按母公司企业规模分					
大型	129501980	78561827	28314605	4254905	3783997
中型	16334527	6770581	2040412	325093	866861
小型	1639652	582907	182850	36642	76915
其他	2166306	724766	232175	48616	81036

续表 1

单位:万元

	累计对外投资	本年对外投资	本年对境外投资	长期投资	短期投资
总 计	5402586	823853	6000	7637196	989759
一、按集团审批部门分					
国务院	223705	82567	1998	398805	108883
国务院主管部门	872802	945	0	997515	0
省级人民政府	3214367	530922	3795	4360038	728396
省级人民政府主管部门	509993	96633	0	736434	90141
其他	581719	112786	207	1144404	62339
二、按母公司控股情况分					
国有绝对控股	3606200	361278	2883	4683041	557742
国有相对控股	161095	44934	87	160470	34393
集体绝对控股	220947	55514	0	680789	24800
集体相对控股	72694	17410	0	135975	8542
其他	1341650	344717	3030	1976921	364282
三、按集团主营行业分					
农、林、牧、渔业	14451	0	0	14451	5
采矿业	443998	111049	1344	558047	349310
制造业	2410099	424893	4569	3941008	191243
电力、燃气及水的生产和供应业	1164774	146206	0	1289185	327505
建筑业	125745	13737	0	185638	21514
交通运输、仓储和邮政业	225971	735	0	494671	8144
信息传输、计算机服务和软件业	17648	2600	87	6437	1252
批发和零售业	355949	70317	0	494947	13782
住宿和餐饮业	3370	762	0	11702	0
金融业	0	0	0	19443	0
房地产业	264581	8536	0	320058	1229
租赁和商务服务业	348572	45018	0	272556	75427
科学研究、技术服务和地质勘查业	0	0	0	0	0
水利、环境和公共设施管理业	570	0	0	570	0
居民服务和其他服务业	26858	0	0	26858	348
教育	0	0	0	0	0
卫生、社会保障和社会福利业	0	0	0	0	0
文化、体育和娱乐业	0	0	0	1625	0
公共管理和社会组织	0	0	0	0	0
国际组织	0	0	0	0	0
四、按母公司登记注册类型分					
国有企业	1429367	83244	0	1258955	64669
国有独资企业	1492426	139595	2088	2098741	351707
其他有限责任公司	1420036	271683	0	2526453	165122
股份有限公司	493595	152973	882	688771	57454
中外合资企业	127870	59653	1998	184751	15849
港澳台合资企业	207	207	207	1551	0
其他	439085	116498	825	877974	334958
五、按母公司企业规模分					
大型	4856840	632730	4911	6406556	926584
中型	389464	163389	1089	941254	47471
小型	36384	6018	0	133412	1882
其他	119898	21716	0	155974	13822

续表2

单位:万元

	存货	流动资产年平均余额	应收帐款	年末负债合计	
					流动负债
总 计	16869001	61663912	10244209	92893169	69853305
一、按集团审批部门分					
国务院	855632	3888776	355735	5231747	3469817
国务院主管部门	619492	1991261	85691	4104773	1889772
省级人民政府	11231371	38708548	5886815	61037756	45785569
省级人民政府主管部门	1181390	6535596	1345931	7796027	6987600
其他	2981116	10539731	2570037	14722866	11720547
二、按母公司控股情况分					
国有绝对控股	7597154	32092082	4994275	50049929	37066583
国有相对控股	687578	2178600	458002	3484913	2623599
集体绝对控股	1804585	6156046	867484	6861857	5751392
集体相对控股	439761	1662862	172013	2560772	1679720
其他	6339923	19574322	3752435	29935698	22732011
三、按集团主营行业分					
农、林、牧、渔业	21036	60597	7131	164164	156728
采矿业	879353	5733706	579071	8643218	6128407
制造业	11508297	35874693	5802937	48582558	38115289
电力、燃气及水的生产和供应业	1064167	5413888	634295	11861141	6048867
建筑业	740739	3068826	1574513	3726779	3363065
交通运输、仓储和邮政业	117441	2056279	131245	4750689	3722495
信息传输、计算机服务和软件业	88340	910880	371748	4689819	3065026
批发和零售业	1522874	4879955	1062143	6493165	5740675
住宿和餐饮业	2469	53433	3692	56088	49253
金融业	10875	25922	3302	71130	58154
房地产业	824858	1744332	46392	2030469	1637761
租赁和商务服务业	79156	1765931	20659	1717148	1691692
科学研究、技术服务和地质勘查业	0	0	0	0	0
水利、环境和公共设施管理业	517	2786	293	3726	3726
居民服务和其他服务业	5523	28653	3467	33123	27067
教育	0	0	0	0	0
卫生、社会保障和社会福利业	0	0	0	0	0
文化、体育和娱乐业	3356	44031	3321	69952	45100
公共管理和社会组织	0	0	0	0	0
国际组织	0	0	0	0	0
四、按母公司登记注册类型分					
国有企业	1366280	6896847	1264971	11379254	7659190
国有独资企业	3426532	14984203	2084894	21381798	17346854
其他有限责任公司	6622444	21424909	3655087	31149723	23901793
股份有限公司	2366977	6940325	1106949	10137782	7932117
中外合资企业	541538	2216798	581850	3897204	2358999
港澳台合资企业	17578	72127	12550	73546	50906
其他	2527652	9128703	1537908	14873862	10603446
五、按母公司企业规模分					
大型	14012724	52002203	8194181	79873437	59334746
中型	2333746	7913988	1558972	10648283	8564293
小型	193098	721206	132037	999099	777207
其他	329433	1026515	359019	1372350	1177059

续表3

单位:万元

	年末股东权益总计	股本	主营业务收入	主营业务成本	主营业务税金及附加
总 计	56749296	23684728	133670174	110864235	1752855
一、按集团审批部门分					
国务院	3024855	687570	6215763	4739668	48027
国务院主管部门	3540784	1423430	5813982	5005678	453716
省级人民政府	38701552	15956551	91750698	75455578	949186
省级人民政府主管部门	3537258	1754705	9704817	8354237	85459
其他	7944847	3862472	20184914	17309074	216467
二、按母公司控股情况分					
国有绝对控股	33001676	16222660	66859569	53162439	1309115
国有相对控股	2168558	727820	4039161	3350993	26844
集体绝对控股	5397397	1615802	19175914	17116531	55445
集体相对控股	1791672	401479	5029084	4488767	14332
其他	14389993	4716967	38566446	32745505	347119
三、按集团主营行业分					
农、林、牧、渔业	-35627	46725	33413	29220	143
采矿业	8848872	4233349	12072437	6455645	205242
制造业	30934375	11454351	90515564	77796076	1150654
电力、燃气及水的生产和供应业	7003979	2905173	9980320	8959728	65956
建筑业	1317578	731100	3730341	3278034	109107
交通运输、仓储和邮政业	2475714	945602	1661454	1225448	56718
信息传输、计算机服务和软件业	2536639	666096	2869657	1496425	96903
批发和零售业	1995602	1541202	11561378	10642735	26285
住宿和餐饮业	33153	27498	36946	18470	1608
金融业	54729	21746	64402	50678	756
房地产业	949974	709842	599895	439755	31217
租赁和商务服务业	479654	343871	432705	399096	3151
科学研究、技术服务和地质勘查业	0	0	0	0	0
水利、环境和公共设施管理业	1608	910	1985	1311	70
居民服务和其他服务业	64270	47263	22805	16015	369
教育	0	0	0	0	0
卫生、社会保障和社会福利业	0	0	0	0	0
文化、体育和娱乐业	88776	10000	86872	55599	4676
公共管理和社会组织	0	0	0	0	0
国际组织	0	0	0	0	0
四、按母公司登记注册类型分					
国有企业	6529732	3350511	16322695	14433853	187382
国有独资企业	10991907	4472752	19716983	15612097	513475
其他有限责任公司	21233671	9694121	47966617	38284458	689218
股份有限公司	7517136	2997585	20748824	17840893	185709
中外合资企业	2950756	1089104	6211244	5182852	36848
港澳台合资企业	68162	30163	172979	143259	279
其他	7457932	2050492	22530832	19366823	139944
五、按母公司企业规模分					
大型	49628543	20129018	116680769	96490869	1567252
中型	5686244	2811952	13840634	11724383	137334
小型	640553	367808	1042845	836127	12070
其他	793956	375950	2105926	1812856	36199

续表 4

单位:万元

	其他业务收入	新产品销售收入	出口销售总额	存货跌价损失和营业管理财务费用	税金
总 计	4912439	22455136	10765025	11897702	339789
一、按集团审批部门分					
国务院	537640	1297632	573881	681968	9422
国务院主管部门	83005	334986	8395	232654	4212
省级人民政府	3530041	17180238	7021773	8413856	216591
省级人民政府主管部门	219363	678221	930066	909336	30148
其他	542390	2964059	2230910	1659888	79416
二、按母公司控股情况分					
国有绝对控股	3676303	10622425	4339878	6783188	198509
国有相对控股	137615	585368	283782	429591	15726
集体绝对控股	91430	7002752	1571394	1344425	16650
集体相对控股	66905	248424	640959	224750	18333
其他	940186	3996167	3929012	3115748	90571
三、按集团主营行业分					
农、林、牧、渔业	1250	0	2516	11426	230
采矿业	1746384	274921	549792	1863795	24004
制造业	2387010	21962883	8860071	7123353	207646
电力、燃气及水的生产和供应业	142196	71139	42916	549705	19400
建筑业	257619	678	1998	265093	7943
交通运输、仓储和邮政业	234073	0	0	299344	43490
信息传输、计算机服务和软件业	43975	139739	2573	860313	7854
批发和零售业	89956	5758	1304978	771969	25249
住宿和餐饮业	26	0	0	5585	277
金融业	1497	0	0	8307	202
房地产业	3262	18	181	89048	2699
租赁和商务服务业	4341	0	0	34472	647
科学研究、技术服务和地质勘查业	0	0	0	0	0
水利、环境和公共设施管理业	850	0	0	611	73
居民服务和其他服务业	0	0	0	4209	0
教育	0	0	0	0	0
卫生、社会保障和社会福利业	0	0	0	0	0
文化、体育和娱乐业	0	0	0	10472	75
公共管理和社会组织	0	0	0	0	0
国际组织	0	0	0	0	0
四、按母公司登记注册类型分					
国有企业	619152	1492244	1317896	1195237	66768
国有独资企业	1420089	5330076	1860062	3065923	75757
其他有限责任公司	1639877	5055575	3844281	3827632	108217
股份有限公司	887484	1912810	1212478	1408196	52538
中外合资企业	237197	1159965	1123586	415252	4247
港澳台合资企业	1584	37331	31645	9388	1374
其他	107056	7467135	1375077	1976074	30888
五、按母公司企业规模分					
大型	4612201	20325631	8700820	10329631	276924
中型	208224	1512121	1344029	1265807	49663
小型	13269	52811	180676	88973	6780
其他	78745	564573	539500	213291	6422

续表5

单位:万元

	存货跌价损失和营业管理财务费用				投资收益	营业外收入
	劳动、待业保险费	职工教育费	广告费	利息支出		
总　计	592546	60809	399240	1824986	362115	216479
一、按集团审批部门分						
国务院	76190	4667	10716	131948	13777	10750
国务院主管部门	16138	651	17471	65802	36444	14828
省级人民政府	364785	35354	316471	1259389	231554	135496
省级人民政府主管部门	47415	3996	14276	120677	43336	20379
其他	88018	16141	40306	247170	37004	35026
二、按母公司控股情况分						
国有绝对控股	447989	38623	207644	892319	270114	135533
国有相对控股	13906	1678	14104	86440	-2872	7473
集体绝对控股	29478	3019	83378	135292	9447	12006
集体相对控股	3116	2388	1197	54594	-1393	13173
其他	98057	15101	92917	656341	86819	48294
三、按集团主营行业分						
农、林、牧、渔业	1257	17	0	2834	206	369
采矿业	187779	11388	7896	190206	-5099	24118
制造业	271873	38377	334554	1026352	208322	141238
电力、燃气及水的生产和供应业	20920	1924	5610	250464	61962	21814
建筑业	24268	1713	1033	30075	14310	4476
交通运输、仓储和邮政业	32017	1415	386	39629	21071	16047
信息传输、计算机服务和软件业	26421	3105	36852	126526	2931	-6931
批发和零售业	25367	2592	8503	112904	12503	12325
住宿和餐饮业	79	0	0	35	69	952
金融业	800	0	0	1192	0	32
房地产业	973	67	3461	33487	15045	757
租赁和商务服务业	632	128	945	10147	28344	745
科学研究、技术服务和地质勘查业	0	0	0	0	0	0
水利、环境和公共设施管理业	160	3	0	2	0	5
居民服务和其他服务业	0	5	0	0	2411	470
教育	0	0	0	0	0	0
卫生、社会保障和社会福利业	0	0	0	0	0	0
文化、体育和娱乐业	0	75	0	1133	40	62
公共管理和社会组织	0	0	0	0	0	0
国际组织	0	0	0	0	0	0
四、按母公司登记注册类型分						
国有企业	104604	6270	9235	188569	171124	72878
国有独资企业	194599	20815	150141	296846	53935	35585
其他有限责任公司	186986	20661	96757	714877	83882	51599
股份有限公司	46276	5631	31000	223389	12981	32952
中外合资企业	6125	1018	5564	89853	12610	6203
港澳台合资企业	541	104	-20	492	28	1508
其他	53415	6310	106563	310960	27555	15754
五、按母公司企业规模分						
大型	524140	53322	360313	1544330	334170	177275
中型	49164	6438	34580	240729	25473	35695
小型	5145	408	1901	19885	3679	1399
其他	14097	641	2446	20042	-1207	2110

续表6

单位:万元

	利润总额	应交所得税	应交增值税	固定资产投资完成额	研究开发费用
总　计	9175375	2774048	4136290	13267005	1581179
一、按集团审批部门分					
国务院	509471	175358	254566	1125313	211042
国务院主管部门	160256	60326	292431	396199	11891
省级人民政府	7043433	2131226	2892366	9798906	1259670
省级人民政府主管部门	431036	142149	250522	626681	40546
其他	1031179	264989	446405	1319906	58030
二、按母公司控股情况分					
国有绝对控股	5464542	1833604	2704603	7353736	722091
国有相对控股	232029	79319	145036	557773	40652
集体绝对控股	732156	133298	298207	723794	464372
集体相对控股	319925	96090	156305	734905	44916
其他	2426723	631737	832139	3896797	309148
三、按集团主营行业分					
农、林、牧、渔业	-8954	976	-17	109	0
采矿业	2910562	997276	1037081	1501971	95888
制造业	4618637	1193856	2528735	7899353	1469977
电力、燃气及水的生产和供应业	392131	159679	461147	1050676	6116
建筑业	125666	40569	17022	53803	575
交通运输、仓储和邮政业	202036	63303	3237	1578703	5707
信息传输、计算机服务和软件业	742180	211436	334	962467	2328
批发和零售业	110487	73620	82187	144315	483
住宿和餐饮业	2330	1053	17	0	0
金融业	2779	937	125	0	0
房地产业	45533	19519	380	64957	20
租赁和商务服务业	22442	8658	6042	8152	85
科学研究、技术服务和地质勘查业	0	0	0	0	0
水利、环境和公共设施管理业	2	0	0	0	0
居民服务和其他服务业	5791	1135	0	0	0
教育	0	0	0	0	0
卫生、社会保障和社会福利业	0	0	0	0	0
文化、体育和娱乐业	3753	2031	0	2499	0
公共管理和社会组织	0	0	0	0	0
国际组织	0	0	0	0	0
四、按母公司登记注册类型分					
国有企业	664597	250750	471827	1188660	78912
国有独资企业	830344	313518	790404	2885769	411883
其他有限责任公司	4899532	1532881	1778863	4998066	368366
股份有限公司	1084337	330501	551670	2138087	145064
中外合资企业	565274	106019	21016	847756	111458
港澳台合资企业	12841	3678	9015	10508	1020
其他	1118450	236701	324350	1198159	464476
五、按母公司企业规模分					
大型	8333296	2522682	3703503	12256859	1492411
中型	756676	221853	378767	902474	73434
小型	53304	9280	16169	45598	4520
其他	32099	20233	37851	62074	10814

2－5 企业集团劳动工资指标（2004年）

单位:万元

	从业人员（人）	在岗职工	其他从业人员	研究开发人员	从业人员劳动报酬（万元）	在岗职工	其他从业人员	研究开发人员
总 计	2931936	2760642	171294	84121	4461041	4273579	187462	183825
一、按集团审批部门分								
国务院	163793	143648	20145	3239	307134	286450	20684	8254
国务院主管部门	48601	47735	866	864	191570	182860	8710	3268
省级人民政府	1695977	1621072	74905	64787	2689843	2611463	78380	142803
省级人民政府主管部门	320523	303137	17386	5582	397656	377997	19659	11792
其他	703042	645050	57992	9649	874838	814809	60029	17708
二、按母公司控股情况分								
国有绝对控股	1381269	1263212	118057	47847	2668272	2529607	138665	114138
国有相对控股	136489	128387	8102	3202	153176	144957	8219	6492
集体绝对控股	316674	304099	12575	6440	341776	330191	11585	14664
集体相对控股	157585	156673	912	2778	166094	165440	654	4635
其他	939919	908271	31648	23854	1131723	1103384	28339	43896
三、按集团主营行业分								
农、林、牧、渔业	1886	1886	0	0	1367	1367	0	0
采矿业	487785	445089	42696	12531	1020772	975651	45121	22562
制造业	1759234	1716402	42832	67604	2197843	2152477	45366	150554
电力、燃气及水的生产和供应业	108369	106245	2124	1177	291902	289586	2316	2714
建筑业	280775	231215	49560	855	400029	338318	61711	2724
交通运输、仓储和邮政业	89285	87993	1292	795	183330	183042	288	2231
信息传输、计算机服务和软件业	51835	41786	10049	263	176220	167930	8290	938
批发和零售业	130866	109522	21344	454	154380	131449	22931	1047
住宿和餐饮业	3176	3176	0	240	4013	4013	0	720
金融业	1397	1363	34	0	1312	1280	32	0
房地产业	9779	8628	1151	72	14262	13380	882	190
租赁和商务服务业	4912	4706	206	130	8003	7479	524	145
科学研究、技术服务和地质勘查业	0	0	0	0	0	0	0	0
水利、环境和公共设施管理业	164	164	0	0	260	260	0	0
居民服务和其他服务业	1606	1600	6	0	1776	1775	1	0
教育	0	0	0	0	0	0	0	0
卫生、社会保障和社会福利业	0	0	0	0	0	0	0	0
文化、体育和娱乐业	867	867	0	0	5572	5572	0	0
公共管理和社会组织	0	0	0	0	0	0	0	0
国际组织	0	0	0	0	0	0	0	0
四、按母公司登记注册类型分								
国有企业	270898	254447	16451	6554	597711	577986	19725	20119
国有独资企业	590759	551724	39035	20608	997656	948591	49065	55829
其他有限责任公司	1292854	1209723	83131	35623	1794180	1708840	85340	64692
股份有限公司	375283	353193	22090	11951	490073	465534	24539	24924
中外合资企业	73016	69065	3951	3194	111918	107946	3972	4532
港澳台合资企业	6269	6260	9	176	8898	8812	86	393
其他	322857	316230	6627	6015	460605	455870	4735	13336
五、按母公司企业规模分								
大型	2246164	2106732	139432	69217	3718484	3557694	160790	158998
中型	534654	509930	24724	13075	566262	546582	19680	21981
小型	63866	61291	2575	606	56021	52756	3265	1395
其他	87252	82689	4563	1223	120274	116547	3727	1451

2－6　企业集团主要业务指标（2004年）

单位:万元

	农林牧渔业总产值(万元)	工业总产值(万元)	采矿业	制造业	电煤水业
总　计	338250	103793240	12525161	82811411	8456668
一、按集团审批部门分					
国务院	0	5715642	2060949	3654693	0
国务院主管部门	0	5784334	0	1246422	4537912
省级人民政府	119950	71273096	9620916	58601608	3050572
省级人民政府主管部门	13661	6531336	600581	5874269	56486
其他	204639	14488832	242715	13434419	811698
二、按母公司控股情况分					
国有绝对控股	170426	54389519	12204948	35538555	6646016
国有相对控股	2011	3096391	142435	2726611	227345
集体绝对控股	52876	13542112	33447	13337491	171174
集体相对控股	70164	4479748	2024	4333479	144245
其他	42773	28285470	142307	26875275	1267888
三、按集团主营行业分					
农、林、牧、渔业	25710	0	0	0	0
采矿业	0	12823284	12119992	665886	37406
制造业	310085	81558603	331990	80426311	800302
电力、燃气及水的生产和供应业	0	8415184	70126	747148	7597910
建筑业	780	308460	1032	303229	4199
交通运输、仓储和邮政业	0	7838	0	7838	0
信息传输、计算机服务和软件业	0	297	0	297	0
批发和零售业	1675	289757	2021	287736	0
住宿和餐饮业	0	618	0	618	0
金融业	0	3699	0	3699	0
房地产业	0	8705	0	3280	5425
租赁和商务服务业	0	346143	0	346143	0
科学研究、技术服务和地质勘查业	0	0	0	0	0
水利、环境和公共设施管理业	0	0	0	0	0
居民服务和其他服务业	0	18468	0	7042	11426
教育	0	0	0	0	0
卫生、社会保障和社会福利业	0	0	0	0	0
文化、体育和娱乐业	0	12184	0	12184	0
公共管理和社会组织	0	0	0	0	0
国际组织	0	0	0	0	0
四、按母公司登记注册类型分					
国有企业	169046	12514934	498770	7148429	4867735
国有独资企业	1380	16383610	3739185	12155722	488703
其他有限责任公司	129144	40325037	7747652	32021495	555890
股份有限公司	26655	14656206	220890	13619449	815867
中外合资企业	0	6036363	0	5018819	1017544
港澳台合资企业	0	183962	0	183962	0
其他	12025	13693128	318664	12663535	710929
五、按母公司企业规模分					
大型	249642	90391659	12190751	69974595	8226313
中型	81258	11681224	274908	11198359	207957
小型	7055	665046	46429	604745	13872
其他	295	1055311	13073	1033712	8526

续表1

单位:万元

	建筑业总产值(万元)	交通运输业		批零业商品销售总额(万元)	外贸进出口总额(万美元)	
		货运量(万吨)	客运量(万人)			出口额(万美元)
总 计	4817390	69399	85410	15018792	614363	381370
一、按集团审批部门分						
国务院	10767	311	0	0	0	0
国务院主管部门	0	12	0	0	0	0
省级人民政府	1016891	24736	3173	10828710	281689	190136
省级人民政府主管部门	1153230	6342	728	2173662	198321	125471
其他	2636502	37998	81509	2016420	134353	65763
二、按母公司控股情况分						
国有绝对控股	1642290	35381	79280	6702982	482087	309478
国有相对控股	90280	0	0	711891	11458	11159
集体绝对控股	215641	791	3212	1460683	27502	3470
集体相对控股	37230	1240	0	409222	4704	509
其他	2831949	31987	2918	5734014	88612	56754
三、按集团主营行业分						
农、林、牧、渔业	0	0	0	7703	0	0
采矿业	28558	160	2560	17823	0	0
制造业	616360	17935	535	2194472	174440	114872
电力、燃气及水的生产和供应业	294627	363	3146	1059473	1118	762
建筑业	3700911	10453	0	121918	12757	417
交通运输、仓储和邮政业	4738	40256	78346	7156	0	0
信息传输、计算机服务和软件业	7428	0	0	1266	0	0
批发和零售业	20654	0	0	11548150	425775	265139
住宿和餐饮业	500	0	175	4158	0	0
金融业	8672	0	0	35443	0	0
房地产业	130240	232	648	1393	273	180
租赁和商务服务业	0	0	0	18642	0	0
科学研究、技术服务和地质勘查业	0	0	0	0	0	0
水利、环境和公共设施管理业	4702	0	0	0	0	0
居民服务和其他服务业	0	0	0	0	0	0
教育	0	0	0	0	0	0
卫生、社会保障和社会福利业	0	0	0	0	0	0
文化、体育和娱乐业	0	0	0	1195	0	0
公共管理和社会组织	0	0	0	0	0	0
国际组织	0	0	0	0	0	0
四、按母公司登记注册类型分						
国有企业	746207	22205	10035	1455342	178053	134250
国有独资企业	364432	6171	65216	1663948	245368	143006
其他有限责任公司	2880963	28812	9984	3486384	127714	74568
股份有限公司	328987	1458	0	6054265	41049	21841
中外合资企业	59813	0	0	10333	0	0
港澳台合资企业	0	0	0	0	0	0
其他	436988	10753	175	2348520	22179	7705
五、按母公司企业规模分						
大型	3143606	44735	75598	13684708	580573	362059
中型	922281	22172	3301	1091928	20299	12097
小型	99562	502	2782	169527	11159	5412
其他	651941	1990	3729	72629	2332	1802

2－7 企业集团主要效益指标（2004年）

单位:万元

	净资产收益率(%)	总资产报酬率(%)	销售利润率(%)	资本保值增值率(%)	劳动生产率（万元／人）	成本费用利润率(%)
总 计	11.28	7.35	6.62	116.01	47.27	7.47
一、按集团审批部门分						
国务院	11.05	7.77	7.54	134.03	41.23	9.40
国务院主管部门	2.82	2.96	2.72	108.65	121.33	3.06
省级人民政府	12.69	8.32	7.39	114.98	56.18	8.40
省级人民政府主管部门	8.17	4.87	4.34	116.43	30.96	4.65
其他	9.64	5.64	4.97	118.48	29.48	5.44
二、按母公司控股情况分						
国有绝对控股	11.00	7.65	7.75	115.70	51.07	9.12
国有相对控股	7.04	5.63	5.56	112.95	30.60	6.14
集体绝对控股	11.10	7.08	3.80	112.62	60.84	3.97
集体相对控股	12.49	8.60	6.28	128.60	32.34	6.79
其他	12.47	6.96	6.14	117.10	42.03	6.77
三、按集团主营行业分						
农、林、牧、渔业	27.87	-4.76	-25.83	215.61	18.38	-22.03
采矿业	21.62	17.73	21.06	117.32	28.33	34.99
制造业	11.07	7.10	4.97	119.20	52.81	5.44
电力、燃气及水的生产和供应业	3.32	3.41	3.87	109.58	93.41	4.12
建筑业	6.46	3.09	3.15	109.87	14.20	3.55
交通运输、仓储和邮政业	5.60	3.34	10.66	128.74	21.23	13.25
信息传输、计算机服务和软件业	20.92	12.02	25.47	102.66	56.21	31.49
批发和零售业	1.85	2.63	0.95	106.77	89.03	0.97
住宿和餐饮业	3.85	2.65	6.30	101.05	11.64	9.69
金融业	3.37	3.16	4.22	109.18	47.17	4.71
房地产业	2.74	2.65	7.55	104.56	61.68	8.61
租赁和商务服务业	2.87	1.48	5.13	107.17	88.98	5.18
科学研究、技术服务和地质勘查业	0.00	0.00	0.00	0.00	0.00	0.00
水利、环境和公共设施管理业	0.12	0.07	0.07	32.62	17.29	0.10
居民服务和其他服务业	7.24	5.95	25.39	111.42	14.20	28.63
教育	0.00	0.00	0.00	0.00	0.00	0.00
卫生、社会保障和社会福利业	0.00	0.00	0.00	0.00	0.00	0.00
文化、体育和娱乐业	1.94	3.08	4.32	103.82	100.20	5.68
公共管理和社会组织	0.00	0.00	0.00	0.00	0.00	0.00
国际组织	0.00	0.00	0.00	0.00	0.00	0.00
四、按母公司登记注册类型分						
国有企业	6.34	4.76	3.92	111.26	62.54	4.25
国有独资企业	4.70	3.48	3.93	123.28	35.78	4.45
其他有限责任公司	15.86	10.72	9.88	116.82	38.37	11.63
股份有限公司	10.03	7.41	5.01	113.53	57.65	5.63
中外合资企业	15.56	9.57	8.77	118.06	88.32	10.10
港澳台合资企业	13.44	9.41	7.36	101.59	27.85	8.41
其他	11.82	6.40	4.94	110.18	70.12	5.24
五、按母公司企业规模分						
大型	11.71	7.63	6.87	116.77	54.00	7.80
中型	9.41	6.11	5.39	110.71	26.28	5.82
小型	6.87	4.46	5.05	128.54	16.54	5.76
其他	1.49	2.41	1.47	101.72	25.04	1.58

续表 1

单位:万元

	资产利税率(%)	总资产使用率(%)	流动资产比率(%)	资金利润率(%)	资产负债率(%)	长期负债与资产总计比率(%)
总 计	10.07	89.33	41.21	7.81	62.08	15.40
一、按集团审批部门分						
国务院	9.84	75.28	47.10	7.70	63.36	21.34
国务院主管部门	11.86	76.04	26.04	3.09	53.69	28.97
省级人民政府	10.91	91.99	38.81	8.87	61.20	15.29
省级人民政府主管部门	6.77	85.63	57.67	4.69	68.79	7.13
其他	7.47	89.05	46.50	6.02	64.95	13.24
二、按母公司控股情况分						
国有绝对控股	11.41	80.50	38.64	8.38	60.26	15.63
国有相对控股	7.14	71.45	38.54	5.45	61.64	15.24
集体绝对控股	8.86	156.42	50.22	7.44	55.97	9.06
集体相对控股	11.27	115.55	38.21	10.12	58.84	20.24
其他	8.14	87.01	44.16	6.93	67.54	16.25
三、按集团主营行业分						
农、林、牧、渔业	-6.87	25.99	47.14	-7.89	127.72	5.79
采矿业	23.74	69.02	32.78	19.66	49.41	14.38
制造业	10.44	113.83	45.12	7.44	61.10	13.16
电力、燃气及水的生产和供应业	4.87	52.90	28.70	2.87	62.87	30.81
建筑业	4.99	73.95	60.84	3.32	73.88	7.21
交通运输、仓储和邮政业	3.63	22.99	28.46	3.65	65.74	14.23
信息传输、计算机服务和软件业	11.62	39.71	12.60	11.69	64.90	22.48
批发和零售业	2.58	136.20	57.49	1.64	76.49	8.86
住宿和餐饮业	4.43	41.40	59.87	2.82	62.85	7.66
金融业	2.91	51.17	20.60	4.86	56.52	10.31
房地产业	2.59	20.13	58.53	2.00	68.13	13.18
租赁和商务服务业	1.44	19.70	80.39	1.21	78.17	1.16
科学研究、技术服务和地质勘查业	0.00	0.00	0.00	0.00	0.00	0.00
水利、环境和公共设施管理业	1.35	37.21	52.23	0.06	69.85	0.00
居民服务和其他服务业	6.32	23.42	29.42	9.00	34.01	6.22
教育	0.00	0.00	0.00	0.00	0.00	0.00
卫生、社会保障和社会福利业	0.00	0.00	0.00	0.00	0.00	0.00
文化、体育和娱乐业	5.31	54.73	27.74	3.07	44.07	15.66
公共管理和社会组织	0.00	0.00	0.00	0.00	0.00	0.00
国际组织	0.00	0.00	0.00	0.00	0.00	0.00
四、按母公司登记注册类型分						
国有企业	7.39	91.14	38.51	4.99	63.54	20.77
国有独资企业	6.59	60.90	46.29	3.34	66.05	12.46
其他有限责任公司	14.06	91.57	40.90	11.89	59.46	13.84
股份有限公司	10.32	117.52	39.31	7.62	57.42	12.49
中外合资企业	11.86	90.70	32.37	9.92	56.91	22.46
港澳台合资企业	15.62	122.07	50.90	10.65	51.90	15.98
其他	7.09	100.89	40.88	6.18	66.60	19.12
五、按母公司企业规模分						
大型	10.50	90.10	40.16	8.15	61.68	15.86
中型	7.79	84.73	48.45	5.98	65.19	12.76
小型	4.97	63.60	43.99	4.75	60.93	13.53
其他	4.90	97.21	47.39	2.11	63.35	9.01

续表2

单位:万元

	已获利息倍数(倍)	流动比率(%)	速动比率(%)	新产品销售收入与营业收入比率(%)	研究开发费用与营业收入比率（%）	研究开发费用与主营业务收入比率(%)
总 计	6.03	88.28	64.13	16.20	1.14	1.18
一、按集团审批部门分						
国务院	4.86	112.07	87.42	19.21	3.12	3.40
国务院主管部门	3.44	105.37	72.59	5.68	0.20	0.20
省级人民政府	6.59	84.54	60.01	18.03	1.32	1.37
省级人民政府主管部门	4.57	93.53	76.62	6.83	0.41	0.42
其他	5.17	89.93	64.49	14.30	0.28	0.29
二、按母公司控股情况分						
国有绝对控股	7.12	86.58	66.08	15.06	1.02	1.08
国有相对控股	3.68	83.04	56.83	14.01	0.97	1.01
集体绝对控股	6.41	107.04	75.66	36.35	2.41	2.42
集体相对控股	6.86	99.00	72.82	4.87	0.88	0.89
其他	4.70	86.11	58.22	10.12	0.78	0.80
三、按集团主营行业分						
农、林、牧、渔业	-2.16	38.66	25.24	0.00	0.00	0.00
采矿业	16.30	93.56	79.21	1.99	0.69	0.79
制造业	5.50	94.12	63.93	23.64	1.58	1.62
电力、燃气及水的生产和供应业	2.57	89.50	71.91	0.70	0.06	0.06
建筑业	5.18	91.25	69.23	0.02	0.01	0.02
交通运输、仓储和邮政业	6.10	55.24	52.08	0.00	0.30	0.34
信息传输、计算机服务和软件业	6.87	29.72	26.84	4.80	0.08	0.08
批发和零售业	1.98	85.01	58.48	0.05	0.00	0.00
住宿和餐饮业	67.57	108.49	103.47	0.00	0.00	0.00
金融业	3.33	44.57	25.87	0.00	0.00	0.00
房地产业	2.36	106.51	56.14	0.00	0.00	0.00
租赁和商务服务业	3.21	104.39	99.71	0.00	0.02	0.02
科学研究、技术服务和地质勘查业	0.00	0.00	0.00	0.00	0.00	0.00
水利、环境和公共设施管理业	2.00	74.77	60.90	0.00	0.00	0.00
居民服务和其他服务业	0.00	105.86	85.45	0.00	0.00	0.00
教育	0.00	0.00	0.00	0.00	0.00	0.00
卫生、社会保障和社会福利业	0.00	0.00	0.00	0.00	0.00	0.00
文化、体育和娱乐业	4.31	97.63	90.19	0.00	0.00	0.00
公共管理和社会组织	0.00	0.00	0.00	0.00	0.00	0.00
国际组织	0.00	0.00	0.00	0.00	0.00	0.00
四、按母公司登记注册类型分						
国有企业	4.52	90.05	72.21	8.81	0.47	0.48
国有独资企业	3.80	86.38	66.63	25.22	1.95	2.09
其他有限责任公司	7.85	89.64	61.93	10.19	0.74	0.77
股份有限公司	5.85	87.50	57.66	8.84	0.67	0.70
中外合资企业	7.29	93.97	71.02	17.99	1.73	1.79
港澳台合资企业	27.10	141.69	107.16	21.39	0.58	0.59
其他	4.60	86.09	62.25	32.99	2.05	2.06
五、按母公司企业规模分						
大型	6.40	87.64	64.03	16.76	1.23	1.28
中型	4.14	92.41	65.16	10.76	0.52	0.53
小型	3.68	92.79	67.95	5.00	0.43	0.43
其他	2.60	87.21	59.22	25.84	0.49	0.51

2－8　企业集团按规模分组的主要指标（2004年）

	单位数（个）		年末资产总计（万元）	固定资产原价（万元）
	单位数（个）	比重（%）		
总　计	789	100.0	149642465	86640081
按营业收入和资产总计分				
50亿元及以上	38	4.8	67406512	49773476
10亿元及以上	210	26.6	118601572	74207200
5亿元及以上	327	41.4	130086396	79292675
按资产总计分				
1000亿元及以上	0	0.0	0	0
500亿－1000亿元	3	0.4	16113367	17021455
100亿－500亿元	25	3.2	49088178	29576101
50亿－100亿元	30	3.8	20653016	11425616
5亿－50亿元	362	45.9	55068386	25045581
0.5亿－5亿元	356	45.1	8674236	3556385
0.5亿元以下	13	1.6	45282	14943
按营业收入分				
100亿元及以上	25	3.2	52660424	41132711
50亿－100亿元	24	3.0	18368601	10369645
5亿－50亿元	318	40.3	60557028	28353449
1亿－5亿元	296	37.5	15494257	5681976
0.5亿－1亿元	67	8.5	1338391	518892
0.1亿－0.5亿元	49	6.2	674577	217662
0.1亿元以下	10	1.3	549187	365746
按利润总额分				
10亿元及以上	13	1.6	33009349	31997675
5亿－10亿元	21	2.7	29085416	16105550
1亿－5亿元	116	14.7	35746322	16117097
0.5亿－1亿元	79	10.0	14521843	5566511
0.1亿－0.5亿元	216	27.4	16806315	6602801
0.05亿－0.1亿元	85	10.8	4315679	1835997
0.05亿元以下	259	32.8	16157541	8414450
按从业人员分				
10万人及以上	1	0.1	3728377	2420827
5万－10万人	5	0.6	13984148	14679836
1万－5万人	52	6.6	50157933	33866329
0.5万－1万人	69	8.7	20408023	10432940
0.1万－0.5万人	410	52.0	42843654	20586742
0.05万－0.1万人	131	16.6	10872359	3341825
0.05万人以下	121	15.3	7647971	1311582

续表1

	营业收入（万元）	利润总额（万元）	从业人员年人数（人）
总　计	138582613	9175375	2931936
按营业收入和资产总计分			
50亿元及以上	66329821	5328540	989817
10亿元及以上	114220916	8083217	1933630
5亿元及以上	126814953	8770538	2269812
按资产总计分			
1000亿元及以上	0	0	0
500亿－1000亿元	11986097	2303911	100342
100亿－500亿元	41426590	2813464	694249
50亿－100亿元	19803223	765555	367034
5亿－50亿元	56557411	2965859	1286119
0.5亿－5亿元	8764798	325653	480218
0.5亿元以下	44494	933	3974
按营业收入分			
100亿元及以上	58465575	4696823	770311
50亿－100亿元	17452307	1028477	307442
5亿－50亿元	54135473	3183876	1282919
1亿－5亿元	7884193	262871	489902
0.5亿－1亿元	489297	19590	52058
0.1亿－0.5亿元	149440	-12206	2931936
0.1亿元以下	6328	-4056	29304
按利润总额分			
10亿元及以上	34402067	4483395	499931
5亿－10亿元	22261436	1433762	232669
1亿－5亿元	36293862	2416599	769305
0.5亿－1亿元	12907956	579766	321496
0.1亿－0.5亿元	17243134	550063	523020
0.05亿－0.1亿元	3904173	60301	137951
0.05亿元以下	11569985	-348511	447564
按从业人员分			
10万人及以上	2319013	260321	103965
5万－10万人	20352420	2572602	334494
1万－5万人	44945123	2643842	931760
0.5万－1万人	17583795	1004872	474923
0.1万－0.5万人	42047081	2284000	956178
0.05万－0.1万人	6761019	231412	99140
0.05万人以下	4574162	178326	31476

2－9 企业集团改制及规范化状况（2004年）

单位:万元

	单位总计	出资人已明确企业	03.企业集团已建立母子公司体制	04.企业集团有几个层次		
				有二个层次	有三个层次	有三个以上层次
总计	789	778	661	515	111	29
一、按集团审批部门分						
国务院	4	4	4	2	2	0
国务院主管部门	4	4	4	1	0	3
省级人民政府	299	294	256	182	55	17
省级人民政府主管部门	150	149	128	107	13	5
其他	332	327	269	223	41	4
二、按母公司控股情况分						
国有绝对控股	238	233	200	136	47	17
国有相对控股	45	45	42	37	3	2
集体绝对控股	88	84	79	62	15	2
集体相对控股	31	31	29	23	4	2
其他	387	385	311	257	42	6
三、按集团主营行业分						
农、林、牧、渔业	1	1	1	0	1	0
采矿业	37	35	35	26	7	2
制造业	536	531	448	357	66	20
电力、燃气及水的生产和供应业	25	24	19	12	5	2
建筑业	55	54	49	39	8	2
交通运输、仓储和邮政业	19	18	13	8	5	0
信息传输、计算机服务和软件业	6	6	5	3	2	0
批发和零售业	72	71	57	46	9	2
住宿和餐饮业	3	3	2	2	0	0
金融业	2	2	2	1	1	0
房地产业	26	26	23	17	5	0
租赁和商务服务业	4	4	4	2	1	1
科学研究、技术服务和地质勘查业	0	0	0	0	0	0
水利、环境和公共设施管理业	1	1	1	0	1	0
居民服务和其他服务业	1	1	1	1	0	0
教育	0	0	0	0	0	0
卫生、社会保障和社会福利业	0	0	0	0	0	0
文化、体育和娱乐业	1	1	1	1	0	0
公共管理和社会组织	0	0	0	0	0	0
国际组织	0	0	0	0	0	0
四、按母公司登记注册类型分						
国有企业	84	79	62	47	12	3
国有独资企业	76	76	74	37	27	10
其他有限责任公司	342	342	302	234	54	10
股份有限公司	153	152	123	110	10	2
中外合资企业	25	25	17	15	1	0
港澳台合资企业	5	5	4	4	0	0
其他	104	99	79	68	7	4
五、按母公司企业规模分						
大型	334	329	279	189	65	22
中型	357	354	301	255	36	7
小型	62	60	51	49	2	0
其他	36	35	30	22	8	0

续表 1

	05.企业集团成员企业(单位)的注册资本					06.企业集团子公司中存在纯管理型公司	07.企业集团已执行合并会计报表制度
	国家资本金	法人资本金	集体资本金	个人资本金	外商资本金		
总　计	274	495	234	507	194	91	566
一、按集团审批部门分							
国务院	3	4	3	3	4	0	4
国务院主管部门	4	2	1	0	1	2	2
省级人民政府	130	205	94	186	89	28	230
省级人民政府主管部门	42	89	42	99	25	18	111
其他	95	195	94	219	75	43	219
二、按母公司控股情况分							
国有绝对控股	195	149	59	117	65	35	156
国有相对控股	38	32	11	36	11	4	35
集体绝对控股	4	49	58	47	22	8	69
集体相对控股	1	21	19	19	5	6	25
其他	36	244	87	288	91	38	281
三、按集团主营行业分							
农、林、牧、渔业	1	1	0	1	0	0	0
采矿业	29	15	12	16	6	6	24
制造业	148	353	161	361	159	51	395
电力、燃气及水的生产和供应业	19	17	5	10	7	3	20
建筑业	12	27	24	43	5	12	38
交通运输、仓储和邮政业	13	7	6	9	0	2	15
信息传输、计算机服务和软件业	0	5	0	2	2	1	5
批发和零售业	40	42	19	45	10	7	48
住宿和餐饮业	1	3	1	1	0	0	2
金融业	0	2	0	0	0	1	1
房地产业	5	17	4	14	2	7	12
租赁和商务服务业	3	4	1	4	2	0	3
科学研究、技术服务和地质勘查业	0	0	0	0	0	0	0
水利、环境和公共设施管理业	1	0	0	0	0	1	1
居民服务和其他服务业	1	1	1	1	1	0	1
教育	0	0	0	0	0	0	0
卫生、社会保障和社会福利业	0	0	0	0	0	0	0
文化、体育和娱乐业	1	1	0	0	0	0	1
公共管理和社会组织	0	0	0	0	0	0	0
国际组织	0	0	0	0	0	0	0
四、按母公司登记注册类型分							
国有企业	70	43	18	29	16	17	53
国有独资企业	71	51	22	43	24	12	51
其他有限责任公司	70	225	103	247	69	33	252
股份有限公司	47	111	29	121	30	16	117
中外合资企业	6	17	4	12	22	1	16
港澳台合资企业	1	2	1	4	5	1	4
其他	9	46	57	51	28	11	73
五、按母公司企业规模分							
大型	166	231	97	213	100	40	244
中型	95	211	101	237	71	39	265
小型	8	35	21	36	11	5	36
其他	5	18	15	21	12	7	21

续表2

	08.企业集团母公司对下列哪些事项进行统一决策					09.企业集团母公司出资人已明确
	集团发展战略	重大投融资项目	涉外贸易和经济技术合作	科研开发	财务管理制度	
总 计	763	707	524	516	689	778
一、按集团审批部门分						
国务院	4	4	4	4	4	4
国务院主管部门	4	4	3	1	2	4
省级人民政府	295	276	217	213	270	294
省级人民政府主管部门	146	139	94	91	132	149
其他	314	284	206	207	281	327
二、按母公司控股情况分						
国有绝对控股	230	214	163	155	201	233
国有相对控股	44	41	26	24	34	45
集体绝对控股	85	81	57	51	74	84
集体相对控股	30	26	19	21	27	31
其他	374	345	259	265	353	385
三、按集团主营行业分						
农、林、牧、渔业	1	1	0	0	0	1
采矿业	36	33	23	23	30	35
制造业	517	479	371	376	466	531
电力、燃气及水的生产和供应业	23	22	16	13	20	24
建筑业	55	50	30	34	50	54
交通运输、仓储和邮政业	17	16	11	9	16	18
信息传输、计算机服务和软件业	6	6	6	6	6	6
批发和零售业	70	65	44	35	67	71
住宿和餐饮业	3	2	3	2	3	3
金融业	2	1	1	0	1	2
房地产业	26	25	14	12	23	26
租赁和商务服务业	4	4	3	4	4	4
科学研究、技术服务和地质勘查业	0	0	0	0	0	0
水利、环境和公共设施管理业	1	1	1	1	1	1
居民服务和其他服务业	1	1	0	0	1	1
教育	0	0	0	0	0	0
卫生、社会保障和社会福利业	0	0	0	0	0	0
文化、体育和娱乐业	1	1	1	1	1	1
公共管理和社会组织	0	0	0	0	0	0
国际组织	0	0	0	0	0	0
四、按母公司登记注册类型分						
国有企业	79	75	56	50	72	79
国有独资企业	76	69	52	52	59	76
其他有限责任公司	334	311	231	234	306	342
股份有限公司	147	137	105	108	135	152
中外合资企业	25	24	20	20	24	25
港澳台合资企业	4	4	2	1	4	5
其他	98	87	58	51	89	99
五、按母公司企业规模分						
大型	325	308	242	230	295	329
中型	345	315	230	233	311	354
小型	62	54	34	36	53	60
其他	31	30	18	17	30	35

续表3

	母公司是公司制企业总计	10.企业集团子公司(单位)出资人是否明确		
		全部明确	80%-99%	60%-79%
总　计	601	718	23	16
一、按集团审批部门分				
国务院	4	4	0	0
国务院主管部门	3	3	0	1
省级人民政府	238	275	6	5
省级人民政府主管部门	104	138	4	3
其他	252	298	13	7
二、按母公司控股情况分				
国有绝对控股	148	217	5	4
国有相对控股	45	41	2	0
集体绝对控股	54	77	4	2
集体相对控股	25	28	3	0
其他	329	355	9	10
三、按集团主营行业分				
农、林、牧、渔业	0	1	0	0
采矿业	19	33	0	1
制造业	433	487	16	12
电力、燃气及水的生产和供应业	16	22	1	0
建筑业	40	50	2	0
交通运输、仓储和邮政业	13	15	1	2
信息传输、计算机服务和软件业	3	6	0	0
批发和零售业	47	68	2	0
住宿和餐饮业	2	3	0	0
金融业	2	2	0	0
房地产业	21	24	1	1
租赁和商务服务业	3	4	0	0
科学研究、技术服务和地质勘查业	0	0	0	0
水利、环境和公共设施管理业	1	1	0	0
居民服务和其他服务业	1	1	0	0
教育	0	0	0	0
卫生、社会保障和社会福利业	0	0	0	0
文化、体育和娱乐业	0	1	0	0
公共管理和社会组织	0	0	0	0
国际组织	0	0	0	0
四、按母公司登记注册类型分				
国有企业	0	75	2	2
国有独资企业	76	69	2	1
其他有限责任公司	342	315	9	10
股份有限公司	153	141	5	1
中外合资企业	25	23	1	0
港澳台合资企业	5	4	1	0
其他	0	91	3	2
五、按母公司企业规模分				
大型	262	307	9	4
中型	275	327	11	6
小型	39	53	1	5
其他	25	31	2	1

续表4

	10.企业集团子公司(单位)出资人是否明确			
	40%-59%	20%-39%	1%-19%	全部未明确
总 计	3	5	8	16
一、按集团审批部门分				
国务院	0	0	0	0
国务院主管部门	0	0	0	0
省级人民政府	2	2	4	5
省级人民政府主管部门	0	1	1	3
其他	1	2	3	8
二、按母公司控股情况分				
国有绝对控股	1	2	2	7
国有相对控股	0	1	1	0
集体绝对控股	0	2	0	3
集体相对控股	0	0	0	0
其他	2	0	5	6
三、按集团主营行业分				
农、林、牧、渔业	0	0	0	0
采矿业	0	1	0	2
制造业	3	4	5	9
电力、燃气及水的生产和供应业	0	0	1	1
建筑业	0	0	1	2
交通运输、仓储和邮政业	0	0	0	1
信息传输、计算机服务和软件业	0	0	0	0
批发和零售业	0	0	1	1
住宿和餐饮业	0	0	0	0
金融业	0	0	0	0
房地产业	0	0	0	0
租赁和商务服务业	0	0	0	0
科学研究、技术服务和地质勘查业	0	0	0	0
水利、环境和公共设施管理业	0	0	0	0
居民服务和其他服务业	0	0	0	0
教育	0	0	0	0
卫生、社会保障和社会福利业	0	0	0	0
文化、体育和娱乐业	0	0	0	0
公共管理和社会组织	0	0	0	0
国际组织	0	0	0	0
四、按母公司登记注册类型分				
国有企业	1	1	0	3
国有独资企业	0	0	1	3
其他有限责任公司	1	0	4	3
股份有限公司	1	2	2	1
中外合资企业	0	0	0	1
港澳台合资企业	0	0	0	0
其他	0	2	1	5
五、按母公司企业规模分				
大型	3	1	2	8
中型	0	4	5	4
小型	0	0	1	2
其他	0	0	0	2

续表 5

	11.企业集团母公司出资人目前行使哪几项主要权利			12.1 企业集团母公司已成立		
	企业重大经营决策	选择企业经营者	收取资产收益	股东会	董事会	监事会
总 计	731	615	517	494	586	526
一、按集团审批部门分						
国务院	4	4	3	1	4	3
国务院主管部门	4	4	2	2	3	3
省级人民政府	272	242	203	185	234	215
省级人民政府主管部门	143	113	90	94	101	94
其他	308	252	219	212	244	211
二、按母公司控股情况分						
国有绝对控股	217	191	156	61	140	119
国有相对控股	38	34	27	41	45	44
集体绝对控股	78	65	56	53	54	49
集体相对控股	30	21	19	25	25	25
其他	368	304	259	314	322	289
三、按集团主营行业分						
农、林、牧、渔业	1	1	0	0	0	0
采矿业	35	28	22	8	18	12
制造业	494	408	339	373	426	386
电力、燃气及水的生产和供应业	22	18	15	8	12	13
建筑业	51	46	43	36	39	36
交通运输、仓储和邮政业	17	14	15	9	12	10
信息传输、计算机服务和软件业	5	4	6	2	3	2
批发和零售业	68	65	49	34	46	40
住宿和餐饮业	3	2	3	2	2	2
金融业	2	2	1	2	2	2
房地产业	26	22	19	19	21	18
租赁和商务服务业	4	3	3	1	3	3
科学研究、技术服务和地质勘查业	0	0	0	0	0	0
水利、环境和公共设施管理业	1	0	0	0	1	1
居民服务和其他服务业	1	1	1	0	1	1
教育	0	0	0	0	0	0
卫生、社会保障和社会福利业	0	0	0	0	0	0
文化、体育和娱乐业	1	1	1	0	0	0
公共管理和社会组织	0	0	0	0	0	0
国际组织	0	0	0	0	0	0
四、按母公司登记注册类型分						
国有企业	73	59	47	0	0	0
国有独资企业	72	68	56	0	70	54
其他有限责任公司	323	276	231	326	337	304
股份有限公司	141	119	105	151	151	151
中外合资企业	23	21	20	15	24	15
港澳台合资企业	5	4	4	2	4	2
其他	94	68	54	0	0	0
五、按母公司企业规模分						
大型	309	276	234	184	255	229
中型	333	274	224	252	270	245
小型	57	41	37	37	38	35
其他	32	24	22	21	23	17

续表6

	12.2 董事会成员产生方式		12.3 董事会中设有独立董事	12.4 董事长与总经理是否一人兼任		12.5 董事会有下设专门委员会
	出资人委派	其他		是	否	
总 计	319	267	223	289	297	201
一、按集团审批部门分						
国务院	0	4	2	2	2	2
国务院主管部门	1	2	1	1	2	1
省级人民政府	130	104	101	96	138	89
省级人民政府主管部门	51	50	31	53	48	28
其他	137	107	88	137	107	81
二、按母公司控股情况分						
国有绝对控股	84	56	38	55	85	50
国有相对控股	27	18	26	18	27	19
集体绝对控股	35	19	18	30	24	13
集体相对控股	10	15	11	14	11	6
其他	163	159	130	172	150	113
三、按集团主营行业分						
农、林、牧、渔业	0	0	0	0	0	0
采矿业	9	9	5	6	12	8
制造业	225	201	176	198	228	149
电力、燃气及水的生产和供应业	7	5	5	5	7	9
建筑业	24	15	9	22	17	9
交通运输、仓储和邮政业	8	4	2	7	5	2
信息传输、计算机服务和软件业	2	1	2	2	1	2
批发和零售业	22	24	15	28	18	14
住宿和餐饮业	0	2	1	2	0	1
金融业	2	0	0	1	1	1
房地产业	15	6	6	14	7	5
租赁和商务服务业	3	0	1	3	0	1
科学研究、技术服务和地质勘查业	0	0	0	0	0	0
水利、环境和公共设施管理业	1	0	0	1	0	0
居民服务和其他服务业	1	0	1	0	1	0
教育	0	0	0	0	0	0
卫生、社会保障和社会福利业	0	0	0	0	0	0
文化、体育和娱乐业	0	0	0	0	0	0
公共管理和社会组织	0	0	0	0	0	0
国际组织	0	0	0	0	0	0
四、按母公司登记注册类型分						
国有企业	0	0	0	0	0	0
国有独资企业	41	29	14	32	38	23
其他有限责任公司	187	150	120	184	153	109
股份有限公司	73	78	75	63	88	53
中外合资企业	15	9	13	7	17	14
港澳台合资企业	3	1	1	3	1	2
其他	0	0	0	0	0	0
五、按母公司企业规模分						
大型	133	122	100	105	150	95
中型	145	125	97	151	119	83
小型	26	12	15	23	15	12
其他	15	8	11	10	13	11

续表7

	企业集团母公司股东会能行使下列职权			
	决定公司的经营方针和投资计划	决定和更换董事，决定有关董事的报酬事项	选举和更换由股东代表出任的监事，决定有关监事的报酬事项	审议批准董事会的报告
总 计	484	472	470	487
一、按集团审批部门分				
国务院	1	1	1	1
国务院主管部门	2	2	2	2
省级人民政府	181	178	177	182
省级人民政府主管部门	92	88	91	94
其他	208	203	199	208
二、按母公司控股情况分				
国有绝对控股	59	57	57	61
国有相对控股	41	40	40	40
集体绝对控股	52	50	50	52
集体相对控股	23	22	22	24
其他	309	303	301	310
三、按集团主营行业分				
农、林、牧、渔业	0	0	0	0
采矿业	8	8	8	8
制造业	365	354	355	367
电力、燃气及水的生产和供应业	8	8	8	8
建筑业	36	36	33	36
交通运输、仓储和邮政业	9	8	9	9
信息传输、计算机服务和软件业	2	1	1	2
批发和零售业	32	33	32	33
住宿和餐饮业	2	2	2	2
金融业	2	2	2	2
房地产业	19	19	19	19
租赁和商务服务业	1	1	1	1
科学研究、技术服务和地质勘查业	0	0	0	0
水利、环境和公共设施管理业	0	0	0	0
居民服务和其他服务业	0	0	0	0
教育	0	0	0	0
卫生、社会保障和社会福利业	0	0	0	0
文化、体育和娱乐业	0	0	0	0
公共管理和社会组织	0	0	0	0
国际组织	0	0	0	0
四、按母公司登记注册类型分				
国有企业	0	0	0	0
国有独资企业	0	0	0	0
其他有限责任公司	321	311	312	322
股份有限公司	147	144	142	148
中外合资企业	14	15	14	15
港澳台合资企业	2	2	2	2
其他	0	0	0	0
五、按母公司企业规模分				
大型	180	178	177	182
中型	246	238	236	247
小型	37	37	37	37
其他	21	19	20	21

续表8

	企业集团母公司股东会能行使下列职权			
	5.审议批准监事会或者监事的报告	6.审议批准公司的年度财务预算方案、决算方案	7.审议批准公司的利润分配方案和弥补亏损方案	8.对公司增加或者减少注册资本作出决议
总 计	477	483	485	478
一、按集团审批部门分				
国务院	1	1	1	1
国务院主管部门	2	2	2	2
省级人民政府	180	181	182	177
省级人民政府主管部门	92	91	92	90
其他	202	208	208	208
二、按母公司控股情况分				
国有绝对控股	60	61	61	59
国有相对控股	40	40	40	40
集体绝对控股	51	51	50	50
集体相对控股	23	23	24	23
其他	303	308	310	306
三、按集团主营行业分				
农、林、牧、渔业	0	0	0	0
采矿业	8	8	8	8
制造业	360	363	366	359
电力、燃气及水的生产和供应业	8	8	8	8
建筑业	34	36	35	36
交通运输、仓储和邮政业	9	9	9	9
信息传输、计算机服务和软件业	2	2	2	2
批发和零售业	32	33	33	32
住宿和餐饮业	2	2	2	2
金融业	2	2	2	2
房地产业	19	19	19	19
租赁和商务服务业	1	1	1	1
科学研究、技术服务和地质勘查业	0	0	0	0
水利、环境和公共设施管理业	0	0	0	0
居民服务和其他服务业	0	0	0	0
教育	0	0	0	0
卫生、社会保障和社会福利业	0	0	0	0
文化、体育和娱乐业	0	0	0	0
公共管理和社会组织	0	0	0	0
国际组织	0	0	0	0
四、按母公司登记注册类型分				
国有企业	0	0	0	0
国有独资企业	0	0	0	0
其他有限责任公司	314	318	320	316
股份有限公司	147	148	148	145
中外合资企业	14	15	15	15
港澳台合资企业	2	2	2	2
其他	0	0	0	0
五、按母公司企业规模分				
大型	176	179	182	177
中型	243	247	246	245
小型	37	36	36	35
其他	21	21	21	21

续表 9

	企业集团母公司股东会能行使下列职权			
	9.对发行公司债券作出决议	10.对股东向股东以外的人转让出资作出决议	11.对公司合并、分立、变更公司形式、解散和清算等事项作出决议	12.修改公司章程
总　计	428	451	478	484
一、按集团审批部门分				
国务院	1	1	1	1
国务院主管部门	2	2	2	2
省级人民政府	165	173	181	181
省级人民政府主管部门	78	83	87	93
其他	182	192	207	207
二、按母公司控股情况分				
国有绝对控股	56	58	60	60
国有相对控股	35	37	40	39
集体绝对控股	42	45	51	50
集体相对控股	17	20	23	24
其他	278	291	304	311
三、按集团主营行业分				
农、林、牧、渔业	0	0	0	0
采矿业	7	8	8	8
制造业	328	344	362	364
电力、燃气及水的生产和供应业	7	8	8	8
建筑业	26	29	33	36
交通运输、仓储和邮政业	8	9	9	9
信息传输、计算机服务和软件业	2	2	2	2
批发和零售业	28	28	32	33
住宿和餐饮业	2	2	2	2
金融业	2	2	2	2
房地产业	17	18	19	19
租赁和商务服务业	1	1	1	1
科学研究、技术服务和地质勘查业	0	0	0	0
水利、环境和公共设施管理业	0	0	0	0
居民服务和其他服务业	0	0	0	0
教育	0	0	0	0
卫生、社会保障和社会福利业	0	0	0	0
文化、体育和娱乐业	0	0	0	0
公共管理和社会组织	0	0	0	0
国际组织	0	0	0	0
四、按母公司登记注册类型分				
国有企业	0	0	0	0
国有独资企业	0	0	0	0
其他有限责任公司	282	299	318	320
股份有限公司	129	135	143	147
中外合资企业	15	15	15	15
港澳台合资企业	2	2	2	2
其他	0	0	0	0
五、按母公司企业规模分				
大型	167	172	176	182
中型	214	228	245	244
小型	31	33	37	37
其他	16	18	20	21

续表10

	14.企业集团母公司董事会能够行使下列职权			
	1.负责召集股东会，并向股东会汇报工作	2.执行股东会的决议	3.决定公司的经营计划和投资方案	4.制订公司的年度财务预算方案、决算方案
总 计	477	477	577	573
一、按集团审批部门分				
国务院	1	1	4	4
国务院主管部门	2	2	3	3
省级人民政府	178	178	230	229
省级人民政府主管部门	92	92	99	99
其他	204	204	241	238
二、按母公司控股情况分				
国有绝对控股	60	60	136	133
国有相对控股	39	39	45	44
集体绝对控股	50	50	53	54
集体相对控股	23	24	24	23
其他	305	304	319	319
三、按集团主营行业分				
农、林、牧、渔业	0	0	0	0
采矿业	8	8	17	17
制造业	359	360	421	421
电力、燃气及水的生产和供应业	8	8	11	10
建筑业	34	34	38	38
交通运输、仓储和邮政业	9	9	12	12
信息传输、计算机服务和软件业	2	2	3	3
批发和零售业	33	33	46	44
住宿和餐饮业	2	2	2	2
金融业	2	2	2	2
房地产业	19	18	20	20
租赁和商务服务业	1	1	3	3
科学研究、技术服务和地质勘查业	0	0	0	0
水利、环境和公共设施管理业	0	0	1	0
居民服务和其他服务业	0	0	1	1
教育	0	0	0	0
卫生、社会保障和社会福利业	0	0	0	0
文化、体育和娱乐业	0	0	0	0
公共管理和社会组织	0	0	0	0
国际组织	0	0	0	0
四、按母公司登记注册类型分				
国有企业	0	0	0	0
国有独资企业	0	0	67	63
其他有限责任公司	313	313	333	332
股份有限公司	147	147	149	150
中外合资企业	15	15	24	24
港澳台合资企业	2	2	4	4
其他	0	0	0	0
五、按母公司企业规模分				
大型	180	180	250	248
中型	241	241	266	265
小型	36	36	38	37
其他	20	20	23	23

续表 11

	14.企业集团母公司董事会能够行使下列职权		
	5.制订公司的利润分配方案和弥补亏损方案	6.制定公司增加或者减少注册资本的方案	7.拟定公司合并、分立、变更公司形式、解散的方案
总 计	570	565	561
一、按集团审批部门分			
国务院	4	4	4
国务院主管部门	3	3	3
省级人民政府	227	226	226
省级人民政府主管部门	100	97	94
其他	236	235	234
二、按母公司控股情况分			
国有绝对控股	131	131	130
国有相对控股	44	43	44
集体绝对控股	53	50	51
集体相对控股	24	23	23
其他	318	318	313
三、按集团主营行业分			
农、林、牧、渔业	0	0	0
采矿业	17	16	15
制造业	420	414	413
电力、燃气及水的生产和供应业	10	11	10
建筑业	37	37	36
交通运输、仓储和邮政业	12	11	12
信息传输、计算机服务和软件业	3	3	3
批发和零售业	44	45	44
住宿和餐饮业	2	2	2
金融业	2	2	2
房地产业	19	20	20
租赁和商务服务业	3	3	3
科学研究、技术服务和地质勘查业	0	0	0
水利、环境和公共设施管理业	0	0	0
居民服务和其他服务业	1	1	1
教育	0	0	0
卫生、社会保障和社会福利业	0	0	0
文化、体育和娱乐业	0	0	0
公共管理和社会组织	0	0	0
国际组织	0	0	0
四、按母公司登记注册类型分			
国有企业	0	0	0
国有独资企业	62	63	60
其他有限责任公司	333	327	327
股份有限公司	147	147	146
中外合资企业	24	24	24
港澳台合资企业	4	4	4
其他	0	0	0
五、按母公司企业规模分			
大型	248	247	242
中型	262	260	258
小型	37	36	38
其他	23	22	23

续表12

	14.企业集团母公司董事会能够行使下列职权			
	8.决定公司内部管理机构的设置	9.聘任或者解聘公司经理	10.根据经理的提名，聘任或者解聘公司副经理、财务负责人，决定其报酬事项	11.制定公司的基本管理制度
总　计	574	545	560	570
一、按集团审批部门分				
国务院	4	4	4	4
国务院主管部门	3	3	3	3
省级人民政府	231	212	222	225
省级人民政府主管部门	96	98	95	97
其他	240	228	236	241
二、按母公司控股情况分				
国有绝对控股	134	112	126	134
国有相对控股	44	43	43	44
集体绝对控股	53	51	54	52
集体相对控股	23	23	21	23
其他	320	316	316	317
三、按集团主营行业分				
农、林、牧、渔业	0	0	0	0
采矿业	17	14	14	17
制造业	420	402	409	412
电力、燃气及水的生产和供应业	11	10	10	12
建筑业	37	37	38	38
交通运输、仓储和邮政业	12	10	12	12
信息传输、计算机服务和软件业	3	3	3	3
批发和零售业	45	41	45	46
住宿和餐饮业	2	2	2	2
金融业	2	2	2	2
房地产业	21	21	21	21
租赁和商务服务业	3	2	2	3
科学研究、技术服务和地质勘查业	0	0	0	0
水利、环境和公共设施管理业	0	0	1	1
居民服务和其他服务业	1	1	1	1
教育	0	0	0	0
卫生、社会保障和社会福利业	0	0	0	0
文化、体育和娱乐业	0	0	0	0
公共管理和社会组织	0	0	0	0
国际组织	0	0	0	0
四、按母公司登记注册类型分				
国有企业	0	0	0	0
国有独资企业	65	47	60	67
其他有限责任公司	331	323	325	327
股份有限公司	150	147	147	148
中外合资企业	24	24	24	24
港澳台合资企业	4	4	4	4
其他	0	0	0	0
五、按母公司企业规模分				
大型	252	231	241	247
中型	262	256	259	264
小型	38	37	38	37
其他	22	21	22	22

续表13

	15.企业集团母公司监事会能够行使下列职权				
	1.检查公司财务	2.对董事、经理执行公司职务时违反法律、法规或者公司章程的行为进行监督	3.当董事和经理的行为损害公司的利益时，要求董事和经理予以纠正	4.提议召开临时股东大会	5.公司章程规定的其他职权
总 计	514	520	515	474	515
一、按集团审批部门分					
国务院	3	3	3	1	3
国务院主管部门	3	3	3	2	3
省级人民政府	210	211	209	193	209
省级人民政府主管部门	91	93	91	86	90
其他	207	210	209	192	210
二、按母公司控股情况分					
国有绝对控股	117	117	116	85	116
国有相对控股	42	43	42	40	42
集体绝对控股	49	49	48	46	47
集体相对控股	22	23	23	23	23
其他	284	288	286	280	287
三、按集团主营行业分					
农、林、牧、渔业	0	0	0	0	0
采矿业	10	10	10	7	11
制造业	378	382	378	354	377
电力、燃气及水的生产和供应业	13	13	13	9	13
建筑业	36	36	36	33	36
交通运输、仓储和邮政业	9	10	10	8	10
信息传输、计算机服务和软件业	2	2	2	2	2
批发和零售业	40	40	39	37	39
住宿和餐饮业	2	2	2	2	2
金融业	2	2	2	2	2
房地产业	17	18	18	17	18
租赁和商务服务业	3	3	3	2	3
科学研究、技术服务和地质勘查业	0	0	0	0	0
水利、环境和公共设施管理业	1	1	1	0	1
居民服务和其他服务业	1	1	1	1	1
教育	0	0	0	0	0
卫生、社会保障和社会福利业	0	0	0	0	0
文化、体育和娱乐业	0	0	0	0	0
公共管理和社会组织	0	0	0	0	0
国际组织	0	0	0	0	0
四、按母公司登记注册类型分					
国有企业	0	0	0	0	0
国有独资企业	52	52	51	25	52
其他有限责任公司	298	302	299	285	299
股份有限公司	147	149	148	147	147
中外合资企业	15	15	15	15	15
港澳台合资企业	2	2	2	2	2
其他	0	0	0	0	0
五、按母公司企业规模分					
大型	224	225	223	195	224
中型	240	243	240	230	239
小型	35	35	35	35	35
其他	15	17	17	14	17

续表14

	16.企业集团母公司总经理能够行使下列职权				
	1.主持公司的生产经营管理工作，组织实施董事会决议	2.组织实施公司年度经营计划和投资方案	3.拟定公司管理制度及机构设置方案	4.提请聘任或解聘公司副总经理、财务负责人	5.聘任或解聘除应由董事会聘任或者解聘以外的负责管理人员
总　计	756	771	772	734	717
一、按集团审批部门分					
国务院	4	4	4	4	4
国务院主管部门	4	4	4	3	3
省级人民政府	294	294	295	281	277
省级人民政府主管部门	141	146	147	139	134
其他	313	323	322	307	299
二、按母公司控股情况分					
国有绝对控股	217	230	229	208	198
国有相对控股	45	45	44	42	43
集体绝对控股	83	84	86	83	81
集体相对控股	30	31	29	31	29
其他	381	381	384	370	366
三、按集团主营行业分					
农、林、牧、渔业	1	1	1	1	1
采矿业	33	35	35	30	30
制造业	524	527	530	507	498
电力、燃气及水的生产和供应业	23	23	24	19	17
建筑业	47	53	54	52	48
交通运输、仓储和邮政业	18	18	18	17	17
信息传输、计算机服务和软件业	6	6	5	4	6
批发和零售业	68	71	69	69	65
住宿和餐饮业	3	3	3	3	3
金融业	2	2	2	2	2
房地产业	24	25	24	24	23
租赁和商务服务业	4	4	4	3	4
科学研究、技术服务和地质勘查业	0	0	0	0	0
水利、环境和公共设施管理业	1	1	1	1	1
居民服务和其他服务业	1	1	1	1	1
教育	0	0	0	0	0
卫生、社会保障和社会福利业	0	0	0	0	0
文化、体育和娱乐业	0	1	1	1	1
公共管理和社会组织	0	0	0	0	0
国际组织	0	0	0	0	0
四、按母公司登记注册类型分					
国有企业	69	79	78	71	61
国有独资企业	71	73	73	65	67
其他有限责任公司	338	338	340	327	324
股份有限公司	153	153	151	148	145
中外合资企业	24	24	25	24	24
港澳台合资企业	4	4	4	4	4
其他	97	100	101	95	92
五、按母公司企业规模分					
大型	322	327	329	305	304
中型	342	349	347	338	323
小型	59	61	61	58	58
其他	33	34	35	33	32

续表 15

	17.2 董事长年龄			17.3 董事长性别	
	40 岁及以下	41–50 岁	51 岁及以上	男	女
总　计	45	256	285	575	11
一、按集团审批部门分					
国务院	0	0	4	4	0
国务院主管部门	0	1	2	3	0
省级人民政府	11	100	123	232	2
省级人民政府主管部门	12	45	44	101	0
其他	22	110	112	235	9
二、按母公司控股情况分					
国有绝对控股	3	65	72	132	8
国有相对控股	4	25	16	45	0
集体绝对控股	7	16	31	54	0
集体相对控股	2	8	15	24	1
其他	29	142	151	320	2
三、按集团主营行业分					
农、林、牧、渔业	0	0	0	0	0
采矿业	1	7	10	18	0
制造业	36	180	210	423	3
电力、燃气及水的生产和供应业	0	6	6	11	1
建筑业	3	18	18	38	1
交通运输、仓储和邮政业	0	7	5	11	1
信息传输、计算机服务和软件业	0	1	2	3	0
批发和零售业	2	25	19	44	2
住宿和餐饮业	1	0	1	2	0
金融业	0	0	2	2	0
房地产业	2	10	9	19	2
租赁和商务服务业	0	1	2	2	1
科学研究、技术服务和地质勘查业	0	0	0	0	0
水利、环境和公共设施管理业	0	1	0	1	0
居民服务和其他服务业	0	0	1	1	0
教育	0	0	0	0	0
卫生、社会保障和社会福利业	0	0	0	0	0
文化、体育和娱乐业	0	0	0	0	0
公共管理和社会组织	0	0	0	0	0
国际组织	0	0	0	0	0
四、按母公司登记注册类型分					
国有企业	0	0	0	0	0
国有独资企业	2	32	36	65	5
其他有限责任公司	24	143	170	333	4
股份有限公司	17	70	64	149	2
中外合资企业	2	7	15	24	0
港澳台合资企业	0	4	0	4	0
其他	0	0	0	0	0
五、按母公司企业规模分					
大型	12	112	131	249	6
中型	24	114	132	266	4
小型	6	21	11	38	0
其他	3	9	11	22	1

续表16

	17.4董事长工龄			17.5董事长任现职时间		
	工龄10年及以下	工龄11-20年	工龄21年及以上	任现职5年及以下	任现职6-10年	任现职11年及以上
总计	5	76	505	209	193	184
一、按集团审批部门分						
国务院	0	0	4	2	1	1
国务院主管部门	0	0	3	1	1	1
省级人民政府	1	25	208	82	75	77
省级人民政府主管部门	2	14	85	37	26	38
其他	2	37	205	87	90	67
二、按母公司控股情况分						
国有绝对控股	0	10	130	79	45	16
国有相对控股	0	7	38	22	14	9
集体绝对控股	0	10	44	18	13	23
集体相对控股	0	5	20	7	8	10
其他	5	44	273	83	113	126
三、按集团主营行业分						
农、林、牧、渔业	0	0	0	0	0	0
采矿业	0	1	17	10	6	2
制造业	4	62	360	141	143	142
电力、燃气及水的生产和供应业	0	0	12	6	3	3
建筑业	1	4	34	11	16	12
交通运输、仓储和邮政业	0	0	12	3	7	2
信息传输、计算机服务和软件业	0	0	3	2	0	1
批发和零售业	0	5	41	20	10	16
住宿和餐饮业	0	1	1	2	0	0
金融业	0	0	2	1	1	0
房地产业	0	2	19	9	6	6
租赁和商务服务业	0	1	2	2	1	0
科学研究、技术服务和地质勘查业	0	0	0	0	0	0
水利、环境和公共设施管理业	0	0	1	1	0	0
居民服务和其他服务业	0	0	1	1	0	0
教育	0	0	0	0	0	0
卫生、社会保障和社会福利业	0	0	0	0	0	0
文化、体育和娱乐业	0	0	0	0	0	0
公共管理和社会组织	0	0	0	0	0	0
国际组织	0	0	0	0	0	0
四、按母公司登记注册类型分						
国有企业	0	0	0	0	0	0
国有独资企业	0	6	64	38	20	12
其他有限责任公司	2	46	289	107	117	113
股份有限公司	3	18	130	56	43	52
中外合资企业	0	5	19	8	10	6
港澳台合资企业	0	1	3	0	3	1
其他	0	0	0	0	0	0
五、按母公司企业规模分						
大型	1	28	226	100	74	81
中型	2	37	231	92	91	87
小型	1	6	31	9	18	11
其他	1	5	17	8	10	5

续表 17

	17.6 董事长从事管理工作时间		
	10 年及以下	11-20 年	21 年及以上
总　计	52	216	318
一、按集团审批部门分			
国务院	0	1	3
国务院主管部门	0	1	2
省级人民政府	17	71	146
省级人民政府主管部门	11	35	55
其他	24	108	112
二、按母公司控股情况分			
国有绝对控股	16	42	82
国有相对控股	3	23	19
集体绝对控股	7	8	39
集体相对控股	2	7	16
其他	24	136	162
三、按集团主营行业分			
农、林、牧、渔业	0	0	0
采矿业	1	4	13
制造业	35	162	229
电力、燃气及水的生产和供应业	0	4	8
建筑业	3	16	20
交通运输、仓储和邮政业	0	3	9
信息传输、计算机服务和软件业	1	1	1
批发和零售业	4	15	27
住宿和餐饮业	1	1	0
金融业	0	0	2
房地产业	5	8	8
租赁和商务服务业	1	1	1
科学研究、技术服务和地质勘查业	0	0	0
水利、环境和公共设施管理业	0	1	0
居民服务和其他服务业	1	0	0
教育	0	0	0
卫生、社会保障和社会福利业	0	0	0
文化、体育和娱乐业	0	0	0
公共管理和社会组织	0	0	0
国际组织	0	0	0
四、按母公司登记注册类型分			
国有企业	0	0	0
国有独资企业	7	22	41
其他有限责任公司	29	124	184
股份有限公司	14	61	76
中外合资企业	1	7	16
港澳台合资企业	1	2	1
其他	0	0	0
五、按母公司企业规模分			
大型	19	84	152
中型	22	107	141
小型	6	14	18
其他	5	11	7

续表18

	18.董事长文化程度					
	博　士	硕　士	大学本科	大学专科	中专或高中	其　他
总　计	9	119	253	174	23	8
一、按集团审批部门分						
国务院	1	1	1	1	0	0
国务院主管部门	0	2	1	0	0	0
省级人民政府	4	54	106	60	8	2
省级人民政府主管部门	3	15	48	29	5	1
其他	1	47	97	84	10	5
二、按母公司控股情况分						
国有绝对控股	4	37	70	26	2	1
国有相对控股	2	13	20	9	1	0
集体绝对控股	1	8	22	20	3	0
集体相对控股	0	0	13	10	1	1
其他	2	61	128	109	16	6
三、按集团主营行业分						
农、林、牧、渔业	0	0	0	0	0	0
采矿业	1	6	8	2	1	0
制造业	2	78	187	132	19	8
电力、燃气及水的生产和供应业	0	3	5	4	0	0
建筑业	3	9	15	10	2	0
交通运输、仓储和邮政业	0	4	1	7	0	0
信息传输、计算机服务和软件业	2	1	0	0	0	0
批发和零售业	1	10	26	8	1	0
住宿和餐饮业	0	1	1	0	0	0
金融业	0	1	0	1	0	0
房地产业	0	4	8	9	0	0
租赁和商务服务业	0	2	1	0	0	0
科学研究、技术服务和地质勘查业	0	0	0	0	0	0
水利、环境和公共设施管理业	0	0	1	0	0	0
居民服务和其他服务业	0	0	0	1	0	0
教育	0	0	0	0	0	0
卫生、社会保障和社会福利业	0	0	0	0	0	0
文化、体育和娱乐业	0	0	0	0	0	0
公共管理和社会组织	0	0	0	0	0	0
国际组织	0	0	0	0	0	0
四、按母公司登记注册类型分						
国有企业	0	0	0	0	0	0
国有独资企业	1	18	33	16	1	1
其他有限责任公司	5	61	141	110	15	5
股份有限公司	3	33	66	43	5	1
中外合资企业	0	7	11	4	2	0
港澳台合资企业	0	0	2	1	0	1
其他	0	0	0	0	0	0
五、按母公司企业规模分						
大型	7	67	102	68	8	3
中型	2	40	130	81	13	4
小型	0	5	13	18	1	1
其他	0	7	8	7	1	0

续表 19

	19.企业集团董事长任现职前的职业			
	科学研究人员	工程技术人员	企业管理人员	党政机关人员
总　计	5	55	425	68
一、按集团审批部门分				
国务院	0	0	2	2
国务院主管部门	0	0	3	0
省级人民政府	3	18	185	21
省级人民政府主管部门	0	13	66	13
其他	2	24	169	32
二、按母公司控股情况分				
国有绝对控股	1	8	106	22
国有相对控股	1	2	31	10
集体绝对控股	1	7	35	7
集体相对控股	0	1	22	1
其他	2	37	231	28
三、按集团主营行业分				
农、林、牧、渔业	0	0	0	0
采矿业	0	2	15	1
制造业	1	41	311	47
电力、燃气及水的生产和供应业	1	0	10	0
建筑业	1	7	24	4
交通运输、仓储和邮政业	0	0	10	2
信息传输、计算机服务和软件业	1	0	2	0
批发和零售业	1	1	35	7
住宿和餐饮业	0	0	2	0
金融业	0	0	2	0
房地产业	0	4	12	4
租赁和商务服务业	0	0	1	2
科学研究、技术服务和地质勘查业	0	0	0	0
水利、环境和公共设施管理业	0	0	1	0
居民服务和其他服务业	0	0	0	1
教育	0	0	0	0
卫生、社会保障和社会福利业	0	0	0	0
文化、体育和娱乐业	0	0	0	0
公共管理和社会组织	0	0	0	0
国际组织	0	0	0	0
四、按母公司登记注册类型分				
国有企业	0	0	0	0
国有独资企业	1	5	50	12
其他有限责任公司	3	43	235	38
股份有限公司	1	5	115	18
中外合资企业	0	1	22	0
港澳台合资企业	0	1	3	0
其他	0	0	0	0
五、按母公司企业规分				
大型	1	19	197	24
中型	4	23	191	37
小型	0	7	24	5
其他	0	6	13	2

续表20

	20.企业集团母公司总经理产生方式		
	19.5 董事长任现职前从事其他职业(占已成立董事会的企业集团)	董事会聘任	上级行政部门直接任命
总 计	33	493	129
一、按集团审批部门分			
国务院	0	1	0
国务院主管部门	0	1	1
省级人民政府	7	191	53
省级人民政府主管部门	9	89	24
其他	17	211	51
二、按母公司控股情况分			
国有绝对控股	3	64	91
国有相对控股	1	27	10
集体绝对控股	4	57	14
集体相对控股	1	20	3
其他	24	325	11
三、按集团主营行业分			
农、林、牧、渔业	0	0	1
采矿业	0	11	19
制造业	26	379	48
电力、燃气及水的生产和供应业	1	10	11
建筑业	3	31	12
交通运输、仓储和邮政业	0	7	5
信息传输、计算机服务和软件业	0	1	3
批发和零售业	2	31	24
住宿和餐饮业	0	2	0
金融业	0	2	0
房地产业	1	18	2
租赁和商务服务业	0	1	1
科学研究、技术服务和地质勘查业	0	0	0
水利、环境和公共设施管理业	0	0	1
居民服务和其他服务业	0	0	1
教育	0	0	0
卫生、社会保障和社会福利业	0	0	0
文化、体育和娱乐业	0	0	1
公共管理和社会组织	0	0	0
国际组织	0	0	0
四、按母公司登记注册类型分			
国有企业	0	10	52
国有独资企业	2	14	30
其他有限责任公司	18	263	21
股份有限公司	12	123	6
中外合资企业	1	21	2
港澳台合资企业	0	1	2
其他	0	61	16
五、按母公司企业规模分			
大型	14	184	75
中型	15	250	43
小型	2	40	9
其他	2	19	2

续表21

	20.企业集团母公司总经理产生方式		
	国有资产受权投资机构指派	由上级行政部门提名，董事会聘任	其他方式
总 计	23	91	53
一、按集团审批部门分			
国务院	0	3	0
国务院主管部门	0	2	0
省级人民政府	8	36	11
省级人民政府主管部门	2	19	16
其他	13	31	26
二、按母公司控股情况分			
国有绝对控股	18	53	12
国有相对控股	1	6	1
集体绝对控股	1	9	7
集体相对控股	0	2	6
其他	3	21	27
三、按集团主营行业分			
农、林、牧、渔业	0	0	0
采矿业	0	7	0
制造业	14	58	37
电力、燃气及水的生产和供应业	1	3	0
建筑业	0	6	6
交通运输、仓储和邮政业	3	2	2
信息传输、计算机服务和软件业	0	1	1
批发和零售业	3	10	4
住宿和餐饮业	0	1	0
金融业	0	0	0
房地产业	1	2	3
租赁和商务服务业	1	1	0
科学研究、技术服务和地质勘查业	0	0	0
水利、环境和公共设施管理业	0	0	0
居民服务和其他服务业	0	0	0
教育	0	0	0
卫生、社会保障和社会福利业	0	0	0
文化、体育和娱乐业	0	0	0
公共管理和社会组织	0	0	0
国际组织	0	0	0
四、按母公司登记注册类型分			
国有企业	5	10	7
国有独资企业	10	20	2
其他有限责任公司	8	35	15
股份有限公司	0	18	6
中外合资企业	0	1	1
港澳台合资企业	0	1	1
其他	0	6	21
五、按母公司企业规模分			
大型	15	43	17
中型	6	39	19
小型	1	5	7
其他	1	4	10

续表22

	21.2总经理年龄			21.3总经理性别	
	40岁及以下	41-50岁	51岁及以上	男	女
总 计	118	407	264	750	39
一、按集团审批部门分					
国务院	0	2	2	4	0
国务院主管部门	0	3	1	4	0
省级人民政府	39	161	99	287	12
省级人民政府主管部门	23	75	52	145	5
其他	56	166	110	310	22
二、按母公司控股情况分					
国有绝对控股	19	137	82	229	9
国有相对控股	6	29	10	44	1
集体绝对控股	14	41	33	86	2
集体相对控股	6	11	14	29	2
其他	73	189	125	362	25
三、按集团主营行业分					
农、林、牧、渔业	0	0	1	1	0
采矿业	2	18	17	37	0
制造业	90	275	171	511	25
电力、燃气及水的生产和供应业	2	15	8	25	0
建筑业	8	29	18	53	2
交通运输、仓储和邮政业	2	8	9	18	1
信息传输、计算机服务和软件业	0	3	3	6	0
批发和零售业	7	42	23	64	8
住宿和餐饮业	1	1	1	3	0
金融业	0	0	2	2	0
房地产业	5	13	8	24	2
租赁和商务服务业	0	2	2	3	1
科学研究、技术服务和地质勘查业	0	0	0	0	0
水利、环境和公共设施管理业	0	1	0	1	0
居民服务和其他服务业	1	0	0	1	0
教育	0	0	0	0	0
卫生、社会保障和社会福利业	0	0	0	0	0
文化、体育和娱乐业	0	0	1	1	0
公共管理和社会组织	0	0	0	0	0
国际组织	0	0	0	0	0
四、按母公司登记注册类型分					
国有企业	5	43	36	82	2
国有独资企业	5	44	27	70	6
其他有限责任公司	52	176	114	328	14
股份有限公司	31	86	36	144	9
中外合资企业	3	13	9	22	3
港澳台合资企业	1	4	0	5	0
其他	21	41	42	99	5
五、按母公司企业规模分					
大型	40	180	114	318	16
中型	58	176	123	340	17
小型	10	32	20	58	4
其他	10	19	7	34	2

续表23

	21.4总经理工龄		
	10年及以下	11-20年	21年及以上
总　计	22	153	614
一、按集团审批部门分			
国务院	0	0	4
国务院主管部门	0	0	4
省级人民政府	5	55	239
省级人民政府主管部门	5	30	115
其他	12	68	252
二、按母公司控股情况分			
国有绝对控股	2	29	207
国有相对控股	0	11	34
集体绝对控股	1	16	71
集体相对控股	1	8	22
其他	18	89	280
三、按集团主营行业分			
农、林、牧、渔业	0	0	1
采矿业	1	4	32
制造业	19	118	399
电力、燃气及水的生产和供应业	0	3	22
建筑业	1	9	45
交通运输、仓储和邮政业	0	2	17
信息传输、计算机服务和软件业	0	0	6
批发和零售业	1	9	62
住宿和餐饮业	0	1	2
金融业	0	0	2
房地产业	0	5	21
租赁和商务服务业	0	1	3
科学研究、技术服务和地质勘查业	0	0	0
水利、环境和公共设施管理业	0	0	1
居民服务和其他服务业	0	1	0
教育	0	0	0
卫生、社会保障和社会福利业	0	0	0
文化、体育和娱乐业	0	0	1
公共管理和社会组织	0	0	0
国际组织	0	0	0
四、按母公司登记注册类型分			
国有企业	1	7	76
国有独资企业	0	12	64
其他有限责任公司	10	60	272
股份有限公司	2	42	109
中外合资企业	1	6	18
港澳台合资企业	0	2	3
其他	8	24	72
五、按母公司企业规模分			
大型	7	59	268
中型	11	67	279
小型	2	14	46
其他	2	13	21

续表24

	21.5总经理任现职时间		
	5年及以下	6-10年	11年及以上
总 计	371	238	180
一、按集团审批部门分			
国务院	3	0	1
国务院主管部门	2	1	1
省级人民政府	158	84	57
省级人民政府主管部门	64	45	41
其他	144	108	80
二、按母公司控股情况分			
国有绝对控股	149	63	26
国有相对控股	27	11	7
集体绝对控股	32	27	29
集体相对控股	10	8	13
其他	153	129	105
三、按集团主营行业分			
农、林、牧、渔业	1	0	0
采矿业	17	13	7
制造业	248	160	128
电力、燃气及水的生产和供应业	15	6	4
建筑业	15	26	14
交通运输、仓储和邮政业	7	8	4
信息传输、计算机服务和软件业	5	0	1
批发和零售业	44	15	13
住宿和餐饮业	2	0	1
金融业	0	1	1
房地产业	12	8	6
租赁和商务服务业	2	1	1
科学研究、技术服务和地质勘查业	0	0	0
水利、环境和公共设施管理业	1	0	0
居民服务和其他服务业	1	0	0
教育	0	0	0
卫生、社会保障和社会福利业	0	0	0
文化、体育和娱乐业	1	0	0
公共管理和社会组织	0	0	0
国际组织	0	0	0
四、按母公司登记注册类型分			
国有企业	45	23	16
国有独资企业	50	21	5
其他有限责任公司	149	107	86
股份有限公司	79	40	34
中外合资企业	9	13	3
港澳台合资企业	1	3	1
其他	38	31	35
五、按母公司企业规模分			
大型	183	89	62
中型	162	105	90
小型	12	29	21
其他	14	15	7

续表25

	21.6 总经理从事管理工作时间			22 总经理文化程度	
	10年及以下	11-20年	21年及以上	博 士	硕 士
总 计	142	307	340	14	151
一、按集团审批部门分					
国务院	0	2	2	1	2
国务院主管部门	0	2	2	0	4
省级人民政府	53	109	137	6	80
省级人民政府主管部门	30	54	66	3	16
其他	59	140	133	4	49
二、按母公司控股情况分					
国有绝对控股	43	89	106	5	69
国有相对控股	7	18	20	2	8
集体绝对控股	16	26	46	1	7
集体相对控股	3	13	15	0	2
其他	73	161	153	6	65
三、按集团主营行业分					
农、林、牧、渔业	1	0	0	0	0
采矿业	8	8	21	1	11
制造业	96	223	217	9	92
电力、燃气及水的生产和供应业	3	12	10	0	9
建筑业	8	25	22	1	8
交通运输、仓储和邮政业	1	7	11	0	6
信息传输、计算机服务和软件业	2	1	3	2	1
批发和零售业	11	19	42	1	14
住宿和餐饮业	1	1	1	0	1
金融业	0	0	2	0	1
房地产业	9	8	9	0	5
租赁和商务服务业	1	2	1	0	3
科学研究、技术服务和地质勘查业	0	0	0	0	0
水利、环境和公共设施管理业	0	1	0	0	0
居民服务和其他服务业	1	0	0	0	0
教育	0	0	0	0	0
卫生、社会保障和社会福利业	0	0	0	0	0
文化、体育和娱乐业	0	0	1	0	0
公共管理和社会组织	0	0	0	0	0
国际组织	0	0	0	0	0
四、按母公司登记注册类型分					
国有企业	20	23	41	1	21
国有独资企业	10	31	35	1	24
其他有限责任公司	56	132	154	8	59
股份有限公司	27	73	53	2	28
中外合资企业	6	9	10	0	10
港澳台合资企业	1	3	1	0	0
其他	22	36	46	2	9
五、按母公司企业规模分					
大型	58	132	144	6	101
中型	62	135	160	6	40
小型	11	25	26	1	4
其他	11	15	10	1	6

续表26

	22.总经理文化程度			
	大学本科	大学专科	中专或高中	其 他
总 计	363	236	21	4
一、按集团审批部门分				
国务院	0	1	0	0
国务院主管部门	0	0	0	0
省级人民政府	146	63	4	0
省级人民政府主管部门	77	47	7	0
其他	140	125	10	4
二、按母公司控股情况分				
国有绝对控股	110	49	4	1
国有相对控股	23	11	1	0
集体绝对控股	40	35	5	0
集体相对控股	16	12	1	0
其他	174	129	10	3
三、按集团主营行业分				
农、林、牧、渔业	0	1	0	0
采矿业	16	7	2	0
制造业	248	168	16	3
电力、燃气及水的生产和供应业	11	5	0	0
建筑业	25	20	1	0
交通运输、仓储和邮政业	5	7	0	1
信息传输、计算机服务和软件业	0	3	0	0
批发和零售业	39	16	2	0
住宿和餐饮业	2	0	0	0
金融业	0	1	0	0
房地产业	13	8	0	0
租赁和商务服务业	1	0	0	0
科学研究、技术服务和地质勘查业	0	0	0	0
水利、环境和公共设施管理业	1	0	0	0
居民服务和其他服务业	1	0	0	0
教育	0	0	0	0
卫生、社会保障和社会福利业	0	0	0	0
文化、体育和娱乐业	1	0	0	0
公共管理和社会组织	0	0	0	0
国际组织	0	0	0	0
四、按母公司登记注册类型分				
国有企业	40	21	1	0
国有独资企业	38	9	3	1
其他有限责任公司	151	111	11	2
股份有限公司	72	50	0	1
中外合资企业	11	4	0	0
港澳台合资企业	4	1	0	0
其他	47	40	6	0
五、按母公司企业规模分				
大型	150	72	4	1
中型	174	122	12	3
小型	25	29	3	0
其他	14	13	2	0

续表 27

	23.企业集团总经理任现职前的职业				
	科学研究人员	工程技术人员	企业管理人员	党政机关人员	其　他
总　计	6	95	564	85	39
一、按集团审批部门分					
国务院	0	1	2	1	0
国务院主管部门	0	1	3	0	0
省级人民政府	3	33	230	26	7
省级人民政府主管部门	2	23	98	19	8
其他	1	37	231	39	24
二、按母公司控股情况分					
国有绝对控股	2	32	170	29	5
国有相对控股	0	6	31	8	0
集体绝对控股	0	13	56	13	6
集体相对控股	0	2	27	0	2
其他	4	42	280	35	26
三、按集团主营行业分					
农、林、牧、渔业	0	0	0	1	0
采矿业	1	7	25	3	1
制造业	4	69	386	49	28
电力、燃气及水的生产和供应业	0	1	20	3	1
建筑业	0	10	36	5	4
交通运输、仓储和邮政业	0	0	14	4	1
信息传输、计算机服务和软件业	0	1	3	2	0
批发和零售业	1	1	56	11	3
住宿和餐饮业	0	0	3	0	0
金融业	0	0	2	0	0
房地产业	0	6	16	3	1
租赁和商务服务业	0	0	2	2	0
科学研究、技术服务和地质勘查业	0	0	0	0	0
水利、环境和公共设施管理业	0	0	1	0	0
居民服务和其他服务业	0	0	0	1	0
教育	0	0	0	0	0
卫生、社会保障和社会福利业	0	0	0	0	0
文化、体育和娱乐业	0	0	0	1	0
公共管理和社会组织	0	0	0	0	0
国际组织	0	0	0	0	0
四、按母公司登记注册类型分					
国有企业	2	13	55	12	2
国有独资企业	0	5	57	12	2
其他有限责任公司	2	49	241	34	16
股份有限公司	1	11	119	14	8
中外合资企业	0	3	19	1	2
港澳台合资企业	0	2	3	0	0
其他	1	12	70	12	9
五、按母公司企业规模分					
大型	0	38	251	29	16
中型	4	41	251	46	15
小型	2	8	40	8	4
其他	0	8	22	2	4

续表28

	24.1 企业集团经理层中多数人员的文化程度					
	博　士	硕　士	大学本科	大学专科	中专或高中	其　他
总　计	1	21	366	331	62	7
一、按集团审批部门分						
国务院	0	0	4	0	0	0
国务院主管部门	0	0	2	1	0	1
省级人民政府	1	13	166	106	13	0
省级人民政府主管部门	0	2	54	74	18	1
其他	0	6	140	150	31	5
二、按母公司控股情况分						
国有绝对控股	1	8	150	74	3	2
国有相对控股	0	4	23	18	0	0
集体绝对控股	0	1	26	47	14	0
集体相对控股	0	0	12	16	3	0
其他	0	8	155	176	42	5
三、按集团主营行业分						
农、林、牧、渔业	0	0	1	0	0	0
采矿业	0	2	17	16	2	0
制造业	0	9	225	249	47	5
电力、燃气及水的生产和供应业	0	1	17	6	1	0
建筑业	0	3	26	17	8	1
交通运输、仓储和邮政业	1	0	8	9	0	1
信息传输、计算机服务和软件业	0	2	3	1	0	0
批发和零售业	0	3	43	23	3	0
住宿和餐饮业	0	1	0	2	0	0
金融业	0	0	1	1	0	0
房地产业	0	0	18	7	1	0
租赁和商务服务业	0	0	4	0	0	0
科学研究、技术服务和地质勘查业	0	0	0	0	0	0
水利、环境和公共设施管理业	0	0	1	0	0	0
居民服务和其他服务业	0	0	1	0	0	0
教育	0	0	0	0	0	0
卫生、社会保障和社会福利业	0	0	0	0	0	0
文化、体育和娱乐业	0	0	1	0	0	0
公共管理和社会组织	0	0	0	0	0	0
国际组织	0	0	0	0	0	0
四、按母公司登记注册类型分						
国有企业	0	3	46	33	1	1
国有独资企业	0	2	58	14	2	0
其他有限责任公司	1	6	141	158	31	4
股份有限公司	0	8	73	63	7	2
中外合资企业	0	1	14	9	1	0
港澳台合资企业	0	0	1	4	0	0
其他	0	1	33	50	20	0
五、按母公司企业规模分						
大型	1	12	202	105	12	2
中型	0	7	131	183	32	3
小型	0	1	15	32	13	1
其他	0	1	18	11	5	1

续表 29

	24.2 经理层中熟悉国际商务的人员比例				
	10% 以下	10%-30%	30%-50%	50%-70%	70% 及以上
总 计	150	238	166	99	134
一、按集团审批部门分					
国务院	0	0	1	2	1
国务院主管部门	0	3	0	1	0
省级人民政府	39	78	72	43	67
省级人民政府主管部门	36	52	31	12	19
其他	75	105	62	41	47
二、按母公司控股情况分					
国有绝对控股	42	62	54	33	47
国有相对控股	7	10	8	9	11
集体绝对控股	18	25	14	11	20
集体相对控股	7	8	8	0	8
其他	76	133	82	46	48
三、按集团主营行业分					
农、林、牧、渔业	0	0	1	0	0
采矿业	8	8	9	6	6
制造业	93	156	120	75	91
电力、燃气及水的生产和供应业	5	9	4	4	3
建筑业	15	23	7	8	2
交通运输、仓储和邮政业	5	0	5	2	7
信息传输、计算机服务和软件业	0	3	2	0	1
批发和零售业	17	25	8	3	19
住宿和餐饮业	0	1	1	0	1
金融业	1	1	0	0	0
房地产业	3	10	8	1	3
租赁和商务服务业	1	1	1	0	1
科学研究、技术服务和地质勘查业	0	0	0	0	0
水利、环境和公共设施管理业	1	0	0	0	0
居民服务和其他服务业	1	0	0	0	0
教育	0	0	0	0	0
卫生、社会保障和社会福利业	0	0	0	0	0
文化、体育和娱乐业	0	1	0	0	0
公共管理和社会组织	0	0	0	0	0
国际组织	0	0	0	0	0
四、按母公司登记注册类型分					
国有企业	20	23	18	11	12
国有独资企业	12	15	17	10	22
其他有限责任公司	63	110	74	33	60
股份有限公司	28	45	28	25	27
中外合资企业	3	8	6	5	3
港澳台合资企业	0	2	2	0	1
其他	24	35	21	15	9
五、按母公司企业规模分					
大型	51	85	75	53	69
中型	69	127	74	34	53
小型	19	17	13	5	7
其他	11	9	4	7	5

续表30

	25.从业人员中具有大专以上文化程度的比重				
	10%以下	10%-20%	20%-30%	30%-50%	50%及以上
总 计	69	186	172	173	187
一.按集团审批部门分					
国务院	0	1	1	2	0
国务院主管部门	0	0	0	2	2
省级人民政府	23	68	77	64	67
省级人民政府主管部门	13	39	35	29	34
其他	33	78	59	76	84
二.按母公司控股情况分					
国有绝对控股	10	53	46	60	69
国有相对控股	6	10	10	7	12
集体绝对控股	15	21	20	18	14
集体相对控股	6	10	8	2	5
其他	32	92	88	86	87
三.按集团主营行业分					
农、林、牧、渔业	0	0	0	1	0
采矿业	2	22	8	3	2
制造业	56	138	133	120	88
电力、燃气及水的生产和供应业	2	3	5	4	11
建筑业	4	11	13	15	12
交通运输、仓储和邮政业	1	5	2	6	5
信息传输、计算机服务和软件业	0	1	0	0	5
批发和零售业	4	6	7	16	39
住宿和餐饮业	0	0	2	0	1
金融业	0	0	0	1	1
房地产业	0	0	2	5	18
租赁和商务服务业	0	0	0	1	3
科学研究、技术服务和地质勘查业	0	0	0	0	0
水利、环境和公共设施管理业	0	0	0	1	0
居民服务和其他服务业	0	0	0	0	1
教育	0	0	0	0	0
卫生、社会保障和社会福利业	0	0	0	0	0
文化、体育和娱乐业	0	0	0	0	1
公共管理和社会组织	0	0	0	0	0
国际组织	0	0	0	0	0
四.按母公司登记注册类型分					
国有企业	2	21	18	22	21
国有独资企业	4	19	12	18	23
其他有限责任公司	36	85	74	71	74
股份有限公司	16	31	36	37	33
中外合资企业	1	0	7	9	8
港澳台合资企业	0	0	1	1	3
其他	10	30	24	15	25
五.按母公司企业规模分					
大型	19	70	74	84	86
中型	36	93	81	72	75
小型	11	18	11	8	13
其他	3	5	6	9	13

续表31

	26.1 行政管理人员占从业人员的比重				
	5%以下	5%-10%	10%-15%	15%-20%	20%及以上
总 计	155	303	168	104	57
一、按集团审批部门分					
国务院	1	0	3	0	0
国务院主管部门	1	1	0	0	2
省级人民政府	57	118	72	37	15
省级人民政府主管部门	25	62	35	14	14
其他	71	122	58	53	26
二、按母公司控股情况分					
国有绝对控股	39	82	62	32	23
国有相对控股	8	16	8	7	6
集体绝对控股	19	34	15	15	5
集体相对控股	8	10	4	7	2
其他	81	161	79	43	21
三、按集团主营行业分					
农、林、牧、渔业	0	0	0	0	1
采矿业	10	16	8	1	2
制造业	120	216	115	63	21
电力、燃气及水的生产和供应业	3	10	6	4	2
建筑业	8	27	8	8	4
交通运输、仓储和邮政业	5	7	4	1	2
信息传输、计算机服务和软件业	0	1	4	1	0
批发和零售业	9	17	16	15	15
住宿和餐饮业	0	1	1	0	1
金融业	0	1	0	0	1
房地产业	0	5	6	8	6
租赁和商务服务业	0	1	0	1	2
科学研究、技术服务和地质勘查业	0	0	0	0	0
水利、环境和公共设施管理业	0	0	0	1	0
居民服务和其他服务业	0	1	0	0	0
教育	0	0	0	0	0
卫生、社会保障和社会福利业	0	0	0	0	0
文化、体育和娱乐业	0	0	0	1	0
公共管理和社会组织	0	0	0	0	0
国际组织	0	0	0	0	0
四、按母公司登记注册类型分					
国有企业	18	23	21	13	9
国有独资企业	10	29	19	9	9
其他有限责任公司	76	132	74	40	18
股份有限公司	29	60	27	21	16
中外合资企业	5	15	3	2	0
港澳台合资企业	1	1	1	1	1
其他	16	43	23	18	4
五、按母公司企业规模分					
大型	66	122	74	43	28
中型	72	141	76	46	22
小型	10	27	9	12	3
其他	7	13	9	3	4

续表32

	26.2行政管理人员劳动报酬占从业人员的比重				
	5%以下	5%-10%	10%-20%	20%-30%	30%及以上
总 计	91	244	256	134	62
一、按集团审批部门分					
国务院	0	0	4	0	0
国务院主管部门	1	0	1	1	1
省级人民政府	32	89	109	48	21
省级人民政府主管部门	14	53	45	23	15
其他	44	102	97	62	25
二、按母公司控股情况分					
国有绝对控股	29	60	85	46	18
国有相对控股	3	8	19	8	7
集体绝对控股	15	26	24	14	9
集体相对控股	4	9	10	6	2
其他	40	141	118	60	26
三、按集团主营行业分					
农、林、牧、渔业	0	0	0	0	1
采矿业	7	13	14	3	0
制造业	69	174	178	83	31
电力、燃气及水的生产和供应业	2	12	5	4	2
建筑业	4	24	15	9	3
交通运输、仓储和邮政业	3	3	7	4	2
信息传输、计算机服务和软件业	0	1	3	2	0
批发和零售业	5	13	22	18	14
住宿和餐饮业	0	0	1	0	2
金融业	0	0	1	0	1
房地产业	0	4	9	8	4
租赁和商务服务业	1	0	1	0	2
科学研究、技术服务和地质勘查业	0	0	0	0	0
水利、环境和公共设施管理业	0	0	0	1	0
居民服务和其他服务业	0	0	0	1	0
教育	0	0	0	0	0
卫生、社会保障和社会福利业	0	0	0	0	0
文化、体育和娱乐业	0	0	0	1	0
公共管理和社会组织	0	0	0	0	0
国际组织	0	0	0	0	0
四、按母公司登记注册类型分					
国有企业	12	22	28	15	7
国有独资企业	9	21	27	12	7
其他有限责任公司	38	117	107	55	23
股份有限公司	14	48	47	30	14
中外合资企业	2	7	13	2	1
港澳台合资企业	1	2	1	0	1
其他	15	27	33	20	9
五、按母公司企业规模分					
大型	35	98	117	59	24
中型	45	117	115	51	29
小型	6	22	14	14	5
其他	5	7	10	10	4

续表 33

	27.主要产品（服务）国内市场占有率				
	1% 以下	1%-2%	2%-5%	5%-10%	10% 及以上
总　计	240	118	110	90	229
一、按集团审批部门分					
国务院	0	0	1	0	3
国务院主管部门	0	0	3	0	1
省级人民政府	71	38	43	40	107
省级人民政府主管部门	51	31	22	13	33
其他	118	49	41	37	85
二、按母公司控股情况分					
国有绝对控股	74	34	39	25	66
国有相对控股	16	4	4	6	15
集体绝对控股	32	18	12	6	20
集体相对控股	10	4	4	4	9
其他	108	58	51	49	119
三、按集团主营行业分					
农、林、牧、渔业	0	1	0	0	0
采矿业	17	6	6	0	8
制造业	108	77	84	71	195
电力、燃气及水的生产和供应业	16	3	1	2	3
建筑业	35	8	4	5	3
交通运输、仓储和邮政业	8	3	3	1	4
信息传输、计算机服务和软件业	2	0	0	1	3
批发和零售业	34	16	5	8	9
住宿和餐饮业	1	0	1	0	1
金融业	1	0	1	0	0
房地产业	16	3	4	0	2
租赁和商务服务业	2	0	0	1	1
科学研究、技术服务和地质勘查业	0	0	0	0	0
水利、环境和公共设施管理业	0	1	0	0	0
居民服务和其他服务业	0	0	0	1	0
教育	0	0	0	0	0
卫生、社会保障和社会福利业	0	0	0	0	0
文化、体育和娱乐业	0	0	1	0	0
公共管理和社会组织	0	0	0	0	0
国际组织	0	0	0	0	0
四、按母公司登记注册类型分					
国有企业	35	15	11	12	11
国有独资企业	19	8	13	9	27
其他有限责任公司	111	53	49	37	90
股份有限公司	40	22	19	14	58
中外合资企业	3	1	4	7	10
港澳台合资企业	1	3	0	0	1
其他	31	16	14	11	32
五、按母公司企业规模分					
大型	70	47	47	52	117
中型	124	53	56	32	92
小型	29	13	6	2	11
其他	17	5	1	4	9

续表 34

	28.核心企业在银行的信用等级								
	AAA级	AA级	A级	BBB级	BB级	B级	CCC级	CC级	C级
总 计	447	241	65	10	1	1	3	0	0
一、按集团审批部门分									
国务院	3	1	0	0	0	0	0	0	0
国务院主管部门	3	0	0	0	0	0	0	0	0
省级人民政府	199	66	20	4	0	0	1	0	0
省级人民政府主管部门	83	53	9	1	0	0	0	0	0
其他	159	121	36	5	1	1	2	0	0
二、按母公司控股情况分									
国有绝对控股	115	75	24	8	0	1	1	0	0
国有相对控股	19	14	9	1	0	0	0	0	0
集体绝对控股	49	30	8	0	0	0	0	0	0
集体相对控股	20	8	1	0	0	0	0	0	0
其他	244	114	23	1	1	0	2	0	0
三、按集团主营行业分									
农、林、牧、渔业	0	0	0	0	0	0	1	0	0
采矿业	22	11	4	0	0	0	0	0	0
制造业	318	156	39	7	1	1	2	0	0
电力、燃气及水的生产和供应业	13	10	1	0	0	0	0	0	0
建筑业	37	15	3	0	0	0	0	0	0
交通运输、仓储和邮政业	9	6	3	0	0	0	0	0	0
信息传输、计算机服务和软件业	4	2	0	0	0	0	0	0	0
批发和零售业	26	26	11	3	0	0	0	0	0
住宿和餐饮业	2	1	0	0	0	0	0	0	0
金融业	1	1	0	0	0	0	0	0	0
房地产业	11	12	3	0	0	0	0	0	0
租赁和商务服务业	2	0	1	0	0	0	0	0	0
科学研究、技术服务和地质勘查业	0	0	0	0	0	0	0	0	0
水利、环境和公共设施管理业	0	1	0	0	0	0	0	0	0
居民服务和其他服务业	1	0	0	0	0	0	0	0	0
教育	0	0	0	0	0	0	0	0	0
卫生、社会保障和社会福利业	0	0	0	0	0	0	0	0	0
文化、体育和娱乐业	1	0	0	0	0	0	0	0	0
公共管理和社会组织	0	0	0	0	0	0	0	0	0
国际组织	0	0	0	0	0	0	0	0	0
四、按母公司登记注册类型分									
国有企业	34	27	12	4	0	0	1	0	0
国有独资企业	36	25	8	2	0	0	0	0	0
其他有限责任公司	209	101	24	2	0	1	2	0	0
股份有限公司	89	48	11	1	1	0	0	0	0
中外合资企业	17	5	2	0	0	0	0	0	0
港澳台合资企业	3	2	0	0	0	0	0	0	0
其他	59	33	8	1	0	0	0	0	0
五、按母公司企业规模分									
大型	226	75	20	4	0	0	1	0	0
中型	180	125	34	5	1	1	1	0	0
小型	25	26	7	1	0	0	1	0	0
其他	16	15	4	0	0	0	0	0	0

续表 35

	29.1 本年企业集团实施了兼并重组	29.2 实施兼并重组的方式			
		政府行政指令	企业集团自主行为	以企业为主体，政府辅助	其　他
总　计	140	13	76	34	17
一、按集团审批部门分					
国务院	1	0	1	0	0
国务院主管部门	1	0	1	0	0
省级人民政府	56	5	27	17	7
省级人民政府主管部门	22	1	12	5	4
其他	60	7	35	12	6
二、按母公司控股情况分					
国有绝对控股	52	7	27	14	4
国有相对控股	10	0	6	3	1
集体绝对控股	14	0	9	3	2
集体相对控股	6	0	4	1	1
其他	58	6	30	13	9
三、按集团主营行业分					
农、林、牧、渔业	0	0	0	0	0
采矿业	8	3	1	4	0
制造业	93	6	53	25	9
电力、燃气及水的生产和供应业	5	1	0	1	3
建筑业	13	1	11	1	0
交通运输、仓储和邮政业	4	2	0	1	1
信息传输、计算机服务和软件业	1	0	1	0	0
批发和零售业	11	0	8	1	2
住宿和餐饮业	0	0	0	0	0
金融业	0	0	0	0	0
房地产业	3	0	1	0	2
租赁和商务服务业	1	0	0	1	0
科学研究、技术服务和地质勘查业	0	0	0	0	0
水利、环境和公共设施管理业	1	0	1	0	0
居民服务和其他服务业	0	0	0	0	0
教育	0	0	0	0	0
卫生、社会保障和社会福利业	0	0	0	0	0
文化、体育和娱乐业	0	0	0	0	0
公共管理和社会组织	0	0	0	0	0
国际组织	0	0	0	0	0
四、按母公司登记注册类型分					
国有企业	14	1	7	4	2
国有独资企业	23	4	13	5	1
其他有限责任公司	58	3	31	15	9
股份有限公司	28	3	17	5	3
中外合资企业	2	1	0	1	0
港澳台合资企业	1	0	0	1	0
其他	14	1	8	3	2
五、按母公司企业规模分					
大型	69	7	38	18	6
中型	54	5	33	11	5
小型	8	0	2	2	4
其他	9	1	3	3	2

续表 36

	29.3 实施兼并重组的结果				
	1.投资新成立子公司	2.子公司分立、分拆	3.购并增加子公司	4.合并子公司	5.售出子公司
总 计	75	12	38	36	18
一.按集团审批部门分					
国务院	1	0	1	0	0
国务院主管部门	0	0	1	0	0
省级人民政府	27	3	20	10	9
省级人民政府主管部门	11	2	3	4	5
其他	36	7	13	22	4
二.按母公司控股情况分					
国有绝对控股	25	11	18	15	8
国有相对控股	6	0	4	2	2
集体绝对控股	7	0	3	5	3
集体相对控股	2	1	1	2	0
其他	35	0	12	12	5
三.按集团主营行业分					
农、林、牧、渔业	0	0	0	0	0
采矿业	4	0	2	2	0
制造业	46	6	27	21	10
电力、燃气及水的生产和供应业	4	0	0	2	1
建筑业	9	2	4	5	2
交通运输、仓储和邮政业	2	0	2	2	0
信息传输、计算机服务和软件业	0	1	0	1	0
批发和零售业	6	1	2	2	4
住宿和餐饮业	0	0	0	0	0
金融业	0	0	0	0	0
房地产业	3	0	0	0	0
租赁和商务服务业	1	1	1	1	1
科学研究、技术服务和地质勘查业	0	0	0	0	0
水利、环境和公共设施管理业	0	1	0	0	0
居民服务和其他服务业	0	0	0	0	0
教育	0	0	0	0	0
卫生、社会保障和社会福利业	0	0	0	0	0
文化、体育和娱乐业	0	0	0	0	0
公共管理和社会组织	0	0	0	0	0
国际组织	0	0	0	0	0
四.按母公司登记注册类型分					
国有企业	6	3	6	7	2
国有独资企业	12	5	8	6	2
其他有限责任公司	33	2	14	13	7
股份有限公司	11	2	7	7	6
中外合资企业	2	0	1	0	0
港澳台合资企业	1	0	0	0	0
其他	10	0	2	3	1
五.按母公司企业规模分					
大型	40	7	26	16	8
中型	30	5	8	13	7
小型	2	0	2	4	2
其他	3	0	2	3	1

续表 37

		30.企业集团多元化经营情况		
	29.6 关闭子公司	1.从事均在同一大类中的行业	2.虽有不处于同一大类的行业，但对主业有辅助作用	3.完全在不同行业大类进行投资经营
总　计	23	297	310	182
一、按集团审批部门分				
国务院	0	0	2	2
国务院主管部门	1	1	2	1
省级人民政府	11	119	120	60
省级人民政府主管部门	3	54	54	42
其他	8	123	132	77
二、按母公司控股情况分				
国有绝对控股	14	98	100	40
国有相对控股	2	15	18	12
集体绝对控股	2	27	35	26
集体相对控股	0	13	14	4
其他	5	144	143	100
三、按集团主营行业分				
农、林、牧、渔业	0	0	1	0
采矿业	1	9	13	15
制造业	12	224	200	112
电力、燃气及水的生产和供应业	1	6	13	6
建筑业	4	17	26	12
交通运输、仓储和邮政业	0	2	15	2
信息传输、计算机服务和软件业	1	4	1	1
批发和零售业	4	29	26	17
住宿和餐饮业	0	1	2	0
金融业	0	0	1	1
房地产业	0	5	10	11
租赁和商务服务业	0	0	0	4
科学研究、技术服务和地质勘查业	0	0	0	0
水利、环境和公共设施管理业	0	0	1	0
居民服务和其他服务业	0	0	0	1
教育	0	0	0	0
卫生、社会保障和社会福利业	0	0	0	0
文化、体育和娱乐业	0	0	1	0
公共管理和社会组织	0	0	0	0
国际组织	0	0	0	0
四、按母公司登记注册类型分				
国有企业	3	34	35	15
国有独资企业	8	26	38	12
其他有限责任公司	8	116	132	94
股份有限公司	2	63	56	34
中外合资企业	0	14	7	4
港澳台合资企业	1	4	1	0
其他	1	40	41	23
五、按母公司企业规模分				
大型	16	120	147	67
中型	6	149	129	79
小型	0	21	21	20
其他	1	7	13	16

续表38

	31.1本年中开拓了新行业领域业务	31.2开拓新行业领域业务的目的				
		1.规避风险	2.获取更高报酬	3.利用原有的资源优势	4.保证原材料供应	5.其他
总 计	342	100	182	191	73	75
一、按集团审批部门分						
国务院	3	1	0	3	1	0
国务院主管部门	0	0	0	0	0	0
省级人民政府	132	44	81	76	34	33
省级人民政府主管部门	68	13	32	39	10	11
其他	139	42	69	73	28	31
二、按母公司控股情况分						
国有绝对控股	84	26	49	60	19	21
国有相对控股	17	5	5	10	3	4
集体绝对控股	41	8	20	23	7	7
集体相对控股	16	1	9	6	0	4
其他	184	60	99	92	44	39
三、按集团主营行业分						
农、林、牧、渔业	0	0	0	0	0	0
采矿业	19	7	8	12	4	5
制造业	230	64	120	124	52	45
电力、燃气及水的生产和供应业	12	5	7	6	5	2
建筑业	22	7	15	11	5	5
交通运输、仓储和邮政业	8	0	3	5	0	1
信息传输、计算机服务和软件业	4	1	4	4	0	2
批发和零售业	28	10	16	16	3	9
住宿和餐饮业	1	1	0	1	1	0
金融业	1	0	0	1	0	0
房地产业	12	2	5	6	3	5
租赁和商务服务业	3	3	3	3	0	1
科学研究、技术服务和地质勘查业	0	0	0	0	0	0
水利、环境和公共设施管理业	1	0	0	1	0	0
居民服务和其他服务业	1	0	1	1	0	0
教育	0	0	0	0	0	0
卫生、社会保障和社会福利业	0	0	0	0	0	0
文化、体育和娱乐业	0	0	0	0	0	0
公共管理和社会组织	0	0	0	0	0	0
国际组织	0	0	0	0	0	0
四、按母公司登记注册类型分						
国有企业	36	7	19	21	5	8
国有独资企业	28	12	17	24	7	7
其他有限责任公司	154	45	82	84	38	34
股份有限公司	69	21	38	31	13	13
中外合资企业	8	1	3	6	3	2
港澳台合资企业	0	0	0	0	0	0
其他	47	14	23	25	7	11
五、按母公司企业规模分						
大型	157	49	90	90	35	43
中型	149	44	75	85	31	22
小型	22	4	8	8	3	5
其他	14	3	9	8	4	5

续表 39

	32.1 有业务退出其行业领域	32.2 退出其行业领域的原因			
		1.战略调整，突出主业	2.在竞争中难以为继	3.转而投向其他行业领域	4.其他
总 计	73	37	20	15	17
一、按集团审批部门分					
国务院	0	0	0	0	0
国务院主管部门	0	0	0	0	0
省级人民政府	29	16	9	4	4
省级人民政府主管部门	18	12	4	4	4
其他	26	9	7	7	9
二、按母公司控股情况分					
国有绝对控股	32	20	12	3	7
国有相对控股	4	4	0	0	0
集体绝对控股	13	7	4	4	3
集体相对控股	6	1	1	3	2
其他	18	5	3	5	5
三、按集团主营行业分					
农、林、牧、渔业	0	0	0	0	0
采矿业	4	3	0	0	1
制造业	44	17	16	12	11
电力、燃气及水的生产和供应业	3	3	0	0	0
建筑业	3	2	0	0	1
交通运输、仓储和邮政业	1	0	0	1	0
信息传输、计算机服务和软件业	2	2	2	0	0
批发和零售业	10	6	1	2	2
住宿和餐饮业	0	0	0	0	0
金融业	0	0	0	0	0
房地产业	5	3	1	0	2
租赁和商务服务业	0	0	0	0	0
科学研究、技术服务和地质勘查业	0	0	0	0	0
水利、环境和公共设施管理业	0	0	0	0	0
居民服务和其他服务业	0	0	0	0	0
教育	0	0	0	0	0
卫生、社会保障和社会福利业	0	0	0	0	0
文化、体育和娱乐业	1	1	0	0	0
公共管理和社会组织	0	0	0	0	0
国际组织	0	0	0	0	0
四、按母公司登记注册类型分					
国有企业	14	8	4	1	3
国有独资企业	10	6	4	2	3
其他有限责任公司	30	16	7	7	7
股份有限公司	9	5	4	1	1
中外合资企业	0	0	0	0	0
港澳台合资企业	0	0	0	0	0
其他	10	2	1	4	3
五、按母公司企业规模分					
大型	28	17	5	7	5
中型	30	14	10	4	8
小型	9	3	4	2	3
其他	6	3	1	2	1

续表40

	33.企业集团建立了商业网站	34.企业集团内部制度建设情况			
		1.有重大事项决策程序制度	2.有财务总监委派制	3.有预算管理制度	4.有产权代表管理制度
总 计	476	745	485	694	440
一、按集团审批部门分					
国务院	3	4	4	4	3
国务院主管部门	3	4	4	4	4
省级人民政府	204	288	189	281	190
省级人民政府主管部门	82	140	86	122	70
其他	184	309	202	283	173
二、按母公司控股情况分					
国有绝对控股	137	223	136	213	126
国有相对控股	27	42	24	42	30
集体绝对控股	44	83	55	76	49
集体相对控股	16	29	21	26	17
其他	252	368	249	337	218
三、按集团主营行业分					
农、林、牧、渔业	0	1	1	1	1
采矿业	17	36	24	34	23
制造业	356	507	331	468	313
电力、燃气及水的生产和供应业	12	24	17	22	13
建筑业	24	50	32	48	25
交通运输、仓储和邮政业	12	17	13	19	11
信息传输、计算机服务和软件业	4	6	3	6	4
批发和零售业	30	68	37	61	34
住宿和餐饮业	2	3	2	3	1
金融业	1	2	2	2	1
房地产业	14	24	18	23	11
租赁和商务服务业	1	4	3	4	2
科学研究、技术服务和地质勘查业	0	0	0	0	0
水利、环境和公共设施管理业	1	1	0	1	0
居民服务和其他服务业	1	1	1	1	0
教育	0	0	0	0	0
卫生、社会保障和社会福利业	0	0	0	0	0
文化、体育和娱乐业	1	1	1	1	1
公共管理和社会组织	0	0	0	0	0
国际组织	0	0	0	0	0
四、按母公司登记注册类型分					
国有企业	39	77	38	71	38
国有独资企业	49	72	46	71	42
其他有限责任公司	223	326	214	304	198
股份有限公司	102	147	100	140	90
中外合资企业	13	24	20	24	18
港澳台合资企业	2	3	1	2	2
其他	48	96	66	82	52
五、按母公司企业规模分					
大型	228	318	227	311	201
中型	208	337	206	312	194
小型	26	56	29	39	30
其他	14	34	23	32	15

续表41

	34.企业集团内部制度建设情况			
	5.施行事业部制	6.建立新的管理制度	6.1效果很好	6.2效果较好
总　计	231	602	212	369
一、按集团审批部门分				
国务院	1	4	1	3
国务院主管部门	1	3	3	0
省级人民政府	92	228	94	124
省级人民政府主管部门	42	118	34	80
其他	95	249	80	162
二、按母公司控股情况分				
国有绝对控股	49	173	47	117
国有相对控股	16	32	11	20
集体绝对控股	29	62	31	31
集体相对控股	7	21	7	14
其他	130	314	116	187
三、按集团主营行业分				
农、林、牧、渔业	0	0	0	0
采矿业	10	35	16	19
制造业	174	407	146	246
电力、燃气及水的生产和供应业	4	16	5	11
建筑业	14	46	12	31
交通运输、仓储和邮政业	4	11	5	6
信息传输、计算机服务和软件业	3	5	3	2
批发和零售业	14	51	10	38
住宿和餐饮业	1	2	1	1
金融业	1	1	1	0
房地产业	5	22	12	10
租赁和商务服务业	0	4	1	3
科学研究、技术服务和地质勘查业	0	0	0	0
水利、环境和公共设施管理业	0	1	0	1
居民服务和其他服务业	0	1	0	1
教育	0	0	0	0
卫生、社会保障和社会福利业	0	0	0	0
文化、体育和娱乐业	1	0	0	0
公共管理和社会组织	0	0	0	0
国际组织	0	0	0	0
四、按母公司登记注册类型分				
国有企业	14	58	20	37
国有独资企业	15	57	11	41
其他有限责任公司	109	273	107	159
股份有限公司	52	112	41	66
中外合资企业	9	20	5	15
港澳台合资企业	1	1	0	1
其他	31	81	28	50
五、按母公司企业规模分				
大型	90	268	103	155
中型	123	272	93	170
小型	11	38	9	27
其他	7	24	7	17

续表42

	34.企业集团内部制度建设情况			
	6.3 效果一般	7.1 有奖惩制度，能严格执行	7.2 有奖惩制度，但很难严格执行	7.3 没有奖惩制度
总 计	21	691	78	19
一、按集团审批部门分				
国务院	0	4	0	0
国务院主管部门	0	3	0	0
省级人民政府	10	271	21	7
省级人民政府主管部门	4	130	19	1
其他	7	283	38	11
二、按母公司控股情况分				
国有绝对控股	9	203	27	7
国有相对控股	1	41	4	0
集体绝对控股	0	81	5	2
集体相对控股	0	28	3	0
其他	11	338	39	10
三、按集团主营行业分				
农、林、牧、渔业	0	0	0	1
采矿业	0	35	2	0
制造业	15	469	53	13
电力、燃气及水的生产和供应业	0	21	3	1
建筑业	3	48	6	1
交通运输、仓储和邮政业	0	15	4	0
信息传输、计算机服务和软件业	0	6	0	0
批发和零售业	3	67	4	1
住宿和餐饮业	0	2	1	0
金融业	0	2	0	0
房地产业	0	19	5	2
租赁和商务服务业	0	4	0	0
科学研究、技术服务和地质勘查业	0	0	0	0
水利、环境和公共设施管理业	0	1	0	0
居民服务和其他服务业	0	1	0	0
教育	0	0	0	0
卫生、社会保障和社会福利业	0	0	0	0
文化、体育和娱乐业	0	1	0	0
公共管理和社会组织	0	0	0	0
国际组织	0	0	0	0
四、按母公司登记注册类型分				
国有企业	1	69	11	4
国有独资企业	5	65	10	0
其他有限责任公司	7	293	38	11
股份有限公司	5	141	11	1
中外合资企业	0	22	3	0
港澳台合资企业	0	5	0	0
其他	3	96	5	3
五、按母公司企业规模分				
大型	10	301	26	6
中型	9	310	37	10
小型	2	47	12	3
其他	0	33	3	0

续表43

	35.劳动人事分配制度情况				
	1.已全面实行劳动合同制度	2.已实行全员竞争上岗，职工能进能出	3.不存在“干部”和“工人”的身份界限	4.内部管理人员实行公开竞聘	5.按照足额缴纳社会保险费
总　计	749	711	609	713	708
一、按集团审批部门分					
国务院	4	3	2	3	3
国务院主管部门	4	4	2	4	4
省级人民政府	290	274	227	278	272
省级人民政府主管部门	140	138	122	133	131
其他	311	292	256	295	298
二、按母公司控股情况分					
国有绝对控股	231	212	170	214	222
国有相对控股	45	42	39	41	37
集体绝对控股	77	74	68	75	69
集体相对控股	28	29	21	31	27
其他	368	354	311	352	353
三、按集团主营行业分					
农、林、牧、渔业	1	0	1	0	1
采矿业	36	28	19	30	36
制造业	509	489	426	492	470
电力、燃气及水的生产和供应业	24	21	16	24	24
建筑业	51	49	43	45	50
交通运输、仓储和邮政业	19	17	16	16	19
信息传输、计算机服务和软件业	6	6	5	6	6
批发和零售业	69	64	55	62	68
住宿和餐饮业	3	3	2	3	3
金融业	2	2	2	2	2
房地产业	23	25	20	26	23
租赁和商务服务业	4	4	4	4	4
科学研究、技术服务和地质勘查业	0	0	0	0	0
水利、环境和公共设施管理业	0	1	0	1	1
居民服务和其他服务业	1	1	0	1	1
教育	0	0	0	0	0
卫生、社会保障和社会福利业	0	0	0	0	0
文化、体育和娱乐业	1	1	0	1	0
公共管理和社会组织	0	0	0	0	0
国际组织	0	0	0	0	0
四、按母公司登记注册类型分					
国有企业	82	72	60	72	78
国有独资企业	73	65	48	69	70
其他有限责任公司	327	319	278	320	310
股份有限公司	147	144	124	144	134
中外合资企业	24	22	21	22	23
港澳台合资企业	5	5	5	4	5
其他	91	84	73	82	88
五、按母公司企业规模分					
大型	324	310	249	314	316
中型	336	317	280	321	310
小型	55	51	48	46	47
其他	34	33	32	32	35

续表44

	36.企业集团实行以下分配方法				
	1.经营者年薪制	2.经营者持有股权、股票期权	3.岗位工资为主的工资制	4.科技人员工资收入分配激励机制	5.职工持股分配制
总计	393	308	718	496	263
一、按集团审批部门分					
国务院	4	1	4	3	1
国务院主管部门	2	0	4	3	1
省级人民政府	161	131	279	210	97
省级人民政府主管部门	71	57	134	85	53
其他	155	119	297	195	111
二、按母公司控股情况分					
国有绝对控股	114	47	214	131	41
国有相对控股	27	21	43	31	12
集体绝对控股	35	34	80	52	40
集体相对控股	13	14	29	18	14
其他	204	192	352	264	156
三、按集团主营行业分					
农、林、牧、渔业	0	0	1	0	0
采矿业	20	9	34	22	10
制造业	280	221	486	388	188
电力、燃气及水的生产和供应业	12	7	21	11	5
建筑业	23	25	52	28	21
交通运输、仓储和邮政业	11	5	18	8	7
信息传输、计算机服务和软件业	0	4	6	3	1
批发和零售业	30	26	65	22	22
住宿和餐饮业	1	1	3	1	2
金融业	2	2	2	1	2
房地产业	11	7	23	9	5
租赁和商务服务业	2	1	4	1	0
科学研究、技术服务和地质勘查业	0	0	0	0	0
水利、环境和公共设施管理业	0	0	1	0	0
居民服务和其他服务业	1	0	1	1	0
教育	0	0	0	0	0
卫生、社会保障和社会福利业	0	0	0	0	0
文化、体育和娱乐业	0	0	1	1	0
公共管理和社会组织	0	0	0	0	0
国际组织	0	0	0	0	0
四、按母公司登记注册类型分					
国有企业	32	14	72	37	12
国有独资企业	38	10	72	41	6
其他有限责任公司	181	160	313	236	147
股份有限公司	84	74	144	105	53
中外合资企业	16	13	20	16	12
港澳台合资企业	1	2	4	3	2
其他	41	35	93	58	31
五、按母公司企业规模分					
大型	194	138	311	228	111
中型	166	145	325	227	129
小型	21	17	51	27	15
其他	12	8	31	14	8

续表45

	37.主要产品(服务)或体系认证情况			
	36.6分配制度实行工资集体协商制度	1.获得ISO9000－9004认证	2.通过ISO14000认证	3.获得其他国际认证
总 计	253	632	290	214
一、按集团审批部门分				
国务院	1	4	3	1
国务院主管部门	1	3	1	0
省级人民政府	94	255	138	86
省级人民政府主管部门	51	116	42	34
其他	106	254	106	93
二、按母公司控股情况分				
国有绝对控股	59	175	82	60
国有相对控股	11	36	21	9
集体绝对控股	34	67	32	20
集体相对控股	9	22	9	11
其他	140	332	146	114
三、按集团主营行业分				
农、林、牧、渔业	0	0	0	0
采矿业	17	22	13	5
制造业	179	476	216	172
电力、燃气及水的生产和供应业	4	19	9	3
建筑业	22	50	29	22
交通运输、仓储和邮政业	11	14	3	2
信息传输、计算机服务和软件业	0	4	2	2
批发和零售业	12	27	11	8
住宿和餐饮业	1	2	1	0
金融业	2	1	1	0
房地产业	3	14	3	0
租赁和商务服务业	1	1	0	0
科学研究、技术服务和地质勘查业	0	0	0	0
水利、环境和公共设施管理业	0	1	1	0
居民服务和其他服务业	0	1	1	0
教育	0	0	0	0
卫生、社会保障和社会福利业	0	0	0	0
文化、体育和娱乐业	1	0	0	0
公共管理和社会组织	0	0	0	0
国际组织	0	0	0	0
四、按母公司登记注册类型分				
国有企业	19	54	17	19
国有独资企业	23	57	34	22
其他有限责任公司	133	284	130	97
股份有限公司	37	123	58	42
中外合资企业	8	21	12	9
港澳台合资企业	3	5	2	2
其他	30	88	37	23
五、按母公司企业规模分				
大型	105	287	154	107
中型	118	283	112	88
小型	20	40	13	12
其他	10	22	11	7

续表46

	38.1技术中心的设施、经费和人员情况		
	完全满足	基本满足	不满足
总 计	63	390	75
一、按集团审批部门分			
国务院	0	4	0
国务院主管部门	0	2	0
省级人民政府	0	167	35
省级人民政府主管部门	0	62	18
其他	0	155	22
二、按母公司控股情况分			
国有绝对控股	0	121	24
国有相对控股	0	26	3
集体绝对控股	0	36	10
集体相对控股	0	13	4
其他	0	194	34
三、按集团主营行业分			
农、林、牧、渔业	0	0	0
采矿业	2	17	1
制造业	55	312	60
电力、燃气及水的生产和供应业	2	12	1
建筑业	1	15	3
交通运输、仓储和邮政业	1	1	2
信息传输、计算机服务和软件业	0	2	0
批发和零售业	1	17	7
住宿和餐饮业	0	1	0
金融业	0	1	0
房地产业	1	8	1
租赁和商务服务业	0	2	0
科学研究、技术服务和地质勘查业	0	0	0
水利、环境和公共设施管理业	0	0	0
居民服务和其他服务业	0	1	0
教育	0	0	0
卫生、社会保障和社会福利业	0	0	0
文化、体育和娱乐业	0	1	0
公共管理和社会组织	0	0	0
国际组织	0	0	0
四、按母公司登记注册类型分			
国有企业	7	36	6
国有独资企业	4	42	8
其他有限责任公司	26	179	33
股份有限公司	12	78	15
中外合资企业	5	15	1
港澳台合资企业	0	2	1
其他	9	38	11
五、按母公司企业规模分			
大型	33	192	27
中型	28	168	37
小型	2	20	7
其他	0	10	4

续表 47

	38.2 获取新产品、新技术的途径					
	自主开发	委托开发	与院校、科研等机构联合开发	接受技术成果转让	引进技术消化、吸收和创新	其他
总计	496	180	367	189	411	186
一、按集团审批部门分						
国务院	3	2	3	2	4	2
国务院主管部门	3	2	2	2	3	0
省级人民政府	229	93	193	97	182	67
省级人民政府主管部门	74	30	61	26	73	28
其他	187	53	108	62	149	89
二、按母公司控股情况分						
国有绝对控股	152	67	125	60	129	55
国有相对控股	31	12	27	12	22	12
集体绝对控股	48	13	31	16	42	22
集体相对控股	20	7	15	8	16	9
其他	245	81	169	93	202	88
三、按集团主营行业分						
农、林、牧、渔业	0	0	0	0	0	0
采矿业	25	13	23	14	20	8
制造业	394	115	286	134	306	113
电力、燃气及水的生产和供应业	10	7	13	4	11	9
建筑业	24	8	11	8	27	13
交通运输、仓储和邮政业	6	5	4	3	7	7
信息传输、计算机服务和软件业	4	5	1	1	3	2
批发和零售业	21	18	19	16	23	21
住宿和餐饮业	1	1	1	1	1	2
金融业	1	1	1	1	1	1
房地产业	6	4	5	4	9	8
租赁和商务服务业	2	2	2	2	1	0
科学研究、技术服务和地质勘查业	0	0	0	0	0	0
水利、环境和公共设施管理业	0	0	0	0	0	0
居民服务和其他服务业	1	0	0	0	1	1
教育	0	0	0	0	0	0
卫生、社会保障和社会福利业	0	0	0	0	0	0
文化、体育和娱乐业	1	1	1	1	1	1
公共管理和社会组织	0	0	0	0	0	0
国际组织	0	0	0	0	0	0
四、按母公司登记注册类型分						
国有企业	47	17	35	17	39	14
国有独资企业	53	29	49	27	47	19
其他有限责任公司	214	72	151	85	177	87
股份有限公司	107	44	87	33	83	30
中外合资企业	16	2	5	7	12	10
港澳台合资企业	4	0	2	1	4	0
其他	55	16	38	19	49	26
五、按母公司企业规模分						
大型	238	104	188	100	200	83
中型	218	62	153	73	170	79
小型	27	10	16	7	27	11
其他	13	4	10	9	14	13

续表48

	38.3获得专利情况			
	获得国内专利申请	已应用国内专利（占获得专利申请的企业集团）	获得美国专利申请	已应用美国专利（占获得美国专利申请的企业集团）
总　计	265	255	30	29
一、按集团审批部门分				
国务院	4	4	0	0
国务院主管部门	1	1	0	0
省级人民政府	146	141	9	8
省级人民政府主管部门	29	27	5	5
其他	85	82	16	16
二、按母公司控股情况分				
国有绝对控股	83	81	9	8
国有相对控股	18	15	1	1
集体绝对控股	21	21	6	6
集体相对控股	10	10	2	2
其他	133	128	12	12
三、按集团主营行业分				
农、林、牧、渔业	0	0	0	0
采矿业	11	10	1	1
制造业	227	218	18	17
电力、燃气及水的生产和供应业	7	7	0	0
建筑业	6	6	3	3
交通运输、仓储和邮政业	3	3	1	1
信息传输、计算机服务和软件业	1	1	0	0
批发和零售业	5	5	2	2
住宿和餐饮业	0	0	0	0
金融业	0	0	0	0
房地产业	5	5	5	5
租赁和商务服务业	0	0	0	0
科学研究、技术服务和地质勘查业	0	0	0	0
水利、环境和公共设施管理业	0	0	0	0
居民服务和其他服务业	0	0	0	0
教育	0	0	0	0
卫生、社会保障和社会福利业	0	0	0	0
文化、体育和娱乐业	0	0	0	0
公共管理和社会组织	0	0	0	0
国际组织	0	0	0	0
四、按母公司登记注册类型分				
国有企业	20	20	2	2
国有独资企业	33	33	3	3
其他有限责任公司	113	107	10	10
股份有限公司	64	60	9	8
中外合资企业	11	11	1	1
港澳台合资企业	1	1	0	0
其他	23	23	5	5
五、按母公司企业规模分				
大型	143	139	8	7
中型	99	94	15	15
小型	13	13	3	3
其他	10	9	4	4

续表 49

	39.企业集团有关配套政策落实情况				
	38.4与大学、研究机构签订研发合同	1.投资自主权	2.境外融资权	3.对外担保权	4.自营进出口权
总　计	340	707	220	578	552
一、按集团审批部门分					
国务院	3	4	0	3	3
国务院主管部门	2	3	2	2	1
省级人民政府	174	270	95	234	240
省级人民政府主管部门	57	134	39	109	98
其他	104	296	84	230	210
二、按母公司控股情况分					
国有绝对控股	99	202	60	175	150
国有相对控股	28	43	12	36	35
集体绝对控股	31	81	25	56	60
集体相对控股	14	27	8	24	25
其他	168	354	115	287	282
三、按集团主营行业分					
农、林、牧、渔业	0	1	1	1	1
采矿业	16	34	9	27	18
制造业	278	488	166	401	448
电力、燃气及水的生产和供应业	10	20	6	15	8
建筑业	14	50	7	36	20
交通运输、仓储和邮政业	3	16	3	14	3
信息传输、计算机服务和软件业	1	4	4	4	1
批发和零售业	11	59	14	52	40
住宿和餐饮业	1	2	1	3	0
金融业	0	2	0	2	0
房地产业	2	25	8	18	11
租赁和商务服务业	3	4	0	3	1
科学研究、技术服务和地质勘查业	0	0	0	0	0
水利、环境和公共设施管理业	0	0	0	0	0
居民服务和其他服务业	0	1	0	1	0
教育	0	0	0	0	0
卫生、社会保障和社会福利业	0	0	0	0	0
文化、体育和娱乐业	1	1	1	1	1
公共管理和社会组织	0	0	0	0	0
国际组织	0	0	0	0	0
四、按母公司登记注册类型分					
国有企业	28	70	27	57	48
国有独资企业	42	63	15	59	48
其他有限责任公司	144	323	101	258	253
股份有限公司	78	135	39	117	115
中外合资企业	8	21	10	15	19
港澳台合资企业	2	4	0	3	4
其他	38	91	28	69	65
五、按母公司企业规模分					
大型	176	294	98	261	241
中型	138	330	103	255	260
小型	16	50	9	35	36
其他	10	33	10	27	15

续表50

	39.企业集团有关配套政策落实情况				
	5.合并纳税权	6.对外工程承包与劳动合作权	7.外事审批权	8.建立了技术研发中心	9.成立了财务公司
总计	293	463	94	528	206
一、按集团审批部门分					
国务院	2	4	1	4	2
国务院主管部门	3	4	0	3	0
省级人民政府	120	173	42	235	82
省级人民政府主管部门	50	95	18	90	47
其他	118	187	33	196	75
二、按母公司控股情况分					
国有绝对控股	83	150	27	159	44
国有相对控股	21	27	5	30	7
集体绝对控股	37	52	10	54	33
集体相对控股	12	13	5	20	11
其他	140	221	47	265	111
三、按集团主营行业分					
农、林、牧、渔业	0	0	0	0	0
采矿业	17	30	3	20	11
制造业	202	308	72	427	159
电力、燃气及水的生产和供应业	9	15	2	15	6
建筑业	27	42	6	19	12
交通运输、仓储和邮政业	5	9	1	4	0
信息传输、计算机服务和软件业	3	4	0	2	0
批发和零售业	19	34	6	25	14
住宿和餐饮业	1	3	0	1	0
金融业	1	2	0	1	0
房地产业	7	14	3	10	4
租赁和商务服务业	1	0	0	2	0
科学研究、技术服务和地质勘查业	0	0	0	0	0
水利、环境和公共设施管理业	0	1	0	0	0
居民服务和其他服务业	0	0	0	1	0
教育	0	0	0	0	0
卫生、社会保障和社会福利业	0	0	0	0	0
文化、体育和娱乐业	1	1	1	1	0
公共管理和社会组织	0	0	0	0	0
国际组织	0	0	0	0	0
四、按母公司登记注册类型分					
国有企业	28	56	9	49	15
国有独资企业	20	45	7	54	12
其他有限责任公司	134	198	43	238	96
股份有限公司	51	93	20	105	36
中外合资企业	12	10	5	21	9
港澳台合资企业	2	2	0	3	1
其他	46	59	10	58	37
五、按母公司企业规模分					
大型	131	208	42	252	79
中型	136	206	45	233	99
小型	17	29	5	29	17
其他	9	20	2	14	11

续表51

	40.企业集团通过下列哪些方式扩大经营规模、资产规模				
	1.银行贷款，新建项目	2.以市场方式兼并收购其他企业	3.以股票、债券形式向资本市融资	4.与国外企业合资联营	5.以产权划转方式进行资产重组
总 计	728	469	197	328	348
一.按集团审批部门分					
国务院	4	2	1	2	1
国务院主管部门	4	4	0	0	4
省级人民政府	273	164	111	121	132
省级人民政府主管部门	142	101	29	64	73
其他	305	198	56	141	138
二.按母公司控股情况分					
国有绝对控股	212	133	70	85	134
国有相对控股	42	25	18	17	20
集体绝对控股	82	53	21	40	38
集体相对控股	30	20	5	13	9
其他	362	238	83	173	147
三.按集团主营行业分					
农、林、牧、渔业	1	0	1	0	1
采矿业	35	27	5	14	21
制造业	493	307	140	251	215
电力、燃气及水的生产和供应业	25	16	6	9	12
建筑业	50	35	6	16	31
交通运输、仓储和邮政业	18	11	7	5	8
信息传输、计算机服务和软件业	5	2	4	2	3
批发和零售业	66	50	19	19	40
住宿和餐饮业	2	2	1	1	0
金融业	1	1	0	0	1
房地产业	25	13	7	10	11
租赁和商务服务业	4	3	1	0	4
科学研究、技术服务和地质勘查业	0	0	0	0	0
水利、环境和公共设施管理业	1	0	0	1	0
居民服务和其他服务业	1	1	0	0	1
教育	0	0	0	0	0
卫生、社会保障和社会福利业	0	0	0	0	0
文化、体育和娱乐业	1	1	0	0	0
公共管理和社会组织	0	0	0	0	0
国际组织	0	0	0	0	0
四.按母公司登记注册类型分					
国有企业	75	51	16	34	47
国有独资企业	69	44	24	28	48
其他有限责任公司	318	223	71	149	149
股份有限公司	143	81	56	56	52
中外合资企业	23	12	5	18	4
港澳台合资企业	4	3	1	4	2
其他	96	55	24	39	46
五.按母公司企业规模分					
大型	308	203	101	125	150
中型	332	212	80	163	154
小型	55	28	13	27	29
其他	33	26	3	13	15

续表52

	41.成员企业中有上市公司的企业集团	42.上市公司发行的股票类型		
		A股	B股	H股
总计	83	75	8	12
一、按集团审批部门分				
国务院	4	4	0	2
国务院主管部门	0	0	0	0
省级人民政府	69	62	8	9
省级人民政府主管部门	2	2	0	0
其他	8	7	0	1
二、按母公司控股情况分				
国有绝对控股	43	38	5	7
国有相对控股	12	12	1	0
集体绝对控股	6	6	0	1
集体相对控股	3	2	0	1
其他	19	17	2	3
三、按集团主营行业分				
农、林、牧、渔业	1	0	1	0
采矿业	4	3	1	2
制造业	63	60	4	6
电力、燃气及水的生产和供应业	3	3	0	1
建筑业	0	0	0	0
交通运输、仓储和邮政业	2	1	1	0
信息传输、计算机服务和软件业	3	1	1	3
批发和零售业	5	5	0	0
住宿和餐饮业	0	0	0	0
金融业	0	0	0	0
房地产业	1	1	0	0
租赁和商务服务业	1	1	0	0
科学研究、技术服务和地质勘查业	0	0	0	0
水利、环境和公共设施管理业	0	0	0	0
居民服务和其他服务业	0	0	0	0
教育	0	0	0	0
卫生、社会保障和社会福利业	0	0	0	0
文化、体育和娱乐业	0	0	0	0
公共管理和社会组织	0	0	0	0
国际组织	0	0	0	0
四、按母公司登记注册类型分				
国有企业	7	5	1	1
国有独资企业	23	23	2	2
其他有限责任公司	23	18	2	5
股份有限公司	20	20	2	0
中外合资企业	4	4	0	1
港澳台合资企业	0	0	0	0
其他	6	5	1	3
五、按母公司企业规模分				
大型	74	66	8	12
中型	7	7	0	0
小型	0	0	0	0
其他	2	2	0	0

续表 53

	43.增加国家资本的途径				
	中央政府拨改贷	地方政府拨改贷	由经营性基金划转	贷款转投资	债权转股权
总 计	49	73	90	127	169
一、按集团审批部门分					
国务院	2	1	1	0	1
国务院主管部门	2	1	2	2	0
省级人民政府	21	38	58	64	40
省级人民政府主管部门	5	21	21	30	6
其他	19	29	45	73	26
二、按母公司控股情况分					
国有绝对控股	30	42	82	65	40
国有相对控股	2	8	10	8	8
集体绝对控股	1	8	8	16	5
集体相对控股	2	2	1	8	2
其他	14	30	26	72	18
三、按集团主营行业分					
农、林、牧、渔业	0	0	0	0	0
采矿业	7	11	11	8	7
制造业	27	62	64	115	54
电力、燃气及水的生产和供应业	3	3	8	9	0
建筑业	1	3	12	11	5
交通运输、仓储和邮政业	3	2	8	6	1
信息传输、计算机服务和软件业	0	0	4	3	1
批发和零售业	6	5	15	9	2
住宿和餐饮业	0	1	1	2	1
金融业	0	0	0	0	0
房地产业	1	2	1	5	1
租赁和商务服务业	0	0	1	1	1
科学研究、技术服务和地质勘查业	0	0	0	0	0
水利、环境和公共设施管理业	0	0	0	0	0
居民服务和其他服务业	0	0	1	0	0
教育	0	0	0	0	0
卫生、社会保障和社会福利业	0	0	0	0	0
文化、体育和娱乐业	1	1	1	0	0
公共管理和社会组织	0	0	0	0	0
国际组织	0	0	0	0	0
四、按母公司登记注册类型分					
国有企业	13	15	31	29	3
国有独资企业	9	12	28	12	14
其他有限责任公司	15	32	40	69	37
股份有限公司	6	21	19	32	12
中外合资企业	3	1	2	7	1
港澳台合资企业	0	1	1	0	0
其他	3	8	6	20	6
五、按母公司企业规模分					
大型	24	40	69	75	39
中型	21	45	46	78	26
小型	3	3	9	12	4
其他	1	2	3	4	4

续表54

	44.分离富余职工主要去向				
	1.内部安排工作	2.失 业	3.提前退休	4.安排到集团外	5.其 他
总 计	669	172	423	206	561
一、按集团审批部门分					
国务院	4	1	0	1	3
国务院主管部门	4	1	3	1	2
省级人民政府	257	51	169	65	213
省级人民政府主管部门	129	30	80	60	112
其他	275	89	171	79	231
二、按母公司控股情况分					
国有绝对控股	212	55	156	49	176
国有相对控股	38	9	26	8	30
集体绝对控股	77	17	40	37	61
集体相对控股	23	9	19	5	23
其他	319	82	182	107	271
三、按集团主营行业分					
农、林、牧、渔业	0	0	1	1	1
采矿业	35	6	21	11	33
制造业	448	114	282	145	371
电力、燃气及水的生产和供应业	23	5	15	5	19
建筑业	49	8	31	13	41
交通运输、仓储和邮政业	15	9	8	3	14
信息传输、计算机服务和软件业	5	2	4	0	4
批发和零售业	65	17	48	18	55
住宿和餐饮业	3	1	1	0	2
金融业	2	0	1	1	0
房地产业	18	7	7	8	16
租赁和商务服务业	3	3	3	0	3
科学研究、技术服务和地质勘查业	0	0	0	0	0
水利、环境和公共设施管理业	1	0	0	0	0
居民服务和其他服务业	1	0	0	1	1
教育	0	0	0	0	0
卫生、社会保障和社会福利业	0	0	0	0	0
文化、体育和娱乐业	1	0	1	0	1
公共管理和社会组织	0	0	0	0	0
国际组织	0	0	0	0	0
四、按母公司登记注册类型分					
国有企业	75	19	60	18	67
国有独资企业	71	20	51	11	53
其他有限责任公司	288	70	166	97	238
股份有限公司	127	36	84	43	106
中外合资企业	20	4	11	5	18
港澳台合资企业	4	0	4	1	5
其他	84	23	47	31	74
五、按母公司企业规模分					
大型	291	68	201	66	236
中型	305	77	179	102	257
小型	46	17	29	26	47
其他	27	10	14	12	21

续表 55

	45.影响生产经营的主要因素			
	1.资金短缺	2.产品缺乏竞争力	3.企业债务沉重	4.上级行政部门干预
总 计	592	255	294	66
一、按集团审批部门分				
国务院	3	0	2	0
国务院主管部门	1	3	1	0
省级人民政府	212	100	112	16
省级人民政府主管部门	112	52	54	20
其他	264	100	125	30
二、按母公司控股情况分				
国有绝对控股	167	73	124	22
国有相对控股	35	8	23	5
集体绝对控股	66	36	29	4
集体相对控股	25	7	8	1
其他	299	131	110	34
三、按集团主营行业分				
农、林、牧、渔业	1	0	1	0
采矿业	15	9	15	8
制造业	404	198	176	31
电力、燃气及水的生产和供应业	18	7	11	4
建筑业	43	14	23	7
交通运输、仓储和邮政业	14	2	10	3
信息传输、计算机服务和软件业	4	1	3	3
批发和零售业	60	18	45	3
住宿和餐饮业	2	0	1	1
金融业	2	0	2	0
房地产业	23	6	5	5
租赁和商务服务业	3	0	1	0
科学研究、技术服务和地质勘查业	0	0	0	0
水利、环境和公共设施管理业	1	0	0	0
居民服务和其他服务业	1	0	0	1
教育	0	0	0	0
卫生、社会保障和社会福利业	0	0	0	0
文化、体育和娱乐业	1	0	1	0
公共管理和社会组织	0	0	0	0
国际组织	0	0	0	0
四、按母公司登记注册类型分				
国有企业	58	20	48	6
国有独资企业	53	24	39	7
其他有限责任公司	263	114	102	34
股份有限公司	117	44	58	8
中外合资企业	16	8	9	0
港澳台合资企业	2	4	1	0
其他	83	41	37	11
五、按母公司企业规模分				
大型	232	95	133	24
中型	287	118	127	30
小型	46	29	24	10
其他	27	13	10	2

续表56

	45.影响生产经营的主要因素				
	5.地区间贸易壁垒	6.科研开发能力弱	7.技术设备陈旧	8.企业富余人员突出	9.其他
总计	136	283	134	132	305
一、按集团审批部门分					
国务院	1	2	1	1	2
国务院主管部门	2	2	0	2	1
省级人民政府	57	111	41	51	109
省级人民政府主管部门	29	54	29	21	60
其他	47	114	63	57	133
二、按母公司控股情况分					
国有绝对控股	36	62	37	73	76
国有相对控股	7	12	8	10	20
集体绝对控股	14	36	25	11	26
集体相对控股	7	14	6	2	13
其他	72	159	58	36	170
三、按集团主营行业分					
农、林、牧、渔业	0	0	0	0	1
采矿业	6	16	7	15	14
制造业	99	228	105	58	200
电力、燃气及水的生产和供应业	2	6	1	6	15
建筑业	15	14	9	12	20
交通运输、仓储和邮政业	2	1	3	10	5
信息传输、计算机服务和软件业	3	1	0	1	2
批发和零售业	8	9	4	22	27
住宿和餐饮业	0	1	2	0	1
金融业	0	1	0	0	1
房地产业	1	4	3	5	16
租赁和商务服务业	0	1	0	1	3
科学研究、技术服务和地质勘查业	0	0	0	0	0
水利、环境和公共设施管理业	0	0	0	1	0
居民服务和其他服务业	0	1	0	0	0
教育	0	0	0	0	0
卫生、社会保障和社会福利业	0	0	0	0	0
文化、体育和娱乐业	0	0	0	1	0
公共管理和社会组织	0	0	0	0	0
国际组织	0	0	0	0	0
四、按母公司登记注册类型分					
国有企业	12	23	13	32	25
国有独资企业	13	18	12	25	23
其他有限责任公司	76	128	59	41	140
股份有限公司	20	66	28	20	63
中外合资企业	4	11	2	2	12
港澳台合资企业	1	3	2	1	1
其他	10	34	18	11	41
五、按母公司企业规模分					
大型	67	111	47	65	139
中型	55	138	71	55	131
小型	9	23	8	6	20
其他	5	11	8	6	15

续表 57

	46.实施收购兼并、资产重组的主要障碍		
	1.地区、部门条块分割	2.国有资产管理体制改革滞后	3.资本市场、产权交易市场不健全
总 计	193	332	366
一、按集团审批部门分			
国务院	4	1	1
国务院主管部门	1	4	1
省级人民政府	77	141	152
省级人民政府主管部门	39	58	63
其他	72	128	149
二、按母公司控股情况分			
国有绝对控股	46	146	115
国有相对控股	7	23	21
集体绝对控股	31	27	41
集体相对控股	9	10	14
其他	100	126	175
三、按集团主营行业分			
农、林、牧、渔业	0	0	1
采矿业	10	19	21
制造业	130	209	239
电力、燃气及水的生产和供应业	5	18	15
建筑业	11	20	26
交通运输、仓储和邮政业	4	11	11
信息传输、计算机服务和软件业	2	2	3
批发和零售业	22	36	30
住宿和餐饮业	2	2	0
金融业	1	0	0
房地产业	4	11	14
租赁和商务服务业	2	2	4
科学研究、技术服务和地质勘查业	0	0	0
水利、环境和公共设施管理业	0	0	0
居民服务和其他服务业	0	1	1
教育	0	0	0
卫生、社会保障和社会福利业	0	0	0
文化、体育和娱乐业	0	1	1
公共管理和社会组织	0	0	0
国际组织	0	0	0
四、按母公司登记注册类型分			
国有企业	11	56	31
国有独资企业	13	47	39
其他有限责任公司	103	135	156
股份有限公司	37	52	76
中外合资企业	9	10	11
港澳台合资企业	2	3	2
其他	18	29	51
五、按母公司企业规模分			
大型	88	158	155
中型	83	149	166
小型	18	15	29
其他	4	10	16

续表58

	46.实施收购兼并、资产重组的主要障碍			
	4.被兼并企业的银行历史欠帐	5.无法安置被兼并企业的职工	6.市场中介机构不完善	7.其 他
总 计	395	338	153	294
一、按集团审批部门分				
国务院	4	1	0	1
国务院主管部门	1	3	1	1
省级人民政府	149	126	48	100
省级人民政府主管部门	76	68	39	64
其他	165	140	65	128
二、按母公司控股情况分				
国有绝对控股	126	122	26	71
国有相对控股	19	17	8	27
集体绝对控股	44	35	26	36
集体相对控股	14	13	4	11
其他	192	151	89	149
三、按集团主营行业分				
农、林、牧、渔业	0	1	0	1
采矿业	17	16	7	13
制造业	269	225	115	211
电力、燃气及水的生产和供应业	14	8	1	8
建筑业	30	29	9	23
交通运输、仓储和邮政业	7	9	3	4
信息传输、计算机服务和软件业	2	3	0	0
批发和零售业	41	33	11	23
住宿和餐饮业	0	0	1	2
金融业	2	2	1	0
房地产业	12	10	3	7
租赁和商务服务业	1	0	1	2
科学研究、技术服务和地质勘查业	0	0	0	0
水利、环境和公共设施管理业	0	1	0	0
居民服务和其他服务业	0	0	1	0
教育	0	0	0	0
卫生、社会保障和社会福利业	0	0	0	0
文化、体育和娱乐业	0	1	0	0
公共管理和社会组织	0	0	0	0
国际组织	0	0	0	0
四、按母公司登记注册类型分				
国有企业	52	49	6	27
国有独资企业	38	42	12	23
其他有限责任公司	168	136	74	120
股份有限公司	68	55	35	70
中外合资企业	14	11	3	9
港澳台合资企业	4	3	0	1
其他	51	42	23	44
五、按母公司企业规模分				
大型	175	144	51	113
中型	175	155	80	143
小型	27	25	11	26
其他	18	14	11	12

续表 59

	47.企业集团内部管理主要问题					
	1.内部产权关系尚未理　顺	2.母子公司体制不健　全	3.缺乏对企业经营者的激励和约束机制	4.产权管理部门职能弱	5.受上级行政部门干预较多	6.其　他
总　计	166	149	215	72	57	87
一、按集团审批部门分						
国务院	0	2	1	0	0	1
国务院主管部门	1	1	2	0	0	0
省级人民政府	64	48	85	31	23	31
省级人民政府主管部门	26	33	34	14	16	23
其他	75	65	93	27	18	32
二、按母公司控股情况分						
国有绝对控股	70	43	61	21	19	15
国有相对控股	9	3	15	3	9	5
集体绝对控股	14	19	27	5	8	11
集体相对控股	7	4	10	3	1	2
其他	66	80	102	40	20	54
三、按集团主营行业分						
农、林、牧、渔业	0	1	0	0	0	0
采矿业	9	5	14	2	5	0
制造业	113	103	143	52	33	63
电力、燃气及水的生产和供应业	6	7	8	3	0	1
建筑业	8	12	15	6	6	7
交通运输、仓储和邮政业	4	6	1	3	3	2
信息传输、计算机服务和软件业	0	0	3	1	1	0
批发和零售业	20	10	20	3	6	8
住宿和餐饮业	1	0	1	0	1	0
金融业	0	1	0	0	0	1
房地产业	3	4	8	2	1	4
租赁和商务服务业	0	0	2	0	0	1
科学研究、技术服务和地质勘查业	0	0	0	0	0	0
水利、环境和公共设施管理业	1	0	0	0	0	0
居民服务和其他服务业	0	0	0	0	1	0
教育	0	0	0	0	0	0
卫生、社会保障和社会福利业	0	0	0	0	0	0
文化、体育和娱乐业	1	0	0	0	0	0
公共管理和社会组织	0	0	0	0	0	0
国际组织	0	0	0	0	0	0
四、按母公司登记注册类型分						
国有企业	28	16	22	3	7	5
国有独资企业	26	12	18	8	4	6
其他有限责任公司	62	65	93	37	24	42
股份有限公司	26	28	44	11	11	24
中外合资企业	3	4	8	4	2	2
港澳台合资企业	1	3	1	0	0	0
其他	20	21	29	9	9	8
五、按母公司企业规模分						
大型	66	61	88	35	25	40
中型	84	70	101	28	24	38
小型	12	13	20	6	3	3
其他	4	5	6	3	5	6

续表 60

	48.企业集团当前经营状况和效果			
	很 好	较 好	一 般	尚未见效
总 计	176	475	127	11
一、按集团审批部门分				
国务院	2	2	0	0
国务院主管部门	2	2	0	0
省级人民政府	74	183	39	3
省级人民政府主管部门	33	88	27	2
其他	65	200	61	6
二、按母公司控股情况分				
国有绝对控股	38	144	52	4
国有相对控股	9	23	12	1
集体绝对控股	21	53	14	0
集体相对控股	7	18	6	0
其他	101	237	43	6
三、按集团主营行业分				
农、林、牧、渔业	0	0	1	0
采矿业	10	25	2	0
制造业	126	320	84	6
电力、燃气及水的生产和供应业	5	16	4	0
建筑业	10	34	9	2
交通运输、仓储和邮政业	2	12	5	0
信息传输、计算机服务和软件业	3	2	1	0
批发和零售业	12	43	15	2
住宿和餐饮业	1	2	0	0
金融业	0	2	0	0
房地产业	5	14	6	1
租赁和商务服务业	1	3	0	0
科学研究、技术服务和地质勘查业	0	0	0	0
水利、环境和公共设施管理业	1	0	0	0
居民服务和其他服务业	0	1	0	0
教育	0	0	0	0
卫生、社会保障和社会福利业	0	0	0	0
文化、体育和娱乐业	0	1	0	0
公共管理和社会组织	0	0	0	0
国际组织	0	0	0	0
四、按母公司登记注册类型分				
国有企业	14	40	27	3
国有独资企业	10	54	12	0
其他有限责任公司	84	206	47	5
股份有限公司	37	94	20	2
中外合资企业	6	16	2	1
港澳台合资企业	0	4	1	0
其他	25	61	18	0
五、按母公司企业规模分				
大型	93	205	205	3
中型	73	210	210	7
小型	5	36	36	1
其他	5	24	24	0

续表61

	49.对企业集团未来发展前景预测		
	1.很 好	2.较 好	3.一 般
总 计	328	390	63
一、按集团审批部门分			
国务院	2	2	0
国务院主管部门	3	1	0
省级人民政府	138	143	17
省级人民政府主管部门	52	82	14
其他	133	162	32
二、按母公司控股情况分			
国有绝对控股	75	128	33
国有相对控股	19	21	5
集体绝对控股	37	45	5
集体相对控股	14	16	1
其他	183	180	19
三、按集团主营行业分			
农、林、牧、渔业	0	0	1
采矿业	15	20	2
制造业	237	257	36
电力、燃气及水的生产和供应业	10	11	4
建筑业	17	36	2
交通运输、仓储和邮政业	4	10	5
信息传输、计算机服务和软件业	4	0	1
批发和零售业	24	36	11
住宿和餐饮业	0	3	0
金融业	0	2	0
房地产业	13	12	1
租赁和商务服务业	2	2	0
科学研究、技术服务和地质勘查业	0	0	0
水利、环境和公共设施管理业	1	0	0
居民服务和其他服务业	1	0	0
教育	0	0	0
卫生、社会保障和社会福利业	0	0	0
文化、体育和娱乐业	0	1	0
公共管理和社会组织	0	0	0
国际组织	0	0	0
四、按母公司登记注册类型分			
国有企业	22	42	18
国有独资企业	24	45	7
其他有限责任公司	163	156	19
股份有限公司	66	71	16
中外合资企业	10	14	1
港澳台合资企业	1	4	0
其他	42	58	2
五、按母公司企业规模分			
大型	162	153	18
中型	137	183	30
小型	13	40	9
其他	16	14	6

2－10 按营业收入排序企业集团主要经济指标(2004年)

集团名称	营业收入（万元）	位次	资产总计（万元）	位次	从业人员（人）	位次
海尔集团	10162893	1	3287950	7	51000	6
中国石化胜利油田有限公司	5639818	2	5131935	3	67517	4
山东电力集团	4608286	3	5506821	1	32291	11
莱芜钢铁集团	2928921	4	3041039	8	36838	8
济南钢铁集团	2919181	5	2279224	10	17044	26
海信集团	2776967	6	1180212	24	11287	48
中国石油化工股份有限公司齐鲁分公司	2714331	7	911993	31	11179	50
中国石化股份有限公司山东石油分公司	2659238	8	716817	40	19608	22
中国重型汽车集团有限公司	2424432	9	2149976	13	28376	13
山东魏桥创业集团	2323353	10	2229653	11	83588	2
兖矿集团有限公司	2319013	11	3728377	6	103965	1
青岛钢铁集团	2008338	12	1191747	21	14427	34
山东鲁能集团	1737993	13	5474611	2	534	659
中国网通（集团）有限公司山东省分公司	1452742	14	3850199	4	32365	10
一汽解放青岛汽车厂	1206686	15	481168	60	3585	183
枣庄矿业集团	1156764	16	1182417	23	56563	5
山东海化集团	1103305	17	1193913	20	18852	23
山东滨化集团	1095514	18	187050	159	2604	267
新汶矿业集团	1069592	19	2152193	12	75826	3
山东如意科技集团	1064836	20	465580	61	9834	59
浪潮集团	1058796	27	354987	81	3400	201
华电国际电力股份有限公司	1031805	21	2779071	9	13266	39
中国石化齐鲁股份有限公司	1025757	22	997976	29	9749	61
南山集团	1021420	23	1524561	17	35581	9
山东金锣企业集团总公司	1012504	24	334624	87	21669	18
潍坊柴油机厂	1001886	25	681317	42	12763	42
中国石油化工股份有限公司济南分公司	986421	26	264982	112	1882	373
山东晨鸣纸业集团	947170	28	1499626	18	16448	27
三联集团	925739	29	1054928	27	7931	73
山东时风集团	912376	30	250493	123	26496	15
万杰集团	906653	31	1184336	22	12600	43
青岛啤酒集团	891778	32	1115689	26	26098	17
山东工程机械集团	849615	33	655311	44	10577	55
青岛澳柯玛集团	747066	34	691251	41	7576	81
颐中集团	731996	35	1248629	19	7759	77
山东移动通信有限责任公司	730789	36	1643379	15	14678	31
双星集团	678908	37	551174	54	20813	19
山东三箭集团	649188	38	573991	51	44985	7
中国石化集团青岛石油化工有限责任公司	647571	39	747966	38	2007	351
华盛江泉集团	644685	40	806215	36	28056	14
北汽福田汽车股份有限公司诸城汽车厂	639006	41	152317	191	2888	237
诸城外贸有限责任公司	613284	42	619183	46	6366	100

续表 1

集团名称	营业收入（万元）	位　次	资产总计（万元）	位　次	从业人员（人）	位　次
青岛广源发集团	608071	43	388549	74	3732	175
新华鲁抗药业集团	590714	44	681122	43	14360	35
淄博矿业集团	577861	45	938216	30	29017	12
中国联通有限公司山东分公司	559737	46	1642707	16	2859	241
山东太阳纸业集团	552927	47	453861	64	6425	99
华泰集团	551032	48	560787	53	5068	126
山东成山橡胶集团	525679	49	288902	104	5421	116
将军烟草集团	492264	50	723117	39	3395	203
山东省商业集团	483979	51	830632	33	9780	60
山东博汇集团有限公司	477514	52	520609	58	8422	68
山东省供销社集团总公司	455322	53	441023	66	757	605
青岛建设集团	449149	54	527760	55	8622	66
宏安集团	438137	55	103995	254	1130	501
山东鲁北企业集团	436250	56	524024	56	3197	223
山东三星通信设备有限公司	428897	57	117303	234	787	595
山东省高速公路集团有限公司	426459	58	3735754	5	11266	49
青岛港集团	422160	59	1140341	25	15021	29
山东铝业股份有限公司	421943	60	366009	77	5964	110
利群集团	418176	61	210665	145	3440	198
烟台东方不锈钢工业有限公司	417760	62	103142	257	112	766
新华锦集团	416622	63	388558	73	1642	416
山东招金集团	411610	64	454913	63	10457	56
山东五征农用车有限公司	409406	65	62477	369	2005	353
日照钢铁控股集团有限公司	406152	66	325918	89	2935	235
山东省信发铝电集团	404728	67	816326	35	8381	69
肥城矿业集团	402887	68	611218	47	26259	16
青岛朗讯科技通讯企业有限公司	393401	69	238339	129	151	753
三角集团	392821	70	378721	75	5273	121
山东省机械进出口集团	385581	71	173850	171	372	704
鲁银投资集团股份有限公司	379212	72	155312	189	4138	155
山东福田重工股份有限公司	374129	73	125480	219	4086	158
中国轻骑集团	366549	74	643445	45	7421	82
济南齐鲁化纤集团	366359	75	419978	69	13295	38
力诺集团	365939	76	591623	49	13112	41
青岛泰发集团	360570	77	88887	284	9300	63
大宇重工业烟台有限公司	356252	78	247878	125	1043	525
上海通用车岳汽车有限公司	353249	79	178737	165	1536	432
华能国际电力股份有限公司德州电厂	351997	80	586830	50	2216	308
科达集团	346279	81	275025	107	7800	76
山东黄金集团	345457	82	522168	57	14670	32
山东泰山钢铁集团	344917	83	264148	113	6144	105
山东石横特钢有限公司	344692	84	232147	132	2755	252
山东新华医药集团有限责任公司	339399	85	310102	97	6545	97
青岛海湾集团	329999	86	572737	52	14895	30
山东聊城鲁西化工集团	329842	87	431849	68	8375	70
山东玲珑橡胶有限公司	329525	88	294953	103	3216	215
中国石化集团齐鲁石油化工公司	328432	89	440249	67	13985	37

续表2

集团名称	营业收入（万元）	位 次	资产总计（万元）	位 次	从业人员（人）	位 次
山东泉林纸业有限责任公司	328246	90	405365	71	11504	47
青岛即发集团	318011	91	188978	158	7848	74
青岛黄海橡胶集团	311925	92	781118	37	9642	62
山东京博集团	311239	0	268422	109	1459	444
润华集团	308933	94	245320	126	650	630
万达集团	305045	95	210859	144	2750	254
山东里能集团	304166	96	840698	32	3494	193
山东东明石化集团	303916	97	232413	131	1937	366
利华益集团	303121	98	251893	119	2660	260
山东银座商城股份有限公司	302737	99	265737	111	3250	210
山东淄博付山企业集团有限公司	301397	100	218902	141	6009	107
山东寿光巨能电力集团	290548	101	304328	101	2200	313
日照港（集团）有限公司	289483	102	823712	34	7143	85
济南山水集团	284098	103	324644	90	6662	95
山东省建设建工集团	278809	104	344801	85	20667	20
山东西王集团有限公司	277198	105	193386	156	3200	221
临沂矿务局	274674	106	300158	102	10991	53
山东丛林集团	272213	107	321905	92	3826	169
山东潍坊百货集团股份有限公司	264998	108	79995	310	3234	213
小松山推工程机械有限公司	264207	109	105535	248	480	674
山东省棉麻公司	256207	110	319928	93	141	755
正和集团	255714	111	127336	216	2121	323
山东只楚集团	255157	112	152769	190	4200	154
得利斯集团	252608	113	212009	143	4105	157
山东鲁抗医药集团有限公司	251315	114	371021	76	7815	75
烟台张裕集团	250728	115	254832	117	3585	184
山东凤祥集团	246221	116	260094	114	10989	54
山东垦利石化有限责任公司	245910	117	220234	139	2529	273
龙口矿业集团	244550	118	304746	100	12440	44
潍坊医药集团	241787	119	126998	217	2064	335
山东冠鲁集团	241230	120	202438	152	20613	21
烟台万华合成革集团	240701	121	451392	65	3528	190
临清彩虹集团	238628	122	184424	160	2219	306
山东九发集团	235415	123	251728	121	3748	174
山东渤海油脂工业有限公司	234681	124	100637	260	226	734
山东德棉集团	234542	125	222467	135	14454	33
山东航空集团	232873	126	455822	62	2345	293
龙大食品集团	230006	127	183832	161	18753	24
欧美投资集团	229985	128	112785	239	1702	403
山东省塑料工业有限公司	228083	129	82604	303	188	742
青岛变压器集团	227364	130	210474	146	7580	80
山东天元建设集团	226328	131	269630	108	18565	25
山东石大科技集团	225016	132	54000	400	1014	530
孚日家纺股份有限公司	221106	133	267616	110	11000	52
黄海粮油工业（山东）有限公司	218758	134	83617	298	600	649
青岛益佳国际贸易集团	218424	135	158053	187	1074	518
中国石油化工股份有限公司山东济南石油分公司	215166	136	52645	409	450	678

续表 3

集团名称	营业收入（万元）	位　次	资产总计（万元）	位　次	从业人员（人）	位　次
山东（临清）银河纸业集团	214976	137	221090	136	5026	127
威海市金猴集团	213771	138	72627	333	2645	263
淄博商厦股份有限公司	213117	139	104281	253	2895	236
山东华星石油化工集团有限公司	209729	140	195389	155	1123	503
山东齐星集团	208327	141	488150	59	3445	197
南车四方机车车辆股份有限公司	206933	142	174757	168	4948	129
山东鲁花集团有限公司	202941	143	239027	128	2810	246
鲁能泰山电缆电器有限责任公司	202008	144	284282	105	4326	148
山东沂州水泥集团总公司	201779	145	163417	181	4653	140
山东新星购销总部	201044	146	32422	522	1433	451
山东工友集团	200899	147	49674	421	2309	297
山东绮丽集团	200399	148	79208	312	1791	389
青岛汉缆集团	200302	149	60297	379	1366	460
潍坊巨龙化纤集团	196094	150	351355	82	6793	91
济宁矿业集团	195083	151	360889	79	10114	57
山东海龙股份有限公司	195080	152	275244	106	6456	98
潍坊钢铁集团	19185	153	250075	124	4478	143
鲁泰集团	191415	154	398887	72	8692	65
山东六和集团有限公司	191279	155	49587	422	6570	96
烟台建设集团	190965	156	180243	164	1842	379
青岛中集集装箱制造有限公司	190657	157	95958	268	616	642
新牟国际集团	189237	158	322084	91	5517	114
好当家集团	186704	159	160930	184	3447	195
青岛星火纺机纺织集团股份有限公司	185608	160	75118	323	2066	334
山东胜通集团股份有限公司	180777	161	105263	249	2200	312
山东省交通工业集团总公司	180585	162	227960	133	5279	120
山东百年电力发展股份有限公司	180517	163	175479	167	2425	284
山东省农业生产资料有限责任公司	179921	164	92720	277	207	737
南金兆集团有限公司	179699	165	219482	140	3200	218
青岛捷能电工电子集团	177721	166	312743	96	3556	187
山东恒源石油化工集团	175323	167	148170	197	2242	302
凯远集团	173818	168	250911	122	2875	239
山东翔龙集团	169996	169	91034	280	2861	240
山东大海集团	169987	170	138241	207	3437	199
山东香驰集团	169947	171	87336	290	628	639
山东西水橡胶集团有限公司	165238	172	127366	215	3560	186
烟台冰轮集团	164545	173	190013	157	3987	161
山东铝业公司	163939	174	196270	154	4851	131
山东联盟化工集团有限公司	161232	175	124980	221	2799	249
烟台市首钢东星集团	160015	176	173369	173	2319	296
济南华达企业集团总公司	158893	177	173502	172	1394	456
青岛喜盈门集团	157031	178	168053	178	4994	128
山东泰山电器集团	156905	179	65771	354	1333	465
烟台市振华百货集团	156568	180	78674	314	1901	369
山东金宇建筑集团	156480	181	146018	200	6892	87
青岛万福集团	156036	182	62833	368	6900	86
青特集团有限公司	155847	183	163004	183	2056	337

续表4

集团名称	营业收入（万元）	位　次	资产总计（万元）	位　次	从业人员（人）	位　次
济南人民商场集团	155674	184	104733	251	1113	507
中国石化胜利油田大明（集团）股份有限公司	154979	185	362873	78	3551	189
泛海集团	154221	186	1052212	28	183	744
一汽山东汽车改装厂	154038	187	61930	372	1043	526
齐鲁制药有限公司（集团）	153710	188	208352	148	3310	206
山东同济万鑫集团有限公司	152228	189	148547	196	14005	36
烟台有色金属集团	151822	190	180252	163	1696	407
泰丰纺织集团	151079	191	125012	220	6320	101
胜利油田胜利工程建设集团	150925	192	227165	134	8010	71
山东亚光纺织集团	150733	193	214961	142	6758	92
山东省华丰企业集团	150170	194	156110	188	4660	139
山东泸河集团有限公司	150140	195	98370	264	2482	278
青岛九联集团股份有限公司	149132	196	53560	401	6000	109
银河德普胶带有限公司	147232	197	174645	169	2000	356
富海集团有限公司	144818	198	56019	394	528	662
日照森博浆纸有限责任公司	144201	199	356486	80	1203	483
山东渤海活塞集团	143097	200	169725	177	4612	141
山东东岳化工集团	141418	201	85892	293	1940	365
山东阳谷电缆集团	140906	202	143178	202	1140	499
东营市天信纺织有限公司	140900	203	67160	351	3000	233
济南四建集团	140398	204	176582	166	12268	45
山东恒通化工股份有限公司	139323	205	205978	149	2754	253
山东中创软件工程股份有限公司	138269	206	38720	481	627	640
青岛红星化工集团	138259	207	305187	99	6002	108
山东鲁通集团	138084	208	259387	115	3056	228
山东照东方纸业集团	134280	209	122513	225	2800	248
山东冠洲股份有限公司	131873	210	113951	237	1092	512
山东金升集团	131839	211	56101	392	520	664
青岛维客集团	131743	212	80064	309	2371	289
山东省粮油集团	130248	213	60695	377	56	776
山东华金集团	129864	214	150754	194	4393	146
山东华瑞集团	129671	215	89232	283	2041	342
山东天府集团	128535	216	94053	274	2100	326
山东大成化工集团	128345	217	158156	186	5310	117
荣成华泰汽车有限公司	127967	218	163327	182	705	616
菱花集团	127306	219	119279	230	6868	90
华纺股份有限公司	126239	220	88815	286	2100	327
山东岱银纺织服装集团	125350	221	71500	340	5150	125
山东华夏集团	125000	222	25546	572	3200	220
青岛纺联集团	123867	223	257649	116	11024	51
蓬莱市黄金总公司	123662	224	197105	153	2607	266
山东德齐龙化工集团	123441	225	109098	244	2500	276
青岛交运集团	122738	226	100598	261	4819	133
山东靖海实业集团	122216	227	63332	366	3300	207
日照市水产集团总公司	121874	228	93255	276	3837	168
山东蓝星玻璃集团	121220	229	170537	176	4272	151
山东雪花生物化工股份有限公司	120421	230	64264	360	2200	314

续表5

集团名称	营业收入（万元）	位次	资产总计（万元）	位次	从业人员（人）	位次
山东龙喜集团	119728	231	114969	236	2574	270
青岛海晶化工集团	119687	232	113450	238	1532	433
山东省医药集团有限公司	118925	233	127930	213	3874	166
特变电工山东鲁能泰山电缆有限公司	118709	234	146837	199	2028	347
山东华鲁恒升集团	117678	235	314145	95	3197	222
山东玻璃集团	117575	236	252527	118	2053	338
山东聊城客车工业集团	116321	237	149095	195	2259	300
山东聊城双力农用车集团	115273	238	102776	258	3403	200
青岛康大外贸集团有限公司	115063	239	61011	376	785	596
威海北洋电气集团	112646	240	88852	285	2462	281
济南一建集团	112102	241	174035	170	10011	58
信义集团公司	112029	242	108955	246	2008	350
兰雁集团	111420	243	139643	205	4124	156
青岛市胶州建设集团有限公司	109769	244	109746	242	16262	28
正海集团	108017	245	220481	137	1687	410
潍坊亚星集团	107941	246	238229	130	2731	255
山东华力电机集团	107538	247	48828	426	2234	303
威海光威集团	105824	248	67372	350	4813	134
山东省冠县冠星纺织集团总公司	105151	249	35392	496	2888	238
山东华乐实业集团	104827	250	76404	320	1672	413
山东红日阿康化工股份有限公司	104287	251	110417	241	2632	265
山东华阳农药化工集团	103739	252	171480	175	8468	67
山东省高唐蓝山集团	103017	253	106770	247	2108	324
临沂市史丹利化肥（集团）有限公司	102813	254	42592	455	1600	423
山东德州百货大楼（集团）有限责任公司	101865	255	39037	479	4708	137
山东金沂蒙集团有限公司	101635	256	65103	356	2006	352
山东高密银鹰化纤有限公司	101406	257	59642	384	2211	309
烟台东方电子信息产业集团	101118	258	220264	138	2030	346
山东北金集团有限公司	100732	259	79158	313	2500	275
山东东阿阿胶集团	100722	260	131205	210	4471	144
济南华联商厦集团	100205	261	87720	288	864	572
山东金麒麟集团	100090	262	53044	403	1079	516
鲁南制药股分有限公司	99671	263	173236	174	2648	262
山东齐鲁增塑剂股份有限公司	99199	264	61510	373	442	684
鲁中冶金矿业集团公司	99085	265	121107	228	5285	119
山东斥山水产集团	98870	266	79806	311	2800	247
烟台市钢铁企业集团	98812	267	118619	232	894	566
泰开电气集团有限公司	97347	268	84800	295	2349	292
山东省对外贸易集团	97202	269	58408	386	402	694
泰安鲁润股份有限公司	96937	270	109523	243	261	728
临沂市医药集团	95809	271	59909	382	3392	204
烟台氨纶集团	95704	272	142118	204	833	579
青岛正进集团	94939	273	122515	224	5164	123
山东东大化学工业有限公司	94213	274	92061	278	2097	328
青岛泰能燃气集团	93124	275	412281	70	2523	274
济南二机床集团	92509	276	131163	211	4848	132
山东威高集团	91612	277	116864	235	5172	122

续表6

集团名称	营业收入（万元）	位 次	资产总计（万元）	位 次	从业人员（人）	位 次
山东聊建集团总公司	89974	278	131225	209	3770	172
山东巨力股份有限公司	89667	279	118743	231	2469	280
山东大洋食品集团有限公司	88980	280	30019	538	2033	344
威海建设集团	87653	281	89886	281	3121	225
济南锅炉集团有限公司	87509	282	208480	147	2068	332
兖矿峄山化工有限公司	86964	283	58099	388	2332	295
青岛振华工业集团有限公司	86913	284	40884	468	2971	234
大众报业集团	86872	285	158728	185	867	570
青岛金王集团有限公司	85742	286	52847	407	1929	367
山东东辰实业集团有限公司	85057	287	50099	419	589	650
方圆集团	84216	288	84842	294	3690	180
诸城市新郎服饰有限责任公司	83257	289	139435	206	3562	185
耶莉娅集团	82909	290	55172	397	3375	205
山东滨州环宇纺织集团有限责任公司	82829	291	98209	265	3700	178
山东大陆企业集团有限公司	82426	292	35995	490	1498	439
青岛宏大纺织机械有限责任公司	81847	293	45056	444	1326	466
鲁丽集团	81819	294	71966	338	3500	192
山东隆基集团有限公司	81608	295	60277	380	3200	219
山东莱动内燃机有限公司	81497	296	87756	287	4248	153
山东乐化集团	81309	297	71653	339	2600	268
烟台交运集团有限责任公司	81008	298	112074	240	3814	170
威海华联集团公司	80778	299	87557	289	3249	211
山东金顺达集团有限公司	79997	300	70043	343	2216	307
菏泽交通集团总公司	79447	301	98461	263	7700	78
山东省丝绸集团有限公司	79296	302	335327	86	12232	46
山东英克莱集团	79256	303	44845	446	2453	282
德州晶华集团	79121	304	308552	98	7306	83
山东高虹电力集团	78912	305	103740	256	2146	322
山东胜利股份有限公司	78493	306	122149	226	703	618
烟台三环锁业集团	75463	307	48791	427	4301	150
山东阜丰发酵有限公司	74249	308	38275	482	2200	315
山东齐鲁味精集团	74050	309	63703	365	2557	271
山东贺友集团	73759	310	61403	375	1435	450
青岛十梅庵集团公司	72760	311	17571	654	7238	84
山东省高青县供销企业集团总公司	72314	312	91472	279	3050	230
泰山玻璃纤维股份有限公司	69198	313	204413	150	1762	393
济南玫德铸造有限公司	68706	314	39322	477	3206	217
山东省医药集团总公司	68486	315	39082	478	2280	299
威海木机集团	67545	316	105230	250	4512	142
山东常林机械集团	66903	317	64173	362	3802	171
菏泽睿鹰制药集团	66766	318	64433	359	1490	440
山东丰源煤电股份有限公司	66653	319	83963	296	3975	162
青岛三恩集团	66256	320	58249	387	2002	354
山东樱花纺织集团	65905	321	101851	259	6740	93
山东齐天化学集团	65614	322	56809	391	1577	429

续表 7

集团名称	营业收入（万元）	位　次	资产总计（万元）	位　次	从业人员（人）	位　次
山东津华集团	65520	323	34087	508	347	716
山东中大空调集团	64658	324	64186	361	1052	523
淄博华辰集团	64441	325	166990	179	5156	124
青岛公交集团	64273	326	103964	255	13234	40
青岛天泰集团	62768	327	251890	120	1432	452
山东恒联投资有限公司	62669	328	67627	349	3400	202
山东鸿达建工集团有限公司	62597	329	37365	485	1864	375
山东省淄博糖酒站股份有限公司	62096	330	28152	552	1249	478
潍坊迈特钢管集团有限公司	61824	331	60347	378	856	576
山东宏河矿业集团有限公司	61728	332	83084	300	5568	112
翔宇实业集团有限公司	61668	333	62469	370	378	701
山东潍坊外贸实业集团	61031	334	50311	418	1093	511
山东鲁鑫贵金属集团公司	60508	335	30378	535	736	610
山东谷神集团	60149	336	35850	491	1160	495
山东银宝轮胎集团	60042	337	75478	322	1023	527
青岛中泰集团	59365	338	51060	415	1174	491
山东东蒙企业集团公司	59282	339	68272	347	6150	103
山东裕隆矿业集团	58506	340	72378	336	4781	135
山东中轩股份有限公司	58343	341	78637	315	1014	529
潍坊新立克集团	58210	342	350365	83	2696	258
山东康田化肥(集团）有限公司	57986	343	16207	666	1260	475
银座渤海集团股份有限公司	57915	344	42511	456	499	669
山东省乐鑫集团	56829	345	22990	595	2480	279
山东机械设备进出口集团公司	56787	346	45809	438	205	738
烟台港务局	56758	347	318857	94	6723	94
山东现代达驰电工电气股份有限公司	56503	348	48408	430	756	606
山东云龙绣品工业公司	56463	349	43001	454	2089	330
东营市华誉实业集团有限公司	56207	350	31524	528	2813	245
山东环日集团	56041	351	40864	469	3211	216
山东省药用玻璃股份有限公司	56017	352	123203	223	5300	118
青岛红领集团有限公司	56009	353	95075	270	3751	173
天润曲轴有限公司	56000	354	73573	328	2249	301
山东鲁洲食品集团有限公司	55357	355	30116	536	1989	358
山东王晁煤电集团有限公司	54086	356	72375	337	3998	160
济南农工商集团有限公司	53605	357	74146	327	2173	319
山东华盛中天机械集团有限公司	53110	358	48831	425	1642	417
威海市山花地毯集团	52838	359	49268	424	2018	349
青岛亿路发集团有限公司	52696	360	34650	503	2200	311
青岛华金集团	52640	361	46055	436	1801	385
青岛市市政工程集团有限公司	52374	362	123419	222	1587	426
山东绿源化工集团	51530	363	48509	428	1980	361
山东新光实业集团有限公司	51045	364	98178	266	2685	259
山东莱阳春雪食品有限公司	50894	365	20245	623	1100	510
潍坊建工集团有限公司	50792	366	23199	592	4386	147
青岛海珊服装服饰集团	50288	367	95652	269	6146	104

2－11 企业集团基本情况(2004年)

企业集团名称	母公司名称	企业地址
海尔集团	海尔集团公司	山东省青岛市高科园海尔路1号
中国石化胜利油田有限公司	中国石化胜利油田有限公司	山东省东营市济南路258号
山东电力集团	山东电力集团公司	山东省济南市经二路150号
莱芜钢铁集团	山东莱芜钢铁集团有限公司	山东省莱芜市钢城区友谊大街38号
济南钢铁集团	济南钢铁集团总公司	山东省济南市工业北路21号
海信集团	海信集团有限公司	山东省青岛市市南区东海西路17号
中国石油化工股份有限公司齐鲁分公司	中国石油化工股份有限公司齐鲁分公司	山东省淄博市淄区桓公路15号
中国石化股份有限公司山东石油分公司	中国石化股份有限公司山东石油分公司	山东省济南市历山路73#
中国重型汽车集团有限公司	中国重型汽车集团有限公司	山东省济南市无影山中路53号
山东魏桥创业集团	山东魏桥创业集团有限公司	山东省滨州市邹平县经济技术开发区魏纺路1号
兖矿集团有限公司	兖矿集团有限公司	山东省济宁市邹城市凫山路298号
青岛钢铁集团	青岛钢铁有限公司	山东省青岛市李沧区遵义路5号
山东鲁能集团	山东鲁能集团有限公司	济南市经三路61号
中国网通（集团）有限公司山东省分公司	中国网通（集团）有限公司山东省分公司	山东省济南市经三路77号
一汽解放青岛汽车厂	一汽解放青岛汽车厂	山东省青岛市李沧区楼山路2号
枣庄矿业集团	枣庄矿业(集团)有限责任公司	山东省枣庄市薛城区
山东海化集团	山东海化集团有限公司	山东省潍坊市海洋化工开发区
山东滨化集团	山东滨化集团有限责任公司	山东省滨州市黄河五路560号
新汶矿业集团	新汶矿业集团有限责任公司	山东省泰安市新泰新汶办事处
山东如意科技集团	山东如意科技集团有限公司	山东省济宁市高新区如意工业园内
浪潮集团	浪潮集团有限公司	山东省济南市历下区山大路224号
华电国际电力股份有限公司	华电国际电力股份有限公司	山东省济南市经三路14号
中国石化齐鲁股份有限公司	中国石化齐鲁股份有限公司	山东省淄博市张店区中润大道111号
南山集团	龙口市南山精纺呢绒总厂	山东省烟台市龙口市东江镇南山村
山东金锣企业集团总公司	临沂新程金锣肉制品有限公司	山东省临沂市兰山区半程镇
潍坊柴油机厂	潍坊柴油机厂	山东省潍坊市奎文区民生东街26号
中国石油化工股份有限公司济南分公司	中国石油化工股份有限公司济南分公司	山东省济南市历下区工业南路26号
山东晨鸣纸业集团	山东晨鸣纸业集团股份有限公司	山东省潍坊市寿光市晨鸣工业园
三联集团	山东三联集团有限责任公司	山东省济南市趵突泉北路12号
山东时风集团	山东时风（集团）有限责任公司	山东省聊城市高唐县时风路1号
万杰集团	万杰集团有限责任公司	山东省淄博市博山区经济开发区
青岛啤酒集团	青岛啤酒集团有限公司	山东省青岛市香港中路青啤大厦
山东工程机械集团	山东工程机械集团有限公司	山东省济宁市昊泰闸路71号
青岛澳柯玛集团	青岛澳柯玛集团总公司	山东省青岛经济技术开发区前湾港路315号
颐中集团	颐中烟草(集团)有限公司	山东省青岛市市北区华阳路20号
山东移动通信有限责任公司	山东移动通信有限责任公司	山东省济南市大纬二路84号
双星集团	双星集团有限责任公司	山东省青岛市贵州路5号
山东三箭集团	山东三箭置业集团有限公司	山东省济南市历城区东外环路中段2668号
中国石化集团青岛石油化工有限责任公司	中国石化集团青岛石油化工有限责任公司	山东青岛市李沧区滨海路8号
华盛江泉集团	华盛江泉集团有限公司	山东省临沂市罗庄区工业街
北汽福田汽车股份有限公司诸城汽车厂	北汽福田汽车股份有限公司诸城汽车厂	山东省诸城市密州路西首
诸城外贸有限责任公司	诸城外贸有限责任公司	山东省潍坊市诸城市密州路东首

续表 1

企业集团名称	母公司名称	企业地址
青岛广源发集团	青岛广源发集团有限公司	山东省青岛市城阳区夏庄街道
新华鲁抗药业集团	新华鲁抗药业集团有限责任公司	山东省淄博市张店区新村西路 109 号
淄博矿业集团	淄博矿业集团有限责任公司	山东省淄博市淄川区江洪山镇般阳东路 215 号
中国联通有限公司山东分公司	中国联通有限公司山东分公司	山东省济南市经十路 124 号
山东太阳纸业集团	山东太阳纸业股份有限公司	山东省济宁市兖州西关大街 66 号
华泰集团	华泰集团有限公司	山东省东营市广饶县潍高路 251 号
山东成山橡胶集团	山东成山集团有限公司	山东省威海市荣成市南山北路 98 号
将军烟草集团	将军烟草集团有限公司	山东省济南市历城区将军路 80 号
山东省商业集团	山东省商业集团总公司	山东省济南市山师东路四号
山东博汇集团有限公司	山东博汇集团有限公司	山东省淄博市桓台县马桥镇
山东省供销社集团总公司	山东省供销社集团总公司	济南市历下区解放路 26 号
青岛建设集团	青岛建设集团有限公司	山东省青岛市南海支路 5 号
宏安集团	宏安集团有限公司	山东省威海市文登市横山路 88 号
山东鲁北企业集团	山东鲁北化工股份有限公司	山东省滨州市无棣县埕口镇
山东三星通信设备有限公司	山东三星通信设备有限公司	山东省威海市高技术产业开发区三星路
山东省高速公路集团有限公司	山东省高速公路集团有限公司	济南舜耕路 21 号
青岛港集团	青岛港集团	山东省青岛市港青路 6 号
山东铝业股份有限公司	山东铝业股份有限公司	山东省淄博市张店区五公里 1 号
利群集团	利群集团股份有限公司	山东省青岛市市北区台东三路 77 号
烟台东方不锈钢工业有限公司	烟台东方不锈钢工业有限公司	山东省烟台市开发区长江路 128 号
新华锦集团	新华锦集团有限公司	青岛市东海中路 11 号甲
山东招金集团	山东招金集团有限公司	山东省烟台市招远市文化路 2 号
山东五征农用车有限公司	山东五征农用车有限公司	山东省日照市五莲县长青路 23 号
日照钢铁控股集团有限公司	日照钢铁控股集团有限公司	日照市沿海路 600 号
山东省信发铝电集团	山东信发铝电集团有限公司	山东省茌平县北顺河街 241 号
肥城矿业集团	肥城矿业集团有限责任公司	山东省泰安市肥城市王瓜店镇
青岛朗讯科技通讯企业有限公司	青岛朗讯科技通讯企业有限公司	黄岛开发区保一路富润综合楼
三角集团	三角集团有限公司	山东省威海市青岛中路 56 号
山东省机械进出口集团	山东省机械进出口集团公司	山东省青岛市市南区瞿塘峡路 1 号
鲁银投资集团股份有限公司	鲁银投资集团股份有限公司	山东省济南市经十路 128 号
山东福田重工股份有限公司	山东福田重工股份有限公司	山东省潍坊市坊子区北海路 192 号
中国轻骑集团	中国轻骑集团有限公司	山东省济南市和平路 34 号
济南齐鲁化纤集团	济南齐鲁化纤集团有限责任公司	山东省济南市历下区化纤厂路 6 号
力诺集团	力诺集团有限责任公司	山东省济南市经十东路 8169 号
青岛泰发集团	青岛泰发股份有限公司	山东省青岛市胶南市隐珠镇
大宇重工业烟台有限公司	大宇重工业烟台有限公司	山东省烟台市开发区五指山路 28 号
上海通用车岳汽车有限公司	上海通用车岳汽车有限公司	烟台市开发区长江路 118 号
华能国际电力股份有限公司德州电厂	华能国际电力股份有限公司德州电厂	山东省德州市德城区华兴路 10 号
科达集团	科达集团股份有限公司	山东省东营市广饶县大王镇
山东黄金集团	山东黄金集团有限公司	山东省济南市解放路 16 号
山东泰山钢铁集团	山东泰山钢铁集团有限公司	山东省莱芜市莱城区新甫路 1 号
山东石横特钢有限公司	山东石横特钢有限公司	山东省泰安市肥城市石横镇
山东新华医药集团有限责任公司	山东新华医药集团有限责任公司	山东省淄市张店区东一路 14 号
青岛海湾集团	青岛海湾集团有限公司	山东省青岛市香港中路 52 号时代广场
山东聊城鲁西化工集团	山东聊城鲁西化工集团有限责任公司	山东省聊城市鲁化路 68 号
山东玲珑橡胶有限公司	山东玲珑橡胶有限公司	山东省烟台市招远市金城路 170 号
中国石化集团齐鲁石油化工公司	中国石化集团齐鲁石油化工公司	山东省淄博市临淄区桓公路 15 号
山东泉林纸业有限责任公司	山东泉林纸业有限责任公司	山东省聊城市高唐县官道街 26 号

续表2

企业集团名称	母公司名称	企业地址
青岛即发集团	青岛即发集团股份有限公司	山东省青岛即墨市即发路1号
青岛黄海橡胶集团	青岛黄海橡胶集团有限责任公司	山东省青岛市李沧区沧安路1号
山东京博集团	山东京博石油化工有限公司	山东省滨州市博兴县陈户镇
润华集团	润华集团股份有限公司	山东省济南市经十西路239号
万达集团	万达集团股份有限公司	山东省东营市垦利县胜坨镇永莘路68号
山东里能集团	山东里能集团有限公司	山东省济宁市邹城市太平镇里彦村
山东东明石化集团	山东东明石化集团有限公司	山东省菏泽市东明县石化大道27号
利华益集团	利华益集团股份有限公司	山东省东营市利津县大桥路29号
山东银座商城股份有限公司	山东银座商城股份有限公司	山东省济南市泺源大街66号
山东淄博付山企业集团有限公司	山东省天下第一店酒厂	山东省淄博市高新区卫固镇付山村
山东寿光巨能电力集团	山东寿光巨能电力集团有限责任公司	山东省潍坊市寿光市圣城街办渤海路268号
日照港（集团）有限公司	日照港（集团）有限公司	山东省日照市黄海一路91号
济南山水集团	济南山水集团有限公司	山东省济南市长请区崮山山水工业园
山东省建设建工集团	山东省建设建工（集团）有限责任公司	山东省济南市济王路164#
山东西王集团有限公司	山东西王集团有限公司	山东省滨洲市邹平县韩店镇西王村
临沂矿务局	临沂矿务局	山东省临沂市罗庄区龙谭路
山东丛林集团	山东丛林集团公司	山东省烟台市龙口诸由观镇政府驻地
山东潍坊百货集团股份有限公司	山东潍坊百货集团股份有限公司	山东省潍坊市胜利东街甲1号
小松山推工程机械有限公司	小松山推工程机械有限公司	山东省济宁市昊泰闸东路69号
山东省棉麻公司	山东省棉麻公司	山东省济南市历城区辛祝路2号
正和集团	正和集团股份有限公司	山东省东营市广饶县石村
山东只楚集团	山东只楚集团有限公司	山东省烟台市芝罘区只楚路75号
得利斯集团	得利斯集团有限公司	山东省潍坊市诸城市昌城镇得利斯工业园区
山东鲁抗医药集团有限公司	山东鲁抗医药集团有限公司	山东省济宁市太白西路152号
烟台张裕集团	烟台张裕集团有限公司	山东省烟台市芝罘区世回尧路174号
山东凤祥集团	山东凤祥（集团）有限责任公司	山东省聊城市阳谷县刘庙村
山东垦利石化有限责任公司	山东垦利石化有限咱人公司	山东省东营市垦利县利河路299号
龙口矿业集团	龙口矿业集团有限公司	龙口振兴路249号
潍坊医药集团	潍坊医药集团股份有限公司	山东省潍坊市东风西街362号
山东冠鲁集团	山东冠鲁置业有限公司	山东省临沂市平邑县浚河路207号
烟台万华合成革集团	烟台万华合成革集团有限公司	山东省烟台市芝罘区幸福南路2号
临清彩虹集团	临清彩虹热电有限责任公司	山东省临清市西门里街384号
山东九发集团	山东九发集团公司	山东省烟台市牟平区牟玉路1号
山东渤海油脂工业有限公司	山东渤海油脂工业有限公司	山东省滨州市博兴县工业园
山东德棉集团	山东德棉集团有限公司	山东省德州市顺河西路18号
山东航空集团	山东航空集团有限公司	山东省济南市二环东路5746号
龙大食品集团	龙大食品集团有限公司	山东省烟台市莱阳市龙旺庄街道办事处龙大工业园
欧美投资集团	欧美投资有限公司	山东省青岛市市南区东海路35号4栋12层
山东省塑料工业有限公司	山东省塑料工业有限公司	山东省济南市泺文路9号
青岛变压器集团	青岛变压器有限公司	山东省青岛市城阳区长城路南段
山东天元建设集团	山东天元建设集团有限公司	山东省临沂市银雀山路63号
山东石大科技集团	山东石大科技集团有限公司	山东省东营市北二路能源巷1号
孚日家纺股份有限公司	孚日家纺股份有限公司	山东省潍坊市高密市孚日街1号
黄海粮油工业（山东）有限公司	黄海粮油工业（山东）有限公司	山东日照岚山港北
青岛益佳国际贸易集团	青岛益佳国际贸易有限公司	山东省青岛市香港中路6号世贸中心A座
中国石油化工股份有限公司山东济南石油分公司	中国石油化工股份有限公司山东济南石油分公司	济南市经十路236号
山东（临清）银河纸业集团	山东临清银河纸业有限责任公司	山东省聊城市临清市西门里街297号

续表3

企业集团名称	母公司名称	企业地址
威海市金猴集团	威海市金猴集团有限责任公司	山东省威海市和平路106号
淄博商厦股份有限公司	淄博商厦股份有限公司	山东省淄博市张店区中心路125号
山东华星石油化工集团有限公司	山东华星石油化工集团有限公司	山东省东营市广饶县大王镇
山东齐星集团	山东齐星集团有限责任公司	山东省滨州市邹平县黛溪三路69号
南车四方机车车辆股份有限公司	南车四方机车车辆股份有限公司	山东省青岛市崂山区秦岭路17号
山东鲁花集团有限公司	山东鲁花集团有限公司	莱阳龙门东路39号
鲁能泰山电缆电器有限责任公司	鲁能泰山电缆股份有限公司	山东省泰安市泰山区普照寺路5号
山东沂州水泥集团总公司	山东沂州水泥股份有限公司	山东省临沂市罗庄区付庄镇
山东新星购销总部	山东新星购销总部	山东省淄博市淄川区淄城路341号
山东工友集团	山东工友集团股份有限公司	山东省威海市环翠区稔泉镇江家寨
山东绮丽集团	山东绮丽集团公司	山东省青岛市市南区南京路2号
青岛汉缆集团	青岛汉缆集团有限公司	山东省青岛市崂山区汉河
潍坊巨龙化纤集团	潍坊巨龙化纤集团有限责任公司	山东省潍坊市寒亭区潍县北路518号
济宁矿业集团	济宁矿业集团有限公司	山东省济宁市供销路25号
山东海龙股份有限公司	山东海龙股份有限公司	山东省潍坊市寒亭区潍县北路555号
潍坊钢铁集团	潍坊钢铁集团公司	山东省潍坊市奎文区钢城街办
鲁泰集团	鲁泰纺织股份有限公司	山东省淄博市淄川区松龄路81号
山东六和集团有限公司	山东六和集团有限公司	青岛市城阳区青大工业园
烟台建设集团	烟台建设集团有限公司	山东省烟台市芝罘南洪街100号
青岛中集集装箱制造有限公司	青岛中集集装箱制造有限公司	山东省青岛经济技术开发区黄河东路1号
新牟国际集团	新牟国际集团公司	山东省烟台市牟平区通海路250号
好当家集团	好当家集团有限公司	山东省威海市荣成市好当家工业园区
青岛星火纺机纺织集团股份有限公司	青岛星火纺机纺织股份有限公司	山东省青岛市胶南市王台镇
山东胜通集团股份有限公司	山东胜通集团股份有限公司	山东省东营市垦利县胜坨镇
山东省交通工业集团总公司	山东省交通工业集团总公司	山东省济南市天桥区济泺路168号
山东百年电力发展股份有限公司	山东百年电力发展股份有限公司	山东省龙口市电厂南路1号
山东省农业生产资料有限责任公司	山东省农业生产资料有限责任公司	济南市解放路14号
南金兆集团有限公司	南金兆集团有限公司	山东省淄博市临淄区宏鲁工业园
青岛捷能电工电子集团	青岛捷能电工电子集团有限责任公司	山东省青岛市四方区四流南路102号
山东恒源石油化工集团	山东恒源石油化工股份有限公司	山东省德州市临邑县恒源路111号
凯远集团	凯远集团公司	山东省青岛东海西路号甲
山东翔龙集团	山东翔龙实业集团有限公司	山东省临沂市沂蒙路352号
山东大海集团	山东大海集团有限公司	山东省东营市广饶县稻庄镇
山东香驰集团	山东香驰粮油有限公司	山东省滨州市博兴县陈户镇
山东西水橡胶集团有限公司	山东西水橡胶集团有限公司	山东省东营市广饶县西水磨村
烟台冰轮集团	烟台冰轮集团有限公司	山东省烟台市芝罘区西山路80号
山东铝业公司	山东铝业公司	山东省淄博市张店区五公里路1号
山东联盟化工集团有限公司	山东联盟化工集团有限公司	山东省潍坊市寿光市建新街199号
烟台市首钢东星集团	烟台首钢东星集团公司	山东省烟台市经济技术开发区珠江路20号
济南华达企业集团总公司	济南华达企业集团总公司	历下和平路中段燕山小区中心公建
青岛喜盈门集团	青岛喜盈门集团公司	山东省青岛市城阳区正阳街188号
山东泰山电器集团	山东泰山电器集团有限责任公司	山东省济南市历下区文化东路55号
烟台市振华百货集团	烟台市振华百货集团股份有限公司	山东省烟台市芝罘区西大街八号
山东金宇建筑集团	山东金宇建筑集团有限公司	山东省东营市广饶县大王镇
青岛万福集团	青岛万福集团股份有限公司	山东省青岛市莱西市威海路68号
青特集团有限公司	青岛青特众力车轿有限公司	山东省青岛市城阳区正其路25号
济南人民商场集团	济南人民商场股份有限公司	山东省济南市经四路3号
中国石化胜利油田大明（集团）股份有限公司	中国石化胜利油田大明（集团）股份有限公司	山东省东营市济南路228号

续表4

企业集团名称	母公司名称	企业地址
泛海集团	泛海集团有限公司	山东省潍坊市鸢飞路529号
一汽山东汽车改装厂	一汽山东汽车改装厂	山东省蓬莱市北管路135号
齐鲁制药有限公司（集团）	齐鲁制药有限公司	山东省济南市高新区七里河路北段2号
山东同济万鑫集团有限公司	山东同济万鑫集团有限公司	山东省淄博市桓台县唐山镇
烟台有色金属集团	烟台有色金属集团有限公司	山东省烟台市芝罘区幸福中路178号
泰丰纺织集团	泰丰纺织集团有限公司	山东省莱芜市大桥南路63号
胜利油田胜利工程建设集团	胜利油田胜利工程建设(集团)有限责任公司	山东省东营市北二路222号
山东亚光纺织集团	山东亚光纺织集团有限公司	山东省滨州市滨城区滨北镇经二路八号
山东省华丰企业集团	山东华丰企业集团总公司	山东省临沂市兰山区西关
山东泸河集团有限公司	山东泸河集团有限公司	山东省诸城市昌城镇道口
青岛九联集团股份有限公司	青岛九联集团股份有限公司	青岛市莱西市沽河镇街道办事处后庄扶村
银河德普胶带有限公司	银河德普胶带有限公司	山东省济宁市兖州市新兖镇
富海集团有限公司	富海集团有限公司	山东省东营市河滨路88号
日照森博浆纸有限责任公司	日照森博浆纸有限责任公司	山东省日照市北京路.369号
山东渤海活塞集团	山东滨州渤海活塞股份有限公司	山东省滨州市渤海二十二路999号
山东东岳化工集团	山东东岳化工股份有限公司	山东省淄博市桓台县唐山镇
山东阳谷电缆集团	山东阳谷日辉实业有限公司	山东省聊城市阳谷西湖14号
东营市天信纺织有限公司	东营市天信纺织有限公司	山东省东营市东二路11号
济南四建集团	济南四建(集团)有限责任公司	山东省济南市济洛路163号
山东恒通化工股份有限公司	山东恒通化工股份有限公司	山东省临沂市郯城县人民路305号
山东中创软件工程股份有限公司	山东中创软件工程股份有限公司	济南市千佛山东路41－1号
青岛红星化工集团	青岛红星化工有限责任公司	山东省青岛市济阳路8号
山东鲁通集团	山东鲁通（集团）有限公司	济南市经三路77号
山东照东方纸业集团	山东照东方纸业集团有限公司	山东省德州市平原县王凤楼镇工业区
山东冠洲股份有限公司	山东冠洲股份有限公司	山东省聊城市冠县振兴东路349号
山东金升集团	山东金升有色集团有限公司	临沂市兰山区南坊
青岛维客集团	青岛维客集团股份有限公司	山东省青岛市李沧区向阳路65号
山东省粮油集团	山东省粮油集团总公司	山东省济南市泺源大街5号
山东华金集团	山东华金集团有限公司	山东省济宁市泗水县金庄镇
山东华瑞集团	山东华瑞集团有限公司	山东省菏泽市丹阳路204号
山东天府集团	山东天俯集团公司	山东省烟台市莱阳市团旺镇驻地
山东大成化工集团	山东大成化工集团有限公司	山东省淄博市张店区洪沟路25号
荣成华泰汽车有限公司	荣成华泰汽车有限公司	威海市荣成观海中路111号
菱花集团	菱花集团公司	山东省济宁市开发区柳行
华纺股份有限公司	华纺股份有限公司	山东省滨州市滨城区黄河二路819号
山东岱银纺织服装集团	山东岱银纺织集团股份有限公司	山东省泰安市泰山区东岳大街东首
山东华夏集团	山东华夏集团有限公司	山东省威海市经济技术开发区华夏工业园
青岛纺联集团	青岛纺联集团进出口有限公司	山东省青岛市市北区馆陶路3号
蓬莱市黄金总公司	蓬莱市黄金集团总公司	山东省烟台市蓬莱市登州路53号
山东德齐龙化工集团	山东德齐龙化工集团有限公司	山东省德州市平原县立交东路15号
青岛交运集团	青岛交运集团公司	山东省青岛市市北区延吉路112号
山东靖海实业集团	山东靖海实业集团有限公司	威海市荣成沙窝岛
日照市水产集团总公司	日照市水产集团总公司	山东省日照市北京路231号
山东蓝星玻璃集团	山东蓝星玻璃（集团）有限公司	山东省威海市经济技术开发区环山路西
山东雪花生物化工股份有限公司	山东雪花生物化工股份有限公司	山东省济宁市高新区王因镇
山东龙喜集团	烟台新华印染厂	山东省烟台市龙口市诸由观镇西台村
青岛海晶化工集团	青岛海晶化工有限公司	山东省青岛市四方区唐河路8号
山东省医药集团有限公司	山东省医药集团有限公司	山东省济南市解放路11号

续表 5

企业集团名称	母公司名称	企业地址
特变电工山东鲁能泰山电缆有限公司	特变电工山东鲁能泰山电缆有限公司	山东省泰安市新泰市金斗山路 99 号
山东华鲁恒升集团	山东华鲁恒升集团有限公司	山东省德州市德城区天衢西路 44 号
山东玻璃集团	山东玻璃总公司	山东省淄博市博山区双山街 216 号
山东聊城客车工业集团	山东聊城客车工业集团有限责任公司	山东省聊城市经济开发区中华路北首
山东聊城双力农用车集团	山东双力集团股份有限公司	山东省聊城市建设东路 27 号
青岛康大外贸集团有限公司	青岛康大外贸集团有限公司	山东省青岛市胶南经济开发区
威海北洋电气集团	威海北洋电气集团股份有限公司	山东省威海市新威路 11 号
济南一建集团	济南一建集团总公司	山东省济南市工业北路 295 号
信义集团公司	信义集团公司	山东省东营市广饶县大王镇
兰雁集团	兰雁集团股份有限公司	山东省淄博市周村区东门路 161 号
青岛市胶州建设集团有限公司	青岛市胶州建设集团有限公司	山东省青岛市胶州市福州南路 92 号
正海集团	烟台正海集团有限公司	山东省烟台市经济技术开发区珠江路 22 号
潍坊亚星集团	潍坊亚星集团有限公司	山东省潍坊市奎文区鸢飞路 899 号
山东华力电机集团	山东华力电机集团股份有限公司	荣成市明珠路
威海光威集团	威海光威集团有限责任公司	威海世昌大道 265 号
山东省冠县冠星纺织集团总公司	冠县冠星纺织有限责任公司	冠县冠城镇振兴东路 221 号
山东华乐实业集团	乐陵市华乐纺织有限责任公司	山东省德州市乐陵市寨头堡
山东红日阿康化工股份有限公司	山东红日阿康化工股份有限公司	山东省临沂罗庄区西高都镇
山东华阳农药化工集团	山东华阳农药化工集团有限公司	山东省泰安市宁阳县磁窑镇
山东省高唐蓝山集团	山东省高唐蓝山集团总公司	山东省聊城市高唐滨湖北路 2 号
临沂市史丹利化肥（集团）有限公司	临沂市史丹利化肥有限公司	山东省临沭县常林东大街
山东德州百货大楼（集团）有限责任公司	山东德州百货大楼（集团）有限责任公司	山东省德州市德城区湖滨南路 14 号
山东金沂蒙集团有限公司	山东金沂蒙集团有限公司	山东省临沭县兴大西街 99 号
山东高密银鹰化纤有限公司	山东高密银鹰化纤有限公司	山东省潍坊市高密市人民大街 101 号
烟台东方电子信息产业集团	烟台东方电子信息产业集团有限公司	山东省烟台市芝罘区市世回尧路 228 号
山东北金集团有限公司	山东北金集团有限公司	山东省淄博市临淄区凤凰镇北金村
山东东阿阿胶集团	山东东阿阿胶股份有限公司	山东省聊城市东阿县阿胶街 78 号
济南华联商厦集团	济南华联商厦集团股份有限公司	山东省济南市经二路 571 号
山东金麒麟集团	山东金麒麟集团有限公司	山东省德州市乐陵市枣城北大街 84 号
鲁南制药股分有限公司	鲁南制药股分有限公司	山东省临沂市红旗路 209 号
山东齐鲁增塑剂股份有限公司	山东齐鲁增塑剂股份有限公司	山东省淄博市临淄区乙烯路 208 号
鲁中冶金矿业集团公司	鲁中冶金矿业集团公司	山东省莱芜市莱城区张家洼街道办事处
山东斥山水产集团	荣成市斥山渔业公司	山东省荣成市石岛镇东寨村
烟台市钢铁企业集团	烟台钢铁企业集团公司	山东省烟台市芝罘区南大街 156 号
泰开电气集团有限公司	泰开电气集团有限公司	山东省泰安市泰山区高新技术开发区
山东省对外贸易集团	山东省对外贸易有限公司	山东省青岛市市南区太平路 51 号
泰安鲁润股份有限公司	泰安鲁润股份有限公司	山东省泰安市泰山区青年路 111 号
临沂市医药集团	临沂市医药集团总公司	山东省临沂市解放路东段 46 号
烟台氨纶集团	烟台氨纶集团有限公司	山东省烟台市开发区黑龙江路 10 号
青岛正进集团	青岛正进集团有限公司	山东省青岛市城阳区双元路 18 号
山东东大化学工业有限公司	山东东大化学工业有限公司	山东省淄博市张店区新村东路 21 号
青岛泰能燃气集团	青岛泰能燃气有限公司	山东省青岛市宁夏路 123 号
济南二机床集团	济南二机床集团有限公司	山东省济南市槐荫区机床二厂路 4 号
山东威高集团	威高集团有限公司	山东省威海市世昌大道 312 号
山东聊建集团总公司	山东聊建集团总公司	山东省聊城市东昌东路 139 号
山东巨力股份有限公司	山东巨力股份有限公司	山东省潍坊市长松路 69 号
山东大洋食品集团有限公司	山东大洋食品集团有限公司	青岛市胶州市大沽河工业园区
威海建设集团	威海建设集团股份有限公司	威海市昆明路 13 号

续表6

企业集团名称	母公司名称	企业地址
济南锅炉集团有限公司	济南锅炉集团有限公司	济南市天桥区黄岗路8号
兖矿峄山化工有限公司	兖矿峄山化工有限公司	山东省济宁市邹城市峄化路2689号
青岛振华工业集团有限公司	青岛振华工业集团有限公司	青岛市胶南市隐珠镇北高家庄村
大众报业集团	大众报业(集团)有限公司	山东省济南市经十路46号
青岛金王集团有限公司	青岛金王集团	山东省青岛市辽宁路280号
山东东辰实业集团有限公司	山东东辰实业集团有限公司	山东省东营市垦利县胜坨镇
方圆集团	方圆集团有限公司	山东省烟台市海阳市面上方圆工业园
诸城市新郎服饰有限责任公司	诸城新郎服饰有限公司	山东省诸城市东外环路北首
耶莉娅集团	山东耶莉娅服装集团总公司	山东省潍坊市潍城区北宫西街126号
山东滨州环宇纺织集团有限责任公司	山东滨州环宇纺织集团有限责任公司	滨州市渤海三路524号
山东大陆企业集团有限公司	山东大陆企业集团有限公司	山东省临沂市兰山区沂蒙路139号
青岛宏大纺织机械有限责任公司	青岛宏大纺织机械有限责任公司	山东省青岛市四流南路22号
鲁丽集团	山东寿光市侯镇福利胶合板厂	山东省潍坊市寿光市侯镇西河南村
山东隆基集团有限公司	山东隆基集团有限公司	山东省烟台市龙港开发区隆基路1号
山东莱动内燃机有限公司	山东莱动内燃机有限公司	山东省烟台市莱阳市五龙北路40号
山东乐化集团	山东乐化集团有限公司	山东省潍坊市昌乐县红河镇乐化工业园
烟台交运集团有限责任公司	烟台交运集团有限责任公司	山东省烟台市芝罘区青年路16号
威海华联集团公司	威海华联商厦股份有限公司	威海市新威路58号
山东金顺达集团有限公司	山东金顺达集团有限公司	山东省淄博市临淄区凤凰镇东召西村
菏泽交通集团总公司	菏泽交通集团总公司	菏泽市黄河路758号
山东省丝绸集团有限公司	山东省丝绸集团有限公司	济南市永庆街2号
山东英克莱集团	山东英克莱集团有限公司	山东省济宁市高新区火炬路29号
德州晶华集团	德州晶华集团有限公司	山东省德州市德城区湖滨南路55号
山东高虹电力集团	山东高虹电力集团总公司	威海市荣成成山大道东
山东胜利股份有限公司	山东胜利股份有限公司	山东省济南市高新区东辰大街
烟台三环锁业集团	烟台三环锁业集团有限公司	山东省烟台市芝罘区西南河路47号
山东阜丰发酵有限公司	山东阜丰发酵有限公司	山东莒南县城天桥路386号
山东齐鲁味精集团	山东齐鲁味精食品集团有限公司	茌平齐鲁生态工业园
山东贺友集团	山东贺友集团有限公司	山东省德州地区禹城市贺友路1号
青岛十梅庵集团公司	青岛十梅庵集团公司	青岛市李沧区十梅庵村
山东省高青县供销企业集团总公司	山东省高青县供销企业集团总公司	山东省高青县县城黄河路82号
泰山玻璃纤维股份有限公司	泰山玻璃纤维股份有限公司	山东省泰安市经济开发区
济南玫德铸造有限公司	济南玫德铸造有限公司	山东省济南市平阴县城翠屏街南门路三号
山东省医药集团总公司	山东省济宁市医药集团总公司	山东省济宁市太白东楼38号
威海木机集团	山东东维木工机械有限公司	山东省威海市青岛中路148号
山东常林机械集团	山东常林机械集团	山东省临沭县常林西大街112号
菏泽睿鹰制药集团	菏泽市睿鹰制药集团有限公司	菏泽市北城薛楼
山东丰源煤电股份有限公司	山东丰源煤电股份有限公司赵坡煤矿	山东省滕州市级索镇
青岛三恩集团	青岛三恩集团有限公司	山东省青岛市城阳区204路123号
山东樱花纺织集团	山东樱花纺织集团有限公司	山东省济宁市太白东路30号
山东齐天化学集团	山东齐天化学集团有限公司	山东省济宁市中区太白西路
山东津华集团	山东津华植物油有限公司	山东省德州市夏津县城栾路
山东中大空调集团	山东中大空调集团有限公司	山东省德州市经济开发区晶华路中大贝莱特工业园

续表 7

企业集团名称	母公司名称	企业地址
淄博华辰集团	淄博华辰集团有限责任公司	山东省淄博市开发工业园
青岛公交集团	青岛公交集团有限公司	山东省青岛市市南区香港中路 73 号
青岛天泰集团	青岛天泰集团股份有限公司	山东省青岛市香港东路 99 号
山东恒联投资有限公司	山东恒联投资有限公司	山东省潍坊市奎文区福寿东街东首创业大厦
山东鸿达建工集团有限公司	莱阳市建筑机械厂	山东省烟台市莱阳龙门东路 26 号
山东省淄博糖酒站股份有限公司	山东处淄博市糖酒站股份有限公司	山东省淄博市张店区新村西路 14 号
潍坊迈特钢管集团有限公司	潍坊迈特钢管集团有限公司	山东省潍坊市潍城区春鸢路 28 号
山东宏河矿业集团有限公司	邹城市横河煤矿	山东省济宁市邹城市平阳寺镇横河村
翔宇实业集团有限公司	翔宇实业集团有限公司	临沂市金源路 307 号
山东潍坊外贸实业集团	山东潍坊出口商品基地建设有限公司	山东省潍坊市奎文区潍州路 667 号
山东鲁鑫贵金属集团公司	山东鲁鑫贵金属集团公司	山东省烟台市招远市金城路 445 号
山东谷神集团	山东谷神生物科技集团有限公司	山东省德州市陵县经济开发区
山东银宝轮胎集团	山东银宝轮胎集团有限公司	山东省潍坊市寿光市台头镇
青岛中泰集团	青岛中泰集团有限责任公司	山东省青岛市四流南路 126 号
山东东蒙企业集团公司	山东东蒙企业集团公司	山东省临沂市蒙阴县蒙山路 10 号
山东裕隆矿业集团	山东裕隆矿业集团有限公司	山东省济宁市曲阜市天华 2 号
山东中轩股份有限公司	山东中轩股份有限公司	山东省淄博市临淄区永流西路 33 号
潍坊新立克集团	潍坊新立克（集团）有限公司	山东省潍坊市东风东街 189 号
山东康田化肥(集团）有限公司	山东康田化肥有限公司	临沭县城北开发区
银座渤海集团股份有限公司	银座渤海集团股份有限公司	济南市泺源大街 22 号
山东省乐鑫集团	乐鑫油脂有限公司	山东省德州市乐陵市兴隆南大街 337 号
山东机械设备进出口集团公司	山东机械设备进出口集团公司	青岛市福州南路 9 号
烟台港务局	烟台港务局	山东省烟台市北马路 155 号
山东现代达驰电工电气股份有限公司	山东现代达驰电工电气股份有限公司	山东省菏泽市成武县东郊
山东云龙绣品工业公司	山东云龙绣品工业公司	山东省威海市文登龙山路 89 号
东营市华誉实业集团有限公司	东营市华誉实业集团有限公司	山东省东营市广饶县稻庄镇
山东环日集团	山东环日集团总公司	山东省烟台市莱州土山镇潘家村
山东省药用玻璃股份有限公司	山东省药用玻璃股份有限公司	山东省淄博市沂源县县城
青岛红领集团有限公司	青岛红领集团	山东省即墨市红领大街 1 号
天润曲轴有限公司	天润曲轴有限公司	山东省文登市横山路 5 号
山东鲁洲食品集团有限公司	山东鲁洲食品集团有限公司	山东省临沂市沂水县鲁州路
山东王晁煤电集团有限公司	山东王晁煤电集团有限公司	山东省枣庄市台儿庄区
济南农工商集团有限公司	济南农工商集团有限公司	济南市市中区六里山南路 30 号
山东华盛中天机械集团有限公司	山东华盛农业药械股分有限公司	临沂市高新区中天路 1 号
威海市山花地毯集团	威海市山花地毯集团有限公司	威海市和平路 113 号
青岛亿路发集团有限公司	青岛亿路发集团有限公司	青岛城阳区青大工业园
青岛华金集团	青岛华金集团	山东省青岛市市北区沈阳路 48 号
青岛市市政工程集团有限公司	青岛市市政工程集团有限公司	山东省青岛市市南区龙江路 25 号
山东绿源化工集团	山东绿源化工集团有限公司	山东省德州市陵县经济开发区
山东新光实业集团有限公司	山东新光实业集团有限公司	山东省临沂市罗庄区罗六路
山东莱阳春雪食品有限公司	山东莱阳春雪食品有限公司	山东省烟台市莱阳市五龙南路 89 号
潍坊建工集团有限公司	潍坊建工集团有限公司	山东省潍坊市奎文区东风东街 252 号
青岛海珊服装服饰集团	青岛海珊服装服饰集团有限责任公司	山东省青岛市市南区宁夏路 266 号

2－12 按营业收入排序企业集团主要产品(2004年)

企业集团名称	电 话	邮政编码	主要产品1	主要产品2
海尔集团	0532-8938999	266103	空调器	电冰箱
中国石化胜利油田有限公司	0546-8711112	257001	原油	天然气
山东电力集团	0531-6932222	250001	电力销售	
莱芜钢铁集团	0634-6821260	271104	粗钢	生铁
济南钢铁集团	0531-8869748	250101	生铁	粗钢
海信集团	0532-3878888	266071	电视机	空调器
中国石油化工股份有限公司齐鲁分公司	0533-7180777	255408	原油加工	辛醇
中国石化股份有限公司山东石油分公司	0531-6947940-2600	250013	石油制品	
中国重型汽车集团有限公司	0531-5582114	250031	汽车	改装车
山东魏桥创业集团	0543-4161111	256200	棉纱	棉布
兖矿集团有限公司	0537-5382387	273500	原煤	
青岛钢铁集团	0532-4816857	266043	生铁	钢材
山东鲁能集团	0531-6034741	250001	火力发电	房地产开发
中国网通（集团）有限公司山东省分公司	0531-6052726	250001	电信业务收入	
一汽解放青岛汽车厂	0535-4913615	266043	中型载货汽车	重型载货汽车
枣庄矿业集团	0632-4081134	277000	原煤	洗精煤
山东海化集团	0536-5329888	262737	纯碱	原盐
山东滨化集团	0543-2118069	256600	原油加工	环氧丙烷
新汶矿业集团	0538-7872199	271233	原煤	洗精煤
山东如意科技集团	0537-2933032	272073	精纺呢绒	印染布
浪潮集团	0531-5106276	250014	浪潮微机	浪潮服务器
华电国际电力股份有限公司	0531-2366222	250100	发电量	供热量
中国石化齐鲁股份有限公司	0533-3583728	255086	聚氯乙烯	低压聚乙烯
南山集团	0535-8616001	265718	呢绒	铝材
山东金锣企业集团总公司	0539-2977800	276036	鸡、猪产品	火腿肠
潍坊柴油机厂	0536-2297727	261001	内燃机	
中国石油化工股份有限公司济南分公司	0531-8832200	250101	汽油	柴油
山东晨鸣纸业集团	0536-2158000	262700	机制纸	机制纸板
三联集团	0531-6086351-66658	250011	家电经营	房地产开发与经营
山东时风集团	0635-3953153	252800	三轮汽车	低速载货车
万杰集团	0533-4650660	255213	特种合成纤维	多功能面料
青岛啤酒集团	0532-5711991	266071	啤酒	
山东工程机械集团	0531-2623818	250014	装载机	挖掘机
青岛澳柯玛集团	0532-6765688	266510	冷柜	冰箱
颐中集团	0532-3804552	266021	卷烟	
山东移动通信有限责任公司	0531-6168888	250001	移动通信网络容量	
双星集团	0532-2680528	266002	胶鞋制造	轮胎制造
山东三箭集团	0531-8326019	250100	建筑业	房地产
中国石化集团青岛石油化工有限责任公司	0532-4825511	266043	原油	
华盛江泉集团	0539-7100006	276017	生铁	重熔铝锭
北汽福田汽车股份有限公司诸城汽车厂	0536-6118250	262200	汽车	三轮摩托车
诸城外贸有限责任公司	0536-6063672	262200	玉米淀粉	冻鸡

续表1

企业集团名称	电 话	邮政编码	主要产品1	主要产品2
青岛广源发集团	0532-7785168	266107	沥青	材料油
新华鲁抗药业集团	0533-2211440	255032	化学原料药	片剂
淄博矿业集团	0533-5851344	255120	煤炭	
中国联通有限公司山东分公司	0531-2028899	250002	移动通信业务	长途通信业务
山东太阳纸业集团	0537-3658710	272100	涂布白卡纸	涂布白纸板
华泰集团	0546-6888721-8853	257335	机制纸	机制纸板
山东成山橡胶集团	0631-7523999	264300	轮胎	
将军烟草集团	0531-8776007	250100	卷烟	烟草薄片
山东省商业集团	0531-3175723	250014	零售	
山东博汇集团有限公司	0533-8530542	256405	机制纸及纸板	
山东省供销社集团总公司	0531-8596607	250013	化肥	棉花
青岛建设集团	0532-8257767	266071	工程结算收入	
宏安集团	0631-8088602	264400	市话缆	光缆
山东鲁北企业集团	0543-6451265	251909	磷酸二铵	复合肥料
山东三星通信设备有限公司	0631-5626868-3130	264209	传真机	打印机
山东省高速公路集团有限公司	0531-5693533	250002	通行费收入	
青岛港集团	0532-2982780	266011	吞吐量	集装箱吞吐量
山东铝业股份有限公司	0533-2944202	255052	氧化铝	电解铝
利群集团	0532-3634351	266021	服装鞋帽零售	食品烟酒零售
烟台东方不锈钢工业有限公司	0535-6378131	264006	不锈钢板	
新华锦集团	0532-5967066	266071	批零	
山东招金集团	0535-8227500	265400	黄金	
山东五征农用车有限公司	0633-5321166	262300	农用运输车	
日照钢铁控股集团有限公司	0633-8188088	276806	钢坯	H型钢
山东省信发铝电集团	0635-4287372	252100	电解铝	发电
肥城矿业集团	0538-3127230	271608	原煤	洗精煤
青岛朗讯科技通讯企业有限公司	0532-8702000	266101	程控交换机	小灵通手机
三角集团	0631-5305566	264200	轮胎	
山东省机械进出口集团	0532-2661672	266002	商品出口	商品进口
鲁银投资集团股份有限公司	0531-2024162	250001	带钢	粉末冶金
山东福田重工股份有限公司	0536-7603591	261206	农用三轮车	联合收割机
中国轻骑集团	0531-6599533	250014	摩托车	
济南齐鲁化纤集团	0531-8068583	250100	聚酯切片	涤纶短纤
力诺集团	0531-8729031	250103	高硼硅	太阳能热水器
青岛泰发集团	0532-3195589	266431	ST系列手推车	轮胎
大宇重工业烟台有限公司	0535-6399012	264006	挖掘机	叉车
上海通用车岳汽车有限公司	0535-6966666	264006	赛欧汽车	
华能国际电力股份有限公司德州电厂	0534-2432011	253024	火力发电	
科达集团	0546-6872883	257335	基础设施建设	激光头
山东黄金集团	0531-8561860	250014	黄金产品	
山东泰山钢铁集团	0634-6114430	271100	钢材	粗钢
山东石横特钢有限公司	0538-3692510	271612	生铁	粗钢
山东新华医药集团有限责任公司	0533-2196088	255005	抗感染药类	解热镇痛药类
青岛海湾集团	0532-5759200	266071	纯碱	烧碱
山东聊城鲁西化工集团	0635-8334515	252000	合成氨	尿素
山东玲珑橡胶有限公司	0535-8242709	265400	轮胎外胎	变压器
中国石化集团齐鲁石油化工公司	0533-7180777	255408	火电	催化剂
山东泉林纸业有限责任公司	0635-3961106	252800	机制纸	机制浆

续表2

企业集团名称	电 话	邮政编码	主要产品1	主要产品2
青岛即发集团	0532-8513493	266221	针织品	发制品
青岛黄海橡胶集团	0532-4678777	266041	轮胎	输送带
山东京博集团	0543-2510208	256505	汽油	柴油
润华集团	0531-7527579	250117	汽车批发	
万达集团	0546-2063989	257506	电线	电力电缆
山东里能集团	0537-2910066	273517	火力发电	原煤
山东东明石化集团	0530-7281888	274500	汽油	沥青
利华益集团	0546-5621310	257400	原油加工	中成药
山东银座商城股份有限公司	0531-6065318	250063	百货类	
山东淄博付山企业集团有限公司	0533-3785716	255084	发电	生铁
山东寿光巨能电力集团	0536-5223888	262700	特种钢材	玉米淀粉
日照港（集团）有限公司	0633-8382461	276826	货运量	客运量
济南山水集团	0531-8360186	250307	水泥	水泥压力管
山东省建设建工集团	0531-8934871-3023	250014	建筑业	
山东西王集团有限公司	0543-4615589	256209	淀粉	结晶葡萄糖
临沂矿务局	0539-7108019	276017	煤炭	发电
山东丛林集团	0535-8563138	265705	铝型材	球墨铸铁管
山东潍坊百货集团股份有限公司	0536-8580007	261041	商品零售	商品批发
小松山推工程机械有限公司	0537-2363054	272023	液压挖掘机	
山东省棉麻公司	0531-2599769	250100	棉花经营	木浆经营
正和集团	0546-6261074-2025	257342	汽油	柴油
山东只楚集团	0535-6530635	264002	汽车内饰件	庆大原料药
得利斯集团	0536-6339999	262216	低温肉制品	鲜冻畜肉
山东鲁抗医药集团有限公司	0537-2983224	272021	化学原料药	粉针剂
烟台张裕集团	0535-6691243	264000	葡萄酒	
山东凤祥集团	0635-6779260	252325	冻鸡	饲料
山东垦利石化有限责任公司	0546-2568670	257500	汽油	柴油
龙口矿业集团	0535-8658830	265700	原煤	
潍坊医药集团	0536-8323313	261021	西药批发	心可舒片
山东冠鲁集团	0539-4228668	273300	建筑、安装	水泥及其制品
烟台万华合成革集团	0535-6837888	264002	异氰酸酯	合成革
临清彩虹集团	0635-2433520	252600	发电	供热
山东九发集团	0535-4798203	264100	食用菌及相关产业	有机生物复合肥
山东渤海油脂工业有限公司	0543-2126662	256500	色拉油	豆粕
山东德棉集团	0534-2436001	253002	棉纱	布
山东航空集团	0531-5698673	250014	航空器及地面设备维修	客货运输代理
龙大食品集团	0535-7717011	265209	调理食品	肉制品
欧美投资集团	0532-5717919	266071	进出口、货代	房地产
山东省塑料工业有限公司	0531-6925497	250011	物资贸易	
青岛变压器集团	0532-7716888	266109	变压器	电磁线
山东天元建设集团	0539-8115585	276003	房屋建筑	机电设备安装
山东石大科技集团	0546-83951596	257061	汽油	柴油
孚日家纺股份有限公司	0536-2325582	261500	毛巾	
黄海粮油工业（山东）有限公司	0633-2639027	276808	豆油	豆粕
青岛益佳国际贸易集团	0532-5918278	266071	服装	纺织品
中国石油化工股份有限公司山东济南石油分公司	0531-7930588	250021	石油制品零售及批发	
山东（临清）银河纸业集团	0635-2435949	252600	机制纸及纸板	
威海市金猴集团	0631-5289210	264200	皮鞋	皮包

续表3

企业集团名称	电　话	邮政编码	主要产品1	主要产品2
淄博商厦股份有限公司	0533-2182790-8612	255000	商品销售额	
山东华星石油化工集团有限公司	0546-6872758	257335	重油	黄油
山东齐星集团	0543-4301168	256200	发电	供热
南车四方机车车辆股份有限公司	0532-8975069	266061	新造机车	新造客车
山东鲁花集团有限公司	0535-7288568	265200	花生油	
鲁能泰山电缆电器有限责任公司	0538-8539818	271000	电力	电力电缆
山东沂州水泥集团总公司	0539-8928027	276018	水泥	焦炭
山东新星购销总部	0533-5180173	255100	烟酒、食品	家用电器
山东工友集团	0631-5366166	264206	木工机床	
山东绮丽集团	0532-5797010	266071	服装批发	
青岛汉缆集团	0532-8817759	266102	电力电缆	电线
潍坊巨龙化纤集团	0536-2275129	261100	粘胶纤维	化纤用棉浆粕
济宁矿业集团	0537-2379009	272000	原煤	螺纹钢
山东海龙股份有限公司	0536-2275129	261100	粘胶纤维	帘帆布
潍坊钢铁集团	0536-7677366	261201	线材	
鲁泰集团	0533-5285166	255100	色织布	
山东六和集团有限公司	0532-8890923	266061	冻分割鸡、鸭	
烟台建设集团	0535-6657689	264000	建筑业总产值	
青岛中集集装箱制造有限公司	0532-6935968	266500	海运集装箱	
新牟国际集团	0535-4259560	264100	有线电视电缆	兔毛羊绒纱
好当家集团	0631-7438002	264305	菜卷	鱼片
青岛星火纺机纺织集团股份有限公司	0532-3131059	266425	丝绸娟纺机械设备	棉纺织设备
山东胜通集团股份有限公司	0546-2065328	257506	化工	
山东省交通工业集团总公司	0531-8321317	250031	客车	改装车
山东百年电力发展股份有限公司	0535-8856888	265700	发电	
山东省农业生产资料有限责任公司	0531-8542871	250013	化肥	
南金兆集团有限公司	0533-7606789	255419	生铁	钢坯
青岛捷能电工电子集团	0532-6125356	266042	电站汽轮机	电力电缆
山东恒源石油化工集团	0534-4233715	251500	原油加工	重油加工
凯远集团	0532-6680770	266071	进出口贸易	
山东翔龙集团	0539-8315567	276004	三元素复合肥	生铁
山东大海集团	0546-6495320	257336	印染	
山东香驰集团	0543-2510047	256505	豆油	豆粕
山东西水橡胶集团有限公司	0546-6980800	257336	轮胎	
烟台冰轮集团	0535-6243451	264000	制冷空调设备	铸铁件
山东铝业公司	0533-2944440	255052	水泥	建安
山东联盟化工集团有限公司	0536-5201201	262700	合成氨	尿素
烟台市首钢东星集团	0535-6387388	264006	汽车空调全系统	汽车空调管路
济南华达企业集团总公司	0531-8932999	250014	汽车销售	汽车修理
青岛喜盈门集团	0532-7869888	266109	毛巾系列产品	橡胶轮胎
山东泰山电器集团	0531-8948779	250014	彩色电视机	彩电机壳配套
烟台市振华百货集团	0535-6584288	264000	商业零售兼批发	
山东金宇建筑集团	0546-6858986	257335	进出口贸易	轮胎
青岛万福集团	0532-8438762	266600	蔬菜	肉制品
青特集团有限公司	0532-2869219	266109	特种汽车产品	汽车配件
济南人民商场集团	0531-6925196	250001	百货零售	
中国石化胜利油田大明（集团）股份有限公司	0546-7888921	257000	原油	防水卷材
泛海集团	0536-8219182	261041	房地产业	餐饮业

续表4

企业集团名称	电　话	邮政编码	主要产品1	主要产品2
一汽山东汽车改装厂	0535-5653673	265600	专用汽车	汽车车桥
齐鲁制药有限公司（集团）	0531-3126883	250100	抗生素原料及制剂	心脑血管药原料及制剂
山东同济万鑫集团有限公司	0533-8510887	256401	建筑	附属企业
烟台有色金属集团	0535-6530629	264002	铜冶炼	铜加工
泰丰纺织集团	0634-8856668	271100	棉纱	棉纱
胜利油田胜利工程建设集团	0546-8554112	257000	公路桥梁	工民建
山东亚光纺织集团	0543-3512399	256651	棉纱	毛巾
山东省华丰企业集团	0539-8295971	276005	批发	建筑
山东泸河集团有限公司	0536-6336001	262216	轮胎	
青岛九联集团股份有限公司	0532-7461243	266611	鸡产品	饲料
银河德普胶带有限公司	0537-3658002	272100	输送带	载重子午胎
富海集团有限公司	0546-3068777	257200	柴油	汽油
日照森博浆纸有限责任公司	0633-3361110	276826	白卡纸板	漂白木浆
山东渤海活塞集团	0543-3289000	256602	铝活塞	铝箔
山东东岳化工集团	0533-8520204	256401	二氧一氯甲烷	绿色制剂
山东阳谷电缆集团	0635-6511606	252311	电力电缆	通讯电缆
东营市天信纺织有限公司	0546-8351300	257091	纺纱	布
济南四建集团	0531-5951354	250031	房屋建筑	
山东恒通化工股份有限公司	0539-6221770	276100	尿素	烧碱
山东中创软件工程股份有限公司	0531-2963478-6108	250014	软件开发设计	计算机系统集成
青岛红星化工集团	0532-2850710	266011	碳酸钡	碳酸锶
山东鲁通集团	0531-6052191	250001	工程施工	实业生产
山东照东方纸业集团	0534-2168088	253109	文化用纸	
山东冠洲股份有限公司	0635-5289099	252500	冷轧带钢	镀锌板带
山东金升集团	0539-8951389	276037	阳极铜	铜杆
青岛维客集团	0532-7618888-3772	266100	商业零售	制造业
山东省粮油集团	0531-6403189	250063	大豆	
山东华金集团	0537-4036821	273201	文化用纸	无碳元纸
山东华瑞集团	0530-5335371	274012	小麦粉	食用油
山东天府集团	0535-7541002	265217	酒类	果汁及果汁饮料
山东大成化工集团	0533-2111999	255009	烧碱（折100%）	农药（折100%）
荣成华泰汽车有限公司	0631-7586821	264300	轻型汽车	
菱花集团	0537-2085100	272073	味精	
华纺股份有限公司	0543-3288552	256617	纯棉印染布	混纺印染布
山东岱银纺织服装集团	0538-6122011	271000	棉纱	棉布
山东华夏集团	0631-5983619	264205	移动升降机械	
青岛纺联集团	0532-2801164	266011	棉纱	坯布
蓬莱市黄金总公司	0535-5617190	265600	黄金	铜材
山东德齐龙化工集团	0534-4383887	253100	合成氨	尿素
青岛交运集团	0532-5806758	266034	汽车客货运输	
山东靖海实业集团	0631-7461294	264307	海产品加工	
日照市水产集团总公司	0633-8321746	276826	冻水产品	
山东蓝星玻璃集团	0631-5997778	264205	平板玻璃	
山东雪花生物化工股份有限公司	0537-3866285	272103	豆制淀粉	谷氨酸
山东龙喜集团	0535-8565858	265705	印染布	水泥
青岛海晶化工集团	0532-8086216	266042	烧碱	聚氯乙烯
山东省医药集团有限公司	0531-8562497	250013	药品类销售	器械类销售
特变电工山东鲁能泰山电缆有限公司	0538-7238818	271200	裸电线	电力电缆

续表5

企业集团名称	电　话	邮政编码	主要产品1	主要产品2
山东华鲁恒升集团	0534-2465032	253024	尿素	dmf
山东玻璃集团	0533-4180805	255200	平板玻璃	钢化玻璃
山东聊城客车工业集团	0635-8518059	252000	客车	钢结构建筑
山东聊城双力农用车集团	0635-8335466	252056	三轮车	四轮车
青岛康大外贸集团有限公司	0532-6172907	266400	肉食鸡	调理食品
威海北洋电气集团	0631-5231031	264200	打印机	高效电子节能灯
济南一建集团	0531-8617000	250100	工程结算收入	其他业务收入
信义集团公司	0546-6881189	257335	刹车片	
兰雁集团	0533-6432862	255300	布匹	服装
青岛市胶州建设集团有限公司	0532-7212796	266300	建筑业	
正海集团	0535-6397105	264006	彩色显象管用荫罩	纯三氯化铁
潍坊亚星集团	0536-8667941-2021	261031	氯化聚乙烯	聚氯乙烯
山东华力电机集团	0631-7551153	264300	电动机	
威海光威集团	0631-5251625	264202	钓鱼竿	渔线轮
山东省冠县冠星纺织集团总公司	0635-5281013	252500	棉纱	棉布
山东华乐实业集团	0534-6603838	253614	棉纱	帆布
山东红日阿康化工股份有限公司	0539-7112907	276021	复合肥	硫酸
山东华阳农药化工集团	0538-5826001	271411	化学农药	烧碱
山东省高唐蓝山集团	0635-3962186	252800	食用植物油	饲料
临沂市史丹利化肥（集团）有限公司	0539-6201077	276700	复混肥	
山东德州百货大楼（集团）有限责任公司	0534-2693702	253013	商业零售	
山东金沂蒙集团有限公司	0539-6268027	276700	碳酸氢铵	醋酸乙酯
山东高密银鹰化纤有限公司	0536-2323121-6032	261500	棉浆粕	粘胶短纤维
烟台东方电子信息产业集团	0535-6582508	264000	电力系统自动化	变电站综合自动化
山东北金集团有限公司	0533-7602106	255419	铁矿石	铁精粉
山东东阿阿胶集团	0635-3260013	252201	阿胶	复方阿胶
济南华联商厦集团	0531-7082966	250021	服装	食品
山东金麒麟集团	0534-6291718	253600	刹车片	
鲁南制药股分有限公司	0539-8336079	276005	中成药加工	化学制剂片剂
山东齐鲁增塑剂股份有限公司	0533-7524513	255411	邻苯二甲酸二辛酯	邻苯二甲酸二异酯
鲁中冶金矿业集团公司	0634-6811238	271113	铁精矿	块矿
山东斥山水产集团	0631-7321100	264308	水产品加工	渔粉
烟台市钢铁企业集团	0535-6696910	264000	电炉钢	钢材
泰开电气集团有限公司	0538-8514044	271000	自动断路器	高压开关板
山东省对外贸易集团	0532-2971188	266002	进口成品油	出口机电产品
泰安鲁润股份有限公司	0538-8226885	271000	油品	装饰装修
临沂市医药集团	0539-8211709	276003	化学药品	中成药
烟台氨纶集团	0535-6375445	264006	氨纶丝	
青岛正进集团	0532-7726633	266109	冷冻水产品	干鲜水产品
山东东大化学工业有限公司	0533-2159515	255028	聚醚多元醇	环氧丙烷
青岛泰能燃气集团	0532-6688882	266071	煤气生产能力	焦炭
济南二机床集团	0531-7963434	250022	金属成形机床	金属切削机床
山东威高集团	0631-5622517	264209	一次性使用输液器	一次性使用注射器
山东聊建集团总公司	0635-8266032	252000	建筑业	拖拉机
山东巨力股份有限公司	0536-8185856	261021	三轮农用车	生鱼片

续表6

企业集团名称	电　话	邮政编码	主要产品1	主要产品2
山东大洋食品集团有限公司	0532-8201688	266316	烤鱿鱼	
威海建设集团	0631-5224880	264200	建筑工程施工	
济南锅炉集团有限公司	0531-59742226452	250023	锅炉制造业	尿素
兖矿峄山化工有限公司	0537-5344179	273500	合成氨	货舱车 网车
青岛振华工业集团有限公司	0532-6616702	266431	轮胎	
大众报业集团	0531-5196068	250014	报纸	
青岛金王集团有限公司	0532-5718989	266071	蜡烛	石油助剂
山东东辰实业集团有限公司	0546-2068589	257506	节能电器	塔机、装截机
方圆集团	0535-6221111	265100	搅拌机、配料机	
诸城市新郎服饰有限责任公司	0536-6081356	262200	西服	面料
耶莉娅集团	0536-8957833	261021	服装	布
山东滨州环宇纺织集团有限责任公司	0543-3209385	256617	棉纱	制药
山东大陆企业集团有限公司	0539-8196092	276002	钢材	自动络筒机
青岛宏大纺织机械有限责任公司	0532-4857541	266042	梳棉机	钢铁
鲁丽集团	0536-5361300	262724	人造板	
山东隆基集团有限公司	0535-8842175	265700	汽车配件	
山东莱动内燃机有限公司	0535-7293398	265200	柴油机	铝塑板
山东乐化集团	0536-6681427	262412	涂料	货车收入
烟台交运集团有限责任公司	0535-6243401-850	264000	客车收入	
威海华联集团公司	0631-5222888-3168	264200	百货零售	铁精粉
山东金顺达集团有限公司	0533-7600849	255419	生铁	货物运输
菏泽交通集团总公司	0530-3968076	274000	旅客运输	绢纺丝
山东省丝绸集团有限公司	0531-6106885	250001	白厂丝	健身器
山东英克莱集团	0537-2327808	272000	电动车	日用玻璃
德州晶华集团	0534-2612213	253007	平板玻璃	
山东高虹电力集团	0631-7597124	264300	发电量	化学农药
山东胜利股份有限公司	0531-8878899	250101	生物制药	防盗门
烟台三环锁业集团	0535-6254401-223	264000	锁具	麸酸
山东阜丰发酵有限公司	0539-7212351	276600	味精	淀粉
山东齐鲁味精集团	0635-4232231	252100	味精	
山东贺友集团	0534-2128132	251200	密度板	
青岛十梅庵集团公司	0532-4831618	266043	业务收入	
山东省高青县供销企业集团总公司	0533-6961560	256300	皮棉	棉 纱
泰山玻璃纤维股份有限公司	0538-6622028	271000	无碱玻璃纤维纱	短切原丝毡
济南玫德铸造有限公司	0531-7885015	250400	各类管件	
山东省医药集团总公司	0537-2315401	272035	化学药品批发	中成药、中药材批发
威海木机集团	0631-5925136	264205	三板成套木工设备	金属切削机床
山东常林机械集团	0539-6260989	276700	手扶拖拉机	柴油机
菏泽睿鹰制药集团	0530-5856506	274039	头孢哌酮	头孢他啶
山东丰源煤电股份有限公司	0632-2462016-2123	277518	原煤	发电
青岛三恩集团	0532-7869228	266109	焊接钢管	钢带
山东樱花纺织集团	0537-2388016	272035	棉纱	棉布
山东齐天化学集团	0537-2782042	272021	烧碱	聚氨乙烯
山东津华集团	0534-3215089	253200	豆油	
山东中大空调集团	0534-2299010	253022	中央空调末端产品	中央空调

续表 7

企业集团名称	电　话	邮政编码	主要产品 1	主要产品 2
淄博华辰集团	0533-3581118	255086	水泥	光盘
青岛公交集团	0532-5928739	266071	城市公交客运	客车制造
青岛天泰集团	0532-8016363	266100	房地产	
山东恒联投资有限公司	0536-8671526	261031	铜版纸	玻璃纸
山东鸿达建工集团有限公司	0535-7261368	265200	塔成超重机	搅拌机
山东省淄博糖酒站股份有限公司	0533-2184572	255024	糖酒、副食品	空调器
潍坊迈特钢管集团有限公司	0536-8187088	261011	镀锌钢管	电线套管
山东宏河矿业集团有限公司	0537-5557800	273514	原煤	机制纸
翔宇实业集团有限公司	0539-2958901	276004	沥青	汽车
山东潍坊外贸实业集团	0536-2110896	261041	饲料	冻分割鸡及熟制品
山东鲁鑫贵金属集团公司	0535-8226707	265400	键合金丝	金银首饰
山东谷神集团	0534-8321437	253500	混合饲料	食用油
山东银宝轮胎集团	0536-5518161	262735	轮胎	橡胶制品
青岛中泰集团	0532-4962030	266042	锦纶长丝	涤纶长丝
山东东蒙企业集团公司	0539-4836618	276200	麦芽	坯布
山东裕隆矿业集团	0537-4401083	273100	原煤	
山东中轩股份有限公司	0533-7213986	255400	黄原胶	白酒
潍坊新立克集团	0536-8788013	261031	BOPET 薄膜	
山东康田化肥(集团）有限公司	0539-6217958	276700	复混（合）肥	
银座渤海集团股份有限公司	0531-6988888	250063	商业	
山东省乐鑫集团	0534-6422966	253600	豆油	饲料
山东机械设备进出口集团公司	0532-5724349	266071	机电仪产品	
烟台港务局	0535-6742134	264000	货物装卸	其他业务
山东现代达驰电工电气股份有限公司	0530-8651601	274200	电力变压器	
山东云龙绣品工业公司	0631-8352360	264400	工艺品	
东营市华誉实业集团有限公司	0546-8651544	257545	冻鸡	饲料
山东环日集团	0535-2335206	261413	钢瓶	轮胎
山东省药用玻璃股份有限公司	0533-3242312	256100	模杭瓶	棕色瓶
青岛红领集团有限公司	0532-8598017	266200	西装	西裤
天润曲轴有限公司	0631-8982126	264400	曲轴	铸铁件
山东鲁洲食品集团有限公司	0539-2323019	276400	淀粉糖	化肥、尿素
山东王晁煤电集团有限公司	0632-6619289	277400	原煤	精煤
济南农工商集团有限公司	0531-2707904	250002	乳制品	生猪屠宰
山东华盛中天机械集团有限公司	0539-8488658	276017	通用型汽油机	植保机械
威海市山花地毯集团	0631-5219988	264200	簇绒地毯	编织地毯
青岛亿路发集团有限公司	0532-7905577	266111	生鱼片	模拟蟹肉
青岛华金集团	0532-3833085	266021	针织衫裤	
青岛市市政工程集团有限公司	0532-2861479	266003	建筑业总产值	
山东绿源化工集团	0534-8261715	253500	复合肥	
山东新光实业集团有限公司	0539-8288820	276017	绵纱	毛毯
山东莱阳春雪食品有限公司	0535-7328355	265202	冻禽肉	蔬菜
潍坊建工集团有限公司	0536-8260888	261041	房屋建筑	房地产开发
青岛海珊服装服饰集团	0532-5768911	266071	服装	家访

2－13 企业集团及主要成员企业(2004年)

集团及成员企业名称	企业地址	主营行业
海尔集团		
海尔集团公司	山东省青岛市高科园海尔路1号	家用空气调节器制造
青岛海尔空调器有限总公司	山东省青岛市高科技工业园	家用空气调节器制造
青岛海尔国际贸易有限公司	山东省青岛市高科技工业园	其他未列明的商务服务
飞马通讯（青岛）有限公司	山东省青岛市高科技工业园	移动通信及终端设备制造
青岛海尔通信有限公司	山东省青岛市高科技工业园	移动通信及终端设备制造
莱芜钢铁集团		
莱芜钢铁集团有限公司	山东省莱芜市钢城区友谊大街38号	钢压延加工
莱芜钢铁集团鲁南矿业有限公司	山东临沂	铁矿采选
莱钢集团矿山建设有限公司	山东省莱芜市钢城区	房屋工程建筑
莱芜天元气体有限公司	山东省莱芜市钢城区	其他基础化学原料制造
莱芜钢铁股份有限公司	山东省莱芜市钢城区	钢压延加工
济南钢铁集团		
济南钢铁集团总公司	山东省济南市工业北路21号	钢压延加工
济南钢铁股份有限公司	山东省济南市工业北路21号	钢压延加工
济钢耐火材料厂	山东省济南市章丘市明水镇	耐火陶瓷制品及其他耐火材料
济钢石横特钢厂	山东省肥城市石横镇	钢压延加工
济南鲍德炉料有限公司	山东省济南市历城区郭店镇	水泥制造
海信集团		
海信集团有限公司	山东省青岛市市南区东海西路17号	家用影视设备制造
青岛海信电子产业控股股份有限公司	山东省青岛市市南区东海路17号	家用影视设备制造
青岛海信电器股份有限公司	山东省青岛市黄岛开发区团结路18号	家用影视设备制造
青岛海信空调有限公司	山东省青岛市高科园长沙路（生产基地：平度市南村工业园）	制冷、空调设备制造
海信（北京）电器有限公司	北京市大兴区黄村清源路34号	制冷、空调设备制造
中国石化股份有限公司山东石油分公司		
中国石化股份有限公司山东石油分公司	山东省济南市历山路73#	石油及制品批发
中石化股份有限公司山东枣庄分公司	山东省枣庄市	石油及制品批发
中石化股份有限公司山东东营分公司	山东省东营市	石油及制品批发
中石化股份有限公司山东烟台分公司	山东省烟台市	石油及制品批发
中石化股份有限公司山东潍坊分公司	山东省潍坊市	石油及制品批发
中国重型汽车集团有限公司		
中国重型汽车集团有限公司	山东省济南市无影山中路53号	汽车整车制造
中国重型汽车集团济南卡车股份有限公司	山东济南	汽车整车制造
中国重型汽车集团济南商用车有限公司	山东济南	汽车整车制造
济南复强动力有限公司	山东济南	汽车整车制造
重汽集团济南客车有限责任公司	山东济南	改装汽车制造
山东魏桥创业集团		
山东魏桥创业集团有限公司	山东省滨州市邹平县经济技术开发区魏纺路1号	棉、化纤纺织加工

续表 1

集团及成员企业名称	企业地址	主营行业
魏桥纺织股份有限公司	山东省滨州市邹平县经济技术开发区	棉、化纤纺织加工
山东位桥染织有限公司	山东省滨州市邹平县魏桥镇	棉、化纤纺织加工
山东魏联印染有限公司	山东省滨州市邹平县魏桥镇	棉、化纤印染精加工
山东鲁藤纺织有限公司	山东省滨州市邹平县魏桥镇	棉、化纤纺织加工
兖矿集团有限公司		
兖矿集团有限公司	山东省济宁市邹城市凫山路 298 号	烟煤和无烟煤的开采洗选
兖州煤业股份有限公司	山东省邹城市	烟煤和无烟煤的开采洗选
唐村实业有限公司	山东省邹城市	烟煤和无烟煤的开采洗选
科蓝公司	山东省济宁市	其他合成材料制造
山东长龙管材有限公司	山东省邹城市	其他非金属加工专用设备制造
青岛钢铁集团		
青岛钢铁有限公司	山东省青岛市李沧区遵义路 5 号	炼钢
青岛银钢炼铁有限公司	山东省青岛市李沧区	炼铁
青岛银钢烧结有限公司	山东省青岛市李沧区	炼铁
青岛钰也发展股份有限公司	山东省青岛市李沧区	炼钢
青岛钢铁气体有限公司	山东省青岛市李沧区	其他基础化学原料制造
山东鲁能集团		
山东鲁能集团有限公司	济南市经三路 61 号	投资与资产管理
山东鲁能发展集团有限公司	山东省济南市	火力发电
鲁能置业集团公司	山东省济南市	房地产开发经营
鲁能矿业集团公司	山东省济南市	煤炭及制品批发
鲁能建设投资集团公司	山东省济南市	其他未列明的建筑活动
山东海化集团		
山东海化集团有限公司	山东省潍坊市海洋化工开发区	采盐
山东海化股份有限公司	山东省潍坊市海化开发区	无机碱制造
煤业化工有限公司	山东省枣庄市薛城区	炼焦
振兴焦化有限公司	山东省潍坊市昌乐县	炼焦
瑞源实业有限公司	山东省潍坊市海化开发区	纺织服装制造
山东滨化集团		
山东滨化集团有限责任公司	山东省滨州市黄河五路 560 号	有机化学原料制造
山东滨化集团沾化经贸有限责任公司	山东省沾化县富城路 62 号	石油及制品批发
山东滨化实业有限责任公司	山东省滨州市黄河五路 552 号	石油及制品批发
山东滨州嘉源环保有限责任公司	山东省滨州市黄河五路 560 号	专项化学用品制造
滨州中海沥青科技有限责任公司	山东省滨州市黄河五路 560 号	原油加工及石油制品制造
山东如意科技集团		
山东如意科技集团有限公司	山东省济宁市高新区如意工业园内	毛纺织
山东如意毛纺集团有限责任公司	山东省济宁市	毛纺织
山东济宁如意毛纺织股份有限公司	山东省济宁市	毛纺织
济宁如意毛纺制品有限责任公司	山东省济宁市	毛纺织
济宁如意印染有限公司	山东省济宁市	棉、化纤印染精加工
浪潮集团		
浪潮集团有限公司	山东省济南市历下区山大路 224 号	电子计算机整机制造
浪潮电子信息产业股份有限公司	山东省济南市历下区山大路 224 号	光学仪器制造

续表2

集团及成员企业名称	企业地址	主营行业
山东超越数控电子有限公司	山东省济南市历下区山大路224号	光学仪器制造
浪潮乐金数字移动通信有限公司	山东省烟台	光学仪器制造
聊城浪潮电子信息有限公司	山东省聊城	光学仪器制造
华电国际电力股份有限公司		
华电国际电力股份有限公司	山东省济南市经三路14号	火力发电
山东青岛发电厂	山东省青岛市四方区	火力发电
山东潍坊发电厂	山东省潍坊市高新技术产业开发区	火力发电
华电淄博热电有限公司	山东淄博市张店区	火力发电
华电章丘发电有限公司	山东省济南市章丘市龙山镇	火力发电
山东金锣企业集团总公司		
临沂新程金锣肉制品有限公司	山东省临沂市兰山区半程镇	肉制品及副产品加工
巨野县金锣肉类加工厂	山东省荷泽市巨野县	肉制品及副产品加工
齐齐哈尔金锣食品有限公司	齐齐哈尔市	肉制品及副产品加工
佳木斯北方金锣食品有限公司	佳木斯市	肉制品及副产品加工
金锣集团九台肉类联合加工厂	吉林省九台市	肉制品及副产品加工
山东晨鸣纸业集团		
山东晨鸣纸业集团股份有限公司	山东省潍坊市寿光市晨鸣工业园	机制纸及纸板制造
山东晨鸣集团齐河板纸有限公司	山东省德州齐河	机制纸及纸板制造
山东晨鸣热电股份有限公司	山东潍坊寿光	火力发电
武汉晨鸣汉阳纸业股份有限公司	湖北武汉开发区	机制纸及纸板制造
襄樊晨鸣铜版纸有限责任公司	湖北省襄樊市	加工纸制造
三联集团		
山东三联集团有限责任公司	山东省济南市趵突泉北路12号	家用电器零售
三联商社	山东省济南市历下区	家用电器零售
山东三联汇泉股份有限公司	山东省济南市历下区	正餐服务
山东三联城市建设有限公司	山东省济南市市中区	房地产开发经营
山东三联电子信息有限公司	山东省济南市历下区	互联网信息服务
山东时风集团		
山东时风（集团）有限责任公司	山东省高唐县时风路1号	其他农林牧渔业机械制造及机
高唐县农用车制造厂	山东省高唐县	其他农林牧渔业机械制造及机
山东时风高唐涂料有限责任公司	山东省高唐县	涂料制造
山东时风集团高唐酒业有限责任公司	山东省高唐县	白酒制造
山东时风集团高唐酒业销售有限责任公司	山东省高唐县	饮料及茶叶批发
山东工程机械集团		
山东工程机械集团有限公司	山东省济宁市昊泰闸路71号	拖拉机制造
山东山推机械有限公司	山东省济宁市	拖拉机制造
山推工程机械股份有限公司	山东省济宁市	拖拉机制造
山东山工机械有限公司	山东省潍坊市青州市	拖拉机制造
山东临沂工程机械股份有限公司	山东省临沂市	拖拉机制造
青岛澳柯玛集团		
青岛澳柯玛集团总公司	山东省青岛经济技术开发区前湾港路315号	家用制冷电器具制造
青岛澳柯玛股份有限公司	山东省青岛经济技术开发区前湾港路315号	家用制冷电器具制造
青岛澳柯玛物资配套公司	山东省青岛经济技术开发区前湾港路315号	家用制冷电器具制造

续表3

集团及成员企业名称	企业地址	主营行业
青岛澳柯玛商务有限公司	山东省青岛经济技术开发区前湾港路315号	家用制冷电器具制造
青岛澳柯玛自动商用设备有限公司	山东省青岛经济技术开发区江山中路169号	商业、饮食、服务业专用设备
颐中集团		
颐中烟草(集团)有限公司	山东省青岛市市北区华阳路20号	卷烟制造
青岛颐中投资发展有限公司	山东省青岛市	投资与资产管理
颐中体育产业发展公司	山东省青岛市	体育场馆
青岛颐中国际大酒店公司	山东省青岛市	旅游饭店
颐中运输车辆有限公司	山东省青岛市	汽车整车制造
双星集团		
双星集团有限责任公司	山东省青岛市贵州路5号	橡胶靴鞋制造
双星名人实业股份有限公司	山东青岛市南区贵州路5号	橡胶靴鞋制造
青岛双星股份有限公司	山东青岛市南区贵州路5号	皮鞋制造
青岛海江鞋业有限公司	山东青岛市南区贵州路5号	橡胶靴鞋制造
成都(青岛双星)鞋业有限公司	四川成都	橡胶靴鞋制造
山东三箭集团		
山东三箭置业集团有限公司	山东省济南市历城区东外环路中段2668号	房屋工程建筑
江苏南通六建公司	江苏南通	房屋工程建筑
江苏常乐建工集团	江苏常乐	房屋工程建筑
江苏南通二建公司	江苏南通	房屋工程建筑
肥城新雅安装公司	山东肥城	房屋工程建筑
中国石化集团青岛石油化工有限责任公司		
中国石化集团青岛石油化工有限责任公司	山东青岛市李沧区滨海路8号	原油加工及石油制品制造
青岛琴陵石化配件有限责任公司	山东青岛市李沧区滨海路8号	炼油、化工生产专用设备制造
青岛市化学石油工业压力容器检测站	山东青岛市李沧区滨海路8号	炼油、化工生产专用设备制造
青岛晟祥成品油输运有限公司	山东青岛市李沧区滨海路8号	管道运输业
青岛石化液化气公司	山东青岛市李沧区滨海路8号	管道运输业
华盛江泉集团		
华盛江泉集团有限公司	山东省临沂市罗庄区工业街	炼铁
山东江泉实业股分有限公司	山东省临沂市罗庄区	卫生陶瓷制品制造
山东华盛江泉热电有限公司	山东省临沂市罗庄区	火力发电
临沂江泰铝业有限公司	山东省临沂市罗庄区	铝冶炼
临沂江鑫钢铁有限公司	山东省临沂市罗庄区	炼铁
诸城外贸有限责任公司		
诸城外贸有限责任公司	山东省潍坊市诸城市密州路东首	肉制品及副产品加工
诸城兴贸玉米开发公司	山东省潍坊市诸城市	肉制品及副产品加工
诸城外贸食品冷藏有限公司	山东省潍坊市诸城市	肉制品及副产品加工
山东尽美食品有限公司	山东省潍坊市诸城市	肉制品及副产品加工
山东凤祥食品有限公司	山东省潍坊市诸城市	肉制品及副产品加工
青岛广源发集团		
青岛广源发集团有限公司	山东省青岛市城阳区夏庄街道	原油加工及石油制品制造
青岛广源发机电研究所有限公司	山东省青岛市城阳区	电子工业专用设备制造
青岛广源发集团房地产开发有限公司	山东省青岛市城阳区	房地产开发经营
青岛汇丰置业有限公司	山东省青岛市城阳区	房地产开发经营

续表4

集团及成员企业名称	企业地址	主营行业
青岛安盛金属实业有限公司	山东省青岛市城阳区	金属废料和碎屑的加工处理
淄博矿业集团		
淄博矿业集团有限责任公司	山东省淄博市淄川区江洪山镇般阳东路215号	烟煤和无烟煤的开采洗选
光正公司	山东省淄博市淄川区	烟煤和无烟煤的开采洗选
宇峰公司	山东省淄博市淄川区	烟煤和无烟煤的开采洗选
坤升公司	山东省淄博市淄川区	烟煤和无烟煤的开采洗选
先河公司	山东省淄博市淄川区	采矿、采石设备制造
中国联通有限公司山东分公司		
中国联通有限公司山东分公司	山东省济南市经十路124号	移动电信服务
中国联通济南分公司	济南市山大路234号	移动电信服务
中国联通潍坊分公司	潍坊市开发区东明路	移动电信服务
中国联通淄博分公司	淄博市张店区柳泉路236号	移动电信服务
中国联通烟台分公司	烟台市南大街133号	移动电信服务
山东太阳纸业集团		
山东太阳纸业股份有限公司	山东省济宁市兖州西关大街66号	机制纸及纸板制造
太阳纸业有限公司	山东省济宁市兖州市	机制纸及纸板制造
兖州金鹰纸业有限公司	山东省济宁市兖州市	机制纸及纸板制造
兖州诚信纸业有限公司	山东省济宁市兖州市	机制纸及纸板制造
兖州天颐纸业有限公司	山东省济宁市兖州市	机制纸及纸板制造
华泰集团		
华泰集团有限公司	山东省东营市广饶县潍高路251号	机制纸及纸板制造
山东华泰纸业股份有限公司	山东省东营市广饶县潍高路251号	机制纸及纸板制造
山东华泰热力有限公司	山东省东营市广饶县潍高路251号	火力发电
东营华泰大厦有限责任公司	山东省东营市广饶县潍高路251号	旅游饭店
山东华泰林业有限公司	山东省东营市广饶县潍高路251号	机制纸及纸板制造
山东成山橡胶集团		
山东成山集团有限公司	山东省威海市荣成市南山北路98号	车辆、飞机及工程机械轮
山东成山轮胎股份有限公司	山东省威海市荣成市南山北路98号	车辆、飞机及工程机械轮
荣成成山钢帘线有限公司	山东省威海市荣成市成山大道	金属丝绳及其制品的制造
荣成市现代装饰有限公司	山东省威海市荣成市幸福西街12号	建筑装饰业
荣成市成山宾馆有限公司	山东省威海市荣成市南山北路98号	旅游饭店
将军烟草集团		
将军烟草集团有限公司	山东省济南市历城区将军路80号	卷烟制造
将军经贸有限公司	山东省济南市历城区北园路7号	其他烟草制品加工
济南九州纸业有限公司	山东省济南市历城区北园路1号	纸和纸板容器的制造
济南九州富得有限责任公司	山东省济南市开发区新泺路2号	香料、香精制造
将军物流有限公司	山东省济南市历城区将军路80号	公共电汽车客运
山东省商业集团		
山东省商业集团总公司	山东省济南市山师东路四号	企业管理机构
山东银座圣洋物流中心有限公司	山东省济南市	肉、禽、蛋及水产品批发
山东银座泉城大酒店有限公司	山东省济南市	旅游饭店
山东省中威国贸有限公司	山东省济南市	其他综合零售
山东省商业房地产开发公司	山东省济南市	房地产开发经营

续表5

集团及成员企业名称	企业地址	主营行业
青岛建设集团		
青岛建设集团	山东省青岛市南海支路5号	房屋工程建筑
青岛市第一建筑工程公司	山东省青岛市四方区	房屋工程建筑
青岛市第二建筑工程公司	山东省青岛市市北区	房屋工程建筑
青岛市第三建筑工程公司	山东省青岛市四方区	房屋工程建筑
青岛安装建设股份公司	山东省青岛市四方区	建筑安装业
宏安集团		
宏安集团有限公司	山东省文登市横山路88号	光纤、光缆制造
文登市宏安酒店有限公司	山东省文登市横山路88号	正餐服务
文登市宏安运输有限公司	山东省文登市横山路88号	装卸搬运
文登市宏安木材加工有限公司	山东省文登市横山路88号	建筑用木料及木材组件加工
文登市宏安服装有限公司	山东省文登市横山路88号	纺织服装制造
山东鲁北企业集团		
山东鲁北化工股份有限公司	山东省滨州市无棣县埕口镇	复混肥料制造
山东鲁北盐场	山东省滨州市无棣县埕口镇	采盐
无棣海通化工有限责任公司	山东省滨州市无棣县埕口镇	无机碱制造
无棣海星化工有限责任公司	山东省滨州市无棣县马山子镇	颜料制造
无棣海德化工有限责任公司	山东省滨州市无棣县埕口镇	原油加工及石油制品制造
山东省高速公路集团有限公司		
山东省高速公路集团有限公司	济南舜耕路21号	公路管理与养护
山东基建股份有限公司	济南市	公路管理与养护
威海市商业银行	威海市	旧货零售
山东省高速公路鲁西开发公司	济南市	其他道路运输辅助活动
山东省高速公路鲁东开发公司	济南市	其他道路运输辅助活动
利群集团		
利群集团股份有限公司	山东省青岛市市北区台东三路77号	百货零售
青岛利群商厦有限公司	山东省青岛市	服装批发
青岛长江商厦股份有限公	山东省青岛市	百货零售
青岛金海岸商场有限公司	山东省青岛市	百货零售
青岛福瑞泰购物广场有限	山东省青岛市	百货零售
新华锦集团		
新华锦集团有限公司	青岛市东海中路11号甲	纺织品、针织品及原料批发
山东海川集团控股公司	青岛市市南区经济技术开发区五台山路11号	纺织品、针织品及原料批发
山东盈商针棉织品进出口有限公司	青岛市市南区太平路51号	纺织品、针织品及原料批发
山东锦丰纺织有限公司	青岛市市南区太平路51号	纺织品、针织品及原料批发
山东锦茂进出口有限公司	青岛市市南区太平路51号	纺织品、针织品及原料批发
山东招金集团		
山东招金集团有限公司	山东省烟台市招远市文化路2号	金矿采选
中矿金业股份有限公司	山东省招远市	金矿采选
招金矿业股份有限公司	山东省招远市	金矿采选
蚕庄金矿	山东省招远市	金矿采选
招金励福有限公司	山东省招远市	专项化学用品制造
山东省信发铝电集团		

续表6

集团及成员企业名称	企业地址	主营行业
山东信发铝电集团有限公司	山东省茌平县北顺河街241号	铝冶炼
茌平电业公司	茌平县新政路168号	电力供应
茌平鲁艺家具有限公司	茌平县中心街294号	纤维板制造
茌平新中发木业有限公司	茌平北外环路北茌中河东	纤维板制造
茌平仲嘉变电器材有限公司	茌平中心街268号	变压器、整流器和电感器制造
三角集团		
三角集团有限公司	山东省威海市青岛中路56号	车辆、飞机及工程机械轮
三角轮胎股份有限公司	山东省威海市青岛中路56号	车辆、飞机及工程机械轮
威海海轮橡胶制品有限公司	山东省威海市经济技术开发区庆工团南端	车辆、飞机及工程机械轮
三角威海华安物流有限公司	山东省威海市经济技术开发区西苑办事处宅库村东	道路货物运输
威海经济技术开发区精细化工厂	山东省威海市青岛中路56号	化学试剂和助剂制造
鲁银投资集团股份有限公司		
鲁银投资集团股份有限公司	山东省济南市经十路128号	投资与资产管理
莱芜粉末冶金公司	山东省莱芜市	铁合金冶炼
山东毛绒制品有限公司	山东省禹城市	毛纺织
德州羊绒纺织有限公司	山东省德州市	毛纺织
山东省鲁邦房地产开发有限公司	山东省青岛市	房地产开发经营
中国轻骑集团		
中国轻骑集团有限公司	山东省济南市和平路34号	摩托车整车制造
济南轻骑铃木摩托车有限公司	山东省济南市高新技术开发区东部新区	摩托车整车制造
济南埃彼恩轻型车有限公司	山东省济南市商河县济盐路1号	摩托车整车制造
中国轻骑摩托车集团总公司磁电机厂	山东省济南市高新开发区华龙路579号	摩托车零部件及配件制造
中国轻骑摩托车集团总公司模具厂	山东省济南市历城区华能路1号	摩托车零部件及配件制造
济南齐鲁化纤集团		
济南齐鲁化纤集团有限责任公司	山东省济南市历下区化纤厂路6号	涤纶纤维制造
济南正昊化纤新材料有限公司	山东省济南市历下区化纤厂路2号	涤纶纤维制造
济南三太阻燃制品有限公司	山东省济南市历下区化纤厂路2号	涤纶纤维制造
济南再生切片股份有限公司	山东省济南市历下区化纤厂路2号	合成纤维单(聚合)体的制造
济南正昊贸易公司	山东省济南市历下区化纤厂路2号	贸易经纪与代理
力诺集团		
力诺集团有限责任公司	山东省济南市经十东路8169号	日用玻璃制品及玻璃包装容器
山东力诺瑞特新能源有限责任公司	山东省济南市历城区经十东路	燃气、太阳能及类似能源的器
山东力诺投资有限公司	山东省济南市历城区经十东路	其他住宿服务
山东力诺物流有限责任公司	山东省济南市历城区经十东路	道路货物运输
济南力诺玻璃制品有限责任公司	山东省济南市商河县玉皇庙镇	日用玻璃制品及玻璃包装容器
青岛泰发集团		
青岛泰发股份有限公司	山东省青岛市胶南市隐珠镇	工矿有轨专用车辆制造
青岛琴达工业品制造有限公司	山东省青岛市胶南市隐珠镇	力车胎制造
青岛泰发运输有限公司	山东省青岛市胶南市隐珠镇	公路旅客运输
青岛泰发集团物资公司	山东省青岛市胶南市隐珠镇	其他化工产品批发
青岛泰发集团宏达木器公司	山东省青岛市胶南市隐珠镇	工矿有轨专用车辆制造
科达集团		
科达集团股份有限公司	山东省东营市广饶县大王镇	铁路、道路、隧道和桥梁工程

续表 7

集团及成员企业名称	企业地址	主营行业
东营科英激光电子有限公司	山东省东营市东城	其他电子设备制造
东营精细化工厂	山东省东营市广饶县	无机酸制造
东营黄河大桥有限责任公司	山东省东营市	市政公共设施管理
河北万全油田化学有限公司	河北张家口	无机酸制造
山东黄金集团		
山东黄金集团有限公司	山东省济南市解放路 16 号	金矿采选
山东黄金矿业有限公司	山东省济南市解放路 16 号	金矿采选
山东省黄金集团平度黄金有限公司	山东省青岛市人民路 58 号	金矿采选
山东黄金集团烟台设计研究工程有限公司	山东省烟台市开发区泰山路 118 号	冶金专用设备制造
山东黄金集团建设工程有限公司	山东省烟台市开发区泰山路 118 号	工矿工程建筑
山东泰山钢铁集团		
山东泰山钢铁集团有限公司	山东省莱芜市莱城区新甫路 1 号	钢压延加工
山东泰山钢铁有限公司焦化厂	山东省莱芜市莱城区	炼焦
山东泰钢热电有限公司	山东省莱芜市莱城区	火力发电
莱芜市白象消防器材有限公司	山东省莱芜市莱城区	社会公共安全设备及器材制造
山东泰钢娱乐城有限公司	山东省莱芜市莱城区	正餐服务
山东玲珑橡胶有限公司		
山东玲珑橡胶有限公司	山东省烟台市招远市金城路 170 号	车辆、飞机及工程机械轮
招远利奥橡胶制品有限公司	山东省烟台地区招远市金城路 170 号	车辆、飞机及工程机械轮
招远市玲珑机电设备有限公司	山东省烟台地区招远市金城路 85 号	变压器、整流器和电感器制造
招远玲珑热电有限公司	山东省烟台地区招远市开发区玲珑轮胎工业园	火力发电
招远玲珑水泥有限公司	山东省烟台地区招远市开发区玲珑轮胎工业园	水泥制造
青岛即发集团		
青岛即发集团股份有限公司	山东省青岛即墨市即发路 1 号	棉、化纤针织品及编织品制造
青岛贵华针织有限公司	山东省青岛即墨市	棉、化纤针织品及编织品制造
青岛世纪发制品有限公司	山东省青岛即墨市	其他工艺美术品制造
青岛即墨市即发纺织有限公司	山东省青岛即墨市	棉、化纤纺织加工
青岛颐和针织有限公司	山东省青岛即墨市	棉、化纤印染精加工
青岛黄海橡胶集团		
青岛黄海橡胶集团有限责任公司	山东省青岛市李沧区沧安路 1 号	车辆、飞机及工程机械轮
青岛橡六集团有限公司	山东省青岛市市北区华阳路 36 号	橡胶板、管、带的制造
青岛双碟集团股份有限公司	山东省青岛市市北区台东一路 103 号	日用及医用橡胶制品制造
青岛橡胶制品有限责公司	山东省青岛市四方区宜昌路 39 号	橡胶零件制造
青岛橡胶机械厂	山东省青岛市城阳区安顺路 36 号	橡胶加工专用设备制造
山东京博集团		
山东京博石油化工有限公司	山东省滨州市博兴县陈户镇	原油加工及石油制品制造
山东华韵新材料有限公司	山东省滨州市博兴县陈户镇	金属表面处理及热处理加工
山东京博农化有限公司	山东省滨州市博兴县陈户镇	化学农药制造
山东京博物流中心有限公司	山东省滨州市博兴县开发区	货运火车站
山东黄海林纸有限公司	山东省滨州市博兴县陈户镇	加工纸制造
润华集团		
润华集团股份有限公司	山东省济南市经十西路 239 号	汽车、摩托车及零配件批发
润华药业有限公司	山东省济南市经十西路 239 号	化学药品制剂制造

续表8

集团及成员企业名称	企业地址	主营行业
润华智星计算机技术有限公司	山东省济南市经十西路239号	计算机、软件及辅助设备批发
润华集团房地产开发有限公司	山东省济南市经十西路239号	房屋工程建筑
润华集团山东物业管理有限公司	山东省济南市经十西路239号	物业管理
万达集团		
万达集团股份有限公司	山东省东营市垦利县胜坨镇永莘路68号	电线电缆制造
山东万达电缆有限公司	山东省东营市垦利县	电线电缆制造
山东万达化工有限公司	山东省东营市垦利县	化学试剂和助剂制造
东营市万达建安有限责任公司	山东省东营市垦利县	房屋工程建筑
东营华达精密铸造有限公司	山东省东营市垦利县	钢铁铸件制造
山东里能集团		
山东里能集团有限公司	山东省济宁市邹城市太平镇里彦村	火力发电
山东里能里彦发电有限公司	山东省邹城市太平镇	火力发电
山东里能里彦矿业有限公司	山东省邹城市太平镇	烟煤和无烟煤的开采洗选
山东里能鲁西矿业有限公司	山东省济宁任城廿里铺	烟煤和无烟煤的开采洗选
山东里能新河矿业有限公司	山东嘉祥县嘉祥镇	烟煤和无烟煤的开采洗选
山东银座商城股份有限公司		
山东银座商城股份有限公司	山东省济南市泺源大街66号	百货零售
济南银座购物广场有限公司	山东济南	百货零售
泰安银座商城有限公司	山东泰安	百货零售
济南银座商城有限公司	山东济南	百货零售
淄博银座商城有限公司	山东淄博	百货零售
山东淄博付山企业集团有限公司		
山东省天下第一店酒厂	山东省淄博市高新区卫固镇付山村	白酒制造
富博公司	山东省淄博市高新区卫固镇付山村	白酒制造
淄博付山热电厂	山东省淄博市高新区卫固镇付山村	热力生产和供应
淄博付山钢铁厂	山东省淄博市高新区卫固镇付山村	炼铁
张店社会福利化工厂	山东省淄博市高新区卫固镇付山村	无机盐制造
山东寿光巨能电力集团		
山东寿光巨能电力集团有限公司	山东省潍坊市寿光市圣城街办渤海路268号	电力供应
山东巨能电力集团金玉米开发有限公司	山东潍坊寿光	淀粉及淀粉制品的制造
山东巨能热电有限公司	山东潍坊寿光	火力发电
山东巨能特钢有限公司	山东潍坊寿光	炼钢
山东寿光巨能电力设备有限公司	山东潍坊寿光	绝缘制品制造
济南山水集团		
济南山水集团有限公司	山东省济南市长清区崮山山水工业园	企业管理机构
山东水泥厂	山东省济南市市中区	水泥制造
济南水泥制品厂	山东省济南市市中区	水泥制品制造
济南新型建筑材料厂	山东省济南市历城区	粘土砖瓦及建筑砌块制造
济南东岳塑编包装公司	山东省济南市市中区	塑料丝、绳及编织品的制造
山东西王集团有限公司		
山东西王集团有限公司	山东省滨洲市邹平县韩店镇西王村	淀粉及淀粉制品的制造
山东西王粮油有限公司	山东省滨洲市邹平县	淀粉及淀粉制品的制造
山东西王淀粉有限责任公司	山东省滨洲市邹平县	淀粉及淀粉制品的制造

续表 9

集团及成员企业名称	企业地址	主营行业
山东西王糖业有限公司	山东省滨洲市邹平县	淀粉及淀粉制品的制造
邹平县西王运输有限责任公司	山东省滨洲市邹平县	道路货物运输
临沂矿务局		
临沂矿务局	山东省临沂市罗庄区龙谭路	烟煤和无烟煤的开采洗选
山东省田庄煤矿	山东省济宁市	烟煤和无烟煤的开采洗选
山东省马坊煤矿	山东省肥城市石横镇	烟煤和无烟煤的开采洗选
山东省邱集煤矿	山东省德州市齐河县	烟煤和无烟煤的开采洗选
山东东山矿业有限责任公司	山东省临沂市罗庄区	烟煤和无烟煤的开采洗选
山东丛林集团		
山东丛林集团公司	山东省烟台市龙口诸由观镇政府驻地	常用有色金属压延加工
龙口市龙耀铝材有限公司	山东省烟台市龙口诸由观镇政府驻地	常用有色金属压延加工
龙口市泛林球墨铸铁管有限公司	山东省烟台市龙口诸由观镇政府驻地	建筑装饰及水暖管道零件制造
龙口市塑胶带厂	山东省烟台市龙口诸由观镇政府驻地	橡胶板、管、带的制造
龙口市丛林热电厂	山东省烟台市龙口诸由观镇政府驻地	火力发电
山东省棉麻公司		
山东省棉麻公司	山东省济南市历城区辛祝路 2 号	棉、麻批发
山东省天元纤维有限公司	山东省济南市历城区辛祝路 2 号	棉、麻批发
山东鲁棉纺织品有限公司	山东省济南市历城区辛祝路 2 号	棉、麻批发
山东鲁棉开元纺织原料有限责任公司	山东省济南市历城区辛祝路 2 号	棉、麻批发
山东鲁棉开元贸易有限责任公司	山东省济南市历城区辛祝路 2 号	棉、麻批发
正和集团		
正和集团股份有限公司	山东省东营市广饶县石村	原油加工及石油制品制造
广饶县石油产品销售公司	山东省东营市广饶县石村	基础软件服务
广饶油区废旧物资回收站	山东省东营市广饶县石村	再生物资回收与批发
山东正和钢塑型材有限公司	山东省东营市广饶县石村	金属表面处理及热处理加工
山东正和热电有限公司	山东省东营市广饶县石村	火力发电
山东只楚集团		
山东只楚集团有限公司	山东省烟台市芝罘区只楚路 75 号	企业管理机构
烟台汽车内饰总公司	山东省烟台市	汽车零部件及配件制造
烟台只楚药业有限公司	山东省烟台市	化学药品原药制造
烟台市电缆厂	山东省烟台市	电子计算机整机制造
烟台只楚民营科技股份有限公司	山东省烟台市	有色金属合金制造
得利斯集团		
得利斯集团有限公司	山东省诸城市昌城镇得利斯工业园区	肉制品及副产品加工
诸城市王兴调味品有限公司	山东省诸城市昌城镇	肉制品及副产品加工
诸城合利食品有限公司	山东省诸城市昌城镇	肉制品及副产品加工
潍坊爱斯特食品有限公司	山东省诸城市昌城镇	肉制品及副产品加工
山东北极神生物工程有限公司	山东省诸城市昌城镇	肉制品及副产品加工
山东鲁抗医药集团有限公司		
山东鲁抗医药集团有限公司	山东省济宁市太白西路 152 号	化学药品原药制造
山东鲁抗医药集团股份有限公司	山东省济宁市	化学药品原药制造
山东鲁抗医药集团三叶有限公司	山东省济宁市	化学药品制剂制造
山东鲁抗医药集团辰欣公司	山东省济宁市	化学药品制剂制造

续表10

集团及成员企业名称	企业地址	主营行业
山东鲁抗医药集团舍里乐公司	山东省济宁市	兽用药品制造
烟台张裕集团		
烟台张裕集团有限公司	山东省烟台市芝罘区世回尧路174号	企业管理机构
烟台张裕葡萄酿酒股份有限公司	山东省烟台市芝罘区	葡萄酒制造
福山醴泉公司	山东省烟台市福山区	白酒制造
烟台酿酒厂	山东省烟台市芝罘区	白酒制造
烟台中药厂	山东省烟台市芝罘区	中成药制造
山东凤祥集团		
山东凤祥（集团）有限责任公司	山东聊城市阳谷县刘庙村	畜禽屠宰
山东凤祥乳业有限公司	山东聊城市阳谷县刘庙村	液体乳及乳制品制造
山东凤祥－爱迪西有限公司	山东聊城市阳谷县刘庙村	畜禽屠宰
山东中科凤祥生物工程有限公司	山东聊城市阳谷县刘庙村	其他调味品、发酵制品制
山东阳谷凤祥纺织有限公司	山东聊城市阳谷县	棉、化纤纺织加工
潍坊医药集团		
潍坊医药集团股份有限公司	山东省潍坊市东风西街362号	西药批发
山东潍坊海王医药有限公司	山东潍坊	西药批发
潍坊制药厂有限公司	山东潍坊	化学药品原药制造
潍坊精鹰医疗器械公司	山东潍坊	制药专用设备制造
山东沃华医药科技股份公司	山东潍坊	中成药制造
山东冠鲁集团		
山东冠鲁置业有限公司	山东省平邑县浚河路207号	建筑安装业
山东冠鲁股分有限公司	山东省平邑县	房屋工程建筑
平邑房地产综合开发有限公司	山东省平邑县	房地产开发经营
平邑经济开发区	山东省平邑县	物业管理
平邑金马 鞋业有限公司	山东省平邑县	皮鞋制造
烟台万华合成革集团		
烟台万华合成革集团有限公司	山东省烟台市芝罘区幸福南路2号	合成纤维单(聚合)体的制造
烟台万华聚氨酯股份有限公司	山东省烟台市芝罘区	合成纤维单(聚合)体的制造
烟台万华华力热电股份有限公司	山东省烟台市芝罘区	火力发电
烟台万华氯碱股份有限公司	山东省烟台市芝罘区	无机碱制造
烟台万华华大化学工业公司	山东省烟台市芝罘区	初级形态的塑料及合成树脂制
临清彩虹集团		
临清彩虹热电有限责任公司	山东省临清市西门里街384号	火力发电
临清运河热电有限责任公司	山东省临清市	火力发电
山东奥博特铜铝业有限公司	山东省临清市	常用有色金属压延加工
临清中远精铸有限公司	山东省临清市	风机、风扇制造
临清天力变压器有限公司	山东省临清市	变压器、整流器和电感器制造
山东九发集团		
山东九发集团公司	山东省烟台市牟平区牟玉路1号	企业管理机构
山东九发食用菌股份有限公司	山东省烟台市牟平区牟玉路1号	其他调味品、发酵制品制
山东九发深海矿泉开发有限公司	山东省烟台市牟平区牟玉路1号	茶饮料及其他软饮料制造
烟台牟平九发包装材料有限公司	山东省烟台市牟平区牟玉路1号	包装装潢及其他印刷
北京九发药业有限公司	北京市门头沟	化学药品原药制造

续表11

集团及成员企业名称	企业地址	主营行业
山东德棉集团		
山东德棉集团有限公司	山东省德州市顺河西路18号	棉、化纤纺织加工
德州恒丰纺织有限公司	山东省德州市德城区	棉、化纤纺织加工
德州印染有限公司	山东德州德城区	棉、化纤印染精加工
德州雅德联针织有限公司	山东德州市德城区	棉、化纤针织品及编织品制造
栖霞纺织有限公司	山东省烟台市栖霞市	棉、化纤纺织加工
山东航空集团		
山东航空集团有限公司	山东省济南市二环东路5746号	航空旅客运输
山东航空股份有限公司	山东省济南市二环东路5746号	航空旅客运输
山东太古飞机工程有限公司	山东省济南市遥墙国际机场	其他航空运输辅助活动
山东翔宇航空技术服务公司	山东省济南市遥墙国际机场	其他航空运输辅助活动
山东国际航空培训航空公司	山东省济南市遥墙国际机场	其他航空运输辅助活动
龙大食品集团		
龙大食品集团有限公司	山东省烟台市莱阳市龙旺庄街道办事处龙大工业园	其他未列明的农副食品加
烟台龙大食品有限公司	山东省莱阳市龙旺庄街道龙大工业园	其他未列明的农副食品加
烟台新味食品有限公司	山东省莱阳市龙旺庄街道龙大工业园	淀粉及淀粉制品的制造
山东龙大冷冻食品有限公司	山东省莱阳市龙旺庄街道龙大工业园	其他未列明的农副食品加
山东龙藤不二食品有限公司	山东省烟台市莱阳市	其他未列明的农副食品加
山东省塑料工业有限公司		
山东省塑料工业有限公司	山东省济南市泺文路9号	石油及制品批发
淄博大庆石化产品销售有限公司	山东省淄博	石油及制品批发
山东省塑料工业有限公司烟台分公司	山东省烟台	石油及制品批发
山东省塑料工业有限公司临淄分公司	山东省临淄	石油及制品批发
山东省塑料包装材料公司	山东省济南市泺文路9号	石油及制品批发
青岛变压器集团		
青岛变压器有限公司	山东省青岛市城阳区长城路南段	变压器、整流器和电感器制造
青岛青波变压器股份有限公司	山东省青岛市城阳区长城路南段	变压器、整流器和电感器制造
青岛恒生电器有限公司	山东省青岛市城阳区长城路南段	变压器、整流器和电感器制造
青岛龙达电器有限公司	山东省青岛市城阳区新城工业区	变压器、整流器和电感器制造
青岛恒讯电线有限公司	山东省青岛市城阳区长城路南段	电线电缆制造
山东天元建设集团		
山东天元建设集团有限公司	山东省临沂市银雀山路63号	房屋工程建筑
安装工程临沂有限公司	山东省临沂市兰山区	建筑安装业
装饰工程临沂有限公司	山东省临沂市兰山区	建筑装饰业
山东临沂建设集团股分有限公司	山东省临沂市兰山区	房屋工程建筑
临沂宏大建设有限公司	山东省临沂市兰山区	房屋工程建筑
孚日家纺股份有限公司		
孚日家纺股份有限公司	山东省潍坊市高密市孚日街1号	棉及化纤制品制造
高密云翔装饰布有限公司	山东省潍坊市高密市	棉、化纤纺织加工
山东高密康丰农化有限公司	山东省潍坊市高密市	化学农药制造
高密银洋有限公司	山东省潍坊市高密市	自来水的生产和供应
高密华洲热电有限公司	山东省潍坊市高密市	火力发电
青岛益佳国际贸易集团		

续表12

集团及成员企业名称	企业地址	主营行业
青岛益佳国际贸易有限公司	山东省青岛市香港中路6号世贸中心A座	纺织品、针织品及原料批发
青岛益佳土畜产进出口有限公司	山东省青岛市香港中路6号世贸中心A座	服装批发
青岛益佳工艺品进出口有限公司	山东省青岛市香港中路6号世贸中心A座	首饰、工艺品及收藏品批发
青岛益佳经贸实业进出口有限公司	山东省青岛市香港中路6号世贸中心A座	服装批发
青岛益佳通商进出口有限公司	山东省青岛市香港中路6号世贸中心A座	服装批发
威海市金猴集团		
威海市金猴集团有限责任公司	山东省威海市和平路106号	企业管理机构
威海市金猴集团服装有限公司	山东省威海市昆明路81号	纺织服装制造
威海市金猴集团皮具有限公司	山东省威海市天津路188号	皮箱、包(袋)制造
威海市金猴集团进出口贸易有限公司	山东省威海市古寨路108-5号	其他未列明的批发
威海市金猴商场有限公司	山东省威海市和平路106号	其他未列明的批发
山东齐星集团		
山东齐星集团有限责任公司	山东省滨州市邹平县黛溪三路69号	火力发电
邹平县电力总公司热电厂	山东省滨州市邹平县环城北路	火力发电
邹平顶峰热电有限公司	山东省滨州市邹平县韩店镇	火力发电
邹平铝业有限公司	山东省滨州市邹平县城东工业园	铝冶炼
邹平县巨能实业有限公司	山东省滨州市邹平县三八街52号	架线和管道工程建筑
山东鲁花集团有限公司		
山东鲁花集团有限公司	山东省莱阳龙门东路39号	食用植物油加工
山东鲁花浓香花生油有限公司	山东省莱阳市	食用植物油加工
莱阳鲁花酿造食品有限公司	山东省莱阳市	酱油、食醋及类似制品的
莱阳鲁花醋业食品有限公司	山东省莱阳市	酱油、食醋及类似制品的
莱阳鲁花矿泉水有限公司	山东省莱阳市	酱油、食醋及类似制品的
山东沂州水泥集团总公司		
山东沂州水泥股分有限公司	山东省临沂市罗庄区付庄镇	水泥制造
省州水泥有限公司	山东省临沂市罗庄区	水泥制造
省州销售有限公司	山东省临沂市罗庄区	建材批发
沂州集团罗庄热电厂	山东省临沂市罗庄区	火力发电
临沂长泉包装有限公司	山东省临沂市罗庄区	塑料丝、绳及编织品的制造
山东绮丽集团		
山东绮丽集团公司	山东省青岛市市南区南京路2号	服装批发
山东绮丽集团东丽服装有限公司	山东省青岛市	服装批发
山东绮丽集团欧达服装有限公司	山东省青岛市	服装批发
山东绮丽集团美达服装有限公司	山东省青岛市	服装批发
山东绮丽集团华力有限公司	山东省青岛市	服装批发
青岛汉缆集团		
青岛汉缆集团有限公司	山东省青岛市崂山区汉河	电线电缆制造
青岛汉缆线材公司	山东省青岛市崂山区汉河	电线电缆制造
青岛汉河电缆有限公司	山东省青岛市崂山区汉河	电线电缆制造
青岛汉河防腐蚀材料公司	山东省青岛市崂山区汉河	电线电缆制造
新疆喀什疏勒汉河电缆	新疆喀什沙河	电线电缆制造
济宁矿业集团		
济宁矿业集团有限公司	山东省济宁市供销路25号	烟煤和无烟煤的开采洗选

续表 13

集团及成员企业名称	企业地址	主营行业
济宁矿业集团落陵煤矿	山东省济宁市邹城市	烟煤和无烟煤的开采洗选
山东济宁运河煤矿有限责任公司	山东省济宁市任城区	烟煤和无烟煤的开采洗选
济宁市蔡园生建煤矿	山东省济宁市微山县	烟煤和无烟煤的开采洗选
济宁市金桥煤矿	山东省济宁市金乡县	烟煤和无烟煤的开采洗选
山东海龙股份有限公司		
山东海龙股份有限公司	山东省潍坊市寒亭区潍县北路 555 号	人造纤维（纤维素纤维）制造
山东博莱特化纤有限公司	山东省潍坊安丘市	纺织带和帘子布制造
山东康富特非织材料有限公司	山东省潍坊市寒亭区	无纺布制造
山东龙昊化纤有限公司	山东省济宁市汶上县	化纤浆粕制造
山东海龙进出口有限公司	山东省潍坊市寒亭区	纺织品、针织品及原料批发
鲁泰集团		
鲁泰纺织股份有限公司	山东省淄博市淄川区松龄路 81 号	棉、化纤纺织加工
北京鲁泰衬衫有限公司	北京	纺织服装制造
北京思创服饰有限公司	北京	纺织服装制造
东营鲁信纺织有限公司	山东省东营市	棉、化纤纺织加工
新疆鲁泰丰收棉业有限公司	新疆	棉、化纤纺织加工
山东六和集团有限公司		
山东六和集团有限公司	山东省青岛市城阳区青大工业园	畜禽屠宰
青岛田润食品有限公司	山东青岛	畜禽屠宰
山东六和集团有限公司平邑冷藏厂	山东临沂市平邑县	畜禽屠宰
山东六和集团有限公司临沂分公司	山东临沂	畜禽屠宰
邹平六和畜牧有限公司	山东滨州市邹平县	畜禽屠宰
新牟国际集团		
新牟国际集团公司	山东省烟台市牟平区通海路 250 号	金属结构制造
烟台新潮实业股份有限公司	山东省烟台市牟平区	毛针织品及编织品制造
烟台新牟电缆有限公司	山东省烟台市牟平区	电子计算机整机制造
烟台新利纺织有限公司	山东省烟台市牟平区	绢纺和丝织加工
烟台新潮网络设备有限公司	山东省烟台市牟平区	广播电视接收设备及器材制造
好当家集团		
好当家集团有限公司	山东省荣成市好当家工业园区	水产品冷冻加工
荣成源运水产有限公司	山东省威海市荣成虎山镇	水产品冷冻加工
荣成加荣食品有限公司	山东省威海市荣成虎山镇	水产品冷冻加工
荣成宇洲水产开发有限公司	山东省威海市荣成虎山镇	水产品冷冻加工
荣成荣茂水产开发有限公司	山东省威海市荣成虎山镇	水产品冷冻加工
青岛星火纺机纺织集团股份有限公司		
青岛星火纺机纺织股份有限公司	山东省青岛市胶南市王台镇	纺织专用设备制造
青岛引春机械有限公司	山东省青岛市胶南市王台镇	纺织专用设备制造
青岛星火纺织机械有限公司	山东省青岛市胶南市王台镇	纺织专用设备制造
青岛青天环境工程有限公司	山东省青岛市胶南市王台镇	环境污染防治专用设备制造
青岛常春钢结构有限公司	山东省青岛市胶南市王台镇	金属结构制造
山东胜通集团股份有限公司		
山东胜通集团股份有限公司	山东省东营市垦利县胜坨镇	无机碱制造
东营市胜坨建筑安装公司	山东省东营市垦利县胜坨镇	建筑安装业

续表14

集团及成员企业名称	企业地址	主营行业
东营华鲁玻钢厂	山东省东营市垦利县胜坨镇	平板玻璃制造
山东省垦利县石油化工厂	山东省东营市垦利县胜坨镇	原油加工及石油制品制造
东营市大成液压机械厂	山东省东营市垦利县胜坨镇	其他专用设备制造
山东省交通工业集团总公司		
山东省交通工业集团总公司	山东省济南市天桥区济泺路168号	改装汽车制造
省交通物资供销公司	山东省济南市天桥区	金属及金属矿批发
山东聊城客车工业集团	山东省聊城市	改装汽车制造
山东鲁峰专用汽车有限公司	山东泰安市	改装汽车制造
山东淄博交通车轮厂	山东省淄博市	汽车零部件及配件制造
南金兆集团有限公司		
南金兆集团有限公司	山东省淄博市临淄区宏鲁工业园	炼铁
淄博宏达钢铁有限公司	山东省淄博市临淄区	炼铁
淄博宏达焦化有限公司	山东省淄博市临淄区	炼焦
淄博宏达矿业有限公司	山东省淄博市临淄区	铁矿采选
淄博宏达热电有限公司	山东省淄博市临淄区	水力发电
山东恒源石油化工集团		
山东恒源石油化工股份有限公司	山东省德州市临邑县恒源路111号	原油加工及石油制品制造
恒源建筑材料厂	山东省德州市临邑县	砼结构构件制造
恒源净化厂	山东省德州市临邑县	固体饮料制造
恒源汽修厂	山东省德州市临邑县	汽车修理
恒源梅花玉器厂	山东省德州市临邑县	搪瓷卫生洁具制造
凯远集团		
凯远集团公司	山东省青岛东海西路号甲	贸易经纪与代理
山东省国际贸易集团中心	山东省青岛市东海西路12号甲	其他食品批发
山东省医疗保健品进出口公司	山东青岛市保定路	西药批发
山东省物产进出口公司	山东青岛市保定路	其他未列明的零售
山东肉食蛋品进出口公司	山东青岛市香港中路	肉、禽类罐头制造
山东翔龙集团		
山东翔龙实业集团有限公司	山东省临沂市沂蒙路352号	复混肥料制造
旋可丰化工股分有限公司	山东省临沂市费县费城	复混肥料制造
旋可丰费县化工有限公司	山东省临沂市费县费城	其他肥料制造
临沂翔龙钢铁有限公司	山东省临沂工业大道41号	炼铁
临沂翔龙储运公司	山东省临沂市金七路	其他仓储
山东西水橡胶集团有限公司		
山东西水橡胶集团有限公司	山东省东营市广饶县西水磨村	车辆、飞机及工程机械轮
东营市西水化轻有限公司	山东省东营市广饶县西水磨村	车辆、飞机及工程机械轮
东营市华源橡胶有限公司	山东省东营市广饶县西水磨村	车辆、飞机及工程机械轮
广饶县兴源橡胶有限公司	山东省东营市广饶县西水磨村	车辆、飞机及工程机械轮
西水集团华帘布业有限公司	山东省东营市广饶县西水磨村	车辆、飞机及工程机械轮
烟台冰轮集团		
烟台冰轮集团有限公司	山东省烟台市芝罘区西山路80号	制冷、空调设备制造
烟台冰轮股份有限公司	山东省烟台市芝罘区西山路80号	制冷、空调设备制造
烟台冰轮铸造有限公司	山东省烟台市芝罘区只楚南路3号	钢铁铸件制造

续表 15

集团及成员企业名称	企业地址	主营行业
烟台弘达制冷设备有限公司	山东省烟台市芝罘区只楚路 3 号	钢铁铸件制造
烟台埃克米制冷设备有限公司	山东省烟台市芝罘区只楚路 122 号	制冷、空调设备制造
烟台市首钢东星集团		
烟台首钢东星集团公司	山东省烟台市经济技术开发区珠江路 20 号	汽车零部件及配件制造
烟台首钢电装有限公司	山东省烟台市经济技术开发区珠江路 20 号	汽车零部件及配件制造
烟台开发区东星工业有限责任公司	山东省烟台市经济技术开发区珠江路 20 号	锻件及粉末冶金制品制造
烟台首钢东星汽车空调管路有限公司	山东省烟台市经济技术开发区珠江路 20 号	汽车零部件及配件制造
烟台首钢瓷性材料股份有限公司	山东省烟台市福山区	锻件及粉末冶金制品制造
济南华达企业集团总公司		
济南华达企业集团总公司	济南市历下和平路中段燕山小区中心公建	汽车零售
山东华达汽车股份有限公司	山东省济南市历下区工业南路 60 号	汽车修理
山东华达汽车商贸有限公司	山东省济南市历下区工业南路 60 号	汽车零售
山东华达汽车服务有限公司	山东省济南市历下区工业南路 60 号	汽车零售
山东华瑞汽车销售服务有限公司	山东省济南市历下区工业南路 60 号	汽车零售
青岛喜盈门集团		
青岛喜盈门集团公司	山东省青岛市城阳区正阳街 188 号	棉及化纤制品制造
青岛第四毛巾厂	山东省青岛市城阳区	棉及化纤制品制造
青岛城阳联合纸箱厂	山东省青岛市城阳区	纸和纸板容器的制造
青岛喜盈门集团喜盈门商场	山东省青岛市城阳区	百货零售
青岛喜盈门化纤纺织有限公司	山东省青岛市城阳区	棉、化纤纺织加工
山东金宇建筑集团		
山东金宇建筑集团有限公司	山东省东营市广饶县大王镇	建筑安装业
东营市金宇机电设备安装有限责任公司	山东省东营市广饶县大王镇	建筑安装业
山东金宇房地产开发有限公司	山东省东营市广饶县大王镇	房地产开发经营
山东金宇轮胎有限公司	山东省东营市广饶县大王镇	橡胶板、管、带的制造
青岛保税区金来国际贸易有限公司	山东省东营市广饶县大王镇	贸易经纪与代理
青岛万福集团		
青岛万福集团股份有限公司	山东省青岛市莱西市威海路 68 号	谷物磨制
青岛万福食品有限公司	山东省青岛市莱西市	淀粉及淀粉制品的制造
青岛京西食品有限公司	山东省青岛市莱西市	淀粉及淀粉制品的制造
青岛万福肉类联合加工厂	山东省青岛市莱西市	淀粉及淀粉制品的制造
青岛万福平度加工厂	山东省青岛市平度市	淀粉及淀粉制品的制造
中国石化胜利油田大明（集团）股份有限公司		
中国石化胜利油田大明（集团）股份有限公司	山东省东营市济南路 228 号	天然原油和天然气开采
胜利油田大明油气勘探开发有限责任公司	山东省东营市	天然原油和天然气开采
胜利油田大明燃气工程有限责任公司	山东省东营市	燃气生产和供应业
东营大明置业发展有限责任公司	山东省东营市	房地产开发经营
东营大明投资发展有限责任公司	山东省东营市	证券投资
山东同济万鑫集团有限公司		
山东同济万鑫集团有限公司	山东省淄博市桓台县唐山镇	房屋工程建筑
山东万鑫建筑总公司	山东省淄博市桓台县	房屋工程建筑
淄博桓台社会福利碳素厂	山东省淄博市桓台县	有机化学原料制造
淄博鑫强水泥构件有限公司	山东省淄博市桓台县	房屋工程建筑

续表16

集团及成员企业名称	企业地址	主营行业
淄博鑫科钢构品有限公司	山东省淄博市桓台县	工矿工程建筑
烟台有色金属集团		
烟台有色金属集团有限公司	山东省烟台市芝罘区幸福中路178号	铜冶炼
烟台有色金属集团股份有限公司	山东省烟台市芝罘区幸福中路178号	铜冶炼
烟台鑫洋铜业有限公司	山东省烟台市芝罘区楚凤街3号	铜冶炼
烟台化肥厂	山东省烟台市只楚路4号	常用有色金属压延加工
烟台鹏晖铜业有限公司	山东省烟台市	铜冶炼
山东亚光纺织集团		
山东亚光纺织集团有限公司	山东省滨州市滨城区滨北镇经二路八号	棉及化纤制品制造
山东滨州亚光毛巾有限公司	山东省滨州市滨城区滨北镇经二路八号	棉及化纤制品制造
山东亚光纺织集团进出口有限公司	山东省滨州市滨城区滨北镇经二路八号	棉及化纤制品制造
滨州亚光毛绒制品有限公司	山东省滨州市滨城区滨北镇经一路六号	毛条加工
滨州市亚光电脑绣品有限公司	山东省滨州市滨城区滨北镇纬二路九号	棉及化纤制品制造
富海集团有限公司		
富海集团有限公司	山东省东营市河滨路88号	原油加工及石油制品制造
东营富海房地产开发有限公司	山东省东营市河口区	房地产开发经营
东营富海运输有限公司	山东省东营市河口区	道路货物运输
东营富海废旧回收有限公司	山东省东营市河口区	再生物资回收与批发
东营华联石油化工厂	山东省东营市河口区	原油加工及石油制品制造
山东渤海活塞集团		
山东滨州渤海活塞股份有限公司	山东省滨州市渤海二十二路999号	汽车零部件及配件制造
淄博渤海活塞有限责任公司	山东省淄博市高青县	内燃机及配件制造
滨州渤海机械有限公司	山东省滨州市	常用有色金属压延加工
惠民渤海活塞有限责任公司	山东省惠民县	内燃机及配件制造
长春渤海活塞有限公司	吉林省长春市	汽车零部件及配件制造
济南四建集团		
济南四建(集团)有限责任公司	山东省济南市济洛路163号	房屋工程建筑
济南四建集团房地产有限公司	山东省济南市天桥区	房地产开发经营
济南京鲁预应力有限责任公司	山东省济南市天桥区	房屋工程建筑
济南四建集团建筑设计有限公司	山东省济南市天桥区	其他未列明的服务
济南四建集团印务有限公司	山东省济南市天桥区	书、报、刊印刷
山东恒通化工股份有限公司		
山东恒通化工股分有限公司	山东临沂市郯城县人民路305号	氮肥制造
山东郯化集团有限公司	山东临沂市郯城县	无机碱制造
郯城华深化工有限公司	山东临沂市郯城县	无机盐制造
郯城汇通化工有限公司	山东临沂市郯城县	有机化学原料制造
郯城郯化集团职工经济协会	山东临沂市郯城县	其他基础化学原料制造
青岛红星化工集团		
青岛红星化工有限责任公司	山东省青岛市济阳路8号	无机盐制造
青岛现代漆业有限公司	山东省青岛市	涂料制造
贵州红星发展股份有限公司	贵州省安顺地区镇宁县	无机盐制造
重庆铜梁红蝶锶业有限公司	贵州省铜梁县	无机盐制造
重庆大足红蝶锶业有限公司	重庆市大足县	无机盐制造

续表 17

集团及成员企业名称	企业地址	主营行业
山东鲁通集团		
山东鲁通（集团）有限公司	山东省济南市经三路 77 号	企业管理机构
山东通联信息产业集团有限公司	山东省济南市七里河 2 号 15 号楼	架线和管道工程建筑
山东省邮电规划设计院有限公司	山东省济南市经三路 77 号	工程勘察设计
山东省邮电工程有限公司	山东省济南市经四小纬四路 1 号	架线和管道工程建筑
山东鲁通线缆有限公司	山东省泰安市灵山大街 3 号	光纤、光缆制造
青岛维客集团		
青岛维客集团股份有限公司	山东省青岛市李沧区向阳路 65 号	百货零售
青岛崂山百货公司	山东省青岛市李沧区	其他未列明的批发
青岛维客超市有限公司	山东省青岛市李沧区	超级市场零售
青岛维客高密购物中心	山东省青岛市高密市	百货零售
青岛维客平度购物中心	山东省青岛市平度	百货零售
山东华金集团		
山东华金集团有限公司	山东省济宁市泗水县金庄镇	机制纸及纸板制造
泗水金益纸业有限公司	山东济宁泗水	机制纸及纸板制造
山东华金板纸有限公司	山东济宁泗水	机制纸及纸板制造
山东华金建材有限公司	山东济宁泗水	石灰和石膏制造
吉林华金纸业有限公司	吉林省白城	机制纸及纸板制造
山东华瑞集团		
山东华瑞集团有限公司	山东省菏泽市丹阳路 204 号	谷物磨制
菏泽华瑞食品有限公司	山东菏泽市	谷物磨制
菏泽华瑞油脂有限公司	山东菏泽市	食用植物油加工
菏泽市粮油中转储备库	山东菏泽市	谷物、棉花等农产品仓储
巨野国家储备库	山东省巨野县	谷物、棉花等农产品仓储
山东天府集团		
山东天府集团公司	山东省烟台市莱阳市团旺镇驻地	白酒制造
烟台市天府酿酒总厂	山东省烟台莱阳市团旺镇驻地	白酒制造
烟台天府矿业有限公司	山东省烟台莱阳市团旺镇驻地	白酒制造
烟台市天府集团总公司粮油公司	山东省烟台莱阳市团旺镇驻地	糖果、巧克力制造
莱阳天府饮料有限公司	山东省烟台莱阳市团旺镇驻地	碳酸饮料制造
山东大成化工集团		
山东大成化工集团有限公司	山东省淄博市张店区洪沟路 25 号	化学农药制造
山东大成农药股份有限公司	山东省淄博市张店区	化学农药制造
淄博合力化工有限公司	山东省淄博市张店区	其他基础化学原料制造
山东大成集团锦纶分公司	山东省淄博市张店区	锦纶纤维制造
山东大成集团腈纶分公司	山东省淄博市张店区	腈纶纤维制造
菱花集团		
菱花集团公司	山东省济宁市开发区柳行	味精制造
山东菱花味精股份限公司	山东省济宁市高新区柳行	味精制造
菱花集团公司化肥厂	山东省济宁市车站东路 49 号	氮肥制造
济宁菱花股氏彩塑有限	山东省济宁市高新区柳行	包装装潢及其他印刷
菱花集团静海味精厂	天津市静海县	味精制造
山东岱银纺织服装集团		

续表18

集团及成员企业名称	企业地址	主营行业
山东岱银纺织集团股份有限公司	山东省泰安市泰山区东岳大街东首	棉、化纤纺织加工
泰安岱银纺纱有限公司	山东省泰安市泰山区	毛条加工
泰安雷诺制衣有限公司	山东省泰安市泰山区	纺织服装制造
泰安雷诺服饰有限公司	山东省泰安市泰山区	纺织服装制造
山东岱银进出口有限公司	山东省泰安市泰山区	纺织服装制造
青岛纺联集团		
青岛纺联集团进出口有限公司	山东省青岛市市北区馆陶路3号	纺织品、针织品及原料批发
青岛纺联集团一棉有限公司	山东省青岛市四方区	棉、化纤纺织加工
青岛纺联集团五棉有限公司	山东省青岛市四方区	棉、化纤纺织加工
青岛纺联集团六棉有限公司	山东省青岛市李沧区	棉、化纤纺织加工
青岛纺联集团八棉有限公司	山东省青岛市李沧区	棉、化纤纺织加工
青岛交运集团		
青岛交运集团	山东省青岛市市北区延吉路112号	公共电汽车客运
青岛交运第一汽车运输有限公司	山东省青岛市市北区延吉路112号	道路货物运输
青岛交运联运有限公司	山东省青岛市市北区延吉路112号	道路货物运输
青岛大型起重运输公司	山东省青岛市市北区延吉路112号	道路货物运输
青岛交运陆海国际货运股份有限公司	山东省青岛市市北区延吉路112号	道路货物运输
山东靖海实业集团		
山东靖海实业集团有限公司	山东省威海市荣成沙窝岛	水产品冷冻加工
荣成市绿源海水养殖有限公司	山东省威海市荣成东山镇固山村	海洋捕捞
荣成市远达洋洋大观捕捞有限公司	山东省威海市荣成沙窝岛	海洋捕捞
荣成市良友水产品贸易有限公司	山东省威海市荣成沙窝岛	水产品冷冻加工
荣成市远康船舶修造有限公司	山东省威海市荣成沙窝岛	渔业机械制造
日照市水产集团总公司		
日照市水产集团总公司	山东省日照市北京路231号	水产品冷冻加工
日照美佳食品工业有限公司	山东省日照市北京路231号	水产品冷冻加工
日照荣信水产食品（集团）有限公司	山东省日照市北京路231号	水产品冷冻加工
日照市岚山水产冷藏厂	山东省日照市岚山区	水产品冷冻加工
日照市岚山第二水产冷藏厂	山东省日照市岚山区	水产品冷冻加工
山东蓝星玻璃集团		
山东蓝星玻璃（集团）有限公司	山东省威海市经济技术开发区环山路西	平板玻璃制造
威海蓝星玻璃股份有限公司	山东省威海市经济技术开发区青岛中路97号	平板玻璃制造
威海蓝星新技术玻璃有限公司	山东省威海市经济技术开发区青岛中路97号	平板玻璃制造
威海蓝星超薄玻璃有限公司	山东省威海市环翠区草庙镇	平板玻璃制造
中玻科技有限公司	山东省威海市环翠区草庙镇	平板玻璃制造
山东龙喜集团		
烟台新华印染厂	山东省烟台市龙口市诸由观镇西台村	棉、化纤印染精加工
烟台新华印染三厂	山东省烟台龙口市诸由观镇西台村	棉、化纤印染精加工
龙口市印染厂	山东烟台龙口市	棉、化纤印染精加工
山东北方水泥厂	山东省烟台龙口市诸由观镇西台村	水泥制品制造
龙口迪起食品有限公司	山东省烟台龙口市诸由观镇西台村	糕点、面包制造
青岛海晶化工集团		
青岛海晶化工有限公司	山东省青岛市四方区唐河路8号	无机碱制造

续表 19

集团及成员企业名称	企业地址	主营行业
青岛化工厂二分厂	山东省青岛市四方区	无机盐制造
青岛合成材料研究所	山东省青岛市四方区	化妆品制造
青岛化工工程公司	山东省青岛市四方区	机械零部件加工及设备修理
青岛化工防腐技术开发公司	山东省青岛市四方区	机械零部件加工及设备修理
山东省医药集团有限公司		
山东省医药集团有限公司	山东省济南市解放路 11 号	西药批发
山东省医药公司	山东省济南市解放路 11 号	西药批发
山东省医疗器械公司	山东省济南市解放路 11 号	西药批发
山东省济南医药采购供应站	山东省济南市市中区纬三路 25 号	西药批发
山东省淄博医药采购供应站	山东省淄博市张店区中心路 148 号	西药批发
山东华鲁恒升集团		
山东华鲁恒升集团有限公司	山东省德州市德城区天衢西路 44 号	氮肥制造
山东华鲁恒升化工股份公司	山东省德州市德城区	氮肥制造
山东华鲁恒升集团德州热电有限责任公司	山东省德州市德城区	火力发电
德州德化装备工程有限公司	山东省德州市德城区	机械零部件加工及设备修理
德州民馨服务有限公司	山东省德州市德城区	其他未列明的服务
山东聊城客车工业集团		
山东聊城客车工业集团有限责任公司	山东省聊城市经济开发区中华路北首	改装汽车制造
中通客车控股股份公司	山东聊城市建设东路 10 号	改装汽车制造
中通钢结构建筑有限公司	山东聊城市南郊工业区富民路 6 号	房屋工程建筑
山东中通飞燕汽车有限公司	山东临沂高新技术产业开发区	改装汽车制造
聊城博通新技术开发有限公司	山东聊城市经济技术开发区黄河路中段	汽车零部件及配件制造
青岛康大外贸集团有限公司		
青岛康大外贸集团有限公司	山东省青岛市胶南经济开发区	肉、禽、蛋及水产品批发
青岛康大食品有限公司	山东省青岛市胶南经济技术开发区	肉、禽、蛋及水产品批发
青岛胶南康大房地产开发公司	山东省青岛市胶南经济技术开发区	房地产开发经营
青岛康大海青食品有限公司	山东省青岛市胶南经济技术开发区	肉、禽、蛋及水产品批发
青岛胶南康大饲料有限公司	山东省青岛市胶南经济技术开发区	种子、饲料批发
威海北洋电气集团		
威海北洋电气集团股份有限公司	山东省威海市新威路 11 号	电子元件及组件制造
山东宝岩电气有限公司	山东省威海市火炬路	电子元件及组件制造
山东华菱电子有限公司	山东省威海市火炬路	电子元件及组件制造
威海星地电子有限公司	山东省威海市火炬路	电子元件及组件制造
山东新北洋信息技术股份有限公司	山东省威海市火炬路	电子计算机外部设备制造
济南一建集团		
济南一建集团总公司	山东省济南市工业北路 295 号	房屋工程建筑
济南一建集团第一有限责任公司	山东省济南市历城区工业北路 295 号	房屋工程建筑
济南一建集团第二有限责任公司	山东省济南市历城区工业北路 295 号	房屋工程建筑
济南一建集团第三有限责任公司	山东省济南市历城区工业北路 295 号	房屋工程建筑
济南一建集团第四有限责任公司	山东省济南市历城区工业北路 295 号	房屋工程建筑
信义集团公司		
信义集团公司	山东省东营市广饶县大王镇	汽车零部件及配件制造
东营市信义汽车配件有限公司	山东省东营市广饶县大王镇	汽车零部件及配件制造

续表 20

集团及成员企业名称	企业地址	主营行业
东营信义机械有限责任公司	山东省东营市广饶县大王镇	汽车零部件及配件制造
东营信义橡塑厂	山东省东营市广饶县大王镇	汽车零部件及配件制造
东营信义化工有限公司	山东省东营市广饶县大王镇	原油加工及石油制品制造
兰雁集团		
兰雁集团股份有限公司	山东省淄博市周村区东门路 161 号	棉、化纤印染精加工
兰丽服装公司	山东省淄博市高新开发区	纺织服装制造
针织服装公司	山东省淄博市周村区	纺织服装制造
齐发服装公司	山东省淄博市高新区	纺织服装制造
兰兴纺织有限公司	山东省淄博市周村区	棉、化纤印染精加工
青岛市胶州建设集团有限公司		
青岛市胶州建设集团有限公司	山东省青岛市胶州市福州南路 92 号	房屋工程建筑
青岛胶州市金龙置业有限公司	山东省青岛市胶州市兰州西路	房屋工程建筑
青岛德信物业管理有限公司	山东省青岛市胶州市惠州路小区	物业管理
胶州市龙泉房屋修缮有限公司	山东省青岛市胶州市赣州路	其他土木工程建筑
胶州市建设安全电气设备有限公司	山东省青岛市建州市大沽河开发区	其他通用设备制造
正海集团		
烟台正海集团有限公司	山东省烟台市经济技术开发区珠江路 22 号	电子元件及组件制造
烟台正海电子网板股份有限公司	山东烟台开发区	电子元件及组件制造
烟台正海磁性材料有限公司	山东烟台开发区	稀土金属冶炼
烟台正海化工有限公司	山东烟台芝罘区	无机盐制造
烟台正海实业有限公司	山东烟台开发区	其他未列明的服务
威海光威集团		
威海光威集团有限责任公司	山东省威海世昌大道 265 号	其他体育用品制造
威海光威渔竿有限公司	山东省威海世昌大道 265 号	其他体育用品制造
威海市碳素渔竿厂	山东省威海市天津路 130 号	其他体育用品制造
威海市时光渔具有限公司	山东省威海市世昌大道 265 号	其他体育用品制造
威海光威渔线轮有限公司	山东省威海市高技区南山	其他体育用品制造
山东华乐实业集团		
乐陵市华乐纺织有限责任公司	山东省德州市乐陵市寨头堡	棉、化纤纺织加工
华乐纺织集团帆布厂	山东省德州市乐陵市	其他针织品及编织品制造
华乐纺织集团制线厂	山东省德州市乐陵市	毛条加工
华乐纺织集团热电厂	山东省德州市乐陵市	火力发电
华乐纺织集团华乐园棉纺厂	山东省德州市乐陵市	棉、化纤纺织加工
山东德州百货大楼（集团）有限责任公司		
山东德州百货大楼（集团）有限责任公司	山东省德州市德城区湖滨南路 14 号	百货零售
华联商厦	山东省德州市德城区	百货零售
德百家居广场	山东省德州市德城区	家具零售
德百超市公司	山东省德州市德城区	百货零售
德百共青商场公司	山东省德州市德城区	百货零售
山东高密银鹰化纤有限公司		
山东高密银鹰化纤有限公司	山东省潍坊市高密市人民大街 101 号	化纤浆粕制造
高密泰丰塑胶有限公司	山东省高密市人民大街 101 号	塑料丝、绳及编织品的制造
高密泰美塑胶有限公司	山东省高密市人民大街 101 号	轮胎翻新加工

续表21

集团及成员企业名称	企业地址	主营行业
山东夷安发展股份有限公司	山东省高密市人民大街101号	其他未列明的批发
山东高密化纤集团进出口公司	山东省高密市人民大街101号	纺织品、针织品及原料批发
烟台东方电子信息产业集团		
烟台东方电子信息产业集团有限公司	山东省烟台市芝罘区市世回尧路228号	其他电子设备制造
烟台东方电子信息产业股份有限公司	山东省烟台市芝罘区	其他电子设备制造
烟台东方电子玉麟电气有限公司	山东省烟台市芝罘区	其他电子设备制造
烟台东方通信技术有限公司	山东省烟台市芝罘区	其他电子设备制造
烟台东方佳苑物业管理服务有限公司	山东省烟台市芝罘区	物业管理
山东斥山水产集团		
荣成市斥山渔业公司	山东省荣成市石岛镇东寨村	水产品冷冻加工
山东斥山水产集团有限公司鱼粉厂	山东省荣成市石岛镇斥山村	鱼油提取及制品的制造
山东斥山水产集团有限公司润通冷藏厂	山东省荣成市石岛镇斥山村	水产品冷冻加工
山东斥山水产集团有限公司渔港冷藏厂	山东省荣成市石岛镇黄海北路	水产品冷冻加工
荣成市新世纪水产有限公司	山东省荣成市石岛镇东寨村	水产品冷冻加工
烟台市钢铁企业集团		
烟台钢铁企业集团公司	山东省烟台市芝罘区南大街156号	铁合金冶炼
山东三站股份有限公司	山东省烟台市芝罘区南大街156号	百货零售
烟台黄海钢铁有限公司	山东省烟台市经济技术开发区	钢压延加工
烟台市冶金工业供销公司	山东省烟台市芝罘区	金属及金属矿批发
烟台市钢铁企业集团氧气厂	山东省烟台市芝罘区	合成纤维单(聚合)体的制造
山东省对外贸易集团		
山东省对外贸易有限公司	山东省青岛市市南区太平路51号	石油及制品批发
山东外贸集团永丰有限公司	山东省青岛市太平路51 号	其他未列明的批发
山东外贸集团瑞丰有限公司	山东省青岛市太平路51 号	其他未列明的批发
山东外贸集团泺丰有限公司	山东省济南市经三路164 号	其他未列明的批发
山东省轻工业品进出口有限公司	山东省青岛市福州路97号	其他未列明的批发
泰安鲁润股份有限公司		
泰安鲁润股份有限公司	山东省山东省泰安市泰山区青年路111号	石油及制品批发
山东鲁润京九石化有限公司	山东省济宁市梁山县	石油及制品批发
山东童海港业股份有限公司	山东省日照市	石油及制品批发
山东平度鲁润黄金矿业有限公司	山东省青岛市平度市	金矿采选
泰安鲁润水泥制造有限公司	山东省泰安市泰山区	水泥制造
临沂市医药集团		
临沂市医药集团总公司	山东省临沂市解放路东段46号	西药批发
临沂市医药采购供应站	山东省临沂市解放路东段46号	西药批发
临沂市仁和堂医药公司	山东省临沂市沂州路22号	西药批发
临沂市医疗器械采购供应站	山东省临沂市银雀山路51号	医疗用品及器材批发

续表22

集团及成员企业名称	企业地址	主营行业
临沂市仁宏医药公司	山东省临沂市考棚街45号	西药批发
青岛正进集团		
青岛正进集团有限公司	山东省青岛市城阳区双元路18号	水产品冷冻加工
青岛正进集团永进食品有限公司	山东省青岛市城阳区	鱼糜制品及水产品干腌制加工
青岛正进进出口有限公司	山东省青岛市城阳区	水产品冷冻加工
青岛永进水产品有限公司	山东省青岛市城阳区	水产品冷冻加工
青岛正进海青水产有限公司	山东省青岛市城阳区	水产品冷冻加工
山东东大化学工业有限公司		
山东东大化学工业有限公司	山东省淄博市张店区新村东路21号	初级形态的塑料及合成树脂制
淄博东大化学股份有限公司	山东省淄博市张店区	其他合成材料制造
淄博东大聚合物有限公司	山东省淄博市张店区	初级形态的塑料及合成树脂制
山东东大化学工业集团公司橡胶厂	山东省淄博市张店区	日用及医用橡胶制品制造
淄博东大设备安装有限责任公司	山东省淄博市张店区	建筑安装业
青岛泰能燃气集团		
青岛泰能燃气集团	山东省青岛市宁夏路123号	燃气生产和供应业
青岛焦化制气有限责任公司	山东省青岛市镇平一路2号	燃气生产和供应业
青岛泰能汽车燃气发展有限公司	山东省青岛市人民路399号	燃气生产和供应业
青岛金焰实业公司	山东省青岛市人民路399号	燃气生产和供应业
青岛平度泰能液化气有限公司	山东省青岛市平度市人民路197号	燃气生产和供应业
山东威高集团		
威高集团有限公司	山东省威海市世昌大道312号	企业管理机构
山东威高集团医用高分子制品股份有限公司	山东省威海市世昌大道348号	医疗诊断、监护及治疗设备制
威高集团洁瑞制品分公司	山东省威海市世昌大道348号	医疗诊断、监护及治疗设备制
威高集团高赛德公司	山东省威海市世昌大道328号	医疗诊断、监护及治疗设备制
威高集团药业公司	山东省威海市世昌大道332号	医疗诊断、监护及治疗设备制
山东聊建集团总公司		
山东聊建集团总公司	山东省聊城市东昌东路139号	房屋工程建筑
山东聊建集团一公司	山东省聊城市兴华东路52号	房屋工程建筑
山东聊建集团三公司	山东省临清市新开街372	房屋工程建筑
山东聊建集团四公司	山东省聊城市卫育路25号	房屋工程建筑
山东聊建集团八公司	山东省聊城市开发区东城	房屋工程建筑
威海建设集团		
威海建设集团股份有限公司	山东省威海市昆明路13号	房屋工程建筑
威海新世纪装饰工程有限公司	山东省威海市安源街8号	房屋工程建筑
威海建大实业有限公司	山东省威海市纪念路42号	房地产开发经营
威海建设集团劳动服务公司	山东省威海市卧龙山	其他未列明的服务
威海建兴设计有限公司	山东省威海昆明路13号	工程勘察设计

续表 23

集团及成员企业名称	企业地址	主营行业
大众报业集团		
大众报业(集团)有限公司	山东省济南市经十路 46 号	报纸出版
大众报业（集团）发行有限公司	山东济南	报刊批发
大众报业（集团）广告有限公司	山东济南	广告业
大众华泰印务有限责任公司	山东济南	书、报、刊印刷
山东新闻大厦有限公司	山东济南	旅游饭店
青岛金王集团有限公司		
青岛金王集团	山东省青岛市辽宁路 280 号	其他专用化学产品制造
青岛金王应用化学股份有限公司	山东省青岛市	其他专用化学产品制造
青岛金王轻工制品有限公司	山东省青岛市	其他专用化学产品制造
青岛金王国际运输有限公司	山东省青岛市	其他专用化学产品制造
青岛金王工业园有限公司	山东省即墨市三里庄	其他专用化学产品制造
方圆集团		
方圆集团有限公司	山东省烟台市海阳市面上方圆工业园	建筑工程用机械制造
方圆富兰克	山东省烟台海阳市方圆工业园	建筑工程用机械制造
海阳富兰克	山东省烟台海阳市方圆工业园	建筑工程用机械制造
方圆运输公司	山东省烟台海阳市面上方圆工业园	公路旅客运输
方圆建设有限公司	山东省烟台海阳市面上方圆工业园	房屋工程建筑
耶莉娅集团		
山东耶莉娅服装集团总公司	山东省潍坊市潍城区北宫西街 126 号	纺织服装制造
山东耶莉娅服装服饰有限公司	山东省潍坊市潍城区	纺织服装制造
山东省昌邑市丝织一厂	山东省潍坊市	纺织服装制造
天津长城服装集团有限公司	天津市	纺织服装制造
潍坊服装四厂	山东省潍坊市	纺织服装制造
山东滨州环宇纺织集团有限责任公司		
山东滨州环宇纺织集团有限责任公司	滨州市渤海三路 524 号	棉、化纤纺织加工
山东滨州环宇纺织科技有限公司	滨州市渤海三路 524 号	棉、化纤纺织加工
山东滨州环宇纺织集团有限责任公司福利织布厂	滨州市渤海三路 524 号	棉、化纤纺织加工
山东滨州环宇棉业有限公司	滨北镇	农产品初加工服务
滨州市环宇制线有限责任公司	滨州市渤海三路 524 号	棉、化纤纺织加工
山东大陆企业集团有限公司		
山东大陆企业集团有限公司	山东省兰山区沂蒙路 139 号	金属及金属矿批发
山东大陆临沂金属有限公司	山东省临沂市兰山区	金属及金属矿批发
山东大陆临沂贸易有限公司	山东省临沂市兰山区	金属及金属矿批发
山东大陆临沂东方钢材有限公司	山东省临沂市河东区	图书批发
山东大陆罗庄钢材有限公司	山东省临沂市罗庄区	金属及金属矿批发

2－14 企业集团成员企业(单位)主要指标(2004年)

单位：万元

	单位数(个)	比重(%)	注册资本合计	资产总计	负债合计
总 计	4723	100.0	32413427	179773141	109825761
一、按企业集团主营行业分					
第一产业合计	83	1.8	64017	211634	235539
农、林、牧、渔业	83	1.8	64017	211634	235539
第二产业合计	3260	69.0	24546069	131664586	75998563
工业小计	2936	62.2	23257068	126150162	71820178
采矿业	107	2.3	4699662	20086296	9116726
制造业	2709	57.4	15426746	89318624	52887001
电力、燃气及水的生产和供应业	120	2.5	3130660	16745242	9816451
建筑业	324	6.9	1289001	5514424	4178385
第三产业合计	1380	29.2	7803341	47896921	33591659
交通运输、仓储和邮政业	160	3.4	1358424	7515380	4290622
信息传输、计算机服务和软件业	46	1.0	1488860	8978443	6181842
批发和零售业	674	14.3	1545991	12739250	9791622
住宿和餐饮业	84	1.8	140473	490248	321622
金融业	17	0.4	204244	1986062	1742386
房地产业	198	4.2	1315161	6661053	4928484
其他合计	201	4.3	1750188	9526485	6335081
租赁和商务服务业	84	1.8	1471041	8749578	6010694
科学研究、技术服务和地质勘查业	41	0.9	37250	124317	88160
水利、环境和公共设施管理业	12	0.3	39281	56859	8804
居民服务业和其他服务业	35	0.7	110665	264104	61701
教育	9	0.2	33044	31561	13857
卫生、社会保障和社会福利业	2	0.0	16049	30913	14217
文化、体育和娱乐业	16	0.3	42678	268151	136776
公共管理和社会组织	0	0.0	0	0	0
国际组织	2	0.0	180	1002	872
二、按母公司登记注册类型分					
国有企业	581	12.3	4790684	20023001	12880825
公司制企业	3451	73.1	25051718	135174789	80504220
国有独资公司	199	4.2	3308692	22691503	12854855
其他有限责任公司	2370	50.2	14070124	67603894	42140295
股份有限公司	474	10.0	5254824	33509511	18974457
中外合资企业	290	6.1	1971313	8577167	4843500
港澳台合资企业	118	2.5	446765	2792714	1691113
其他	691	14.6	2571025	24575351	16440716

续表1　　单位:万元

	营业收入	主营业务收入	其他业务收入	利润总额	从业人员(人)
总 计	149835644	145107697	4727947	10421390	3217774
一、按企业集团主营行业分					
第一产业合计	192542	190685	1857	-5135	10144
农、林、牧、渔业	192542	190685	1857	-5135	10144
第二产业合计	123261767	119015610	4246157	8906372	2863828
工业小计	118800981	114714815	4086166	8757971	2534634
采矿业	15062941	13420079	1642862	3382585	539393
制造业	93912439	91596458	2315981	4995453	1880628
电力、燃气及水的生产和供应业	9825601	9698278	127323	379933	114613
建筑业	4460786	4300795	159991	148401	329194
第三产业合计	26381335	25901402	479933	1520153	343802
交通运输、仓储和邮政业	2431666	2169120	262546	244290	100045
信息传输、计算机服务和软件业	3705027	3635623	69404	813964	59339
批发和零售业	15190354	15087123	103231	204910	123883
住宿和餐饮业	152899	151627	1272	571	14192
金融业	30828	30488	340	3141	1797
房地产业	1322695	1304848	17847	90524	26317
其他合计	3547866	3522573	25293	162753	18229
租赁和商务服务业	3241770	3220721	21049	134189	6663
科学研究、技术服务和地质勘查业	108665	107670	995	7942	2237
水利、环境和公共设施管理业	5825	5806	19	-9	701
居民服务业和其他服务业	51811	49097	2714	7720	4157
教育	7206	6758	448	913	691
卫生、社会保障和社会福利业	43930	43930	0	1061	844
文化、体育和娱乐业	88463	88395	68	10918	2896
公共管理和社会组织	0	0	0	0	0
国际组织	196	196	0	19	40
二、按母公司登记注册类型分					
国有企业	17572675	16799513	773162	775783	349029
公司制企业	112952062	109214925	3737137	8505908	2465326
国有独资公司	10121641	8935415	1186226	369136	365644
其他有限责任公司	57790308	56108635	1681673	5282373	1326055
股份有限公司	32027286	31593923	433363	2000140	575486
中外合资企业	10172708	9763714	408994	720541	152825
港澳台合资企业	2840119	2813238	26881	133718	45316
其他	19310907	19093259	217648	1139699	403419

续表 2

单位: %

	资产负债率	劳动生产率	销售利润率	总资产使用率
总 计	61.09	46.56	6.96	80.72
一、按企业集团主营行业分				
第一产业合计	111.30	18.98	-2.67	90.10
农、林、牧、渔业	111.30	18.98	-2.67	90.10
第二产业合计	57.72	43.04	7.23	90.39
工业小计	56.93	46.87	7.37	90.94
采矿业	45.39	27.93	22.46	66.81
制造业	59.21	49.94	5.32	102.55
电力、燃气及水的生产和供应业	58.62	85.73	3.87	57.92
建筑业	75.77	13.55	3.33	77.99
第三产业合计	70.13	76.73	5.76	54.08
交通运输、仓储和邮政业	57.09	24.31	10.05	28.86
信息传输、计算机服务和软件业	68.85	62.44	21.97	40.49
批发和零售业	76.86	122.62	1.35	118.43
住宿和餐饮业	65.60	10.77	0.37	30.93
金融业	87.73	17.16	10.19	1.54
房地产业	73.99	50.26	6.84	19.59
其他合计	66.50	194.63	4.59	36.98
租赁和商务服务业	68.70	486.53	4.14	36.81
科学研究、技术服务和地质勘查业	70.92	48.58	7.31	86.61
水利、环境和公共设施管理业	15.48	8.31	-0.15	10.21
居民服务业和其他服务业	23.36	12.46	14.90	18.59
教育	43.91	10.43	12.67	21.41
卫生、社会保障和社会福利业	45.99	52.05	2.42	142.11
文化、体育和娱乐业	51.01	30.55	12.34	32.96
公共管理和社会组织	0.00	0.00	0.00	0.00
国际组织	87.03	4.90	9.69	19.56
二、按母公司登记注册类型分				
国有企业	64.33	50.35	4.41	83.90
公司制企业	59.56	45.82	7.53	80.80
国有独资公司	56.65	27.68	3.65	39.38
其他有限责任公司	62.33	43.58	9.14	83.00
股份有限公司	56.62	55.65	6.25	94.28
中外合资企业	56.47	66.56	7.08	113.83
港澳台合资企业	60.55	62.67	4.71	100.73
其他	66.90	47.87	5.90	77.69

2－15 积极应对市场严峻挑战 山东企业集团亮点纷呈

全省纳入《企业集团统计制度》且母子公司体制比较规范的789家企业集团（一产1家,二产652家,三产136家）,抓住国家实施宏观调控带来的发展机遇,充分发挥以资产为纽带、以母公司为主体、多个经济实体联合,跨地区、跨行业、跨所有制经营联合体的优势,加大兼并、联合、重组和改革力度,扩大规模,拓展领域,加强管理,开拓市场,2004年创造了良好业绩,呈现出多个新的发展亮点。

1.企业规模扩大,经营领域拓宽。2004年末,全省企业集团户均总资产19亿元,较上年增加4亿元；户均实现营业收入16.9亿元,较上年增加4.6亿元；户均从业人员年末人数3716人,较上年增加215人;拥有成员企业4723个,平均每家企业集团拥有成员企业6个,较上年增加1个。资产和营业收入双5亿元及以上的327家,其中,5亿－10亿元117家,10亿－50亿元的172家,50亿元以上的38家,海尔集团营业收入高达1063亿元,位居榜首,有望进入世界500强。目前,全省企业集团成员企业(子公司)已分布在国民经济行业的84个大类、291个中类、557个小类,分别比上年增加2个大类、11个中类、22个小类。从企业集团成员企业登记注册类型考察,全省企业集团成员企业(子公司)已基本覆盖所有类型,其中,国有企业581个,国有独资公司199个,有限责任公司2370个,股份有限公司474个,中外合资企业290个,港澳台合资企业118个,其他类型企业691个。

2.企业生产稳步增长,经济效益大幅提高。从企业集团子公司生产经营角度看,2004年,农、林、牧、渔业企业集团实现产值34亿元,增长33.6%;工业企业集团实现产值10379亿元,增长35.1%;建筑业企业集团实现产值482亿元,增长27.2%;批发零售贸易餐饮业企业集团实现商品销售总额1502亿元,增长21.2%;交通运输业企业集团客运人数85410万人,增长6.4%,货运总量达69399万吨,增长45.9%。从效益角度看,全省企业集团2004年实现营业收入13780亿元,增长28.9%,较上年提高1.1个百分点;实现利润913亿元,增长38.1%,较上年提高12.3个百分点;实现利税1522亿元,增长34.1%,较上年提高8.3个百分点。实现利润1亿－5亿元的117家,5亿－10亿元的20家,10亿元以上的13家。

3.高新技术企业集团发展强劲,整体科技实力壮大。2004年末,高新技术企业集团已达85家,总资产达1985亿元,分别占全省企业集团的10.8%和13.3%。实现营业收入2490亿元,增长22.5%;完成出口销售额263亿元,同比增长55.2%;实现利润79亿元，增长18%;实现利税139亿元,增长15.8%,显示出强劲的发展势头。实现主营业务收入、利润、利税已分别相当于全省高新技术企业的56.7%、31.1%和35.1%。从整体角度看,全省企业集团研发队伍壮大,研发经费增加,技术研究开发中心实力增强,科技成果转化效益明显。2004年,全省企业集团研究开发人员84043人,同比增长3.3%;投入研究开发的费用为115亿元,增长15.2%,占主营业务收入的比重已达1.1%;全省企业集团已建立技术研究开发中心的有538家,占67%;63%的企业集团自主开发新产品、新技术,52%的企业集团对引进技术进行了消化、吸收和创新,47%的企业集团与院校、科研机构联合进行开发,仅有23%的靠委托开发;近三年来获得国内专利申请授权265项，应用率达96%,另有30余项获得美国专利申请授权,97%的专利得到应用。2004年,全省企业集团实现新产品销售收入2240亿元,增长44%,新产品销售收入占主营业务收入的比重已达16.8%,较上年提高3个百分点。

4.民营企业集团快速发展,运营业绩良好。民营企业集团作为民营经济的重要组成部分,2004年已发展到386家,比上年增加84家,占全省企业企业集团的比重为48.9%,较上年提高7.7个百分点;总资产达4395亿元,增长22.1%。工业企业集团实现产值2821亿元,增长35.8%;建筑业企业集团实现产值283亿元,增长27.2%;批发零售贸易餐饮业企业集团实现商品销售总额573亿元,增长29.3%;交通运输业企业集团客运人数2918万人,增长61%,货运总量达31987万吨,增长73%。实现营业收入3879亿元,增长22%;完成出口销售额395亿元,增长40.9%;实现利润238亿元,增长49.5%,成为山东经济发展"亮点"中的"闪光点"。

5.外经外贸成绩斐然,出口创汇能力增强。截至到2004末,全省企业集团拥有自营产品进出口权的已发展到552家,占70%;拥有对外工程承包与劳动合作权的达463家,占59%;拥有境外融资权的达220家,占28%,与上年相比,这三个比率都有所提高。2004年,全省企业集团对境外投资6亿元,同比增长4%;实现出口销售总额为1076亿元,同比增长35.9%,出口销售总额占主营业务收入的比重已达8%。

6.企业集团在建设制造业强省进程中的作用举足轻重。2004年末,制造业企业集团已发展到536家,比上年增加34家,占全省企业集团的比重为67.9%;总资产达7952亿元,增长22.3%;实现产值8165亿元,增长35.4%;实现营业收入9290亿元,增长31.7%;完成出口销售额970亿元,增长45%;实现利润462亿元,增长40.6%;实现利税830亿元,增长31.5%。实现的主营业务收入、利润和利税已分别相当于全省规模以上工业制造业企业的51.3%、47.7%和50.4%。

7.半岛城市群的企业集团发挥着巨大的引领作用。2004年,全省企业集团中有538户位于半岛城市群,总资产11326亿元,占全部企业集团的60%,实现营业收入、利润、利税分别占全部企业(集团)的76.7%、76.3%和75.3%。在全部企业集团2240亿元的新产品销售收入和1076亿元的出口销售总额中,有88.8%和77.2%是由半岛城市群的企业集团创造的。半岛城市群的工业企业集团营业收入、利税和出口总额已相当于半岛城市群规模以上工业企业的70.8%、73.7%和33.1%,并分别以24.7%、30.4%和34.6%的增长速度高速增长,展现出良好的发展前景,发挥着巨大的引领作用。

(仝义贵)

2－16 山东省百强工业企业(集团)发展新特点

山东省经贸委、山东省统计局自2004年度起,采取国际通行方式,依据统计年报资料,以企业(集团)营业收入指标排序,联合发布上年度全省工业企业(集团)100强。日前,发布的全省2004年度100强工业企业(集团)显示,大公司、大企业集团按照省委制定的"一二三四五六"的发展目标和工作思路,认真贯彻落实科学发展观,面对激烈的市场竞争,努力拼搏,开拓创新,在原有大公司大企业集团进一步发展壮大的同时,又涌现出一批新的大企业集团,呈现出良好发展态势。与首次发布的2003年度100强工业企业(集团)相比,2004年发布的100强工业企业(集团)具有以下几个主要新特点:

1.百强工业企业(集团)规模进一步扩大。2004年度百强工业企业(集团)户均年末总资产高达80.3亿元,户均年实现营业收入87.2亿元,户均年末从业人数1.3万人,分别比上年度百强工业企业(集团)增加17.4亿元、23.6亿元和0.1万人。其中营业收入过100亿元的有23户,比上年增加10户,海尔集团依然高居榜首,营业收入突破1000

亿元大关,有望进入世界500强;50亿-100亿元的有19户;30亿-50亿元的有39户;30亿元以下有19户。百强工业企业最末一位营业收入为23.5亿元,比上年度增加7.2亿元。

2.百强工业企业(集团)实力进一步增强。从经济实力看,2004年度较上年度百强工业企业(集团)在户均年末总资产和户均年实现营业收入大幅增加的同时,户均利税增加2.5亿元,户均利润增加1.7亿元。从科技创新实力看,2004年度百强工业企业(集团)创办科技机构的占88%,比上年度百强高2个百分点;年投入研究开发费用128.1亿元,增长35.4%,比上年度百强多32.4亿元;新产品销售收入1869.3亿元,增长46.3%,比上年度百强多522亿元;新产品销售收入占主营业务收入的比重高达22.4%,比上年度百强提高4.1个百分点。从人才实力看,2004年度百强工业企业(集团)从业人员中具有大专文化程度的比重在10%以下、10%-20%、20%-50%和50%以上的,分别为6家、25家、49家和20家,而2003年度百强却分别是30家、25家、30家和15家。

3.百强工业企业(集团)对全省工业的贡献进一步显现。2004年山东省工业百强企业(集团)实现营业收入8716亿元,增长32.6%;利税1030亿元,增长31.7%;利润600亿元,增长41.2%;出口销售总额569亿元,增长55%。四项指标的总量分别相当于当年全省规模以上工业企业的41%、45%、43%和21.9%。百强企业拥有驰名商标18个,中国名牌36个,分别占全省工业的44%和59%。

4.百强工业企业(集团)中民营大企业发展较快。2004年百强工业企业(集团)中民营企业达到35户,比上年增加6户;营业收入1544.4亿元,占百强的17.7%,比上年提高3.2个百分点;利税占百强企业的9.8%,比上年提高1.4百分点;利润占百强企业的12.2%,比上年提高1.5个百分点。营业收入过50亿元的企业(集团)达到7户,比上年百强增加4户,南山集团、金锣集团营业收入首次突破100亿。

5.百强工业企业(集团)中高新技术企业优势明显。2004年百强工业企业(集团)中高新技术企业1 4户,总资产1432亿元,仅占百强工业企业(集团)的1 7.8%,但却实现了23.5%的营业收入、54.6%的新产品销售收入和38.8%的出口销售总额,并分别以22.9%、39.6%和56.6%的速度增长。同时,高新技术企业加大科研投入,研发经费支出增速高达21.5%,绝对额达66.2亿元,占百强工业企业(集团)的51.7%;研发人员增速高达14.6%,总人数达7780人,占百强工业企业(集团)的17.1%,显示出高新技术企业较强的发展后劲。

6.百强工业企业(集团)中制造业企业占主体地位。2004年百强工业企业(集团)中制造业企业81户,年末总资产4867亿元,增长25.3%;实现营业收入6552亿元,增长33.4%;利润303亿元,增长41.9%;利税570亿元,增长31.03%;出口销售总额515亿元,增长58.%。其绝对量分别占百强企业的60.6%、75.2%、50.6%、55.3%和90.5%。

7.百强工业企业(集团)中能源原材料企业支撑作用较大。分行业看,2004年百强工业企业(集团)中煤炭开采和洗选业企业7户,石油和天然气开采业企业1户,有色金属矿采选业企业2户,石油加工、炼焦及核燃料加工业企业10户,黑色金属冶炼及压延加工业企业7户,有色金属冶炼及压延加工业企业3户,电力、热力的生产和供应业企业9户。百强中39户能源原材料企业实现营业收入3900亿元,占百强企业的45.7%;利税640亿元,占百强企业的62.1%;利润372亿元,占百强企业62%。

8.百强工业企业(集团)中属半岛城市群的企业占绝对优势。2004年百强工业企业(集团)中有70 户位于半岛城市群,总资产5843亿元,占百强工业企业(集团)的72.7%,实现营业收入、利润和利税分别占百强工业企业(集团)的76.2%、79.1%和78.8%。在百强工业企业(集团)1869亿元的新产品销售收入和569亿元的出口销售总额中,91.6%和70%是由半岛城市群的企业(集团)创造的。百强工业企业(集团)中半岛城市群的企业(集团)总资产、营业收入、利润和利税的增速分别高达23%、27.1%、41.5%和33.3%,展现出良好的发展前景。

9.百强工业企业(集团)的位次竞争比较激烈。2004年与上年百强企业(集团)相比,位次变化较大。位次前移的有35户,其中,三星通讯设备公司位次前移34位,博汇集团前移22位,五征集团前移19位;13户位次未变;位次后移的41户;退出百强11户,新进入百强11户。　(全义贵)

2－17 半岛城市群企业集团发展强劲对全省经济社会发展贡献突出

打造山东半岛城市群是省委、省政府的重大决策。企业集团作为以资产为纽带,以母公司为主体的跨地区、跨行业、跨所有制经营的经济联合体,其发展状况对半岛城市群的崛起影响很大。统计监测资料显示,2004年半岛城市群企业集团持续保持良好生产经营态势,对带动半岛城市群和全省经济发展及社会进步起到了明显的推动作用。

一、地位与贡献

1.半岛城市群企业集团对全省企业集团贡献大。2004年,半岛城市群企业集团达到538个,占全省企业集团的68.2%,资产总计、营业收入、利税总额、出口销售额分别为11326.1亿元、10569.2亿元、1147.0亿元、830.5亿元,占全省企业集团的75.7%、76.3%、76.1%、71.6%。

2.半岛城市群企业集团对全省工业贡献大。据测算,半岛城市群企业集团中工业成员企业实现的产品销售收入8407亿元(成员企业合计数),相当于全省规模以上工业的40%,相当于半岛城市群规模以上工业的58.7%。在电力、热力的生产和供应业、电气机械及器材制造业、黑色金属冶炼及压延加工业、交通运输设备制造业、石油加工炼焦及核燃料加工业、通信设备计算机及其他电子设备、石油和天然气开采业、橡胶制品业、饮料制造业、化学纤维制造业、烟草制品业、仪器仪表及文化办公用机械制造、废弃资源和废旧材料回收加工业等13个行业大类中,半岛城市群企业集团工业成员实现的主营业务收入均超过全省规模以上工业的50%,其中,部分行业已经被完全垄断。

3.半岛城市群企业集团在全省经济中的作用重大。2004年,半岛城市群企业集团创造增加值3815亿元,占全省生产总值24.6%,其中,创造第一产业增加值5.5亿元,相当于全省的0.3%,第二产业增加值2891.3亿元,相当于全省的33.1%,第三产业增加值918亿元,相当于全省的18.4%。

4.企业集团对半岛城市群经济发展贡献突出。2004年,半岛城市群企业集团创造增加值相当于半岛城市群生产总值的37.5%,第一产业、第二产业、第三产业成员企业创造的增加值分别相当于半岛城市群的0.6%、49.5%、26.7%。

二、生产经营特点

1.生产经营快速增长,利润总额大幅提高。2004年,半岛城市群企业集团抢抓机遇,加快发展,全年实现营业收入10569.2亿元,同比增长24.7%,其中,主营业务收入10260.3亿元,增长24.2%,其他业务收入308.9亿元,增长44.4%。按母公司控股情况分,国有及国有控股企业集团实现营业收入5856.0亿元,集体及集体控股企业集团实现营业收入1904.4亿元,其他企业集团实现营业收入2808.8亿元,分别占总量的55.4%、18.0%、26.6%,同比分别增长27.9%、26.6%、17.5%。

半岛城市群企业集团积极组织生产经营,主动开辟市场,努力降低成本费用,生产经营成果显著。全年实现利润总额697.5亿元,同比增长35.4%;利润总额的增长幅度高于营业收入的增长幅度10.7个百分点。从母公司控股情况看,国有及国有控股企业集团实现利润总额456.6亿元,集体及集体控股企业集团实现利润总额69.7亿元,其他企业集团实现利润总额171.2亿元,分别占总量的

65.5%、10.0%、24.5%,同比分别增长29.8%、32.7%、54.5%。

2.税金总额明显增加,从业人员数量及劳动报酬均有增长。2004年,半岛城市群企业集团为国家财政、劳动就业和改善职工生活做出了突出贡献。全年实现税金总额449.5亿元,增长23.2%,其中主营业务税金及附加151.2亿元,增长22.5%,应交增值税298.3亿元,同比增长23.5%。按母公司控股情况分,国有及国有控股企业集团实现税金342.3亿元,集体及集体控股企业集团实现税金33.2亿元,其他企业集团实现税金74.0亿元,分别占总量的76.1%、7.4%、16.5%,同比分别增长23.1%、13.0%、23.7%。

2004年末,半岛城市群从业人员为184.1万人,同比增长4.4%。按母公司控股情况分,国有及国有控股、集体及集体控股和其他企业集团分别为93.8万人、27.7万人和62.6万人,分别占总量的51.0%、15.0%、34.0%,同比分别增长-0.2%、11.6%、8.7%;劳动报酬为305.4亿元,同比增长15.9%,平均年劳动报酬为16591.4元,增长11.1%。

3.研发经费和人员充足,获取新产品及新技术的途径广泛,研究成果丰盈,效果良好。2004年,半岛城市群企业集团研究开发费用达131.4亿元,同比增长28.9%,研究开发人员达6万人,增长1.7%,已经设立技术中心的达到349个,占64.9%,有技术中心的企业集团经费和人员能够完全满足或基本满足的为297个,占85.1%。

从获取新产品、新技术的途径看,63.4%的集团能够自主开发,52.2%的集团具有引进技术、吸收和创新的能力,46.5%的集团与院校、科研等机构联合开发,24.2%的集团委托开发,21.9%的集团接受技术成果转让,23.8%的集团采用其他方式。

近三年,半岛城市群企业集团中,188个集团获得国内专利申请授权,共获专利申请授权4737项,其中已应用4360项,应用率为92%;30个集团获得美国专利申请授权,共获专利申请授权80项,其中已应用76项,应用率为95%。

新产品的开发与生产为企业的发展提供了强有力的推动作用。2004年半岛城市群企业集团新产品销售收入达到1991.1亿元,同比50.3%,增幅比营业收入高25.6个百分点,新产品占营业收入的比重达到18.8%,提高3.2个百分点。

4.开辟国际市场成效显著,出口销售额快速增长。2004年,半岛城市群企业集团抓住机遇,充分利用国内、国际两个市场,发挥产品优势和企业优势,出口明显增加。全年实现出口销售总额830.5亿元,同比增长34.6%,增幅比营业收入高9.9个百分点。出口销售额按集团主营行业分,第一产业为0.3亿元、第二产业为700.0亿元、第三产业为130.2亿元,分别占0.1%、84.2%、15.7%,同比分别增长-82.5%、43.3%、2.7%。第二产业集团中,制造业出口销售额为691.5亿元,占半岛城市群企业集团出口销售额的83.3%,增长43.2%,成为企业集团出口的主力军和拉动出口高速增长的主要动力。

三、问题与不足

1.多数企业集团参与国际竞争的意识和向市外拓展的能力不强。半岛城市群企业集团在利用国际市场和增加产品出口方面取得了可喜的成绩,但是在利用国际资本和国际、国内资源方面的意识和向市外拓展的能力还需增强。表现为:一是引进外资的力度不大。2004年末,半岛城市群企业集团成员中,中外合资企业和港澳台合资企业仅336个,注册资本为205.4亿元,营业收入为1016.9亿元,分别占9.9%、8.0%、9.4%。二是“走出去”利用国际、国内的各种资源的力度不够。2004年末,半岛城市群企业集团中,在国外设立子公司的只有2家,在省外设立子公司的有49家,在省内市外设立子公司的有93家。半岛城市群企业集团拥有国外成员(子公司)2个,注册资本0.1亿元,营业收入0.3亿元。拥有省外成员(子公司)105个,注册资本76.5亿元,营业收入436.5亿元,分别占3.1%、3.0%、3.8%。拥有省内市外成员(子公司)285个,注册资本73.4亿元,营业收入739.8亿元,分别占8.4%、2.8%、6.5%。

2.亏损面居高不下,亏损集团亏损额继续增加。2004年,半岛城市群企业集团中,发生亏损的87家,亏损面为16.2%,同比增加8家;亏损集团亏损额达到33.7亿元,同比增加10.1亿元;分企业看,亏损额超过1亿元的企业集团达到9家。

3.资金短缺等因素困扰影响企业集团生产经营。对企业负责人问卷调查资料显示:当前影响企业生产经营的主要因素,74.4%的企业集团认为是资金短缺,37.9%企业集团认为是债务沉重,33.8%的企业集团认为是产品缺乏竞争力,33.5%的企业集团认为是科研开发能力弱。

4.企业历史遗留问题和资本市场不健全等仍然是企业资产重组的重要障碍。对企业负责人问卷调查资料显示:50.0%的企业集团认为被兼并企业的银行历史欠账、44.8%的企业集团认为资本产权交易市场不健全、42.8%的企业集团认为无法安置被兼并企业的职工、42.4%的企业集团认为国有资产管理体制改革滞后是企业进行资产重组的主要障碍。

经济全球化进程的加快,为企业提供了更为广阔的发展空间,企业特别是大企业大集团,必须抓住这个机遇,加强企业管理,提高综合竞争能力,主动参与国际竞争,应加大"引进来"的力度,以发达国家资本、国际产业转移为契机,加强与国外企业的合作。应加大"走出去"力度,主动融入世界经济大潮,全面参与国际经济大循环,充分利用全球资源和国际市场,努力将比较优势转化为竞争优势,着力提升企业集团的国际竞争能力。各级政府、部门应进一步转变职能,完善和改革不利于企业发展的政策和体制,为企业发展营造一个好的外部环境,为企业的生产经营解决困难,搞好服务,为企业的兼并、重组等扫清障碍。通过企业和政府的共同努力,半岛城市群企业集团必将产生出更强的活力,必将在半岛城市群的崛起和建设大而强富而美的社会主义新山东的进程中做出更大贡献。

(李东法)

2－18 重点企业改制改革步伐加快 生产经营业绩突出

建立现代企业制度是发展市场经济和社会化大生产的必然要求。目前我省纳入《重点企业建立现代企业制度跟踪监测统计制度》的企业共345户(以下简称重点企业),其中第一产业3户,第二产业278户,第三产业64户。分经济类型看,国有及国有控股企业180户,集体控股企业39户,其他类型企业126户。最新监测资料显示,2004年我省重点企业改制步伐加快,制度不断完善,在原材料价格上涨的环境下,克服外在困难,挖掘内在潜力,保持了健康的发展态势,取得突出的经营业绩,但企业改制及经营过程中出现的问题不容忽视。

一、企业改制步伐加快　制度不断完善

几年来,重点企业积极推进建立现代企业制度的进程,深化人事制度、用工制度、分配制度改革,完善激励机制和约束机制,为企业发展壮大注入了新的生机和活力。

1.企业法人治理结构不断完善。到2004年末,345户重点企业中,公司制企业占86.7%,比上年扩大0.4个百分点,其余未建立公司制的企业也实施了多方面改革。92.5%的企业已建立了明确的出资人制度。改制企业的法人治理结构框架基本构建,

权力、决策、执行、监督相互制衡的机制基本形成。71.9%的企业成立了股东会(另48户国有独资企业按《公司法》规定不成立股东会),91.9%的企业成立了董事会,84.6%的企业成立了监事会。89.1%的股东会、84.5%的董事会、87%的监事会能行使各自的法定职权,分别比上年扩大5.3、6.3、2.2个百分点,呈现出股东会权力到位、董事会决策有力、监事会监督有效的局面。

2.人事制度、用工制度、分配制度改革基本到位。多数企业按照精干、高效原则设置各类管理岗位和管理人员职数,精简职能部门,减少管理层次。打破"干部"和"工人"的身份界限。收入分配制度方面,建立以岗位工资为主要形式的工资制度,明确岗企业实行全员竞争上岗制度,95.1%的企业能足额缴纳社会保险费,93.3%的企业实行以岗位工资为主的工资制。

3.激励机制和约束机制趋向完善。93.6%的企业内部管理人员实行公开竞争、择优录用、能上能下机制,64.6%的企业实行经营者年薪制,71.3%的企业实行科技人员收入分配激励机制,30.1%的企业实行职工持股分配制。

4.剥离企业办社会性服务机构工作取得重大进展。最新资料显示,有企业办社会性服务机构的重点企业160户,其中,77户已完成全部剥离工作,在未全部剥离的83户企业中,已剥离50%及以上的企业有28户。

5.管理日趋科学化。企业普遍增强了管理意识,各项管理制度建设逐渐走向正规。93.3%的企业建立了奖惩制度并能够严格执行,85.5%的企业获得ISO9000质量体系标准认证,45.2%的企业已获"国际绿卡"ISO14000环境管理体系标准认证。

二、企业健康发展　经营业绩突出

1.企业规模扩大,抗御市场风险能力增强。2004年末,重点企业户均总资产达32.3亿元,平均每户比上年新增5.2亿元;户均年实现营业收入29.2亿元,平均每户新增6.7亿元;户均从业人数5195人,平均每户新吸纳劳动力145人。2004年,重点企业抓住全省国民经济持续快速协调健康发展,结构调整取得积极进展的大好形势,努力扩张企业规模,增强抗御风险的能力。

2.各生产要素之间协调程度加大,营运能力增强。重点企业2004年流动资产周转次数为2.1次,比上年加快0.01次,营运能力进一步增强。

3.资本保值增值率升高,发展能力增强。企业的资本保值增值率反映了企业净资产的变动状况和企业的经营业绩,集中体现了企业自身的发展能力。2004年,重点企业保值增值率高达115.9%,比上年提高7.3个百分点。其中,国有及国有控股企业资本保值增值率为115.9%,比上年提高11.5个百分点;集体控股企业资本保值增值率为115.8%,比上年下降3.7个百分点。

4.技术创新机制不断完善,创新能力增强。2004年末,重点企业中从事科技活动的人员达75724人,同比增长7.2%。企业拥有技术中心257个,占总数的74.5%,比重比上年提高3.5个百分点。其中,国家级65个,省级121个,分别占技术中心的25.3%、47.1%。92.6%的技术中心设施、经费和人员能完全满足或基本满足。78.3%的企业自主开发新产品、新技术。2004年,重点企业投入研究开发费用137.6亿元,同比增长27.7%。

5.产出率提高,竞争能力增强。2004年,重点企业成本费用利润率为9.5%,比上年提高0.6个百分点。全员劳动生产率为56.3万元/人,比上年提高26%,意味着在其他既定条件不变的情况下,平均每个职工一年多产出11.6万元。

6.经营业绩明显,实现利润大幅增长。2004年,重点企业实现利润824.3亿元,同比增长37%。实现利税1295.9亿元,同比增长32.8%。总资产报酬率达8.5%,同比提高1个百分点。销售利润率为8.2%,同比提高0.5个百分点。

三、问题与矛盾

1.企业改制不规范问题依然存在。一是部分企业还没有建立出资人制度。345户重点企业中仍有26户没有明确的出资人,无法界定产权关系。二是企业劳动、人事制度尚需完善。345户重点企业中仍有122户企业中存在"干部"和"工人"的身份界限。三是企业激励和约束机制还需完善。345户重点企业中仍有23户企业虽有奖惩制度,但形同虚设,企业很难严格执行。四是改制遗留问题较多。有的改制企业由原企业整体改制后成立,但原企业仍然没有注销,原有的社会负担、人员分流等问题没有较好解决;有的改制企业是由原企业局部改制形成,改制企业和原企业并没有真正地分开,原企业一些难点问题仅采用暂缓解决的方式,改制后这些问题仍然影响着企业的发展。

2.科技经费投入平均水平偏低,企业间不平衡现状严重。科学技术是第一生产力,科学技术在日益加剧的市场竞争中尤为重要,可以说,企业拥有了先进的科学技术,就拥有了市场。我省重点企业尽管科研开发费用持续增长,但仍处于低水平状态。国际上一般认为,企业科技开发基金占主营业务收入的1%是难以生存的,占2%企业可以维持,占5%以上才有竞争力,而随着科学技术进步的速度加快,这一比例还会相应的提高。从平均情况看,我省重点企业研究开发费用占主营业务收入的比重为1.42%,还不到企业可以维持的水平。有33.9%的企业全年没有研究开发费用投入,有研发费用投入的228户企业中,研发费用占主营业务收入的比重不足2%的有155户。也就是说全省重点企业中78.8%的企业研发费用投入达不到可以维持生存的比例。分企业看,企业间差别巨大,海尔集团以年投入研究开发费用43.6亿元位居榜首,占主营业务收入的比重为4.3%。研发费用占主营业务收入比重最高的是山东浪潮齐鲁软件产业股份有限公司,为17.1%。

3.资金短缺仍是影响企业生产经营的主要因素。资金是企业生存和发展的基础,是企业存在的灵魂。企业的经营过程也就是资金的流动和形式不断变化的过程。全省重点企业中58%的企业认为资金短缺仍是影响企业生产经营的主要因素之一,其中42%的企业将其作为第一因素。资金短缺的原因主要有:一是企业原始资金投入不足,主要靠贷款维持,再加上企业快速扩张,将经营资金用于更新设备、新上项目等而发生资金流转困难。二是经营中由于管理不到位,造成某个环节资金周转受阻,例如大量存货积压、外欠货款增加等。三是企业经营发生亏损。当企业发生亏损,尤其是亏损额大于企业的折旧提取额时,直接结果是企业的流动资金逐渐减少,引起资金短缺。此外存货的变质、财产的毁损、坏账损失等都会引起企业资金短缺。

4.企业改革仍存在不少障碍。通过对345户重点企业的负责人问卷调查,改革的主要障碍包括:一是社会保障制度不完善,认同率达55.9%;二是市场体系不健全,认同率达55.7%;三是缺乏激励和约束机制、历史包袱沉重、产权不明确等因素。

四、对策与建议

1.加大力度,完善企业改制。一是做到政企分开,明确政府与企业的责任。政府通过出资人代表对国家出资兴办和拥有股份的企业行使所有者职能,不干预企业的日常经营活动,并努力为企业创造良好的外部环境。二是分离企业办社会的职能。企业要逐步把所办的学校、医院和其他社会服务机构移交地方统筹管理,使企业轻装上阵。三是实行股份制改造,有利于企业从各方面吸收资本,较快地集中起巨额资金,同时随着所有权与经营权的分离,有利于提高管理的水平和效率。四是建立规范的法人治理结构。规范企业权力机构、决策机构、执行机构和监督机构的职能,使之形成各自独立、权责明确、相互制约的关系。

2.加快技术创新,使企业成为技术创新的主体。切实把技术创新作为增强企业竞争力的关键措施。以市场为导向,从企业实际出发,研究、制定技术创新的方向、目标和规划。积极实行“产、学、研”相结合的研究开发方式,跟踪国际上技术的最新发展动态,加快推进企业技术创新和科研成果的转化,提高企业自主开发能力。

3.扩大融资渠道,减轻企业资金短缺负担。解决企业资金紧缺和融资困难问题是一项系统工程,涉及融资体制、信用环境、企业自身及融资机构的服务意识和服务水平等诸多因素,需要综合协调、配套解决。解决企业资金紧缺问题的根本出路是要理顺资金关系,扩大融资渠道,企业、银行和政府三方联动,共同努力,化解资金紧缺的矛盾。一是企业应加大招商引资和资产重组力度,通过外来资金缓解资金紧缺矛盾。二是继续加大贷款推介和服务力度,积极促进银企合作。三是引导企业加强资金管理,积极拓宽融资渠道。

4.全方位加强企业管理,实现管理升级。质量是企业的核心,企业之间的竞争归根到底是质量的竞争,企业管理是产品质量的保证和基础,加强管理是企业永恒的主题。在市场经济日臻完善的环境下,各企业应结合自身情况,进一步强化成本管理、资金管理、财务管理、质量管理、营销管理、安全管理和环境保护管理,向管理要效益,向管理要生产力,使企业健康、持续、快速发展。　(林雪梅)

2－19　“绩优板块”风采重现

——2004年山东省上市公司财务运行分析

1993年,渤海集团股份有限公司A股股票在上海证券交易所挂牌上市交易,山东省上市公司实现了“零”的突破,自此,山东省上市公司踏上了风雨历程。素以“绩优板块”著称的山东省上市公司,于2002年出现整体业绩下滑、大面积亏损的局面,经过两年的调整与恢复,经营业绩大幅度回升。进入2004年,上市公司抓住国家实行宏观调控这一重大历史机遇加快发展,又重现了“绩优板块”的风采。纵观山东省上市公司十多年来走过的历程,可以说,变化无常的股票市场是一个真正公平的裁判,质地优良的股票终能为市场所认同,绩差公司终会被扫地出门。如何判断股票的优劣——财务运行状况是一个很有价值的参考。从2004年山东省上市公司财务运行状况看,主要指标实现大幅度增长,企业综合实力增强,显示出较强的发展潜力。

1.上市公司基本情况。截至到2004年年末,注册地在山东省的上市公司82家,比2003年新增11家,增长15.5%。共发行A股73支,B股6支,H股9支,A、H股分别比上年新增6支、5支。其中纯A股上市公司67家,兼发A、B股上市公司4家,兼发A、H股上市公司2家,纯B股上市公司2家,纯H股上市公司7家。

2.资产规模扩大,竞争能力强。上市公司充分利用直接融资的特有政策,通过发行、增发和配股等手段,使企业资产不断扩张。2004年,上市公司年末资产达2573.9亿元,户均资产达31.4亿元,同比增长22.5%。净资产1347.1亿元,同比增长17.1%。企业累计对外投资152亿元,同比增长35.6%,其中2004年对外投资38.9亿元,同比增长93.6%。

3.盈利能力强,盈余稳定性大。盈利能力是公司获取利润的能力,而利润则是股东取得投资收益、债权人收取本息的资金来源,是公司得以持续发展的关键动因。反映盈利能力常用指标是净资产收益率和每股收益指标。2004年山东省上市公司净资产收益率为10.5%,比上年提高2.3个百分点。分行业看,商务服务业、通用设备制造业、有色金属冶炼及压延加工业净资产收益率最高,分别为32.9%、25%、22.7%,分别高出平均水平的22.4、14.5、12.2个百分点。全部上市公司平均每股收益0.4元,比上年增加0.1元。其中通用设备制造业、有色金属冶炼及压延加工业、黑色金属冶炼及压延加工业每股收益分别为1.1元、1.0元、0.9元,分别比上年增加0.4元、0.2元、0.2元。

按照盈利来源可以分为永久性盈余、暂时性盈余。其中,盈利中的主营业务利润为永久性盈余,而其他业务利润、投资收益、营业外收支等项目属暂时性盈余。盈利中永久性部分越大,公司未来盈余越稳定;公司盈利持续性越高,未来盈利就越有保证。2004年山东省上市公司的盈利稳定性较强,据初步测算,主营业务产生的贡献占到利润总额的61.3%,这说明上市公司2004年实现的财务业绩不是靠资产重组、股权转让等短期行为突击实现的,而是主要来自公司主营业务,表明了企业较强的盈利稳定性。

4.偿债能力强,变现能力大。企业偿债能力主要通过资产负债率来体现,它反映了资产总额中有多大比例是通过负债筹资形成的,资产负债率越低,企业偿债能力越强。2004年山东省上市公司资产负债率为47.7%,企业靠债权人提供的资金维持经营周转的程度低,企业债务偿还能力强。从短期偿债能力和变现能力看,山东省上市公司具有较强的短期偿债能力与变现能力。流动比率是反映公司流动资产在短期债务到期内可以变为现金用于偿还流动资产的能力,比值越大偿债能力越强。2004年山东省上市公司流动比率为101.4%,同比提高0.6个百分点。

5.营运能力强,资产周转速度快。考察企业营运能力的指标主要有总资产使用率和流动资产周转率。2004年全省上市公司总资产使用率为76.3%,比上年提高8.3个百分点;流动资产周转率为0.79次,比上年加快 0.1次,企业资金周转速度加快,不仅减少了公司的资金压力,还有助于提高公司的盈利质量。

6.发展能力强,发展潜力大。2004年,上市公司在充分利用目前生产能力的同时,加紧更新设备,进行技术改造,不断增强企业发展后劲。2004年山东省上市公司总资产增长率为22.5%,净资本增长率为17.1 %,同比分别提高8.7、4.4个百分点。完成固定资产投资269.5亿元,同比增长53.5%,投入研究开发费用17.6亿元,同比增长26.1%。

综上所述,2004年山东省板块经营业绩大幅度增长,整体可持续发展势头明显,无论在竞争能力、偿债能力、盈利能力、发展能力等方面均取得了令人瞩目的成绩,分析原因主要有以下方面

1.建立现代企业制度步伐加快,为上市公司发展提供制度保证。以股东会、董事会、监事会和经理层为主要标志的法人治理结构框架已基本构建,形成了企业权力、决策、执行、监督机构相互制衡的机制。股东大会作为权力机构,在上市公司中已发挥作用,98.8%的股东会有权决定经营方针和投资计划,有权选举和更换董事、监事。董事会向股东会负责并发挥决策作用,97.6%的董事会严格执行股东会决议,决定经营计划和投资方案。监事会作为监督机构在公司生产经营管理中发挥了积极作用,97.6%的监事会对董事和经理进行监督,纠正损害公司利益的行为。企业经理受聘于董事会,实施董事会决议,100%的企业经理主持生产经营并组织实施经营投资方案。

2.科技创新投入加大,为上市公司发展提供动力保证。上市公司注重科技创新,加大科技人、财、物的投入力度。从技术人员情况看,从事研究开发活动的人员达1.6万人,同比增长5.1%;从科技经费支出情况看,研究开发经费支出17.6亿元,同比增长26.1%;从企业科技机构情况看,已建立技术中心66个,其中国家级25个,省级24个;从企业科技创新能力看,86.6%的上市公司能通过自主开发获取新产品新技术,近三年上市公司共申请国内专利985个,其中91.5%的已应用;申请美国专利4个并全部应用。由于技术创新能力强,上市公司实现新产品销售收入310.4亿元,同比增长37%。

3.加强质量管理,为上市公司发展夯实基础。质量是企业的核心。上市公司中,87.8%的企业通过了ISO9000质量体系认证,48.8%的企业通过了ISO14000环境管理系列标准认证,73.2%的企业取得了AAA级的金融信用等级。同时,上市公司加强信息化建设,实施信息化管理,79.3%的企业建立了商业网站和局域网,为企业的发展发挥了重要作用。目前,上市公司主要产品在国内市场的占有率达到50%以上的有6家,20%-50%的有17家,10%-20%的有20家。

为了促进全省经济更好更快地发展,上市公司更要加强管理,向内部要效益;有关部门要完善和落实上市公司的各项政策,加强对上市公司的监督,进一步规范上市公司的经营行为;同时,要创造有利条件促进更多企业上市,壮大山东省上市公司队伍,促进山东省上市公司更快更好地发展。

(林雪梅)

第三篇 企业景气

3 －1　企业景气调查概述

企业景气调查20世纪20年代起源于西方国家,此后在世界范围内得到了迅速的推广和普及。我国全国范围的企业景气调查于1998年在统计系统正式进行,由国家统计局各级企业调查队组织实施。

一、企业景气调查的概念及特点

企业景气调查是通过对部分企业负责人定期进行问卷调查,并根据他们对企业经营状况及宏观经济环境的判断和预期来编制景气指数,从而准确、及时地反映宏观经济运行和企业经营状况,预测经济发展的变动趋势的一种调查统计方法。它是适应我国社会主义市场经济发展的新形势,借鉴西方国家的经验而建立起来的一项进行事前统计的调查制度,它是增强统计服务时效性、扩大统计服务范围,提高统计服务质量的一种新的调查工作。

企业景气调查以问卷为调查形式,以定性为主、定量为辅,定性与定量相结合的景气指标为体系,以对企业的宏观经济环境判断和微观经营状况判断相结合的意向调查为内容。其信息具有较高的超前性、客观性、可靠性和连续性,无论在时间上还是在指标设置上都弥补了传统统计方法的不足。

二、企业景气调查的范围及对象

调查范围为:工业;建筑业;交通运输、仓储及邮政业;批发和零售贸易业;房地产业;社会服务业;信息传输、计算机服务和软件业;住宿和餐饮业。

调查对象为:上述调查范围内的全部大型及以上和部分抽中的中小型法人企业及其负责人。

三、企业景气调查的内容

企业景气调查包括以下四方面的内容:

1.企业基本情况。

2.企业负责人对本行业景气状况的判断。包括企业负责人对当前本行业景气状况的判断、对下期本行业的景气状况的预计等。

3.企业负责人对企业生产经营景气状况的判断。包括对本期企业的生产成本、产销总量、价格、库存、资金、盈利、用工、投资及综合生产经营情况等景气状况的判断和下期景气状况的预计。因为不同行业的企业所反映企业生产经营景气状况的内容不同,故对不同行业所设置的反映企业生产经营景气状况的指标也不同。

4.企业负责人对企业生产经营问题的判断。包括对目前本企业生产经营中的问题和生产经营的重点判断,以及企业对政府经济管理部门的要求等。

四、景气指数

1.景气指数的概念。景气指数又称景气度,它是对企业景气调查中的定性指标通过定量方法加工汇总,综合反映某一特定调查群体或某一社会经济现象所处的状态或发展趋势的一种指标。

企业家信心指数(宏观经济景气指数):是根据企业负责人对企业外部市场环境与宏观政策的认识、看法、判断与预期而编制的指数,用以综合反映企业负责人对宏观经济环境的感受与信心。

企业景气指数(企业综合生产经营景气指数):是根据企业负责人对本企业综合生产经营情况的判断与预期而编制的指数,用以综合反映企业的生产经营状况。

其他景气指数(具体指标景气指数):一般由指标名称之后加景气指数四个字组成。如由产品订货指标综合而成的景气指数称之为“产品订货景气指数”。

2.景气指数的表示形式。景气指数的表示形式一般有三种;

⑴用正负百分数形式表示,以0作为景气指数的临界值,其数值范围在-100%-100%之间。

⑵用正负小数形式表示,以0作为景气指数临界值,其数值范围在-1-1之间。

⑶用纯正数形式表示,以100作为景气指数临界值,其数值范围在0-200之间。

本年鉴采用纯正数形式表示,当景气指数大于临界值时,表明经济状况趋于上升或改善,处于景气状态;当景气指数小于临界值时,表明经济状况趋于下降或恶化,处于不景气状态。

3－2 企业景气调查主要景气指数

时间序列	企业家信心指数	企业景气指数	生产总量景气指数	盈利（亏损）变化景气指数	流动资金景气指数	货款拖欠景气指数	劳动力需求景气指数	固定资产投资景气指数
1999年1季度	110.69	118.07	102.65	84.82	46.06	92.93	69.20	96.13
1999年2季度	109.79	121.19	114.96	90.28	44.38	96.01	74.96	103.98
1999年3季度	111.56	119.33	115.08	86.99	45.22	96.66	77.22	106.78
1999年4季度	113.56	122.35	122.69	99.60	46.16	95.58	76.55	108.45
2000年1季度	122.14	117.15	111.61	91.58	56.74	108.81	86.19	106.98
2000年2季度	127.86	128.18	135.27	100.98	59.22	106.01	94.37	117.66
2000年3季度	128.53	125.36	124.53	100.57	61.88	103.71	94.33	119.48
2000年4季度	128.05	125.22	125.76	103.96	63.86	107.34	90.32	117.28
2001年1季度	133.64	129.24	116.28	102.10	72.93	110.13	91.00	107.62
2001年2季度	133.93	137.68	127.66	117.59	73.17	106.53	99.94	119.25
2001年3季度	129.86	131.59	124.77	106.61	72.97	107.41	96.98	115.56
2001年4季度	130.27	130.76	120.66	109.44	71.15	107.75	92.82	113.75
2002年1季度	130.04	127.64	115.03	99.60	75.48	111.26	92.49	108.31
2002年2季度	133.94	134.21	133.52	122.07	76.20	107.31	99.47	117.67
2002年3季度	130.44	136.07	132.44	120.42	76.88	105.56	101.43	123.83
2002年4季度	135.95	136.39	128.91	120.61	76.35	108.53	98.76	121.83
2003年1季度	139.29	133.85	120.20	114.26	83.20	108.99	105.53	114.24
2003年2季度	124.77	121.57	118.35	106.17	82.96	106.88	98.73	124.57
2003年3季度	136.36	139.60	133.00	121.46	86.53	106.59	106.72	125.10
2003年4季度	138.83	139.64	133.24	122.35	87.28	108.27	105.24	122.71
2004年1季度	142.12	140.26	129.73	124.35	82.45	112.27	112.75	117.72
2004年2季度	137.40	138.18	134.90	123.30	82.77	110.72	113.41	121.74
2004年3季度	135.05	137.97	133.47	123.98	81.13	104.87	113.17	119.65
2004年4季度	137.72	139.99	132.58	125.50	76.88	106.48	108.77	122.26

3－3　工业企业景气调查主要景气指数

时间序列	企业家信心指数	企业景气指数	生产总量景气指数	盈利（亏损）变化景气指数	流动资金景气指数	货款拖欠景气指数	劳动力需求景气指数	固定资产投资景气指数
1999年1季度	112.44	123.91	106.45	87.68	42.85	93.25	70.94	96.73
1999年2季度	111.28	125.96	119.82	95.40	43.91	98.20	73.67	107.59
1999年3季度	113.77	123.60	118.27	89.03	43.77	97.52	75.40	111.87
1999年4季度	117.25	130.12	131.17	108.64	46.56	97.61	78.47	113.40
2000年1季度	125.91	126.41	120.49	96.29	57.36	112.39	91.56	108.90
2000年2季度	131.34	135.11	142.25	105.52	62.09	109.56	95.16	120.38
2000年3季度	131.67	130.92	127.66	102.59	65.98	108.01	93.93	122.55
2000年4季度	130.93	133.18	131.18	109.20	67.25	112.21	91.72	120.62
2001年1季度	136.41	139.88	126.00	104.31	79.51	114.79	95.76	109.50
2001年2季度	137.74	144.06	129.20	119.87	80.54	111.73	99.68	123.12
2001年3季度	129.62	134.90	123.22	105.16	78.50	112.08	92.41	114.87
2001年4季度	131.63	134.04	122.77	110.98	74.61	111.21	93.31	114.77
2002年1季度	129.13	130.39	119.92	100.48	80.35	113.87	95.51	110.94
2002年2季度	136.04	138.68	136.32	127.32	84.51	112.11	97.63	119.34
2002年3季度	129.20	141.32	134.81	121.06	81.76	109.46	100.62	129.56
2002年4季度	138.31	142.81	131.71	123.26	81.89	112.44	102.04	129.17
2003年1季度	142.58	140.95	129.65	120.88	92.35	112.42	113.84	119.27
2003年2季度	130.16	130.70	127.97	115.48	92.11	112.97	105.06	129.80
2003年3季度	139.20	146.52	131.79	128.14	94.07	113.82	107.39	128.13
2003年4季度	141.89	147.54	138.02	133.32	94.45	117.14	112.49	128.55
2004年1季度	144.55	147.08	138.28	130.10	89.89	115.07	119.80	122.62
2004年2季度	136.40	140.44	137.68	122.00	88.09	116.84	114.91	125.59
2004年3季度	133.21	141.20	134.99	125.93	85.96	108.33	116.40	125.09
2004年4季度	137.23	143.11	135.89	128.72	78.34	109.84	114.38	127.93

3－4 建筑业企业景气调查主要景气指数

时间序列	企业家信心指数	企业景气指数	生产总量景气指数	盈利（亏损）变化景气指数	流动资金景气指数	货款拖欠景气指数	劳动力需求景气指数	固定资产投资景气指数
1999年1季度	116.91	117.76	84.68	86.40	58.95	61.72	71.70	84.75
1999年2季度	116.20	122.00	122.54	87.78	37.60	58.69	109.48	103.25
1999年3季度	109.78	118.39	121.32	95.98	40.04	60.81	113.93	98.11
1999年4季度	108.05	111.63	102.26	97.21	35.98	62.90	92.16	102.62
2000年1季度	116.69	85.66	74.09	70.80	49.60	73.47	74.28	94.36
2000年2季度	124.30	117.97	134.62	97.08	44.07	56.12	127.03	107.19
2000年3季度	121.78	125.22	138.65	110.70	48.26	56.62	123.67	113.32
2000年4季度	117.45	118.76	127.30	113.74	55.24	56.81	113.67	108.62
2001年1季度	122.70	92.31	66.80	79.36	52.20	82.13	76.92	101.51
2001年2季度	122.44	138.37	147.17	129.83	46.57	64.70	139.01	119.20
2001年3季度	127.17	127.05	133.45	117.55	45.38	63.91	129.25	114.18
2001年4季度	125.53	136.84	133.17	127.89	49.50	66.41	112.56	106.40
2002年1季度	135.23	119.27	85.93	80.09	56.09	89.87	96.62	114.87
2002年2季度	137.61	144.56	159.02	139.13	53.44	72.48	150.44	130.07
2002年3季度	129.34	138.39	139.37	131.68	60.24	69.42	133.78	118.07
2002年4季度	129.61	136.69	131.27	136.21	59.42	59.38	108.95	107.48
2003年1季度	134.48	114.62	83.46	93.90	58.34	72.21	85.76	102.40
2003年2季度	136.56	125.52	150.34	107.69	70.86	56.39	126.09	130.55
2003年3季度	133.56	127.95	146.65	91.69	81.62	58.68	113.14	126.01
2003年4季度	136.13	118.40	136.11	70.74	89.88	50.95	89.95	111.04
2004年1季度	134.39	121.20	92.16	101.47	50.07	87.99	105.11	109.90
2004年2季度	137.57	132.74	155.50	133.58	50.29	68.07	148.95	116.64
2004年3季度	129.64	127.15	137.26	119.50	52.24	59.03	125.96	104.74
2004年4季度	132.35	138.70	135.27	125.24	55.65	61.98	109.56	108.70

3－5 交通运输、仓储和邮政业企业景气调查主要景气指数

时间序列	企业家信心指数	企业景气指数	生产总量景气指数	盈利（亏损）变化景气指数	流动资金景气指数	货款拖欠景气指数	劳动力需求景气指数	固定资产投资景气指数
1999年1季度	85.48	91.28	96.73	70.06	36.77	83.19	45.05	106.51
1999年2季度	98.01	105.11	100.78	81.74	40.28	83.07	49.25	106.34
1999年3季度	101.21	109.94	116.30	96.05	44.99	93.76	60.58	103.31
1999年4季度	109.31	102.59	117.67	86.63	41.61	82.64	60.84	105.01
2000年1季度	109.77	99.26	112.55	84.76	50.68	98.47	64.04	114.65
2000年2季度	120.11	108.51	132.55	97.02	48.62	102.55	72.21	128.58
2000年3季度	124.16	102.11	114.49	86.26	48.71	88.61	81.54	125.76
2000年4季度	123.46	106.95	124.59	89.83	54.05	101.71	71.92	119.48
2001年1季度	121.99	109.85	102.76	107.82	53.25	95.55	77.24	109.75
2001年2季度	126.09	122.99	124.99	119.03	53.09	97.79	80.12	120.84
2001年3季度	133.24	129.17	127.03	115.22	59.43	101.27	97.55	130.69
2001年4季度	129.93	123.90	111.97	99.34	61.44	109.37	86.08	124.32
2002年1季度	129.35	126.58	121.83	105.89	61.80	106.51	84.46	105.69
2002年2季度	126.02	126.69	131.41	117.44	56.71	106.01	79.78	112.20
2002年3季度	132.04	126.37	125.33	124.84	59.50	108.58	88.95	118.83
2002年4季度	130.78	118.90	124.10	107.36	55.49	112.60	87.97	117.99
2003年1季度	122.02	116.48	107.69	91.48	55.00	109.95	87.30	110.45
2003年2季度	94.17	83.98	72.95	70.37	50.20	92.21	72.69	115.02
2003年3季度	125.16	126.90	129.80	114.25	62.44	102.75	94.87	131.59
2003年4季度	123.19	120.14	111.56	103.47	59.09	94.59	87.35	122.40
2004年1季度	127.85	126.98	123.82	113.46	50.84	104.74	94.77	114.12
2004年2季度	138.58	129.64	126.79	126.66	67.15	98.52	93.63	118.51
2004年3季度	134.54	128.45	123.44	115.83	64.47	102.61	90.89	119.35
2004年4季度	134.36	127.23	121.94	112.51	60.55	103.59	94.11	122.97

3－6 批发和零售业企业景气调查主要景气指数

时间序列	企业家信心指数	企业景气指数	生产总量景气指数	盈利（亏损）变化景气指数	流动资金景气指数	货款拖欠景气指数	劳动力需求景气指数	固定资产投资景气指数
1999年1季度	101.01	109.46	92.85	80.28	49.40	119.58	58.80	79.30
1999年2季度	95.42	107.36	87.05	71.39	44.73	121.60	63.22	81.53
1999年3季度	97.18	104.44	90.76	67.43	45.63	123.30	61.54	85.47
1999年4季度	90.62	103.94	97.19	74.41	49.00	119.80	60.33	89.16
2000年1季度	102.34	114.98	111.60	93.32	59.14	130.10	79.57	100.50
2000年2季度	106.82	113.43	104.32	85.44	56.56	131.42	79.03	104.05
2000年3季度	111.85	114.42	105.22	89.73	60.73	128.50	79.29	104.35
2000年4季度	110.66	110.68	108.30	86.17	56.70	125.04	78.80	107.86
2001年1季度	116.65	119.10	113.99	103.81	67.52	120.82	82.06	100.56
2001年2季度	113.31	117.77	96.37	91.30	70.56	123.19	75.98	106.29
2001年3季度	110.59	109.94	105.06	88.99	68.72	122.37	80.14	106.92
2001年4季度	111.74	111.13	101.98	93.71	71.18	123.49	79.40	108.45
2002年1季度	118.62	119.38	107.46	101.50	71.78	117.90	80.56	96.81
2002年2季度	115.23	113.26	100.06	92.36	60.81	114.03	79.29	103.31
2002年3季度	114.91	113.45	115.20	108.47	69.54	110.18	84.21	102.56
2002年4季度	120.84	117.24	123.29	114.65	69.93	115.90	84.87	101.37
2003年1季度	126.68	120.99	113.70	112.82	80.32	120.32	89.16	106.66
2003年2季度	117.58	114.12	96.00	100.60	78.49	122.11	83.00	112.28
2003年3季度	121.34	123.22	120.26	108.58	72.83	113.37	96.63	105.17
2003年4季度	124.46	130.93	130.10	122.77	73.60	118.80	99.55	105.46
2004年1季度	131.61	128.99	123.14	118.75	80.90	117.51	95.78	101.99
2004年2季度	124.43	128.56	101.31	111.97	77.09	120.04	89.13	103.25
2004年3季度	126.44	125.97	118.90	113.70	76.28	121.12	96.76	102.88
2004年4季度	128.80	129.98	127.37	116.67	83.95	117.78	96.46	105.38

3－7 房地产业企业景气调查主要景气指数

时间序列	企业家信心指数	企业景气指数	生产总量景气指数	盈利（亏损）变化景气指数	流动资金景气指数	货款拖欠景气指数	劳动力需求景气指数	固定资产投资景气指数
1999年1季度	138.54	127.60	120.09	94.74	66.45	112.86	91.63	117.19
1999年2季度	127.24	123.92	125.51	80.25	54.64	122.13	91.60	105.75
1999年3季度	132.58	123.24	123.67	81.75	58.12	118.67	90.90	109.60
1999年4季度	135.61	125.91	127.34	88.09	49.75	114.50	88.46	105.57
2000年1季度	140.31	109.23	86.42	90.81	62.23	113.57	91.54	95.41
2000年2季度	137.84	128.34	133.82	99.89	66.54	111.84	101.10	116.94
2000年3季度	137.75	126.98	126.75	101.57	63.22	118.99	98.25	115.51
2000年4季度	151.79	130.47	132.73	107.99	75.20	118.13	97.17	120.81
2001年1季度	154.41	126.27	105.93	104.25	62.23	117.56	98.21	95.01
2001年2季度	149.76	130.60	136.45	117.01	60.97	115.20	112.22	111.19
2001年3季度	153.12	137.88	145.85	115.82	67.83	123.01	109.82	121.06
2001年4季度	155.33	138.01	135.77	126.51	72.59	115.40	93.63	115.33
2002年1季度	147.15	132.35	110.81	110.19	76.82	124.36	87.75	109.04
2002年2季度	150.38	128.85	134.51	116.91	68.02	109.61	101.22	118.27
2002年3季度	153.51	130.68	136.31	114.02	77.52	111.16	102.68	121.86
2002年4季度	149.27	133.16	129.70	116.06	74.92	119.26	95.58	119.35
2003年1季度	152.24	137.88	105.77	119.78	77.31	121.43	101.37	109.09
2003年2季度	143.46	147.58	138.76	126.86	85.91	123.31	104.89	122.74
2003年3季度	150.00	141.56	137.15	125.88	82.10	114.03	107.71	128.60
2003年4季度	154.34	146.88	133.49	128.79	84.25	115.05	100.03	117.16
2004年1季度	165.01	140.78	114.01	134.31	93.12	129.88	113.18	115.33
2004年2季度	160.76	146.24	132.22	129.78	92.66	124.93	113.40	130.97
2004年3季度	162.03	144.18	140.21	127.68	89.25	124.46	117.05	121.01
2004年4季度	165.06	146.89	130.84	135.34	86.55	127.74	98.84	118.59

3－8 社会服务业企业景气调查主要景气指数

时间序列	企业家信心指数	企业景气指数	生产总量景气指数	盈利（亏损）变化景气指数	流动资金景气指数	货款拖欠景气指数	劳动力需求景气指数	固定资产投资景气指数
1999年1季度	122.86	93.94	88.24	77.14	61.76	67.74	97.14	106.45
1999年2季度	128.57	125.71	122.86	102.94	57.14	69.70	94.29	111.76
1999年3季度	103.03	100.00	81.82	60.61	56.25	73.33	75.76	93.33
1999年4季度	111.76	115.15	111.76	82.35	58.82	70.59	82.35	109.09
2000年1季度	129.41	100.00	85.29	69.70	60.61	96.43	91.18	112.50
2000年2季度	135.29	102.94	81.82	66.67	62.50	82.76	82.35	103.13
2000年3季度	123.53	106.06	97.06	87.88	59.38	93.33	93.94	106.25
2000年4季度	135.29	87.50	63.64	75.76	56.25	100.00	79.41	100.00
2001年1季度	148.15	109.68	114.52	103.23	77.05	107.47	85.25	111.83
2001年2季度	157.53	127.87	142.47	127.42	82.26	83.91	112.02	97.81
2001年3季度	151.61	134.43	140.32	120.43	89.25	80.23	121.31	109.14
2001年4季度	138.17	125.14	110.22	96.77	75.81	92.66	91.26	120.77
2002年1季度	141.38	122.21	118.68	94.11	85.57	105.88	102.67	111.04
2002年2季度	149.28	137.17	143.30	119.13	102.94	100.26	120.43	119.72
2002年3季度	161.69	141.68	121.01	114.03	89.32	113.53	117.81	131.26
2002年4季度	145.69	124.76	92.31	93.62	85.32	120.14	86.49	112.61
2003年1季度	150.78	124.44	120.35	100.58	74.12	99.63	108.99	106.93
2003年2季度	90.92	54.69	58.44	47.98	55.45	87.72	56.18	99.83
2003年3季度	134.67	119.82	136.16	126.72	72.88	95.14	124.47	100.30
2003年4季度	142.28	109.71	94.76	88.74	74.02	102.12	82.93	103.99
2004年1季度	135.59	125.46	110.47	103.44	68.84	109.24	105.79	111.58
2004年2季度	142.41	130.92	132.65	128.42	80.20	95.45	118.63	121.20
2004年3季度	145.86	137.96	127.28	119.42	75.73	93.27	114.15	110.59
2004年4季度	133.73	122.00	97.62	88.34	67.67	97.82	90.93	109.54

3-9　信息传输、计算机服务和软件业企业景气调查主要景气指数

时间序列	企业家信心指数	企业景气指数	生产总量景气指数	盈利（亏损）变化景气指数	流动资金景气指数	货款拖欠景气指数	劳动力需求景气指数	固定资产投资景气指数
1999年1季度	147.83	147.83	160.87	116.85	39.33	66.85	104.40	142.61
1999年2季度	149.52	162.56	179.95	136.47	43.67	81.82	99.96	146.87
1999年3季度	149.52	145.17	147.83	109.63	50.68	86.36	82.61	162.56
1999年4季度	147.22	156.32	167.18	128.68	54.65	81.86	95.45	158.09
2000年1季度	157.80	164.14	164.39	125.58	75.57	99.53	105.08	157.12
2000年2季度	168.06	174.87	179.65	131.04	74.34	111.05	82.82	176.31
2000年3季度	162.90	169.04	187.54	147.80	61.40	84.68	92.34	164.08
2000年4季度	158.64	164.78	173.99	133.14	72.39	99.57	105.31	150.97
2001年1季度	176.16	170.51	160.19	124.21	97.80	119.41	99.11	160.05
2001年2季度	159.99	161.18	158.60	120.71	65.31	96.91	95.48	115.83
2001年3季度	153.30	154.70	157.38	99.80	75.21	114.71	116.94	118.47
2001年4季度	158.58	156.47	162.65	112.96	79.91	104.23	103.04	92.40
2002年1季度	147.34	157.64	155.06	124.33	85.61	98.20	75.16	73.31
2002年2季度	137.84	144.56	148.35	116.66	71.07	123.06	82.01	111.01
2002年3季度	147.35	151.33	155.78	127.76	83.50	105.20	97.86	105.17
2002年4季度	150.99	157.78	156.04	138.92	78.56	115.74	102.44	120.40
2003年1季度	159.48	158.28	155.20	136.81	96.83	107.82	123.58	117.35
2003年2季度	151.37	151.73	145.59	124.95	108.13	117.51	98.40	139.64
2003年3季度	149.98	160.70	162.68	129.68	104.96	102.31	117.06	132.02
2003年4季度	152.81	162.57	164.04	138.40	99.02	114.34	119.26	146.15
2004年1季度	156.49	157.41	147.36	128.98	106.03	98.89	93.25	113.13
2004年2季度	157.05	160.92	152.96	123.92	120.33	108.89	104.69	119.60
2004年3季度	166.57	161.49	161.54	146.95	120.02	108.30	110.42	115.10
2004年4季度	160.30	152.42	156.56	139.60	115.53	105.39	102.49	133.29

3－10 住宿和餐饮业企业景气调查主要景气指数

时间序列	企业家信心指数	企业景气指数	生产总量景气指数	盈利（亏损）变化景气指数	流动资金景气指数	货款拖欠景气指数	劳动力需求景气指数	固定资产投资景气指数
1999年1季度	94.75	91.79	85.43	56.05	47.24	87.52	64.64	90.97
1999年2季度	93.12	95.85	92.82	80.88	57.10	67.66	72.96	87.20
1999年3季度	108.38	110.71	112.39	84.95	57.63	64.73	92.84	99.27
1999年4季度	100.38	101.27	95.96	69.79	51.60	74.51	67.14	92.42
2000年1季度	117.96	86.43	81.38	72.67	53.35	90.91	76.65	106.06
2000年2季度	128.59	124.91	139.94	102.42	61.78	95.98	102.07	104.13
2000年3季度	132.00	112.14	112.72	100.11	57.15	87.75	102.76	114.03
2000年4季度	118.79	89.94	94.38	77.53	55.20	91.81	79.04	97.77
2001年1季度	132.84	102.58	98.71	86.02	70.56	80.12	88.22	101.23
2001年2季度	125.85	122.56	119.79	117.64	74.95	87.63	104.13	112.16
2001年3季度	135.37	135.26	133.64	121.63	81.90	87.31	109.63	118.14
2001年4季度	121.28	114.64	95.55	87.75	75.73	92.68	88.05	106.27
2002年1季度	125.89	108.79	90.91	85.07	66.37	97.37	94.07	102.15
2002年2季度	125.00	114.14	114.28	103.77	75.30	83.32	108.11	116.10
2002年3季度	130.88	127.54	133.49	119.01	81.86	88.89	107.88	121.16
2002年4季度	132.46	125.58	113.45	103.13	83.52	97.44	96.20	110.39
2003年1季度	133.55	129.23	107.91	100.00	80.45	85.16	104.43	99.18
2003年2季度	64.30	37.56	23.78	25.42	47.28	98.88	39.26	83.86
2003年3季度	137.62	128.54	142.95	122.93	79.49	84.34	124.59	118.60
2003年4季度	138.13	127.10	116.34	113.55	78.31	88.98	99.55	112.55
2004年1季度	142.38	122.22	107.00	109.35	83.54	100.45	105.15	111.06
2004年2季度	144.69	140.36	130.46	138.52	88.14	86.00	116.69	110.98
2004年3季度	149.14	144.03	136.66	139.15	91.62	80.53	117.14	112.30
2004年4季度	146.38	140.12	113.69	125.49	96.22	99.58	102.36	105.69

3 － 11　企业家信心指数(2004 年)

类　　别	一季度	二季度	三季度	四季度
总体状况	142.12	137.40	135.05	137.72
一、按行业门类分				
(一)工业	144.55	136.40	133.21	137.23
采矿业	173.01	179.09	180.47	181.75
制造业	143.23	132.82	128.98	132.95
电力、燃气及水的生产和供应业	137.96	135.31	133.87	140.50
(二)建筑业	134.39	137.57	129.64	132.35
房屋和土木工程建筑业	133.91	138.89	129.97	131.90
建筑安装业	146.56	139.04	141.89	139.54
建筑装饰业	116.67	83.33	100.00	133.33
其他建筑业				
(三)交通运输、仓储及邮政业				
铁路运输业	152.13	175.00	200.00	200.00
道路运输业	124.23	129.40	125.66	124.23
城市公共交通业	121.05	143.79	129.50	134.76
水上运输业	132.94	161.07	147.23	147.23
航空运输业				
管道运输业				
装卸搬运和其他运输服务业				
仓储业	71.43	100.00	85.71	114.29
邮政业	125.08	116.67	116.67	101.05
(四)批发和零售业				
批发业	135.31	126.20	130.98	129.06
零售业	126.05	120.20	119.37	128.52
(五)房地产业	165.01	160.76	162.03	165.06
(六)社会服务业				
租赁业	137.50	112.50	137.50	128.57
商务服务业	129.35	135.23	141.23	133.70
环境资源管理业	133.33	200.00	200.00	166.67
公共设施管理业	155.00	170.00	160.00	145.00
居民服务业	133.33	133.33	133.33	100.00
其他服务业				
(七)信息传输、计算机服务和软件业				
信息传输业	161.22	159.59	170.48	160.45
计算机服务业	150.00	125.00	150.00	162.50
软件业	136.36	166.22	157.13	157.13
(八)住宿和餐饮业				
住宿业	143.86	143.42	146.00	143.77
餐饮业	139.75	146.02	154.91	147.89
二、按企业登记注册类型分				
国有企业	138.83	137.62	140.22	140.34
集体企业	130.22	130.12	129.84	131.86
股份合作企业	127.06	126.16	133.18	140.32
联营企业	156.68	133.60	149.18	147.58
有限责任公司	148.02	137.53	141.21	141.34
股份有限公司	151.76	143.78	131.80	136.49
私营企业	139.98	139.17	127.17	143.12
其它内资企业	128.57	128.57	157.14	128.57
外商及港、澳、台投资企业	139.97	139.09	135.24	143.93
三、按企业规模分				
大型及以上	158.03	149.62	145.00	150.29
中型	138.03	132.70	132.64	132.94
小型	128.32	127.04	126.85	128.57
四、特殊分组				
省重点企业	162.40	151.10	143.50	147.40
高技术产业	137.40	137.50	116.80	117.20
上市公司	152.31	146.99	117.23	128.07

3－12 企业景气指数(2004年)

类　别	一季度	二季度	三季度	四季度
总体状况	140.26	138.18	137.97	139.99
一、按行业门类分				
(一)工业	147.08	140.44	141.20	143.11
采矿业	167.09	177.81	177.30	180.35
制造业	146.59	138.04	138.62	140.87
电力、燃气及水的生产和供应业	142.22	135.33	139.84	138.91
(二)建筑业	121.20	132.74	127.15	138.70
房屋和土木工程建筑业	120.30	135.14	127.26	138.39
建筑安装业	132.80	122.14	131.23	139.26
建筑装饰业	100.00	83.33	100.00	133.33
其他建筑业				
(三)交通运输、仓储及邮政业				
铁路运输业	154.26	147.87	200.00	172.87
道路运输业	129.98	112.16	127.38	121.49
城市公共交通业	105.26	149.05	117.41	117.41
水上运输业	133.33	161.90	123.81	142.86
航空运输业				
管道运输业				
装卸搬运和其他运输服务业				
仓储业	85.71	85.71	71.43	100.00
邮政业	123.95	120.83	108.94	117.27
(四)批发和零售业				
批发业	127.45	126.54	127.02	122.37
零售业	131.69	130.61	123.67	141.61
(五)房地产业	140.78	146.24	144.18	146.89
(六)社会服务业				
租赁业	87.50	62.50	87.50	100.00
商务服务业	126.82	129.24	144.35	125.02
环境资源管理业	100.00	133.33	100.00	100.00
公共设施管理业	140.00	165.00	150.00	135.00
居民服务业	133.33	133.33	116.67	83.33
其他服务业				
(七)信息传输、计算机服务和软件业				
信息传输业	163.39	168.78	167.09	156.83
计算机服务业	137.50	137.50	125.00	112.50
软件业	138.95	136.36	157.13	157.13
(八)住宿和餐饮业				
住宿业	126.15	138.50	140.94	138.59
餐饮业	126.44	143.58	148.24	141.22
二、按企业登记注册类型分				
国有企业	136.34	135.16	138.65	135.42
集体企业	120.80	127.14	128.66	125.66
股份合作企业	122.53	129.09	122.04	129.60
联营企业	102.13	135.19	131.00	131.00
有限责任公司	141.22	135.75	135.67	141.66
股份有限公司	161.36	156.60	155.27	161.62
私营企业	143.14	137.97	134.50	129.28
其它内资企业	142.86	157.14	157.14	128.57
外商及港、澳、台投资企业	143.18	138.12	139.10	130.18
三、按企业规模分				
大型及以上	171.79	161.33	163.84	169.95
中型	128.82	129.83	129.66	127.49
小型	118.16	120.92	118.36	119.37
四、特殊分组				
省重点企业	184.20	168.20	170.90	179.94
高技术产业	150.00	147.40	150.50	152.50
上市公司	185.69	168.60	176.25	184.55

3-13-1 工业企业生产总量景气指数(2004年)

类　　别	一季度	二季度	三季度	四季度
工业企业总体状况	138.28	137.68	134.99	135.89
一、按工业行业门类分				
采矿业	136.43	163.09	125.22	113.97
制造业	139.59	136.23	134.98	136.44
电力、燃气及水的生产和供应业	131.99	129.76	143.70	150.06
二、按企业登记注册类型分				
国有企业	135.65	129.34	140.20	123.37
集体企业	129.75	137.62	126.33	139.77
股份合作企业	119.20	127.71	129.14	121.87
联营企业	148.23	86.11	175.00	163.20
有限责任公司	137.47	133.56	127.40	138.84
股份有限公司	152.58	156.90	154.44	150.40
私营企业	141.93	136.02	124.07	128.92
其它内资企业				
外商及港、澳、台投资企业	112.06	115.69	111.72	120.70
三、按企业规模分				
大型及以上	159.53	148.38	151.93	151.99
中型	126.77	131.72	125.16	127.29
小型	116.53	126.97	118.64	119.03

3-13-2 工业企业盈利(亏损)变化景气指数(2004年)

类　　别	一季度	二季度	三季度	四季度
工业企业总体状况	130.10	122.00	125.93	128.72
一、按工业行业门类分				
采矿业	166.22	148.55	155.13	140.30
制造业	129.54	120.87	124.16	128.89
电力、燃气及水的生产和供应业	114.69	113.13	121.40	126.61
二、按企业登记注册类型分				
国有企业	127.91	119.07	121.70	117.60
集体企业	119.56	121.50	130.65	125.77
股份合作企业	95.85	109.11	111.10	106.05
联营企业	135.73	123.61	124.30	148.23
有限责任公司	123.39	114.85	117.74	127.88
股份有限公司	154.09	138.38	146.14	146.33
私营企业	128.94	113.60	114.97	113.67
其它内资企业				
外商及港、澳、台投资企业	103.06	114.49	114.29	120.43
三、按企业规模分				
大型及以上	158.46	132.88	146.43	150.28
中型	113.73	117.15	112.03	115.52
小型	102.80	108.99	109.60	109.09

3－13－3 工业企业流动资金景气指数(2004年)

类　　别	一季度	二季度	三季度	四季度
工业企业总体状况	138.28	137.68	134.99	135.89
一、按工业行业门类分				
采矿业	128.48	129.28	128.33	152.13
制造业	87.21	84.99	82.22	71.36
电力、燃气及水的生产和供应业	85.43	84.81	87.18	80.95
二、按企业登记注册类型分				
国有企业	80.91	82.61	80.34	82.67
集体企业	72.05	78.47	64.94	63.65
股份合作企业	67.43	73.11	69.82	76.47
联营企业	87.50	28.55	104.94	89.97
有限责任公司	80.57	77.06	76.74	74.63
股份有限公司	118.33	114.08	109.09	85.87
私营企业	79.91	83.04	85.19	87.10
其它内资企业				
外商及港、澳、台投资企业	91.45	83.44	88.27	80.46
三、按企业规模分				
大型及以上	119.46	112.49	110.98	94.20
中型	68.55	71.96	67.64	68.79
小型	68.91	67.98	68.36	63.64

3－13－4 工业企业货款拖欠景气指数(2004年)

类　　别	一季度	二季度	三季度	四季度
工业企业总体状况	115.07	116.84	108.33	109.84
一、按工业行业门类分				
采矿业	129.94	122.92	100.55	99.65
制造业	115.48	117.72	111.61	113.03
电力、燃气及水的生产和供应业	107.02	108.91	96.36	100.47
二、按企业登记注册类型分				
国有企业				
集体企业	109.41	110.12	110.64	104.02
股份合作企业	118.67	112.73	116.53	116.28
联营企业	104.19	97.23	98.56	103.70
有限责任公司	84.33	124.30	135.03	124.30
股份有限公司	106.03	115.36	108.73	101.06
私营企业	132.81	130.99	110.37	122.59
其它内资企业	105.90	105.97	96.21	117.54
外商及港、澳、台投资企业	113.08	105.78	105.29	113.53
三、按企业规模分				
大型及以上	124.83	131.80	115.57	113.96
中型	111.29	107.29	105.70	108.85
小型	102.52	103.94	98.58	103.41

3－13－5　工业企业劳动力需求景气指数(2004年)

类　　别	一季度	二季度	三季度	四季度
工业企业总体状况	119.80	114.91	116.40	114.38
一、按工业行业门类分				
采矿业	108.84	105.24	111.19	106.66
制造业	123.89	118.50	118.97	116.52
电力、燃气及水的生产和供应业	98.06	94.37	101.41	105.21
二、按企业登记注册类型分				
国有企业	102.93	98.81	103.92	92.89
集体企业	125.80	125.66	116.75	108.09
股份合作企业	114.37	111.11	126.68	122.15
联营企业	160.73	109.33	124.30	126.77
有限责任公司	130.25	123.20	121.77	131.00
股份有限公司	123.60	115.30	120.34	116.11
私营企业	128.33	126.99	120.22	116.72
其它内资企业				
外商及港、澳、台投资企业	112.68	116.31	117.16	105.37
三、按企业规模分				
大型及以上	127.28	116.66	120.28	119.21
中型	115.32	115.53	114.77	111.93
小型	112.89	110.39	111.58	109.09

3－13－6　工业企业固定资产投资景气指数(2004年)

类　　别	一季度	二季度	三季度	四季度
工业企业总体状况	122.62	125.59	125.09	127.93
一、按工业行业门类分				
采矿业	130.72	150.33	149.41	151.65
制造业	121.88	121.78	119.62	124.22
电力、燃气及水的生产和供应业	121.85	133.12	146.27	136.84
二、按企业登记注册类型分				
国有企业	126.02	128.46	126.52	121.37
集体企业	124.10	123.81	101.61	114.27
股份合作企业	110.82	120.74	110.18	102.26
联营企业	135.03	133.25	137.50	135.73
有限责任公司	129.03	118.68	113.39	122.19
股份有限公司	117.92	135.43	145.56	148.61
私营企业	128.38	118.56	123.04	137.94
其它内资企业				
外商及港、澳、台投资企业	111.71	114.26	114.88	106.52
三、按企业规模分				
大型及以上	133.59	138.11	139.35	142.47
中型	114.35	117.02	113.84	118.46
小型	115.41	115.77	116.43	115.67

3－13－7 工业企业产品订货景气指数(2004年)

类　别	一季度	二季度	三季度	四季度
工业企业总体状况	133.68	129.28	133.30	133.44
一、按工业行业门类分				
采矿业	131.76	127.76	153.57	160.12
制造业	137.41	132.45	133.31	131.93
电力、燃气及水的生产和供应业	112.40	110.13	120.30	125.81
二、按企业登记注册类型分				
国有企业	124.79	114.23	120.58	108.45
集体企业	136.58	132.33	130.15	131.05
股份合作企业	125.80	119.82	117.95	132.06
联营企业	150.00	122.53	149.30	148.23
有限责任公司	139.55	131.59	133.18	136.26
股份有限公司	138.69	143.41	152.81	155.87
私营企业	138.78	123.14	120.84	123.46
其它内资企业				
外商及港、澳、台投资企业	119.87	119.71	122.29	116.25
三、按企业规模分				
大型及以上	145.15	140.26	153.09	150.55
中型	127.04	122.02	121.19	122.83
小型	122.66	120.17	114.90	117.82

3－13－8 工业企业科技创新景气指数(2004年)

类　别	一季度	二季度	三季度	四季度
工业企业总体状况	129.64	129.96	131.05	128.43
一、按工业行业门类分				
采矿业	139.65	136.08	145.92	149.33
制造业	130.21	131.09	130.63	127.24
电力、燃气及水的生产和供应业	118.22	115.18	121.61	120.67
二、按企业登记注册类型分				
国有企业	121.06	119.30	115.46	112.65
集体企业	123.77	123.45	120.13	121.46
股份合作企业	120.92	104.87	105.84	113.43
联营企业	125.75	158.95	157.14	148.23
有限责任公司	128.40	131.63	130.70	127.82
股份有限公司	146.08	149.27	156.38	153.21
私营企业	118.91	107.27	113.11	116.67
其它内资企业				
外商及港、澳、台投资企业	117.69	112.41	116.82	112.47
三、按企业规模分				
大型及以上	150.85	151.88	156.99	149.94
中型	115.03	114.92	112.77	110.98
小型	111.95	110.98	110.15	115.13

3-14-1 建筑业企业建筑工程量景气指数(2004年)

类别	一季度	二季度	三季度	四季度
建筑业企业总体状况	92.16	155.50	137.26	135.27
一、按主要行业门类分				
房屋和土木工程建筑业	87.55	156.00	136.21	134.23
建筑安装业	131.28	165.31	154.64	144.22
建筑装饰业	150.00	133.33	133.33	133.33
二、按企业登记注册类型分				
国有企业	93.32	158.28	128.30	131.69
集体企业	103.44	152.80	135.52	124.37
股份合作企业	101.03	166.67	122.74	144.96
联营企业				
有限责任公司	76.73	152.87	143.22	141.16
股份有限公司	114.80	155.22	152.49	142.54
私营企业				
其它内资企业				
外商及港、澳、台投资企业				
三、按企业规模分				
大型	64.41	165.02	138.35	146.51
中型	121.57	139.22	147.06	127.45
小型	108.33	154.17	130.56	125.35

3-14-2 建筑业企业盈利(亏损)变化景气指数(2004年)

类别	一季度	二季度	三季度	四季度
建筑业企业总体状况	101.47	133.58	119.50	125.24
一、按主要行业门类分				
房屋和土木工程建筑业	98.54	132.83	117.15	123.56
建筑安装业	121.30	141.81	134.67	134.52
建筑装饰业	116.67	133.33	133.33	133.33
二、按企业登记注册类型分				
国有企业	105.92	125.91	130.92	126.41
集体企业	99.50	116.06	108.60	113.43
股份合作企业	95.59	147.54	77.26	99.48
联营企业				
有限责任公司	100.09	151.84	120.55	130.70
股份有限公司	119.60	152.61	132.68	139.51
私营企业				
其它内资企业				
外商及港、澳、台投资企业				
三、按企业规模分				
大型	102.20	142.81	120.73	136.14
中型	102.00	131.37	123.53	113.73
小型	101.39	123.61	115.28	118.31

3－14－3 建筑业企业流动资金景气指数(2004年)

类 别	一季度	二季度	三季度	四季度
建筑业企业总体状况	50.07	50.29	52.24	55.65
一、按主要行业门类分				
房屋和土木工程建筑业	48.38	49.08	51.52	54.11
建筑安装业	65.59	65.73	62.18	67.77
建筑装饰业	66.67	50.00	50.00	50.00
二、按企业登记注册类型分				
国有企业	50.47	42.70	46.05	37.90
集体企业	53.07	55.91	59.46	62.05
股份合作企业	69.76	48.05	33.33	66.15
联营企业				
有限责任公司	40.02	53.41	59.60	69.38
股份有限公司	67.85	73.73	59.96	81.23
私营企业				
其它内资企业				
外商及港、澳、台投资企业				
三、按企业规模分				
大型	41.51	35.58	44.40	43.16
中型	39.22	52.94	50.98	54.90
小型	69.44	68.06	63.89	73.24

3－14－4 建筑业企业货款拖欠景气指数(2004年)

类 别	一季度	二季度	三季度	四季度
建筑业企业总体状况	87.99	68.07	59.03	61.98
一、按主要行业门类分				
房屋和土木工程建筑业	90.60	66.73	58.79	61.81
建筑安装业	65.91	83.77	77.47	75.74
建筑装饰业	66.67	66.67	33.33	16.67
二、按企业登记注册类型分				
国有企业	89.41	71.39	48.38	59.00
集体企业	86.34	80.42	69.18	65.57
股份合作企业	110.59	55.04	44.44	33.33
联营企业				
有限责任公司	87.07	59.35	61.96	63.88
股份有限公司	63.35	59.93	78.85	72.15
私营企业				
其它内资企业				
外商及港、澳、台投资企业				
三、按企业规模分				
大型	98.86	57.81	40.12	57.84
中型	74.51	58.82	66.67	56.86
小型	83.33	87.50	76.39	71.83

3-14-5　建筑业企业劳动力需求景气指数(2004年)

类　　别	一季度	二季度	三季度	四季度
建筑业企业总体状况	105.11	148.95	125.96	109.56
一、按主要行业门类分				
房屋和土木工程建筑业	101.51	148.88	124.40	105.08
建筑安装业	126.42	157.29	145.25	131.90
建筑装饰业	150.00	133.33	133.33	183.33
二、按企业登记注册类型分				
国有企业	106.55	150.00	123.67	103.37
集体企业	111.18	137.71	122.96	108.32
股份合作企业	133.33	188.89	144.96	167.18
联营企业				
有限责任公司	92.80	146.94	120.80	108.01
股份有限公司	116.94	155.22	149.18	124.03
私营企业				
其它内资企业				
外商及港、澳、台投资企业				
三、按企业规模分				
大型	89.17	158.37	124.90	109.44
中型	116.00	137.25	125.49	111.76
小型	119.44	144.44	129.17	107.04

3-14-6　建筑业企业固定资产投资景气指数(2004年)

类　　别	一季度	二季度	三季度	四季度
建筑业企业总体状况	109.90	116.64	104.74	108.70
一、按主要行业门类分				
房屋和土木工程建筑业	109.37	116.45	102.97	105.98
建筑安装业	94.04	126.63	118.78	126.72
建筑装饰业	150.00	100.00	116.67	133.33
二、按企业登记注册类型分				
国有企业	104.93	118.82	102.77	110.86
集体企业	107.88	113.82	101.48	103.66
股份合作企业	122.22	122.74	107.50	129.72
联营企业				
有限责任公司	110.79	114.29	99.52	99.27
股份有限公司	137.92	130.98	127.97	149.03
私营企业				
其它内资企业				
外商及港、澳、台投资企业				
三、按企业规模分				
大型	102.40	120.51	100.46	110.52
中型	118.00	115.69	111.76	113.73
小型	115.28	112.50	104.17	102.82

3-15-1 交通运输、仓储及邮政业企业业务需求量景气指数(2004年)

类 别	一季度	二季度	三季度	四季度
交通运输、仓储及邮政业企业总体状况	123.82	126.79	123.44	121.94
一、按主要行业门类分				
铁路运输业	175.00	125.00	177.13	133.33
道路运输业	112.24	118.54	120.58	123.53
城市公共交通业	103.18	147.37	133.26	113.64
水上运输业	142.46	159.43	121.73	126.10
航空运输业				
管道运输业				
装卸搬运和其他运输服务业				
仓储业	71.43	85.71	57.14	100.00
邮政业	113.63	115.36	115.37	128.04
二、按企业登记注册类型分				
国有企业	138.95	122.65	127.26	127.50
集体企业	80.00	100.00	86.67	106.67
股份合作企业	100.00	83.33	83.33	66.67
联营企业				
有限责任公司	119.24	137.84	129.57	121.13
股份有限公司	151.80	183.18	153.07	149.73
私营企业				
其它内资企业				
外商及港、澳、台投资企业				
三、按企业规模分				
大型及以上	166.18	155.44	171.64	138.66
中型	126.67	130.00	116.67	125.00
小型	98.04	107.84	105.88	109.80

3-15-2 交通运输、仓储及邮政业企业盈利(亏损)变化景气指数(2004年)

类 别	一季度	二季度	三季度	四季度
交通运输、仓储及邮政业企业总体状况	113.46	126.66	115.83	112.51
一、按主要行业门类分				
铁路运输业	154.26	127.13	177.13	154.26
道路运输业	108.59	117.03	115.70	122.94
城市公共交通业	100.00	143.79	96.29	92.59
水上运输业	132.46	166.67	118.65	126.10
航空运输业				
管道运输业				
装卸搬运和其他运输服务业				
仓储业	85.71	57.14	28.57	57.14
邮政业	123.96	107.30	107.20	88.73
二、按企业登记注册类型分				
国有企业				
集体企业	127.19	128.86	111.54	106.13
股份合作企业				
联营企业	80.00	93.33	80.00	86.67
有限责任公司	50.00	50.00	83.33	50.00
股份有限公司				
私营企业				
其它内资企业	114.30	134.98	129.08	131.94
外商及港、澳、台投资企业	144.39	198.73	170.16	174.23
三、按企业规模分				
大型及以上	142.86	180.70	169.79	138.01
中型	118.33	131.67	118.33	121.67
小型	92.16	92.16	84.31	88.24

3－15－3　交通运输、仓储及邮政业企业流动资金景气指数(2004年)

类　　别	一季度	二季度	三季度	四季度
交通运输、仓储及邮政业企业总体状况	50.84	67.15	64.47	60.55
一、按主要行业门类分				
铁路运输业	50.00	102.13	77.13	77.13
道路运输业	61.00	64.45	62.73	69.62
城市公共交通业	64.79	78.95	40.02	55.81
水上运输业	49.37	82.00	77.23	54.63
航空运输业				
管道运输业				
装卸搬运和其他运输服务业				
仓储业	57.14	57.14	85.71	71.43
邮政业	28.12	16.67	25.60	17.27
二、按企业登记注册类型分				
国有企业	37.00	56.27	53.25	43.44
集体企业	40.00	60.00	46.67	60.00
股份合作企业	33.33	16.67	33.33	33.33
联营企业				
有限责任公司	73.59	76.46	77.56	74.86
股份有限公司	78.31	127.30	113.02	131.38
私营企业				
其它内资企业				
外商及港、澳、台投资企业				
三、按企业规模分				
大型及以上	67.25	124.68	122.13	98.35
中型	46.67	56.67	55.00	50.00
小型	47.06	49.02	45.10	52.94

3－15－4　交通运输、仓储及邮政业企业货款拖欠景气指数(2004年)

类　　别	一季度	二季度	三季度	四季度
交通运输、仓储及邮政业企业总体状况	104.74	98.52	102.61	103.59
一、按主要行业门类分				
铁路运输业	100.00	75.00	125.00	75.00
道路运输业	99.48	88.51	86.55	98.13
城市公共交通业	115.79	127.93	106.88	112.14
水上运输业	116.91	99.78	95.24	100.98
航空运输业				
管道运输业				
装卸搬运和其他运输服务业				
仓储业	85.71	100.00	114.29	85.71
邮政业	102.86	104.34	125.00	125.36
二、按企业登记注册类型分				
国有企业	110.47	100.81	109.46	113.07
集体企业	106.67	106.67	78.57	86.67
股份合作企业	83.33	83.33	83.33	100.00
联营企业				
有限责任公司	100.00	100.16	100.16	97.46
股份有限公司	117.09	71.43	153.07	114.29
私营企业				
其它内资企业				
外商及港、澳、台投资企业				
三、按企业规模分				
大型及以上	105.69	81.31	105.83	99.85
中型	110.00	103.33	106.67	111.67
小型	98.04	101.96	96.00	96.08

3-15-5 交通运输、仓储及邮政业企业劳动力需求景气指数(2004年)

类　别	一季度	二季度	三季度	四季度
交通运输、仓储及邮政业企业总体状况	94.77	93.63	90.89	94.11
一、按主要行业门类分				
铁路运输业	100.00	100.00	100.00	100.00
道路运输业	87.79	80.93	80.93	80.90
城市公共交通业				
水上运输业	100.00	101.62	101.62	122.67
航空运输业	103.12	103.12	103.12	81.39
管道运输业				
装卸搬运和其他运输服务业				
仓储业	57.14	85.71	85.71	100.00
邮政业	84.38	100.00	100.00	100.60
二、按企业登记注册类型分				
国有企业	93.19	93.81	88.77	94.87
集体企业	73.33	86.67	86.67	80.00
股份合作企业				
联营企业	83.33	83.33	83.33	83.33
有限责任公司				
股份有限公司	94.59	92.06	88.25	94.76
私营企业	124.50	100.00	124.50	114.29
其它内资企业				
外商及港、澳、台投资企业				
三、按企业规模分				
大型及以上	106.61	100.75	112.68	103.25
中型	91.67	95.00	81.67	91.67
小型	92.16	88.24	90.20	92.16

3-15-6 交通运输、仓储及邮政业企业固定资产投资景气指数(2004年)

类　别	一季度	二季度	三季度	四季度
交通运输、仓储及邮政业企业总体状况	114.12	118.51	119.35	122.97
一、按主要行业门类分				
铁路运输业	95.74	100.00	152.13	129.26
道路运输业	106.94	109.31	110.62	115.80
城市公共交通业	123.12	135.52	131.51	136.78
水上运输业	128.79	128.18	118.65	142.46
航空运输业				
管道运输业				
装卸搬运和其他运输服务业				
仓储业	100.00	114.29	114.29	128.57
邮政业	119.70	109.03	100.70	106.94
二、按企业登记注册类型分				
国有企业	112.58	115.28	122.25	123.40
集体企业	100.00	114.29	114.29	113.33
股份合作企业	100.00	100.00	116.67	133.33
联营企业				
有限责任公司	117.00	122.41	120.02	128.13
股份有限公司	130.11	132.64	101.27	130.11
私营企业				
其它内资企业				
外商及港、澳、台投资企业				
三、按企业规模分				
大型及以上	135.13	145.78	157.45	150.75
中型	108.33	110.00	111.67	121.67
小型	109.80	114.00	108.00	109.80

3-16-1　批发和零售业企业商品销售景气指数(2004年)

类　别	一季度	二季度	三季度	四季度
批发和零售业企业总体状况	123.14	101.31	118.90	127.37
一、按主要行业门类分				
批发业	115.58	103.47	119.48	116.60
零售业	135.92	97.56	118.50	144.26
二、按企业登记注册类型分				
国有企业	110.27	94.19	117.41	126.72
集体企业	117.55	102.11	111.39	101.79
股份合作企业	128.57	123.45	132.42	120.79
联营企业				
有限责任公司	128.24	111.83	122.80	132.74
股份有限公司	141.89	97.52	116.72	145.14
私营企业				
其它内资企业				
外商及港、澳、台投资企业	180.00	131.53	184.67	124.67
三、按企业规模分				
大型及以上	147.14	113.53	144.69	155.87
中型	115.88	100.00	109.58	115.38
小型	94.34	79.63	92.31	103.77

3-16-2 批发和零售业企业盈利(亏损)变化景气指数(2004年)

类　别	一季度	二季度	三季度	四季度
批发和零售业企业总体状况	118.75	111.97	113.70	116.67
一、按主要行业门类分				
批发业	110.56	107.38	109.83	110.00
零售业	132.33	120.01	120.26	127.55
二、按企业登记注册类型分				
国有企业	106.57	107.36	109.01	109.82
集体企业	109.65	98.61	95.43	102.65
股份合作企业	118.13	107.80	125.28	92.22
联营企业				
有限责任公司	138.08	115.94	125.92	133.76
股份有限公司	122.02	125.13	123.58	125.74
私营企业				
其它内资企业				
外商及港、澳、台投资企业	101.09	135.33	81.09	118.91
三、按企业规模分				
大型及以上	138.74	129.00	134.58	146.24
中型	112.94	106.55	106.59	105.33
小型	94.44	92.59	90.38	88.68

3-16-3 批发和零售业企业流动资金景气指数(2004年)

类　别	一季度	二季度	三季度	四季度
批发和零售业企业总体状况	80.90	77.09	76.28	83.95
一、按主要行业门类分				
批发业	69.18	71.75	72.04	75.46
零售业	98.64	85.10	82.74	96.39
二、按企业登记注册类型分				
国有企业	66.37	68.70	69.47	80.22
集体企业	70.21	51.85	59.36	60.59
股份合作企业	50.69	63.61	55.18	90.89
联营企业				
有限责任公司	84.66	84.07	72.03	79.24
股份有限公司	118.15	100.49	110.66	112.23
私营企业				
其它内资企业				
外商及港、澳、台投资企业	125.77	180.00	145.77	180.00
三、按企业规模分				
大型及以上	110.65	107.45	98.73	115.58
中型	72.94	65.68	70.83	72.19
小型	42.59	48.15	44.23	52.83

3-16-4 批发和零售业企业货款拖欠景气指数(2004年)

类　别	一季度	二季度	三季度	四季度
批发和零售业企业总体状况	117.51	120.04	121.12	117.78
一、按主要行业门类分				
批发业	115.17	122.36	124.48	116.54
零售业	121.05	115.15	115.69	119.45
二、按企业登记注册类型分				
国有企业	115.60	122.44	120.03	107.54
集体企业	107.60	95.11	110.51	102.38
股份合作企业	87.69	120.74	103.98	137.03
联营企业				
有限责任公司	125.39	128.57	126.89	140.58
股份有限公司	121.01	118.22	130.49	115.71
私营企业				
其它内资企业				
外商及港、澳、台投资企业	115.33	100.00	100.00	100.00
三、按企业规模分				
大型及以上	119.43	131.78	125.74	138.21
中型	121.18	119.05	120.36	107.74
小型	101.85	98.15	113.46	105.66

3-16-5　批发和零售业企业劳动力需求景气指数(2004年)

类　　别	一季度	二季度	三季度	四季度
批发和零售业企业总体状况	95.78	89.13	96.76	96.46
一、按主要行业门类分				
批发业	86.80	83.99	91.39	81.89
零售业	110.75	96.24	104.97	119.09
二、按企业登记注册类型分				
国有企业	72.79	83.05	87.36	86.56
集体企业	92.96	76.57	89.81	85.69
股份合作企业	91.53	72.76	83.06	92.87
联营企业				
有限责任公司	111.89	111.90	108.63	100.55
股份有限公司	119.43	80.86	108.98	120.46
私营企业				
其它内资企业				
外商及港、澳、台投资企业	135.33	120.00	115.33	100.00
三、按企业规模分				
大型及以上	117.13	97.70	112.31	108.75
中型	89.41	88.69	93.45	94.67
小型	70.37	72.22	73.08	75.47

3-16-6　批发和零售业企业固定资产投资景气指数(2004年)

类　　别	一季度	二季度	三季度	四季度
批发和零售业企业总体状况	101.99	103.25	102.88	105.38
一.按主要行业门类分				
批发业	98.83	101.75	101.50	103.08
零售业	107.34	105.70	104.75	109.24
二.按企业登记注册类型分				
国有企业	92.37	99.50	95.58	102.70
集体企业	111.40	108.76	106.13	97.38
股份合作企业	113.61	92.18	92.18	106.46
联营企业				
有限责任公司	102.17	103.47	111.04	111.86
股份有限公司	105.86	99.96	101.54	104.93
私营企业				
其它内资企业				135.33
外商及港、澳、台投资企业	155.33	120.00	135.33	
三.按企业规模分				
大型及以上	109.33	107.76	105.74	112.30
中型	100.00	104.19	105.99	104.73
小型	92.59	90.74	86.54	92.45

3-17-1 房地产业企业完成投资景气指数(2004年)

类　　别	一季度	二季度	三季度	四季度
房地产业企业总体状况	114.01	132.22	140.21	130.84
一、按主要行业门类分				
房地产业	114.01	132.22	140.21	130.84
二、按企业登记注册类型分				
国有企业	110.61	140.26	132.17	135.84
集体企业	100.00	141.67	116.67	125.00
股份合作企业	100.00	133.33	133.33	133.33
联营企业				
有限责任公司	126.83	117.50	151.22	131.71
股份有限公司	145.45	172.73	172.73	136.36
私营企业				
其它内资企业				
外商及港、澳、台投资企业	79.68	104.93	148.72	121.44
三、按企业规模分				
大型	178.20	149.05	158.08	153.49
中型	121.31	140.98	148.33	126.67
小型	94.44	121.13	129.58	129.58

3-17-2 房地产业企业盈利(亏损)变化景气指数(2004年)

类　　别	一季度	二季度	三季度	四季度
房地产业企业总体状况	134.31	129.78	127.68	135.34
一、按主要行业门类分				
房地产业	134.31	129.78	127.68	135.34
二、按企业登记注册类型分				
国有企业	127.04	116.37	120.07	129.62
集体企业	125.00	141.67	125.00	158.33
股份合作企业	116.67	116.67	133.33	133.33
联营企业				
有限责任公司	146.34	146.34	134.15	139.02
股份有限公司	172.73	154.55	154.55	154.55
私营企业				
其它内资企业				
外商及港、澳、台投资企业	110.45	118.15	121.44	121.44
三、按企业规模分				
大型	118.52	113.83	116.05	124.01
中型	140.98	134.43	130.00	141.67
小型	131.94	129.17	128.17	132.39

3－17－3　房地产业企业流动资金景气指数(2004年)

类　　别	一季度	二季度	三季度	四季度
房地产业企业总体状况	93.12	92.66	89.25	86.55
一、按主要行业门类分				
房地产业	93.12	92.66	89.25	86.55
二、按企业登记注册类型分				
国有企业	74.80	75.25	73.31	72.79
集体企业	91.67	125.00	116.67	116.67
股份合作企业	100.00	116.67	116.67	83.33
联营企业				
有限责任公司	107.32	104.88	95.12	100.00
股份有限公司	90.91	100.00	109.09	100.00
私营企业				
其它内资企业				
外商及港、澳、台投资企业	130.77	100.00	96.74	78.56
三、按企业规模分				
大型	78.81	80.96	82.02	95.71
中型	90.16	95.08	85.00	83.33
小型	98.61	93.06	94.37	87.32

3－17－4　房地产业企业货款拖欠景气指数(2004年)

类　　别	一季度	二季度	三季度	四季度
房地产业企业总体状况	129.88	124.93	124.46	127.74
一、按主要行业门类分				
房地产业	129.88	124.93	124.46	127.74
二、按企业登记注册类型分				
国有企业	120.87	109.11	119.94	122.46
集体企业	141.67	166.67	150.00	150.00
股份合作企业	133.33	100.00	116.67	66.67
联营企业				
有限责任公司	126.83	143.90	131.71	129.27
股份有限公司	136.36	100.00	120.00	145.45
私营企业				
其它内资企业				
外商及港、澳、台投资企业	146.15	130.77	103.26	136.36
三、按企业规模分				
大型	114.82	112.60	123.10	129.98
中型	137.70	129.51	132.20	131.67
小型	126.39	123.61	118.31	123.94

3－17－5 房地产业企业劳动力需求景气指数(2004年)

类　别	一季度	二季度	三季度	四季度
房地产业企业总体状况	113.18	113.40	117.05	98.84
一、按主要行业门类分				
房地产业	113.18	113.40	117.05	98.84
二、按企业登记注册类型分				
国有企业	107.49	116.51	111.08	99.68
集体企业	125.00	116.67	100.00	108.33
股份合作企业	83.33	83.33	150.00	100.00
联营企业				
有限责任公司	112.20	115.00	121.95	100.00
股份有限公司	154.55	154.55	154.55	109.09
私营企业				
其它内资企业				
外商及港、澳、台投资企业	110.45	84.62	112.35	87.65
三、按企业规模分				
大型	116.68	118.01	119.32	108.74
中型	111.48	114.75	115.00	101.67
小型	113.89	111.27	118.31	94.37

3－17－6 房地产业企业固定资产投资景气指数(2004年)

类　别	一季度	二季度	三季度	四季度
房地产业企业总体状况	115.33	130.97	121.01	118.59
一、按主要行业门类分				
房地产业	115.33	130.97	121.01	118.59
二、按企业登记注册类型分				
国有企业	107.36	134.63	111.38	121.52
集体企业	125.00	141.67	125.00	116.67
股份合作企业	116.67	100.00	133.33	100.00
联营企业				
有限责任公司	131.71	131.71	134.15	119.51
股份有限公司	127.27	145.45	136.36	127.27
私营企业				
其它内资企业				
外商及港、澳、台投资企业	87.38	100.00	112.35	103.26
三、按企业规模分				
大型	124.60	118.86	97.82	107.65
中型	116.39	132.79	123.33	121.67
小型	112.50	131.94	123.94	118.31

3-18-1　社会服务业企业业务需求量景气指数(2004年)

类　别	一季度	二季度	三季度	四季度
社会服务业企业总体状况	110.47	132.65	127.28	97.62
一、按主要行业门类分				
租赁业				
商务服务业	112.50	112.50	100.00	100.00
环境资源管理业	101.03	132.95	130.08	83.02
公共设施管理业	133.33	166.67	66.67	100.00
居民服务业	125.00	140.00	140.00	130.00
其他服务业	133.33	133.33	150.00	133.33
二、按企业登记注册类型分				
国有企业	107.50	130.00	127.50	102.50
集体企业	140.00	160.00	140.00	120.00
股份合作企业				
联营企业				
有限责任公司	108.33	141.67	141.67	112.50
股份有限公司	74.93	98.11	61.40	61.40
私营企业	166.67	166.67	166.67	150.00
其它内资企业				
外商及港、澳、台投资企业				
三、按企业规模分				
大型	58.64	91.51	67.61	42.19
中型	116.67	141.67	141.67	91.30
小型	114.29	133.93	128.57	107.14

3-18-2 社会服务业企业盈利（亏损）变化景气指数(2004年)

类　别	一季度	二季度	三季度	四季度
社会服务业企业总体状况	103.44	128.42	119.42	88.34
一、按主要行业门类分				
租赁业				
商务服务业	62.50	112.50	100.00	85.71
环境资源管理业	91.71	116.93	119.23	91.70
公共设施管理业	133.33	200.00	100.00	100.00
居民服务业	130.00	155.00	135.00	80.00
其他服务业	150.00	133.33	116.67	66.67
二、按企业登记注册类型分				
国有企业	110.00	137.50	112.50	72.50
集体企业	140.00	160.00	140.00	80.00
股份合作企业				
联营企业				
有限责任公司	87.50	120.83	133.33	100.00
股份有限公司	83.63	82.08	94.67	105.78
私营企业	133.33	200.00	133.33	50.00
其它内资企业				
外商及港、澳、台投资企业				
三、按企业规模分				
大型	114.22	124.61	127.06	113.88
中型	112.50	129.17	112.50	78.26
小型	98.21	128.57	121.43	89.29

3-18-3 社会服务业企业流动资金景气指数(2004年)

类　　别	一季度	二季度	三季度	四季度
社会服务业企业总体状况	68.84	80.20	75.73	67.67
一、按主要行业门类分				
租赁业				
商务服务业	12.50	25.00	25.00	0.00
环境资源管理业	72.37	75.90	74.37	67.50
公共设施管理业	33.33	133.33	66.67	33.33
居民服务业	90.00	110.00	105.00	100.00
其他服务业	66.67	66.67	66.67	50.00
二、按企业登记注册类型分				
国有企业	67.50	85.00	72.50	67.50
集体企业	80.00	120.00	100.00	100.00
股份合作企业				
联营企业				
有限责任公司	87.50	79.17	91.67	83.33
股份有限公司	56.08	44.97	56.08	41.59
私营企业	33.33	66.67	33.33	50.00
其它内资企业				
外商及港、澳、台投资企业				
三、按企业规模分				
大型	69.82	82.54	69.82	45.70
中型	58.33	70.83	75.00	65.22
小型	73.21	83.93	76.79	71.43

3-18-4 社会服务业企业货款拖欠景气指数(2004年)

类　　别	一季度	二季度	三季度	四季度
社会服务业企业总体状况	109.24	95.45	93.27	97.82
一、按主要行业门类分				
租赁业				
商务服务业	125.00	100.00	112.50	57.14
环境资源管理业	108.35	96.35	84.82	102.82
公共设施管理业	100.00	66.67	133.33	133.33
居民服务业				
其他服务业	116.67	116.67	100.00	100.00
二、按企业登记注册类型分				
国有企业	112.50	97.50	100.00	102.56
集体企业	100.00	80.00	100.00	120.00
股份合作企业				
联营企业				
有限责任公司	108.33	100.00	87.50	95.83
股份有限公司	100.00	66.67	100.00	88.89
私营企业	100.00	100.00	100.00	100.00
其它内资企业				
外商及港、澳、台投资企业				
三、按企业规模分				
大型	86.25	86.25	73.54	73.54
中型	95.83	104.17	95.83	100.00
小型	117.86	92.86	94.64	100.00

3-18-5 社会服务业企业劳动力需求景气指数(2004年)

类　别	一季度	二季度	三季度	四季度
社会服务业企业总体状况	105.79	118.63	114.15	90.93
一、按主要行业门类分				
租赁业				
商务服务业				
环境资源管理业	87.50	87.50	75.00	71.43
公共设施管理业	112.35	127.80	120.81	96.81
居民服务业	100.00	133.33	100.00	133.33
其他服务业	100.00	115.00	120.00	80.00
二、按企业登记注册类型分				
国有企业	102.50	102.50	105.00	87.18
集体企业	140.00	140.00	120.00	80.00
股份合作企业				
联营企业				
有限责任公司	108.33	129.17	133.33	108.33
股份有限公司	100.00	149.71	102.35	102.35
私营企业	66.67	100.00	66.67	50.00
其它内资企业				
外商及港、澳、台投资企业				
三、按企业规模分				
大型	86.25	131.58	90.12	89.89
中型	112.50	112.50	116.67	81.82
小型	105.36	119.64	116.07	94.64

3-18-6 社会服务业企业固定资产投资景气指数(2004年)

类　别	一季度	二季度	三季度	四季度
社会服务业企业总体状况	111.58	121.20	110.59	109.54
一、按主要行业门类分				
租赁业				
商务服务业	75.00	62.50	62.50	85.71
环境资源管理业	110.99	127.81	117.34	107.34
公共设施管理业	166.67	133.33	100.00	133.33
居民服务业	115.00	140.00	120.00	120.00
其他服务业	116.67	80.00	80.00	100.00
二、按企业登记注册类型分				
国有企业	102.50	123.08	105.13	100.00
集体企业	120.00	160.00	140.00	120.00
股份合作企业				
联营企业				
有限责任公司	108.33	116.67	108.33	116.67
股份有限公司	149.77	116.44	116.44	116.44
私营企业	66.67	100.00	66.67	100.00
其它内资企业				
外商及港、澳、台投资企业				
三、按企业规模分				
大型	158.15	131.92	144.40	144.40
中型	104.17	126.09	108.70	95.45
小型	108.93	117.86	107.14	110.71

3－19－1 信息传输、计算机服务和软件业企业产品销售（提供服务）景气指数(2004年)

类　　别	一季度	二季度	三季度	四季度
信息传输、计算机服务和软件业企业总体状况	147.36	152.96	161.54	156.56
一、按主要行业门类分				
信息传输业	163.95	159.25	165.51	157.32
计算机服务业	112.50	112.50	150.00	137.50
软件业	79.23	148.04	148.04	166.22
二、按企业登记注册类型分				
国有企业	160.73	142.55	156.39	141.24
集体企业				
股份合作企业				
联营企业				
有限责任公司	100.00	118.18	145.45	172.73
股份有限公司	117.89	182.11	182.11	182.11
私营企业				
其它内资企业				
外商及港、澳、台投资企业	162.23	200.00	186.17	172.82
三、按企业规模分				
大型	171.16	182.41	180.95	167.22
中型	150.00	162.50	168.75	162.50
小型	124.00	116.00	136.00	140.00

3－19－2 信息传输、计算机服务和软件业企业盈利（亏损）变化景气指数(2004年)

类　　别	一季度	二季度	三季度	四季度
信息传输、计算机服务和软件业企业总体状况	128.98	123.92	146.95	139.60
一、按主要行业门类分				
信息传输业	136.20	122.93	146.28	143.59
计算机服务业	75.00	112.50	137.50	87.50
软件业	129.86	138.95	157.13	157.13
二、按企业登记注册类型分				
国有企业	123.96	117.46	131.80	141.80
集体企业				
股份合作企业				
联营企业				
有限责任公司	109.09	100.00	136.36	154.55
股份有限公司	157.11	182.11	182.11	182.11
私营企业				
其它内资企业				
外商及港、澳、台投资企业	145.31	164.58	180.51	163.69
三、按企业规模分				
大型	155.27	122.18	174.40	132.79
中型	118.75	131.25	143.75	153.13
小型	120.00	116.00	128.00	128.00

3-19-3　信息传输、计算机服务和软件业企业流动资金景气指数(2004年)

类　别	一季度	二季度	三季度	四季度
信息传输、计算机服务和软件业企业总体状况	106.03	120.33	120.02	115.53
一、按主要行业门类分				
信息传输业	114.40	130.47	131.18	125.17
计算机服务业	50.00	50.00	50.00	50.00
软件业	100.00	118.18	109.09	111.67
二、按企业登记注册类型分				
国有企业	80.32	92.06	95.92	90.46
集体企业				
股份合作企业				
联营企业				
有限责任公司	109.09	118.18	127.27	109.09
股份有限公司	150.00	200.00	150.00	182.11
私营企业				
其它内资企业				
外商及港、澳、台投资企业	167.42	187.50	181.25	174.48
三、按企业规模分				
大型	155.73	165.97	160.08	157.67
中型	90.63	103.13	96.88	109.38
小型	84.00	104.00	116.00	88.00

3-19-4　信息传输、计算机服务和软件业企业货款拖欠景气指数(2004年)

类　别	一季度	二季度	三季度	四季度
信息传输、计算机服务和软件业企业总体状况	98.89	108.89	108.30	105.39
一、按主要行业门类分				
信息传输业	96.72	117.86	112.70	107.19
计算机服务业	100.00	62.50	75.00	50.00
软件业	111.67	90.91	106.51	133.78
二、按企业登记注册类型分				
国有企业	90.28	102.10	94.04	95.04
集体企业				
股份合作企业				
联营企业				
有限责任公司	100.00	109.09	109.09	127.27
股份有限公司	182.11	75.00	117.89	117.89
私营企业				
其它内资企业				
外商及港、澳、台投资企业	111.21	120.25	105.84	133.75
三、按企业规模分				
大型	100.69	132.61	120.92	100.96
中型	93.55	77.42	96.77	103.13
小型	104.00	128.00	112.00	112.00

3－19－5 信息传输、计算机服务和软件业企业劳动力需求景气指数(2004年)

类 别	一季度	二季度	三季度	四季度
信息传输、计算机服务和软件业企业总体状况	93.25	104.69	110.42	102.49
一、按主要行业门类分				
信息传输业	84.82	97.57	110.00	101.31
计算机服务业	100.00	125.00	100.00	75.00
软件业	136.36	129.86	120.77	129.86
二、按企业登记注册类型分				
国有企业	71.12	88.62	92.08	74.36
集体企业				
股份合作企业				
联营企业				
有限责任公司	118.18	127.27	127.27	127.27
股份有限公司	175.00	132.11	132.11	132.11
私营企业				
其它内资企业				
外商及港、澳、台投资企业	126.23	114.94	121.55	121.55
三、按企业规模分				
大型	117.80	112.68	148.23	133.06
中型	71.88	96.88	93.75	100.00
小型	100.00	108.00	100.00	80.00

3－19－6 信息传输、计算机服务和软件业企业固定资产投资景气指数(2004年)

类 别	一季度	二季度	三季度	四季度
信息传输、计算机服务和软件业企业总体状况	113.13	119.60	115.10	133.29
一、按主要行业门类分				
信息传输业	109.47	122.22	112.98	138.52
计算机服务业	87.50	100.00	87.50	100.00
软件业	154.55	120.77	145.45	129.86
二、按企业登记注册类型分				
国有企业	101.41	99.90	82.43	124.65
集体企业				
股份合作企业				
联营企业				
有限责任公司	127.27	127.27	136.36	136.36
股份有限公司	200.00	157.11	150.00	182.11
私营企业				
其它内资企业				
外商及港、澳、台投资企业	119.80	123.38	139.72	144.50
三、按企业规模分				
大型	105.90	134.69	132.27	152.22
中型	118.75	125.00	106.25	134.38
小型	112.00	100.00	112.00	116.00

3-20-1　住宿和餐饮业企业产品销售（提供服务）景气指数(2004年)

类　　别	一季度	二季度	三季度	四季度
住宿和餐饮业企业总体状况	107.00	130.46	136.66	113.69
一、按主要行业门类分				
住宿业	111.13	131.52	132.81	109.06
餐饮业	105.02	128.42	141.22	119.18
二、按企业登记注册类型分				
国有企业	106.64	126.08	125.65	116.48
集体企业	106.94	122.71	127.71	105.00
股份合作企业	112.50	125.00	87.50	75.00
联营企业				
有限责任公司	111.99	129.84	132.26	126.08
股份有限公司	119.98	89.07	155.32	101.57
私营企业	166.67	133.33	166.67	166.67
其它内资企业				
外商及港、澳、台投资企业	103.96	159.09	176.79	81.12
三、按企业规模分				
大型	93.06	171.04	174.01	143.07
中型	111.24	124.72	131.46	111.36
小型	105.88	122.00	128.57	104.08

3-20-2　住宿和餐饮业企业盈利（亏损）变化景气指数(2004年)

类　　别	一季度	二季度	三季度	四季度
住宿和餐饮业企业总体状况	109.35	138.52	139.15	125.49
一、按主要行业门类分				
住宿业	105.59	136.19	134.95	121.13
餐饮业	115.87	142.50	145.29	125.43
二、按企业登记注册类型分				
国有企业	104.00	127.29	133.21	131.83
集体企业	104.36	122.71	137.29	115.00
股份合作企业	112.50	150.00	75.00	125.00
联营企业				
有限责任公司	98.67	122.60	129.03	121.50
股份有限公司	123.66	131.18	152.46	146.55
私营企业	166.67	166.67	133.33	133.33
其它内资企业				
外商及港、澳、台投资企业	128.51	190.36	181.27	99.02
三、按企业规模分				
大型	118.44	179.99	174.08	151.25
中型	110.11	133.71	135.96	127.27
小型	103.92	128.00	128.57	110.20

3-20-3 住宿和餐饮业企业流动资金景气指数(2004年)

类别	一季度	二季度	三季度	四季度
住宿和餐饮业企业总体状况	83.54	88.14	91.62	96.22
一、按主要行业门类分				
住宿业	82.41	87.29	87.67	94.71
餐饮业	85.45	88.08	98.09	94.94
二、按企业登记注册类型分				
国有企业	76.88	81.74	84.19	84.61
集体企业	75.79	79.58	82.29	92.29
股份合作企业	62.50	75.00	62.50	75.00
联营企业				
有限责任公司	91.13	93.13	79.44	92.51
股份有限公司	53.45	23.47	101.53	77.86
私营企业	66.67	33.33	33.33	66.67
其它内资企业				
外商及港、澳、台投资企业	100.54	127.26	121.70	117.69
三、按企业规模分				
大型	131.18	129.49	145.70	134.54
中型	85.39	86.52	91.01	96.59
小型	58.82	72.00	67.35	77.55

3-20-4 住宿和餐饮业企业货款拖欠景气指数(2004年)

类别	一季度	二季度	三季度	四季度
住宿和餐饮业企业总体状况	100.45	86.00	80.53	99.58
一、按主要行业门类分				
住宿业	110.59	87.34	75.60	108.32
餐饮业	81.34	84.84	85.70	79.39
二、按企业登记注册类型分				
国有企业	96.49	86.02	80.09	99.08
集体企业	120.00	82.71	97.71	80.00
股份合作企业	100.00	100.00	87.50	87.50
联营企业				
有限责任公司	111.32	99.85	74.04	124.44
股份有限公司	82.18	31.39	96.51	114.73
私营企业	0.00	50.00	33.33	33.33
其它内资企业				
外商及港、澳、台投资企业	104.55	94.74	69.20	95.67
三、按企业规模分				
大型	94.25	81.89	95.81	131.85
中型	104.49	94.19	73.03	93.18
小型	96.08	73.47	87.23	95.83

3-20-5　住宿和餐饮业企业劳动力需求景气指数(2004年)

类　别	一季度	二季度	三季度	四季度
住宿和餐饮业企业总体状况	105.15	116.69	117.14	102.36
一、按主要行业门类分				
住宿业	103.52	112.94	116.46	95.17
餐饮业	107.71	128.63	120.71	116.04
二、按企业登记注册类型分				
国有企业	93.74	105.17	108.11	102.87
集体企业	114.29	115.00	130.00	105.00
股份合作企业	125.00	100.00	87.50	87.50
联营企业				
有限责任公司	105.53	125.01	126.75	132.07
股份有限公司	130.95	134.05	108.82	93.45
私营企业	66.67	133.33	66.67	100.00
其它内资企业				
外商及港、澳、台投资企业	109.57	141.12	144.44	68.72
三、按企业规模分				
大型	114.74	134.94	111.25	86.00
中型	101.12	116.85	119.10	107.95
小型	107.84	108.00	116.33	100.00

3-20-6　住宿和餐饮业企业固定资产投资景气指数(2004年)

类　别	一季度	二季度	三季度	四季度
住宿和餐饮业企业总体状况	111.06	110.98	112.30	105.69
一、按主要行业门类分				
住宿业	103.04	106.97	108.78	103.58
餐饮业	133.51	118.59	121.28	106.76
二、按企业登记注册类型分				
国有企业	98.07	98.42	97.95	94.46
集体企业	109.52	120.00	125.00	112.29
股份合作企业	100.00	112.50	100.00	100.00
联营企业				
有限责任公司	120.30	125.42	127.54	132.07
股份有限公司	143.45	141.29	97.84	116.29
私营企业	133.33	133.33	133.33	33.33
其它内资企业				
外商及港、澳、台投资企业	108.29	114.39	116.42	100.48
三、按企业规模分				
大型	134.88	120.30	107.84	113.50
中型	106.74	106.82	111.24	110.23
小型	107.84	114.00	116.33	93.88

3-21　适度调整开局好　景气状况攀新高

——2004年一季度山东省企业景气调查报告

2004年一季度对全省3000家企业景气调查显示,全省经济继续去年强劲势头,首季保持生产快速增长,效益大幅提高的发展态势,反映企业综合生产经营状况的企业景气指数和反映企业家对宏观经济信心与预期的企业家信心指数创近年来最高点。不断改善的宏观经济环境,活力日益增强的企业微观基础,使国民经济进入多年期盼的良好发展局面。

一、企业综合生产经营状况明显看好

2004年首季反映全省企业综合生产经营状况的企业景气指数为140.3,比近年来最高点的2003年第四季度高0.7点,比尚未受"非典"影响的2003年同期提高6.4点,再创自1998年开展企业景气调查以来的最高点。经加权汇总计算,一季度认为企业综合生产经营状况良好的企业占48.9%,认为一般的企业占42.4%,认为不佳的占8.7%。调查企业的企业家判断下季度企业景气指数将继续提升,预计为145.0。这表明我省企业内在活力持续增强,潜在能力不断释放,经济增长的微观基础进一步巩固,由此推断我省整体经济仍将持续在高平台上运行。首季企业家信心指数为142.1,比去年第四季度提高3.3点,比去年同期提高2.8点,二季度企业家信心指数预计为144.0,表明企业家对全年经济走势的预期继续看好。

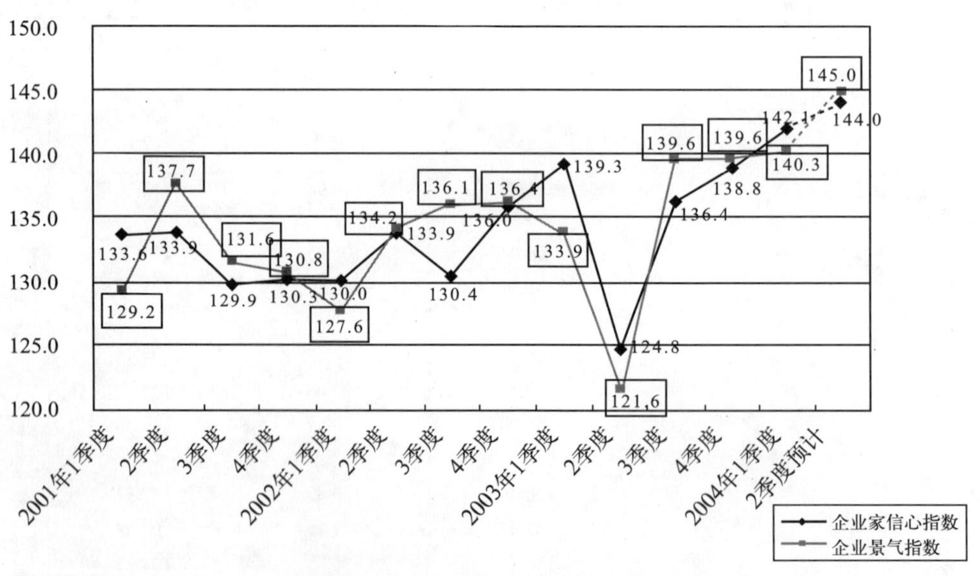

企业景气指数和企业家信心指数变化情况图

1.分行业看社会服务业、交通运输及仓储和邮政业景气度上升幅度大。一季度受传统节日春节的影响,社会服务业景气度比上季度提高了15.8点,景气指数为125.5,比上年同期提高1.0点;交通运输及仓储和邮政业企业景气指数为127.0,比上季度和上年同期分别提高6.8点和10.5点;建筑业没有"冬天",景气度提升幅度较大,企业景气指数为121.2,比上季度和上年同期分别提高2.8点

和6.6点;房地产业企业景气指数为140.8,比上季度下降6.1点,比上年同期提高2.9点;工业企业景气指数继续高位运行,景气指数为147.1,比上季度略降0.5点,比上年同期提高了6.6点;批发和零售业企业景气指数为129.0,比上季度下降1.9点,但比上年同期提高8.0点;信息传输及计算机服务和软件业企业景气指数仍然最高,为157.4,比上季度和去年同期下降5.2点和0.9点;住宿和餐饮业企业景气指数为122.2点,比上季度和去年同期下降4.9和7.0点。

2.分登记注册类型看国有企业和股份有限公司景气状况看好。一季度国有企业的企业景气指数为136.3,比上季度和上年同期提高3.2点和7.4点;股份有限公司的企业景气指数为161.4,比上季度和上年同期提高2.8点和13.7点;私营企业的企业景气指数为143.1,比上季度和上年同期提高6.8点和0.2点;有限责任公司企业景气指数为141.2,比上季度下降6.1点,但比上年同期提高5.8点;集体企业为120.8,比上季度和上年同期分别下降5.4点和9.5点;外商及港澳台投资企业为143.2,分别比上季度和上年同期下降2.1点和12.4点;股份合作企业企业景气指数为122.5,分别比上季度和上年同期下降8.3点和0.8点。

3.分企业规模看重化工进程加快。在企业景气调查计算口径中,我省重化工企业居多的特大型企业,一季度反映企业综合生产情况的企业景气指数高达193.0,有94%的特大型企业认为企业综合生产经营状况良好,景气度比上季度和上年同期提高7.1点和40.0点,这类企业个数少权重大,对全省经济的快速发展起了决定性作用;大型企业企业景气度优势非常明显,企业景气指数为161.9,比上季度下降1.2点,但比上年同期提高2.4点;中、小型企业企业景气指数为128.8和118.2,比上季度下降1.5点和0.5点,比上年同期提高1.1点和0.4点。

4.从特殊分类看重点企业拉动作用显著。企业景气调查样本企业中基本包含了我省的省重点企业和上市公司。2004年一季度省重点企业的企业景气数为184.2,比上季度和去年同期提高5.1点和21.5点,对全省经济快速发展的确起到了龙头带动作用;上市公司企业景气指数一季度达到185.7,比上季度和上年同期提高9.5点和44.2点,对全省企业景气状况的提升起到了积极的影响作用。高新技术产业企业景气指数为150.0,比上季度下降1.2点,比上年同期提高22点,景气度明显高于全省整体企业。

二、生产总量增长，经济效益大幅度提高，各分项景气指数均有不同程度提升

1.企业生产总量增长明显。由于季节因素，企业一季度生产总量一般低于四季度。2004年一季度我省反映企业生产总量的企业生产景气指数为129.7,比上季度下降3.5点,比上年同期提高9.5点,企业生产总量明显增长。其中工业和交通运输及仓储和邮政业生产增长快,企业生产景气指数为138.3、129.3,比上季度提高0.3点和17.8点,比上年同期提高8.6点和21.7点,成为拉升全省企业生产景气状况的主要因素;社会服务业企业生产景气指数为114.6,比上季度提高19.9点,比上年同期下降5.7点;由于季节因素,建筑业和房地产业生产景气指数降幅大,比上季度下降44.0点和19.5点,企业生产景气指数为92.2和114.0,但比上年同期高8.7点和8.2点;批发和零售业企业生产景气指数为123.1,比上季度下降7.0点,比上年同期提高9.4点;信息传输及计算机服务和软件业企业生产景气指数依然最高为147.4,但比上季度和上年同期分别下降16.7点和7.8点;住宿和餐饮业企业生产景气指数为107.0,比上季度和上年同期下降9.3点和0.9点。

特大型、大型、中型和小型企业生产景气指数依次为176.0、145.1、124.5和109.6，特大型企业比上季度提高12.0点;大、中、小型企业分别比上季度下降7.2点、2.0点和5.5点。从规模划分看企业生产景气状况差异明显,生产总量的增长多由大型及以上企业拉动。

2.企业盈利水平大幅度提高。2004年一季度我省企业生产经营的主要亮点是企业盈利水平大幅度提高。调查的八大行业企业盈利景气指数均在景气区间运行。全省企业盈利景气指数达到124.4点,比上季度提高2.0点,比上年同期提高10.2点,为近年来最高点。企业盈利景气度比上

季度提高的行业有建筑业101.5,社会服务业103.4,交通运输及仓储和邮政业113.5、房地产业134.3,分别比上季度提高30.7点、14.7点、10.0点和5.5点。工业企业盈利景气指数为130.1,处于高位,虽然比上季度下降3.2点,但比上年同期提高9.2点。工业中采掘业企业盈利景气指数高达166.2,比上季度提高3.6点,比上年同期提高18.9点,采掘业企业盈利水平的大幅提升,也从一个侧面印证了能源、原材料的供求现状。批发和零售业、住宿和餐饮业企业盈利景气指数分别为118.8和109.4,比上季度下降4.0点和4.2点,比上年同期提高5.9点和9.3点。信息传输及计算机服务和软件业企业盈利景气指数为129.0,比上季度和上年同期下降9.4点和7.8点。

分规模看特大型、大型、中型、小型企业盈利指数分别为180.6、140.7、114.7、104.5,差异同样显著,景气度分别比上年同期分别提高35.3点、6.6点、7.7点和4.3点。

3.企业货款拖欠减少市场环境有所好转。2004年全省企业货款拖欠景气指数为112.3,处于景气区间,比上季度提高4.0点,比上年同期提高3.3点。建筑业企业反映工程款拖欠的景气指数仍然最低为88.0,处于不景气区间,但比上季度和上年同期分别提高37.0点和15.8点,有关政策的落实取得一定的成效。房地产企业为129.9,比上季度和上年同期分别提高14.8点和8.4点。工业企业为115.1,比上季度下降2.1点,比上年同期提高2.6点。

4.企业用工情况明显趋好。企业用工情况是反映经济运行状况的重要晴雨表。2004年一季度我省企业用工景气指数为112.8,比上季度和上年同期提高7.5点和7.2点,该项指数也创下近年来的最高值。其中工业、建筑业、交通运输及仓储和邮政业为119.8、105.1和94.8,分别比上季度提高7.3点、15.2点和7.4点。吸纳劳动力较多的第三产业如社会服务业、住宿和餐饮业用工情况也明显好转,企业用工景气指数为105.8、105.2,分别比上季度提高22.9点和5.6点。

三、我省企业家对宏观经济充满信心

分行业看企业家信心全面提升,工业企业家信心指数为144.6,比上季度和去年同期分别提高2.7点和2.0点;房地产业、批发和零售业、交通运输及仓储和邮政业、住宿和餐饮业企业家信心指数为165.0、131.6、127.9和142.4,分别比上季度提高10.7点、7.2点、4.7点和4.3点,比上年同期提高12.8点、4.9点、5.8点和8.8点;信息传输及计算机服务和软件业企业家信心指数为156.5,比上季度提高3.7点,比上年同期下降3.0点;建筑业企业家信心指数为134.4点,比上季度和上年同期下降1.7点和0.1点。

四、企业生产经营中值得关注的问题

1.企业家对主要生产经营问题的判断。调查列示了九个主要影响企业生产经营的问题,请企业家按重要程度选三项,全部企业汇总结果列前三位的问题及其比例依次为:市场竞争激烈(占71%)、资金筹措困难(占52%)、市场需求不足(占31%)。分行业看同全部企业选择顺序一致的行业为批发和零售业、社会服务业、信息传输及计算机服务和软件业。工业企业列前三位问题依次为市场竞争激烈(占66.1%)、资金筹措困难(占55.2%)、原材料供应紧张(占39.0%);建筑业依次为市场竞争激烈(占68.7%)、相互拖欠货款(占66.8%)、资金筹措困难(占48.6%);房地产业依次为市场竞争激烈(占75.7%)、资金筹措困难(占64.9%)、利息负担增加(占31.1%);住宿和餐饮业依次为市场竞争激烈(占80.4%)、相互拖欠货款(占47.2%)、市场需求不足(占30.7%)。

2.企业成本费用持续增加。一季度企业成本费用增加,工业企业生产成本景气指数仅为63.0,比上季度下降0.5点,比上年同期下降16.6点,其主要原因是原材料及能源供应趋紧,购进价格提高。建筑业的工程结算成本、批发和零售业的经营费用、交通运输及仓储和邮政业、信息传输及计算机服务和软件业、住宿和餐饮业企业的营业成本均有不同程度增加,其景气指数均在景气临界值以下。

3.中小型企业发展状况不能令人满意。企业景气调查显示,目前我省企业生产的增长、效益的提高主要依靠大型及以上企业拉动,为数众多的中小企业缺乏活力,企业的各项景气指数与大型企业的差距越来越大,呈现加剧的态势。其中一个重要的原因是中小企业资金紧张没有得到缓解,2004年一季度企业流动资金景气指数特大型、大型、中型、小型依次为149.2、98.8、69.7、68.6,可以看出特大型企业处在较高的景气状态,大型企业处于景气临界点,而中、小型企业则处在不景气区间。　　　　（姜宏济）

3－22　宏观调控显成效　企业景气仍看好

——2004年二季度山东省企业景气调查报告

山东省企业调查队2004年二季度对全省3000家企业景气调查显示,目前全省经济发展势头良好,宏观调控成效显现,经济结构优化,经济运行的质量效益有所提高。

对历史数据的观察显示,全省二季度企业的综合生产经营状况景气度明显好于一季度,但2004年二季度反映全省企业综合生产经营状况的企业景气指数为138.2,比上季度下降2.1点,全省经济与上季度相比较,潜在的增长受到一定程度的抑制,从企业的层面呈现了全省宏观经济调控的力度和效果。经加权汇总计算,二季度认为企业综合生产经营状况良好的企业占47.7%,认为一般的占42.9%,认为不佳的占9.4%。调查企业的企业家判断下季度企业景气指数为142,全省经济增长的微观基础巩固,总体看企业充满活力,由此推断全省经济将持续健康发展。

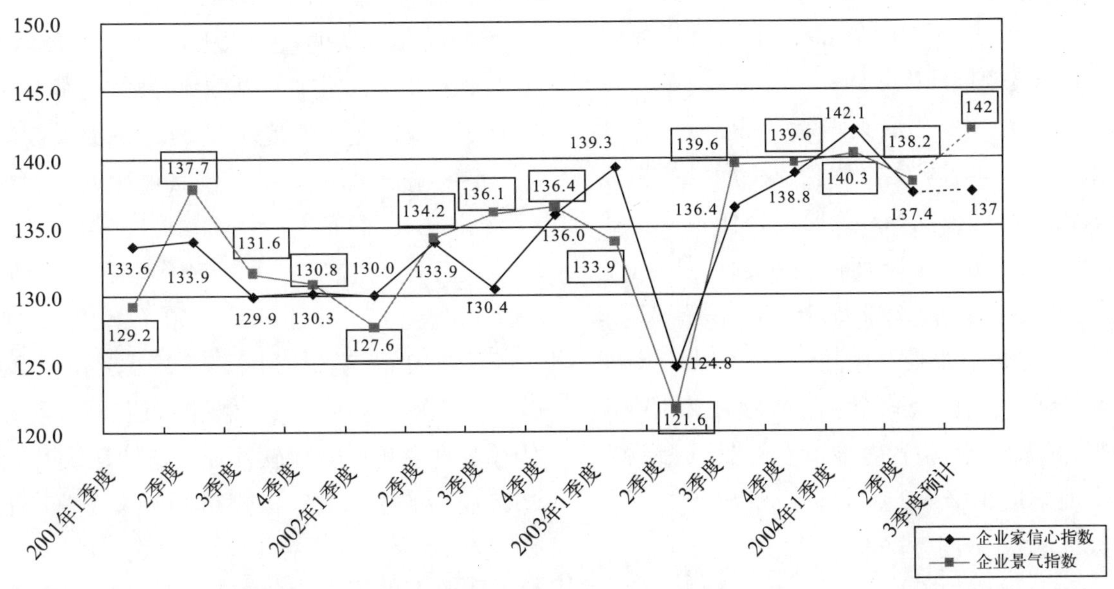

企业景气指数和企业家信心指数变化情况图

二季度反映企业家对宏观经济信心与预期的企业家信心指数为137.4,比上季度下降4.7点,景气度低于企业景气指数,而且下降幅度大于反映企业综合生产经营状况的企业生产指数,下季度企业家信心指数预计为137,表明企业家对宏观经济的预期较为谨慎。

企业发展微观基础和宏观经济的外部环境决定了我省经济目前正处在一个发展的关键阶段。

一、企业综合生产经营状况呈现回落

1.分行业看工业企业景气下降幅度较大。虽然分行业看我省二季度企业生产景气指数全面高于受非典影响的上年同期,但同今年一季度相比,二季度我省工业企业受宏观经济调控影响大,工业企业景气指数为140.4,比上季度下降6.6点;批发和零售业企业景气指数为128.6,比上季度略降0.4点;受季节因素的影响,二季度建筑业企业景气度提升幅度较大,景气指数为132.7,比上季度提高11.5点;房地产业企业景气指数为146.2,比上季度提高5.5点;受“五一”黄金周旅游消费的拉动,住宿和餐饮业企业景气指数为140.4比上季度提高18.1点,增幅居各行业首位;社会服务业景气指数为130.9,比上季度提高了5.5点;交通运输仓储邮政业企业景气指数为129.6,比上季度提高2.7点;信息传输计算机服务和软件业企业景气指数仍然最高,景气指数为160.9,比上季度提高3.5点。

2.分登记注册类型看集体企业和股份合作企业景气继续上升。二季度集体企业生产景气指数为127.1,比上季度提高6.3点;股份合作企业企业景气指数为129.1,比上季度提高6.6点。国有企业的企业景气指数为135.2,比上季度下降1.2点;股份有限公司的企业景气指数为156.6,比上季度下降4.8点;有限责任公司企业景气指数为135.8,比上季度下降5.5点;私营企业的企业景气指数为138.0,比上季度下降5.2点;外商及港澳台投资企业为138.1,比上季度下降5.1点。

3.分企业规模看大企业受宏观调控影响大。二季度我省大型及以上企业反映企业综合生产状况的企业景气指数为161.3,比上季度下降10.5点;中型企业企业景气指数为129.8,比上季度提高1.0点;小型企业企业景气指数为120.9,比上季度提高2.8点。近几年首次出现大型企业景气指数下降,中、小型企业景气指数上升,反映了宏观调控的着力点。

4.从特殊分类看重点企业景气状况处于高位回落。企业景气调查样本企业中基本包含了我省的省重点企业和上市公司。二季度省重点企业的企业景气指数为168.2,比上季度下降16.0点,但景气度仍明显高于面上企业,对全省经济发展仍起到了龙头带动作用;我省上市公司企业景气指数为168.2,比上季度下降17.1点,与本季度证券市场的低迷相对应;高新技术产业企业景气指数为147.4,比上季度下降2.6点,景气度高于全省整体企业。

二、生产总量增长,经济效益良好

1.企业生产景气度高位提升。近年来企业景气调查结果显示,我省二季度企业生产总量景气度明显高于一季度,尽管2004年二季度我省反映企业综合生产经营的企业景气状况比一季度出现回落,但反映全省企业生产总量的企业生产景气指数为134.9,为近年来次高点,比上季度上升5.2点,预期下季度企业生产景气指数为132.3,企业生产总量增长,增幅回落。从调查的八大行业看,两降六升,其中工业和批发零售业企业生产景气指数为137.7和101.3,分别比上季度下降0.6点和21.8点,表明宏观调控已对即期的生产消费产生影响。结构调整显成效,二季度生产增幅大的行业有建筑业、社会服务业、住宿和餐饮业和房地产业,企业生产景气指数为155.5、148.8、130.5和132.2,分别比上季度提高63.3点、34.2点、23.5点和18.2点,成为拉升全省企业生产景气状况的主要因素。信息传输及计算机服务和软件业、交通运输及仓储和邮政业企业生产景气指数为153.0、129.8,比上季度提高5.6点和0.5点。

大型及以上企业生产总量景气度下降,企业生产景气指数为146.4,比上季度下降8.5点;中型和小型企业生产总量景气度提高较快,企业生产景气指数为128.7、125.3,比上季度提高4.2点和15.7点。从规模划分看企业生产景气状况增减差异明显,由以往的大型企业强力拉动,转为中小型企业贡献加大,反映了宏观调控时期的新特点。

2.企业盈利景气高位运行。2004年二季度我省企业盈利水平从调查的八大行业看景气度均在景气区间高位运行。全省企业盈利景气指数达到123.3点,比近年来的最高点的上季度仅下降1.1点,为近年来次高点,与企业生产总量情况的对比可以看出,我省经济运行质量不断提高。企业盈利景气度比上季度大幅提高的行业有建筑业、住宿和餐饮业、社会服务业和交通运输及仓储邮政业,企业盈利景气指数为133.6、138.5、128.4和126.7,比上季度提高32.1点、29.2点、25.0点和13.2点。企业盈利景气度比上季度下降的行业有工业、批发和零售业、信息传输及计算机服务软件业和房地产业,企业盈利景气指数为122.0、112.0、123.9和129.8,比上季度下降8.1点、6.8点、5.1点和4.5点。

分规模看大型及以上企业盈利指数为133.8,比上季度下降19.6点,而中型、小型分别为120.0、113.0,比上季度提高5.3点和8.6点,升降差异同样显著。

3.企业劳动力需求再创近年来新高。企业劳动力需求景气状况在上季度大幅攀高的基础上,二季度又略有提升,反映企业劳动力需求的景气指数为113.4,比上季度提高0.7点,创下近年来的最高值。第三产业吸纳劳动力的作用增强,社会服务业、住宿和餐饮业、信息传输及计算机服务软件业二季度劳动力需求景气指数为118.6、116.7和104.7,比上季度提高12.8点、11.5点和11.4点。受季节因素影响建筑业企业劳动力需求的景气指数为149.0,比上季度提高43.8点。工业、批发和零售业、交通运输及仓储和邮政业等传统物质生产行业劳动力需求下降,景气指数为114.9、89.1和93.6,分别比上季度下降4.9点、6.7点和1.1点。分规模看大型以上企业劳动力需求景气度下降7.8点,中、小型企业分别提高3.4点和2.2点。

三、企业家对我省宏观经济持较为谨慎的态度

分行业看企业家信心指数有升有降,交通运输仓储邮政业、社会服务业、建筑业、住宿餐饮业和信息传输计算机服务软件业企业家信心指数为138.6、142.4、137.6、144.7和157.1,分别比上季度提高10.7点、6.8点、3.2点、2.3点和0.6点;工业、批发零售业、房地产业企业家信心指数下降,指数分别为136.4、124.4和160.8,比上季度下降8.2点、7.2点和4.3点。分规模看,大型及以上企业、中型和小型企业的企业家信心指数为149.6、132.7和127.0,分别比上季度下降8.4点、5.3点和1.3点。

四、企业生产经营中值得关注的问题

1.企业家对主要生产经营问题的判断。二季度调查列示了九个主要影响企业生产经营的问题,请企业家按重要程度选三项,全部企业汇总结果列前三位的问题及其比例依次为:市场竞争激烈(占70.4%)、资金筹措困难(占53.8%)、市场需求不足(占33.2%)。分行业看同全部企业选择顺序一致的行业为批发和零售业、社会服务业。工业企业列前三位问题依次为市场竞争激烈(占66.5%)、资金筹措困难(占56.6%)、原材料供应紧张(占36.4%);建筑业依次为市场竞争激烈(占71.4%)、相互拖欠货款(占63.1%)、资金筹措困难(占54.4%);交通运输仓储邮政业为市场竞争激烈(占74.5%)、资金筹措困难(占48.9%)、历史债务负担重(占41.6%);房地产业依次为资金筹措困难(占70.1%)、市场竞争激烈(占67.4%)、利息负担增加(占29.3%);信息传输及计算机服务和软件业依次为市场竞争激烈(占94.9%)、市场需求不足(占39.7%)、相互拖欠货款(占28.2%);住宿和餐饮业依次为市场竞争激烈(占82.7%)、相互拖欠货款(占43.8%)、工资成本上升压力大(占35.8%)。

2.企业成本费用景气状况仍处谷底但已有所趋好。二季度企业成本费用景气状况仍处于深度不景气区间,但同一季度相比有所缓解,工业企业生产成本景气指数仅为69.6,比上季度提高6.6点;建筑业的工程结算成本景气指数65.6,比上季度提高4.1点;交通运输及仓储和邮政业业务成本景气指数为69.8,比上季度提高10.5点;批发和零售业的经营费用景气指数为103.4,比上季度提高16.2点;社会服务业、信息传输及计算机服务和软件业、住宿和餐饮业企业的营业成本均有不同程度增加,其景气度分别下降7.8点、5.0点和16.4点。

3.企业资金紧张,融资难度加大。二季度反映我省企业资金状况的企业流动资金景气指数为82.8,处于不景气区间,景气度与上季度持平。其中大型及以上企业为110.4,比上季度下降4.4点;中、小型企业流动资金景气指数为72.6、70.4,明显低于大型企业,但比上季度分别提高3.0点和1.8点。二季度反映企业融资情况的景气指数为82.7,也处于不景气区间,比上季度下降1.5点。大型及以上企业景气指数为106.2,比上季度下降3.7点;中型企业为72.8,比上季度上升0.1点;小型企业为70.3,比上季度下降1.6点。 (姜宏济)

3－23 宏观调控效果继续显现 企业景气状况小幅回落

——2004年三季度山东省企业景气调查报告

省企业调查队2004年三季度对全省3000家企业景气调查显示,目前全省认真贯彻落实科学发展观和中央的各项宏观调控措施,宏观调控效果进一步显现,反映企业综合生产经营状况的企业景气指数和反映企业家对宏观经济信心与预期的企业家信心指数均较上季度小幅回落,反映全省企业生产总量的景气指数处于高度景气区间,但景气度比上季度略有下降。企业经济效益良好,景气状况比上季度有所提高。企业家对下期经济发展预期表现出谨慎的乐观态度。

2004年三季度反映全省企业综合生产经营状况的企业景气指数为138.0,比上季度微降0.2点,经加权汇总计算,三季度认为企业综合生产经营状况良好的企业占47.1%,认为一般的占43.9%,认为不佳的占9.0%。企业家判断下季度企业景气指数为143,表明我省经济增长的微观基础巩固,企业加快发展的愿望强烈。

三季度反映企业家对宏观经济信心与预期的企业家信心指数为135.1,比上季度下降2.3点,景气度低于企业景气指数,下降幅度大于反映企业综合生产经营状况的企业景气指数,下季度企业家信心指数预计为137,表明企业家对宏观经济环境持较为谨慎的态度。景气调查显示虽然企业生产和效益比上年同期有所提高,但企业增长力度受到一定程度的抑制,下阶段我省经济继续处在把握调控力度,优化经济结构,提高经济发展质量和保护好、引导好、发挥好企业加快发展积极性的关键时期。

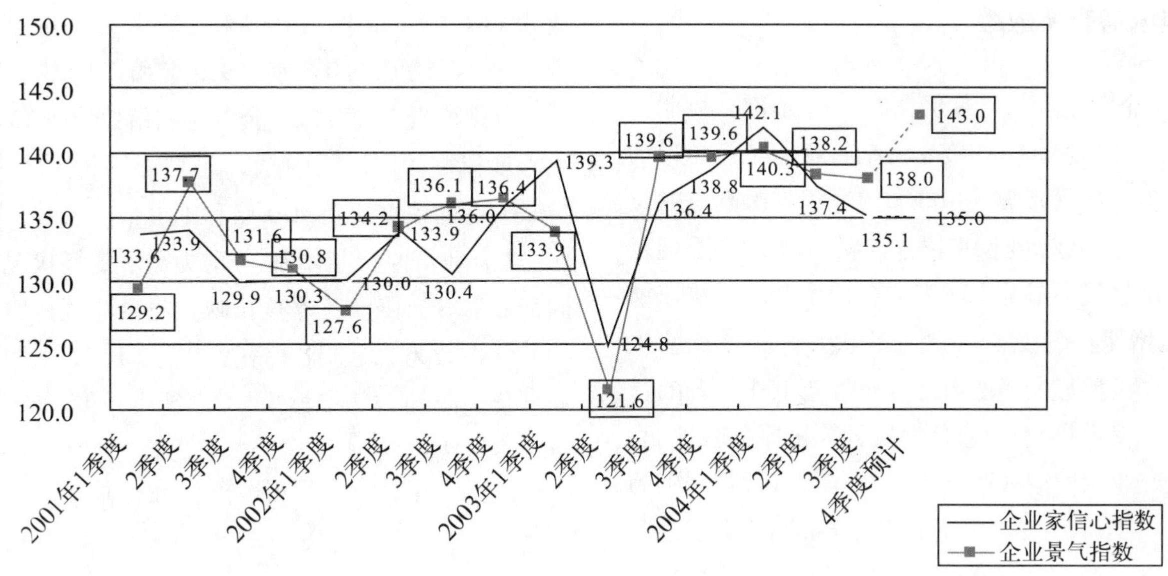

企业景气指数和企业家信心指数变化情况图

一、企业综合生产经营状况景气度呈现小幅回落

1.分行业看,社会服务业景气上升高,建筑业企业景气下降大。三季度我省工业企业景气指数为141.2,比上季度提高0.8点;社会服务业景气指数为138.0,比上季度提高了7.0点;住宿和餐饮业企业景气指数为144.0,比上季度提高3.7点;信息传输计算机服务和软件业企业景气指数仍然最高,景气指数为161.5,比上季度提高0.6点;三季度建筑企业景气度降幅最大,景气指数为127.2,比上季度下降5.6点;房地产业企业景气指数为144.2,比上季度下降2.1点;批发和零售业企业景气指数为126.0,比上季度下降2.6点;交通运输仓储邮政业企业景气指数为128.5,比上季度下降1.2点。

2.分登记注册类型看,国有企业景气上升高,股份合作及私营企业景气下降幅度大。三季度国有企业的企业景气指数为138.7,比上季度提高3.5点;集体企业生产景气指数为128.7,比上季度提高1.5点;外商及港澳台投资企业为139.1,比上季度提高1.0点;有限责任公司企业景气指数为135.7,与上季度持平;股份有限公司的企业景气指数为155.3,比上季度下降1.3点;股份合作企业企业景气指数为122.0,比上季度下降7.1点;私营企业的企业景气指数为134.5,比上季度下降3.5点。

3.分企业规模看,大企业景气度好于中小企业。三季度我省大型及以上企业反映企业综合生产状况的企业景气指数为163.8,比上季度提高2.5点;中型企业企业景气指数为130.0,与上季度持平;小型企业企业景气指数为118.4,比上季度下降2.6点。

4.从特殊分类看,省重点企业景气状况优势明显。企业景气调查样本企业中基本包含了我省的省重点企业和上市公司。2004年三季度省重点企业的企业景气指数为170.9,比上季度提高2.7点,明显高于面上企业,对全省经济发展仍起到了龙头带动作用;我省上市公司企业景气指数为176.3,比上季度提高7.7点,明显反弹;高新技术产业企业景气指数为150.5,比上季度提高3.1点。

二、企业经济效益良好,生产总量快速增长但增势有所放缓

1.企业生产景气度仍在高位运行,部分行业生产景气度下降。三季度反映全省企业生产总量的企业生产景气指数为133.5,比近年来次高点的上季度下降1.4点,处在高位景气状态,预期下季度企业生产景气指数为133,表明企业生产总量快速增长,但增速有所放缓。从调查的八大行业看,企业生产景气指数与上季度相比四升四降,其中上升的行业有批发零售业、信息传输及计算机服务软件业、房地产业和住宿餐饮业,企业生产景气指数分别为118.9、161.5、140.2和136.7,分别比上季度上升17.6点、8.6点、8.0点和6.2点,第三产业结构调整显成效。三季度企业生产景气度下降的行业有工业、交通运输仓储及邮政业、社会服务业和建筑业,企业生产景气指数为135.0、124.9、132.93和137.3,分别比上季度下降2.7点、4.9点、15.9点和18.2点。

大型及以上企业生产景气度上升,企业生产景气指数为151.9,比上季度提高5.5点;中型和小型企业生产总量景气度出现回落,企业生产景气指数为126.8、120.4,比上季度下降2.0点和4.9点。

2.企业盈利景气继续高位运行,部分行业盈利景气度下降。从调查的八大行业看,三季度我省企业盈利水平景气度均处在景气区间。反映全省企业盈利景气指数为124.0点,比上季度提高0.7点,为近年来次高点,表明经济运行质量有所提高。在企业盈利景气度比上季度提高的行业中,工业企业盈利景气指数为125.9,比上季度提高3.9点,其中采掘业盈利景气指数高达155.0,比上季度提高6.6点;电力煤气及水的生产和供应业盈利景气指数为121.4,比上季度提高8.3点。信息传输及计算机服务和软件业企业盈利景气指数为147.0,比上季度提高23.0点。批发零售业和住宿餐饮业企业为113.7和139.2,比上季度提高1.7点和0.6点。企业盈利景气度比上季度下降的行业有建筑业、交通运输及仓储邮政业、社会服务业和房地产业,企业盈利景气指数为119.5、115.8、119.4和127.7,分别比上季度下降14.1点、10.8点、9.0点和2.1点。

分规模看大型及以上企业盈利指数为145.3,比上季度提高11.6点,中型、小型分别为115.9、111.6,比上季度下降4.0点和1.4点。

3.企业产品订货增加,劳动力需求景气状况不同行业有升有降。三季度反映全省企业订货情况的景气指数为129.0,比上季度提高2.1点。工业企业订货情况的景气指数为133.3,比上季度提高4.0点,其中采掘业企业提高25.8点、制造业企业提高0.9点、电力煤气及水的生产和供应业企业提高10.2点。但是建筑企业工程合同情况的景气指数为120.3,比上季度下降14.1点。

三季度反映全省劳动力需求的景气指数为113.2,比近年来最高点的上季度略降0.2点,今年以来一直高位运行。调查的八大行业中有五个行业劳动力需求景气指数比上季度提高,工业、批发零售业、房地产业、信息传输及计算机服务软件业和住宿餐饮业企业劳动力需求景气指数为116.4、96.8、117.1、110.4和117.1,比上季度分别提高1.5点、7.6点、3.6点、5.7点和0.5点。社会服务业、交通运输及仓储邮政业企业劳动力需求景气指数为114.2、90.9,比上季度分别下降4.5点、2.7点。建筑企业劳动力需求景气度降幅大,三季度比二季度下降23.0点,景气指数为126.0。分规模看大型及以上企业劳动力需求景气指数为120.0,比上季度上升4.1点;中型企业劳动力需求景气指数为110.0,比上季度下降0.8;小型企业与上季度持平,景气指数也为110.0点。

三、企业家对宏观经济持较为谨慎态度

分行业看,企业家信心指数第三产业上升,第二产业下降。信息传输计算机服务软件业、住宿餐饮业、社会服务业、批发零售业、房地产业企业家信心指数为166.6、149.1、145.9、126.4和162.0,分别比上季度提高9.5点、4.4点、3.5点、

2.0点和1.3点;工业、交通运输仓储邮政业、建筑业企业家信心指数下降,指数分别为133.2、134.5和129.6,比上季度下降3.2点、4.0点和7.9点。分规模看,大型及以上企业的企业家信心指数为145.0,比上季度下降4.6点;中型和小型企业为132.6和127.0,均与上季度持平。

四、企业生产经营中值得关注的问题

1.企业家对主要生产经营问题的判断。三季度调查列示了九个主要影响企业生产经营的问题,请企业家按重要程度选三项,全部企业汇总结果列前三位的问题及其比例依次为:市场竞争激烈(占69.9%)、资金筹措困难(占53.9%)、市场需求不足(占31.7%)。分行业看工业企业列前三位问题依次为市场竞争激烈(占64.4%)、资金筹措困难(占56.9%)、原材料供应紧张(占37.7%);建筑业依次为市场竞争激烈(占70.1%)、相互拖欠货款(占64.1%)、资金筹措困难(占53.5%);交通运输仓储邮政业为市场竞争激烈(占72.5%)、资金筹措困难(占54.4%)、历史债务负担重(占39.1%);批发和零售业依次为市场竞争激烈(占80.2%)、资金筹措困难(占51.8%)、市场需求不足(占35.3%);房地产业依次为市场竞争激烈(占74.5%)、资金筹措困难(占67.6%)、利息负担增加(占27.6%);社会服务业依次为市场竞争激烈(占78.2%)、资金筹措困难(占46.0%)、市场需求不足(占40.2%);信息传输及计算机服务和软件业依次为市场竞争激烈(占93.6%)、市场需求不足(占42.3%)、工资成本上升压力大(占21.8%);住宿和餐饮业依次为市场竞争激烈(占82.0%)、相互拖欠货款(占42.9%)、资金筹措困难(占36.7%)。

2.企业成本费用上升,景气状况在深度不景气区间继续下滑。三季度企业成本费用景气状况仍处于深度不景气区间,工业企业生产成本景气指数为63.4,比上季度下降6.2点;建筑业的工程结算成本景气指数仅为59.1,比上季度又下降6.4点;交通运输仓储及邮政业业务成本景气指数为69.3,比上季度下降0.5点;批发和零售业的经营费用景气指数为85.8,比上季度下降17.6点;社会服务业营业成本景气指数为70.4,比上季度下降2.6点;住宿和餐饮业企业的营业成本景气指数为76.1,比上季度下降6.7点。惟有信息传输及计算机服务和软件业营业成本景气指数比上季度上升5.0点,为91.6。

3.企业资金紧张,融资难度加大,货款拖欠加剧。三季度反映全省企业资金状况的企业流动资金景气指数为81.1,处于不景气区间,景气度比上季度下降1.6点。反映全省企业融资情况的景气指数为76.8,也处于不景气区间,比上季度下降5.8点。反映全省企业货款拖欠情况的景气指数为104.9,也比上季度下降5.8点,工业企业货款拖欠情况的景气指数为108.3,比上季度下降8.5点,其中采掘业企业下降22.4点、制造业企业下降6.1点、电力煤气及水的生产和供应业企业下降12.6点。建筑业企业货款拖欠情况的景气指数仅为59.0,处于深度不景气区间,比上季度下降9.0点

（姜宏济）

3－24 宏观经济景气稳定 企业运营态势看好

——2004年四季度山东省企业景气调查报告

山东省企业调查队2004年四季度对全省3000家企业景气调查显示,反映企业综合生产经营状况的企业景气指数和反映企业家对宏观经济信心与预期的企业家信心指数均较上季度回升,反映全省企业生产总量的景气度与上季度基本持平,企业经济效益景气继续上升,处于近年来的最高位,企业家对下季度的预期较为谨慎。

2004年四个季度反映全省企业综合生产经营状况的企业景气指数依次为140.3、138.2、138.0、140.0,调查企业的企业家判断下季度企业景气指数为141。四季度认为企业综合生产经营状况良好的企业占49.4%,认为一般的占41.3%,认为不佳的占9.3%。表明我省经济增长的微观基础巩固,企业生产经营保持较快的发展态势。

全年四个季度反映企业家对宏观经济信心与预期的企业家信心指数依次为142.1,137.4、135.1, 137.7,下季度企业家信心指数预计为136,景气调查显示我省企业家对下期预期继续持微观相对乐观,宏观相对谨慎的态度。宏观调控之年全省经济保持在较高景气平台上平稳运行。

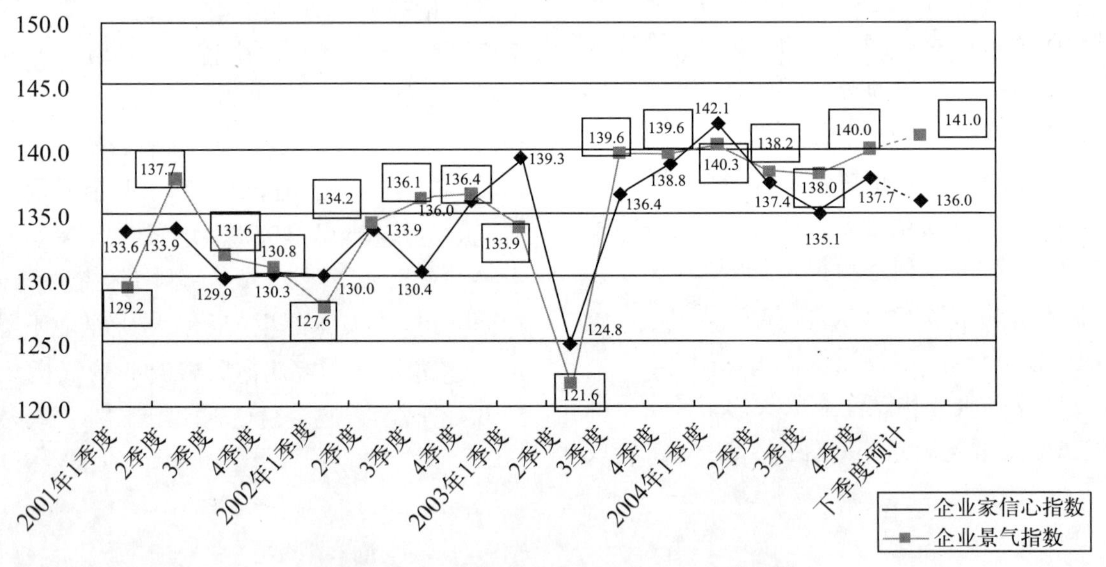

企业景气指数和企业家信心指数变化情况图

一、企业综合生产经营状况景气度呈现上扬

1.行业间景气升降差异大。分行业看,四季度我省工业企业景气指数为143.1,比上季度上升1.9点;建筑业企业景气指数为138.7,比上季度提高11.6点;房地产业企业景气指数为146.9,比上季度提高2.7点;批发和零售业企业景气指数为130.0,比上季度上升4.0点;社会服务业景气指数为122.0,比上季度下降了16.0点;住宿和餐饮业企业景气指数为

140.1,比上季度下降3.9点;信息传输计算机服务和软件业企业景气指数仍然最高,景气指数为152.4,比上季度下降9.1点;交通运输仓储邮政业企业景气指数为127.2,比上季度下降1.2点。

2.有限责任公司和股份有限公司景气上升幅度大。分登记注册类型看,四季度有限责任公司和股份有限公司的企业景气指数分别为141.7、161.6,分别比上季度提高6.0和6.3点;股份合作企业景气指数为129.6,比上季度提高7.6点;国有企业和集体企业景气指数为135.4和125.7,比上季度下降3.2点和3.0点;外商及港澳台投资企业为130.2,比上季度下降8.9点;私营企业景气指数为129.3,比上季度下降5.2点。

3.大企业景气度好于中小企业。分企业规模看,四季度我省大型及以上企业反映企业综合生产状况的企业景气指数为170.0,比上季度提高6.1点;中型企业企业景气指数为127.5,比上季度下降2.2点;小型企业企业景气指数为119.4,比上季度提高1.0点。

4.省重点企业景气状况优势明显。从特殊分类看,2004年四季度省重点企业的企业景气数为179.9,比上季度提高9.1点,明显高于面上企业,对全省经济发展仍起到了龙头带动作用;我省上市公司企业景气指数为184.6,比上季度提高8.3点;高新技术产业企业景气指数为152.5,比上季度提高2.0点。

二、生产总量景气度高位运行,企业经济效益景气指数再创近年来新高

1.企业生产景气度依然处在高位。四季度反映全省企业生产总量的企业生产景气指数为132.6,与上季度基本持平。预期下季度企业生产景气指数为123,继续处在生产总量快速增长区间,但增幅有所回落的状态。从调查的八大行业看,两升六降,其中工业和批发零售业企业生产景气指数为135.9和127.4,分别比上季度上升0.9点和8.5点。四季度企业生产总量景气度降幅较大的行业有社会服务业和住宿餐饮业,企业生产景气指数为98.4、113.7,分别比上季度下降34.6点、23.0点。建筑业、交通运输及仓储和邮政业、房地产业以及信息传输及计算机服务和软件业企业生产景气指数为135.3、121.8、130.8和156.6,比上季度分别下降2.0点、3.1点、9.4点和5.0点。

大型及以上企业生产总量景气度与上季度持平,企业生产景气指数为152.0;中型和小型企业生产景气指数为124.6、116.9,比上季度下降2.2点和3.5点。

2.企业盈利景气持续上扬,创下近年来的新高。2004年四季度全省企业盈利景气指数达到125.5,为近年来最高位,比上季度上升1.5点,对应企业生产总量景气情况可以看出,我省经济运行质量不断提高。企业盈利景气度比上季度提高的行业有工业、建筑业、批发零售业和房地产业,企业盈利景气指数分别为128.7、125.2、116.7和135.3,比上季度提高2.8点、5.7点、3.0点和7.7点。企业盈利景气度比上季度下降的行业有交通运输及仓储邮政业、社会服务业、信息传输及计算机服务软件业和住宿餐饮业,企业盈利景气指数为112.5、88.3、139.6和125.5,比上季度下降3.3点、31.1点、7.3点和13.7点。

四季度大型及以上企业盈利指数为148.4,比上季度上升3.1点,中型企业盈利指数为116.9,比上季度上升1.0点,小型企业为108.5,比上季度下降3.1点。

3.企业固定资产投资力度加大。2004年四季度全省企业固定资产投资景气指数为122.3,为年内最高值,比上季度上升2.6点,2004年前三季度全省企业固定资产投资景气指数为117.7、121.7和119.7。四季度企业固定资产投资景气度比上季度提高的行业有工业、建筑业、交通运输及仓储邮政业、批发零售业和信息传输及计算机服务软件业,企业固定资产投资景气指数为127.9、108.7、123.0、105.4和133.3,比上季度提高2.8点、4.0点、3.6点、2.5点和18.2点。企业固定资产投资景气度比上季度下降的行业有房地产业、社会服务业和住宿餐饮业,企业固定资产投资景气指数为118.6、109.5和105.7,比上季度下降2.4点、1.1点和6.6点。

四季度大型及以上企业固定资产投资景气指

数为138.3,比上季度上升3.9点,中型企业指数为115.8,比上季度上升3.4点,小型企业指数为110.7,比上季度下降1.6点。

三、企业生产经营中值得关注的问题

1.企业家对主要生产经营问题的判断。四季度调查列示了九个主要影响企业生产经营的问题,请企业家按重要程度选三项,全部企业汇总结果列前三位的问题及其比例依次为:市场竞争激烈(占70.4%)、资金筹措困难(占54.1%)、市场需求不足(占31.2%)。分行业看同全部企业选择顺序一致的行业为交通运输仓储邮政业、批发和零售业、社会服务业和住宿餐饮业。工业企业列前三位问题依次为市场竞争激烈(占65.1%)、资金筹措困难(占56.6%)、原材料供应紧张(占33.9%);建筑业依次为市场竞争激烈(占70.2%)、相互拖欠货款(占67.9%)、资金筹措困难(占54.4%);房地产业依次为市场竞争激烈(占75.9%)、资金筹措困难(占71.7%)、历史债务负担重(占30.3%);信息传输及计算机服务和软件业依次为市场竞争激烈(占96.2%)、市场需求不足(占39.7%)、相互拖欠货款(占24.4%)。

2.企业劳动力需求景气呈现回落。企业劳动力需求景气状况在前三季度大幅攀高的基础上有所回落,全年四个季度反映企业劳动力需求的景气指数依次为112.8、113.4、113.2和108.8,四季度与上季度相比,劳动力需求景气指数上升的只有交通运输及仓储和邮政业,为94.1,比上季度上升3.2点。下降幅度较大的行业有社会服务业、房地产业、建筑业、住宿和餐饮业,景气指数为90.9、98.8、109.6和102.4,分别比上季度下降23.2点、18.2点、16.4点和14.8点。工业、批发和零售业、信息传输及计算机服务软件业等行业劳动力需求景气指数为114.4、96.5和102.5,分别比上季度下降2.0点、0.3点和7.9点。分规模看,大型以上企业劳动力需求景气度下降幅度小于中型和小型企业,劳动力需求景气指数为117.6、106.3和101.3,分别比上季度下降2.5点、3.7点和8.9点。

3.企业资金紧张有所加剧。反映我省企业资金状况的企业流动资金景气指数四个季度依次为82.5、82.8、81.1和76.9,均处于不景气区间且呈逐季回落态势。四季度大型及以上企业流动资金景气指数为96.1,比上季度下降12.3点;中型企业流动资金景气指数为71.8,比上季度提高1.3点;小型企业为67.7,比上季度下降1.6点。

(姜宏济)

第四篇

企业改革发展

4－1 重点企业建立现代企业制度名词解释

1.**现代企业制度**:现代企业制度,是指适应社会主义市场经济要求、以规范和完善的法人制度为主体,以有限责任制度为核心的,产权清晰、权责明确、政企分开、管理科学的一种新型的企业制度。

2.**重点企业类型**:指各有关部门批准或管理的企业。主要有:(1)中央管理企业:指1999年以来,经中共中央有关部门批准纳入中央管理的企业。(2)520户国家重点企业:指1999年10月经国务院批准确定的520户国家重点企业。(3)重组为集团公司的原512户国家重点企业:指经国务院批准确定的原512户重点企业中,经过重组,已成为某个企业集团的母公司或子公司的企业。(4)省级重点企业:指各省、自治区、直辖市人民政府及主管部门确定的省(自治区、直辖市)级重点企业。(5)现代企业制度原国家试点企业:指经国务院1994年批准确定的建立现代企业制度百户试点企业。(6)现代企业制度原省级试点企业:指各省、自治区、直辖市人民政府及主管部门于1994-1997年批准确定的省(自治区、直辖市)级建立现代企业制度原试点企业。(7)国家试点企业集团母公司:指国务院批准成立的国家试点企业集团的母公司(核心企业)。(8)以军工生产为主的企业:指是否主要为国防、军事部门(如航空、航天、船舶、兵器、核工业等部门)生产制造或加工军用产品的企业。(9)其他:指上述类型以外的企业。

3.**控股情况**:指按所有制性质和控股状况划分的企业情况,包括:(1)国有绝对控股:指在企业的全部资本中,国家资本(股本)所占比例大于50%的企业;(2)国有相对控股:指在企业的全部资本中,国家资本(股本)所占的比例虽未大于50%,但相对大于企业中的其他经济成分所占比例的企业;或者虽不大于其他经济成分,但根据协议规定,由国家拥有实际控制权的企业(协议控制);(3)集体绝对控股:指在企业的全部资本中,集体资本(股本)所占比例大于50%的企业;(4)集体相对控股:指在企业的全部资本中,集体资本(股本)所占的比例虽未大于50%,但相对大于企业中的其他经济成份所占比例的企业;或者虽不大于其他经济成分,但根据协议规定,由集体拥有实际控制权的企业(协议控制)。

4.**登记注册类型**:指在工商行政管理机关登记注册的具有法人资格的各类企业。其中:

(1)国有企业:指企业全部资产归国家所有,并按《中华人民共和国企业法人登记管理条例》规定登记注册的非公司制的经济组织。不包括有限责任公司中的国有独资公司。

(2)国有独资公司:指国家授权的投资机构或者国家授权的部门单独投资设立的有限责任公司。

(3)其他有限责任公司:指根据《中华人民共和国公司登记管理条例》规定登记注册,由两个以上、五十个以下的股东共同出资,每个股东以其所认缴的出资额对公司承担有限责任,公司以其全部资产对其债务承担责任的经济组织。其他有限责任公司不包括国有独资公司。

(4)股份有限公司:指根据《中华人民共和国公司登记管理条例》规定登记注册,其全部注册资本由等额股份构成并通过发行股票筹集资本,股东以其认购的股份对公司承担有限责任,公司以其全部资产对其债务承担责任的经济组织。

(5)中外合资企业:指外国企业或外国人与中国内地企业依照《中华人民共和国中外合资经营企业法》及有关法律的规定,按合同规定的比例投资设立,分享利润和分担风险的企业。

(6)港澳台合资企业:指港澳台地区投资者与内地企业依照《中华人民共和国中外合资经营企业法》及有关法律的规定,按合同规定的比例投资设立,分享利润和分担风险的企业。

4－2 建立现代企业制度企业构成情况(2004年)

	企业单位数（个）	比重（%）
总　计	345	100.0
按控股情况分		
国有及国有控股小计	180	52.2
国有绝对控股	139	40.3
国有相对控股	41	11.9
集体控股小计	39	11.3
集体绝对控股	26	7.5
集体相对控股	13	3.8
其他	126	36.5
按主营行业分		
农、林、牧、渔业	3	0.9
工业小计	277	80.3
采矿业	16	4.6
制造业	251	72.8
电力、燃气及水的生产和供应业	10	2.9
建筑业	1	0.3
交通运输、仓储和邮政业	11	3.2
信息传输、计算机服务和软件业	6	1.7
批发和零售业	30	8.7
住宿和餐饮业	0	0.0
金融业	0	0.0
房地产业	0	0.0
租赁和商务服务业	15	4.3
科学研究、技术服务和地质勘查业	0	0.0
水利、环境和公共设施管理业	0	0.0
居民服务和其他服务业	2	0.6
教育	0	0.0
卫生、社会保障和社会福利业	0	0.0
文化、体育和娱乐业	0	0.0
公共管理和社会组织	0	0.0
国际组织	0	0.0
按登记注册类型分		
国有企业	22	6.4
公司制企业小计	299	86.7
国有独资企业	48	13.9
其他有限责任公司	96	27.8
股份有限公司	135	39.1
中外合资企业	17	4.9
港澳台合资企业	3	0.9
其他	24	7.0
按企业规模分		
大型	257	74.5
中型	73	21.2
小型	12	3.5
其他	3	0.9
按三次产业分		
第一产业	3	0.9
第二产业	278	80.6
第三产业	64	18.6
按重点企业类型分		
中央企业	1	0.3
520户国家重点企业	49	14.2
原512户国家重点企业	5	1.4
省级重点企业	232	67.2
现企国家百户试点企业	4	1.2
现企省级试点企业	43	12.5
国家试点企业集团母公司	4	1.2

4－3 现代企业制度企业分市地主要经济指标(2004年)

市 地	企业个数(个)	年末资产(万元)	年末负债(万元)	所有者权益(万元)	主营业务收入(万元)	利润(万元)
全省合计	345	111321612	62135592	49186020	96668359	8242616
济南市	56	31505478	18921000	12584478	20466853	1711830
青岛市	46	16621712	9581221	7040491	23780642	752775
淄博市	32	8640483	4423383	4217100	8181500	403279
枣庄市	5	1645469	1070482	574987	1032933	64848
东营市	15	7988020	2611427	5376593	8332979	2434567
烟台市	37	7763550	3732793	4030757	6184206	544967
潍坊市	26	6047049	3797237	2249812	5300127	315172
济宁市	16	8761667	4375984	4385683	5108358	851364
泰安市	16	4260577	2805193	1455384	2086986	89859
威海市	23	2111669	1276118	835551	2885516	164947
日照市	7	1423252	954007	469245	944611	39330
莱芜市	6	3072524	1937090	1135434	2808469	222039
临沂市	19	2486235	1285782	1200453	2775547	194719
德州市	9	1733141	823718	909423	1076889	68596
聊城市	13	2952675	1762773	1189902	2680632	191097
滨州市	13	4119392	2675092	1444300	2882445	188758
菏泽市	6	188719	102292	86427	139666	4469

4－4 现代企业制度企业分市地劳动工资指标(2004年)

市 地	从业人员年末人数(人)	其中:在岗职工(人)	其中:研究开发人员(人)	从业人员劳动报酬(万元)	其中:在岗职工(万元)	其中:研究开发人员(万元)
全省合计	1792443	1683229	75724	3201003	3075677	190695
济南市	244736	227990	12483	665463	649030	37117
青岛市	245688	216510	15970	423626	384340	64944
淄博市	160240	150253	5589	232860	225528	9520
枣庄市	74506	73053	1082	160966	160469	2579
东营市	109804	109764	9304	336521	336216	11373
烟台市	135386	132988	4767	187546	184180	10123
潍坊市	92339	90380	3819	124981	122528	8378
济宁市	233407	206787	2017	415622	387949	3926
泰安市	114088	96947	5201	192166	168979	12281
威海市	53201	52514	3689	61085	60252	7165
日照市	17102	16923	285	36789	36634	547
莱芜市	37040	37028	1164	72374	72284	2937
临沂市	82132	79962	1776	83754	81896	3726
德州市	28791	28663	929	22549	22423	995
聊城市	70148	70128	4654	75257	75227	9829
滨州市	88258	87779	2387	102529	100888	4164
菏泽市	5577	5560	608	6915	6854	1091

4－5 建立现代企业制度企业主要经济指标(2004年)

单位:万元

分组	注册资本合计	年末资产总计	固定资产原价	累计折旧	本年折旧
总计	18959575	111321612	71704929	27006446	4267369
按控股情况分					
国有及国有控股小计	14760844	72914073	50799241	21160525	2986976
国有绝对控股	13181935	63890805	46126196	19610192	2735863
国有相对控股	1578909	9023268	4673045	1550333	251113
集体控股小计	1086349	12130058	4259285	1072294	187871
集体绝对控股	637047	9326961	3721519	915100	163161
集体相对控股	449302	2803097	537766	157194	24710
其他	3112382	26277481	16646403	4773627	1092522
按主营行业分					
农、林、牧、渔业	49607	173121	108318	30927	4727
工业小计	15213601	92141534	57614696	22379118	3293552
采矿业	4332641	17974815	18813644	9525919	1060280
制造业	8524974	64154328	30016336	9502662	1696058
电力、燃气及水的生产和供应业	2355986	10012391	8784716	3350537	537214
建筑业	56873	275025	120896	33575	7475
交通运输、仓储和邮政业	771863	5089104	3342569	646582	96147
信息传输、计算机服务和软件业	1417126	7274625	8949403	3518670	813383
批发和零售业	361712	2541176	739277	156729	22866
住宿和餐饮业	0	0	0	0	0
金融业	0	0	0	0	0
房地产业	0	0	0	0	0
租赁和商务服务业	702864	2860665	72345	14385	2063
科学研究、技术服务和地质勘查业	0	0	0	0	0
水利、环境和公共设施管理业	0	0	0	0	0
居民服务和其他服务业	385929	966362	757425	226460	27156
教育	0	0	0	0	0
卫生、社会保障和社会福利业	0	0	0	0	0
文化、体育和娱乐业	0	0	0	0	0
公共管理和社会组织	0	0	0	0	0
国际组织	0	0	0	0	0
按登记注册类型分					
国有企业	2421590	10969000	7334660	2760336	464028
公司制企业小计	14912052	85227006	53096408	20485024	3027092
国有独资企业	3023525	25289800	11225120	3608871	411011
其他有限责任公司	6025792	25867886	20431888	9453834	1296270
股份有限公司	4475841	26952236	15695216	5285878	974258
中外合资企业	1308663	6693155	5499566	2031955	332438
港澳台合资企业	78231	423929	244618	104486	13115
其他	1625933	15125606	11273861	3761086	776249
按企业规模分					
大型	17174530	102292228	68487590	26003317	4086067
中型	1386458	7161823	3007049	929561	157844
小型	307772	1513822	189624	63898	14890
其他	90815	353739	20666	9670	8568
按三次产业分					
第一产业	49607	173121	108318	30927	4727
第二产业	15270474	92416559	57735592	22412693	3301027
第三产业	3639494	18731932	13861019	4562826	961615
按重点企业类型分					
中央企业	58648	121107	96735	43805	6582
520户国家重点企业	3235547	29058358	13785043	4916059	632730
原512户国家重点企业	4386372	11256449	16063201	8526064	1048112
省级重点企业	14695364	88196468	59694079	23202405	3455609
现企国家百户试点企业	370690	3877672	2441976	970728	67128
现企省级试点企业	978503	7475532	2995958	994696	117758
国家试点企业集团母公司	601399	7152165	3577174	1223861	104683

续表 1　　单位:万元

分　组	无形资产	累计对外投资	本年对外投资	本年对境外投资	长期投资	短期投资
总　计	3180190	6602729	975838	5140	9477911	550155
按控股情况分						
国有及国有控股小计	2185338	4977749	592351	2970	6698572	486017
国有绝对控股	1826870	4488332	465169	2883	6082890	440432
国有相对控股	358468	489417	127182	87	615682	45585
集体控股小计	346555	700901	69843	825	1351833	22740
集体绝对控股	261455	253989	17975	0	728492	22532
集体相对控股	85100	446912	51868	825	623341	208
其他	648297	924079	313644	1345	1427506	41398
按主营行业分						
农、林、牧、渔业	4235	12059	0	0	14369	5
工业小计	2695918	5085876	828711	5053	7397875	514583
采矿业	415455	843922	239476	1344	863611	416375
制造业	2213214	3345639	475248	3709	5495705	98107
电力、燃气及水的生产和供应业	67249	896315	113987	0	1038559	101
建筑业	10987	3081	0	0	7550	0
交通运输、仓储和邮政业	129401	665489	560	0	832827	8135
信息传输、计算机服务和软件业	69423	36359	13668	87	26207	1252
批发和零售业	79113	171496	3988	0	129096	12364
住宿和餐饮业	0	0	0	0	0	0
金融业	0	0	0	0	0	0
房地产业	0	0	0	0	0	0
租赁和商务服务业	110618	622090	128911	0	936463	13816
科学研究、技术服务和地质勘查业	0	0	0	0	0	0
水利、环境和公共设施管理业	0	0	0	0	0	0
居民服务和其他服务业	80495	6279	0	0	133524	0
教育	0	0	0	0	0	0
卫生、社会保障和社会福利业	0	0	0	0	0	0
文化、体育和娱乐业	0	0	0	0	0	0
公共管理和社会组织	0	0	0	0	0	0
国际组织	0	0	0	0	0	0
按登记注册类型分						
国有企业	316173	819887	11316	0	1473956	17259
公司制企业小计	2717038	5200874	896220	4315	7199418	520603
国有独资企业	879700	2542445	233756	2088	3324698	317332
其他有限责任公司	935939	861442	174965	1345	1637841	15605
股份有限公司	654552	1322773	329657	882	1744710	79882
中外合资企业	235210	440289	135053	0	465244	100784
港澳台合资企业	11637	33925	22789	0	26925	7000
其他	146979	581968	68302	825	804537	12293
按企业规模分						
大型	2830401	5601278	840689	4258	8371246	513867
中型	245167	747361	133096	882	850140	36248
小型	104182	76567	807	0	173680	40
其他	440	177523	1246	0	82845	0
按三次产业分						
第一产业	4235	12059	0	0	14369	5
第二产业	2706905	5088957	828711	5053	7405425	514583
第三产业	469050	1501713	147127	87	2058117	35567
按重点企业类型分						
中央企业	0	3099	0	0	3099	0
520 户国家重点企业	989308	2438060	341722	2088	3606897	295684
原 512 户国家重点企业	45716	681492	0	0	681492	4703
省级重点企业	2509053	5164888	765160	5140	7989720	389133
现企国家百户试点企业	114982	132346	73200	0	367725	106128
现企省级试点企业	362350	775160	58003	744	1677768	21861
国家试点企业集团母公司	197066	316824	91923	1345	489649	108526

续表2 单位:万元

分　组	存　货	流动资产年平均余额	应收帐款	年末负债合计	流动负债	年末股东（所有者）权益合计
总　计	10635827	41107811	5813794	62135592	44446414	49186020
按控股情况分						
国有及国有控股小计	6540164	25649711	3308825	38844025	26649657	34070048
国有绝对控股	5494839	21993322	2629064	33880431	22765855	30010374
国有相对控股	1045325	3656389	679761	4963594	3883802	4059674
集体控股小计	1461185	5939994	783385	6444226	5407020	5685832
集体绝对控股	1234365	4547791	648916	4953023	4162424	4373938
集体相对控股	226820	1392203	134469	1491203	1244596	1311894
其他	2634478	9518106	1721584	16847341	12389737	9430140
按主营行业分						
农、林、牧、渔业	24173	59800	5341	93214	87022	79907
工业小计	9981337	36735999	5059860	50460542	37320856	41680992
采矿业	725471	5055348	500567	8068516	5728912	9906299
制造业	9150754	29895243	4380664	37373681	29564783	26780647
电力、燃气及水的生产和供应业	105112	1785408	178629	5018345	2027161	4994046
建筑业	19532	102244	37449	135643	108566	139382
交通运输、仓储和邮政业	70043	884045	96183	3064753	927954	2024351
信息传输、计算机服务和软件业	90927	939645	384854	4689214	3063911	2585411
批发和零售业	313076	1515227	212124	1963009	1778979	578167
住宿和餐饮业	0	0	0	0	0	0
金融业	0	0	0	0	0	0
房地产业	0	0	0	0	0	0
租赁和商务服务业	136739	776666	17983	1573676	1079698	1286989
科学研究、技术服务和地质勘查业	0	0	0	0	0	0
水利、环境和公共设施管理业	0	0	0	0	0	0
居民服务和其他服务业	0	94185	0	155541	79428	810821
教育	0	0	0	0	0	0
卫生、社会保障和社会福利业	0	0	0	0	0	0
文化、体育和娱乐业	0	0	0	0	0	0
公共管理和社会组织	0	0	0	0	0	0
国际组织	0	0	0	0	0	0
按登记注册类型分						
国有企业	258783	3744341	343547	5860555	3034124	5108445
公司制企业小计	9152713	32355686	4607750	47194169	34759971	38032837
国有独资企业	2493252	10288791	1099819	15868832	10530365	9420968
其他有限责任公司	2346337	9131842	1407538	13697944	11255748	12169942
股份有限公司	3791648	11342915	1691571	14437667	10724551	12514569
中外合资企业	440235	1369184	358628	2947498	2059321	3745657
港澳台合资企业	81241	222954	50194	242228	189986	181701
其他	1224331	5007784	862497	9080868	6652319	6044738
按企业规模分						
大型	9377478	37338377	5076664	56905127	40655360	45387101
中型	1003884	3293625	594447	4084081	2892305	3077742
小型	240603	360439	45493	939776	707391	574046
其他	13862	115370	97190	206608	191358	147131
按三次产业分						
第一产业	24173	59800	5341	93214	87022	79907
第二产业	10000869	36838243	5097309	50596185	37429422	41820374
第三产业	610785	4209768	711144	11446193	6929970	7285739
按重点企业类型分						
中央企业	13310	48922	5016	48108	48108	72999
520户国家重点企业	3317670	13481056	1513856	17206711	12937920	11851647
原512户国家重点企业	187646	1622470	243675	4308487	2106514	6947962
省级重点企业	7551244	32070852	4372391	49909013	35217123	38287455
现企国家百户试点企业	206029	1691851	99934	2272203	1089620	1605469
现企省级试点企业	1273588	3812401	644850	4900279	4035834	2575253
国家试点企业集团母公司	774889	3401020	311626	4507221	2977682	2644944

续表 3

单位:万元

分 组	实收资本	主营业务收入			其他业务收入	新产品销售收入
			主营业务成本	主营业务税金及附加		
总 计	18728237	96668359	77622550	1393435	4183222	21042221
按控股情况分						
国有及国有控股小计	15145999	56136726	43175433	1184752	3717455	10641122
国有绝对控股	13573014	50678254	38893704	1062364	3579425	9456905
国有相对控股	1572985	5458472	4281729	122388	138030	1184217
集体控股小计	1193799	17770218	15660767	38140	101846	7138589
集体绝对控股	665155	15888536	13948850	33493	80989	6834215
集体相对控股	528644	1881682	1711917	4647	20857	304374
其他	2388439	22761415	18786350	170543	363921	3262510
按主营行业分						
农、林、牧、渔业	49607	62473	44911	673	1071	14767
工业小计	15660426	88836011	71965052	1240743	3883353	20873517
采矿业	4211307	12065972	6117659	216577	1608742	274921
制造业	9093133	69941243	59888011	987933	2204274	20576989
电力、燃气及水的生产和供应业	2355986	6828796	5959382	36233	70337	21607
建筑业	56873	345007	295558	2572	1275	0
交通运输、仓储和邮政业	915528	1077812	749882	33879	209875	0
信息传输、计算机服务和软件业	668379	2883120	1500520	95628	43301	138125
批发和零售业	343643	3219228	2975152	10051	25530	0
住宿和餐饮业	0	0	0	0	0	0
金融业	0	0	0	0	0	0
房地产业	0	0	0	0	0	0
租赁和商务服务业	697401	72992	35632	445	17486	15812
科学研究、技术服务和地质勘查业	0	0	0	0	0	0
水利、环境和公共设施管理业	0	0	0	0	0	0
居民服务和其他服务业	336380	171716	55843	9444	1331	0
教育	0	0	0	0	0	0
卫生、社会保障和社会福利业	0	0	0	0	0	0
文化、体育和娱乐业	0	0	0	0	0	0
公共管理和社会组织	0	0	0	0	0	0
国际组织	0	0	0	0	0	0
按登记注册类型分						
国有企业	2553703	7992685	7266290	55138	561469	407196
公司制企业小计	15272799	70600783	55220913	1234464	3539900	13314442
国有独资企业	3427304	15095700	11498517	374709	1550057	4490959
其他有限责任公司	6008830	22877881	16887710	441072	791644	3612732
股份有限公司	4467570	27081578	23023585	276159	1090341	4161425
中外合资企业	1290864	5187499	3506891	141526	87086	953701
港澳台合资企业	78231	358125	304210	998	20772	95625
其他	901735	18074891	15135347	103833	81853	7320583
按企业规模分						
大型	17022524	89093734	71069085	1288809	4097296	19070041
中型	1334429	6837857	5885974	104508	84139	1519932
小型	304928	293628	284020	118	1787	23351
其他	66356	443140	383471	0	0	428897
按三次产业分						
第一产业	49607	62473	44911	673	1071	14767
第二产业	15717299	89181018	72260610	1243315	3884628	20873517
第三产业	2961331	7424868	5317029	149447	297523	153937
按重点企业类型分						
中央企业	58648	85741	56755	1461	13344	0
520 户国家重点企业	3690592	27698789	22368606	671248	1602299	10907256
原 512 户国家重点企业	4392117	10050744	6839453	137303	586395	16074
省级重点企业	14497300	79486497	63688548	1266794	3526626	18241460
现企国家百户试点企业	371341	1905286	1052222	29374	415333	0
现企省级试点企业	1258848	7023352	6113679	49399	164777	2855108
国家试点企业集团母公司	601399	5116339	3782434	43814	509551	946463

续表4

单位:万元

分组	出口销售总额	存货跌价损失和营业、管理、财务等费用	税金	劳动、待业保险费	职工教育费	广告费	利息支出
总计	7653123	8982796	214666	479517	39898	390193	1234782
按控股情况分							
国有及国有控股小计	3358571	5793935	157230	407374	27127	244215	710602
国有绝对控股	2950146	5039606	133230	384899	24168	165322	609494
国有相对控股	408425	754329	24000	22475	2959	78893	101108
集体控股小计	1397471	1247443	14913	23079	2417	86388	104698
集体绝对控股	1300232	1142487	12652	20162	2076	78317	91028
集体相对控股	97239	104956	2261	2917	341	8071	13670
其他	2897081	1941418	42523	49064	10354	59590	419482
按主营行业分							
农、林、牧、渔业	22321	7387	163	627	14	0	1892
工业小计	7370828	7607016	155270	421940	35092	334665	1018286
采矿业	931039	1809552	21326	211045	10520	2353	182040
制造业	6437524	5602213	125790	198133	23509	332192	733289
电力、燃气及水的生产和供应业	2265	195251	8154	12762	1063	120	102957
建筑业	209355	19637	10	5	0	0	3728
交通运输、仓储和邮政业	0	208288	42140	23348	1050	422	29875
信息传输、计算机服务和软件业	2573	861873	8951	26435	3114	37717	126367
批发和零售业	46732	234379	6787	6161	445	5179	41058
住宿和餐饮业	0	0	0	0	0	0	0
金融业	0	0	0	0	0	0	0
房地产业	0	0	0	0	0	0	0
租赁和商务服务业	1314	44119	1304	950	178	12210	13576
科学研究、技术服务和地质勘查业	0	0	0	0	0	0	0
水利、环境和公共设施管理业	0	0	0	0	0	0	0
居民服务和其他服务业	0	97	41	51	5	0	0
教育	0	0	0	0	0	0	0
卫生、社会保障和社会福利业	0	0	0	0	0	0	0
文化、体育和娱乐业	0	0	0	0	0	0	0
公共管理和社会组织	0	0	0	0	0	0	0
国际组织	0	0	0	0	0	0	0
按登记注册类型分							
国有企业	21176	482633	55238	62953	3154	454	87094
公司制企业小计	6476812	6909599	141914	379526	31893	291769	945280
国有独资企业	1396467	2198670	35569	209129	13102	73845	271160
其他有限责任公司	1012527	1806240	48590	50462	5629	66625	277449
股份有限公司	2757387	2044512	40052	70026	10246	95529	321156
中外合资企业	1223483	814572	8446	47803	2761	54292	67857
港澳台合资企业	86948	45605	9257	2106	155	1478	7658
其他	1155135	1590564	17514	37038	4851	97970	202408
按企业规模分							
大型	6645974	8328380	201256	459076	37673	333306	1139905
中型	550259	558922	9759	18214	2083	56833	79456
小型	58559	32661	3546	1993	116	46	7813
其他	398331	62833	105	234	26	8	7608
按三次产业分							
第一产业	22321	7387	163	627	14	0	1892
第二产业	7580183	7626653	155280	421945	35092	334665	1022014
第三产业	50619	1348756	59223	56945	4792	55528	210876
按重点企业类型分							
中央企业	0	14732	679	2721	38	35	804
520户国家重点企业	2578561	3262894	98224	241791	14842	211894	336626
原512户国家重点企业	2265	412934	9210	15333	863	865	84927
省级重点企业	5347903	7127260	169232	364629	30722	310467	979516
现企国家百户试点企业	410069	316862	5828	56479	2800	64	69329
现企省级试点企业	1016446	737437	13605	19945	2424	59258	90051
国家试点企业集团母公司	448103	615970	8430	73804	4344	10640	117273

续表 5

单位:万元

分组	投资收益	营业外收入	利润总额	应交所得税	应交增值税	固定资产投资完成额	研究开发费用
总计	517301	143676	8242616	2340811	3322814	10851315	1375516
按控股情况分							
国有及国有控股小计	394206	102425	5850157	1809269	2533640	6894770	644947
国有绝对控股	365015	94790	5497663	1706001	2199641	6191497	581528
国有相对控股	29191	7635	352494	103268	333999	703273	63419
集体控股小计	64297	9108	627954	112787	271102	894517	512553
集体绝对控股	25659	7924	550803	96377	242282	685087	493463
集体相对控股	38638	1184	77151	16410	28820	209430	19090
其他	58798	32143	1764505	418755	518072	3062028	218016
按主营行业分							
农、林、牧、渔业	-1	229	9592	4041	-131	21842	282
工业小计	473525	127389	7192101	2021902	3290493	8286961	1353195
采矿业	15587	20098	3098492	1049054	1135337	1413351	102475
制造业	416272	93520	3821860	858947	1804682	6207207	1246406
电力、燃气及水的生产和供应业	41666	13771	271749	113901	350474	666403	4314
建筑业	120	241	29007	9572	3031	33129	7251
交通运输、仓储和邮政业	3389	13471	113531	34337	3110	1514055	5581
信息传输、计算机服务和软件业	2602	-4833	750763	211828	2449	962570	7956
批发和零售业	14549	4003	17073	24763	16947	25880	85
住宿和餐饮业	0	0	0	0	0	0	0
金融业	0	0	0	0	0	0	0
房地产业	0	0	0	0	0	0	0
租赁和商务服务业	25517	1806	35134	962	6915	6878	1166
科学研究、技术服务和地质勘查业	0	0	0	0	0	0	0
水利、环境和公共设施管理业	0	0	0	0	0	0	0
居民服务和其他服务业	-2400	1370	95415	33406	0	0	0
教育	0	0	0	0	0	0	0
卫生、社会保障和社会福利业	0	0	0	0	0	0	0
文化、体育和娱乐业	0	0	0	0	0	0	0
公共管理和社会组织	0	0	0	0	0	0	0
国际组织	0	0	0	0	0	0	0
按登记注册类型分							
国有企业	161335	56814	338518	112550	288884	719422	19105
公司制企业小计	340088	74665	7006133	2022332	2780230	8984258	887639
国有独资企业	128967	26627	951343	314421	654369	2933387	381420
其他有限责任公司	114958	8130	3519020	1011848	1010666	2304223	235045
股份有限公司	91808	31313	1801599	492514	751336	3279879	244235
中外合资企业	4846	8019	727999	200517	353802	451834	21497
港澳台合资企业	-491	576	6172	3032	10057	14935	5442
其他	15878	12197	897965	205929	253700	1147635	468772
按企业规模分							
大型	455656	129416	7883741	2249049	3176894	10379195	1336278
中型	47531	13913	361146	89861	139912	469629	39056
小型	5739	257	-6914	1221	4060	282	48
其他	8375	90	4643	680	1948	2209	134
按三次产业分							
第一产业	-1	229	9592	4041	-131	21842	282
第二产业	473645	127630	7221108	2031474	3293524	8320090	1360446
第三产业	43657	15817	1011916	305296	29421	2509383	14788
按重点企业类型分							
中央企业	-754	5	9000	2970	6782	4993	610
520 户国家重点企业	272799	64418	1307934	388673	890963	2114432	883597
原 512 户国家重点企业	34961	22678	2216454	711636	776927	548824	13078
省级重点企业	463257	115549	6879006	1922662	2802258	8700312	1237801
现企国家百户试点企业	6281	2907	259199	127123	120260	518980	33000
现企省级试点企业	47992	12339	195100	60527	164542	397800	199038
国家试点企业集团母公司	29351	7297	461231	158089	222069	797488	153307

续表 6

单位:万元

分　　组	从业人员年末人数（人）	在岗职工	其他从业人员	研究开发人员	从业人员劳动报酬（万元）	在岗职工	其他从业人员	研究开发人员
总　计	1792443	1683229	109214	75724	3201003	3075677	125326	190695
按控股情况分								
国有及国有控股小计	1118973	1043771	75202	46953	2343483	2266377	77106	119044
国有绝对控股	968092	895288	72804	41321	2126494	2052161	74333	104938
国有相对控股	150881	148483	2398	5632	216989	214216	2773	14106
集体控股小计	209346	186856	22490	10695	238841	202058	36783	37454
集体绝对控股	164584	142510	22074	9131	196514	160237	36277	34270
集体相对控股	44762	44346	416	1564	42327	41821	506	3184
其他	464124	452602	11522	18076	618679	607242	11437	34197
按主营行业分								
农、林、牧、渔业	2462	2062	400	94	2438	2254	184	208
工业小计	1653239	1556880	96359	72435	2850548	2738549	111999	180277
采矿业	470798	422424	48374	12373	1055663	1002882	52781	22295
制造业	1110494	1063151	47343	59136	1563737	1505312	58425	155544
电力、燃气及水的生产和供应业	71947	71305	642	926	231148	230355	793	2438
建筑业	7800	7800	0	641	6314	6314	0	758
交通运输、仓储和邮政业	34639	34633	6	795	108540	108518	22	2234
信息传输、计算机服务和软件业	52389	42334	10055	1430	180059	171747	8312	6341
批发和零售业	36530	35559	971	25	39564	38668	896	57
住宿和餐饮业	0	0	0	0	0	0	0	0
金融业	0	0	0	0	0	0	0	0
房地产业	0	0	0	0	0	0	0	0
租赁和商务服务业	2771	2377	394	304	5438	4725	713	820
科学研究、技术服务和地质勘查业	0	0	0	0	0	0	0	0
水利、环境和公共设施管理业	0	0	0	0	0	0	0	0
居民服务和其他服务业	2613	1584	1029	0	8102	4902	3200	0
教育	0	0	0	0	0	0	0	0
卫生、社会保障和社会福利业	0	0	0	0	0	0	0	0
文化、体育和娱乐业	0	0	0	0	0	0	0	0
公共管理和社会组织	0	0	0	0	0	0	0	0
国际组织	0	0	0	0	0	0	0	0
按登记注册类型分								
国有企业	113443	113175	268	2397	353506	353273	233	7081
公司制企业小计	1479068	1391780	87288	64433	2514662	2425159	89503	149832
国有独资企业	491387	443547	47840	15054	902690	854292	48398	48271
其他有限责任公司	384719	364760	19959	25149	663074	644973	18101	45040
股份有限公司	461738	452286	9452	22430	691046	678892	12154	52499
中外合资企业	131611	121574	10037	1667	243827	232977	10850	3710
港澳台合资企业	9613	9613	0	133	14025	14025	0	312
其他	199932	178274	21658	8894	332835	297245	35590	33782
按企业规模分								
大型	1694710	1588371	106339	70869	3062216	2939624	122592	179374
中型	93063	90870	2193	4703	132799	130763	2036	11071
小型	3783	3437	346	107	4475	4100	375	134
其他	887	551	336	45	1513	1190	323	116
按三次产业分								
第一产业	2462	2062	400	94	2438	2254	184	208
第二产业	1661039	1564680	96359	73076	2856862	2744863	111999	181035
第三产业	128942	116487	12455	2554	341703	328560	13143	9452
按重点企业类型分								
中央企业	5285	5285	0	60	10458	10458	0	118
520 户国家重点企业	535824	478833	56991	22922	970522	892375	78147	79082
原 512 户国家重点企业	117328	117317	11	7660	458105	458013	92	9553
省级重点企业	1353916	1264138	89778	60617	2521943	2417912	104031	152457
现企国家百户试点企业	106236	89470	16766	300	193005	175653	17352	785
现企省级试点企业	111654	109968	1686	8147	154503	152844	1659	23157
国家试点企业集团母公司	146103	126977	19126	2775	281241	261598	19643	7223

4－6 现代企业制度企业主要效益指标(2004年)

单位: %

分 组	净资产收益率	总资产报酬率	销 售利润率	资本保值增值率	劳动生产率(万元／人)	成本费用利润率
总 计	12.00	8.51	8.17	115.93	56.26	9.52
按控股情况分						
国有及国有控股小计	11.86	9.00	9.77	115.91	53.49	11.95
国有绝对控股	12.63	9.56	10.13	115.82	56.05	12.51
国有相对控股	6.14	5.03	6.30	116.57	37.09	7.00
集体控股小计	9.06	6.04	3.51	115.78	85.37	3.71
集体绝对控股	10.39	6.88	3.45	116.15	97.03	3.65
集体相对控股	4.63	3.24	4.06	114.57	42.50	4.25
其他	14.27	8.31	7.63	116.08	49.83	8.51
按主营行业分						
农、林、牧、渔业	6.95	6.63	15.10	215.94	25.81	18.34
工业小计	12.40	8.91	7.76	116.54	56.08	9.04
采矿业	20.69	18.25	22.66	119.07	29.05	39.09
制造业	11.06	7.10	5.30	118.35	64.97	5.84
电力、燃气及水的生产和供应业	3.16	3.74	3.94	103.67	95.89	4.42
建筑业	13.94	11.90	8.38	222.58	44.40	9.20
交通运输、仓储和邮政业	3.91	2.82	8.82	135.49	37.17	11.85
信息传输、计算机服务和软件业	20.85	12.06	25.65	103.98	55.86	31.78
批发和零售业	-1.33	2.29	0.53	93.32	88.82	0.53
住宿和餐饮业	0.00	0.00	0.00	0.00	0.00	0.00
金融业	0.00	0.00	0.00	0.00	0.00	0.00
房地产业	0.00	0.00	0.00	0.00	0.00	0.00
租赁和商务服务业	2.66	1.70	38.83	106.25	32.65	44.05
科学研究、技术服务和地质勘查业	0.00	0.00	0.00	0.00	0.00	0.00
水利、环境和公共设施管理业	0.00	0.00	0.00	0.00	0.00	0.00
居民服务和其他服务业	7.65	9.87	55.14	107.85	66.23	170.57
教育	0.00	0.00	0.00	0.00	0.00	0.00
卫生、社会保障和社会福利业	0.00	0.00	0.00	0.00	0.00	0.00
文化、体育和娱乐业	0.00	0.00	0.00	0.00	0.00	0.00
公共管理和社会组织	0.00	0.00	0.00	0.00	0.00	0.00
国际组织	0.00	0.00	0.00	0.00	0.00	0.00
按登记注册类型分						
国有企业	4.42	3.88	3.96	109.36	75.40	4.37
公司制企业小计	13.10	9.33	9.45	118.19	50.13	11.28
国有独资企业	6.76	4.83	5.72	126.84	33.88	6.95
其他有限责任公司	20.60	14.68	14.87	111.29	61.52	18.82
股份有限公司	10.46	7.88	6.40	118.10	61.01	7.19
中外合资企业	14.08	11.89	13.80	122.98	40.08	16.85
港澳台合资企业	1.73	3.26	1.63	104.64	39.42	1.76
其他	11.45	7.27	4.95	108.36	90.81	5.37
按企业规模分						
大型	12.41	8.82	8.46	116.75	54.99	9.93
中型	8.81	6.15	5.22	108.90	74.38	5.60
小型	-1.42	0.06	-2.34	99.57	78.09	-2.18
其他	2.69	3.46	1.05	98.16	499.59	1.04
按三次产业分						
第一产业	6.95	6.63	15.10	215.94	25.81	18.34
第二产业	12.41	8.92	7.76	116.73	56.03	9.04
第三产业	9.70	6.53	13.10	111.01	59.89	15.18
按重点企业类型分						
中央企业	8.26	8.10	9.08	108.22	18.75	12.59
520户国家重点企业	7.76	5.66	4.46	116.99	54.68	5.10
原512户国家重点企业	21.66	20.45	20.84	103.62	90.66	30.56
省级重点企业	12.95	8.91	8.29	116.06	61.31	9.71
现企国家百户试点企业	8.23	8.47	11.17	123.85	21.84	18.93
现企省级试点企业	5.23	3.81	2.71	113.54	64.38	2.85
国家试点企业集团母公司	11.46	8.09	8.20	135.91	38.51	10.49

续表1

单位: %

分　　组	资产利税率	总资产使用率	流动资产比率	资金利润率	资产负债率	长期负债与资产总计比率
总　计	11.64	86.84	36.93	9.61	55.82	15.89
按控股情况分						
国有及国有控股小计	13.12	76.99	35.18	10.58	53.27	16.72
国有绝对控股	13.71	79.32	34.42	11.33	53.03	17.40
国有相对控股	8.96	60.49	40.52	5.20	55.01	11.97
集体控股小计	7.73	146.50	48.97	6.88	53.13	8.55
集体绝对控股	8.86	170.35	48.76	7.49	53.10	8.48
集体相对控股	3.95	67.13	49.67	4.35	53.20	8.80
其他	9.34	86.62	36.22	8.25	64.11	16.96
按主营行业分						
农、林、牧、渔业	5.85	36.09	34.54	6.99	53.84	3.58
工业小计	12.72	96.41	39.87	9.99	54.76	14.26
采矿业	24.76	67.13	28.12	21.60	44.89	13.02
制造业	10.31	109.02	46.60	7.58	58.26	12.17
电力、燃气及水的生产和供应业	6.58	68.20	17.83	3.76	50.12	29.87
建筑业	12.58	125.45	37.18	15.30	49.32	9.85
交通运输、仓储和邮政业	2.96	21.18	17.37	3.17	60.22	41.99
信息传输、计算机服务和软件业	11.67	39.63	12.92	11.79	64.46	22.34
批发和零售业	1.73	126.68	59.63	0.81	77.25	7.24
住宿和餐饮业	0.00	0.00	0.00	0.00	0.00	0.00
金融业	0.00	0.00	0.00	0.00	0.00	0.00
房地产业	0.00	0.00	0.00	0.00	0.00	0.00
租赁和商务服务业	1.49	2.55	27.15	4.21	55.01	17.27
科学研究、技术服务和地质勘查业	0.00	0.00	0.00	0.00	0.00	0.00
水利、环境和公共设施管理业	0.00	0.00	0.00	0.00	0.00	0.00
居民服务和其他服务业	10.85	17.77	9.75	15.26	16.10	7.88
教育	0.00	0.00	0.00	0.00	0.00	0.00
卫生、社会保障和社会福利业	0.00	0.00	0.00	0.00	0.00	0.00
文化、体育和娱乐业	0.00	0.00	0.00	0.00	0.00	0.00
公共管理和社会组织	0.00	0.00	0.00	0.00	0.00	0.00
国际组织	0.00	0.00	0.00	0.00	0.00	0.00
按登记注册类型分						
国有企业	6.22	72.87	34.14	4.07	53.43	25.77
公司制企业小计	12.93	82.84	37.96	10.78	55.37	14.59
国有独资企业	7.83	59.69	40.68	5.31	62.75	21.11
其他有限责任公司	19.22	88.44	35.30	17.50	52.95	9.44
股份有限公司	10.50	100.48	42.09	8.28	53.57	13.78
中外合资企业	18.28	77.50	20.46	15.05	44.04	13.27
港澳台合资企业	4.06	84.48	52.59	1.70	57.14	12.32
其他	8.30	119.50	33.11	7.17	60.04	16.06
按企业规模分						
大型	12.07	87.10	36.50	9.88	55.63	15.89
中型	8.46	95.48	45.99	6.72	57.03	16.64
小型	-0.18	19.40	23.81	-1.42	62.08	15.35
其他	1.86	125.27	32.61	3.67	58.41	4.31
按三次产业分						
第一产业	5.85	36.09	34.54	6.99	53.84	3.58
第二产业	12.72	96.50	39.86	10.01	54.75	14.25
第三产业	6.36	39.64	22.47	7.49	61.11	24.11
按重点企业类型分						
中央企业	14.24	70.80	40.40	8.84	39.72	0.00
520户国家重点企业	9.88	95.32	46.39	5.85	59.21	14.69
原512户国家重点企业	27.81	89.29	14.41	24.20	38.28	19.56
省级重点企业	12.41	90.12	36.36	10.03	56.59	16.66
现企国家百户试点企业	10.54	49.13	43.63	8.19	58.60	30.50
现企省级试点企业	5.47	93.95	51.00	3.36	65.55	11.56
国家试点企业集团母公司	10.17	71.54	47.55	8.02	63.02	21.39

续表2　　单位: %

分　组	已获利息倍数(倍)	流动比率	速动比率	新产品销售收入与营业收入比率	研究开发费用与营业收入比率	研究开发费用与主营业务收入比率
总　计	7.68	92.49	68.56	20.86	1.36	1.42
按控股情况分						
国有及国有控股小计	9.23	96.25	71.71	17.78	1.08	1.15
国有绝对控股	10.02	96.61	72.47	17.43	1.07	1.15
国有相对控股	4.49	94.14	67.23	21.16	1.13	1.16
集体控股小计	7.00	109.86	82.83	39.94	2.87	2.88
集体绝对控股	7.05	109.26	79.60	42.80	3.09	3.11
集体相对控股	6.64	111.86	93.64	16.00	1.00	1.01
其他	5.21	76.82	55.56	14.11	0.94	0.96
按主营行业分						
农、林、牧、渔业	6.07	68.72	40.94	23.24	0.44	0.45
工业小计	8.06	98.43	71.69	22.51	1.46	1.52
采矿业	18.02	88.24	75.58	2.01	0.75	0.85
制造业	6.21	101.12	70.17	28.52	1.73	1.78
电力、燃气及水的生产和供应业	3.64	88.07	82.89	0.31	0.06	0.06
建筑业	8.78	94.18	76.19	0.00	2.09	2.10
交通运输、仓储和邮政业	4.80	95.27	87.72	0.00	0.43	0.52
信息传输、计算机服务和软件业	6.94	30.67	27.70	4.72	0.27	0.28
批发和零售业	1.42	85.17	67.58	0.00	0.00	0.00
住宿和餐饮业	0.00	0.00	0.00	0.00	0.00	0.00
金融业	0.00	0.00	0.00	0.00	0.00	0.00
房地产业	0.00	0.00	0.00	0.00	0.00	0.00
租赁和商务服务业	3.59	71.93	59.27	17.48	1.29	1.60
科学研究、技术服务和地质勘查业	0.00	0.00	0.00	0.00	0.00	0.00
水利、环境和公共设施管理业	0.00	0.00	0.00	0.00	0.00	0.00
居民服务和其他服务业	0.00	118.58	118.58	0.00	0.00	0.00
教育	0.00	0.00	0.00	0.00	0.00	0.00
卫生、社会保障和社会福利业	0.00	0.00	0.00	0.00	0.00	0.00
文化、体育和娱乐业	0.00	0.00	0.00	0.00	0.00	0.00
公共管理和社会组织	0.00	0.00	0.00	0.00	0.00	0.00
国际组织	0.00	0.00	0.00	0.00	0.00	0.00
按登记注册类型分						
国有企业	4.89	123.41	114.88	4.76	0.22	0.24
公司制企业小计	8.41	93.08	66.75	17.96	1.20	1.26
国有独资企业	4.51	97.71	74.03	26.98	2.29	2.53
其他有限责任公司	13.68	81.13	60.28	15.26	0.99	1.03
股份有限公司	6.61	105.77	70.41	14.77	0.87	0.90
中外合资企业	11.73	66.49	45.11	18.08	0.41	0.41
港澳台合资企业	1.81	117.35	74.59	25.24	1.44	1.52
其他	5.44	75.28	56.87	40.32	2.58	2.59
按企业规模分						
大型	7.92	91.84	68.78	20.46	1.43	1.50
中型	5.55	113.88	79.17	21.96	0.56	0.57
小型	0.12	50.95	16.94	7.90	0.02	0.02
其他	1.61	60.29	53.05	96.79	0.03	0.03
按三次产业分						
第一产业	6.07	68.72	40.94	23.24	0.44	0.45
第二产业	8.07	98.42	71.70	22.43	1.46	1.53
第三产业	5.80	60.75	51.93	1.99	0.19	0.20
按重点企业类型分						
中央企业	12.19	101.69	74.03	0.00	0.62	0.71
520户国家重点企业	4.89	104.20	78.56	37.22	3.02	3.19
原512户国家重点企业	27.10	77.02	68.11	0.15	0.12	0.13
省级重点企业	8.02	91.07	69.62	21.97	1.49	1.56
现企国家百户试点企业	4.74	155.27	136.36	0.00	1.42	1.73
现企省级试点企业	3.17	94.46	62.91	39.72	2.77	2.83
国家试点企业集团母公司	4.93	114.22	88.19	16.82	2.73	3.00

4-7 建立现代企业制度企业改革情况(2004年)

单位:个

	总计	国有及国有绝对控股小计	国有绝对控股	国有相对控股	集体控股小计	集体绝对控股	集体相对控股	其他
合计	345	180	139	41	39	26	13	126
确定为现企制度试点企业情况								
企业为现企制度试点企业	47	34	27	7	0	0	0	13
试点时间1994-1997年	46	33	27	6	0	0	0	13
试点时间1997年以后	1	1	0	1	0	0	0	0
企业为公司制企业	300	157	116	41	27	17	10	116
注册登记为公司制企业的时间在1994年以前	56	20	6	14	7	13	6	39
注册登记为公司制企业的时间在1994-1997年	107	58	43	15	9	5	4	40
注册登记为公司制企业的时间在1997年以后	137	79	67	12	11	8	3	47
总经理简历								
40岁及以下	52	18	12	6	10	4	6	24
41-50岁	194	108	82	26	18	13	5	68
51岁及以上	99	54	45	9	11	9	2	34
男	331	173	135	38	37	25	12	121
女	14	7	4	3	2	1	1	5
工龄10年及以下	4	2	2	0	0	0	0	2
工龄11-20年	84	29	19	10	14	6	8	41
工龄21年及以上	257	149	118	31	25	20	5	83
任现职5年及以下	198	114	88	26	20	14	6	64
任现职6-10年	91	54	40	14	6	4	2	31
任现职11年及以上	56	12	11	1	13	8	5	31
从事管理10年及以下	53	31	22	9	5	3	2	17
从事管理11-20年	155	72	56	16	19	11	8	64
从事管理21年及以上	137	77	61	16	15	12	3	45
总经理文化程度								
博士	8	4	3	1	1	1	0	3
硕士	102	60	49	11	9	5	4	33
大学本科	160	83	64	19	21	15	6	56
大学专科	70	32	22	10	5	3	2	33
中专或高中	5	1	1	0	3	2	1	1
其他	0	0	0	0	0	0	0	0
总经理以前职业								
科学研究人员	4	1	1	0	1	1	0	2
工程技术人员	38	23	19	4	3	3	0	12
企业管理人员	269	143	109	34	32	19	13	94
党政机关人员	24	13	10	3	2	2	0	9
其他	10	0	0	0	1	1	0	9

续表1　　单位:个

	总计	国有及国有绝对控股小计	国有绝对控股	国有相对控股	集体控股小计	集体绝对控股	集体相对控股	其他
总经理学历所属专业								
理工科技类	99	72	55	17	6	5	1	21
经济学类	119	44	33	11	18	14	4	57
文史哲法类	5	3	3	0	1	0	1	1
管理学类	115	59	46	13	14	7	7	42
其他	7	2	2	0	0	0	0	5
总经理产生方式								
主管部门任命	26	21	19	2	2	1	1	3
董事会聘任	229	91	59	32	29	18	11	109
政府提名董事会聘任	35	29	25	4	4	3	1	2
职代会选举上级任命	10	2	2	0	1	1	0	7
社会公开招聘	2	2	1	1	0	0	0	0
上级组织部门任命	34	31	30	1	1	1	0	2
其他	9	4	3	1	2	2	0	3
企业经理层中多数人员的文化程度								
博士	2	2	2	0	0	0	0	0
硕士	16	10	6	4	0	0	0	6
大学本科	232	132	105	27	27	17	10	73
大学专科	79	32	23	9	8	7	1	39
中专或高中	16	4	3	1	4	2	2	8
其他	0	0	0	0	0	0	0	0
企业经理层中熟悉国际商务的人员比重								
100%	13	10	8	2	1	1	0	2
50%-100%	135	78	66	12	12	7	5	45
50%以下	197	92	65	27	26	18	8	79
中层管理人员产生方式								
总经理自主决定	49	29	21	8	4	2	2	16
总经理提名主管部门批	38	21	19	2	5	5	0	12
总经理提名董事会聘任	154	66	53	13	24	16	8	64
主管部门提名并决定	3	3	2	1	0	0	0	0
职代会选举主管部门任命	7	2	2	0	0	0	0	5
公开招聘	46	25	15	10	4	3	1	17
其他	48	34	27	7	2	0	2	12
从业人员中具有大专以上文化程度的比重								
50%及以上	79	43	34	9	5	5	0	31
20%-50%	176	91	70	21	20	13	7	65
10%-20%	68	38	29	9	11	7	4	19
10%以下	22	8	6	2	3	1	2	11
行政管理人员占全部从业人员的比重								
50%及以上	8	5	5	0	1	0	1	2
20%-50%	52	30	21	9	6	5	1	16
10%-20%	137	74	55	19	17	12	5	46
10%以下	148	71	58	13	15	9	6	62
行政管理人员劳动报酬占全部从业人员的比重								
50%及以上	11	8	6	2	0	0	0	3
20%-50%	115	58	41	17	12	10	2	45
10%-20%	125	70	56	14	17	10	7	38
10%以下	94	44	36	8	10	6	4	40

续表2 单位:个

	总计	国有及国有绝对控股小计	国有绝对控股	国有相对控股	集体控股小计	集体绝对控股	集体相对控股	其他
董事长产生方式								
政府部门任命	60	53	48	5	2	2	0	5
董事会选举产生	203	84	54	30	24	17	7	95
资产运营机构指定	10	9	8	1	1	1	0	0
股东会任命	33	7	3	4	9	5	4	17
其他	11	4	4	0	1	0	1	6
企业出资人情况								
有明确出资人	319	163	124	39	35	22	13	121
出资人法定人数为1人	63	55	53	2	3	3	0	5
出资人法定人数为2-5人	79	39	33	6	14	9	5	26
出资人法定人数为5人以上	174	68	37	31	16	10	6	90
企业组织机构组建情况								
成立了股东会	248	99	59	40	32	19	13	117
成立了董事会	317	157	117	40	37	25	12	123
设立独立董事	165	78	47	31	18	10	8	69
董事长与总经理由一人兼任	91	38	33	5	11	7	4	42
兼任原因								
《公司法》允许	38	14	13	1	5	4	1	19
机构部门同意	25	19	18	1	1	1	0	5
董事会决定	58	22	17	5	10	7	3	26
正向分设过度	8	6	4	2	0	0	0	2
暂无分设必要	36	10	10	0	4	4	0	22
其他	9	4	4	0	1	0	1	4
成立了监事会	292	141	102	39	35	22	13	116
股东会职权行使情况								
决定经营方针和投资计划	239	95	56	39	30	19	11	114
选举和更换董事	242	97	58	39	31	19	12	114
选举和更换监事	242	97	58	39	30	18	12	115
审议批准董事会报告	245	98	59	39	32	19	13	115
审议批准监事会报告	244	98	59	39	32	19	13	114
审议批准财务方案	246	98	59	39	32	19	13	116
审议批准利润分配方案	243	98	59	39	30	19	11	115
决定增减注册资本	238	96	58	38	28	19	9	114
决定发行债券	226	92	58	34	24	16	8	110
决定转让出资	221	84	54	30	27	17	10	110
决定公司合分等事项	238	95	59	36	29	18	11	114
修改公司章程	242	96	58	38	30	19	11	116
董事会职权行使情况								
召集股东会	271	118	79	39	33	22	11	120
执行股东会决议	268	117	78	39	32	21	11	119
决定经营计划和投资方案	312	154	115	39	37	25	12	121
制订财务方案	315	156	116	40	37	25	12	122
制订利润分配方案	312	154	114	40	37	25	12	121
制订注册资本增减方案	308	150	112	38	36	25	11	122
拟定公司合分等事项方案	304	148	110	38	36	25	11	120
决定内部管理机构设置	314	155	115	40	36	24	12	123
聘任或解聘公司经理	296	138	99	39	35	24	11	123
经理提名，聘或解聘高管人员	305	146	107	39	36	25	11	123
制定公司基本管理制度	311	153	113	40	37	25	12	121

续表3 单位:个

	总 计	国有及国有绝对控股小计	国有绝对控股	国有相对控股	集体控股小计	集体绝对控股	集体相对控股	其 他
监事会职权行使情况								
检查公司财务	290	140	102	38	34	22	12	116
对董事和经理进行监督	288	139	101	38	33	22	11	116
纠正损害公司利益行为	288	139	102	37	33	22	11	116
提议召开临时股东会	254	111	74	37	30	21	9	113
其它职权	288	139	102	37	34	22	12	115
总经理职权行使情况								
主持生产经营管理	343	179	138	41	39	26	13	125
组织实施经营、投资方案	344	180	139	41	39	26	13	125
拟订管理制度及机构方案	345	180	139	41	39	26	13	126
聘或解聘高层管理人员	322	162	121	41	39	26	13	121
聘或解聘负责管理人员	322	162	122	40	39	26	13	121
企业劳动人事分配制度改革情况								
已全面实行劳动合同制度	336	176	136	40	37	25	12	123
已实行全员竞争上岗制度	319	159	120	39	37	26	11	123
仍存在干部和工人身份界限	122	71	61	10	9	6	3	42
内部管理人员已实行公开竞聘	323	162	123	39	38	26	12	123
企业能足额缴纳社会保险费	328	171	132	39	37	25	12	120
企业是否实行以下分配方法								
企业经营者年薪制	223	113	80	33	26	18	8	84
企业经营者持有股权期权	127	33	21	12	20	12	8	74
岗位工资为主的工资制	322	168	130	38	37	25	12	117
科技人员收入分配激励机制	246	126	98	28	32	21	11	88
职工持股分配制	104	25	18	7	23	16	7	56
工资集体协商制度	114	52	39	13	18	14	4	44
企业技术创新情况								
企业已建立技术中心	257	134	102	32	31	19	12	92
国家级认定	65	51	39	12	5	4	1	9
省级认定	121	52	37	15	15	9	6	54
其他级别认定	71	31	26	5	11	6	5	29
技术中心设施、经费和人员是否满足需要								
完全满足	40	22	20	2	6	3	3	12
基本满足	198	100	72	28	23	16	7	75
不满足	19	12	10	2	2	0	2	5
企业获新产品新技术途径								
自主开发	270	143	109	34	29	18	11	98
委托开发	129	74	56	18	14	6	8	41
与院校科研机构联合开发	219	128	98	30	21	13	8	70
接受技术成果转让	123	70	53	17	13	8	5	40
引进技术消化吸收和创新	232	127	98	29	26	17	9	79
其他	92	46	39	7	11	8	3	35
企业近三年专利申请授权及应用情况								
获得国内专利申请授权	5306	2423	2135	288	2255	2024	231	628
已应用专利	4899	2235	1980	255	2139	1953	186	525
获得美国专利申请授权	47	20	20	0	19	18	1	8
已应用专利	43	18	18	0	19	18	1	6

续表4

单位:个

	总 计	国有及国有绝对控股小计	国有绝对控股	国有相对控股	集体控股小计	集体绝对控股	集体相对控股	其 他
企业建立商业网站情况								
已经建立	258	128	100	28	28	17	11	102
企业主要产品(服务)国内市场占有率								
50%及以上	27	19	15	4	1	1	0	7
20%-50%	60	28	20	8	7	5	2	25
10%-20%	66	34	28	6	8	3	5	24
1%-10%	157	78	58	20	18	13	5	61
1%以下	35	21	18	3	5	4	1	9
企业在银行的信用等级								
AAA级	239	110	84	26	29	20	9	100
AA级	70	45	36	9	7	4	3	18
A级	15	10	6	4	2	1	1	3
BBB级	2	1	1	0	0	0	0	1
BB级	0	0	0	0	0	0	0	0
B级	6	5	5	0	0	0	0	1
CCC级	1	1	1	0	0	0	0	0
CC级	0	0	0	0	0	0	0	0
C级	1	1	1	0	0	0	0	0
企业是否有奖惩制度								
有，并且能严格执行	322	166	129	37	35	25	10	121
有，但很难严格执行	20	13	9	4	4	1	3	3
无	3	1	1	0	0	0	0	2
企业质量管理情况								
企业已通过ISO9000认证	295	152	117	35	33	21	12	110
企业已通过ISO14000认证	156	74	60	14	19	14	5	63
上市公司情况								
企业为上市公司	82	51	25	26	7	1	6	24
A 股	73	48	24	24	6	1	5	19
B 股	6	4	1	3	0	0	0	2
H 股	9	4	2	2	1	0	1	4
企业签订“债转股“协议情况								
已签订“债转股“协议	24	22	21	1	0	0	0	2
1999年签订协议	0	0	0	0	0	0	0	0
2000年签订协议	10	8	8	0	0	0	0	2
2001年签订协议	7	7	7	0	0	0	0	0
2002年签订协议	3	3	3	0	0	0	0	0
2003年签订协议	4	4	3	1	0	0	0	0
2004年签订协议	0	0	0	0	0	0	0	0
协议“债转股”总额（万元）	1337963	1300279	1269457	30822	0	0	0	37684
1999年债转股总额（万元）	0	0	0	0	0	0	0	0
2000年债转股总额（万元）	426929	389245	389245	0	0	0	0	37684
2001年债转股总额（万元）	455605	455605	455605	0	0	0	0	0
2002年债转股总额（万元）	225216	225216	225216	0	0	0	0	0
2003年债转股总额（万元）	230213	230213	199391	30822	0	0	0	0
2004年债转股总额（万元）	0	0	0	0	0	0	0	0

续表 5

单位:个

	总 计	国有及国有绝对控股小计	国有绝对控股	国有相对控股	集体控股小计	集体绝对控股	集体相对控股	其 他
企业分离富余职工的主要去向								
安排到其他单位	42	19	15	4	10	5	5	13
企业内部消化	182	109	87	22	20	14	6	53
失业	35	24	19	5	4	2	2	7
提前退休	113	69	56	13	13	8	5	31
其他	98	59	50	9	8	4	4	31
本企业无富余职工	127	52	39	13	13	9	4	62
企业办社会性服务机构分离情况								
全部分离	77	54	35	19	9	7	2	14
分离 50% 及以上	28	24	19	5	0	0	0	4
分离 50% 以下	12	9	8	1	0	0	0	3
没有分离	43	25	24	1	2	1	1	16
本企业无上述机构	185	68	53	15	28	18	10	89
国有企业未实行公司制主要原因								
没有改制计划	5	5	5	0	0	0	0	0
准备实行，现未启动	6	6	6	0	0	0	0	0
正在进行公司制改制	9	9	9	0	0	0	0	0
准备实行非公司制形式	2	2	2	0	0	0	0	0
公司制企业未进行注册登记的								
正在办理	0	0	0	0	0	0	0	0
暂未进行登记	0	0	0	0	0	0	0	0
其他	0	0	0	0	0	0	0	0
推进改革的主要障碍								
社会保障制度不完善	193	101	75	26	26	15	11	66
政府转变职能滞后	140	79	60	19	10	6	4	51
历史包袱沉重	111	70	55	15	10	6	4	31
产权不明确	71	45	39	6	9	6	3	17
市场体系不健全	192	93	69	24	23	16	7	76
缺乏激励和约束机制	140	79	65	14	16	10	6	45
影响生产经营主要因素								
市场需求不足	113	53	42	11	16	11	5	44
负债过高、利息负担重	97	58	46	12	5	4	1	34
资金紧缺	200	92	73	19	21	13	8	87
企业相互拖欠资金	101	54	37	17	15	12	3	32
人员过剩	44	38	30	8	2	2	0	4
设备及技术落后	61	32	28	4	9	5	4	20
原材料等价格偏高	200	100	81	19	21	12	9	79
管理机制不完善	104	59	41	18	14	9	5	31
改制后的总体评价								
效果很好	97	32	26	6	9	2	7	56
效果较好	180	106	74	32	18	15	3	56
效果一般	20	17	16	1	0	0	0	3
尚未见效	3	2	0	2	0	0	0	1
对未来发展前景预测								
很好	169	69	52	17	26	16	10	74
较好	162	100	77	23	13	162	3	49
一般	14	11	10	1	0	0	0	3

续表6

单位:个

	农、林、牧、渔业	采矿业	制造业	电力、燃气及水的生产和供应业	建筑业	交通运输、仓储和邮政业	信息传输、计算机服务和软件业	批发和零售业	租赁和商务服务业	居民服务和其他服务业
合　　计	3	16	251	10	1	11	6	30	15	2
确定为现企制度试点企业情况										
企业为现企制度试点企业	0	2	31	0	0	3	0	6	5	0
试点时间1994-1997年	0	2	30	0	0	3	0	6	5	0
试点时间1997年以后	0	0	1	0	0	0	0	0	0	0
企业为公司制企业	2	14	226	6	1	6	4	25	14	2
注册登记为公司制企业的时间在1994年以前	2	2	67	4	1	5	2	15	3	0
注册登记为公司制企业的时间在1994-1997年	0	4	81	2	0	3	1	8	8	0
注册登记为公司制企业的时间在1997年以后	1	10	103	4	0	3	3	7	4	2
总经理简历										
40岁及以下	1	0	46	0	0	1	2	2	0	0
41-50岁	0	8	141	8	1	4	2	21	8	1
51岁及以上	2	8	64	2	0	6	2	7	7	1
男	3	16	240	10	1	10	6	28	15	2
女	0	0	11	0	0	1	0	2	0	0
工龄10年及以下	0	0	4	0	0	0	0	0	0	0
工龄11-20年	1	1	74	0	0	1	2	2	3	0
工龄21年及以上	2	15	173	10	1	10	4	28	12	2
任现职5年及以下	2	10	141	5	0	8	5	17	9	1
任现职6-10年	1	6	66	4	1	1	0	8	4	0
任现职11年及以上	0	0	44	1	0	2	1	5	2	1
从事管理10年及以下	1	3	39	2	0	0	3	1	3	1
从事管理11-20年	1	5	122	4	1	4	1	12	5	0
从事管理21年及以上	1	8	90	4	0	7	2	17	7	1
总经理文化程度										
博士	0	1	5	0	0	0	2	0	0	0
硕士	0	8	68	6	0	3	1	10	6	0
大学本科	1	4	123	3	0	5	2	12	8	2
大学专科	2	2	51	1	1	3	1	8	1	0
中专或高中	0	1	4	0	0	0	0	0	0	0
其他	0	0	0	0	0	0	0	0	0	0
总经理以前职业										
科学研究人员	0	0	4	0	0	0	0	0	0	0
工程技术人员	0	2	35	0	0	0	0	0	1	0
企业管理人员	2	11	193	8	1	8	5	30	10	1
党政机关人员	1	3	9	2	0	3	1	0	4	1
其他	0	0	10	0	0	0	0	0	0	0

续表 7　　　　单位:个

	农、林、牧、渔业	采矿业	制造业	电力、燃气及水的生产和供应业	建筑业	交通运输、仓储和邮政业	信息传输、计算机服务和软件业	批发和零售业	租赁和商务服务业	居民服务和其他服务业
总经理学历所属专业										
理工科技类	1	7	77	3	0	4	2	1	3	1
经济学类	0	3	81	5	0	4	3	19	3	1
文史哲法类	1	0	3	0	0	0	0	0	1	0
管理学类	1	4	85	2	1	3	1	10	8	0
其他	0	2	5	0	0	0	0	0	0	0
总经理产生方式										
主管部门任命	1	4	13	3	0	2	2	1	0	0
董事会聘任	2	4	181	5	1	4	2	20	8	2
政府提名董事会聘任	0	2	29	0	0	0	0	1	3	0
职代会选举上级任命	0	0	6	0	0	0	0	3	1	0
社会公开招聘	0	0	1	0	0	0	0	1	0	0
上级组织部门任命	0	6	15	2	0	4	1	3	3	0
其他	0	0	6	0	0	1	1	1	0	0
企业经理层中多数人员的文化程度										
博士	0	0	0	2	0	0	0	0	0	0
硕士	0	2	10	1	0	0	2	1	0	0
大学本科	2	14	165	5	0	8	4	18	14	2
大学专科	0	0	63	1	1	3	0	10	1	0
中专或高中	1	0	13	1	0	0	0	1	0	0
其他	0	0	0	0	0	0	0	0	0	0
企业经理层中熟悉国际商务的人员比重										
100%	0	0	11	0	0	2	0	0	0	0
50%-100%	1	6	95	5	0	6	3	6	12	1
50% 以下	2	10	145	5	1	3	3	24	3	1
中层管理人员产生方式										
总经理自主决定	0	1	41	1	0	1	0	3	2	0
总经理提名主管部门批	0	3	28	3	0	1	0	3	0	0
总经理提名董事会聘任	1	6	110	2	0	4	3	19	7	2
主管部门提名并决定	0	1	2	0	0	0	0	0	0	0
职代会选举主管部门任命	0	1	5	1	0	0	0	0	0	0
公开招聘	1	1	36	1	1	1	1	3	1	0
其他	1	3	29	2	0	4	2	2	5	0
从业人员中具有大专以上文化程度的比重										
50% 及以上	1	0	42	2	0	5	6	13	9	1
20%-50%	1	7	132	7	1	6	0	16	5	1
10%-20%	1	9	55	1	0	0	0	1	1	0
10% 以下	0	0	22	0	0	0	0	0	0	0
行政管理人员占全部从业人员的比重										
50% 及以上	1	0	2	0	0	0	0	0	4	1
20%-50%	0	1	34	1	0	1	0	12	2	1
10%-20%	1	5	99	4	0	5	5	12	6	0
10% 以下	1	10	116	5	1	5	1	6	3	0
行政管理人员劳动报酬占全部从业人员的比重										
50% 及以上	1	0	3	0	0	0	0	1	5	1
20%-50%	2	4	78	2	0	3	3	18	4	1
10%-20%	0	10	92	4	1	5	2	6	5	0
10% 以下	0	2	78	4	0	3	1	5	1	0

续表8　　　　单位:个

	农、林、牧、渔业	采矿业	制造业	电力、燃气及水的生产和供应业	建筑业	交通运输、仓储和邮政业	信息传输、计算机服务和软件业	批发和零售业	租赁和商务服务业	居民服务和其他服务业
董事长产生方式										
政府部门任命	0	9	34	1	0	1	1	7	6	1
董事会选举产生	1	2	162	5	0	4	4	16	8	1
资产运营机构指定	0	2	6	0	0	1	0	0	1	0
股东会任命	1	1	25	0	1	0	0	5	0	0
其他	0	0	10	0	0	1	0	0	0	0
企业出资人情况										
有明确出资人	3	14	234	9	1	9	4	28	15	2
出资人法定人数为1人	1	7	34	3	0	4	3	4	6	1
出资人法定人数为2-5人	0	2	70	3	0	0	0	1	2	1
出资人法定人数为5人以上	2	4	128	3	1	5	1	23	7	0
企业组织机构组建情况										
成立了股东会	2	4	196	6	1	4	4	24	6	1
成立了董事会	2	14	237	6	1	7	5	28	15	2
设立独立董事	2	6	129	5	1	1	4	14	2	1
董事长与总经理由一人兼任	0	3	64	2	0	6	2	8	6	0
兼任原因										
《公司法》允许	0	2	28	2	0	1	1	2	2	0
机构部门同意	0	1	15	1	0	1	1	2	4	0
董事会决定	0	0	46	2	0	0	1	6	3	0
正向分设过度	0	1	6	0	0	1	0	0	0	0
暂无分设必要	0	1	24	1	0	2	1	4	3	0
其他	0	1	5	0	0	2	1	0	0	0
成立了监事会	2	9	222	6	1	4	4	27	15	2
股东会职权行使情况										
决定经营方针和投资计划	2	4	189	6	1	4	4	23	6	0
选举和更换董事	2	4	190	6	1	4	4	24	6	1
选举和更换监事	2	4	191	6	1	4	4	23	6	1
审议批准董事会报告	2	4	193	6	1	4	4	24	6	1
审议批准监事会报告	2	4	192	6	1	4	4	24	6	1
审议批准财务方案	2	4	194	6	1	4	4	24	6	1
审议批准利润分配方案	2	4	191	6	1	4	4	24	6	1
决定增减注册资本	2	4	189	5	1	4	4	22	6	1
决定发行债券	2	4	180	5	1	4	4	19	6	1
决定转让出资	1	3	178	5	1	4	4	18	6	1
决定公司合分等事项	2	4	189	6	1	4	4	21	6	1
修改公司章程	2	4	190	6	1	4	4	24	6	1
董事会职权行使情况										
召集股东会	2	5	209	6	1	5	5	27	9	2
执行股东会决议	2	5	208	6	1	5	5	26	8	2
决定经营计划和投资方案	2	12	234	6	1	7	5	28	15	2
制订财务方案	2	13	236	6	1	7	5	28	15	2
制订利润分配方案	2	12	234	6	1	7	5	28	15	2
制订注册资本增减方案	2	11	233	5	1	7	5	27	15	2
拟定公司合分等事项方案	2	10	230	6	1	6	5	27	15	2
决定内部管理机构设置	2	13	235	6	1	7	5	28	15	2
聘任或解聘公司经理	2	7	228	5	1	6	5	27	13	2
经理提名，聘或解聘高管人员	2	8	233	6	1	6	5	28	14	2
制定公司基本管理制度	2	13	232	6	1	7	5	28	15	2

续表9 单位:个

	农、林、牧、渔业	采矿业	制造业	电力、燃气及水的生产和供应业	建筑业	交通运输、仓储和邮政业	信息传输、计算机服务和软件业	批发和零售业	租赁和商务服务业	居民服务和其他服务业
监事会职权行使情况										
检查公司财务	2	9	220	6	1	4	4	27	15	2
对董事和经理进行监督	2	8	219	6	1	4	4	27	15	2
纠正损害公司利益行为	2	9	218	6	1	4	4	27	15	2
提议召开临时股东会	2	5	199	5	1	4	4	24	8	2
其它职权	2	9	218	6	1	4	4	27	15	2
总经理职权行使情况										
主持生产经营管理	3	16	250	10	1	10	6	30	15	2
组织实施经营、投资方案	3	16	250	10	1	11	6	30	15	2
拟订管理制度及机构方案	3	16	251	10	1	11	6	30	15	2
聘或解聘高层管理人员	3	12	237	8	1	11	5	29	14	2
聘或解聘负责管理人员	3	14	236	7	1	9	6	29	15	2
企业劳动人事分配制度改革情况										
已全面实行劳动合同制度	3	15	244	10	1	11	6	29	15	2
已实行全员竞争上岗制度	2	14	237	9	1	10	6	27	12	1
仍存在干部和工人身份界限	0	9	85	4	1	6	1	9	5	2
内部管理人员已实行公开竞聘	2	14	237	9	1	10	6	29	13	2
企业能足额缴纳社会保险费	3	15	238	10	1	11	6	28	14	2
企业是否实行以下分配方法										
企业经营者年薪制	1	10	168	5	1	8	1	18	10	1
企业经营者持有股权期权	0	3	101	2	0	1	3	13	4	0
岗位工资为主的工资制	3	15	235	10	1	9	6	26	15	2
科技人员收入分配激励机制	2	12	200	5	1	4	3	10	8	1
职工持股分配制	0	3	82	2	0	2	1	11	3	0
工资集体协商制度	0	7	91	3	0	3	1	6	2	1
企业技术创新情况										
企业已建立技术中心	1	15	219	4	1	3	3	3	7	1
国家级认定	0	4	56	1	0	1	0	0	2	1
省级认定	1	7	104	1	1	0	3	0	4	0
其他级别认定	0	4	59	2	0	2	0	3	1	0
技术中心设施、经费和人员是否满足需要										
完全满足	1	0	33	2	0	1	1	0	2	0
基本满足	0	15	170	2	1	0	2	2	5	1
不满足	0	0	1	0	0	2	0	1	0	0
企业获新产品新技术途径										
自主开发	1	16	217	7	1	3	5	9	10	1
委托开发	1	13	89	3	1	4	5	8	5	0
与院校科研机构联合开发	1	14	177	7	1	4	2	3	9	1
接受技术成果转让	1	12	88	5	1	2	2	6	5	1
引进技术消化吸收和创新	1	14	184	8	1	4	4	7	8	1
其他	1	5	61	3	1	5	3	8	3	2
企业近三年专利申请授权及应用情况										
获得国内专利申请授权	0	121	5021	17	11	77	6	2	35	16
已应用专利	0	108	4643	6	11	72	6	2	35	16
获得美国专利申请授权	0	2	43	0	0	0	0	2	0	0
已应用专利	0	2	39	0	0	0	0	2	0	0

续表 10　　　　单位:个

	农、林、牧、渔业	采矿业	制造业	电力、燃气及水的生产和供应业	建筑业	交通运输、仓储和邮政业	信息传输、计算机服务和软件业	批发和零售业	租赁和商务服务业	居民服务和其他服务业
企业建立商业网站情况										
已经建立	1	11	196	5	1	9	6	17	10	2
企业主要产品(服务)国内市场占有率										
50% 及以上	0	0	18	1	0	1	4	2	1	0
20%-50%	1	1	50	0	0	2	2	0	3	1
10%-20%	0	2	61	0	0	0	0	3	0	0
1%-10%	1	12	112	6	1	4	0	16	5	0
1% 以下	1	1	10	3	0	4	0	9	6	1
企业在银行的信用等级										
AAA 级	1	13	183	9	1	5	5	13	7	2
AA 级	1	3	49	0	0	4	1	7	5	0
A 级	0	0	11	0	0	0	0	3	1	0
BBB 级	0	0	1	1	0	0	0	0	0	0
BB 级	0	0	0	0	0	0	0	0	0	0
B 级	0	0	2	0	0	1	0	3	0	0
CCC 级	1	0	0	0	0	0	0	0	0	0
CC 级	0	0	0	0	0	0	0	0	0	0
C 级	0	0	1	0	0	0	0	0	0	0
企业是否有奖惩制度										
有，并且能严格执行	2	15	234	10	1	11	6	27	14	2
有，但很难严格执行	0	1	15	0	0	0	0	3	1	0
无	1	0	2	0	0	0	0	0	0	0
企业质量管理情况										
企业已通过 ISO9000 认证	1	11	238	8	1	8	4	11	11	2
企业已通过 ISO14000 认证	0	8	127	6	1	2	2	1	8	1
上市公司情况										
企业为上市公司	2	3	63	3	1	1	2	5	1	1
A 股	1	3	58	1	1	1	1	5	1	1
B 股	1	0	4	0	0	0	1	0	0	0
H 股	0	1	6	2	0	0	0	0	0	0
企业签订“债转股“协议情况										
已签订“债转股“协议	0	6	17	0	0	0	0	0	1	0
1999 年签订协议	0	0	0	0	0	0	0	0	0	0
2000 年签订协议	0	2	7	0	0	0	0	0	1	0
2001 年签订协议	0	0	7	0	0	0	0	0	0	0
2002 年签订协议	0	3	0	0	0	0	0	0	0	0
2003 年签订协议	0	1	3	0	0	0	0	0	0	0
2004 年签订协议	0	0	0	0	0	0	0	0	0	0
协议“债转股”总额（万元）	0	400499	908831	0	0	0	0	0	28633	0
1999 年债转股总额（万元）	0	0	0	0	0	0	0	0	0	0
2000 年债转股总额（万元）	0	164421	233875	0	0	0	0	0	28633	0
2001 年债转股总额（万元）	0	0	455605	0	0	0	0	0	0	0
2002 年债转股总额（万元）	0	225216	0	0	0	0	0	0	0	0
2003 年债转股总额（万元）	0	10862	219351	0	0	0	0	0	0	0
2004 年债转股总额（万元）	0	0	0	0	0	0	0	0	0	0

续表 11　　单位:个

	农、林、牧、渔业	采矿业	制造业	电力、燃气及水的生产和供应业	建筑业	交通运输、仓储和邮政业	信息传输、计算机服务和软件业	批发和零售业	租赁和商务服务业	居民服务和其他服务业
企业分离富余职工的主要去向										
安排到其他单位	0	0	93667	0	0	0	0	9	1	0
企业内部消化	0	12	128	6	0	7	2	18	9	0
失业	0	0	25	1	0	1	0	4	4	0
提前退休	2	8	70	3	0	5	1	16	7	1
其他	2	7	66	4	0	3	1	7	8	0
本企业无富余职工	1	3	100	3	1	3	4	6	5	1
企业办社会性服务机构分离情况										
全部分离	0	1	58	2	0	2	2	5	7	0
分离 50% 及以上	0	0	24	2	0	0	0	0	2	0
分离 50% 以下	0	3	9	0	0	0	0	0	0	0
没有分离	0	5	28	3	0	4	0	1	2	0
本企业无上述机构	3	7	132	3	1	5	4	24	4	2
国有企业未实行公司制主要原因										
没有改制计划	0	0	4	0	0	1	0	0	0	0
准备实行，现未启动	1	0	2	0	0	2	0	1	0	0
正在进行公司制改制	0	1	3	2	0	2	0	1	0	0
准备实行非公司制形式	0	1	1	0	0	0	0	0	0	0
公司制企业未进行注册登记的										
正在办理	0	0	0	0	0	0	0	0	0	0
暂未进行登记	0	0	0	0	0	0	0	0	0	0
其他	0	0	0	0	0	0	0	0	0	0
推进改革的主要障碍										
社会保障制度不完善	3	9	145	7	0	4	3	13	8	1
政府转变职能滞后	1	4	99	5	0	5	3	15	8	0
历史包袱沉重	0	9	78	2	0	4	2	10	6	0
产权不明确	1	3	45	3	0	7	0	6	5	1
市场体系不健全	2	8	141	5	1	6	5	17	7	0
缺乏激励和约束机制	2	7	100	5	0	4	4	11	6	1
影响生产经营主要因素										
市场需求不足	1	1	83	5	0	4	2	11	5	1
负债过高、利息负担重	2	4	59	2	0	7	4	15	4	0
资金紧缺	2	5	147	2	0	9	3	21	11	0
企业相互拖欠资金	1	3	76	3	1	4	1	6	5	1
人员过剩	0	5	24	2	0	1	2	7	3	0
设备及技术落后	1	5	45	1	0	2	1	1	4	1
原材料等价格偏高	0	8	169	9	1	1	2	2	8	0
管理机制不完善	2	6	70	4	0	2	3	14	3	0
改制后的总体评价										
效果很好	1	3	71	3	1	3	2	8	4	1
效果较好	1	11	138	3	0	3	2	14	7	1
效果一般	0	0	15	0	0	0	0	2	3	0
尚未见效	0	0	2	0	0	0	0	1	0	0
对未来发展前景预测										
很好	1	7	126	4	1	4	5	12	8	1
较好	2	9	118	5	0	5	1	15	6	1
一般	0	0	7	1	0	2	0	3	1	0

续表12　　　　单位:个

	国有企业	国有独资企业	其他有限责任公司	股份有限公司	中外合资企业	港澳台合资企业	其　他
总　计	22	48	96	135	17	3	24
确定为现企制度试点企业情况							
企业为现企制度试点企业	4	17	7	16	2	1	0
试点时间1994-1997年	4	17	6	16	2	1	0
试点时间1997年以后	0	0	1	0	0	0	0
企业为公司制企业	0	48	96	135	17	3	1
注册登记为公司制企业的时间在1994年以前	22	0	12	35	6	2	24
注册登记为公司制企业的时间在1994-1997年	0	22	26	50	9	0	0
注册登记为公司制企业的时间在1997年以后	0	26	58	50	2	1	0
总经理简历							
40岁及以下	1	1	18	26	1	0	5
41-50岁	11	26	51	84	10	3	9
51岁及以上	10	21	27	25	6	0	10
男	22	46	91	129	17	2	24
女	0	2	5	6	0	1	0
工龄10年及以下	0	0	4	0	0	0	0
工龄11-20年	2	3	21	45	6	0	7
工龄21年及以上	20	45	71	90	11	3	17
任现职5年及以下	12	28	55	82	5	2	14
任现职6-10年	5	15	25	31	10	0	5
任现职11年及以上	5	5	16	22	2	1	5
从事管理10年及以下	4	4	16	22	3	1	3
从事管理11-20年	7	16	43	68	9	1	11
从事管理21年及以上	11	28	37	45	5	1	10
总经理文化程度							
博士	0	1	4	2	0	0	1
硕士	9	18	29	35	5	0	6
大学本科	9	24	43	62	9	3	10
大学专科	4	5	17	35	3	0	6
中专或高中	0	0	3	1	0	0	1
其他	0	0	0	0	0	0	0
总经理以前职业							
科学研究人员	0	1	1	2	0	0	0
工程技术人员	4	4	12	15	2	0	1
企业管理人员	17	37	73	107	12	3	20
党政机关人员	1	6	7	7	2	0	1
其他	0	0	3	4	1	0	2

续表 13

单位:个

	国有企业	国有独资企业	其他有限责任公司	股份有限公司	中外合资企业	港澳台合资企业	其 他
总经理学历所属专业							
理工科技类	9	15	21	42	4	3	5
经济学类	4	13	35	49	6	0	12
文史哲法类	2	1	0	1	0	0	1
管理学类	7	18	37	42	6	0	5
其他	0	1	3	1	1	0	1
总经理产生方式							
主管部门任命	8	6	6	2	0	0	4
董事会聘任	1	14	70	117	13	2	12
政府提名董事会聘任	1	12	11	6	3	1	1
职代会选举上级任命	1	1	5	1	0	0	2
社会公开招聘	0	0	0	2	0	0	0
上级组织部门任命	10	15	3	3	0	0	3
其他	1	0	1	4	1	0	2
企业经理层中多数人员的文化程度							
博士	1	1	0	0	0	0	0
硕士	0	1	5	9	0	0	1
大学本科	17	36	60	91	13	3	12
大学专科	3	9	27	31	3	0	6
中专或高中	1	1	4	4	1	0	5
其他	0	0	0	0	0	0	0
企业经理层中熟悉国际商务的人员比重							
100%	1	2	3	6	0	0	1
50%-100%	8	30	34	47	8	0	8
50%以下	13	16	59	82	9	3	15
中层管理人员产生方式							
总经理自主决定	3	3	11	28	3	0	1
总经理提名主管部门批	6	4	9	10	4	0	5
总经理提名董事会聘任	3	24	53	54	6	2	12
主管部门提名并决定	0	0	1	1	0	0	1
职代会选举主管部门任命	0	2	3	2	0	0	0
公开招聘	2	5	9	26	1	0	3
其他	8	10	10	14	3	1	2
从业人员中具有大专以上文化程度的比重							
50%及以上	8	14	20	22	9	0	6
20%-50%	11	17	45	84	8	2	9
10%-20%	3	12	22	24	0	0	7
10%以下	0	5	9	5	0	1	2
行政管理人员占全部从业人员的比重							
50%及以上	2	3	1	1	0	0	1
20%-50%	4	6	10	26	1	2	3
10%-20%	9	19	40	54	4	0	11
10% 以下	7	20	45	54	12	1	9
行政管理人员劳动报酬占全部从业人员的比重							
50%及以上	2	3	3	2	0	0	1
20%-50%	8	15	25	53	5	2	7
10%-20%	8	17	38	46	7	0	9
10%以下	4	13	30	34	5	1	7

续表14 单位:个

	国有企业	国有独资企业	其他有限责任公司	股份有限公司	中外合资企业	港澳台合资企业	其他
董事长产生方式							
政府部门任命	2	33	10	9	3	0	3
董事会选举产生	0	9	63	106	12	1	12
资产运营机构指定	0	2	4	2	1	0	1
股东会任命	0	1	17	13	0	1	1
其他	3	1	1	2	1	1	2
企业组织机构组建情况							
成立了股东会	16	46	92	126	17	3	19
成立了董事会	12	32	11	2	0	1	5
设立独立董事	1	11	32	18	9	1	7
董事长与总经理由一人兼任	3	2	49	104	8	1	7
企业出资人情况							
有明确出资人	0	0	85	135	13	3	12
出资人法定人数为1人	5	46	95	132	17	3	19
出资人法定人数为2-5人	1	10	27	107	9	2	9
出资人法定人数为5人以上	1	19	36	24	4	0	7
兼任原因							
《公司法》允许	0	8	16	8	3	0	3
机构部门同意	0	15	6	4	0	0	0
董事会决定	0	10	27	12	4	0	5
正向分设过度	0	2	3	3	0	0	0
暂无分设必要	0	6	21	5	1	0	3
其他	1	1	2	2	2	0	1
成立了监事会	4	36	89	132	12	3	16
股东会职权行使情况							
决定经营方针和投资计划	0	0	81	132	12	3	11
选举和更换董事	0	0	81	135	12	3	11
选举和更换监事	0	0	83	134	12	3	10
审议批准董事会报告	0	0	83	135	12	3	12
审议批准监事会报告	0	0	83	135	11	3	12
审议批准财务方案	0	0	83	135	13	3	12
审议批准利润分配方案	0	0	82	133	13	3	12
决定增减注册资本	0	0	80	131	13	3	11
决定发行债券	0	0	76	126	12	3	9
决定转让出资	0	0	79	118	12	3	9
决定公司合分等事项	0	0	82	131	12	3	10
修改公司章程	0	0	81	133	13	3	12
董事会职权行使情况							
召集股东会	1	17	90	131	15	3	14
执行股东会决议	1	16	89	130	15	3	14
决定经营计划和投资方案	4	45	94	130	17	3	19
制订财务方案	5	45	94	132	17	3	19
制订利润分配方案	5	44	93	132	17	3	18
制订注册资本增减方案	5	43	92	129	17	3	19
拟定公司合分等事项方案	4	42	92	128	16	3	19
决定内部管理机构设置	5	44	94	132	17	3	19
聘任或解聘公司经理	3	34	90	131	16	3	19
经理提名，聘或解聘高管人员	3	40	93	132	16	3	18
制定公司基本管理制度	5	44	92	132	17	3	18

续表 15　　单位:个

	国有企业	国有独资企业	其他有限责任公司	股份有限公司	中外合资企业	港澳台合资企业	其　他
监事会职权行使情况							
检查公司财务	4	36	88	131	12	3	16
对董事和经理进行监督	4	35	88	131	12	3	15
纠正损害公司利益行为	4	36	87	131	12	3	15
提议召开临时股东会	4	13	82	128	10	3	14
其它职权	4	36	88	130	11	3	16
总经理职权行使情况							
主持生产经营管理	21	48	96	135	17	3	23
组织实施经营、投资方案	22	48	95	135	17	3	24
拟订管理制度及机构方案	22	48	96	135	17	3	24
聘或解聘高层管理人员	17	41	91	132	17	3	21
聘或解聘负责管理人员	14	45	92	130	17	3	21
企业劳动人事分配制度改革情况							
已全面实行劳动合同制度	21	48	92	132	17	3	23
已实行全员竞争上岗制度	19	39	92	128	16	3	22
仍存在干部和工人身份界限	10	24	33	40	7	2	6
内部管理人员已实行公开竞聘	19	42	92	130	16	3	21
企业能足额缴纳社会保险费	22	44	91	129	17	2	23
企业是否实行以下分配方法							
企业经营者年薪制	13	28	59	98	11	2	12
企业经营者持有股权期权	2	6	53	45	7	1	13
岗位工资为主的工资制	20	46	90	127	16	2	21
科技人员收入分配激励机制	11	37	73	97	12	2	14
职工持股分配制	1	7	47	33	6	0	10
工资集体协商制度	4	15	43	38	6	0	8
企业技术创新情况							
企业已建立技术中心	12	35	79	101	13	3	14
国家级认定	3	14	10	30	5	1	2
省级认定	5	14	46	43	5	1	7
其他级别认定	4	7	23	28	3	1	5
技术中心设施、经费和人员是否满足需要							
完全满足	3	4	9	21	0	0	3
基本满足	8	26	64	75	12	3	10
不满足	1	5	6	5	1	0	1
企业获新产品新技术途径							
自主开发	15	39	75	106	14	2	19
委托开发	6	22	31	55	5	0	10
与院校科研机构联合开发	11	38	67	83	8	1	11
接受技术成果转让	7	23	34	45	7	0	7
引进技术消化吸收和创新	15	39	64	90	11	2	11
其他	6	14	28	35	4	0	5
企业近三年专利申请授权及应用情况							
获得国内专利申请授权	153	1202	521	1313	94	10	2013
已应用专利	135	1159	424	1155	80	10	1936
获得美国专利申请授权	2	2	12	8	0	0	23
已应用专利	2	2	12	6	0	0	21

续表16 单位:个

	国有企业	国有独资企业	其他有限责任公司	股份有限公司	中外合资企业	港澳台合资企业	其　他
企业建立商业网站情况							
已经建立	13	36	75	106	11	2	15
企业主要产品(服务)国内市场占有率							
50% 及以上	2	5	7	11	1	0	1
20%-50%	3	7	18	26	0	2	4
10%-20%	4	7	14	30	6	0	5
1%-10%	8	22	52	54	9	0	12
1% 以下	5	7	5	14	1	1	2
企业在银行的信用等级							
AAA级	10	27	72	92	15	2	21
AA级	4	13	20	28	2	1	2
A级	1	3	2	9	0	0	0
BBB级	0	0	1	0	0	0	1
BB级	0	0	0	0	0	0	0
B级	2	3	0	1	0	0	0
CCC级	1	0	0	0	0	0	0
CC级	0	0	0	0	0	0	0
C级	1	0	0	0	0	0	0
企业是否有奖惩制度							
有，并且能严格执行	19	44	90	128	15	3	23
有，但很难严格执行	2	4	6	6	2	0	0
无	1	0	0	1	0	0	1
企业质量管理情况							
企业已通过ISO9000认证	16	39	85	116	17	2	20
企业已通过ISO14000认证	5	23	48	55	11	2	12
上市公司情况							
企业为上市公司	0	0	0	77	4	0	1
A 股	0	0	0	70	3	0	0
B 股	0	0	0	6	0	0	0
H 股	0	0	0	5	3	0	1
企业签订“债转股“协议情况							
已签订“债转股“协议	1	10	8	3	2	0	0
1999年签订协议	0	0	0	0	0	0	0
2000年签订协议	1	4	4	0	1	0	0
2001年签订协议	0	2	2	3	0	0	0
2002年签订协议	0	3	0	0	0	0	0
2003年签订协议	0	1	2	0	1	0	0
2004年签订协议	0	0	0	0	0	0	0
协议“债转股”总额（万元）	92986	840803	276685	63667	63822	0	0
1999年债转股总额（万元）	0	0	0	0	0	0	0
2000年债转股总额（万元）	92986	232031	68912	0	33000	0	0
2001年债转股总额（万元）	0	294700	97238	63667	0	0	0
2002年债转股总额（万元）	0	225216	0	0	0	0	0
2003年债转股总额（万元）	0	88856	110535	0	30822	0	0
2004年债转股总额（万元）	0	0	0	0	0	0	0

续表 17

单位:个

	国有企业	国有独资企业	其他有限责任公司	股份有限公司	中外合资企业	港澳台合资企业	其　他
企业分离富余职工的主要去向							
安排到其他单位	3	5	17	15	1	0	1
企业内部消化	13	34	54	60	10	2	9
失业	4	9	7	14	0	1	0
提前退休	10	26	24	41	6	0	6
其他	9	22	24	34	6	0	3
本企业无富余职工	4	11	39	55	6	0	12
企业办社会性服务机构分离情况							
全部分离	6	15	21	28	2	2	3
分离 50% 及以上	3	6	12	6	0	0	1
分离 50% 以下	2	2	4	4	0	0	0
没有分离	4	14	10	5	6	0	4
本企业无上述机构	7	11	49	92	9	1	16
国有企业未实行公司制主要原因							
没有改制计划	5	0	0	0	0	0	0
准备实行，现未启动	6	0	0	0	0	0	0
正在进行公司制改制	9	0	0	0	0	0	0
准备实行非公司制形式	2	0	0	0	0	0	0
公司制企业未进行注册登记的							
正在办理	0	0	0	0	0	0	0
暂未进行登记	0	0	0	0	0	0	0
其他	0	0	0	0	0	0	0
推进改革的主要障碍							
社会保障制度不完善	12	23	55	80	9	2	12
政府转变职能滞后	10	19	35	60	7	2	7
历史包袱沉重	12	25	27	32	5	2	8
产权不明确	6	18	16	22	2	1	6
市场体系不健全	12	18	57	79	11	2	13
缺乏激励和约束机制	11	23	31	57	9	0	9
影响生产经营主要因素							
市场需求不足	5	16	34	43	5	1	9
负债过高、利息负担重	10	17	22	37	4	0	7
资金紧缺	13	25	59	78	7	3	15
企业相互拖欠资金	5	11	27	46	4	2	6
人员过剩	4	12	9	15	2	0	2
设备及技术落后	5	12	12	25	4	0	3
原材料等价格偏高	13	25	66	71	11	1	13
管理机制不完善	8	15	26	43	5	1	6
改制后的总体评价							
效果很好	0	7	33	49	7	0	1
效果较好	0	31	57	80	9	3	0
效果一般	0	10	6	3	1	0	0
尚未见效	0	0	0	3	0	0	0
对未来发展前景预测							
很好	8	16	55	70	6	2	12
较好	10	28	39	62	11	1	11
一般	4	4	2	3	0	0	1

续表18

单位:个

	大型	中型	小型	其他	中央企业	520户国家重点企业	原512户国家重点企业	省级重点企业	现企国家百户试点企业	现企省级试点企业	国家试点企业集团母公司
合　计	257	73	12	3	1	49	5	232	4	43	4
确定为现企制度试点企业情况											
企业为现企制度试点企业	33	11	2	1	0	16	0	24	4	43	2
试点时间1994-1997年	32	11	2	1	0	16	0	24	4	42	2
试点时间1997年以后	1	0	0	0	0	0	0	0	0	1	0
企业为公司制企业	221	66	10	3	0	43	1	197	4	39	4
注册登记为公司制企业的时间在1994年以前	71	24	5	1	1	13	4	68	0	10	0
注册登记为公司制企业的时间在1994-1997年	83	19	4	1	0	20	0	69	3	25	1
注册登记为公司制企业的时间在1997年以后	103	30	3	1	0	16	1	95	1	8	3
总经理简历											
40岁及以下	33	17	2	0	0	3	0	31	0	5	0
41-50岁	145	39	8	2	0	25	4	128	2	27	2
51岁及以上	79	17	2	1	1	21	1	73	2	11	2
男	247	69	12	3	1	47	5	222	3	40	4
女	10	4	0	0	0	2	0	10	1	3	0
工龄10年及以下	2	2	0	0	0	0	0	4	0	0	0
工龄11-20年	57	22	3	2	0	7	1	50	0	7	0
工龄21年及以上	198	49	9	1	1	42	4	178	4	36	4
任现职5年及以下	138	47	10	3	0	27	5	118	2	26	3
任现职6-10年	75	14	2	0	1	15	0	69	2	14	0
任现职11年及以上	44	12	0	0	0	7	0	45	0	3	1
从事管理10年及以下	41	9	2	1	0	9	2	34	1	4	1
从事管理11-20年	108	37	8	2	0	16	2	95	2	20	1
从事管理21年及以上	108	27	2	0	1	24	1	103	1	19	2
总经理文化程度											
博士	5	3	0	0	0	1	0	8	1	0	1
硕士	80	17	3	2	0	19	3	75	2	10	2
大学本科	116	35	8	1	1	23	2	104	0	24	0
大学专科	52	17	1	0	0	6	0	43	1	9	1
中专或高中	4	1	0	0	0	0	0	2	0	0	0
其他	0	0	0	0	0	0	0	0	0	0	0
总经理以前职业											
科学研究人员	1	3	0	0	0	1	0	3	0	1	0
工程技术人员	31	5	1	1	1	8	1	24	0	8	1
企业管理人员	200	57	10	2	0	36	4	181	2	31	2
党政机关人员	17	6	1	0	0	4	0	16	2	3	1
其他	8	2	0	0	0	0	0	8	0	0	0

续表 19 单位:个

	大型	中型	小型	其他	中央企业	520户国家重点企业	原512户国家重点企业	省级重点企业	现企国家百户试点企业	现企省级试点企业	国家试点企业集团母公司
总经理学历所属专业											
理工科技类	76	19	3	1	1	19	1	59	2	14	1
经济学类	88	27	3	1	0	11	1	85	1	13	0
文史哲法类	2	2	1	0	0	1	0	4	0	1	0
管理学类	88	22	5	0	0	17	3	78	1	14	2
其他	3	3	0	1	0	1	0	6	0	1	1
总经理产生方式											
主管部门任命	21	4	1	0	1	4	3	17	0	4	0
董事会聘任	165	53	8	3	0	27	0	148	1	27	2
政府提名董事会聘任	30	4	1	0	0	8	0	25	0	5	2
职代会选举上级任命	5	3	2	0	0	0	0	6	0	3	0
社会公开招聘	1	1	0	0	0	0	0	1	1	0	0
上级组织部门任命	28	6	0	0	0	10	2	28	2	4	0
其他	7	2	0	0	0	0	0	7	0	0	0
企业经理层中多数人员的文化程度											
博士	2	0	0	0	0	0	1	1	0	0	0
硕士	9	7	0	0	0	1	0	10	0	3	0
大学本科	176	43	10	3	1	40	4	157	3	25	4
大学专科	60	17	2	0	0	7	0	53	1	15	0
中专或高中	10	6	0	0	0	1	0	11	0	0	0
其他	0	0	0	0	0	0	0	0	0	0	0
企业经理层中熟悉国际商务的人员比重											
100%	11	2	0	0	0	3	1	7	0	3	0
50%-100%	96	31	6	2	0	19	0	90	3	12	3
50%以下	150	40	6	1	1	27	4	135	1	28	1
中层管理人员产生方式											
总经理自主决定	32	15	2	0	0	6	1	27	0	8	0
总经理提名主管部门批	29	9	0	0	1	5	3	22	1	3	1
总经理提名董事会聘任	116	32	5	1	0	21	0	111	1	18	2
主管部门提名并决定	3	0	0	0	0	0	1	2	0	0	0
职代会选举主管部门任命	6	1	0	0	0	0	0	6	0	0	0
公开招聘	36	8	2	0	0	5	0	28	1	7	0
其他	35	8	3	2	0	12	0	36	1	7	1
从业人员中具有大专以上文化程度的比重											
50%及以上	50	19	8	2	0	14	1	53	1	10	0
20%-50%	136	37	2	1	1	18	4	118	3	19	3
10%-20%	56	11	1	0	0	15	0	48	0	10	1
10% 以下	15	6	1	0	0	2	0	13	0	4	0
行政管理人员占全部从业人员的比重											
50%及以上	4	0	3	1	0	2	1	4	0	1	0
20%-50%	33	13	5	1	0	6	1	29	1	8	1
10%-20%	100	34	2	1	0	19	2	95	2	15	2
10% 以下	120	26	2	0	1	22	1	104	1	19	1
行政管理人员劳动报酬占全部从业人员的比重											
50%及以上	5	2	3	1	0	2	1	6	0	2	0
20%-50%	79	29	5	2	0	14	1	75	3	13	3
10%-20%	98	25	2	0	1	21	3	86	0	17	1
10% 以下	75	17	2	0	0	12	0	65	1	11	0

续表20

单位:个

	大型	中型	小型	其他	中央企业	520户国家重点企业	原512户国家重点企业	省级重点企业	现企国家百户试点企业	现企省级试点企业	国家试点企业集团母公司
董事长产生方式											
政府部门任命	47	9	3	1	0	19	1	43	4	12	1
董事会选举产生	147	49	6	1	0	20	0	132	0	20	1
资产运营机构指定	7	2	0	1	0	3	0	5	0	2	1
股东会任命	24	8	1	0	0	2	0	22	0	4	0
其他	10	1	0	0	0	1	0	10	0	2	1
企业出资人情况											
有明确出资人	235	69	12	3	0	44	5	213	4	41	4
出资人法定人数为1人	50	7	4	2	0	19	4	48	3	15	2
出资人法定人数为2-5人	58	19	1	1	0	13	0	61	0	9	1
出资人法定人数为5人以上	125	42	7	0	0	11	1	102	1	17	1
企业组织机构组建情况											
成立了股东会	178	61	8	1	0	19	0	158	1	23	1
成立了董事会	235	69	10	3	0	45	1	212	4	40	4
设立独立董事	116	41	6	2	0	17	0	88	2	15	2
董事长与总经理由一人兼任	70	18	2	1	0	14	0	73	0	14	1
兼任原因											
《公司法》允许	30	6	1	1	0	6	0	33	0	5	0
机构部门同意	21	2	2	0	0	7	0	20	0	7	0
董事会决定	42	13	2	1	0	9	0	46	0	9	0
正向分设过度	7	1	0	0	0	3	0	5	0	3	1
暂无分设必要	31	4	1	0	0	6	0	32	0	4	0
其他	6	2	0	1	0	2	0	6	0	2	0
成立了监事会	216	64	10	2	0	38	2	188	4	35	3
股东会职权行使情况											
决定经营方针和投资计划	173	58	7	1	0	19	0	153	1	22	1
选举和更换董事	175	58	8	1	0	19	0	154	1	23	1
选举和更换监事	175	58	8	1	0	19	0	154	1	22	1
审议批准董事会报告	176	60	8	1	0	19	0	156	1	23	1
审议批准监事会报告	175	60	8	1	0	19	0	155	1	23	1
审议批准财务方案	177	60	8	1	0	19	0	157	1	23	1
审议批准利润分配方案	174	60	8	1	0	19	0	155	1	22	1
决定增减注册资本	170	59	8	1	0	19	0	150	1	21	1
决定发行债券	159	58	8	1	0	15	0	140	0	20	1
决定转让出资	157	55	8	1	0	16	0	142	0	19	1
决定公司合分等事项	172	57	8	1	0	18	0	151	1	20	1
修改公司章程	175	58	8	1	0	19	0	155	1	22	1
董事会职权行使情况											
召集股东会	197	65	8	1	0	23	0	173	2	28	2
执行股东会决议	195	64	8	1	0	23	0	171	2	27	2
决定经营计划和投资方案	231	68	10	3	0	45	1	209	4	40	4
制订财务方案	233	69	10	3	0	45	1	210	4	40	4
制订利润分配方案	231	68	10	3	0	44	0	207	4	39	4
制订注册资本增减方案	228	67	10	3	0	43	0	204	4	38	4
拟定公司合分等事项方案	222	69	10	3	0	40	0	201	4	38	4
决定内部管理机构设置	232	69	10	3	0	45	1	210	4	39	4
聘任或解聘公司经理	217	66	10	3	0	35	0	194	2	39	4
经理提名，聘或解聘高管人员	224	68	10	3	0	38	0	200	3	39	4
制定公司基本管理制度	231	67	10	3	0	45	1	207	4	39	4

续表21

单位:个

	大型	中型	小型	其他	中央企业	520户国家重点企业	原512户国家重点企业	省级重点企业	现企国家百户试点企业	现企省级试点企业	国家试点企业集团母公司
监事会职权行使情况											
检查公司财务	214	64	10	2	0	38	2	187	4	35	3
对董事和经理进行监督	213	63	10	2	0	38	2	186	4	35	3
纠正损害公司利益行为	213	63	10	2	0	37	2	187	4	35	3
提议召开临时股东会	186	59	9	0	0	24	2	159	1	24	1
其它职权	212	64	10	2	0	37	2	185	4	34	3
总经理职权行使情况											
主持生产经营管理	255	73	12	3	1	49	5	231	4	42	4
组织实施经营、投资方案	256	73	12	3	1	49	5	231	4	43	4
拟订管理制度及机构方案	257	73	12	3	1	49	5	232	4	43	4
聘或解聘高层管理人员	237	71	11	3	1	43	1	213	3	40	4
聘或解聘负责管理人员	239	70	10	3	1	45	2	217	4	41	4
企业劳动人事分配制度改革情况											
已全面实行劳动合同制度	249	72	12	3	1	48	5	226	4	41	3
已实行全员竞争上岗制度	239	68	10	2	1	43	4	214	4	37	3
仍存在干部和工人身份界限	89	27	4	2	0	26	3	86	1	15	0
内部管理人员已实行公开竞聘	243	67	11	2	1	45	4	216	4	36	3
企业能足额缴纳社会保险费	246	70	9	3	1	45	5	225	3	38	3
企业是否实行以下分配方法											
企业经营者年薪制	170	46	5	2	1	34	3	145	3	30	4
企业经营者持有股权期权	95	27	3	2	0	13	2	98	0	15	0
岗位工资为主的工资制	238	69	12	3	1	47	4	214	3	39	4
科技人员收入分配激励机制	192	47	5	2	1	42	3	170	2	31	4
职工持股分配制	82	17	4	1	0	10	1	83	0	9	0
工资集体协商制度	95	16	3	0	1	23	2	79	1	12	2
企业技术创新情况											
企业已建立技术中心	201	50	4	2	1	45	3	178	2	31	4
国家级认定	60	5	0	0	0	27	1	45	2	15	3
省级认定	95	24	2	0	0	14	1	85	0	15	1
其他级别认定	46	21	2	2	1	4	1	48	0	1	0
技术中心设施、经费和人员是否满足需要											
完全满足	32	8	0	0	0	9	1	24	0	4	0
基本满足	158	37	3	0	1	33	2	144	2	24	4
不满足	11	5	1	2	0	3	0	10	0	3	0
企业获新产品新技术途径											
自主开发	212	51	5	2	1	46	5	187	2	31	4
委托开发	96	30	3	0	1	23	4	89	1	15	2
与院校科研机构联合开发	174	40	3	2	1	40	5	152	1	26	2
接受技术成果转让	96	23	3	1	0	23	3	90	1	12	1
引进技术消化吸收和创新	180	44	6	2	0	38	5	161	2	29	4
其他	73	17	2	0	0	12	2	63	0	7	1
企业近三年专利申请授权及应用情况											
获得国内专利申请授权	4871	428	7	0	0	3000	17	4398	3	1035	209
已应用专利	4516	379	4	0	0	2907	6	4104	3	999	198
获得美国专利申请授权	34	13	0	0	0	17	0	41	0	2	0
已应用专利	30	13	0	0	0	17	0	37	0	2	0

续表22

单位:个

	大型	中型	小型	其他	中央企业	520户国家重点企业	原512户国家重点企业	省级重点企业	现企国家百户试点企业	现企省级试点企业	国家试点企业集团母公司
企业建立商业网站情况											
已经建立	191	57	7	3	0	37	3	176	2	32	4
企业主要产品(服务)国内市场占有率											
50%及以上	20	5	1	1	0	3	1	20	1	2	0
20%-50%	41	18	0	1	0	9	0	36	0	10	0
10%-20%	54	11	1	0	0	13	1	45	0	6	2
1%-10%	120	30	6	1	1	21	1	111	2	20	2
1% 以下	22	9	4	0	0	3	2	20	1	5	0
企业在银行的信用等级											
AAA级	191	44	3	1	1	34	2	172	1	19	3
AA级	48	19	1	2	0	9	2	47	1	12	1
A级	8	3	4	0	0	3	0	6	1	5	0
BBB级	1	1	0	0	0	0	0	1	0	0	0
BB级	0	0	0	0	0	0	0	0	0	0	0
B级	2	2	2	0	0	1	0	2	0	3	0
CCC级	0	0	1	0	0	0	0	1	0	0	0
CC级	0	0	0	0	0	0	0	0	0	0	0
C级	1	0	0	0	0	0	0	0	0	1	0
企业是否有奖惩制度											
有，并且能严格执行	243	67	9	3	1	44	5	222	3	38	4
有，但很难严格执行	13	5	2	0	0	5	0	8	1	5	0
无	1	1	1	0	0	0	0	2	0	0	0
企业质量管理情况											
企业已通过ISO9000认证	228	57	7	3	1	47	3	204	2	35	4
企业已通过ISO14000认证	129	22	2	3	1	29	0	117	2	13	3
上市公司情况											
企业为上市公司	55	24	3	0	0	5	0	17	0	3	0
A 股	48	22	3	0	0	5	0	15	0	3	0
B 股	5	1	0	0	0	1	0	2	0	0	0
H 股	8	1	0	0	0	1	0	3	0	0	0
企业签订“债转股“协议情况											
已签订“债转股“协议	21	2	1	0	0	12	0	20	1	7	1
1999年签订协议	0	0	0	0	0	0	0	0	0	0	0
2000年签订协议	9	1	0	0	0	6	0	9	1	2	0
2001年签订协议	5	1	1	0	0	1	0	4	0	3	0
2002年签订协议	3	0	0	0	0	2	0	3	0	0	0
2003年签订协议	4	0	0	0	0	3	0	4	0	2	1
2004年签订协议	0	0	0	0	0	0	0	0	0	0	0
协议“债转股”总额（万元）	1278382	38625	20956	0	0	863596	0	1195594	28633	322678	10862
1999年债转股总额（万元）	0	0	0	0	0	0	0	0	0	0	0
2000年债转股总额（万元）	417883	9046	0	0	0	279413	0	417883	28633	137172	0
2001年债转股总额（万元）	405070	29579	20956	0	0	243000	0	322282	0	85788	0
2002年债转股总额（万元）	225216	0	0	0	0	210643	0	225216	0	0	0
2003年债转股总额（万元）	230213	0	0	0	0	130540	0	230213	0	99718	10862
2004年债转股总额（万元）	0	0	0	0	0	0	0	0	0	0	0

续表 23 单位:个

	大型	中型	小型	其他	中央企业	520户国家重点企业	原512户国家重点企业	省级重点企业	现企国家百户试点企业	现企省级试点企业	国家试点企业集团母公司
企业分离富余职工的主要去向											
安排到其他单位	27	14	1	0	0	3	0	24	0	6	1
企业内部消化	140	33	8	1	0	39	2	124	2	29	3
失业	27	6	2	0	0	5	1	19	1	5	1
提前退休	84	20	9	0	1	20	2	70	4	19	2
其他	77	15	6	0	0	19	2	69	2	12	2
本企业无富余职工	93	30	2	2	0	8	2	91	0	10	1
企业办社会性服务机构分离情况											
全部分离	55	19	1	2	0	13	1	42	2	15	1
分离 50% 及以上	24	3	1	0	0	7	2	19	0	4	0
分离 50% 以下	10	2	0	0	0	3	0	7	0	1	0
没有分离	34	5	4	0	1	11	1	34	1	6	2
本企业无上述机构	134	44	6	1	0	15	1	130	1	17	1
国有企业未实行公司制主要原因											
没有改制计划	5	0	0	0	0	1	2	4	0	0	0
准备实行，现未启动	3	1	2	0	0	1	0	5	0	1	0
正在进行公司制改制	8	1	0	0	1	1	2	3	0	3	0
准备实行非公司制形式	2	0	0	0	0	1	0	2	0	0	0
公司制企业未进行注册登记的											
正在办理	0	0	0	0	0	0	0	0	0	0	0
暂未进行登记	0	0	0	0	0	0	0	0	0	0	0
其他	0	0	0	0	0	0	0	0	0	0	0
推进改革的主要障碍											
社会保障制度不完善	137	47	8	1	1	29	4	128	1	28	2
政府转变职能滞后	110	26	3	1	0	20	4	95	3	21	2
历史包袱沉重	86	18	6	1	1	23	3	68	2	19	2
产权不明确	52	16	2	1	0	11	0	48	1	9	0
市场体系不健全	146	39	7	0	1	26	1	137	1	19	1
缺乏激励和约束机制	97	38	3	2	0	25	3	91	3	19	2
影响生产经营主要因素											
市场需求不足	76	35	2	0	0	13	0	77	1	10	2
负债过高、利息负担重	73	18	5	1	0	13	2	63	1	20	2
资金紧缺	148	39	11	2	0	26	2	136	3	34	2
企业相互拖欠资金	76	21	2	2	0	18	0	61	0	12	1
人员过剩	34	9	1	0	0	10	3	28	2	5	1
设备及技术落后	45	15	1	0	1	8	1	38	1	4	0
原材料等价格偏高	152	39	7	2	1	30	4	144	1	23	2
管理机制不完善	77	21	6	0	1	18	3	69	1	9	0
改制后的总体评价											
效果很好	70	23	3	1	0	8	0	67	1	10	2
效果较好	138	36	4	2	0	29	1	120	1	20	2
效果一般	11	7	2	0	0	5	0	10	1	8	0
尚未见效	2	0	1	0	0	1	0	0	1	1	0
对未来发展前景预测											
很好	126	36	6	1	0	17	2	122	2	13	2
较好	125	32	3	2	1	31	3	103	1	24	2
一般	6	5	3	0	0	1	0	7	1	6	0

4－8 山东省上市公司名单（2004年）

公司名称	股票名称	股票代码	上市时间	公司办公地址	联系电话	邮政编码
中国重型汽车集团济南卡车股份有限公司	中国重汽	000951	1999.11.25	山东省济南市市中区党家镇	0531-85587004	250116
青岛啤酒股份有限公司	青岛啤酒 青岛啤酒H	600600 0168	1994.6.28 1993.7.15	山东省青岛市市南区香港中路青啤大厦	0532-85715062	266071
山东晨鸣纸业集团股份有限公司	晨鸣纸业 晨鸣B	000488 200488	1997.5.26 2000.11.20	山东省潍坊市寿光市晨鸣工业园	0536-2158000	262700
山东鲁北化工股份有限公司	鲁北化工	600727	1996.7.2	山东省滨州市无棣县埕口镇	0543-6451057	251909
山东海龙股份有限公司	山东海龙	000677	1996.12.26	山东省潍坊市寒亭区潍县北路555号	0536-2275129	261100
山东淄博华光陶瓷股份有限公司	华光陶瓷	000655	1996.11.28	山东省淄博市开发区鲁泰大道55号	0533-2065101	255086
鲁泰纺织股份有限公司	鲁泰A 鲁泰B	000726 200726	1997.8.1 2000.12.25	山东省淄博市淄川区松龄路81号	0533-5285166	255100
山东东阿阿胶股份有限公司	东阿阿胶	000423	1996.7.29	山东省聊城市东阿县阿胶街78号	0635-3260013	252201
山东巨力股份有限公司	山东巨力	000880	1998.4.2	山东省潍坊市潍城区长松路69号	0536-8185856	261021
潍坊北大青鸟华光科技股份有限公司	青鸟华光	600076	1997.5.26	山东省潍坊市高新技术产业开发区北宫东街6号	0536-2991584	261061
山东胜利股份有限公司	胜利股份	000407	1996.7.3	山东省济南市高新区东辰大街	0531-88878899	250101
东安黑豹股份有限公司	东安黑豹	600760	1996.10.11	山东省威海文登市龙山路107号	0631-8087750	264400
山东新华医疗器械股份有限公司	新华医疗	600587	2002.9.27	山东省淄博市张店高新区新华医疗科技园	0533-3587758	255086
青岛碱业股份有限公司	青岛碱业	600229	2000.9.1	山东省青岛市李沧区四流北路78号	0532-88082480	266043
山东济南百货大楼（集团）股份有限公司	济南百货	600807	1994.1.3	山东省济南市历下区泉城路264号	0531-86157023	250011
山东金泰集团股份有限公司	山东金泰	600385	2001.7.23	山东省济南市洪楼西路29号	0531-88902341	250100
鲁银投资集团股份有限公司	鲁银投资	600784	1996.12.25	山东省济南市经十路128号	0531-82024162	250001
银座渤海集团股份有限公司	渤海集团	600858	1993.8.38	山东省济南市泺源大街22号	0531-86961258	250063
济南柴油机股份有限公司	石油济柴	000617	1996.10.22	山东省济南市历下区文化西路14号	0531-82965971-2369	250063
山东省中鲁远洋渔业股份有限公司	中鲁B	200992	2000.7.24	山东省济南市历下区和平路43号	0531-86553246	250014
济南轻骑摩托车股份有限公司	济南轻骑 轻骑B	600698 900946	1994.8.30 1997.6.17	山东省济南市历下区和平路34号	0531-86599786	250014
浪潮电子信息产业股份有限公司	浪潮信息	000977	2000.6.8	山东省济南市历下区山大路224号	0531-85106276	250014
华电国际电力股份有限公司	山东国际电源（H）	1071	1999.6.30	山东省济南市经三路14号	0531-82366067	250100
山东浪潮齐鲁软件产业股份有限公司	浪潮软件	600756	1999.9.1	山东省济南市历下区山大路224号	0531-85105629	250013
山东山大华特科技股份有限公司	山大华特	000915	1999.6.9	山东省济南市历下区经十路71号	0531-85198077	250061
山东航空股份有限公司	山航B	200152	2000.9.12	山东省济南市历下区二环东路5746号	0531-85698862	250014

续表 1

公 司 名 称	股票名称	股票代码	上市时间	公 司 办 公 地 址	联 系 电 话	邮政编码
山东基建股份有限公司	山东基建	600350	2002.3.18	山东省济南市历下区经十路71号	0531-82662962	250061
山东黄金矿业股份有限公司	山东黄金	600547	2003.8.2	山东省济南市历下区解放路16号	0531-88562807	250014
青岛黄海橡胶股份有限公司	黄海股份	600579	2002.8.9	山东省青岛市李沧区沧安路1号	0532-846778225	266041
青岛海信电器股份有限公司	海信电器	600060	1997.4.22	山东省青岛市经济技术开发区团结路18号	0532-83878888-5863	266555
青岛健特生物投资股份有限公司	健特生物	000416	1996.7.19	山东省青岛市太平角六路十二号	0532-83884366	266071
青岛澳柯玛股份有限公司	澳柯玛	600336	2000.12.29	山东省青岛市经济技术开发区前湾港路315号	0532-86765177	266510
青岛普洛康裕股份有限公司	普洛康裕	000739	1997.5.9	山东省青岛市市北区胶州路140号	0532-83860936	266011
青岛海尔股份有限公司	青岛海尔	600690	1993.11.19	山东省青岛市开发区前湾港路	0532-86762697	266500
青岛双星股份有限公司	青岛双星	000599	1996.4.30	山东省青岛市即墨市大信镇新胜庄村	0532-82538569	266229
山东铝业股份有限公司	山东铝业	600205	1999.6.30	山东省淄博市张店区南定镇五公里	0533-2944247	255052
山东金晶科技股份有限公司	金晶科技	600586	2002.8.15	山东省淄博市高新区宝石镇王庄乡	0533-4166055	255086
山东省药用玻璃股份有限公司	山东药玻	600529	2002.6.3	山东省淄博市沂源县二郎山路8号	0533-3242312	256100
山东大成农药股份有限公司	大成股份	600882	1995.12.6	山东省淄博市张店区洪沟路25号	0533-2111999-6626	255009
山东鲁信高新技术产业股份有限公司	鲁信高新	600783	1996.12.25	山东省淄博市张店区南定车站街69号	0533-2980151-7549	255055
山东新华制药股份有限公司	新华制药 新华制药H	000756 0719	1997.1.1 1996.12.31	山东省淄博市高新技术产业开发区化工区	0533-2196083	255005
中国石化齐鲁股份有限公司	齐鲁石化	600002	1998.4.8	山东省淄博市张店区中润大道111号	0533-7588665	255086
山东万杰高科技股份有限公司	万杰高科	600223	2000.3.14	山东省淄博市高科技产业开发区	0533-4650660	255213
山东华泰纸业股份有限公司	华泰股份	600308	2000.9.28	山东省东营市广饶县大王镇潍高路251号	0546-6888721-8853	257335
中国石化胜利油田大明(集团)股份有限公司	石油大明	000406	1996.6.28	山东省东营市东营区济南路228号	0546-7888921	257000
烟台东方电子信息产业股份有限公司	东方电子	000682	1997.12.1	山东省烟台市芝罘区世回尧路228号	0535-6582015	264000
烟台华联发展集团股份有限公司	烟台发展	600766	1996.10.26	山东省烟台市芝罘区北马路1号	0535-6624317	264000
烟台冰轮股份有限公司	烟台冰轮	000811	1998.5.23	山东省烟台市芝罘区西山路80号	0535-6243451-6312	264000
烟台张裕葡萄酿酒股份有限公司	张裕A 张裕B	000869 200869	1997.9.23 2000.10.26	山东省烟台市芝罘区世回尧路174号	0535-6691243	264000
山东九发食用菌股份有限公司	九发股份	600180	1998.7.3	山东省烟台市牟平区武宁镇10号	0535-4252685	264001
烟台万华聚氨酯股份有限公司	烟台万华	600309	2001.4.1	山东省烟台市芝罘区幸福南街2号	0535-6837888-8378	264002
烟台新潮实业股份有限公司	新潮实业	600777	1996.11.21	山东省烟台市牟平区通海路250号	0535-4259787	264100
山东南山实业股份有限公司	南山实业	600219	1999.12.23	山东省烟台龙口市东江镇56号	0535-8616009	265718

续表2

公司名称	股票名称	股票代码	上市时间	公司办公地址	联系电话	邮政编码
潍坊亚星化学股份有限公司	亚星化学	600319	2001.3.26	山东省潍坊市奎文区鸢飞路899号	0536-8667941-2021	261031
山东海化股份有限公司	山东海化	000822	1998.7.3	山东省潍坊市海洋化工高新技术产业开发区	0536-5329428	262737
山东鲁抗医药股份有限公司	鲁抗医药	600789	1997.2.26	山东省济宁太白西路173号	0537-2983622	272021
山推工程机械股份有限公司	山推股份	000680	1997.1.22	山东省济宁市太白东路58号	0537-2909645	272035
中国石化山东石油泰山石油股份有限公司	泰山石油	000554	1993.12.1	山东省泰安市泰山区东岳大街104号	0538-6269673	271000
泰安鲁润股份有限公司	鲁润股份	600157	1998.5.11	山东省泰安市泰山区青年路111号	0538-8226885	271000
山东鲁能泰山电缆股份有限公司	鲁能泰山	000720	1997.5.9	山东省泰安市泰山区普照寺路5号	0538-8539080	271000
山东华阳科技股份有限公司	华阳科技	600532	2002.10.31	山东省泰安市宁阳县磁窑镇	0538-5826299	271411
莱芜钢铁股份有限公司	莱钢股份	600102	1997.8.28	山东省莱芜市钢城区新兴路21号	0634-6822139	271104
山东香江控股股份有限公司	香江控股	600162	1998.6.9	山东省临沂市金雀山路17号	0539-8308809	276004
山东江泉实业股份有限公司	江泉实业	600212	1999.8.1	山东省临沂市罗庄区龙潭路	0539-7100967	276017
山东兰陵陈香股份有限公司	兰陵陈香	600735	1996.7.26	山东省临沂市罗庄区双月路153号	0539-8258002	276017
山东华鲁恒升化工股份有限公司	华鲁恒升	600426	2002.6.20	山东省德州市德城区天衢西路44号	0534-2465043	253024
中通客车控股股份有限公司	中通控股	000957	2000.1.1	山东省聊城市建设东路10号	0635-8322619	252000
山东鲁西化工股份有限公司	鲁西化工	000830	1998.8.7	山东省聊城市鲁化路68号	0635-8334515	252000
华纺股份有限公司	华纺股份	600448	2001.9.3	山东省滨州市滨城区黄河二路819号	0543-3288379	256617
魏桥纺织股份有限公司	魏桥纺织H	2698	2003.9.2	山东省滨州市邹平县经济技术开发区魏纺路1号	0543-4161083	256200
兖州煤业股份有限公司	兖州煤业 兖州煤业H	600188 1171	1998.7.1 1998.3.31	山东省济宁市邹城市凫山路298号	0537-5383848	273500
科达集团股份有限公司	科达股份	600986	2004.4.26	山东省东营市东营区府前大街276号	0546-8300329	257091
山东滨州渤海活塞股份有限公司	滨州活塞	600960	2004.4.7	山东省滨州市渤海二十路999号	0543-3289000	256602
济南钢铁股份有限公司	济南钢铁	600022	2004.6.29	山东省济南市历城区工业北路21号	0531-88868180	250101
青岛中天信息技术有限公司	中天国际	2379	2004.9.22	山东省青岛市市南区香港中路52号	0532-85711167	266071
山东博汇股份有限公司	博汇纸业	600966	2004.6.8	山东省淄博市桓台县马桥镇	0533-8530542	256405
烟台北方安德利果汁股份有限公司	安德利果汁H	8259	2003.4.22	山东省烟台市牟平区武宁镇	0535-4218988	264100
潍柴动力股份有限公司	潍柴动力	2338	2004.3.11	山东省潍坊市奎文区民生东街26号	0536-2297078	261001
山东墨龙石油机械股份有限公司	山东墨龙	8261	2004.4.15	山东省潍坊市寿光市北海路99号	0536-5101565	262700
山东威高集团医用高分子制品股份有限公司	威高股份	8199	2004.2.27	山东省威海市高技术产业开发区田村世昌大道312号	0631-5661424	264209
山东威达机械股份有限公司	山东威达	002026	2004.7.27	山东省威海文登市高山镇中韩路2号	0631-8548858	264414
山东好当家海洋发展股份有限公司	好当家	600467	2004.4.5	山东省威海市荣成虎山镇沙嘴子	0631-7438533	264305

4－9　山东省上市公司主要经济指标

主 要 指 标	单 位	2004年
上市公司单位数	个	82
单发行A股	个	67
单发行B股	个	2
单发行H股	个	6
合并发行A、B股	个	4
合并发行A、H股	个	3
股本合计	万股	4068960
资产总计	万元	25738712
流动资产年平均余额	万元	9005314
年末负债合计	万元	12267547
流动负债	万元	8878058
年末股东权益合计	万元	13471165
主营业务收入	万元	19629379
其中：主营业务成本	万元	15302207
新产品销售收入	万元	3103752
出口销售总额	万元	2518739
存货跌价损失和营业、管理、财务等费用合计	万元	2080066
其中：税金	万元	33834
劳动、待业保险费	万元	92486
职工教育费	万元	9530
利润总额	万元	1990377
应交所得税	万元	572770
应交增值税	万元	791766
固定资产投资完成额	万元	2694688
研究开发费用	万元	176183
从业人员年末人数	人	420958
从业人员劳动报酬	万元	700184

4－10　开发商看好2004年房地产业

——129家企业的调查分析

2004年我省房地产业的发展趋势如何?山东省企业调查队对全省129家三级及三级以上资质的房地产企业进行了一次快速调查。调查情况表明:在全省经济大发展的推动下,2004年,我省房地产开发投资仍将呈现高速增长态势,市场需要旺盛,发展前景看好,支柱作用进一步显现。

一、住宅市场潜力巨大,前景看好

据调查分析,2004年市场对商品住宅的需求主要来自三个方面:一是每年不断增长的首次置业者的主动性购房需求;二是新城规划、旧城改造和市区道路改造工程的实施带来的拆迁户被动性购房需求;三是随着各地房改房的上市,特别是省直房改房的上市,将激发新一轮追求“居者优其屋”的二次购房需求。从调查来看,129家房地产开发企业中有83.4%的企业认为本地区消费者购房能力较高或尚可;96.9%的企业认为目前商品房销售情况乐观或尚可;97.7%的企业对未来两年商品房销售前景看好。

二、市场稳定,房价将继续平稳上升

2004年我省房价将继续攀升,但幅度不会很大,总体上呈现稳中有升趋势。政府对土地的有效控制和土地市场的规范化,使土地成本有较大提高,建筑材料的涨价,巨大的市场需求,都是房价上涨的有利支撑。另外,许多增强城市功能项目的陆续完工,城市配套设施的完善、环境的美化也将引发商品房的增值。调查显示:76%的房地产企业认为未来两年土地价格仍呈上涨趋势;61.2%的企业认为未来两年商品房销售价格将持续上涨。

三、二手房市场趋于活跃

其一,随着我省各市旧城改造的进一步加快,大量的拆迁户面临着解决住房的问题,且需求量最大的是普通住宅或经济适用型住房。其二,巨大的二手房需求市场,也将激发有较强经济能力的人进行二次置业,尤其是省直公房的上市,将大大激发二手房市场的快速发展。其三,住房二级市场的全面放开,促进了住宅消费观念的转变,增强了消费者“住宅只有流动、交易,才有收益、增值可能”的住宅消费意识,提高了原有不动产的变现增值能力和消费者的换购房能力。

四、房地产开发将以普通商品住房为主

从政策上看,无论是央行的房贷新政策还是国务院2003年18号文件,对中低价位普通商品住房都是重点扶持;从当前的市场销售看,中档房的销售较好,低档房次之,高档房较差。房地产开发重点向中低档普通商品住房和经济适用房转移的趋势将更加明显。调查显示:68.2%的企业未来两年房地产开发首选普通住宅。

五、受央行房贷新政策影响,房地产业融资结构趋于多元化,企业将面临重新整合

中国人民银行发布的《关于进一步加强房地产信贷业务管理的通知》,对房地产开发企业来说,有利于信用高、实力强并具备较高开发资质的企业,有利于开发中低档楼盘的企业,有利于当地开发。随着新政策的不断落实,房地产市场的格局将发生重大变化。

一是房地产开发趋向规模化,房地产行业将面临重新整合。据央行房贷新政策规定,今后的房地产贷款将向信用高、实力强、没有拖欠款并具备较高开发资质的企业集中。贷款门槛的提高,意味着开发资质低、无证开发的中小型企业将得不到金融部门的支持,最终因资金周转困难而被迫退出。相反,实力强的企业得到金融部门支持的机遇将会增大,竞争优势更加明显。

二是资金融集趋向多元化。随着国家央行121号文件的贯彻实施和我省房地产行业“双清”行动的开展,导致贷款门槛提高,迫使开发企业的资金筹集将由主要依靠银行贷款转向外资和民间资本,增加自有资金比例,提高自身的抗风险的能力,呈现融资多元化的趋势。调查显示:129家房地产开发企业自有资金比例逐年提高,2001年、2002年分别占企业本年资金来源的13%和15.27%,2003年达到18.34%,比同期增加3.07个百分点;定金及预收款2003年占企业本年资金来源的30.08%,比2002年提高2.62个百分点。调查还显示:未来两年房地产企业的融资渠道变化更为明显。42.6%的企业首选自有资金,同比提高26.7个百分点;43.4%企业首选银行贷款,同比下降5.9个百分点;2.3%企业首选其他资金来源,同比下降13.2个百分点。

六、三大因素影响我省房地产业发展

调查企业认为有三大因素影响房地产业的发展,分别是:政策因素、经济发展水平、资金筹措。

被调查企业中有52.7%认为政策因素对房地产开发投资影响最大;有25.6%的企业认为经济发展水平是限制目前房地产开发投资重要因素;9.3%的企业认为最令其头痛的就是资金筹措困难;调查显示129户企业中,2003年因资金筹措困难与其他企业(单位或个人)相互拖欠资金达9.9亿元,户均年拖欠额达767万元。

针对当前我省房地产业的发展状况,被调查企业对各级政府管理部门提出一些建议。一是稳步推进各项宏观调控政策,保证各项政策的连续性、稳定性;二是不断增强政策透明度,特别是增加土地信息的透明度,切实推行公平、公开拍卖,千方百计地创造公平的竞争环境;三是加强对房地产开发过程的监督管理,注重强化工程质量监督,并对违规者予以重罚;四是加强拆迁管理,明确拆迁过程中各方的责任义务,规范拆迁行为;五是拓宽企业融资渠道,降低银行贷款的担保抵押条件。　　(刘同星　马明玉)

4－11　山东省制造业大企业集团综合竞争力实证分析

山东省提出了加快建设现代制造业大省、打造半岛制造业基地、叫响“山东制造”品牌的发展战略。代表山东制造业发展水平的大企业集团竞争力的强弱,将直接影响着这一战略目标的顺利实施。本文遵循实用性、可行性、科学性的原则,利用可操作的统计评价方法,把构成竞争力的各要素进行量化测评,分析山东大企业集团的竞争力现状与前景、问题与对策,为党政领导提供决策服务。评价结果显示:山东制造业大企业集团的综合竞争力一般,企业之间竞争力差距不断拉大,不同行业、不同所有制类型之间竞争力强弱不均。

一、山东制造业大企业集团竞争力评价方法简析

大企业集团竞争力是大企业集团在一个较长时期内,不断适应外部环境、合理运用各种经营资源、提供产品与服务过程中发展起来的生存发展能力,它是与竞争对手的角逐过程中形成的竞争优势能力。为了评价我省制造业中大企业集团的竞争力,选取省政府2001年确定的制造业中136家大企业集团为评价对象,考虑到代表性和可比性等因素,实际选用评价了117家;利用2000年、2001年和2002年度的企业集团统计、重点企业建立现代企业制度跟踪监测统计年报数据;设置了既注重反映竞争力的全面性和适用性,又兼顾测度竞争力的敏感度评价指标体系,共涉及两大体系,八个层次,23个指标;采用了定性与定量相结合的方法来确定权重,选用了加法模型来反映企业竞争力的各个因素迭加在一起形成的综合竞争力。其计算公式为:

综合竞争力评价指数＝$\alpha\Sigma$竞争能力层各指标的个体评价值×各指标权重＋$(1-\alpha)\Sigma$竞争机制层各指标的个体评价值×各指标权重(其中$\alpha=0.6$)。

二、山东制造业大企业集团综合竞争力实证分析

评价与分析是企业竞争力评价中两个相辅相成的环节,评价解决了企业竞争力的定量描述,而对评价结果的分析则是评价的目的所在。通过以上方法的评价分析,山东制造业大企业集团的竞争力表现出如下特点:

1.山东大企业集团竞争力水平总体一般。从总体竞争力水平综合指数分析,2001年山东大企业集团的竞争力综合指数为2.5,2002年综合竞争力指数为2.8,处与次强与一般的临界点,表明山东企业的竞争力水平一般,竞争力“弱”和“一般”的企业数量有所下降,竞争力“强”与“次强”的企业数量相对上升,说明山东大企业集团竞争力强弱企业数分布有望向“倒金字塔”转变。

从竞争力强弱标准看,山东大企业竞争力强弱企业数基本呈“金字塔”形,竞争力从弱到强的企业数分布呈递减趋势。但2002年与2001年相比,各企业竞争力水平均有所提高。

表1　山东大企业集团竞争力强弱分布状况

	2001年		2002年	
	企业数（个）	比重（%）	企业数（个）	比重（%）
较强	11	9.3	18	15.3
次强	12	10.2	16	13.6
一般	33	28.0	30	25.4
弱	61	52.5	53	45.7
合计	117	100	117	100

与全国大企业竞争力比较分析,2001年对全国686家国家骨干企业竞争力评价中,山东55家企业中有9位排在全国的前50名,其中海尔集团公司高居榜首,海信集团有限公司列第六位,其它企业的竞争力优势并不明显。在东部沿海经济带中,山东的大企业集团竞争力水平低于江苏省,略高于其他省份,但优势并不明显。

2.山东大企业集团竞争力差距凸现,强弱分

表2　2001年全国骨干企业集团前50名中山东企业竞争力状况

企业名称	综合指数		能力指数				
	排名	值	合计	生存力	发展力	潜力	机制指数
全国平均水平		59.28	60.04	61.2	59.0	58.8	58.1
海尔集团公司	1	86.1	88.6	83.2	99.5	87.8	82.1
海信集团公司	6	77.6	74.9	78.4	65.7	77.2	81.6
诸城市大龙实业有限公司	16	74.4	70.7	69.8	74.5	68.7	80.1
三角集团有限公司	18	74.0	73.7	75.8	74.8	68.4	74.5
山东晨鸣纸业集团股份有限公司	19	73.8	67.2	64.2	53.1	87.3	83.8
山东滨州渤海活塞股份有限公司	27	72.5	70.8	68.2	75.1	72.0	75.0
双星集团有限责任公司	41	71.1	76.6	68.5	100.0	69.3	63.0
鲁能泰山电缆电器有限公司	45	70.9	64.0	67.3	63.8	57.7	81.2
山东如意毛纺集团有限责任公司	47	70.8	67.4	67.2	69.4	65.9	75.9

表3　2001年东南沿海各省大企业集团竞争力状况比较表

省市名称	竞争力强弱企业分布数（%）					竞争力指数		
	企业个数（个）	较强	次强	一般	较差	综合	能力	机制
总计	449	0.5	8.0	30.7	60.8	59.6	59.9	59.5
山东	55	1.8	16.4	41.8	40.0	62.8	62.9	62.6
北京	142	0	1.4	8.5	90.1	50.1	58.1	38.1
上海	35	0	14.3	51.4	34.3	62.2	64.5	58.7
江苏	42	0	21.4	45.2	33.4	64.0	61.9	67.1
浙江	17	0	17.6	35.3	47.1	62.4	62.1	62.8
广东	45	2.2	6.7	48.9	42.2	59.7	58.8	61.0

明。评价结果显示,山东大企业集团发展极不均衡,由于规模实力、盈利能力、发展潜力、机制活力不尽相同,因而竞争力也参差不齐。2002年竞争力较强的前20名企业综合指数为6.9,处于较强区间,这些企业扩张裂变能力强、发展潜力大、后劲足,竞争能力强,在山东的大企业集团中处于领跑地位;较弱的20名企业综合指数为0.9,处于极弱区间,这些企业徘徊在"生死"边缘。只有既保持大企业集团领跑企业的优势,又提高弱势企业的竞争力水平,才能从根本上提高山东企业的总体竞争力水平。

3.山东大企业集团竞争能力强于竞争机制,生存能力优于发展潜力。评价结果显示,山东大企业集团2002年竞争能力指数为3.83,处于较强竞争力区间,竞争机制指数为1.24,处于较弱区间,由此可见,山东大企业集团没有形成灵活、有效的长效机制,竞争机制乏力,已严重影响了整体竞争水平的提高。

表4　　山东大企业集团前后20名竞争状况比较

	竞争力综合指数		竞争能力			竞争机制
	2001年	2002年	生存力	发展力	潜力	
前20名	5.1	6.9	10.1	0.3	0.1	1.4
后20名	1.1	0.9	0.9	−0.1	0.1	1.1

在竞争能力组成的三要素中,生存能力指数为3.6,处于较强区间,而发展力为0.2,潜力指数为0.1,不难看出,山东大企业集团维持现状发展的能力尚可,而发展后劲和潜力不足,应引起高度关注。

表5　　山东大企业集团竞争力水平总体状况

	综合指数	能力指数	机制指数
2001年	2.5	3.1	1.2
2002年	2.8	3.8	1.3

4.行业间传统行业竞争力较弱。由于大企业集团大都实行多元化经营,经营范围横跨多个行业,因此对大企业集团的行业竞争力分析只能按其主要经营活动进行粗线条的分析。评价结果显示,山东大企业集团竞争力行业间差距明显,以石油加工业、家用电器及电子制造业竞争力最为强劲,而传统的纺织、食品制造业相对较弱。

2002年石油加工业综合竞争力指数为6.6,占据

表6　　2002年不同行业大企业集团竞争力状况

行业名称	竞争力强弱企业分布比例(%)				竞争力指数		
	较强	次强	一般	较差	综合	能力	机制
家用电器、电子及通信设备制造业	46.2	23.1	15.4	15.3	5.2	7.6	1.4
机械制造业	4.3	17.4	34.8	43.5	4.9	6.8	2.0
金属冶炼业	— —	40	20	40	2.5	3.3	1.3
食品饮料加工业	8.3	16.6	8.3	66.8	1.8	2.2	1.1
烟草加工业	50	50	— —	— —	3.6	5.3	1.2
纺织业	10.5	5.3	10.5	73.7	1.8	2.3	1.2
造纸业	16.7	16.7	33.3	33.3	2.7	3.6	1.4
石油加工业	83.3	— —	16.6	— —	6.6	10.2	1.1
化学原料及化学制品制造业	8.3	— —	25	66.7	2.0	2.6	1.1
医药制造业	— —	— —	75	25	2.2	2.9	1.3
橡胶制造业	— —	20	60	20	2.5	3.3	1.3
其它	— —	11.1	33.3	55.6	1.9	2.3	1.2

榜首,这主要因为它独特的资源优势和良好的盈利能力为其发展注入了活力,积蓄了后劲。以海尔、海信为龙头的家电制造业竞争力指数为5.2,位居次席,竞争能力最差的是食品加工企业和纺织企业,综合竞争力指数为1.8。

5.国有企业竞争力较强。众所周知,山东国有经济在整个国民经济中所占比重较大,发展基础雄厚,拥有一批规模大、竞争力强的大企业集团,它们在竞争中处于绝对优势,其综合竞争力指数为4.2,位居第一,以海尔为首的"其他"注册类型企业表现也较为抢眼,综合竞争力指数为3.5,位居第二。竞争力表现较差的是中外合资及港澳台企业,综合竞争力指数为2.2。

竞争机制方面,山东大企业集团的表现较弱,但相比较而言,其他类型的大企业集团竞争力最强,其次是股份有限公司、国有独资公司,中外合资及港澳台企业相对最弱。

表7　2002年不同登记注册类型企业竞争力状况

注册登记类型	竞争力强弱企业分布比例(%)				竞争力指数		
	较强	次强	一般	较差	综合	能力	机制
国有企业	21.4	7.1	42.9	35.7	4.2	6.1	1.2
国有有独资企业	11.6	11.6	18.6	58.1	2.6	3.6	1.2
有限责任公司	17.9	14.3	16.3	27.9	2.4	3.2	1.2
股份有限责任公司	13.6	22.7	31.8	31.8	2.6	3.5	1.3
中外合资及港澳台企业	——	——	66.4	33.6	2.2	2.9	1.1
其它	25	12.5	——	62.5	3.5	4.9	1.4

三、山东大企业竞争力状况SWOT分析

SWOT分析方法是西方市场经济发达国家分析市场、企业发展能力、竞争战略常用的一种方法,它是通过收集分析确定某一特殊行业、企业目前的内部和外部市场条件和经济要素,分析出影响和制约企业发展的经济因素和竞争资源,它的构成要素是企业目前所具有的优势(Strengths)、存在的不足(Weakness)、拥有的商机(Opportunities)、面临的威胁(Threats),并通过分析找出可以利用的优势和机会克服"短腿"与不足,利用优势应对(规避)威胁,尽可能地扬长避短,寻找出可供选择的竞争战略和发展途径。参照这一方法对山东的大企业集团进行深入剖析发现,山东大企业集团优势与劣势共存,机遇与挑战同在。

(一)比较优势

1.基础优势。山东经济基础较好,经济实力较强,为制造业大企业集团的发展和提高在国际国内市场的竞争力提供了硬件保证。

2.规模优势。在一定程度上企业规模与竞争力成正相关关系,山东不仅有像海尔集团、海信这样的"家电航母",也有青啤这样扩张型的龙头企业,规模经济正成为山东制造业的一大特色,也成为在国内外市场的竞争优势。

3.区位优势。山东地处东部沿海开放带,与日韩等发达国家相邻,引进国外先进技术,承接日韩制造业转移,提高山东制造业上档次、上水平都具有较大的区位优势。

(二)存在不足

1.核心竞争力不足。山东大企业集团的总体技术创新能力不足,核心竞争能力没有真正形成。创新能力是企业竞争能力的源泉,而目前山东大多数大企业集团的技术创新能力不高,大多数企业研究开发投入占销售收入的比例平均不到1%,仅有极少数大企业的研究开发投入在3%以上,许多企业仍没有建立起自己的技术中心。经济发达国家一般都在5%-10%,许多世界500强企业都超过10%。国际企业界普遍认为,研究开发经费占销售额的5%以上,企业才有竞争力;占2%仅够维持;不足1%的企业则难以长期生存。

2.竞争机制不活。评价结果显示,山东竞争机制乏力已严重制约着企业竞争力的提高,相当一部分企业没有真正建立起现代企业制度,"新三会"的决策、管理、激励、监督还未完全形成长效机

制,影响了企业竞争力的形成和提高。

(三)面临的机遇

1.政策机遇。加快建设现代制造业大省,打造半岛制造业基地,给山东的制造业企业带来前所未有的发展机遇。

2.市场机遇。在世界经济一体化和世界制造业向发展中国家转移的趋势下,山东制造业企业将面临着极大的市场机遇。

(四)面临的威胁

1.国外威胁。我国加入世贸组织后,外国资本的渗入加剧了竞争的激烈性。

2.国内威胁。我国东南沿海各发达省市发展速度加快,给山东企业发展带来极大压力。

四、提高山东大企业集团竞争力的对策

企业竞争力不仅是企业生存和发展的内在要求和动力源泉,更是决定企业发展水平及市场潜能的关健所在。如何提高山东企业的竞争力,加快培育一批在国内和国际同行业中的龙头企业,打造一批具有裂变扩张能力、快速发展能力和较强国际竞争能力的"航空母舰"已刻不容缓。

1.政府要倾力打造企业"航母重港"形象。各级政府部门要更新观念,确立抓环境就是抓经济的意识,大力推进政府职能转换,加快建立起企业和部门之间的快速通道,提高工作效率和服务水平,为大企业的裂变发展营造良好的环境;要创造发展空间,为大企业发展构筑新的平台;要搞好产业导向,增强企业的综合实力、发展潜力和竞争能力;要研究扶持政策,用足政策资源,制定和调整产业政策、人才政策和上市公司的有关政策,为大企业的发展提供更有力的政策支持。

2.以技术创新为突破口,培育山东大企业集团的核心竞争力。市场经济是一个推崇"企业核心竞争力"的时代,世界500强经验显示:一个企业成功的过程就是一个培育、保持核心竞争力的过程,而具有独特的、别人无法复制的核心技术是企业拥有核心竞争力的主要表现。山东大企业集团中高、精、尖、特产品还凤毛麟角,其主要原因是研发费用的投入少、比例低。2002年的统计资料显示,在评价的117家企业中有19家企业没有科研开发人员,有13家企业没有科研经费投入。没有高技术抢占竞争制高点,企业就谈不上有竞争力。因此,山东大企业集团必须加大科研费用的投入,加快技术创新的步伐,从根本上培育山东企业的核心竞争力,保持山东企业的持续、高速发展。

3.加速企业改革、改制步伐,激活企业竞争机制潜力。山东企业在竞争能力上较强,而竞争机制不活已成为山东企业在竞争中的严重缺腿。机制活力是造就企业现实竞争力和潜在竞争力的基础,因此提升企业竞争力的根本路径是形成高效灵活的企业运行机制。为此,必须切实推进以建立现代企业制度为目标的企业改革,其着力点是完善企业经营机制。从山东重点企业集团情况看,要以企业法人治理结构的构架和制度健全为重点,规范企业运作决策行为,建立名副其实的现代企业制度,使企业的经营决策科学有序,"新三会"各负其责,通过企业发展动力机制的制度性完善,促成约束监督与激励机制的建立,彰显机制活力,使企业的经营行为和管理决策与竞争型市场经济的融合度不断提高,促进经营理念和管理方式的嬗变。

4.以产业结构优化升级为契机,提升大企业集团的竞争优势。积极推进经济结构调整,突出抓好关系结构优化、增强后劲的重大项目建设。加大发展现代新型产业的力度,抢抓有潜质的发展领域和空间,在激烈的市场竞争中变被动为主动,全面提升大企业集团在竞争中的优势。同时要放宽视野,立足全球经济调整与产业转移,超前把握结构调整和产业升级的方向。

(宋志申 刘同星 刘明霞 李红波)

4－12 棉价持续高位运行 棉纺企业面临挑战

——棉花价格上涨对山东省棉纺企业影响的调查报告

近几年棉花价格持续走高,尤其是2003年9月份后棉价急剧上涨,棉纺织企业受到了极大冲击。为剖析这次棉价上涨成因及了解对棉纺织企业的影响程度,山东省企调队在济南、德州、济宁、潍坊、枣庄、泰安等市选取近30家不同规模的棉纺织企业进行了专题调查。调查结果显示:多种原因促成此次棉价上涨快、幅度大,棉价仍将在高位持续,供需矛盾在新棉上市前难以缓解,棉纺企业面临严峻考验。

一、棉花价格上涨的主要原因

据调查企业反映,近两年棉花价格持续上涨,2002年初棉花平均价每吨7500元,2002年底涨至每吨10000元,2003年1－9月份,棉花价格还基本稳定在每吨1万－1.2万元之间,但从2003年9月下旬,棉花价格急剧攀升,到2003年年底暴涨到1.8万元/吨,在不到三个月的时间上涨幅度达50%。尤其是在去年10月1－15日期间,几乎是一天一个价,15天的时间每吨上涨了3000元,创下了棉价涨速的最快纪录。截至目前,主要受进口棉平衡调节的影响,棉花价格虽有所回落,但下降幅度较小,棉花价格每吨在1.5万－1.6万元之间,仍保持高价位。此次棉花价格上涨幅度大,持续时间长是由多种原因共同促成的。

1.供需缺口扩大是棉花价格上涨的主要原因。供不应求则价格上涨是市场经济的基本规律,本次棉花价格上涨也是这一规律的具体反映。去年我国棉花缺口170.5万吨,而我国纺织行业生产能力增长近一倍,供求严重失衡诱发了棉花价格上涨。棉纺织行业生产能力快速增长的主要原因: 一是纺织行业发展迅速。近几年来,随着人们健康意识的提高,对人体无任何毒副作用的棉纺织品越来越受到人们的青睐,纺织行业发展形势看涨;二是1998年限产压锭后部分纺锭进行了地区性转移,大批压锭恢复性增加了生产能力;三是由于纺织行业在国际市场进入壁垒低,我国加入WTO给纺织行业带来了发展空间,许多三资、民营企业纷纷加入这一行业,新增生产能力急剧扩张。

棉花的需求量持续增加,而我国棉花的生产能力却相对有限,供应量缺口较大。首先是去年受自然灾害影响,棉花减产,供应量下降。2003年,包括中国在内的世界主要产棉国在棉花成熟阶段雨量较大,造成了棉花减产歉收,平均每亩只产棉63.6公斤,比上年下降18.8%,供应缺口进一步扩大;其次是前几年种植棉花价格低、投入大、效益差,农民种棉的积极性受挫,种植面积锐减,棉花的供应增量较小;再次是不法经营者囤积居奇,减少了市场供应量。

2.市场秩序不规范对棉价起到了推波助澜的作用。一是在收购环节上,棉花收购体制改革后,棉麻公司独家收购的局面被打破,经批准的收购单位和无证收购的个体业者不断增加,收购渠道增多了,但相应也带来一些负面的影响,有些有实力的中间商囤积居奇,待价而沽,干扰了棉花的正常流通,使棉花出现一定程度的表象短缺,推动了棉价上扬;二是“电子撮合报价系统”(期货市场(的无序报价推波助澜。期货市场成立的初衷本是对市场起到平衡、调节、控制作用,但一些人为的恶意炒作,加速了棉价的升温;三是棉花购销体制改革后,企业、购销商、供销企业购棉竞争激烈,为了在竞争中处于优势,有些棉商竞相提高棉价,使棉花价格战愈演愈烈。

3.国内、国际突发事件激发了棉价飚升。一是2003年我国“非典”疫情的爆发,对医用棉需要量较大,在一定程度上刺激了棉价上涨;二是受伊拉克战争影响,纺织行业所需的化纤及化纤原料价格出现大幅度波动,如聚酯切片、涤纶等产品的价格上涨均超过20%,势必对同是纺织行业原材料的棉花价格产生影响。

二、棉价上涨对棉纺企业造成严重影响

棉花在棉纺产品成本中所占比例高达70%,这次棉花价格高达50%的涨幅,对下游产业链－棉纺企业的影响是巨大的,成本上升,效益下滑,利润挤压殆尽,棉纺企业遭遇“强寒流”。

1.棉花价格上涨、原材料供应不足影响了企业的正常生产经营。调查发现,受这次涨价风的影响,有些企业不得不过度动用库存棉来维持正常生产。有些企业由于棉花的涨价而造成资金紧张,原材料供应严重不足,不得不限产。如济宁凤凰纺织集团公司,目前设备利用率只有70%。一些中小棉纺织企业因库存少,资金不足,在原材料争夺中处于劣势,生产经营更加困难。有些企业无法消化因原材料涨价而增加的成本,被迫停产。

2.成本急剧上升,产品价格上涨滞后,企业销售疲软,效益下滑。据调查,去年上半年每吨棉纱生产成本约1.4万元,10月份后,由于棉花价格的上涨,棉纱价格涨到每吨1.9万元,最高上涨到每吨2.2万元,上涨幅度为22%,而棉布的销售价格上涨幅度在16%,服装行业由于市场竞争激烈销售价格几乎没有反映。纺织产品销售价格的变动具有明显的滞后性,下游产品无法消化成本增长带来的压力,有的限产甚至于停产,给棉纺企业销售带来巨大压力,生产效益明显下滑,有的已滑向严重亏损边缘。如调查的凤凰纺织集团公司1-2月份利润同比下降了69%。

3.国际竞争力下降,国内竞争激烈。一是国内棉花质量不高。由于没有好的棉花,纺织产品的质量受到影响,降低了在国际市场的竞争力;二是产品价格的“水涨船高”造成了大量国外订单流失,本已占领的国际市场被东南亚等国抢占,国际竞争力明显下滑;三是去年美国、欧盟等对我国纺织品设限,采取贸易保护措施,通过环保、质量、技术及卫生标准等,运用反倾销、区域性经济障碍以及特殊保障条款等手段设置障碍,对我国纺织行业出口造成不利影响;四是由于成本上升,竞争优势明显下降,部分产品不得不出口转内销,加剧了国内市场竞争的激烈程度。如调查的一家企业反映,其出口产品占总产量的80%,由于国际市场棉花价格低,而棉纺产品成本提高,竞争优势明显下降。

面对突如其来的原材料涨价,我省棉纺织企业采取各种措施积极应对,以最大限度降低因原料价格影响给企业带来的损失。一是适当扩大进口棉的使用量,以缓解国内原料的供应不足,降低企业成本。调查显示,国内外棉花价差由春节前的300元／吨上升到目前的2000元／吨以上。由于存在明显的价差,棉纺织企业尽可能多地争取外棉配额,争取最大限度地降低成本。同时密切关注国际、国内棉花市场走势,把握好棉花采购时机,适时、适量、适价进行了补仓;二是优化调整产品结构,减少对棉花依赖程度。调查发现,受这次原材料价格上涨的影响,大多数企业相应调整了生产策略,及时调整了产品结构。有些减少纯棉制品的生产,加大了混纺产品的生产量,减少对棉花依赖度;有些企业如潍坊四棉、德棉以此为契机优化产品结构,开发高、新、特产品增加产品附加值,提高产品档位,利用苎麻、大豆、竹子、甲壳素等开发多元纤维拓展市场,既避让了棉花涨价风险,又提高了企业的效益;三是加强企业内部管理,开源节流。不少企业在应对这次棉价上涨中眼睛向内苦练内功,节能挖潜,向内部管理要效益。同时加大了产品销售力度,降低产成品的库存,减少两项资金占用,保证原材料的供应及时到位;四是拓宽原材料购进渠道,增强抵御风险的能力。有些企业与棉产地销售公司直接对话,有的甚至到棉农家中签订合同,确保了原材料供应及时足量到位,增强了应对涨价风险的能力。同时,减少了流通环节,降低了购进成本。

三、当前棉花市场及棉纺企业存在的主要问题

此次棉花价格上涨,不仅影响了棉纺企业的正

常生产经营,同时也暴露出棉花市场及纺织企业本身存在的问题。

1.棉花市场秩序不规范。主要表现在: 一是收购渠道鱼龙混杂,扰乱了市场秩序。自从棉花流通体制改革后,多种体制、多形式的棉花收购渠道打破了棉麻公司一统天下的局面,无证收购的个体业者不断增加,有些不法商贩或有实力的大企业囤积居奇,干扰了棉花的正常流通;二是为了谋取不法利益,在棉花中掺杂加水,棉花质量以次充好,严重影响了棉花质量,有的外地投资者气愤地说:"山东人太不讲诚信";三是一些棉花收购商,收棉不分等级,存在混级、混色等问题,影响了棉花及棉花产成品的质量;四是小轧花机加工户屡禁不止,其加工的棉花异性纤维多,短绒率高,回潮率大,严重影响了棉纺企业的产品质量。

2.棉纺行业膨胀过快。当前棉纺企业在一些地方发展迅猛,膨胀过快,这使有限的供应增量无法满足过快的需求增量,特别是一些设备落后、产品档次低的小企业与大企业争原料,加剧了供需紧张,引发棉花市场价格上涨,正常的棉花市场秩序被打乱。

3.棉花价格波动酝酿着棉花市场风险。当前的棉花价格,已严重背离了棉花的价值。这种情况的持续,一是可能抑制中国棉花的未来市场,导致结构性风险,就是过多地采用进口棉而与外棉形成稳定的供货关系,中国的棉花市场将可能不断萎缩,甚至于丧失;二是由于棉花价格上涨,大部分棉农都计划今年扩大棉花种植面积,棉花供应量增加较多,可能造成今年棉花价格下跌较大,对棉农的利益造成威胁。

4.当前棉纺织行业技术设备落后,产品档次低,品牌经营尚未形成。目前,我省不少棉纺企业生产设备还较落后,特别是一些中小企业淘汰设备采用率还很高,大都是20世纪80年代设备,影响了产品质量和档次。高科技含量、高附加值产品还很少,没有特色优势,无法形成品牌化经营,成为制约我省棉纺织企业发展的一大瓶颈。

5.缺乏对棉农种棉的宏观指导,棉花没有形成规模种植,影响了棉花的质量。现在棉花的种植多以户为单位,所种品种没有统一的指导,所生产棉花质量各异,影响了棉纱的质量,抑制棉纺织品上水平、上档次。

四、2004年我省棉花市场及纺织行业的发展趋势预测

1.新棉价格下降幅度不会太大。2004年,我省棉花种植面积较去年将增加18%,按去年单产推算2004年棉花产量100万吨左右,供需矛盾有所缓解。但从我省纺织行业目前发展势头来看,生产规模、生产能力将进一步扩大,对棉花的需求量将继续增加,仍存在一定缺口,棉花价格下降幅度不会太大,预计今年新棉(籽棉(收购价格不会低于3元/斤。

2.新棉上市前,棉花价格将持续高位运行,企业生产成本下降空间较小。现在我国棉花库存量已降至最低,不可能有更多的棉花补给市场,在新棉上市之前棉花供应依然紧张,棉价将持续在高位运行,棉纺企业的生产成本将维持现状,下降的空间较小。

3.2004年纺织行业仍将面临挑战。对于棉花资源的争夺在一定程度上必然加剧企业的竞争,实力雄厚的企业掌握了购棉的主动权,有原料作保障,将会加快发展。而一些效益差、设备落后的中小企业将面临生死考验,部分大型老国有企业也会因体制原因和负担过重,面临的困难会进一步增加,整个纺织行业仍将面临较大挑战。

五、几点建议

1.建立棉花市场预警监测机制,促进棉花市场健康有序发展。针对国内、国际棉花市场的供应量,建立预警监测机制,适当控制棉纺行业生产能力,避免棉价大起大落对棉花市场的冲击,促进棉花市场健康有序发展。

2.加强对棉花市场的监管,规范棉花市场秩序,提高市场信用度和可信度。加强对棉花加工、流通市场的质量监督,加大打击棉花市场囤积居奇、掺杂使假等不法行业,纠察大户市场操纵、恶意炒作行为,整顿棉花市场秩序,提高整个市场的信用度和可信度。

3.加大技术改造和设备更新,提高纺织产品的质量,实现品牌化经营。当前,我省纺织行业的技术设备还参差不齐,尤其是一些中小企业设备还停留在20世纪80年代的水平,严重制约着竞争能力。因

此加快技术、设备的更新改造,提高产品质量,走品牌化经营战略,才是发展我省纺织行业的根本途径。

4.发挥现有资源优势,抓住机遇加快我省纺织行业的发展步伐。我省是产棉大省,在原材料供应上有得天独厚的优势。现在全国供电紧张,尤其是南方的一些棉纺企业因电力供应不足而不得不限产和停产,而我省电力供应比较充足,能够保证棉纺企业的正常生产,因此应抓住机遇,抢占国内、国际市场先机,提高市场占用率,从而提高整个行业的生产效益。

5.做好农民种棉指导,努力提高棉花质量,增加农民收入。现在我省棉花还没有形成规模种植,品种繁多,质量各异,农民种棉存在盲目性和随机性,影响了棉花质量。因此要引导农民科学种棉,推广种植高产、优质的棉花品种,倡导规模种植,坚持品种的统一化,建设有特色的棉花基地,努力发展产、供、销,农、工、贸一体化模式,避免棉花市场的大起大落,实现企业发展与农民种棉增收的双赢。

(刘同星　刘明霞)

4－13　“没有比取得宪法地位再重要的”

——私营企业主对修改《宪法》明确保护私有财产的反映

全国十届人大二次会议对我国《宪法》进行了第四次修改,明确提出:“公民的合法的私有财产不受侵犯。国家依照法律规定保护公民的私有财产权和继承权。国家为了公共利益的需要,可以依照法律规定对公民的私有财产实行征收或者征用并给予补偿”。为了解我省私营企业主对这一修宪的反映,省企业调查队在全省范围内选择了60家具有一定规模的私营企业,利用电话访谈、走访座谈等形式,对私营企业主进行了一次快速调查。从调查的情况来看,私营企业主普遍认为:此次宪法修改从根本上清除了不利于私营经济发展的障碍,为私营经济的发展提供了充分的宪法保护,进一步提升了私营企业地位,拓展了私营经济的生存与发展空间,大大激发了私营企业加快发展的热情。他们激动地说:“没有比取得宪法地位再重要的”。

一、私营企业主对宪法修改的反映

1.进一步表明非公有制经济在国家经济发展中的重要地位。被调查的私营企业主一致认为:宪法是我国的根本大法,修改后的宪法明确规定私有财产的合法性及不可侵犯性,从根本上提高了私营经济在当今社会中的地位,提供了与其他经济成分公平、合理的竞争机会;拓展了私营企业的发展空间,坚定了企业所有者勇于开拓、创造财富的信心。

2.从根本上消除了企业发展的后顾之忧。宪法以明确无误、不容置疑的语言宣示:“公民的合法的私有财产不受侵犯”,这就给广大的个体经营者和私营企业主吃了一颗定心丸,从根本上消除了他们的后顾之忧,有利于私企的快速发展。山东一滕集团一语道出了多年来积压在心底的心声:“以往怕政策有变化,私营企业主不敢往大发展,怕露富、怕被掐‘尖’。有些私营企业家挣了钱之后,并不是首先投资于扩大再生产,而是热衷于买房买车高消费,千方百计把资产转移到海外,有的甚至买了护照、办好绿卡随时准备到国外。宪法的修改消除了后顾之忧,可以放心大胆地为自己、为社会创造财富。”

3.为私营企业带来了更大的发展空间。被调查的私营企业主普遍认为:改革开放20多年来,我省的个体和私营经济有了长足的发展,私营企业家们的社会地位也发生了根本性的变化。但是由于法制不健全和法制落后,同时也由于观念的束缚和政策的摇摆,许多私营企业家们仍然面临着种种困惑和苦恼,"集资"、"赞助"等各种乱收费,甚至"吃"、"拿"、"卡"、"要"等,无形地限制了个体和私营经济的发展。随着宪法的修改和体制进一步改革,必将为私营企业的发展创造更加宽松、优惠的环境,提供更加广阔的发展空间。

4.极大激发了私营企业主创业的热情和积极性。宪法的修改,打消了私营业主们的种种顾虑,卸下了思想包袱,大大激发了私营企业主创业的热情,增强了扩大投资加快发展的信心。私营企业主表示:"在私有财产入宪的昭示和保护下,我们要树立合法经营致富的坚定信念,鼓起干大事、创大业的风帆,放开手脚发展自己的企业,让一切劳动、知识、技术和资本的火花竞相迸发,让一切创造社会财富的源泉充分涌流,把私营企业真正做大做强,为祖国的社会主义现代化建设锦上添花。"

5.极大增强了私营企业主的社会责任感。私营企业家对"权利"和"义务"的统一性认识有了不同程度的提高。对国家为了公共利益的需要,"依照法律规定对公民的私有财产实行征收或征用并给予补偿"时,表示理当积极配合。泰安一位私营企业主说:"私有财产有了法律的保护,对私营经济的发展更有信心,作为一名私营企业家,一定要为社会多做贡献,为国家的发展贡献自己的微薄之力"。

二、当前私营企业发展中存在的主要问题

调研过程中,私营企业也反映了当前发展中面临的一些问题和困难,归纳起来主要有以下几点。

1.资金紧张、融资困难困扰私营企业发展。私营企业的发展越来越受到各级政府及社会各界的关注,特别是近几年来中央和地方政府先后出台了不少扶持和鼓励政策,有效地促进了私营企业的发展,但目前私营企业在市场竞争中融资渠道狭窄、资金紧张、筹措难度大的问题仍然是制约私营企业发展的"瓶颈"。

2.企业管理水平低,吸引人才、留住人才困难。私营企业管理层存在机遇意识不强,竞争意识和创新意识不足,管理水平低,高层次人才缺乏,用人激励机制跟不上经济发展的需要等问题。另外由于历史的原因,人们对私营企业的认识还有一定的偏见,人才的就业取向还存在重机关、重国有企业、重外资企业的倾向,不愿意到私营企业就业,难以吸引人才、留住人才。

3.新产品开发投入不足,企业发展后劲乏力。私营企业多数是劳动密集型的传统行业,产品附加值低,企业新产品开发意识不强、投入不足、技术力量薄弱,大多数私营企业产品科技含量不高,更新缓慢,发展后劲乏力。

4.政策落实有待加强,不平等竞争仍然存在。调查中许多私营企业主提出了自己的看法:一是在融资、征用土地等方面不能获得与国企同等待遇,特别是中小私营企业更是难以享受"国民待遇";二是在税收等方面得不到与外资企业平等待遇;三是在技术改造方面,中小私营企业享受不到政府提供的贴息贷款等优惠政策。

三、私营企业的期盼

"修宪"增强了私营企业投资和发展的热情,同时私营企业主也对政府今后的政策寄予了很高的期盼。

一盼政府加大对私企发展各项优惠政策的落实力度,减少"中间梗阻"现象;提高服务意识和水平,秉公执法,有效制止恶性竞争;减轻企业负担,减轻税费负担;完善私营企业社会保障制度,为私营经济发展保驾护航。

二盼进一步放宽市场准入政策,真正实行私营企业的"国民待遇",为私营企业创造公正、公平、有序的发展环境。

三盼以国有资本退出经营性领域为契机,尤其应当优先筛选出一批具有行业优势和良好生产装备、人员和债务负担较轻的国有企业率先向私营企业开放,简化有关审批手续,使私营企业能够真正实现低成本扩张。

四盼加大对私营企业的金融支持。建立与完善对私营企业的担保体系,改善私营企业贷款难的状况。

五盼大力鼓励私营企业技术创新,帮助私营企业进行科研开发,推动科研成果在私营企业的产业化和科研人员向私营企业的流动。

（刘同星　马明玉）

4－14　能源、原材料价格上涨对全省企业冲击较大

——能源、原材料价格上涨对企业生产经营影响的调研报告

2003年下半年以来,我国能源、原材料供应紧张,价格持续上涨,引起各级政府及社会各界的高度关注。为剖析这次能源、原材料价格上涨的成因,了解我省企业受到的影响,省企调队对我省以煤炭为主要能源的电力、水泥、化肥生产企业,以钢材为主要原材料的机械制造业,以钢材、水泥为主要原材料的建筑业等近30家企业进行了专题调研。调研结果显示:本次能源、原材料价格上涨快、涨势猛,对我省相关企业冲击强烈。

一、多种原因促成能源、原材料价格大幅上涨

据调查了解,煤炭、钢材、水泥价格始涨于去年第三季度,今年一季度继续攀升。煤炭价格2004年一季度同比上涨16,3%,4月份较3月份上涨8,6%,上升势头不减;钢材价格2004年一季度同比上涨15,7%,4月份较3月份上涨0,5%,冲高势头减弱;水泥价格2004年一季度同比上涨13,8%,4月份较3月份上涨5,3%。这次能源、原材料价格上涨呈现出幅度大、上涨快、持续时间长的特点。

引起本次能源、原材料价格上涨的原因是多方面的,是宏观与微观、国内与国外等多种因素交互影响的结果,但供求失衡与流通环节的不正常现象是主导因素。

1.供求失衡导致价格上涨。当前我国正处于"投资推动型"的经济增长阶段,对能源和基础原材料的需求超常增长,进而导致供应不足,价格上涨。特别是某些行业的过度投资,加剧了原材料供应紧张,价格上浮。虽然国家对某些存在投资过热苗头的行业多次"喊停",但受利益驱动,过度投资屡控不止。据有关专家推测,目前在建的钢铁项目全部建成后,到2005年底全国至少将形成3,3亿吨钢的生产能力,对煤炭的需求将持续增长。

2.我省能源供应与需求的不匹配引发煤炭价格上涨。首先,我省国民经济结构中,重工业比重大,是一个能源、原材料消费大省,2003年消耗原煤1,79亿吨,原煤生产量仅1,47亿吨,缺口0,32亿吨。加之我省某些行业技术设备比较落后,单位产出的能源消耗较高,加剧了能源紧张局面。其次,我省的电力生产主要是以煤炭为能源的火力发电,用煤量较大,加之炼钢、水泥、化肥等企业也是用煤大户,形成了僧多粥少争货源的局面。

3.市场秩序不规范推动价格上涨。一是表现为诚信意识差,供货合同难以兑现。越是供应紧张,越能考验出企业的诚信程度。据调查企业反映,年初本已签好的供货合同,但供货方擅自撤销合同,退回货款,合同兑现率只有30%,企业为了维持生产,70%的货源只能临时从流通市场上来组织,激发了市场价格上涨;二是表现为流通环节的某些中间商、代理商依据其权力、财力和关系,囤积居奇,操纵控制甚至垄断行业价格,加剧了价格的无序竞争;三是表现为某些产煤大省,或限制煤炭出省,或设立省、市、县三级管理办公室,层层加收管理费,层层加价,加剧了煤炭价格上涨。

4.运力不足,运输成本上升,对供求紧张和价格上涨起了助推作用。铁路方面,我国目前铁路运输能力的增长远远落后于经济增长的速度,加之国家收回各企业的自备车皮,大量亟待运输的货物都涌向有限的车皮,运力告急。如太原到石家庄是惟一

晋煤外运的通道,但每天超负荷运输仍难以满足需求。公路方面,今年以来国家严禁超载运输,公路运输成本上升,能力下降。由于运力不足,成本上升,使供求形势更加紧张,助推了煤炭价格上涨。

5.国际市场价格上扬波及国内市场价格上涨。从国际市场影响看,世界经济复苏加快,国际市场上原材料价格出现明显上涨。2003年以来,全球以石油、金属、粮食为代表的大宗商品价格指数上涨了8%,国际商品价格的上涨必将通过进出口传导到国内,对国内大宗商品价格的上涨起到拉动作用。

6.煤炭大量出口,减少了国内供煤量,加剧了供不应求的局面,拉升了煤炭价格上涨。资料显示,今年一季度,我省口岸共出口煤炭351,1吨,进口25,5吨,出口是进口的14倍,资源外流也是造成煤炭紧张的一个重要因素。

三、能源、原材料价格上涨对企业冲击较大

能源、原材料价格上涨对企业的冲击是直接的,尤其是处于使用煤炭、钢材、水泥的下游企业更是成本上升,利润下降,多行业“受累”。

1.能源、原材料供应缺口大,生产受到严重影响。由于能源、原材料供应紧张,被调查企业供应缺口在30%-60%不等,有的企业被迫限产或停产。如黄台电厂维持企业正常生产的电煤库存保障线6,7万吨(7天用煤量),3万吨为警戒线,现在企业的库存量只有1万吨,不足2天用量,如果一天不进煤企业就全厂停产,企业的负责人形象的比喻:“我们天天像走在钢纲丝上”。由于煤炭供应紧张,从12月份起黄台电厂开始停产40%。再如诸城市第二水泥厂年耗煤量为4万吨左右,目前缺口在1,8万-2万吨之间,山东山工机械有限公司今年钢材需求量为6万吨,缺口3,6万吨。

2.成本上涨,效益下滑。由于能源、原材料价格上涨,其在成本中所占比重上升带动了产品成本整体上升。电力生产企业煤炭占成本的比重由55%提高到60%,钢材生产企业煤炭占成本的比重由33%上涨到50%,水泥生产企业中煤炭占成本的比重由25%上涨到40%,建筑企业钢材、水泥每平方米建筑成本由20%上涨到30%,机械与汽车制造企业钢材占企业成本的9%上涨到15%,所调查企业受煤炭、钢材、水泥等主要原材料价格上涨因素影响成本增加最低的为5%,最高的25%左右。

成本上升了,而企业的销货合同多在涨价前签订,为了维护企业的声誉,企业不得不继续生产,有的企业生产越多亏损就越大。加之产品销售价格上调无法消化原材料价格上涨带来的影响,而有的属国家指定价格或保护价格,企业亏损进一步加剧。电力生产企业反映,电由国家统一定价,企业无权自主调价,企业的能源供应属市场经济行为,而电力供应还停留在计划经济时代,企业比喻为:“企业是在市场经济与计划经济的夹缝中生存”。从调查企业情况看利润减少10%-50%不等,如某电厂2003年亏损1541万元,某车辆制造厂每台将减利润1,6万元,企业销售、利润全面受损。

四、几点启示

1.经济发展出现新特征:由消费制约型向消费与能源双重制约转变。消费作为拉动经济的三驾马车之一,近几年来一直动力不足,而目前出现的“能源荒”给本已受阻的经济发展又增羁绊,使经济发展由消费制约型向消费与能源双重制约转变。因此,一是要加强宏观调控,避免高投入、高消耗、高排放、低效率、重复性投资。坚决制止各地不注重投资效益与环境保护,只求规模的“投资攀比风”,使有限的能源与原材料用在“刀刃”上,同时还能规避投资风险;二是发展节能型企业。我国是一个资源和能源都不丰富的国家,人均更少,应始终把科学用能作为我国能源科技发展的一项长期战略方针,科学用能的核心是提高能源利用率、减少能源消耗,针对能源消耗的共性问题,发展新科学用能理论、技术、系统和工艺;三是多方位开发能源,减少对煤炭有限资源的依赖度。利用现代科学技术,加大对可利用能源的开发力度,如核能、风能等。

2.近期能源、原材料价格仍将在高位运行。从价格指数看,煤炭、水泥、钢材三种商品今年一季度较去年四季度分别上升了6,52、12,36、8,65个百分点。由于供求紧张的局面近期内很难缓解,价格仍将在高位运行。

3.能源、原材料供求紧张,短期内难以缓解。近期国家出台了一系列政策限制包括钢材、水泥行业的投资,但市场经济条件下的企业行为与国家宏观经济调控之间的矛盾在短期内难以统一,许多投资屡控不止,对煤炭、钢材、水泥等生产资料的需求依然很大,短期供应依然紧张。据有关资料,1-2月,全国钢铁工业施工项目901个,比去年同期增长58%,其中新开工项目194个,比去年同期增长64,4%;水泥工业施工项目324个,比去年同期增长102,5%,其中有新开工项目72个,比去年同期增长176,9%。

4.整顿流通市场秩序,用法律的手段规范约束经营者的不法行为。提倡诚信是社会各界的共识,但现实生活中有很多失信现象困扰着企业的生产经营,如何加强法制以促进诚信建设是整顿市场秩序的关健。一些能源、原材料生产企业必须通过中间商或代理商出售产品,供需不“碰头”,这就为一些不法经营者囤积居奇、垄断价格提供了机会;一些企业受利益驱使,掺杂使假,以次充好,严重影响了企业生产。因此,必须加大打击力度,确保流通市场健康快速的发展。国家必须加大整顿市场流通秩序,保持关系国计民生大宗商品供应畅通。

5.加强宏观调控,保证能源原材料供应。一是利用行政手段,加大调控力度,多方组织货源,搞好运力协调,保证大宗商品的供应;二是从整体利益出发,加大能源及主要原材料的进口量,减少出口量,以缓解当前供需紧张的矛盾。

(刘同星　刘明霞)

4－15　山东省企业对当前投资形势的看法

为了解部分行业固定资产投资情况,省企调队采用问卷调查与走访调研相结合的形式,对济南、青岛两市的372家企业进行了专项调查(调查样本指新建项目5000万元以上,改、扩、迁建项目3000万元以上,由省及省以下政府及其职能部门批准的政府固定资产投资项目、企业固定资产投资项目以及企业自行批准的固定资产投资项目等,其中不包括国家固定资产投资项目和地方政府固定资产投资建设的城市公用事业项目、国防和人防建设项目,也不包含房地产投资项目及农业技术开发投资)、本次调查项目(企业)按性质分,新建项目比重占52.2%,扩建项目占28.5%,改建项目占15.6%,迁建项目占3.7%;按项目级别分,省级项目占7.3%,市级项目占18.3%,县级项目占38.2%,其它项目占36.2%;按投资主体分,国有企业占29.9%,外商投资企业和其他内资企业分别占16.7%、16.6%。

一、企业对当前投资规模的判断:规模基本适中,结构基本合理

如何看待当前的投资规模,调查企业结合本企业、本地区实际进行了理性的判断,12.4%的企业认为投资规模偏大,79.6%的企业认为投资规模适中,8%的企业认为投资规模偏小。由此可见,企业认为我省当前的投资规模基本适中。

在对本地区投资结构合理性的判断时,69.9%的企业认为投资结构基本合理,有30.1%的企业无法做出明确判断,应该说企业对当前的投资结构的合理性基本认可。

自去年下半年,我国许多地区出现的能源供应紧张状况也波及到我省企业,在对当前能源供应状况的看法上,33.4%的企业认为比较紧张,49.2%的企业认为一般,17.4%的企业认为不紧张。由此看出,我省的能源供应处于偏紧状态。

运输紧张同样是影响目前经济运行的一大问题,在对运输紧张状况判断上,有26.6%的企业认为不紧张,有54.6%的企业认为一般,有18.8%的企业认为比较紧张。

二、投资项目状况:设备较先进、耗能较低、效益看好

设备方面。被调查的372个项目(企业),14.5%的企业所用设备处于世界领先水平,53.5%的企业设备处于国内领先水平,20.2%的企业设备水平一般,仅有0.5%的企业设备落后。不同性质项目中,设备先进性总体较高的是迁建项目,其次是改建项目,而新建项目设备水平反而较低应引起有关部门的高度重视。

表1　各种项目设备水平先进程度情况　(单位:%)

项目性质 \ 先进度	世界领先	国内领先	本地领先	一般	落后	不清楚
合计	14.5	53.5	20.2	9.1	0.5	2.2
新建	14.9	42.3	25.8	14.4	0.5	2.1
扩建	13.2	62.3	16.9	5.7	0.9	1.0
改建	13.8	70.7	10.3	0	0	5.2
迁建	21.4	71.4	7.2	0	0	0

耗能方面。被调查的372个项目(企业)耗能较低的项目占50%,耗能一般的项目占42.5%,耗能较高的项目占5.1%,另有2.4%的企业无法做出判断。不同性质项目,耗能低项目比重最大是扩建项目,其次是改建项目。

耗水方面。被调查372个项目(企业),耗水较低的项目占53%,耗水一般的项目占38.1%,耗水较高的项目占5.7%,另有3.2%的企业无法做出判断。

能源供应来源方面。按能源供应地域划分,有16.9%的企业主要原料依靠国外,有25.6%的企业依靠国内其它省,有39.1%的企业依靠本省,有18.4%的企业依靠本地区。

表2　各种投资项目耗能、耗水情况　(单位:%)

项目性质 \ 消耗情况		高	较高	一般	较低	低	不清楚
合计	能源	1.1	4.0	42.5	32.3	17.7	2.4
	水	1.9	3.8	38.1	28.3	24.7	3.2
新建	能源	1	4.1	47.9	26.8	16.0	4.2
	水	0.2	4.6	40.2	26.8	21.6	6.6
扩建	能源	1.9	3.8	36.8	35.8	21.7	0
	水	1.9	4.7	36.8	22.6	34	0
改建	能源	0	1.7	32.8	46.6	17.2	1.7
	水	1.7	0	32.8	37.9	25.9	1.7
迁建	能源	0	14.3	50	21.4	14.3	0
	水	0	0	42.9	50	7.1	0

表 3　　已投产项目效益情况　　(单位:%)

效益情况 项目性质	好	较 好	一 般	较差	差
合计	27.5	39.4	28	4.2	0.9
新建	19.5	35.4	39.8	4.4	0.9
扩建	31.4	51.4	12.9	2.9	1.4
改建	39.1	30.4	23.9	6.6	0
迁建	42.9	42.9	14.2	0	0

投资效益方面。被调查项目(企业)已投产的项目,效益较好的占 66.9%,一般的占 28%,较差的占 5.1%。按项目性质分析,迁建项目效益最好,其次是扩建项目,新建项目的效益最差。

项目重要性方面。在被调查的 372 个项目(企业)中,省重点项目占 16.4%,市重点项目(企业)38.7%;所投资的项目全省没有企业生产该产品的占33.1%,全市没有企业生产该产品的占50%。所投资的项目本省没有类似项目的占 36.7%,本市没有类似项目的占 57.5%。可以看出,投资项目和产品在省内的雷同性较小,市场前景广阔。

三、企业对宏观调控的几点建议

在调查中,企业对宏观调控和引导投资问题也提出了建议:

1.区别对待,有保有压,冷热兼治。当前清理固定资产投资项目,加强宏观调控的过程,也正是大力调整和优化投资结构和经济结构的时机,应该区别对待,有保有压,冷热兼治。要坚持以市场为导向,主要运用经济、法律手段,辅之以必要的行政手段,区别不同情况,采取有效措施,加强调控和引导,努力保持固定资产投资的合理增长,把各方面加快发展的积极性保护好、引导好、发挥好。

2.建立固定资产投资的预警、预报制度。固定资产投资是保持国民经济持续增长的动力之一,但过度的投资膨胀势必影响经济的持续快速协调健康发展,因此建立固定资产投资的预警、预测和预报机制,调节各行业的“冷热温度”成为当务之急。

3.严格项目立项、审批关,最大限度地避免低水平重复建设。各级职能部门要把好项目立项关、审批关,从源头上遏制“垃圾项目”的产生,使我省的固定资产项目投资一个成功一个。同时,建议有关部门加强对不符合国家产业政策、违反环保、土地、节能等方面的项目进行重点检查,对违规项目给予必要的相应处理,并追究有关人员的责任,划清警戒线,加强引导,使投资真正成为拉动经济、推动社会发展的动力。　　(刘同星　刘明霞)

4－16 制约全省小型工业企业发展的几个问题及建议

近期,省企业调查队在全省小型工业企业中抽取了104家企业进行走访调查。调查结果表明:今年来,我省小型营企业经营环境进一步改善,全省小型工业企业发展加快,发展潜力明显增强,但是制约小型工业企业发展的一些因素仍然存在,主要表现在如下几个方面:

一、原材料价格上涨,企业生产成本加大

今年以来,钢材、煤炭和粮棉等原材料价格的一升再升,大大增加了企业的生产成本。据调查,上半年生产用冷轧板由去年4000元/吨,上升到现在的5600元/吨,涨幅达40%;粮食价格比上年同期上升25.3%;棉花价格自上年四季度暴涨之后有所下降,但仍在高位运行,上半年棉花价格比上年同期上涨18.4%;煤炭价格从去年四季度开始上涨,至今仍涨势强劲,上半年煤炭价格比上年同期上涨19.3%。原材料价格的上涨,加大了生产成本。但一些产成品价格,并没有“水涨船高”,造成企业利润减少。调查的104家小型工业企业中,有57家企业反映上半年原材料购进价格上升,加大了企业生产成本,占54.8%。

二、局部地区电力紧张,限时用电已影响到部分企业正常的生产经营

从总体看,我省电力比较充足,但受运力紧张,煤炭紧缺,电力消费快速增长的影响,局部地区电力供需紧张的局面已显现,部分企业出现限电停电的情况,主要集中在农村地区。调查的104家小型工业企业中,有44家反映上半年出现停电情况,占调查企业的42.3%。44家企业上半年因停电影响企业少开工1004小时,造成的损失45万元,占企业产值的1.2%,其中有3家企业因停电造成的损失占产值的8%以上。

三、企业融资难及资金来源渠道单一

尽管中小企业的融资问题越来越受到各级政府和社会各界的关注,但融资难仍然是小型企业发展的瓶颈之一。从104家企业调查情况看,69.9%的企业发展源于自有资金和民间借贷。调查结果显示,35.6%的企业认为资金短缺、融资困难是制约企业发展的主要因素,有54.4%的企业认为获得金融机构的贷款很不容易,其中26.9%的企业认为银行贷款的担保条件太严格,有14.4%的因缺乏担保银行拒绝贷款,104家调查企业中,仅有7家企业得到当地政府贷款担保机构的担保。小型企业融资难也有其自身因素的影响。这部分企业规模小,资信度较低,抵御市场风险能力较差,资金的需求额度一般较小,随机性大,增加了融资的成本。银行为了降低风险,对小型企业贷款项目审核特别严格,提高了“门槛”,使大多数企业的贷款难度加大。

四、竞争优势不强,企业发展持续性差

小型工业企业是依靠当地的资源优势形成和发展的,大多工艺水平差,不仅极大浪费有限资源,而且破坏生态环境。这些企业不仅影响了环境的

可持续发展,自身的良性发展也受到威胁,所以单位竞争力弱,生生死死变动快,生存周期短,可持续性差。2003年底抽样调查的1059家样本企业中,到2004年6月末有57家小型工业企业停产或关闭消亡,其中因经营不善倒闭25家,占43.8%;因不符合国家法规政策关闭8家,占14.0%;因产品销售不畅停产的10家,占17.5%;因违规生产经营停产整顿的7家,占12.3%;因周转资金不足停产的4家,占7.0%;因更新改造暂时停产的3家,占5.3%。

五、新产品研发投入少,企业发展后劲不足

小型工业企业多以劳动密集型的传统行业为主,企业对科技研发的投入极低。调查的104家小型工业企业中,现有业务中引进新产品项目的10家,占9.6%,104家调查企业新产品研究和开发支出513万元,占企业总产值的4.8%,从外部购买技术支出91万元,占企业产值的0.9%。大多数企业新产品开发意识不强、投入不足、技术力量薄弱,产品科技含量不高,产品更新缓慢。104家调查企业中,93家企业没有技术创新经费,占89.4%。

六、产品的销售区域较小,产成品存货回升

104家小型工业企业中,企业产品销售区域为本省79家,占76%,其中企业产品销售区域为本市45家,占43.3%,小型工业企业主要产品的销售区域较小。调查结果显示,2004年上半年104家企业期末产成品库存1701万元,比上年同期增长35.7%,其中48家产成品库存比上年同期上升,占46.2%。

应该说,小型工业企业迎来了历史上最好的发展机遇,但也要看到,加快小型工业企业的发展还有不少问题需要研究解决,针对存在的问题,我们必须树立科学的发展观,强化管理,提升素质,抓住机遇,加快发展。

1.要引导和扶持小型工业企业加强自身建设。小型工业的生存与活力来自于竞争,拥有竞争力必先提高自身素质。一是要引导企业重视产品质量和品牌建设。抓质量、创品牌应当作为加快发展小型工业经济的一项重要措施。要进一步引导企业增强产品质量意识和品牌意识,创品牌,讲信誉,扩大企业和产品的知名度,提高产品的市场占有率。二是要帮助企业不断拓宽销售渠道。各级政府要帮助小型工业企业在巩固现有销售渠道的基础上,积极开发国内、国际两个市场,进一步拓宽获取商业信息的渠道,充分利用互联网、行业协会等现代营销手段,为企业拓宽产品销售渠道。三是要积极指导企业加强内部管理。一方面要转变企业家思想,全面提高小企业对管理的重视程度,改变小企业长期以来重经营、轻管理的思想;另一方面要努力建立适应市场经济的管理机制,指导企业建立科学的企业内部管理制度,使小企业的财务、生产、质量等管理工作正常化、制度化、规范化。

2.努力拓宽企业融资渠道,解决小型企业融资难的问题。近年来,各级政府为扶持中小企业的发展,陆续出台了一系列的政策措施,对保障我省小企业的合法权益,促进小型企业的发展起到了积极的作用。各级政府及有关部门要进一步贯彻和落实各项政策措施,确保各项措施落实到位,要继续完善商业化的中小企业信用担保运营体系,广泛吸纳民间资金的进入,扩大信用担保资金的规模,提高信用担保资金的使用效率,并建立健全相应的政策法规。同时要积极建立中小企业发展的专项基金和合作基金,广泛吸收社会闲散资金。小型工业企业自身树立良好的信用意识,提高自身信用度,增强企业品牌意识,也是缓解企业融资难的有效手段。总之,要大力开拓融资渠道,解决小型企业融资难的问题。

3.优化企业发展环境,促进小型工业企业的健康发展。近年来,各级政府对小企业行政干预减少了,但对小企业的指导、协调和服务还远远不够,尽快完善小企业发展的外部环境乃是当务之急。一要切实转变政府职能,提高政府的办事效率。政府部门要树立科学的发展观,更新观念,不断创新,要充分发挥决策、引导和服务的职能,切实营造良好的发展环境。二要为企业多提供技术培训和服务。要采取多种形式多方面地为企业提

供专利技术、技术咨询等服务,帮助企业进行技术交流、技术合作攻关,开展技术人才培训。

4.优化调整产业结构,推进小型工业产业化升级。工业产业化是在市场经济条件下实现传统工业向现代工业发展的一种更加符合生产力发展要求的新的经营方式。要进一步优化和调整产业结构,形成特色规模产业。要根据我省资源优势和市场需求,扬长避短,有的放矢,有针对性地对小型工业的各行业、各产品进行合理调整。对于一些专、精、特、新等高科技、高附加值、低污染的优势行业、产品,政府应该给予重点扶持,除了在资金、政策等方面重点扶持外,还要在技术和信息上加以帮助,在法规上加以规范,引导他们树立参与市场的有序竞争的意识、创一流品牌意识和开放意识。而对于采石、采沙、小砖瓦厂、小水泥预制厂等行业,政府应当采取切实措施,加强管理,从环保、安全等方面加以规范。

5.加大技术创新力度,增强市场竞争能力。市场经济条件下激烈的竞争环境中,企业必须进行不断技术创新,否则就有被淘汰的危险。我省来自小企业的技术与产品创新不足10%,而在法国60%左右的技术产品创新由小企业贡献,德国的科研成果中有70%的发明创造和最高工艺来自小企业,意味着创新选择是小企业发展国际趋势和长远选择。因此,必须加大企业技术改造力度,促进企业技术进步。我省小型工业集中在传统劳动密集型行业,关键是要用现代技术改造传统行业,提高产品质量和档次。一方面,要积极引导企业重视产品创新、工艺创新,要通过加大技改的投入实现对传统技术、传统工艺的改造与提高;另一方面,通过相关政策激励措施,引导和扶持部分实力强的小企业,大力吸纳科技人才,不断增强技术创新的活力,提升产品市场的核心竞争力,增强企业发展后劲。 (李常良)

4－17 宏观调控成效明显 供需状况得到缓解

——山东省煤电油运专项调查报告

为了解今年以来山东煤电油运情况,近日省企调队对相关行业的10余家重点单位进行了走访调研。调查结果显示:宏观调控成效明显,煤电油运紧张局面得到缓解,但供需瓶颈尚未完全打开。

一、煤炭供应紧张状况得到缓解,产需不匹配、运力紧张等制约难减

针对煤炭出现的供求矛盾,我省各级政府高度重视,加强协调,增加产量,加大运力,煤炭供应紧张得以缓解,尤其是电煤库存由4月份的2天用量增加到6月份的13天用量,确保了我省生产、生活用电,成为全国仅有的6个不限电省份之一。

从我省当前煤炭供需情况分析,仍受产需不匹配及运输的双重制约。2004年预计生产原煤1.4亿吨,消耗煤炭为1.43亿吨,从数量看缺口不大,但我省的煤炭生产品种主要是气煤、气肥煤,而生产用量较大的贫瘦煤、肥煤、无烟煤都是我省缺乏的煤炭品种,为解决供需结构的矛盾,必须从山西、河南、陕西等省大量调入以增补我省煤炭的空缺,今年预计从外省调入煤炭5000万吨,占用量的35%。而当前我国铁路动力有限,据调查企业反映请求货车满足率仅为35%,公路方面,国家依法查处超载,运输成本上升30%以上,报

停歇业的运输业户增加,运力明显下降。由此预测,我省煤炭供应彻底得到缓解尚需时日。

二、电力供应保障了经济发展需要,东部用电依然偏紧

电力是国民经济的大动脉,从目前看,全省发电机组容量能够支撑经济和社会发展的需要,最突出的问题是东部用电仍然偏紧。主要原因:一是受运力的影响。胶济沿线发电机组设计主要燃贫瘦煤,必须从山西等地调入,今年受胶济线电气化改造等因素的影响,省外煤到货率仅为67%,青岛、黄岛、潍坊等电厂电煤库存仅可维持2-3天,仍处在警戒线以下。二是电网西电东送"卡脖子"。由于输变电容量不足,一旦因电煤供应出现停机,省电网向东送电线路将超负荷运转,省内的电力资源无法有效调剂利用,东部三市用电紧张局面无法得到缓解。

三、油品供应基本满足需求,价格持续高位运行,企业利润

急剧下滑

从调查的情况分析,我省燃料生产基本满足需要,没有出现断档现象,但受国内消费市场拉动和国际石油价格上扬的影响,燃油价格持续高位运行。经过2003年的6次调整和今年4月份的再次提升,目前90#汽油价格达3.24元/升、93#汽油价格达3.44元/升,0#柴油价格达3.22元/升,分别比上年12月份增长6.6%、6.8%和2.2%,同比分别增长15.3%、15.4%和9.2%,价位均已提升到历史最高点。

受燃油价格持续走高的影响,企业的生产成本增加,部分企业陷入困境。青岛交运集团是青岛市道路运输的骨干企业,承担着道路运输的主要任务和6条公交线路的运输,由于燃油价格连续上涨,每月增支达1715.6万元,由此造成生产成本大幅上升,入不敷出,企业陷入亏损困境。青岛公交集团2003年出现亏损约3510万元,再次提价8%后企业亏损将继续加大。另外燃油价格大幅上升还对具有自备发电机组的企业影响较大,使企业发电单位成本迅速上升。如青岛碱业股份公司自备发电机组4.3万千瓦,今年上半年因燃油涨价比去年同期增加支出400多万元。

四、交通运输紧张局面有所缓解,运输成本居高不下,形势不容乐观。

调查资料显示,由于国家实施宏观调控政策,一些过热行业的发展势头得以遏制,运输紧张状况得以缓解。但下半年我省运输能力不足的矛盾仍将十分突出,铁路方面,济南铁路局由于重车到达少、空车不足,管内装车满足率不到40%,加之胶济线电气化改造施工已开始,将影响通行能力10%左右,被调查的大企业的铁路计划落实仅在30%左右,小企业铁路没有计划;公路方面,受燃油价格上涨和严禁超载的双重影响,5月份公路运价同比平均上涨63.6%,带动运输成本大幅上涨,利润急剧下降,运输业主的积极性受到重创。目前许多企业原材料无法及时运入,产品无法正常运出。如德州晶华集团大坝公司由于签约的运输车队不愿运输,矿石无法及时购进,严重影响企业的正常运行。

为彻底解决当前煤电油运存在的问题,关键是继续加大宏观调控力度,坚决遏制部分行业盲目发展、低水平重复性建设和严禁资源浪费,把有限的资源用在刀刃上;重点是加快能源项目和运输线路建设速度,尤其是核能、风能、水能等,减少对有限自然资源的依赖度,为经济发展储备能源。同时要加大铁路建设投入,提升运输能力,保障煤电油等重要物资的供应;核心是深化能源体制改革,继续打破能源领域的垄断和壁垒,完善能源投资管理体制,理顺能源定价机制,形成公平、公正和公开的市场竞争体系;根本是加强引导能源合理消费,推动全社会节能,将节约能源提升到基本国策的高度,切实保证我省经济社会快速、健康和可持续发展。(刘同星 刘明霞)

4－18 棉价波动对全省棉纺业发展产生较大影响

从2003年下半年至2004年上半年,我国棉花市场供求失衡,棉花价格出现了暴涨与急跌,给棉纺业发展造成了严重影响。为及时反映棉价波动和棉纺企业发展中出现的问题,山东省企调队近期对我省部分棉纺企业及有关部门进行了一次快速调查。调查结果表明: 由于棉花价格的大幅波动,棉纺企业在原料采购与储备,生产与销售等方面出现许多问题,棉纺行业的发展面临较大挑战。

一、棉花价格异常波动的主要原因

据调查企业反映,近两年棉花价格持续上涨,2002年初棉花平均价每吨约8000元,2002年底涨至每吨约10000元。2003年1－9月份,棉花价格基本稳定在每吨1万－1.2万元之间,但从2003年9月下旬,棉花价格急剧攀升,到2003年年底暴涨到1.8万元/吨,在不到3个月的时间上涨幅度达50%以上。2004年5月中旬开始,棉花价格又出现急剧回落,至7月初,棉花价格下跌到1.3万－1.4万元/吨。棉花价格异常波动,出现暴涨与急跌,原因是多方面的。从暴涨的情况看,主要有以下因素: 一是近几年棉纺业投资持续升温,棉纺能力快速扩张,棉花需求量大幅度增加;二是去年受自然灾害影响,国内棉花减产,供应量减少;三是棉花收购体制改革后,流通商、生产商以及无证收购的个体业者纷纷涌入棉花收购市场,形成多头收购,再加上人为炒作,造成棉花流通秩序混乱。从急跌的情况看,主要有以下几种因素: 一是过高的棉价使棉纺企业库存减少,产出下降,抑制了需求;二是国家追加了棉花进口配额;三是全国棉花种植面积增长16%,我省棉花种植面积增长20%,棉花增产形势看好。

二、棉价波动对棉纺企业的影响

对棉纺企业来说,棉花的价格高低,直接关系着企业的生存与发展。棉价出现快速和大幅度的上升与下降,更使棉纺企业面临生死考验。从调查企业上半年生产经营情况看,棉价波动对企业在原料采购与储备,生产与销售等方面产生了以下主要影响:

1.企业开工不足,生产下降。调查的67家棉纺企业,截至2004年6月底,拥有纱锭321万,比上年增加纱锭45.3万,增长16.4%。67家企业上半年产棉纱19.2万吨,增长7.8%。上半年平均每万锭产棉纱598吨,比上年同期下降8%,生产能力(设备)平均利用率为83%左右。67家企业中,有7家企业不能正常开工,有一家企业已经停产。

2.库存不足。正常情况下,棉纺企业的库存原料可供3个月生产之用。面对棉价的大幅波动,企业在准备库存原料时面临两难境地。库存不足,将会影响生产;库存过多,既占用资金,又担心棉价下滑。调查的67家棉纺企业上半年共购入棉花18.6万吨,而实际生产用棉为20.7万吨。67家企业中,原料库存不充足的有26家,严重不足的有6家。邹城圣达纺织集团正常库存为1000吨,现只有200吨库存量,仅够半个月之需。

3.成本增加,效益下降。棉花价格波动,棉纱、棉布及服装价格的调整明显滞后,且调整幅度较小。据调查, 棉花价格最高上涨幅度为50%以上,棉纱价格最高上涨幅度为22%,棉布价格最高上涨幅度为16%,而服装行业销售价格几乎没有变化。今年棉花价格下跌后,棉纱及棉布的价格也随之同幅下跌。棉纱行业是微利行业,其原料成本占总成本的70%以上,主要靠规模、靠廉价劳动力取得效益。因此,由于棉花价格波动,使企业生产成本增加,效益大幅下降。调查的67家棉纺企业,2004年上半年实现利润比上年同期增长13%,增幅回落8个百分点。分企业看,企业效益呈两极分化。67个企业中,有21个企业亏损,亏损面达30%以上。有9个企业利润在5万元以下,仅保持微利。调查的10家国有及国有控股企业,仅有青岛六棉、潍坊四棉、山东樱花三个企业保持赢利,其余全部亏损。

三、我省棉纺业发展趋势分析

自1998年我国棉纺行业实行限产压锭以来,我省棉纺业从调整走向快速发展,一方面淘汰落后旧设备,加大更新改造投资,实现了产业升级;另一方面实现了产业不断转移,青岛、济南棉纺业逐渐萎缩,产棉区、经济较落后地区棉纺业迅速发展。特别是2001年以来,棉纺行业的投资主体发生了重大变化,大量的民营资本投入棉纺业,涌现一大批中小型棉纺企业。如菏泽市棉纺企业数量剧增,全市现有棉纱企业100多家,拥有纱锭250万,比2001年增加纱锭100多万。枣庄市目前在建的规模以上棉纺企业项目有11个,投资额达63580万元,将新增30万纱绽的生产能力。德州市的夏津县、陵县、武城县近三年建成了约百家棉纺企业。滨州市的魏桥创业集团从2000年33万锭发展到现在的350万锭,成为我省的一家特大型棉纺企业。截至2003年上半年,我省棉纺业高速发展势头有增无减。2003年下半年,棉价突然大幅上升,使大多数企业措手不及,对我省整个棉纺行业以强烈冲击。今年上半年,棉价又突然大幅下跌,一些棉纺企业高价购进的库存棉花大幅贬值,棉纺企业损失惨重。目前棉价高于去年同期约15%,价格仍然在高位运行。在这种形势下,我省棉纺业的发展到了一个关键时期。据调查结果分析,我省棉纺业在发展趋势上将呈现发展速度明显减缓,企业竞争更加激烈,优势企业将继续保持高速发展,劣势企业将不断淘汰。

1.棉纺业发展速度明显减缓。从67家调查企业情况看,2004年上半年产品销售收入比去年同期增长30.5%,除去价格上涨因素,增长幅度在10%以下;纱锭增长16.5%,纱产量增长8.3%,从业人员增长5.3%。棉纺业增长势头大幅减弱,具体表现在以下方面:从全省情况看,棉纱投资热接近尾声,现有和即将形成的纺纱能力已大大超出原料供给能力。我省中小型棉纺厂所需棉花基本上从本省市采购。2003年我省棉花产量为87.7万吨,仅能满足全省棉纺生产能力的1/4。菏泽市是我省主产棉区,棉花产量约25万吨,拥有纱锭250万,本地棉花缺口在一半以上。从全国情况看,全国纱锭约6000多万,比2000年增长50%以上,产能的急剧扩张已导致了全国市场的失衡。今年4月份,国家把棉纺业列入宏观调控的范围,重点控制产能的进一步增长。从国际市场看,我国从今年1月1日开始实行新出口退税政策,把棉纺织品的出口退税税率从17%降到了13%。另外,一些发展中国家的棉纺业也在快速发展,因此,在国际市场对棉制品的需求增长变化不大的情况下,竞争将日益激烈。综合上述情况,国内及国际市场环境将限制棉纺业的过快发展,我省棉纺业发展将会面临更大压力,发展速度减缓是大势所趋。

2.竞争更加激烈,优胜劣汰加快。经过棉价的剧烈波动后,一些企业不适应市场或在竞争中处于劣势的情况充分暴露出来。从67家调查企业看,部分国有及国有控股和小型棉纺企业市场竞争能力弱。有些老国有企业技术设备落后,产品档次低,老职工多,企业发展包袱较大。如青岛国棉五厂、济南诚通纺织有限公司等,目前都处于亏损状态。一些小型企业规模小,抵抗市场风险能力弱,经历这次棉价大幅波动后,多数企业都陷于资金周转困难,生产开工不正常,企业亏损状态。如昌邑市万隆纺织有限公司共有1万纱锭,棉价暴落以后,停止了纯棉加工;昌邑琨福纺织有限公司因经营困难,压缩了1万纱锭。企业规模大,实力雄厚的企业仍然保持了较好的发展势头。如魏桥创业集团、山东德棉集团、青岛六棉等。由于棉纺生产能力扩张过快等因素,棉花市场价格仍处于不稳定状态,对于棉花资源的争夺在一定程度上必然加剧企业的竞争,实力雄厚的企业掌握了购棉的主动权,有原料作保障,将会加快发展。而一些效益差、设备落后的中小企业将面临生死考验,部分大型老国有企业也会因体制原因和负担过重,面临的困难会进一步增加。

四、几点建议

1.控制在建和新上棉纺项目。目前,我省还有许多在建和计划新上棉纺项目,有些是企业扩建,有些是新建企业。对此,政府有关部门要加强调控,企业要认真做好项目可行性研究。要坚决控制和制止低水平重复建设及新上万锭以下棉纺项目。

2.巩固市场。从调查企业产销情况看,大部分企业都保持着较高的产销率,产品基本没有积压。这说明市场对棉纺产品的需求是强劲的。棉纺企业要加强内部管理,降低生产成本,提高产品质量,努力巩固国内市场,开辟和扩大国际市场份额。政府有关部门要协助企业创名牌,弘扬"诚信山东"经营理念。

3.加快产业升级。今后一段时期,国内棉纺织行业中的优胜劣汰将会加速,因此,加快产业升级已成为企业首先要考虑的问题。企业要以技术创新寻求竞争优势,加快用高新技术、信息化技术改造棉纺企业的步伐。目前国内市场普通棉纺产品在市场上基本饱和,利润空间正逐步减少,高品质棉纺产品,如精梳纱、无结头纱、无梭布的市场需求越来越大,企业投资方向应放在提高产品质量,提高设备档次上。

4.为企业解困。当前棉纺企业除因棉价波动带来的经营困难外,棉纺企业在资金需求、用电、交通运输等方面普遍紧张,进一步加剧了企业的困境。一些国有棉纺企业虽然经过改制,但社会包袱仍然比较沉重。对此,要进一步制定政策措施,加大对棉纺企业的支持力度,帮助企业走出困境。

5.整顿棉花流通市场。政府及有关部门应在新棉上市前加强整顿棉花流通市场秩序,对囤积居奇、哄抬物价、掺杂使假的不法行为进行严厉打击。国家应适时充实棉花储备,充分利用好国际市场,及时调控国内棉花市场需求。

6.要切实稳定发展棉花生产,保护棉农生产积极性,建立完善棉农利益保护机制,从源头缓解棉花供应紧张问题。（孟庆斌）

4－19 三项困难二个问题困扰棉花收购

——对全省棉花收购工作准备情况的调查

新棉即将上市,为了解棉花收购工作准备情况、棉花收购企业遇到的困难及棉花市场存在的问题,山东省企调队选择了棉花种植较集中的德州、菏泽、滨州、东营、济宁、潍坊等6个市近20家棉麻公司(棉花收购企业)、1家棉花市场进行专题调查。调查结果显示:棉农对棉花增收预期高,收购企业资金筹集难,棉花市场亟待规范。

一、棉花收购工作存在的三项困难

1.种植面积扩大,棉农对增收预期高,企业收棉难去年棉花价格上涨极大地刺激了棉农种棉的积极性,加之种棉比较效益大,目前的粮棉比价在1:7左右,农民种棉的热情高涨,今年棉花种植面积达1588.81万亩,较去年增加20.1%。

去年棉花价格的大幅上涨,使今年棉农对棉价的期望值越来越高,预期上市价格每公斤在5-6元之间,而棉花收购企业却普遍认为每公斤4.6-5元较为合理,由于在价格认同上存在差异,棉农对售棉持观望态度,惜售现象比较普遍,预计企业收棉将遇到困难。

2.行业风险大,各方资金持观望态度,资金筹集难企业普遍反映棉花收购行业存在着太多不可预测的因素,风险性大,各方资金对介入这一行业大多持谨慎和观望态度,加之去年企业大面积亏损,今年企业筹集资金遇到了前所未有的困难。其主要原因,一是银行惜贷,民间资金惜入。棉花收购企业的资金来源应主要是农业发展银行的贷款,但受贷款收益的影响,银行更愿把资金投向效益稳定、风险较小的企业,而对于高风险的棉花收购企业普遍存在惜贷现象,有的市发放的贷款只能满足市场需求的10%左右,有的市只能满足5%,有的企业反映农发行已经近10年不发放棉花收购贷款,资金只能靠自筹。同样,大量的民间资金鉴于去年棉花市场的投资风险,今年进入棉花市场更加谨慎,"望而却步"的可能性很大。二是企业亏损严重,资金紧张。今年春天棉花价格出现了大幅度的回落,从3月份开始到7月份,棉花(皮棉)价格从18000元/吨回落到12700元/吨,高进低出,造成棉花收购企业严重亏损,企业资金周转困难。三是资金回笼不及时。去年由于棉花价格上涨,各企业对市场形势估计不足,大部分企业在棉花高价时收购储备了大量籽棉,而等加工之后的成品棉棉价又有所下降,由此造成各企业资金的回笼出现困难。四是由于棉花市场不稳定,棉花收购企业为了能更快地使资金回笼,减少损失,部分企业开始采取了赊销办法,致使多年不见的三角债又有所"抬头"。

3.去年棉价大起大落,棉花定价难。去年以来,国内棉花价格经历了大起大落,因此被调查的棉花收购企业普遍认为市场行情把握难、价格变数大,存在的风险性增大。为了规避风险,目前全省棉花收储企业受价格迟迟不定的影响,都不敢贸然开秤,大多都在观望,价格心理拉锯战已成定势。

二、棉花市场存在的两个问题

1.棉花收购市场不规范。棉花市场开放,促进了棉花多渠道流通,但无证经营、掺杂弄假、以次充好等问题较为突出。调查获悉,有的地方无证收购棉花的企业比例高达75%左右,这些没有收购资质的小棉花加工企业技术设备落后、消耗能源大、产品质量差,但其绝对数量大,存在着与大企业争抢棉花的现象,给有实力的大企业造成极大冲击,给皮棉生产质量带来隐患。

2.缺乏正确的引导,棉花储存盲目。去年棉花价格大幅上涨的主要原因一方面是市场需求的缺口,另一重要方面是在产品的供应源头存在棉农惜售、棉商囤积不售的现象,从而搅乱了棉花市场的价格。在棉花加工企业和纺织企业争抢棉花的同时,随着棉价的不断上涨,一些棉农的惜售心理日益加重。由于缺乏正确的引导和宣传,在我省的一产棉大县,棉农几乎家家都存有去年的棉花,这样不仅造成市场上棉花短缺,也使棉农的利益受损。

三、几点建议

1.加强宏观调控,确保棉花收购市场健康发展。一是进一步统一对当前经济形势和中央加强宏观调控政策措施的认识,建立起全国性的原棉期货市场和抵御棉花风险机制,从而建立起一个中长期的价格预警机制;二是协调银行与企业的关系,确保新棉收购资金及时到位。加大银行对企业的放贷力度,确保新棉收购资金的及时足额到位。这不仅直接支持了企业的发展,还可间接对稳定提高棉农种棉积极性起到至关重要作用;三是调整棉花种植政策,重视棉花生产。现在粮食生产国家实行直补,而种植棉花却还没有实行,这就极大地影响了农民种棉的积极性。因此,建议国家应适当地调整政策,真正让棉农得到实惠,保护和激发农民种棉的积极性,确保棉花市场的健康发展。

2.加强对棉花市场的监管,规范棉花市场秩序,提高市场信用度和可信度。加强对棉花加工、流通市场的质量监督,打击棉花市场囤积居奇、掺杂使假等不法行为,取缔无证经营,查处大户市场操纵、恶意炒作行为,整顿棉花市场秩序,提高整个市场的信用度和可信度。

3.做好宣传工作,正确引导棉农售棉。从调查结果显示,今年棉花价格较去年有一定下降,估计每公斤籽棉在4. 4-5元之间,大大低于去年的7元/公斤。因此,政府及企业应积极作好宣传,消除棉农一味等靠的攀高心理,及时售棉。而企业应瞅准时机及时开称,以免错过购棉良机。

4.积极推广区域化种植,确保棉花质量和国家准确掌握棉花资源数量。现在棉花种植随意性较大,种子优劣参次不齐,严重影响了棉花质量。因此,应积极扩大区域化种植,倡导规模种植,坚持品种的统一化,建设有特色的棉花基地,这样不仅有利于棉花质量的提高,也为国家准确地掌握棉花资源数量提供条件,有的放矢地调节进出口比例,避免棉价出现较大波动。 (刘同星 刘明霞)

4－20 对全省中小工业企业社会养老保险状况的调查分析

中小企业参加社会养老保险,对推动养老保险事业发展具有重要意义,中小企业参保,在实施过程中存在一些难点。为了解我省中小工业企业参加社会养老保险的现状和存在的问题,近期山东省企调队在全省70家中小工业企业中开展了社会养老保险情况专项调查。调查结果显示:近年来,我省中小工业企业参加社会养老保险的状况不断趋好,参保企业单位数增多,但是仍存在参保职工比例不高、参保不平衡等问题,参保扩面工作有待提高。

一、企业参加社会养老保险的现状

1.参保企业单位数增多。70家调查企业中,参加社会养老保险的企业38家,占54.3%;其中,全部职工参保的企业15家,占21.4%;部分职工参保的企业23家,占32.9%。没有参加社会养老保险的企业32家,占45.7%。

2.参保企业缴费情况良好,欠缴数额小。38家参保企业中,33家企业按时、足额缴纳养老保险费,占参保企业的86.8%;3家企业不按时但足额缴纳养老保险费,占参保企业的7.9%;2家企业未按时、未足额缴纳养老保险费,占参保企业的5.3%。截止2003年底,这2家欠缴企业累计欠缴养老保险费119万元。

3.企业对养老保险的认识有所提高。70家调查企业中,认为有必要参加社会养老保险的企业54家,占77.1%;认为参加社会养老保险可以吸引外商投资的企业25家,占35.7%;认为参加社会养老保险对大中专毕业生就业影响较大的企业45家,占64.3%。

4.企业退休职工养老金发放情况较好。调查显示,退休职工的养老金,全部或部分社会化发放的企业33家,占参保企业的86.8%;企业足额缴纳养老保险费时,参保企业的退休职工都能够按时、足额领到养老金。

5.职工参保比例不高。调查企业2002年底共有职工10561人,参加养老保险的职工为4389人,占职工总数的41.6%;2003年底共有职工10737人,参加养老保险的职工为4560人,占职工总数的42.5%。

同时,其他社会保险的职工参保率也不高。截至2003年底,23家企业的2342人参加了医疗保险,占职工总数的21.8%;20家企业的3421人参加了失业保险,占职工总数的31.9%;29家企业的3541人参加了工伤保险,占职工总数的33.0%;17家企业的2515人参加了生育保险,占职工总数的23.4%。

6.职工参保状况不平衡。在部分参加社会养老保险企业中,企业高层管理人员、技术骨干参保多,而一般职工参保少。调查显示,23家部分参保的企业中,2002年和2003年底参保职工分别为874人、1167人,其中七成多为企业高层管理人员与技术骨干,一般职工参保的不足三成。

二、企业未参加社会养老保险的原因

养老保险作为政府对劳动者在特殊情况下提供生活保障的一种制度,属于政府管理经济的一种职能。但中小企业参加社会养老保险的难度较大,主要原因是:

1.企业主对参加养老保险认识不足,参保积极性不高。中小企业尤其是私营企业,追求利润最大化是其经营目的,获取利润的主要方式是最大限度地降低成本,利用廉价劳动力进行生产。参加养老保险会增加成本投入,减少收入,因此不愿为其职工参保。调查中,有16家企业的企业主对本企业是否参加社会养老保险持没必要和无所谓的态度;有18家企业认为企业缴纳的养老保险金比例太高。

同时,中小企业从业人员多数为临时工、农民工,流动性大,变动频繁,影响了业主为职工参保的积极性。调查中,当问到企业未参加社会养老保险的原因时,有19家企业回答由于职工流动性大,不便参加,占未参保企业的59.4%;当问到企业参加社会养老保险的计划时,有19家企业回答视企业发展情况考虑,有5家企业回答政府有关部门检查或提出要求后考虑,有4家企业回答正在考虑,有4家企业回答没有考虑。

2.企业职工对养老保险认识不到位,自我保护意识、依法维权意识不强。一是传统就业观念影响。在私营企业职工中,有相当一部分认为私营企业不是正规单位,能拿到工资就行了;还有一部分从业人员为国有企业下岗、失业职工,把在私营企业工作视为过渡阶段,对参加社会养老保险没有要求。二是劳动力供大于求的矛盾。由于目前存在找工作难、就业难的问题,职工在签订劳动合同时尽管也希望雇主为自己办理养老保险,但又怕提出要求未被采纳而失去就业机会,不敢维护自己的合法权益。三是小型企业职工中农民工、临时工多,职工首要考虑的不是养老问题而是多赚钱,不愿从工资中拿出一部分钱参加社会养老保险,因此对参加社会养老保险基本不关心。调查显示,9.4%的未参保企业是因为企业员工不同意参保而未参加养老保险。

3.养老保险法律宣传不够,有关部门执行困难。中小企业实施养老保险,在实际执行中缺乏必要的法律强制约束力,致使许多问题难以解决。受人员、经费所限,社会保险经办机构对中小企业参保问题普遍感到力不从心,存在宣传不力、管理不完善、措施不得力等情况,影响了对中小企业参保扩面工作。在调查中,31家企业回答对国家及省制订的有关社会养老保险的法律法规了解的不多或不了解,21家企业回答当地政府对中小企业参加社会养老保险不够重视。

4.社会养老保险基金的运作及监管有待加强。调查表明,担心缴纳的养老保险金达不到为本企业职工养老目的的企业32家,占45.7%;担心缴纳的养老保险费被挪用的企业7家,占10.0%;担心因职工工作不稳定,拿不到个人账户上钱的企业14家,占20%;担心职工退休时领不到养老金或担心其他问题的企业17家,占24.3%。

认为政府应健全并完善社会养老金管理法律、法规的企业51家,占72.9%;认为对社会养老金应加强监管力度的企业13家,占18.6%;认为应扩大养老基金投资渠道的企业3家,占4.3%;认为应发展多层次养老保险体系的企业2家,占2.6%;认为应改善养老金管理模式的企业1家,占1.4%。

三、中小企业参加社会养老保险的几点思考

目前,受国家财力和管理体制等因素的影响,中小企业的社会养老保险工作存在很大难度和薄弱环节,因此,必须紧密结合实际,加强和深化社会养老保险制度改革,以保障中小企业从业人员的合法权益。

1.强化养老保险宣传,提高全民保障意识。一是强化对民营企业的宣传。通过养老保险政策、权利与义务的宣传,使企业主理解养老保险的作用和意义,增强他们的法律意识,积极引导他们参

保缴费。二是强化对企业职工的宣传。使劳动者充分认识到养老保险对保持社会稳定、保证自己老有所养的重要作用,增强自我保护意识,变被动参保为主动参保。

2.制定和完善法律、法规,依法管理社会养老保险。经过多年的实践,社会养老保险立法已有深厚的基础,应加快《社会养老保险法》及相关条例的起草、修改和完善实施细则等工作,争取尽快出台,将养老保险全面纳入法制化轨道,从而依法扩大社会养老保险覆盖面,依法筹集、发放、管理、运营保险基金和加强执法监察,依法推动社会养老保险制度改革的进程,更好地发挥养老保险的作用。

3.实施灵活的参保政策,促进更多中小企业参保。要灵活实施适合中小企业特点的养老保险政策,在参保缴费上可实行“低进低保”的政策,即允许中小企业低比例缴费,同时低标准享受养老保险待遇;在缴费方式上,允许中小企业实行灵活的缴费方式,可按季或按年一次性缴纳养老保险费。同时,考虑对新建的中小企业和吸纳下岗职工及社会失业人员达到一定比例的中小企业在一定期限内实行养老保险的浮动费率。这样,既利于吸引中小企业积极参保,又可以激励中小企业的发展并更多地提供就业岗位。

4.加快养老保险社会化服务管理进程,促进养老保险工作的全面发展。实行养老金社会化发放,对减轻参保企业负担、保持社会稳定、增强人们参保的信心非常重要。保证企业退休人员的养老保险金能够按时足额发放,这对扩保工作是最好的宣传和促进,也为养老保险工作快速发展提供了必要的物质保障和坚强后盾。(吴金胜)

4－21“打工热”缘何变为“招工难”

——对全省部分行业用工情况的专题调查

近期以来,我省东部地区的纺织、服装、电子加工、餐饮、建筑等行业出现不同程度的招工难现象,给企业生产经营带来较大影响。针对这一情况,山东省企业调查队选择了济南、青岛、潍坊、济宁、泰安、临沂、德州、菏泽等8个市开展了一次专题调查,重点走访了劳动就业和劳务输出部门、职业介绍中心以及部分企业。调查结果显示:我省并没有出现农民工大规模回流返乡务农现象,劳务输出总量并未减少,但输出方向有所变化,由主要流向省内东部地区转向南方地区。以上行业出现招工难的主要原因:一是劳动力供应结构与需求结构不适应;二是工资待遇低,劳动环境差;三是随着农业比较效益提高,部分农民工回流返乡。

一、我省部分行业招工难的特点

1.企业招工难呈现地区性差异。东部经济较发达地区部分行业招工难情况突出,中西部地区则基本保持企业用工正常。我省中西部地区的劳动力资源丰富,以往主要输向我省东部地区,随着中西部经济的发展,一部分劳动力被当地企业吸收,一部分劳动力流向工资更高、待遇更好的南方地区。像济宁、菏泽等市,劳务输出总量每年增加,但增加的部分却不是流向我省东部地区,而是流向南方省市,使得我省东部企业用工需求得不到满足。

2.企业招工难存在行业性差异。调查显示,存在招工难问题的企业大部分是纺织、服装、工艺品加工、水产品加工、建筑等劳动密集型行业。另外,规模以下企业,特别是私营和外资企业招工难。长期以来,这些企业招用的基本都是成本较低的外来农民工。随着全国劳动用工形势的变化和影响,农民工自我保护意识不断提高,他们外出打工往往选择工资待遇高、劳动环境好的企业。大中型企业和国有、集体、股份制企业由于工作稳定、劳动时间合理、工作环境好、工资社会保障待遇好而没有出现招工难的情况。

3.高级管理人员和高级技工招工难。从7月份青岛、潍坊等市劳动力市场需求大于求职缺口情况看,美容师、部门经理及高级管理人员、营销员、维修工缺口率(缺口人数/需求人数×100%)分别为91.61%、90.91%、86.57%、65.73%和61.40%。另外从求职人员文化程度构成看,中专文化程度以上的占全部求职人数的36.88%,而高中以下的占了63.12%。说明当前市场非常缺乏企业需要的高素质、高技能人才。

4.企业用工供求错位现象严重。主要表现在有人没事干和有事没人干并存。也就是说求职的人找不到满意的工作,招工企业招不进需要的人才。以青岛市为例:据7月份统计,有24874人到市场求职,成交9379人,求职成功率仅为37.71%。其中:营业员求职人数为1809人,而企业需求人数仅为729人,过剩1080人。而同时餐厅服务员需求人数为1232人,求职人数仅为282人,缺口950人。在目前就业形势如此严峻的情况下,供需错位的出现是很不正常的。

二、我省部分行业出现招工难的原因

1.劳动力供应结构与需求结构不适应。无论是高级技工的缺乏还是供需错位的产生,其根本原因是供需结构不匹配。主要表现:一是劳动力的素质、技能不能满足企业要求。从青岛市就业中心调查统计来看,在外来务工人员中,受过高中、中专、技校教育的仅占总数的25.1%,而初中及初中以下的则占到71%。这些打工者文化水平偏低,而且基本没有参加过劳动技能培训,只能从事简单劳动;二是年龄结构不合理。当前的招工难,主要存在于一些劳动密集型企业。由于这些企业的劳动强度大、劳动时间长和劳动的特殊性,一般需要的人员年龄在18-35岁之间,而处在这个年龄段的大多是严格执行计划生育时期出生的人,可以说,计划生育20多年,正好到了劳动力供给减少的时候。劳动力供求失衡,是就业难与部分行业招工难并存的重要原因。

2.工资待遇低,劳动环境差。这是造成当前我省部分行业招工难的主要原因。一是工资水平偏低。根据对8个市服装加工企业的调查显示:这些企业的平均工资为400-700元,其中多数为450-500元,与我国南方部分省市的同岗位工资700-1000元相差甚远。部分企业以不低于最低工资标准为理由,有意压低工人的工资水平。还有个别企业制定的劳动定额和计件单价不合理,以计件工资的形式掩盖了最低工资标准。调查中不少打工者反映,现在信息传递很快,每年春节外出打工者都回家,对各地工资水平交流比较,哪里挣钱多就到哪里去。

二是劳动强度大、工作环境差。一些企业为了完成生产任务,降低生产成本,经常加班加点,延长工作时间,而且以按计件单价支付工资的理由,不执行国家有关劳动政策。部分企业不执行法定劳动时间,每天工作时间长达10多小时。特别是纺织、服装行业,工作环境恶劣、噪音大、劳动强度大,但收入却不高。今年服装市场看好,订单多,但由于招工不足,部分服装企业近1/3的厂房和设备处于闲置状态。订单完不成,企业又要加班加点赶任务,劳动条件和环境不好导致了部分工人的流失。

三是社会保障制度不健全。调查中了解到,由于社会保障制度的缺陷,当前外来农民工在就业、养老、工伤、生育、医疗、子女上学等方面还没有全面享受到同市民一样的待遇,所以留不住这些外来打工者,造成他们存有临时观念,流动性强。由于目前没有全国性统筹的社保制度,使外来打工者不能真正享受到社会保险的实惠。

四是部分企业仍然存在拖欠工资的现象。虽然经过国家大力整治,但变相拖欠工资的事件仍有发生。如鄄城县某村部分村民在当建筑工人时被拖欠了工资,直接导致该村几年内无人到建筑业打工。现在信息交流快,一旦有拖欠事件发生,就会造成相当大的连锁反应。

由于以上几个问题集中出现在纺织、服装、电子加工、餐饮、建筑等行业,使得农民工宁愿少挣钱也不愿意去这些行业打工,造成了目前我省这些行业招工难的现实。

3.就业观念落后,就业期望值过高。很多进城农民工希望留在市区工作,而市内的职位对文化素质要求相对较高,一些对劳动力素质要求相对较低的操作工,多数要到位于郊区的企业工作。部分求职者认为打工地点和在家务农的环境没有很大区别,根本不愿考虑。另外部分打工者期望值过高,没有考虑自身条件,盲目追求工资高、工作条件舒适的工作,好工作干不了,差工作不愿干,造成了求职成功率下降。

4.随着中西部地区的发展,更多的农民工被当地吸收。随着招商引资和促强扶弱战略的实施,大量企业在中西部地市落户,当地的用工需求也在不断增长。另外农民外出务工有两大难题:一是无法兼顾家庭;二是外面消费较高,不易积蓄。而在当地就业就可以打工、顾家两不误,而且额外花销少,攒钱更容易。在一些地方,甚至有"宁愿在家挣500,不愿出门挣800"的说法。

三、几点建议

我省出现的部分行业招工难并不是劳动力资源总量供给不足,而是受劳动报酬、劳动条件及自身条件、就业观念等方面的制约,劳动力总体过剩的格局将长期存在。要解决这一问题,必须从劳动力输出和输入两方面着手。

1.切实加强对企业劳动环境的监管,改善劳动环境。对故意压低劳动报酬,拖欠工资,不按规定交纳养老保险等违反劳动法律法规的企业,有关部门要严格执法,严肃处理。做到从法律上保护农民工的合法权益。同时,还要认真研究现实情况,制定出切实可行的保障措施,做到让劳动者放心工作,安心打工。

2.东西部联合,实现互惠互利。以往东部地区到西部地区招工,常常有为当地解决就业压力、增加农民收入、降低劳动力使用成本的思想。根据当前劳动力供求形势的变化,有关部门要主动行动,多方联系,同劳务输出地建立良好的合作关系,建立东西两地信息共享机制,及时将企业用人信息和劳务输出信息互换。劳务输出部门不仅要了解用人需求状况,还要去实地考察,将更真实、更形象的信息送回本地,让外出务工者放心。

3.企业在提高工人待遇的同时,强化人性化管理来留住工人。首要的是提高工资,将工人工资定到更为合理的水平上。在菏泽调查时我们发现,绝大部分外出务工者选择企业首先要看的就是工资高低,他们普遍认为只要工资高,吃点苦倒没什么。与较差的工作条件相比,他们更不能接受的是低收入。在报酬得到提高的基础上,人性化的关怀会起到更好的作用。比如在青岛三湖鞋厂里,菏泽鄄城县的工人占了60%多,企业就专门聘请鄄城人管理他们,还不定期接工人亲属来厂探望,收到了良好的效果。

4.深入进行产业布局和经济结构调整。东部地区将一些劳动力密集型的企业向省内劳动力资源丰富的西部地区转移,以有利于把西部劳动力资源优势转化为企业优势。青岛正进企业集团就率先走出了这一步,他们针对企业招工难这一现象,在济宁市泗水县设立了一家水产品加工分厂,年底就可竣工投产,可容纳500多人就业。"你不愿意到我这里打工,我就把工厂建到你家门口",这种做法值得借鉴。

5.加强对外出务工者的培训力度。通过举办各种技术培训班,提高劳动者的技能水平。劳务市场的培训,各地都有许多经验,相互间可以多加交流。比如,根据企业用工需求,开展"定单式"培训;各类职业培训机构与劳务输出机构、用人单位联手一条龙培训等。搞好培训,提高素质,实现劳动力资源的充分利用。 (刘同星 岳洪斌)

4－22　煤炭供应偏紧　煤价高位运行
——山东省冬季用煤情况专项调查报告

煤炭作为社会经济发展的基础性原料，其供求状况、价格变化成为近年来备受各界关注的热点中的焦点。目前，将迎来冬季用煤高峰，为了解煤炭供、求、存状况及价格走势，剖析煤炭市场存在的问题，山东省企调队对济南、青岛等6个市的18家用煤量较大的企业进行了冬季用煤情况专题调研。调研结果显示：今冬山东煤炭供应依然偏紧，煤价仍将高位运行。

一、煤炭供应依然偏紧

今年以来，我国能源、原材料供应紧张，煤电油运一度告急，冬季到来，各用煤企业的煤炭供应更趋紧张，企业的正常生产经营受到影响。

1.发电用煤供应偏紧。由于受冬季季节影响，各用煤企业正值煤炭储存期，尤其电厂是用煤大户，从调查情况看，山东各电厂储备仅有10天用量，仍在警戒线边缘徘徊，青岛的两家电厂每月煤炭供应缺口在5万吨以上，预计未来几个月电煤供应更加紧张，企业将面临更大考验。

2.供热用煤供应紧张。调查企业反映，供热用煤没有国家计划，完全通过市场操作。山东大多数供热企业完全是贷款建厂，企业负担较重，资金周转困难，加之现在煤炭价格高，购煤又是现钱交易，企业捉襟见肘，虽然政府为保证市民取暖对企业进行补贴，但毕竟是杯水车薪。被调查企业库存煤量仅为3-4天的用量，远远低于维持正常生产的15天存煤量，供热用煤成为当前的最大难点。

3.居民用煤供应平稳。山东省燃料公司今年早行动，根据各市居民用煤需求量，早在夏天就积极组织货源，确保了居民用煤。随着集中供热覆盖面扩大，居民自己采暖用煤量也相对减少。综合以上两种因素，山东居民用煤供应平稳。

二、煤价持续高位运行

受供求矛盾、运输成本上升及国际油价上涨拉动等因素的影响，自2003年下半年以来，煤炭价格持续上涨，上半年动力用煤每吨260元左右，到年底上涨到300元，进入2004年后，价格一路上扬，有时一天一价，截至10月底每吨达500元，与价格上涨前相比，上涨幅度接近翻番。特殊煤种价格更高，炼焦精煤目前市场价格为每吨650元，居民家庭取暖用山西无烟块煤每吨已经超过了700元，与去年相比上涨幅度均超过了一倍，创历史最高水平。据调查，随着冬季的到来，煤炭需求量的继续增大，价格上涨还将继续，煤价高位运行近期难以改观。

三、供应紧张、价格上涨是多重因素共同作用的结果

调查显示，造成煤炭供应紧张、价格上涨的因素很多，主要是：

1.经济快速增长对煤炭需求依然旺盛，供不应求局面仍然难以改观。当前我国处于“投资推动型”的经济增长阶段，引起对能源和基础原材料的需求超常增长，虽然国家实行宏观调控政策，压缩能源消耗性投资，投资高速增长受到抑制，但是钢铁、电力等煤炭消费大企业发展仍呈上升态势，正是这些主要用煤行业的生产需求才使得大多数地区的煤炭市场保持旺销。加之宏观调控效果显现相对滞后，供不应求局面近期难以改观，煤炭价格见顶回落，出现拐点情景尚需时日。

2.运输瓶颈依然紧缩，运输成本上升。从调研结果显示，目前运输仍是制约煤炭供应主要瓶颈。铁路方面，山西是我国最大的煤炭供应基地，但向外运输主要以铁路为主，被称为是“捆在火车上的经济”，而太原到石家庄是惟一晋煤外运的通道，即使

每天超负荷运转也难以满足东部沿海地区的需求,今年山东请车满足率在40%左右,铁路运力严重不足。公路方面,严禁超载及计重收费等措施实施后,汽车运力急剧下降,加之油价步步走高,运输成本上升,本已低迷的汽车运输又受重挫。汽车运输受天气的影响较大,出入山西的道路多为山路,从现在到明年春天,汽车运输也将进入“冬眠期”,运力不足已成定势。据调查火车运费每吨上涨了9元,汽车运费每吨上涨了35元,运费的上涨拉升了煤价的飚升。

3.煤炭生产后劲不足,加剧了供应紧张。我国煤矿普遍设计生产能力小,产量增长有限,与现在经济发展的高速度不匹配,供应缺乏后劲。而煤炭工业是基础工业,投资规模大,建设周期长,想在近几年内增长生产能力决非易事。近几年为了安全因素关停、整顿小煤矿,对煤炭的供应也或多或少的造成了一些影响。

4.石油价格高位运行,增加了世界能源需求对煤炭的依赖。石油和煤炭两种商品的价格具有密切的相关性和可比性,其消费也具有一定的可替代性,石油价格调整,必然对煤炭市场的运行产生影响。石油价格上扬,将刺激煤炭需求增加,直接拉动煤价上扬 同时,油价上扬将加大煤炭的运输成本,提升煤炭价格。目前,无论从国际市场还是从国内市场看,石油与煤炭的比价效应有利于支撑煤炭价格高位运行。

四、煤价上涨,企业效益下降,居民支出增加

本次煤炭价格上涨对企业、居民均造成很大冲击。在热电企业,煤炭占生产成本的70%,今年煤炭价格比去年翻了一番,企业的成本也必然翻番,企业亏损严重,被调查青岛热电集团全年将亏损5600万元左右。现在热电企业拖欠职工工资现象普遍,有的企业甚至4个月没发工资,企业陷入前所未有的困境中。

煤价与居民的生活休戚相关,今年由于煤炭价格上涨,热电企业普遍提高了供热价格,山东各市较去年每平方米提高2-4元不等。居民家用煤(蜂窝煤)也较去年涨了一半,每吨在450元左右。煤价上涨,居民的生活支出增加,对于普通工薪家庭尤其是对于一些低收入家庭是一笔不小的支出,无疑会增加居民的生活压力。

五、几点建议

1.继续加大宏观调控力度,促进煤炭资源合理化利用。

一是减少高耗能企业投资,争取投资经济和环境效益双赢。现在全国上下招商引资热情不减,有的地方甚至是作为评价政府政绩的重要指标,既不考虑能源消耗,也不考虑环境污染,只贪大求快,有的项目事先甚至没有进行市场研究,一投产就亏损,有的甚至成了“半拉子”工程,造成资金和能源的严重浪费。因些,国家应继续加大对高耗能企业投资的调控力度,减少对有限煤炭资源的掠夺式使用,同时要提高投资效益,争取投资一个,成功一个,既要有经济效益,也有环境效益,真正走可持续发展的道路。

二是减少出口量,保证国内现在和将来的用煤需求。现在,我国煤炭出口量很大,且大多数是优质煤,这也是造成国内煤炭紧张的一个重要因素。煤炭作为国民经济的命脉,又是不可再生资源,国家应在立足本国现在及将来发展需求基础上,适当储备,以备不时之需,减少出口量。

2.加大运输投资力度,打破煤运瓶颈。目前,铁路运力不足已严重制约着经济的发展,因些,国家应加大铁路建设的投资,使煤炭运输不再卡脖子,以解决当前燃“煤”之急。汽车运输方面,可开辟运煤“绿色通道”在税费方面给予优惠,激发运输户的积极性。

3.加大对公益企业的支持力度,切实提高人民生活水平。水、电、汽是居民生活的基本必须品,其价格的变动直接影响着居民的生活质量。现在供热企业采购煤炭完全市场化操作,销售电、汽却是计划指导价,企业亏损严重。因此,政府加大对公益性生产企业的扶持、补贴力度,促进人民生活基础设施建设成为务之急。

4.打击煤炭市场的违法行为,整顿煤炭市场。现在煤炭的供应还存在供需不“碰头”现象,这就为一些不法经营者囤积居奇、垄断价格提供了机会,国家必须加大整顿市场流通秩序,保持关系国计民生大宗商品供应畅通。一些企业受利益驱使,掺杂使假,以次充好,严重影响了企业生产。要加大对他们的打击力度,确保流通市场健康快速的发展。

(刘同星 刘明霞)

4－23 一季度山东省国内旅游业平稳增长

旅游业作为国民经济的新兴主导产业,各级政府不断完善规划,增加投入,老景点不断改善,新景点独具特色,独特的人文资源,优美的自然环境,进一步扩大了我省的知名度,吸引了越来越多的游客。由省企调队、省旅游局联合组织实施的全省国内旅游抽样调查显示,一季度我省国内旅游业实现平稳增长。

一、一季度国内旅游调查情况分析

对全省17市的主要景点、住宿设施及6589名国内游客调查推算结果显示,一季度全省共接待国内游客2059万人,比去年同期增长9.96%。其中,过夜游客1578.97万人,占国内旅游人数的76.69%,同比增长8.03%;一日游游客480.04万人,占国内旅游人数的23.31%,同比增长16.8%。实现国内旅游收入137.08亿元,比去年同期增长12.5%。其中,接待过夜旅游者收入126.92亿元,占国内旅游收入的92.59%,同比增长11.02%;接待一日游游客收入10.17亿元,占国内旅游收入的7.41%,同比增长34.99%。

1.男性游客比重占六成。在全省17市调查的6589名国内游客中,男性游客4187人,占63.55%;女性游客2402人,占36.45%,与去年同期相比,女性游客所占比重下降了0.75个百分点。从抽样调查结果看,女性游客呈上升趋势。

被调查的游客分年龄段看,25-44岁的4238人,占64.32%;45-64岁的1181人,占17.92%;65岁以上的100人,占1.52%;15-24岁的1001人,占15.19%;14岁以下的69人,占1.05%。与去年同期相比,15-24岁的游客增幅较多,为1.59个百分点,45-64岁的游客降幅较大,下降2.18个百分点。

按被调查游客的职业分,企事业人员继续占据首位,并且有上升趋势,依次为企事业人员1901人,占28.85%;服务销售人员1072人,占16.27%;公务员900人,占13.66%;专业/文教人员787人,占11.94%;工人582人,占8.83%;学生300人,占4.55%;离退休人员276人,占4.19%;农民174人,占2.64%;军人157人,占2.38%。与去年同期相比,企事业人员上升3.17个百分点;公务员上升1.43个百分点,位次由去年的第四位上升到第三位;专业/文教人员下降2.42个百分点,位次由去年的第三位下降为第四位;服务销售人员、离退休人员分别下降了0.83、0.93个百分点;学生、农民、军人所占比例与去年基本持平。

按游客来山东的次数分,第一次来山东的游客占50.36%,同比增长0.71个百分点;来山东2-3次的游客占35.68%,同比下降0.5个百分点;4次以上的游客占13.96%,同比下降0.21个百分点。

2.个人、家庭或与亲朋结伴旅游方式游客比重增幅较大。从旅游组织方式看,采用个人、家庭或与亲朋结伴方式的4096人,占62.16%,同比增长11.75个百分点;单位组织的1194人,占18.12%,同比增长0.83个百分点;旅行社组织的603人,占9.15%,同比增长0.56个百分点;采用其他方式的696人,占10.56%,同比下降13.14个百分点。

3.休闲/度假型旅游越来越受游客青睐。按不同旅游目的分,观光/游览的1851人,占28.09%;商务活动1394人,占21.16%;休闲/度假1123人,占17.04%;探亲访友774人,占11.75%;会议313人,占4.75%;文化/体育/科技交流154人,占2.34%;购物48人,占0.73%;宗教/朝拜62人,占0.94%;市内游客505人,占7.66%。与去年同期相比,休闲/度假上升幅度较大,上升2.09个百分点,说明休闲/度假型旅游越来越受到游客的青睐;观光游览、商务活动所占比例均有所下降,探亲访友下降幅度最大,下降2.83个百分点。

4.省外游客过半,所占比例呈上升态势。被调查的6589名游客中,山东人游山东的省内游客占44.88%;省外游客占55.12%,同比上升1.83个百分点。其中列前10位的依然以我省周边省份为主要客源地,省份与去年相同,位次有升有降,江苏依旧占据省外客源地第一。依次为江苏6.89%,北京5.42%,河北4.72%,河南3.96%,上海3.37%,广东3.35%,浙江3.08%,辽宁2.82%,黑龙江2.53%,山西1.87%。

5.过夜游客住宿选择涉外饭店/宾馆的过半。被调查的5440名过夜游客在住宿设施的住宿时间为11913人天,平均停留天数为2.19天,同比减少0.1天。其中在涉外饭店/宾馆住宿时间为6116人天,占51.34%,人均停留1.95天;在旅馆/招待所住宿时间为4293人天,占36.04%,人均停留2.02天;在亲友家中住宿时间为1318人天,占11.06%,人均停留2.3天;在其它住宿设施时间为186人天,占1.56%,人均停留1.96天。

6.住宿费依旧占据国内游客出游花费首位。从被调查6589名游客的出游花费构成上看,依次为住宿(占23.42%);交通通讯(占18.73%,其中:长途交通费占15.49%、市内交通占2.31%、邮电通讯占0.93%);购物(占18.72%);餐饮(占18.16%);景点游览(占9.08%);其他花费(占6.39%);娱乐(占5.48%)。

7.国内游客对我省旅游服务质量、接待设施、旅游价格的评价。来自全国各地的6589名游客对我省旅游服务质量评价的平均分为3.97分(用5分制表示,5分表示最好,1分表示最差),处于好的状态,比去年同期高0.06分。分项看有宾馆/饭店4.13分、餐饮3.99分高于综合评价的得分。低于综合得分的有邮电通讯3.94分,导游服务3.9分,交通3.88分,购物3.79分,娱乐3.79分。其中,购物下降0.08分。

国内游客对我省旅游接待设施综合评价得分为3.91分,比去年同期高0.08分。其中,高于综合得分有宾馆/饭店4.05分,餐饮3.95分。低于综合评价得分的有购物3.90分,游览/参观点3.89分,交通3.86分,娱乐3.79分,景区(点)厕所3.68分。

国内游客对我省旅游价格的综合评价得分为3.93分,比去年同期高0.08分。其中高于综合评价得分的有住宿4.00分,餐饮3.94分,与综合评价得分相当的是市内交通。低于综合评价得分的有购物3.9分,邮电通讯3.9分,景点门票3.86分,娱乐3.82分。

8.山水风光是国内游客对当地最感兴趣的旅游活动。国内游客对旅游地旅游活动感兴趣程度(最多可选择三项)排序结果是山水风光占61.62%;文化古迹占60.71%;民俗风情占51.95%;饮食烹调占33.39%;艺术/节庆活动占24.42%;生态旅游占30.54%;主题公园占15.68%;工/农业特色游占8.44%。其中,选择一项为最喜欢的旅游活动排序结果列前三位的为山水风光占33.1%;文物古迹占17%;民俗风情占14.25%。今年,民俗风情上升为第三位,选择生态旅游的下降为第四位。

9.网络站点对游客的影响越来越大。调查显示,国内游客通过何种宣传渠道了解旅游目的地的信息(对列示的宣传媒体,最多选三项)的排序结果依次为电视占62.79%、报刊占51.98%、杂志占46.7%、朋友或家人占33.78%、网络站点占31.92%、广播占30.02%、宣传材料占15.54%、旅行社推介占14.65%。其中,选择一项作为最依赖的信息渠道排序结果列前三位的依次是电视占27.01%、朋友或家人占23.45%、报刊占14.74%。与去年相比,游客通过网络站点了解旅游目的地所占比例增长了5.07个百分点。说明随着互联网的发展,通过网络站点了解旅游目的地对游客的影响越来越大。

10.咖啡屋/茶艺吧/网吧聊天上升为国内游客最喜欢的夜生活。调查显示,国内游客对问卷列示的夜生活按兴趣程度选择三项的排序结果依次为咖啡屋/茶艺吧/网吧聊天占80.86%、吃宵夜占80.09%、购物占47.15%、观赏节目占35.94%、参与性娱乐活动占23.96%、健身美容占20.66%。与去年相比,咖啡屋/茶艺吧/网吧聊天上升为国内游客最喜欢的夜生活,吃宵夜降为第二位。

11.景区附近购物对游客的吸引力增长比例

最高。根据调查,国内游客对问卷列示的购买旅游商品地点按喜欢程度选择三项的排序结果依次是专卖店占64.11%,同比增长3.58个百分点;大型商场占57.46%,同比增长5.44个百分点;景区(点)附近占56.2%;同比增长8.6个百分点;产品制作厂家、娱乐场所或附近分别占43.85%、30.57%,与去年基本持平。

二、一季度我省国内旅游市场呈现的特点

1.旅游活动突出民俗特色。今年第一季度节日出现连接,使得黄金周延长。各地充分利用有利时机,精心组织各种活动,以吸引游客。今年我省举办的活动以突出民俗特色为主。调查显示,喜欢我省民俗风情活动的游客今年上升为第三位。如:济南市春节期间举办的“2004济南民俗风情旅游节”,推出了各种各样、丰富多彩的活动,充分展示了济南民俗过年的特色风情。潍坊市青云山、云门山等景点也举办了各种项目的活动,民俗氛围浓,吸引了大批游客登山游玩。

2.外出旅游倾向平民化。随着人们生活消费水平的提高,旅游部门社团能力的增强,越来越多的老百姓利用休闲时间外出旅游。从调查结果看,以观光/游览为目的的游客所占比例同比下降0.49个百分点,而选择休闲/度假的游客却上升了2.09个百分点,说明随着人们收入水平的提高、观念的更新,外出旅游的目的不再只停留在观光游览上,越来越多的人们外出是为了休闲度假。

3.旅游业引力增强。面对旅游市场新的需求,我省及时调整战略,在包装景点上下功夫,建立多元化投资渠道,着力提升品位、增加内涵。各市充分利用优越的自然条件,除了积极开发新的景点外,在原有的基础上,精心打造多功能、多观赏价值的景区。枣庄抱犊崮国家森林公园利用省有关部门贴息贷款和多方入股方式筹资1000余万元,建成了全省首座集鸟兽表演、观赏、饲养、科研为一体的多功能园区-百鸟乐园,吸引越来越多的游客前来旅游。熊耳山国家地质公园围绕地质奇观这一主题修建了地质博物馆,不仅为科研人员提供了实地研究场所,也成为广大游客了解地质知识的基地,填补了我省这方面的空白。泰安也积极着手加强资源整合,着力打造“七星捧月”的泰山大旅游圈。

三、一季度我省国内旅游市场存在的问题及建议

1.新的客源市场开发不力。从调查资料看,来我省的游客省外客源市场前十位依旧是江苏、河北、北京、河南、广东、上海、辽宁、黑龙江、浙江、山西等,与去年相比,仅仅在位次上有升有降,没有增加新的客源地,说明我省在新客源市场的开发上力度还不够。建议在宣传促销上打破地域界限,实现联手促销、降低成本,进一步提高我省旅游资源的知名度,以开辟新的客源市场,吸引更多的游客,达到“双赢”的目的。

2.回头客比例下降。调查资料显示,今年一季度第一次来我省的游客所占比例过半,同比增长0.8个百分点,来我省2-3次的游客以及4次以上的游客所占比例均比去年同期有所下降,说明来我省的游客回头客比例较去年下降。积极利用我省优越的自然条件,提高软、硬件设施,强化服务水平,极力打造优美舒适、以休闲度假为主题的环境,是吸引回头客的必要条件。

3.购物环境和服务质量影响了游客的购物欲望。调查显示,游客在山东的花费中,购物占18.72%,同比下降0.03个百分点。从游客对我省购物服务质量、接待设施、购物价格的评价上看出,游客对我省购物环境、服务质量以及购物价格的满意程度均低于综合得分。其中,对购物服务质量的评价为3.79分(满分为5分),低于综合得分0.18分。游客对购物服务质量和环境的满意度直接影响了游客的购物欲望。

4.旅行社组团能力增速缓慢。一季度来我省的游客有9.15%通过旅行社组织,这一比例比去年同期增长0.56个百分点。纵观几年来,旅行社组团能力呈增长态势,然而,增长幅度缓慢,所占比例依旧偏低。这是因为部分旅行社存在欺客宰客现象,在游客心目中信誉度不高;旅行社与旅行社之间存在着恶性竞争,扰乱了旅游市场等。建议加强对旅游业的宏观调控力度,促进旅游业与其他产业的协调发展,增强服务意识,采取切实措施治理整顿旅游市场,加强对旅行社的管理。　　(张吉萍)

附表　　一季度分市国内旅游人数及收入调查推算表

市	国内旅游人数（万人）	国内旅游收入（万元）	人均花费（元）
全　省	2059.00	1370847.85	665.78
济　南	245.47	197603.35	805.00
青　岛	336.21	279687.49	831.88
淄　博	190.65	105438.00	553.04
枣　庄	60.21	27265.95	452.85
东　营	27.36	18909.11	691.12
烟　台	192.17	164184.53	854.37
潍　坊	136.35	84205.82	617.57
济　宁	187.04	92590.67	495.03
泰　安	147.32	88341.91	599.66
威　海	99.57	80360.70	807.08
日　照	57.83	34209.28	591.55
莱　芜	33.01	11715.83	354.92
临　沂	171.22	92113.40	537.98
德　州	45.88	17558.73	382.71
聊　城	56.71	31991.23	564.12
滨　州	47.88	31781.50	663.77
菏　泽	24.12	12890.35	534.43

4－24　上半年山东省国内旅游取得新突破

由于2003年同期“非典”的影响,部分数据不可对比,本篇分析报告的同期对比数为2002年的相关数据。

上半年,我省旅游业紧紧围绕“好客之乡,细微服务”的旅游主题,各地纷纷立足资源特色,积极打造旅游细微服务吸引游客。由山东省企调队、山东省旅游局联合组织实施的全省国内旅游抽样调查显示,上半年全省接待国内旅游人数及实现国内旅游收入均有了新的突破,国内旅游进入新一轮快速发展期。

一、2004年上半年国内旅游抽样调查总体推断

上半年全省共接待国内游客5245.32万人,比2002年同期增长18.09%,其中,过夜游客3648.72万人,占旅游人数的69.56%,增长14.96%;一日游游客1596.61万人,占旅游人数的30.44%,增长25.94%。上半年全省实现国内旅游收入328.93亿元,增长25.09%,其中,接待过夜旅游者收入296.48亿元,占国内旅游收入的90.13%,增长23.2%;一日游旅游者收入32.46亿元,占国内旅游收入的9.87%,增长45.54%。国内旅游人均花费627.1元,增长5.93%。

旅游收入居全省前10位的是:青岛71.81亿元,济南42.54亿元,烟台39.67亿元,威海26.35亿元,济宁22.87亿元,淄博22.17亿元,泰安20.43亿元,潍坊19.23亿元,临沂18.75亿元,聊城9.41亿元。

旅游人数居全省前10位的是:青岛895.28万人,烟台541.87万人,济南536.09万人,济宁453.39万人,临沂382.49万人,淄博382.01万人,潍坊365.66万人,泰安337.88万人,威海308.28万人,聊城214.68万人。

二、2004年上半年国内旅游抽样调查情况分析

1.国内游客构成情况。在全省17市调查的17711名国内游客中,男性游客11027人,占62.26%;女性6684人,占37.74%,与2002年同期相比,女性游客所占比重提高了3.03个百分点。

城镇居民15701人,占88.65%,比2002年同期提高2.74个百分点,非城镇居民2010人,占11.35%。

从游客的年龄段来看,来我省的国内游客中25-44岁的游客10943人,占61.79%,位居游客人数的第一位,比2002年同期高0.55个百分点;其它依次是:45-64岁的3295人,占18.60%,下降3.63个百分点;15-24岁的2972人,占16.78%,提高2.58个百分点;65岁以上的294人,占1.66%;14岁以下的207人,占1.17%。

从游客的职业来看,企事业人员4789人,占27.04%;服务销售人员2711人,占15.31%;公务员2570人,占14.51%;专业/文教人员2150人,占12.14%;工人1639人,占9.25%;学生977人,占5.52%;离退休人员785人,占4.43%;农民785人,占4.43%。与2002年同期对比,企事业人员、公务员、专业/文教人员、工人、学生、农民所占比重均有所提高,而服务销售人员、离退休人员所占比重有所下降,其中,农民增幅较高,提高1.47个百分点。

2.个人、家庭或与亲朋结伴出游方式仍居多数,旅行社组织所占比重增幅较高。从旅游的组织方式看,上半年选择出游方式为家庭或与亲朋

结伴的6188人,占34.94%,提高4.44个百分点;选择个人出游5035人,占28.43%,降低0.94个百分点;选择单位组织2945人,占16.63%,提高2.57个百分点;选择旅行社组织1782人,占1.06%,提高4.83个百分点;选择其他方式1761人,占9.94%,降低10.89个百分点。可以看出,家庭或与亲朋结伴是众多游客比较喜欢的方式,并且具有上升的趋势。

3.观光/浏览仍是国内游客旅游目的的主基调。按不同旅游目的分,观光/浏览5915人,占33.4%,比2002年同期高1.21个百分点;休闲/度假3548人,占20.03%,提高3.1个百分点;商务活动3004人,占16.96%,降低0.52个百分点;探亲访友1699人,占9.59%,提高0.8个百分点;会议731人,占4.13%,提高0.1个百分点,文化/体育/交流362人,占2.04%,降低0.25个百分点;宗教/朝拜153人,占0.86%,提高0.26个百分点;其他873人,占4.96%,降低2.77个百分点。从与2002年同期对比来看,观光/浏览、休闲度假、探亲访友、会议都有不同程度的上升。

4.客源市场省外游客过半。调查显示:我省国内旅游市场的最大份额仍是省内游客,占46.08%,比2002年同期低0.26个百分点。周边省份及经济发达的省份仍是我省国内旅游主要的省外客源地,占据了来鲁游客的53.92%,并且有上升趋势。其中,位居前十位的依次为:江苏(6.19%),北京(5.47%),河北(4.68%),河南(4.09%),上海(3.16%),广东(2.95%),辽宁(2.92%),浙江(2.90%),黑龙江(2.26%),山西(2.11%)。

5.购物消费跃居花费构成第二位。从花费构成上看居首位的仍是住宿费,占花费总额的23.33%,其他依次为购物占17.67%,餐饮占17.61%,长途交通费占15.91%,景点浏览占10.60%,娱乐占5.29%,市内交通及通讯占3.28%,其他占6.44%。资料表明,购物消费呈现上升趋势,今年跃居第二位。旅游六大要素中的吃、住、行仍是旅游者最大的消费,且消费数额呈现出上升的趋势。

6.过夜游客选择高档化住宿者过半。调查显示:游客对住宅设施的选择逐步趋向高档舒适。上半年过夜游客住宿时间为31167人天,人均停留2.13天,其中在涉外饭店/宾馆15745人天,占50.52%,人均停留1.9天;在旅馆/招待所11778人天,人均停留2.03天,在亲友家中3103人天,人均停留2.21天;在其他住宿设施541天,人均停留1.74天。

7.国内游客对我省旅游服务、设施、价格的评价。用5分制表示,5分表示最好,1分表示最差。

游客对我省旅游服务质量的综合评价为3.95分,比2002年同期提高0.17分,处于较好的状态。高于综合得分的有宾馆/饭店、餐饮,分别为4.11分、3.96分,低于综合得分的为:购物3.92分,邮电通讯3.92分,导游服务3.88分,交通设施3.87分,娱乐3.78分。

游客对我省旅游接待设施的综合评价为3.91分,比2002年同期提高0.19分。高于综合得分的有宾馆/饭店、餐饮、购物,分别为4.04分、3.93分、3.91分。游览/参观点的得分与综合评价得分相当。低于综合得分的有交通设施3.87分,娱乐3.78分,景点厕所3.7分。

游客对我省旅游价格的评价综合得分为3.91分,比2002年同期提高0.18分。高于综合得分的有住宿、市内交通、餐饮,分别为3.97、3.93、3.92。低于综合得分的有娱乐3.81分,购物3.9分,景点游览门票3.84分,邮电通讯3.90分。

综合上述三项游客的评价情况,游客对我省旅游服务质量、接待设施、旅游价格的评价都处于较好的状态,与2002年同期相比,三项评价的得分值也明显有了提高。

8.我省山水风光对游客的吸引力较大。调查显示:游客对我省旅游资源感兴趣程度前五位的依次为山水风光(64.58%),文物古迹(60.35%),民俗风情(51.96%),饮食烹饪(30.80%),生态旅游(30.16%)。

游客了解旅游目的地信息的渠道依次为电视(62.5%),报刊(51.18%),杂志(44.19%),朋友或家人(36.41%),网络站点(32.25%)。

三、上半年我省国内旅游呈现的主要特点

1.旅游产品越来越丰富。国内旅游业正越来越多受到各地政府的高度重视,各地纷纷结合当地特点,策划推出新颖多姿的旅游活动,一批融旅游、经贸、文化、节庆、会展、赛事、民俗等于

一体,质量高、立意新、效果好的旅游活动纷纷出台,吸引了众多游客纷至沓来。如渔家乐之旅、高尔夫之旅、酒文化之旅、工业之旅、消夏之旅、会议之旅等等。“五一”黄金周期间济南“泉城香车大巡游”、青岛“崂山北宅樱桃节”、泰安“东岳庙会”、淄博“走进原山、享受自然旅游系列活动”等内涵丰富的观光浏览活动,既吸引了大批游人,也带来了较好的经济效益。

2.诸多知名会展带来大量高端客源及收入。2004年中国北方旅游交易会(参展人员30万人)、亚洲合作对话第三次外长会议、第三届APEC中小企业技术交流暨展览会(参展人员15万人)、2004年中国国际电子家电博览会(参展人员6.1万人)、第二届中国国际航海博览会(参展人员3.5万人)等一系列高档或知名会展,为我省带来大量高端客源及收入。

3.游客人均消费增幅较大。今年上半年我省旅游活动在档次上有了较大的提高,许多景区门票相继涨价,如泰山、曲阜三孔、淄博原山等,再加上我省着力打造旅游“细微服务”、购物“百店工程”,取得了很好的成效。调查显示,购物消费占据游客总消费的17.67%,跃居游客花费构成的第二位。同时,游客对我省旅游服务、旅游设施、旅游价格等方面的评价,均有所提高。这一系列措施使得游客在山东的停留时间虽然缩短,但人均消费却大幅上升,同比增长5.93%。

4.黄金周旅游带动效应突出。为推动假日经济的发展,黄金周期间,各地大力开发旅游市场,以促进消费和拉动内需。“春节”、“五一”黄金周期间,全省共接待国内游客1405.32万人,占上半年接待国内游客人数的26.79%,实现旅游收入72.14亿元,占上半年国内旅游收入的21.93%。

5.团队游客数量大幅增长。随着生活水平的提高和居民小汽车拥有量的增长,自驾车、家庭旅游越来越成为旅游亮点。人们在闲暇时间都喜欢结伴或随旅行社出外走走。调查资料显示,上半年选择家庭或与亲朋结伴的游客同比提高4.44个百分点,选择单位组织的同比提高2.57个百分点,选择旅行社组织的同比提高4.83个百分点。

四、对我省发展旅游业的几点建议

1.科学规划,高品位开发特色旅游业。根据旅游业发展的新趋势、新特点,积极拓宽旅游业发展领域,不断推出适合旅游者口味的特色旅游项目。立足优势资源,实施精品带动战略,以优势资源带动资金,人才等旅游生产要素的合理流动,以精品提升山东旅游形象。大力挖掘历史文化遗产内涵,不断完善自然山水景观,积极打造海滨之旅,充分展示民俗文化风貌,继续推出农业旅游、工业旅游、生态旅游、渔家乐等特色旅游。

2.多元投资,加快旅游资源开发和基础设施建设。采取“国家、地方、部门、国有、民营”一起上和“内资外资一起上”的办法,遵循“谁投资、谁所有、谁受益”的原则,充分调动各方面的投资积极性,加大旅游基础设施、旅游区景点和旅游产品建设与开发的力度。其次,加大政府导向投入。通过建立旅游发展基金,扩大旅游财政预算,以大预算占领大市场,以大市场获得大产出,是旅游发达地区发展旅游业的成功经验之一。导向投入主要用于旅游重点项目、旅游教育培训、旅游宣传促销和相关旅游配套设施投资,以获得“四两拨千斤”的效果。

3.信息带动,加快旅游经济强省步伐。目前我省正面临着由旅游经济大省向旅游经济强省新的历史性跨越。建设旅游强省,仅仅依靠传统的增长方式难以实现这一目标。我省旅游业要在激烈的国内外市场竞争中做大做强,就必须实施信息化带动战略。旅游业信息化的一个重要内容就是要构建旅游管理信息系统,它不仅可以提高劳动效率、节约人力,而且可以使管理工作迅速、准确。在旅游由传统走向现代的过程中,信息化是旅游行业体制创新、管理创新和市场创新的有效保障,是旅游现代化的最重要的基础。

4.结构升级,努力做大做强旅游产业。加强领导,部门协作,真正把旅游业做大做强;要科学规划,合理配置和优化整合旅游资源;要加强宏观调控,进行产业结构调整,着力提高旅游业发展层次;继续加大投入力度,积极扩大总量,拓展产业规模,使旅游业成为国民经济重点支柱产业和新的经济增长点。

(张吉萍)

4－25　山东省前三季度国内旅游发展步伐加快

旅游业被称为是永远的“朝阳产业”,我省旅游业经过多年的发展,不仅在旅游形象的树立上有了长足的进步,而且对经济资源的优化配置产生了巨大的效益。由山东省企调队、山东省旅游局联合组织实施的全省国内旅游抽样调查显示,前三季度我省国内旅游收入、接待国内游客均实现了快速增长,国内旅游发展步伐加快。

一、国内旅游市场总体情况

1.前三季度国内旅游形势喜人。据对全省17市的主要景点、住宿设施及22463名国内游客调查推算结果显示,前三季度全省共接待国内游客8842.63万人,比去年同期增长43.34%,其中过夜游客6295.17万人,占旅游人数的71.19%,同比增长37.89%;一日游游客2547.47万人,占旅游人数的28.81%,同比增长58.87%。实现旅游收入560.73亿元,比去年同期增长51.49%,接待过夜旅游者收入506.20亿元,同比增长48.59%,占国内旅游收入的90.28%;接待一日游游客收入54.53亿元,同比增长84.91%,占国内旅游收入的9.72%(见附表)。

2.三季度及暑期国内旅游市场呈现火爆场面。三季度适值暑期,天气炎热,人们纷纷走出家门,或避暑,或休闲。根据调查推算结果,三季度全省共接待国内游客3597.31万人,比去年同期增长16.63%,其中,过夜游客2646.45万人,占旅游人数的73.57%,同比增长15.52%;一日游游客950.86万人,占旅游人数的26.43%,同比增长19.8%。三季度全省实现旅游收入231.8亿元,比去年同期增长22.62%,接待过夜旅游者收入209.73亿元,同比增长21.27%,占国内旅游收入的90.48%;接待一日游游客收入22.07亿元,同比增长37.13%,占国内旅游收入的9.52%。

二、国内游客调查情况分析

1.国内游客构成及组织方式。在全省17市调查的22463名国内游客中,男性游客13961人,占62.15%,女性游客8502人,占37.85%。分年龄段看,来我省的国内游客中25-44岁的占61.37%,较去年同期下降1.91个百分点;45-64岁的占18.72%,同比下降0.82个百分点;15-24岁的占16.97%,同比提高2.66个百分点;65岁以上占1.69%;14岁以下占1.26%。按职业分,依次为企事业人员占26.71%,服务销售人员占15.35%,公务员占14.62%,文教科技人员占12.14%,工人占9.01%,学生占5.85%,离退休人员占4.28%,农民占2.42%,其他人员占9.61%。

从旅游组织方式看　个人、家庭或与亲朋结伴的占63.28%,同比上升13.71个百分点;单位组织的占16.69%,同比下降2.58个百分点;旅行社组织的占9.91%,同比提高1.85个百分点;采取其他方式的占10.12%。

2.国内游客旅游目的及客源地分析。按不同旅游目的分,观光/游览占33.52%,同比提高4.07个百分点;休闲/度假占20.15%,同比提高4.37个百分点;商务活动同比下降6.85个百分点,探亲访友占9.32%,会议占4.26%,文化/体育/科技交流占2.07%,宗教/朝拜占0.85%,购物占0.69%,市内游客占7.13%。按客源地分,被调查的22463名游客中,山东人游山东的省内游客占45.96%,同比下降7.55个百分点,省外游客占54.04%,同比提高7.55个百分点。省内游客下降,省外游客增长的主要原因是,由于去年二季度“非典”的发生,各省取消了跨地区旅游,造成了同期前三季度省内游客增长幅度较大,省外游客下降幅度较大。其中列前10位的省外游客主要以我省周边省份为主要客源地,依次为江苏占6.12%、北京占5.53%、河北占4.61%、河南占4.34%、上海占3.16%、广东占3.0%、浙江占2.96%、辽宁占2.9%、黑龙江占2.33%、山西占2.15%。

3.国内游客花费构成。调查的22463名游客,从花费构成上看依次为住宿占23.68%,交通通讯占19.02%(其中长途交通占15.8%、市内交通占2.28%、邮电通讯占0.94%),餐饮占17.67%,购物占17.3%,景点游览占10.72%,娱乐占5.26%,其他花费占6.35%。

4.国内游客对我省旅游感兴趣情况。按国内游客对调查问卷所列的我省主要旅游资源的选择次数排序分别是山水风光(64.66%),文物古迹(60.33%),民俗风情(52.53%),饮食烹饪(30.66%),生态旅游(29.43%)。

国内游客最喜欢的夜生活前五位依次为吃宵夜(79.86%)、咖啡屋/茶艺吧/网吧聊天(77.56%)、购物(47.06%)、观赏节目(37.06%)、参与娱乐活动(25.57%)。

三、国内旅游呈现的特点

1.旅游旺季来临早,持续时间长。今年我省的夏季旅游旺季比任何一年来的早,而且气候温和,特别适宜外出旅游。海滨景点出现了“井喷”现象,山区景点呈现拥挤场面。造成了景点满、宾馆满、停车场满的“三满”现象。分析原因主要有两点:一是去年二季度发生“非典”,游客不敢出门,三季度游客在心理上还有一个适应过程,今年不存在这一问题,因而出现了今年前三季度与去年同期相比增长43.34%的现象;二是今年我省气候温和,夏季旅游来的早,持续时间较长,由此吸引了省内外游客休闲、度假和观光。

2.节庆活动好戏连台。近几年,随着生活水平的逐步提高,节假日人们纷纷走出家门,享受出游的愉悦,参与高品位的旅游活动。我省各地适时地推出了各种各样的旅游活动以满足人们的需要,如淄博市举办的首届齐文化旅游节系列活动,将中央电视台金牌节目《同一首歌》请进淄博,“五一”期间济南的“泉城香车大巡游”、国际艺术歌会、青岛“五月的风”、崂山旅游文化节、聊城“江北水城”文化旅游节等等都吸引了众多游客。

3.“暑期游”带动效应加大。调查显示,我省暑期接待国内旅游者2734.77万人,同比增长17.53%;旅游收入169.83亿元,同比增长24.32%。分别占三季度的76.02%和73.26%,尤其是沿海城市和某些山区城市的增幅更加明显,如日照市暑期国内旅游人数及收入同比分别提高了45%和44.57%;泰安市暑期国内旅游人数及收入同比分别提高了38.27%和58.23%。

4.大型赛事活动拉动作用增强。2004年三季度在山东举办的各种大型赛事活动,进一步吸引了游客来鲁旅游的积极性。亚足赛在济南开赛前夕,当世界特别是亚洲球迷把目光转向济南之时,恰逢济南泉水喷涌创造了28年来的最高记录,这是泉城久违的美景,是一件盛事。这期间,趵突泉公园迎来了18.5万人的游客,创收150万元(去年同期只有2.5万人,收入12万元)。泉水喷涌把济南推向世界,宣传泉城最具说服力。还有在日照举办的“2004全国帆船锦标赛”,在潍坊举行的“世界风筝小姐”大赛等大型赛事活动,对推动我省旅游经济发展均起了积极的作用。

四、对我省发展旅游业的几点建议

1.促进绿色、健康旅游的可持续发展。从纯粹的旅游价值观来看,大部分旅游资源应当属于不可再生性资源,因此对这些旅游资源要加强保护。推行绿色旅游主要包括两个方面:一是在旅游经营中充分利用野生资源和乡土资源,如喝矿泉、吃野菜、农家饭等,这既是一种资源的深化利用,又可以普及公众的环境意识,还可以提高吸引力和竞争力。同时在经营中减少对环境的负面影响。另外,行其当行、止其应止,也是按可持续发展的一项原则。当行的努力行,有水快流,以获取经济效益;当止的坚决止,以保证环境效益,行和止是有时间性或阶段性要求的,适度处理,细水长流,以促进社会效益的提高。

2.拓宽商务、会议旅游的发展空间。从游客来鲁旅游的目的调查来看,以休闲度假、观光游览为目的的游客同比提高了8.44个百分点,以商务活动、会议为目的的游客同比下降了7.76个百分点

(其中商务活动下降6.85百分点,会议下降了0.91个百分点)。而商务活动、会议旅游是高消费群体,如果把此项旅游做强做大,必将提高人均花费数额,进而提高国内旅游总收入。

3.挖掘购物、娱乐旅游的巨大潜力。购物、娱乐作为"无限"花费,在旅游产品的构成要素中,可挖掘的经济效益潜力最大。因此,许多旅游发达的国家和地区,都十分重视旅游过程中的购物和娱乐。前三季度我省国内旅游的购物花费在六大要素中排序第四,而娱乐花费则排名最后,尽管今年有所增长,但幅度不大。挖掘购物、娱乐旅游潜力,是目前急需解决的问题。旅游购物要有旅游商品,旅游娱乐要有娱乐场所和项目。认真分析我省旅游的特点,把握不同层次的游客的心理需求,积极研制、开发、生产独具特色的旅游商品;依据科学论证、政府主导、市场运作的模式,积极营造既反映我省文化特色,又迎合游客娱乐需求的娱乐项目和活动场所,必将对山东旅游经济的发展带来强大的推动作用。

(张吉萍)

附表　　山东省2004年前三季度国内旅游抽样调查推算结果表

	旅游人数(万人)		旅游收入(亿元)		人均花费(元)	
	2004年	同比增减%	2004年	同比增减%	2004年	同比增减%
全　省	8842.63	43.34	560.75	51.50	634.14	5.69
济　南	809.27	41.65	64.4	42.16	795.78	0.36
青　岛	1796.93	37.19	140.68	49.25	782.89	8.79
淄　博	561.73	32.87	34.07	67.83	606.52	26.31
枣　庄	192.15	30.82	8.44	35.26	439.24	3.39
东　营	116.10	45.91	6.66	66.50	573.64	14.11
烟　台	934.48	50.40	66.57	52.79	712.37	1.59
潍　坊	577.25	38.50	30.89	40.35	535.12	1.33
济　宁	704.47	58.11	34.84	67.58	494.56	5.99
泰　安	528.12	60.47	31.67	80.25	599.67	12.32
威　海	659.42	37.09	51.37	47.70	779.02	7.74
日　照	448.74	65.59	21.33	69.42	475.33	2.31
莱　芜	141.25	41.90	4.10	43.36	290.27	1.02
临　沂	580.81	33.39	29.20	41.27	502.75	5.90
德　州	168.54	65.63	5.67	69.76	336.42	2.50
聊　城	290.71	64.60	14.18	64.12	487.77	-0.29
滨　州	171.53	11.56	9.93	11.57	578.91	0.01
菏　泽	161.13	51.00	6.75	56.25	418.92	3.48

4－26 加快实现全省旅游业的跨越式发展
——2004年山东省国内旅游调查分析报告

旅游业是资源消耗少、吸纳就业能力强、经济效益高的朝阳产业,市场广阔,潜力巨大。我省旅游资源丰富,实现旅游业向主导产业的转变,由旅游大省到旅游强省的跨越,是我省旅游业当前的工作重点之一。山东省企业调查队与山东省旅游局合作,在全省17个市组织开展了国内旅游抽样调查,调查结果显示:2004年我省旅游业已全面摆脱"非典"的阴影,全年接待国内旅游人数和实现国内旅游收入均达到历史最高水平,国内旅游市场迎来新一轮加快发展的机遇。

一、国内旅游发展现状及构成

(一)基本情况

2004年我省旅游市场已全面摆脱"非典"的阴影。全年全省共接待国内旅游者11749.4万人次,比2003年增长31.7%,比2002年增长22.7%。其中过夜游客8255.7万人次,一日游游客3493.7万人次;实现国内旅游收入767.6亿元,比2003年增长41.4%,比2002年增长34.3%;实现旅游增加值361.0亿元,占全省GDP比重的2.3%;全年全省国内旅游者人均花费653.3元,增长7.3%(详见附表)。

(二)游客构成

1.主要客源地。本省居民为国内旅游最大的客源市场,2004年所占比重为45.9%;省外主要集中在周边省(市),依次为江苏省、北京市、河北省、河南省、浙江省、辽宁省、广东省、上海市、黑龙江省。以上七省两市为我省输送了64.7%的省外国内旅游客源。

2.性别、年龄构成。2004年来山东省的国内旅游者中男性游客与女性游客的比例为62:38,男性仍然是来鲁国内旅游者的主体;同上年相比,来鲁旅游者的年龄结构变化不大,25-44岁年龄段旅游者仍是我省旅游市场的主力军,但15-24岁年龄段游客同比增长幅度最大。

3.职业构成。从来鲁国内旅游者职业构成看,以企事业管理人员最多,占全部游客的26.6%;其次为服务销售人员,占15.4%;公务员所占比例由上年的第四位,上升为第三位,上升1.7个百分点,占全部游客的14.6%;专业文教科技人员所占比例下降1.2个百分点,退居第四位。

(三)旅游目的

按国内旅游者来鲁旅游目的排序情况看,观光旅游、度假休闲、商务、探亲访友是构成国内旅游者来鲁的主要因素。以度假/休闲为目的来鲁的人数较上年上升较大,上升3.5个百分点,占20.5%。

(四)出游方式

国内旅游者因来鲁的目的不同,各自所选择的出游方式也不尽相同,2004年散客旅游者的比重继续占据第一位。旅行社组织的团体游客所占比例持续提高,说明山东省国内旅游组织化程度在不断提高,旅行社接待能力逐渐加强。

(五)停留天数

来鲁的国内旅游者中有82.8%的旅游者在山东过夜,有17.2%的国内旅游者当天往返。与上年相比,在山东过夜的游客比例上升3.3个百分点。国内旅游者在我省的人均停留天数为2.2天,与上年基本持平略低。

在全部接受调查的国内旅游者中,停留1夜的占31.4%;2-3夜的占41.4%;4-7夜的占9.5%;8夜以上的占0.5%。在过夜旅游者中,在外停留2-3夜的人数比重最大,8夜以上的人数比重最小。可见,来山东的国内旅游者中,绝大多数是过1-3夜的短期旅游者。

(六)花费构成

2004年国内旅游者在山东人均花费六大要素构成排序是:住(占23.5%)、行(占18.4%)、吃(占17.5%)、购(占17.4%)、游(占10.7%)、娱(占5.1%)。同上年相比,各类消费在总消费中的比重有升有降,购物消费与餐饮消费距离进一步缩小。

(七)游客评价

2004年在对山东省的旅游住宿、餐饮、交通、文化娱乐、旅游购物、邮电通讯、导游服务等与旅游密切相关的七个方面的服务质量评价中,旅游者认为其服务“很好”和“好”的比例均超出六成,其中对旅游住宿设施和餐饮的服务质量评价最佳,认为“很好”或“好”的人数均占被调查总数七成多,仅有1.2%和1.0%的认为“差”,基本满意度分别达到98.3%和98.6%,分别比上年提高0.7和0.9个百分点;其次是对购物和交通服务质量的评价,认为山东购物和交通服务质量“很好”或“好”的分别占70.8%和68.4%,仅有1.3%和1.7%的认为“差”,基本满意度达到97.9%和97.7%,同比分别上升2.3和1.4个百分点。对“文化娱乐”和“导游服务”的基本满意度均比上年增长幅度较大,文化娱乐提高3.5个百分点,导游服务提高3.3个百分点,基本满意度分别为96.7%和97.1%。说明山东省旅游环境已经越来越深得人心,旅游服务质量在旅游者心目中的总体形象良好。

二、国内旅游的主要特点

1.细微服务见成效。2004年,我省旅游部门全力打造“好客之乡,细微服务”,推行服务标准化,倡导个性化、亲情化服务,摒弃粗放服务的落后做法,以全面提升我省的旅游服务水平,旅游业变得更加成熟,活动效果显著。来我省的国内游客对我省旅游服务质量的基本满意度比上年提高了1.3个百分点。

2.旅游业吸引力增强。面对旅游市场新的需求,我省及时调整战略,在包装景点上下功夫,建立多元化投资渠道,着力提升品位、增加内涵。各市充分利用优越的自然条件,除了积极开发新的景点外,在原有的基础上,精心打造多功能、多观赏价值的景区。枣庄熊耳山国家地质公园围绕地质奇观这一主题修建了地质博物馆,不仅为科研人员提供了实地研究场所,也成为广大游客了解地质知识的基地,填补了我省这方面的空白。泰安也积极着手加强资源整合,着力打造“七星捧月”的泰山大旅游圈。

3.自助散客游增幅加快。随着生活水平的提高和居民小汽车拥有量的增长,自驾车、家庭旅游越来越成为旅游亮点。人们在闲暇时间都喜欢出外走走。2004年选择个人、家庭或与亲朋结伴的游客比上年提高13.3个百分点。

4.省外客源市场开发力度加大。2004年,我省各级旅游部门,不拘泥于现有的资源优势,不被动等待游客自己上门,而是走出去利用各种方式积极加大宣传力度,推广我省的旅游资源,取得了显著的效果。来我省的省外游客占全部国内游客的54.1%,同比提高5.7个百分点。

5.暑期、黄金周假日经济仍具潜力。七天的长假对于生活节奏越来越快的人们来说,绝对是一个放松心情、休闲娱乐的好机会,再加上私家车的快速发展,人们外出旅游的时机已成熟,我省各地适时推出多种措施开发旅游市场,以满足人们的旅游愿望,促进消费和拉动内需。我省全年三个黄金周及暑期共接待国内旅游者5217.9万人次,占全年接待国内游客的44.4%。实现国内旅游收入298.0亿元,占全年旅游收入的 38.8%。暑期、黄金周假日旅游经济发展仍具潜力。

三、国内旅游市场存在的主要问题

近几年我省各地对旅游的重视程度提高,加快了旅游业的发展步伐。但是也应该看到由于各省纷纷推出自己的特色旅游产品招徕游客,客源市场的竞争非常激烈,对我省的旅游业将造成一定的冲击。客观地分析我省旅游业存在的问题,对加快实现我省旅游业跨越式发展,起着积极的促进作用。

(一)游客停留时间逐年缩短

2004年游客在山东省停留时间为2.2天,与上年基本持平略低,比2002年减少0.2天,呈现逐年缩短的趋势。分析原因,一是我省的高速公路建设步伐快,交通畅通,游客在路上花费的时间越来越短,导致游客在我省的停留时间缩短;二是我省旅游资源和产品,大多趋于大众化,特色产品少,缺乏竞争力,导致游客停留时间较短。

(二)旅游商品缺少地方特色

旅游商品的生产和销售是旅游业的重要组成部分,独特的旅游商品,可以成为旅游区的形象标志,是旅游区最好的广告。我省旅游商品缺乏深度开发,普遍存在着加工工艺简单、技术含量低、缺乏特色、商品附加值低的现象。如何挖掘丰富的旅游文化资源,开发出众多独具特色、迎合游客欣赏水平的旅游商品,对我省旅游业实现跨越式发展有着十分重要的意义。

(三)旅游项目结构有待进一步优化

我省旅游市场在产品结构上,仍以观光旅游为主体,缺乏观光与度假休闲、观光与文化、健康疗养等紧密结合的内涵丰富的现代综合型旅游项目。近年来,会展旅游、参观旅游虽然发展较快,但基本集中在济南、青岛、烟台等市,地域分布不平衡。在客源结构上,还有相当多的客源市场有待促销和开拓。

四、实现我省旅游业跨越式发展的对策和措施

1.充分发挥旅游集散功能,加强区域合作。随着大旅游时代的来临,如果我们依旧陶醉在“一山一水一圣人“中沾沾自喜,显然是不行的。应把旅游资源看作一个整体,要把旅游资源整体包装推向全国,推向世界。我省交通便利,到省内各旅游点都很便捷。省内各景点要精诚合作,依托丰富的自然和人文旅游资源,不断提炼旅游主题,策划推出一系列富有特色的主题旅游产品和旅游线路。

2.立足市场需求拓展客源,全面深入地做好促销工作。大力宣传、积极营造浓厚的旅游经济意识和旅游文化氛围,在全省上下形成一种抓旅游就是抓结构调整,就是抓新增长点,就是抓对外开放,就是抓服务业发展,就是抓扩大就业的共识。动员全社会力量支持旅游,参与旅游,开发大市场,建设大产业,发展大旅游。针对目标市场,策划有效开拓方案,以国内旅游市场为主要开拓目标,积极争取远程旅游市场客源。充分利用现代信息手段,完善山东旅游信息网和旅游服务信息数据库,在互联网上向全国、全世界宣传山东旅游形象、旅游资源和旅游商机。

3.开发多样化、多层次旅游产品,满足方方面面的需求。开发国外、国内、省内、周边四个旅游需求的多样化旅游产品。第一,深入挖掘我省历史文化内涵,围绕老名牌推出新产品。第二,把节庆活动做活做大,增强吸引力。节庆活动也是一种旅游产品。如“潍坊国际风筝节”、“淄博陶瓷节”等。要积极探索政府主导、市场运作与社会参与相结合的运作模式,办出一些与旅游有关节庆活动,在主题基本稳定的前提下,具体内容和举办方式要做到有新意、有创意,真正形成良好的旅游效应。第三,要满足游客的享乐需要。旅游是一种高级消费,不再满足于单纯的观赏。要以景点为中心,搞好配套服务项目,如歌舞观赏、民俗风情表演、自然博物展览、饮食服务等项目,使游客在游览之中得到物质和精神上的服务和享受。

4.改革创新,打造旅游经济的“航空母舰”。首先,要讲求旅游景区的效益性,必须要体现经济效益,旅游项目的投入要有所回报,产生旅游收入;同时还要体现社会效益,通过景区建设,拉动景区的交通、文化、商贸、饮食和服务等各行业繁荣发展。其次,要加快推进旅游企业的改革创新步伐,推进建立符合国际市场竞争要求的组织形式和运行机制,通过联合、兼并、资产重组优化等资本运营方式和连锁经营形式,淘汰一批“小、散、弱、差”的旅游企业,中小旅游企业要向经营专业化、市场专业化、服务细微化方向发展,建立与大型旅游企业的网络服务协作关系,提高旅游组织的社会化水平。另外,要鼓励多种经济成分参与旅游发展,积极培育多元化的旅游市场主体,鼓励旅游企业以资本为纽带,通过市场实行资产重组,向集团化、网络化、国际化方向发展,努力重建一批跨地区、跨行业、跨所有制的旅游集团。

5.规范旅游市场行为,整顿旅游市场秩序。要制定和完善旅游行业管理的政策和法规,推行旅游行业标准化工作,规范旅游市场行为和“游戏规则”,增大运作透明度;要抓好旅游执法队伍建设,提高执法人员素质,加大旅游执法力度,及时处理旅游

投诉,保护旅游者和经营者的合法权益;要加强各相关部门的联动配合工作,公安、工商、物价、文化、税务、交通等部门与旅游主管部门通力合作,共同搞好旅游市场的综合治理;要重点整治“黑社”、“黑导”、“黑车”以及景区景点、旅游购物和文化娱乐场所扰乱旅游市场秩序的各种违法违规行为,坚决维护旅游市场正常秩序,努力为旅游者营造良好的旅游环境。 (张吉萍)

附表 山东省2004年分市国内旅游抽样调查推算结果表

	旅游人数(万人)		旅游收入(亿元)		人均花费(元)	
	2004年	同比增减%	2004年	同比增减%	2004年	同比增减%
全 省	11749.4	31.7	767.7	41.4	653.3	7.3
济 南	1207.3	27.4	91.0	30.1	754.0	2.1
青 岛	2157.4	30.4	183.8	50.8	851.9	15.6
淄 博	771.5	29.5	47.5	50.6	615.9	16.3
枣 庄	262.7	23.0	12.2	25.4	463.1	2.0
东 营	164.9	31.9	8.9	42.8	542.0	8.2
烟 台	1177.5	27.8	84.2	29.0	715.3	1.0
潍 坊	771.4	30.0	42.1	30.9	546.0	0.7
济 宁	1015.9	43.4	61.3	74.8	603.6	21.9
泰 安	770.8	31.1	46.7	37.4	606.1	4.8
威 海	854.8	27.7	67.1	36.6	785.1	6.9
日 照	582.1	48.2	26.3	55.5	451.3	4.9
莱 芜	194.3	33.0	5.2	37.0	264.9	2.9
临 沂	779.8	29.2	43.1	35.8	552.8	5.1
德 州	234.7	44.9	8.5	45.9	362.9	0.7
聊 城	385.2	46.8	18.5	48.2	480.2	1.0
滨 州	224.9	13.8	12.7	14.0	566.2	0.2
菏 泽	194.1	42.6	8.5	45.2	435.5	1.9

4－27　山东省2004年“五一”黄金周国内旅游再创新高

“五一”期间是齐鲁游最适宜的季节,高涨的旅游需求与各市精心准备的旅游大餐相得益彰,今年“五一”黄金周国内旅游人数和收入再创黄金周新高,显示出我省国内旅游内涵和外延不断拓展,市场潜力巨大。

省企业调查队、省旅游局对全省17市“五一”黄金周国内旅游情况进行了专门抽样调查,调查对象涉及主要景点、住宿设施和6411名国内游客。

一、2004年“五一”黄金周国内旅游抽样调查总体推断

5月1日至7日,全省共接待国内游客1072.36万人次,比2002年“五一”黄金周增长17.8%,旅游收入55.18亿元,比2002年同期增长25.1%。

旅游人数居全省前5位的市为:济南135.10万人次、青岛125.36万人次、淄博91.88万人次、烟台86.13万人次、聊城85.91万人次。

旅游收入居全省前5位的市为:青岛11.78亿元、济南7.55亿元、烟台6.87亿元、威海6.25亿元、淄博4.80亿元。

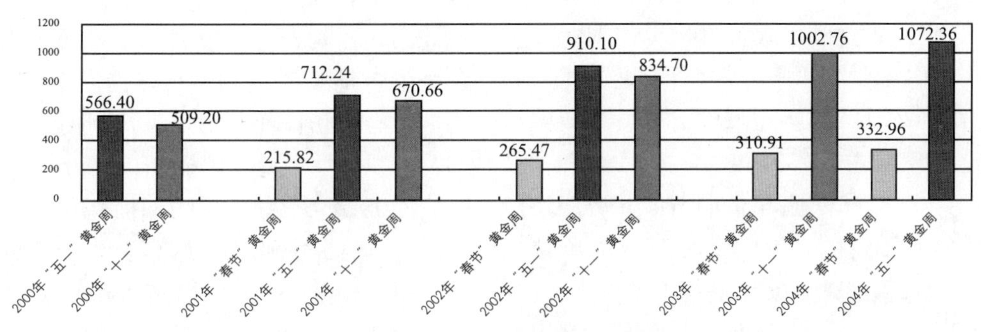

山东省历次黄金周国内旅游人数
(单位：万人)

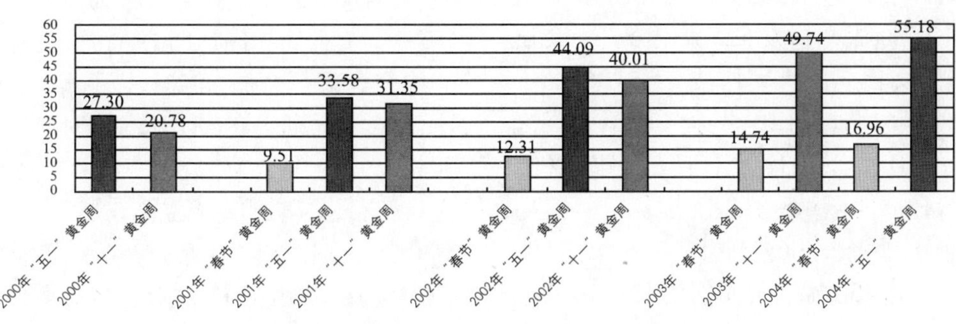

山东省历次黄金周国内旅游收入
(单位：亿元)

其中全省过夜游客495.56万人次,占旅游人数的46.2%,过夜游客花费43.19亿元,占旅游收入的78.0%;一日游人数576.80万人次,占旅游人数的53.8%,一日游游客花费11.99亿元,占旅游收入的22.0%。省内游客655.38万人次,占旅游人数的61.1%,省内游客花费22.02亿元,占旅游收入

的39.9%;省外游客416.98万人次,占旅游人数的38.9%,省外游客花费33.16亿,占旅游收入的60.1%。

二、"五一"黄金周国内旅游抽样调查结果

(一)"五一"黄金周国内游客构成情况

在全省17市调查的6411名国内游客中,男性3961人,占61.8%,女性2450人,占38.2%。城镇居民5730人,占89.4%,非城镇居民681人,占10.6%。

被调查的游客分年龄段看,25-44岁的3894人,占60.7%;45-64岁的1250人,占19.5%;15-24岁的1076人,占16.8%;65岁以上177人,占1.8%;14岁以下74人,占1.2%。(受接受调查、填答调查问卷能力的限制,14岁以下年龄组调查比重低于实际比重)。

按被调查游客的职业分,企事业人员1677人,占26.2%;公务员928人,占14.5%;服务销售人员897人,占14.0%;专业/文教科技人员808人,占12.6%;工人648人,占10.1%;学生405人,占6.3%;离退休人员297人,占4.6%;军人188人,占2.9%;农民155人,占2.4%;其他 408人,占6.7 %。

从旅游组织方式看,家庭与亲朋结伴的有2418人,占37.7%;个人旅游的1791人,占27.9%;单位组织的892人,占13.9%,旅行社组织的724人,占11.3%,比2002年"五一"黄金周高出4个百分点;采取其他方式的586人,占9.2%。

按游客到调查地的目的分,观光/游览2420人,占37.8%,休闲/度假 1522人,占23.7%;商务活动818人,占12.7%;探亲访友525人,占8.2%;会议191人,占3.0%;文化/体育/科技交流106人,占1.7%,宗教/朝拜61人,占1.0%;购物49人,占0.8%;其他719人,占11.1%。其中休闲/度假比例较2002年"五一"黄金周高出4.5个百分点。

按客源地分,被调查的6411名游客中山东人游山东的省内游客占46.9%,省外游客占53.1%。其中列前10位的省外游客主要以我省周边省份为主要客源地,依次为江苏5.5%、北京5.4%、河北5.0%、河南4.5、辽宁3.0%、上海2.9%、浙江2.8%、广东2.6%、山西2.2%、黑龙江1.9%。

(二)"五一"黄金周国内游客停留与花费情况

"五一"期间被调查的5186名过夜旅游者在住宿设施的住宿时间为10783人天,人均停留2.04天。其中在涉外饭店/宾馆5333人天,占49.5%,人均停留1.82天;在旅馆/招待所的住宿时间为4213人天,占39.1%,人均停留2.01天;在亲友家住宿时间为1054人天,占9.7%,人均停留2.10天;在其他住宿设施住宿时间为183人天,占1.7%,人均停留1.78天。

调查的6411名游客中,"五一"黄金周期间旅游人均花费642.80元,从花费构成上看依次为住宿(占22.9%),交通通讯(占19.5%,其中长途交通占15.9%、市内交通占2.5%、邮电通讯占1.1%),购物(占17.5%),餐饮(占16.9%),景点游览占(11.7%),娱乐(占5.3%),其他花费(占6.2%)。与2002年"五一"黄金周不同之处是,购物比重超过餐饮比重。

从每份问卷的消费规模看,旅游花费平均包括人数为 2.01人。"五一"黄金周期间我省国内游客人均每天花费 350.80元。

(三)国内游客对我省"五一"黄金周期间旅游环境的评价

用5分制表示,5分表示最好,1分表示最差,来自全国各地及省内的6411名游客对我省旅游服务质量综合评价的平均分为3.91分,处于好的状态,比2002年"五一"黄金周提高0.11分。分项看宾馆/饭店4.08分,比2002年同期提高0.09分;餐饮3.93分,提高0.15分;购物、娱乐分别为3.90分和3.79分,提高幅度最大,分别提高了0.21分和0.24分;邮电通讯3.90分,提高0.13分;导游服务3.87分,提高0.17分;交通3.85分,提高0.13分。

国内游客对我省当地旅游设施评价打分显示,我省旅游设施综合评价得分为3.87分,比2002年"五一"黄金周提高0.16分。得分比旅游服务质量的综合评价得分低0.04分,其中宾馆/饭店4.03分,比2002年同期提高0.11分;餐饮3.91分,提高0.14分;购物3.91分,提高0.25分;游览/参观点3.89分,提高0.18分;交通3.87分,提高0.18分;娱乐3.78分,提高0.25分;景区(点)厕所3.73分。提高0.49分。

被调查的国内游客对我省旅游价格的综合评价得分为3.88分,其中高于综合评价得分的有住宿价格为3.94分,市内交通3.90分,持平的有餐饮、邮电通讯;低于综合评价得分的有购物3.87分,景区游览门票3.84分,娱乐3.80分。

(四)国内游客对我省旅游产品兴趣度排序

被调查游客对问卷所列我省主要旅游资源按

兴趣度选择三项,排序依次为山水风光(65.5%);文物古迹(60.3%);民俗风情(51.4%);生态旅游(32.1%);饮食烹调(29.6%);艺术/节庆活动(24.2%);主题公园(16.2%);工/农业特色游(8.3%)。

按国内游客对所列主要夜生活选择排序依次为吃夜宵(77.7%);咖啡屋/茶艺吧/网吧聊天(76.0%);购物(49.0%);观赏节目(36.7%);参与性娱乐活动(26.7%);健身与美容(22.6%)。

按国内游客对所列主要旅游商品购买地点的次数排序依次为专卖店(59.6%);大型商场(56.7%);景区(点)附近(56.2%);产品制造厂家(47.1%);娱乐场所或附近(33.2%)。

三、2004年"五一"黄金周我省旅游活动丰富多彩,游客方式灵活多样

各地推出一大批新景点。济南锦屏山、蟠龙山,泰安锦绣谷,沂水地下画廊,日照龙门崮风景区、丁肇中故居,淄博原山齐国人物大型雕塑群、周村古商城民俗展馆,泰山岱庙东御座重现乾隆行宫原貌,青岛崂山整修"九水十八潭",重现崂山12景之一的"九水明漪"。济南"泉城香车大巡游"、国际艺术歌会、青岛"五月的风"、崂山旅游文化节、淄博国际聊斋文化旅游节、聊城"江北水城"文化旅游节、曲阜《杏坛圣梦》等演出活动,景区和酒店举办的民俗风情、文化艺术表演、"美食节"、"美食月"等活动,如济南 大明湖英国皇家管乐、印度舞、韩国长袖舞、盛装蝴蝶舞等热闹非凡,"北方水城"龙舟比赛、水上摩托艇、滑水、航海模型表演惊险刺激,增强了旅游吸引力。寿光菜博会,烟台农博园、青岛海军博物馆、济南省科技馆、威海"渔家乐"、历城南部山区"农家乐"游客每天爆满。菏泽市牡丹、芍药插花、切花艺术展和文物展等,受到游客欢迎。商店、厂家推出各类促销活动,土特产品、工艺品、纪念品琳琅满目,游客购物热情高涨。

组织协调高效有序。全省市场秩序良好,未发生重大旅游安全事故,无重大旅游投诉。游客满意率达95%以上,确保了"安全、健康、秩序、效益"四统一。

旅游市场多元化,市民出游选择更为理性。"走进孔子,扬帆青岛",传统景区青岛、烟台、威海、泰安、济宁等地黄金周期间接待的游客中省外游客过半,经济效益显著;聊城、临沂、日照等市加大旅游投入,因地制宜引导消费,大力开发本地游市场,凝聚人气,旅游人数大幅攀升。短线旅游高峰出现在黄金周两头,中长线游高峰出现时,当地游客又大多转入市内、公园,博物馆、科技馆、商店人头攒动。城区市民乡村游、农村游客都市游,出现双向对流高潮。

新的旅游消费形式不断涌现,旅游活动更加丰富。观光客成了"过夜客",问卷调查显示,今年"五一"黄金周休闲度假和过夜游客比重明显提高,随着道路及交通工具的升级,家庭出游更易成行,人们不再满足走马观花似的观光旅游,而是越来越寄情于山水,假日举家远离城市喧嚣,找一方景色优美的去处,驻足而宿,这种新颖的旅游方式,较之传统的上车睡觉,下车拍照赶场式的观光游,更具吸引力。

专项旅游成为新的亮点。工农业旅游、自驾车旅游、城市近郊生态游等专项旅游纷纷亮相。青岛、烟台、威海、济南、淄博等市的自驾车旅游相当活跃。城市年轻人自行车近郊游,享受青山绿水,渐成时尚。

四、存在的问题及建议

针对不同的消费群体,全省一盘棋细分旅游市场。相对于需求的多元化,我省城市间旅游项目有所雷同,夜间旅游项目的匮乏依然制约对外地游客的吸引力,酒吧、歌厅、商场等场所对来自不同地域的游客来说,过于同质化。旅游特色不够鲜明,就难以吊足游人的兴致。应进一步根据各地自然禀赋的差异,全省一盘棋细分旅游市场,准确定位与细微服务紧密结合。

未雨绸缪适应新的旅游消费方式。节日期间交通堵塞,管理手段明显滞后。相对于自驾车旅游的活跃,城市和主要景区停车场太小,车位严重不足。特殊时期必须有特殊的应对措施和办法。

拓展旅游消费市场,进一步挖掘市场潜力。进一步树立科学的发展观,坚持可持续发展,不能一味盲目追求规模,要注重服务质量和经济效益的提高,以人为本,增加黄金周的含"金"量,在目前总体消费需求不足的大环境下,要切实珍惜和呵护好黄金周旅游市场。 (姜宏济)

4－28 山东省“十一”黄金周国内旅游再创新高

金秋十月,秋风送爽,人们尽享浪漫的“十一”长假,感受浓烈欢快的节日气氛,观赏齐鲁大地的新气象、新变化、新景观。由山东省企调队、省旅游局联合组织实施的全省“十一”黄金周国内旅游抽样调查显示,“十一”黄金周我省国内旅游人数、收入再创历史新高。

一、“十一”黄金周国内旅游业人气旺盛

1.国内旅游人数继续攀升。黄金周期间,全省共接待国内游客1077.84万人次,同比增长7.5%。其中全省接待过夜游客493.89万人次,增长5.1%;接待一日游游客583.95万人次,增长9.6%;接待省内游客616.97万人次,增长8.3%;接待省外游客460.86万人次,增长6.5%。

旅游人数居全省前10位的市为:济南173.86万人、青岛100.14万人、淄博97.77万人、济宁97.53万人、临沂94.7万人、烟台88.81万人、潍坊73.03万人、聊城70.39万人、泰安61.17万人、威海54.21万人。

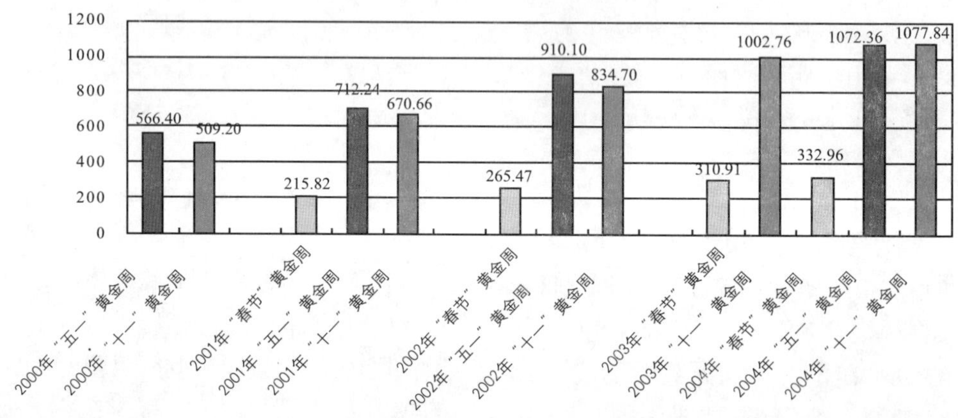

山东省历次黄金周国内旅游人数
(单位:万人)

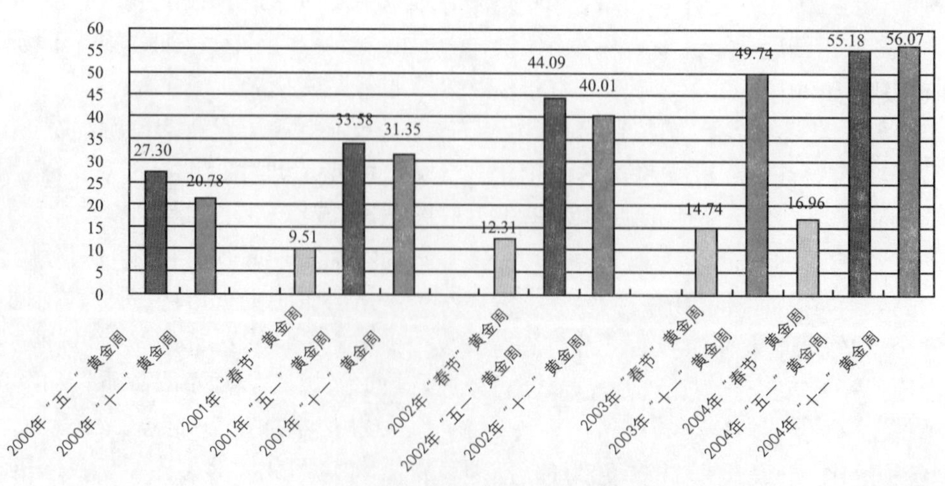

山东省历次黄金周国内旅游收入
(单位:亿元)

2.国内旅游收入再创新高。黄金周期间,全省实现国内旅游收入56.07亿元,同比增长12.7%,创造增加值约26.9亿元,其中实现过夜游客旅游收入41.59亿元,增长11.7%;实现一日游游客旅游收入14.49亿元,增长15.9%;实现省内游客旅游收入20.9亿元,增长13.9%;实现省外游客旅游收入35.17亿元,增长12%。

旅游收入居全省前10位的市为:济南10.46亿元、青岛8.57亿元、烟台7.22亿元、淄博6.15亿元、济宁4.09亿元、威海3.7亿元、泰安3.46亿元、潍坊3.288亿元、临沂2.83亿元、聊城2.19亿元。

二、"十一"黄金周国内旅游抽样调查情况分析

1."十一"黄金周国内游客构成情况。在全省17市调查的6435名国内游客中,男性游客3935人,占61.1%;女性游客2500人,占38.9%;与去年同期相比,女性游客所占比重回落了2.2个百分点。城镇居民5690人,占88.4%;非城镇居民745人,占11.6%。

按被调查游客的年龄段分,25-44岁的3882人,占60.3%;45-64岁的1287人,占20%;19-24岁的1036人,占16.1%;65岁以上144人,占2.2%;18岁以下86人,占1.3%。

按被调查游客的职业分,企事业人员1673人,占26%;专业/文教科技人员932人,占14.5%;公务员922人,占14.3%;服务销售人员905人,占14.1%;工人502人,占7.8%;学生431人,占6.7%;离退休人员270人,占4.2%;军人186人,占2.9%;农民163人,占2.5%;其他451人,占7.0%。

按游客来山东的次数分,第一次来山东的游客占57.5%,来山东2-3次的游客占33.4%,来山东4次以上的游客占9.1%。

2.个人家庭或与亲朋结伴出游居多,旅行社组织的比例上升。从旅游组织方式看,个人家庭与亲朋结伴的4153人,占64.5%;单位组织的869人,占13.5%;旅行社组织的945人,占14.7%;采取其他方式的468人,占7.3%。与去年同期相比,旅行社组织的游客比重提高1.2个百分点。

3.观光/游览是游客出游的主要目的。"十一"期间我省各地开展丰富多彩的旅游活动,提高了游客观光游览的热情。按不同旅游目的分,观光/游览2569人,占39.9%;休闲/度假1517人,占23.6%;商务活动778人,占12.1%;探亲访友461人,占7.2%;文化/体育/科技交流81人,占1.3%;宗教/朝拜31人,占0.5%;市内游客483人,占7.5%;其他462人,占7.18%。

4.省内游客比重下降、省外游客以周边省份为主。被调查的6435名游客中,山东人游山东的省内游客占44.9%,比去年同期下降了4.9个百分点,省外游客占55.1%。其中列前10位的省外游客以我省周边省份为主要客源地,依次为江苏5.8%、北京5%、河北4.9%、河南4.1%、辽宁3.7%、浙江3.4%、广东3.3%、上海2.9%、黑龙江2.2%、吉林1.9%。

5.黄金周期间游客出游购物花费比重增加。从调查的6435名游客的出游花费构成上看依次为住宿(占22.7%)、交通通讯(占20.3%,其中长途交通占17.3%、市内交通占2.1%、邮电通讯占0.9%)、购物(占18.3%)、餐饮(占16.8%)、景点游览占(11.9%)、娱乐(占5%)、其他花费(占5%)。与去年同期相比,购物花费所占比重提高了1.3个百分点。

6.国内游客对我省旅游服务质量的评价。用5分制表示,5分表示最好,1分表示最差。来自全国各地的6435名游客对我省旅游服务质量综合评价的平均分为3.99分,处于好的状态,分项看只有宾馆/饭店4.11分高于综合评价得分。低于综合评价得分的有餐饮3.98分,购物3.97分,邮电通讯3.92分,导游服务3.93分,交通3.91分,娱乐3.83分。

7.国内游客对我省感兴趣的旅游资源排序。按国内游客对调查问卷所列我省主要旅游资源的感兴趣程度排序结果依次为山水风光(67.8%)、文物古迹(59.9%)、民俗风情(52.9%)、饮食烹调(29.7%)、生态旅游(28.8%)。

8.电视是国内游客了解旅游目的地信息的主要渠道。调查显示,国内游客是通过何种宣传渠道了解旅游目的地信息(对列示的宣传媒体,最多选三项)的排序结果依次为电视占59.4%、报刊占48.8%、杂志占39.3%、朋友或家人占39%、网络站点占37.3%、广播占32.3%、宣传材料占17.7%、旅行社推介占15.3%。其中,选择一项作为最依赖的信息渠道排序结果列前三位的依次是朋友或家人占26.8%、电视占22.5%、报刊占14.8%。

三、“十一”黄金周国内旅游呈现的特点

(一)丰富的旅游活动构筑起假日生活的精彩舞台

为使游客更好地领略齐鲁大地的秀丽景色,为国庆的山东增姿添彩,各地推出了有新意、有内涵、有特色的节庆旅游活动,活动的内容丰富、新颖,适合了各个年龄层次和不同爱好的游客需要。如济南黄河百里风景区举办的首届黄河文化沙雕艺术节。聊城“水城之秋观光周”文艺演出、文化活动、体育赛事和经贸展览好戏连台。德州“首届国际金秋嘉年华”活动内容丰富、气氛热烈。莒县浮来山福寿文化节、杨家埠民俗艺术节、趵突泉泉水文化节、聊斋文化艺术品博览会、博山美食节、嘉祥石雕艺术节、滨州碣石山旅游节等一系列节庆活动异彩纷呈,大大丰富了假日旅游市场,为黄金周增添了欢乐祥和的浓厚氛围。

(二)新景点、新线路拉动作用突出

各地开发建设了一大批新景点、新线路,吸引了众多游客纷纷前往,成为拉动假日旅游的增长点。济南植物园修葺一新,以优美的环境、丰富的娱乐活动,吸引了近百万市民和游客。蓬莱海洋极地世界黄金周累计接待游客10.8万人次,门票收入超千万元。淄博以齐文化为主体的一批旅游景点,节日期间共接待旅游团队2376个,同比增长6%。新景点使“青岛游”的行程由原来的2天延长至3天,有力地拉动了假日旅游经济的增长。

(三)自驾自助游持续增长

面对日益繁荣的黄金周旅游市场,旅游者注重追求休闲、舒适、轻松愉快的旅游内在价值,挑选实惠线路、寻求优惠价格,讲究服务质量。越来越多的游客崇尚回归自然,健康绿色的生态游,进工厂车间,居农家小院,一系列更为个性化的散客自助游及亲朋好友相约的小团体出游更加得到旅游爱好者的欢迎。随着城际交通网建设的逐步完善和私家车拥有量的上升,自驾车出游已成为旅游新时尚。节日期间,我省各主要旅游景区汇集了来自北京、天津、上海、江苏、浙江、河南、河北及我省的自驾车爱好者。省旅游局和威海市旅游局分别与北京自驾车俱乐部联合举办了“自驾车游山东”仪式和“京城百车游威海”活动,青岛市黄金周期间接待外地自驾车达2万多辆。各主要景区(点)停车场更是爆满,私家车数量猛增。

(四)秩序井然,质量提高,游客消费心理趋于成熟

随着黄金周长假的制度化,消费者的旅游消费心理更加趋于成熟和理性,逐步将休闲度假、娱乐健身、探亲访友、消闲购物作为节日生活的主旋律,旅游生活的内涵更为丰富、多样。旅游业相关部门联合开展综合执法,集中整治违法违规行为,旅游市场秩序井然,服务质量提高,投诉率明显下降。丰富的旅游资源、良好的节日旅游市场秩序使游客满意程度明显提高。调查显示,游客对我省旅游质量、接待设施、价格的综合评价为“好”以上的比重分别比去年同期提高了4.23、5.12、4.71个百分点。

(刘建成)

第五篇

行业发展

5－1 2004年山东省纺织行业基本情况

一、基本情况

2004年,全省纺织工业认真贯彻省委、省政府关于建设制造业强省、培育纺织服装产业链的战略部署,树立科学发展观,解放思想更新观念,加大措施,真抓实干,按照“调整、重组、改革、改造、升级”的总体要求及建设纺织强省的大目标,围绕“优化衣着类、提高装饰类、发展产业用品类”,“突出强化特色,壮大优势,发展品牌”,把发展服装作为促进整个纺织工业结构调整的龙头,以科技进步为先导,着力在走新型工业化道路,建设龙头企业为支撑,以优势企业为纽带,上下游产品有机连接、配套互动的产业链格局上下功夫,努力克服原料价格大幅波动、煤电油运价格上涨、资金趋紧等困难,经济运行保持良好态势。

2004年,全省限额以上2726户纺织工业企业完成工业总产值(现价)2239亿元,比上年增长41.6%;完成工业增加值628亿元,增长39.7%。主要产品化学纤维、纱、布、印染布、绒线、呢绒、针棉织品折用纱线量和服装同比分别增长8.3%、41.5%、42.9%、16.5%、26.1%、46.6%、14.8%和21.8%。实现销售收入2158亿元,同比增长43.4%;产销率98.59%,同比提高0.67个百分点;实现利税180.6亿元,同比增长39.4%,其中利润113.1亿元,增长44.3%;流动资金周转次数2.7次,比上年加快0.28次。全省17市全部盈利。全省纺织品服装出口创汇89.1亿美元,同比增长18.6%。其中:纺织品出口40.9亿美元,增长17.5%;服装出口47.8亿美元,增长19.7%。

重点行业在全国同行业的位次。截至2004年底,我省棉纺、棉布生产能力均居国内第1位;毛纺能力居第2位;印染能力、纺织机械制造能力均居第3位;纱、布、巾被类产量均居第1位;针棉织品折纱、呢绒和毛毯产量均居第2位;化纤、印染布、服装产量均居第4位。

二、主要工作及成效

1.产业名城、基地建设方兴未艾,辐射带动作用明显。在服装“十五”发展规划的基础上,2004年,我们制定了《2004-2010年山东省服装纺织产业链实施方案》,省经贸委以鲁经贸投字〔2004〕105号文件下发各有关单位。围绕实施方案,我们强化了对服装产业链建设的指导。特别是以重点企业为依托,围绕八个服装产业链,狠抓了纺织工业园区建设和基地的培育,纺织工业园区和基地迅猛发展。魏桥、即发、如意、鲁泰、兰雁、绮丽、新郎、桑莎、青岛、威海等纺织服装园区已颇具规模,有的重点项目已建成投产。继即墨中国针织名城、昌邑中国印染名城、诸城中国男装名城、海阳中国毛衫名城、文登中国工艺家纺名城、胶南王台镇中国纺织机械名镇之后,2004年周村中国纺织产业基地、邹平中国棉纺织名城又由中国纺织工业协会确认并授牌。这些名城和基地,对全省纺织经济持续发展起到了积极的辐射和带动作用。

2.加大培育宣介力度,实施名牌战略有了新的进展。为了加大山东纺织服装产品的宣介力度,我们组织企业参加了中国国际服装服饰博览会、中国国际纱线展、法兰克福服饰展、法国高级服装展、全省纺织服装创新成果展、青岛国际时装周、山东名牌万里行等一系列宣传、展示活动,加大我省纺织服装产品促销力度,大力开拓重点区域市场,有力地提升了山东纺织服装产品的形象。2004年,我省新郎·希努尔西裤、鲁泰格蕾芬衬衫、即发针织内衣荣获中国名牌称号。截至2004年底,我省纺织服装已有山东名牌74个;中国名牌11个(华羽、青岛雪驰羽绒服,耶莉娅西服套装,新郎·希努尔西裤,鲁泰格蕾芬衬衫,即发针织内衣,如意、南山精纺呢绒,孚日、喜盈门和亚光毛巾系列),服装"十五"规划中争创4个中国名牌的目标已提前实现;中国驰名商标6个(即发、耶莉娅、兰雁、仙霞、新郎·希努尔、喜盈门)。在2003-2004年"中国服装品牌年度大奖"八个奖项中,山东服装入围品牌是:青岛红领集团"红领"品牌、青岛雪驰有限公司"雪驰"品牌获"品质"大奖;山东新郎希努尔股份有限公司"新郎·希努尔"品牌获"策划"大奖;青岛即发集团股份有限公司的"即发"品牌、兰雁集团股份有限公司的"兰雁"品牌、青岛鑫天集团股份有限公司三美仕西装有限公司的"三美仕"品牌、山东新郎希努尔股份有限公司"新郎·希努尔"品牌、青岛雪驰有限公司的"雪驰"品牌获"创新"大奖;青岛巴龙集团有限公司的"巴龙"品牌、山东笙歌公司的"查米孩"品牌、青岛暖倍尔服饰有限公司的"暖倍尔"品牌、济南元首针织股份有限公司的"元首"品牌获"潜力"大奖;山东新郎希努尔股份有限公司"新郎·希努尔"品牌获"公众"大奖。

3.科技创新和产品开发效果明显。全省技术创新建设步伐进一步加快。2004年全省纺织行业新增国家级企业技术中心1家,省级企业技术中心6家,目前全省共拥有省级以上企业技术中心35家,其中国家级企业技术中心2家,拥有国家纺织产品开发基地企业11家。国家级企业技术中心、国家纺织产品开发基地、省级企业技术中心及企业技术中心三级开发机制基本形成。2004年重点对国家纺织产品开发基地企业和省级以上企业技术中心进行了信息引导,并及时进行调度协调,促进了企业开发新产品,纺织企业产品开发又上新台阶。如:济南正昊集团开发出了芳香保健、抗螨抑菌、中空微孔高舒适纤维、永久性负离子纤维、新型阻燃聚酯纤维、挥汗康体聚酯纤维、低熔点聚酯、新型聚醚酯弹性纤维等;新型纤维如竹浆粘胶、玉米(聚乳酸)纤维、舒适性涤纶纤维等得到广泛应用;生态纺织品和绿色生产技术已经得到开发和初步应用。重点企业集团将开发新产品作为抢占市场的重要手段。南山集团开发出新品种2000余个,已形成20支至180支全毛及混纺系列、天然羊毛系列、羊毛丝光系列、弹力系列、生态环保系列、毛麻丝系列、赛络菲尔系列、毛棉起皱系列、马海毛彩节闪光系列、毛丝绒系列、多功能系列11大系列精纺呢绒产品;泰安康平纳毛纺织集团有限公司积极开发新产品,已有8大系列新产品投放市场;如意集团重点开发了新型毛纺织纤维、绿色生态轻薄易护理、功能性、智能呼吸型、高感性新型纤维等精纺呢绒;德棉集团开发了竹纤维系列床上用品面料、双弹织物、高支高密提花织物、双层组织织物;即发集团开发了新型针织外衣面料;华纺股份开发了聚乳酸纤维织物、Tactle纤维织物、牛奶蛋白织物,对BLS纤维织物染整、PLA纤维织物染整、牛仔布涂层等;潍坊二印进行了涂料仿拔染色浆体系列研究,开发了数码喷射印花、聚乳酸纤维织物染整等新技术。从纤维纱线到面料染色后整理的产品及技术开发,为服装产业链的发展奠定了基础。2004年纺织行业获山东省科技进步一等奖1个,二等奖3个,三等奖7个;组织了"山东省纺织服装创新成果展",评出产品链建设先进市3个,产品创新优秀企业14个,产品创新成果82个。组织了山东纺织企业家创业奖评选活动,共评出创业奖43个。推动了全行业技术进步和产品创新。

企业科技创新意识增强。由原来注重新增能力投资,变为注重产品升级换代的技术进步投入。充分利用名牌大学科研人才,搞好产学研结合,提高科技创新能力。装备水平进一步提高,棉纺清梳联得到广泛应用,无结纱和无梭布产量进一步提高,纺织加工技术得到提升。如:鲁泰引进紧密纺设备,德棉、樱花、魏棉、泰丰等纺织企业引进的无梭织机,对开发新产品和产品升级发挥了重要作用。棉纺纱支细度已达到4.16Tex(140s)、3.64Tex(160s),4.9Tes(120s)已大批量生产。精梳毛纺纱支细度达到14.2Tes(70公支)以下,提高了我省服装面料产品档次,对促进纺织服装产品水平提高发挥了重要作用。

4.基本建设、技术改造力度加大,行业发展速度加快。拥有自主知识产权、全国最大的芳纶丝生产线于5月26日在烟台经济技术开发区正式投产。"芳纶313项目产业化"工程总投资1.25亿元,建设规模500吨/年,项目达产后,年可实现销售收入8500万元,利税3000万元。国家下达我省纺织行业国债资金技术改造导向计划项目8批40项,计划总投资52.5亿元。到2004年底完成22项,完成投资29.8亿元,其中国债贴息计划3.46亿元,年新增销售收入3.8亿元,实现利税9.7亿元,出口创汇33亿元。2004年全省纺织行业共列入省技术改造导向计划113项,比上年增加3项,总投资158.1亿元(其中固定资产投资140.29亿元),比上年增加120.2%。项目全部完成可新增销售收入356.8亿元,利税73.7亿元,出口创汇22.7亿美元。

5.一批行业排头兵地位举足轻重。在2003-2004年全行业出口创汇百强企业排名中,魏桥列第5位、南山列第9位。在全国棉纺行业销售收入50强企业排名中,魏桥列第1位、德棉列第5位、樱花列第8位。在全国化纤行业销售收入50强企业中,万杰列第2位。在全国针织行业销售收入50强企业中,即发列第3位。在全国印染行业销售收入50强企业中,大海、华纺分别列第8位和第9位。在全国毛纺行业销售收入50强企业中,南山列第8位。在全国纺机行业销售收入50强企业中,青岛星火列第2位。在国家统计局等三部门共同发布的"全国工业重点行业效益十佳企业"中,魏桥、鲁泰列棉及化纤纺织加工第1、3位;山东鲁新、如意列毛纺织第8、10位;南山、孚日、亚光列纺织制成品制造第1、4、8位;青岛南南有限公司列棉、化纤针织品及编制品制造第5位;即发、新郎列纺织服装制造第5、9位;万杰、烟台氨纶列化纤制造业第2、8位。2004年棉纺行业50强4项指标排序中,第一名是山东;色织行业50强4项指标排序中,第一名是鲁泰纺织集团。这些企业在行业充分发挥了示范带动作用。

6.企业文化建设颇具特色。2004年,我们坚持以"三个代表"重要思想为指导,把思想政治工作渗透到企业改革和生产经营各个环节,积极探索企业文化建设模式,把文化建设与生产经营、企业形象塑造、品牌建设有机结合。印发了《山东省纺织企业思想教育员工学习读本》和《山东省纺织企业文化建设员工学习读本》,开展了"爱岗敬业、创新求优、进取奉献"为主题的先进事迹宣传学习活动和"以人为本,追求卓越"为主题的企业文化建设活动,企业文化建设和思想政治工作的创新,为行业三个文明建设的健康协调发展奠定了良好思想政治基础。　　(刘海美)

5－2　2004年山东省纺织行业实现利润50强企业名单

	企业名称	利润总额
1	山东魏桥创业集团有限公司	151268.3
2	南山集团公司	136023
3	万杰集团公司	42638.2
4	山东龙喜集团公司	33824.6
5	鲁泰纺织股份有限公司	30280
6	烟台氨纶集团有限公司	20264.6
7	青岛即发集团控股有限公司	16800.3
8	山东大海集团有限公司	15094.7
9	孚日家纺股份有限公司	14279.1
10	诸城市新郎服饰有限责任公司	12796.8
11	山东桑莎集团公司	12403.1

续表1

	企业名称	利润总额
12	山东海龙股份有限公司	11502.4
13	山东如意科技集团有限公司	8246.8
14	泰丰纺织集团	8006.1
15	龙口市诸由毛巾厂	7730.5
16	山东省华乐实业集团公司	7211.2
17	山东亚光纺织集团	7168.1
18	山东金泉服装有限公司	6418
19	德州双鸿集团	5257.6
20	山东高密化纤股份有限公司	4821.5
21	青岛星火纺织集团股份有限公司	4656.1
22	龙口市黄河营纺织有限公司	4452
23	临清市鲁西棉纺织厂	4254.9
24	兖州翔宇化纤纺织有限公司	4251
25	兰雁集团股份有限公司	4219.5
26	青岛喜盈门集团公司	4038.2
27	冠星集团	4038
28	山东省乐陵市希森提花毛巾厂	3979.9
29	临清市第二色织厂	3952.1
30	山东滨州环宇纺织科技有限责任公司	3874.6
31	山东蓬莱天山染业有限公司	3831.3
32	山东淄博绒线厂	3797
33	山东岱银纺织集团股份有限公司	3789.5
34	烟台汇丰纺织医用品有限公司	3781.1
35	银河纺织集团有限公司	3601
36	山东省文登市化学纤维厂	3598
37	山东德棉集团有限公司	3532.8
38	昌邑大富实业有限责任公司	3486
39	威海魏桥纺织有限公司	3448.5
40	威海鑫泉集团公司	3445
41	山东省蒙阴棉纺织有限公司	3420.8
42	青岛利百时纺织有限公司	3358.1
43	烟台新潮实业股份有限公司	3189.1
44	潍坊四棉纺织有限公司	3006.2
45	山东省标志服装股份有限公司	3000.9
46	山东耶莉娅服装集团总公司	2993.4
47	山东青阜纺织印染有限公司	2990
48	山东金号织业有限公司	2859.3
49	烟台华润锦纶有限公司	2852.2
50	曹县百隆纺织有限公司	2810.2

5－3　2004年山东省机械行业基本情况

截至2004年底,省机械工业规模以上企业,按新口径统计共有3872家,完成工业总产值(现价)3717.03亿元,同比增长37.73%;完成工业增加值1010.31亿元,同比增长36.22%;完成出口交货值356.21亿元,同比增长37.44%;实现产品销售收入3463.15亿元,同比增长41.21%,实现利税总额302.08亿元,同比增长44.65%;其中利润191.13亿元,同比增长51.01%。

2004年,全省机械行业按照年初办党组提出的“以结构调整为主线,抓好五大重点,实现七大突破”的工作部署,重点抓了汽车、电工电器、农业机械、机床、工程机械五大行业,在产品结构调整、高新技术开发应用、电子信息技术应用、开拓市场、招商引资、加强信息统计分析等方面的工作。生产销售高速增长,经济效益大幅提高,保持了良好的运行态势。全年经济运行呈现三个主要特点:一是生产销售持续高速增长。我省机械工业在连续两年高速增长(2002年增长31%;2003年增长40.7%)的基础上,2004年又实现了高速增长,保持在40%以上。行业、各市间发展相对平衡。13个行业全部增长。除工程机械行业外,其它行业均增长30%以上。17个市,全部增长30%以上。60种主要产品,增长的48种,占80%。其中,集装箱、电站锅炉、内燃机、电站汽轮机、轴承、大中拖拉机、发电设备、电线电缆等14种产品增长50%以上。产销衔接较好。产销率由年初96.5%提高到年末97.5%,同比提高0.4个百分点。重点企业的拉动作用明显,销售收入增幅较快。如潍柴同比增长92%、五征同比增长75.99%、福田重工同比增长63.93%、重汽集团同比增长53.92%。二是经济效益明显改善。2004年,全行业克服了原材料、燃料、运输费用大幅度提价等不利因素的影响,实现了较好的经济效益。全年销售收入、利税、利润分别比上年增长41.21%、44.65%和51.01%。经济效益综合指数为173.5%,比上年提高34.25个百分点,创历史新高。计算综合效益的七项指标均超过了国家规定的标准值,并好于上年。如:总资产贡献率13.4%,同比提高1.77个百分点;资本保值增值率133.4%;资产负债率64.1%,同比降低2.6 个百分点;流动资金周转次数2.5次,同比加快0.22次;成本费用利润率5.8%,同比提高0.42个百分点;全员劳动生产率94812元,同比提高20.02%;产品销售率97.5%,同比提高0.4个百分点。三是主要经济指标完成情况好于全国机械。我省机械工业总产值增长幅度比全国机械高10.32个百分点;产品销售收入增长幅度比全国机械高13.51个百分点;利润总额增长幅度比全国机械高33.5个百分点;经济效益综合指数173.5%,比全国机械高20.99个百分点。

2004年全省机械工业积极落实科学发展观,解放思想,更新观念,创造性地做了大量卓有成效的工作。一是把握市场机遇,加快了行业调整步伐。行业的组织结构趋向优化,经济效益大幅度向优势企业集中。百强企业实现产品销售收入1503.21亿元,占全行业的43.41%;实现利税 130.97亿元,占全行业的43.36%。行业的产品结构得到不断调整。农机、电工电器、石化通用、工程机械、机床工具几大行业的比重更趋合理。其中,汽车、农机和电工三大行业的比例,由2003年的3.5:3.4:3.1,到2004年调整为3.8:2.7:3.5。二是“三个亮点”更加突出。外经外贸工作:在国家调整出口货物退税率,出口产品成本优势减弱,国际市场压力增大的情况下,全行业依然保持了较高的外贸出口积极性。全年完成出口交货值356.21亿元,比上年增长37.44%。出口交货值过亿元的企业达70多家。其中,青岛中集、青岛泰发、青岛马士基、青岛太平货柜有限公司等都在10亿元以上。用高新技术改造传统产业及新产品开发、技术改造工作:全行业实现新产品产值612.20亿元,新产品产值率为16.47%。济南二机床集团大功率高速洗头等关键功能部件和五轴联动等关键技术的研发,重汽集团HOWO车成功下线,代表了新一代数控机床、重型汽车的水平。济南锅炉集团研制的具有自主知识产权的为2.5-15万千瓦发电机组配套的高压和超高压循环流化床锅炉走在了全国同行业的前列。潍坊柴油机厂开展国际间研发合作,全年开发新产品22项,专项配套产品452项,新产品产值达到工业总产值的43%。方圆集团全年完成技术创新、技术改造项目563项,创造经济效益1000余万元,其新开发的桩机系列产品达到国内同类产品领先水平,并填补了国内空白。民营企业发展情况:据初步统计,现有民营企业2714家,占全部规模以上企业的70.09%,全年实现产品销售收入1722.48亿元,同比增长47.11%,增幅比全行业高出5.9个百分点。实现利税157.19亿元,同比增长 48.15%,比全行业高3.5个百分点。民营企业销售收入占全行业的55.14%,利税总额占全行业的59.01%。三是各项管理工作得到加强。以推进企业管理规范化、管理进步、管理现代化为主线的"1250工程"活动进一步深入,时风集团已通过中国机械工业企业管理协会"现代化管理企业"专家组考查评定工作;济南二机床、滨州活塞的电子商务系统,山推股份、双力集团等企业的ERP资源管理系统的成功应用,大大提升了企业管理手段的现代化。全年共有30个产品获"山东省名牌"称号,有30个商标荣获"山东省著名商标"称号。四是开展调查研究,加强行业指导工作。加强信息统计工作,定期调度行业经济运行情况,及时分析和解决行业运行中存在的问题,为省政府和企业决策提供服务。在调查研究基础上,编制了指导行业发展的《贯彻科学发展观,实施精品战略,利用信息技术改造提升我省机床行业发展意见》、《山东省制造业(机械)结构调整实施方案》和《山东省机械工业优势企业和重点产品汇编》。受泰安市政府的委托,对"泰安市电缆电器工业发展规划"进行了论证分析,并提出了修改意见和建议。根据省政府的安排,对济南市机械工业情况进行了全面调研,形成了《济南市机械工业基本情况调研报告》和《关于拉长济南市汽车、机床、发变电设备三个产业链的意见》。参加"实施突破菏泽战略,加快六大产业发展"战略研讨会,对加快菏泽机械工业的发展和结构调整提出了建议。

2004年组织专家进行了全省科技进步奖和机械行业科技进步奖的评审工作;对上报的省科技进步奖122个项目进行了评审,共评出一等奖1项,二等奖11项,三等奖37项。完成了《山东省机械行业民营企业现状和发展分析调研报告》,同中国机械工业企业管理协会一起组织专家组对时风集团申报全国机械工业"现代化管理企业"进行了审查认定。与省经贸委、省外经贸厅联合举办了"2004中国(山东)国际机械制造技术装备展览会"。来自全国十几个省市及国外采购商、代理商等120多家企业、事业、大专院校参加了本次展览会。为加强行业技能型人才的培养,成立山东省装备制造业继续教育培训中心,并举办两期企业基层管理人员培训班。召开全省机械工业职业技能鉴定工作会议,并举办了首期管理者和考评员培训班。受省人事厅委托进行工程技术系列高级职称的评审工作。

(李玉奎)

5－4 2004年山东省机械行业100强企业名单

	企业名称	销售收入(万元)
1	中国重型汽车集团有限公司	2338047
2	一汽解放青岛汽车厂	1040743
3	潍坊柴油机厂	1001885
4	山东时风(集团)有限责任公司	905526
5	山东工程机械集团有限公司	822218
6	北汽福田汽车股份有限公司诸城汽车厂	639006
7	山东五征农用车有限公司	409406
8	青岛泰发集团股份有限公司	360570
9	大宇重工业烟台有限公司	359512
10	山东福田重工股份有限公司	356253
11	上海通用东岳汽车有限公司	353018
12	万达集团股份有限公司	305045
13	小松山推工程机械有限公司	264111
14	青岛变压器集团有限公司	227365
15	山东临工工程机械有限公司	206197
16	青岛汉缆集团有限公司	201612
17	山东工友集团股份有限公司	200899
18	青岛捷能电工电子集团有限责任公司	196183
19	青岛中集集装箱制造有限公司	189622
20	威海文隆电池有限公司	187080
21	青岛星火纺织集团股份有限公司	185608
22	山推工程机械股份有限公司	176557
23	烟台首钢东星（集团）公司	159423
24	一汽山东汽车改装厂	157280
25	青岛特种汽车集团公司	155813
26	烟台冰轮集团有限公司	155700
27	宏安集团有限公司	145750
28	山东省阳谷电缆集团有限公司	140630
29	青岛马士基集装箱工业有限公司	131684
30	诸城市龙光电力投资集团有限公司	131453
31	荣成市华泰汽车有限公司	122301
32	青岛太平货柜有限公司	117316
33	山东渤海活塞集团有限责任公司	114595
34	山东双力集团股份有限公司	114000
35	山东华夏集团有限公司	105461
36	山东山工机械有限公司	105143
37	山东齐鲁电机制造有限公司	103106

续表1

	企业名称	销售收入(万元)
38	山东华力电机集团股份有限公司	100431
39	山东兖州合金钢股份有限公司	94669
40	山东蓬泰特种漆包线有限公司	93068
41	青岛中集冷藏箱制造有限公司	90922
42	山东泰开电气有限公司	90596
43	山东环日集团总公司	87408
44	山东巨力股份有限公司	86524
45	济南二机床集团有限公司	85551
46	济南锅炉集团有限公司	85511
47	山东莱动内燃机有限公司	81497
48	山东隆基集团有限公司	81410
49	山东金麒麟集团有限公司	81137
50	迅力特种汽车有限公司	80179
51	方圆集团	79617
52	特变电工山东鲁能泰山电缆有限公司	76864
53	青岛星电电子有限公司	75677
54	山东省邹平广富钢铁集团有限公司	75362
55	山东英克莱集团有限公司	75252
56	淄博汽车制造厂	72934
57	章丘海尔电机有限公司	71611
58	威海市齐全木机集团有限公司	69930
59	泰安华泰铝轮毂有限公司	69187
60	济南玫德铸造有限公司	68706
61	山东聊城客车工业集团有限责任公司	68427
62	青岛宏大纺织机械有限责任公司	67998
63	豪顿华工程有限公司	66001
64	济南柴油机股份公司	65999
65	山东常林机械集团股份有限公司	65825
66	山东鸿达建工集团有限公司	61557
67	烟台矢崎汽车配件有限公司	61508
68	山东墨龙石油机械股份有限公司	58930
69	山东省文登市建筑机械厂	56018
70	天润曲轴有限公司	56000
71	济宁碳素工业总公司	55449
72	信义集团公司	55028
73	山东达驰电气股份有限公司	54009
74	东方内燃机制造有限公司	52998
75	临沂华盛企业集团总公司	52407
76	青岛海通车桥有限公司	51769
77	烟台胜地汽车零部件制造有限公司	51709
78	山东莱阳信发集团公司	51265
79	诸城市义和车桥有限公司	50908
80	泰安五岳专用汽车有限公司	50365

续表 2

	企业名称	销售收入(万元)
81	青岛协成光学有限公司	50126
82	青岛华天车辆有限公司	49706
83	威海固恒建筑机械厂	49408
84	山东梁山通亚汽车制造有限公司	48454
85	招远市鹰轮机械有限公司	48291
86	龙口油泵油嘴有限责任公司	48127
87	山东梁山东岳挂车制造有限公司	48045
88	山东临沂临工汽车桥箱有限公司	47143
89	荣成市荣佳电机有限公司	46538
90	济南古城实业总公司	45261
91	济南一机床集团有限公司	44463
92	山东金宝集团总公司	42800
93	烟台远星塑料机械有限公司	41664
94	青岛纺织机械厂	41561
95	泰山集团股份有限公司	41313
96	青岛星华集团有限公司	41231
97	临沂市电缆电器厂	40864
98	山东早春集团股份有限公司	40468
99	淄博柴油机厂	39935
100	山东省莱州内燃机配件厂	39868

5－5　2004年山东省建材工业发展综述

截至到2004年底,全省规模以上建材企业1711家,同比增长27.89%。2004年,全省建材工业继续保持了持续、快速、健康发展的良好态势,超额完成了当年确定的目标和任务,为国民经济和社会发展做出了应有的贡献。

1.生产与效益同步增长。2004年,山东省建材工业主要经济指标和重点产品产量仍然居全国前列。完成工业增加值341.6亿元,增长40.7%;销售收入1157.3亿元,增长48.73%;利税135.5亿元,增长51.78%;实现利润77.95亿元,增长55.43%。以上经济指标均居全国同行业第一位。主要产品产量:水泥1.24亿吨,增长26.4%,居全国第一位;平板玻璃3535.96万重箱,增长62.42%,居全国第三位;玻璃纤维纱16.42万吨,增长7.2%,居全国第一位;石膏板2.25亿平方米,增长49.86%,居全国第一位;釉面砖3.37亿平方米,增长34.38%,居全国第一位;墙地砖4.65亿平方米,增长39.01%,居全国第二位;卫生陶瓷3.14万吨,增长85.6%;石墨碳素制品47.32万吨,增长22.92%;散装水泥推广量4206万吨,散装率34.02%,分别增长35.6%和提高2.2个百分点。2004年山东建材工业经济全面增长。17个市的工业增加值均比上年有提高,其中11个市高于全省平均增幅水平,东营、聊城、滨州、菏泽增幅均在100%以上。各市利润总额同比有较大幅度增长,突出的有烟台、莱芜、菏泽增幅在100%以上。

2.产业结构调整又有新突破。国家宏观调控遏制了低水平重复建设,加快了山东省建材工业结构调整和产业升级,特别是水泥工业,2004年,山东省没有新建一条立窑生产线,新建项目均符合国家产业政策和环保法规。当年建成投产10条日产2500吨级以上新型干法生产线,新增能力1500万吨;建成投产4座年产100万吨以上水泥粉磨站。新型干法水泥产能达3950万吨,占全省水泥能力的30.38%,新型干法水泥产量占水泥总产量的26%,比上年提高10个百分点,已达到全国平均水平。目前在建10条新型干法生产线,建成后新增产能1580万吨,届时山东省新型干法水泥产能将达到5500万吨,比重可达到45%左右,为实现山东由建材大省向建材强省的转变奠定了良好的基础。2004年,山东建材工业固定资产投资152.61亿元,增长4.4%,新增固定资产73.57亿元。在建项目506个,新开工项目400个,建成投产224个,均居全国之首。

3.对外经贸和发展国内外技术合作成绩显著。全年出口交货值完成61.45亿元,增长24.2%,出口商品6.88亿美元,增长30.2%,全年利用外资项目260个,实际利用外资额3.87亿美元,增长29.6%。国际、国内技术合作领域进一步拓宽,山水集团与美国摩根公司、鼎辉公司合作有了良好的开端;日本“绿色援建”项目日产1000吨硫化床水泥窑机术考察团来山东宝山建材公司进行了可行性调研;台湾嘉新水泥与中国建材地质勘探山东总队就矿产资源勘探开发有关事宜达成合作意向;美国PPCI玻纤公司、日本华威贸易公司、香港英达胜有限公司等都先后来山东考察投资状况,开展技术合作。在国内交流合作方面,与中国材料科工集团(中非集团)合作见到了成效。在淄博新材料工业园,由中材集团投资建设的高科技工业陶瓷加工中心已投入生产;中材集团投资建设的年产3万吨玻璃纤维(池窑)生产线和中材集团南京水泥设计院设计的淄博矿务局日产5000吨新型干法水泥生产线即将建成。

4.大企业、大集团的迅速崛起与发展,发挥了行业支撑作用,提升了行业整体素质。济南山水集团、山东玻璃集团、泰山玻纤公司、威海蓝星集团、德州晶华集团和沂州水泥集团等被省政府列为全省200强重点骨干企业。中联鲁宏(鲁南水泥)、华辰集团、泰和集团、金鲁城集团、美林窑业、皇冠陶瓷、榴园水泥、崇正水泥、泰山水泥、东源水泥等企业也在发展壮大,成为各产业和各市的领军企业。尤其是山水集团加快实施“做大做强水泥主业”的发展战略,水泥生产能力由2000年的200万吨跃至2004年的1500万吨,跻身中国水泥“三甲”,并成为山东百强企业之一,山水工业园区汇集了建材各门类的多家生产单位与科研机构,为发展循环经济奠定了基础。泰山玻纤公司已发展成国内规模最大、技术装备水平最先进、市场占有率最高的无碱玻纤生产基地,被列为国家重点企业,成为世界同行业10强。泰和集团是我国最大的石膏板生产企业,年生产能力达2亿平方米,产销量居全国首位,市场占有率超过30%,现拥有省内外14个分厂,分布在6个省(市)。在实施名牌战略中,涌现出一批知名企业、知名品牌和知名人物。在2004年度中国建材行业“三名”推介活动中,我省的山水集团等17家企业被评为“知名企业”;榴园水泥等13种建材产品被评为“知名品牌”;泰山玻纤集团董事长张志法等4名企业家被评选为“知名人物”。

5.立足服务,做好行业管理工作。各市建材主管部门在机构变化,人员减少,管理职能相对弱化的情况下,转变观念、改进作风,立足服务,千方百计为企业排忧解难,解决实际问题。在全省水泥企业开展了“化学分工”、“物理检验工”技能竞赛活动,其中12名优秀选手被授予“山东省技术能手”的称号,2名优秀选手获省总工会颁发的“富民兴鲁劳动奖章”;4名优秀选手被中国建材协会授予“全国建材行业岗位技术能手”称号。省建材办制定并实施了《山东省建材行业三年三千技师培养计划》,大大提高了企业职工的技术水平。2004年,省建材办组织召开了全省建材行业工作会议、全省建材系统先进表彰会暨全省建材工业座谈会、经济运行会、水泥企业技能竞赛总结表彰会及职业技能鉴定工作会等重要会议,指导行业健康发展。省建材办已连续三年获得“省直文明机关”称号。

5－6 2004年山东省建材行业50强企业名单

济南山水集团有限公司	文登东意石材有限公司
山东沂州水泥集团总公司	蓬莱磐龙水泥有限公司
山东玻璃集团	淄博昌国特种水泥股份有限公司
山东蓝星玻璃（集团）有限公司	淄博城东建陶厂
德州晶华集团有限公司	文登市口子建材厂
大宇水泥（山东）有限公司	蓬莱市蓬龙水泥有限公司
泰山玻璃纤维股份有限公司	临沂市庆云山水泥有限公司
山东泰和东新股份有限公司	龙口市鸿雁龙泰水泥有限公司
山东榴园水泥有限公司	济南历城区柳埠红花岗石加工厂
山东皇冠陶瓷股份有限公司	山东铝业公司水泥厂
山东金鲁城有限公司	文登市石材公司
山东鲁南水泥有限公司	青岛浮达玻璃有限公司
淄博华辰集团	山东华森水泥集团公司
烟台三菱水泥有限公司	乳山市佳鑫石材有限公司
山东宝山生态建材有限公司	淄博锦川建筑陶瓷有限公司
烟台东源水泥有限公司	山东龙新建材股份有限公司
泰山水泥有限公司	淄博市张店特种水泥厂
淄博泽沣建筑陶瓷有限公司	平邑冠鲁建材工业集团公司
莱州市莱东石材有限公司	淄博荣泰陶瓷有限公司
淄博强冠建陶有限公司	蓬莱市中海水泥有限公司
青岛市胶州市水泥厂	山东顺兴水泥股份有限公司
东阿东昌水泥有限公司	烟台园城水泥有限公司
山东蔚阳集团有限公司	青岛黑龙石墨有限公司
淄博水泥岭子有限公司	德州双德富饶新型建材有限公司
济南市镁碳砖厂	青岛海达石墨有限公司

5－7　2004年山东省石油化学工业基本情况

一、基本情况综述

截至2004年底,全省规模以上石油和化工企业共有2095个,其中大中型企业258个,职工60.7万人。全年累计完成工业增加值1210亿元,比上年增长33.1%,比全省工业平均增幅高6.6个百分点,累计增加值占全省规模以上工业增加值总额的18.6%,占全国同行业增加值总额的15.7%。其中地方化工企业完成增加值690亿元,比上年增长40.9%;全年累计产销率为98.7%,同比提高0.4个百分点;完成销售收入3364.2亿元,比上年增长40.1%,占全省规模以上工业实现销售收入总额的16.0%,占全国同行业销售收入总额的13.8%,居全国第一位。其中地方化工实现销售收入2349.6亿元,比上年增长47.7%;综合经济效益指数达到208.6%,同比提高37个百分点,反映经济效益综合水平的7项指标均好于上年。实现利税574.2亿元,比上年增长43.9%,占全省规模以上工业实现利税总额的25.1%,占全国石油和化学工业利税总额的13.2%。其中利润379.4亿元,比上年增长50.7%,占全省规模以上工业实现利润总额的27.4%,占全国石油和化学工业利润总额的12.7%。地方化工实现利税241.5亿元,其中利润149.5亿元,分别比上年增长50.7%和59.9%;截止2004年底,全行业资产总额达到2665.7亿元,同比增长21.4%。

二、行业管理主要工作

2004年,石化行业认真贯彻和全面落实科学发展观,按照省委确定的"一二三四五六"工作思路和目标,解放思想,真抓实干,抓住机遇,开拓创新,突出抓了以下工作:

一是大力推进产品结构调整。按照省委关于加快建设胶东半岛制造业基地,加快培植有优势和竞争力的支柱产业、大型企业集团和知名品牌的总体要求,抓好全省化工结构调整。在全省化工"十五"发展规划和后三年结构调整意见的基础上,制定了"全省石油化工产业链规划","关于加快山东省石化工业发展的意见",加强了对行业发展的指导;对全省化工技术改造导向计划进行论证,对企业上报的项目进行评审。全年固定资产投资竣工项目268个,实际完成投资457.4亿元,比上年增长35.5%。这些项目的建成投产对全省石化行业优化产业结构、提高市场竞争力、增加经济总量起到很强的带动和支撑作用。通过坚持实施名牌战略,形成了一批能体现出我省石化行业水平,在国内外有影响的中国名牌和山东名牌产品。目前已有8个化工产品荣获中国名牌产品,69个产品被认定为山东名牌产品。

二是进一步促进企业完善技术创新体系建设。按照省委"三个亮点"要亮起来的大思路,在推进行业科技进步特别是发展化工高新技术方面做了一定的努力,指导并帮助企业对20多家企业科技开发中心加强建设。全行业已建成国家级企业技术开发中心11个,省级企业技术开发中心31个,其中列入省200家重点企业集团的40家化工企业拥有国家级技术开发中心11个,省级技术开发中心18个。2004年有33项科研成果获省级三等以上技术进步奖和发明奖。

三是积极推动企业改革改制。全行业继续坚持以建立现代企业制度为企业改革的方向,以深化产权制度改革、推进投资主体多元化为突破口,以规范的公司制改革、完善法人治理结构、转换企业经营机制为重点,加大国有股权转让、劣势企业退出市场、建立新型劳动关系、处理债务包袱和安置富余人员等方面的工作力度,为推进企业制度创新做了大量扎实有效的工作。一批石化企业进行了改革、改制,特别是一批重点企业如三角、成山、滨化、恒通等大型企业集团完成了股份制改造,有力地促进了全行业的改革与发展。

四是突出做好外经贸工作。全行业累计实际利用外资3.7亿美元,同比增长73%,韩国LG公司、日本伊滕忠、比利时贝尔卡特公司等一些大项目、大公司开始入驻山东化工,亮点开始发光。化工产品出口增长较快,全年累计完成出口交货值195.9亿元,同比增长34.8%。

五是努力做好经济运行分析与协调。在各市化工行业主管部门及重点企业的配合下,对年报、各种定期报表进行统计分析;按季度定期对行业运行特点、存在的问题、主要产品的市场预测、行业发展趋势等进行分析,加大经济运行的指导力度;与省物价局、电力局协调,继续对化肥用电实行优惠政策;帮助企业协调解决生产经营中遇到的困难和问题;加强行业的安全宣传、教育、检查、调度,通过明查和暗访,专项整治等措施,指导帮助企业消除了一大批不安全因素,积极配合安监部门切实加强危化品生产企业的安全管理,发挥了行业部门应有的作用。

三、重点行业优势更加突出

全行业注重以大项目的建设推进产业结构升级,提升规模总量,增强市场竞争优势,支撑重点行业、大型企业集团的发展,取得了较为显著的效果。从主要行业和产品看,优势地位更加突出,化肥、轮胎、两碱等行业的产品产量、经济总量及效益位居国内首位,占国内同行业的比例有所提高,轮胎产量占全国的36%,“两碱”占18%,化肥占14%;石油化工也位居前列,原油加工量居第二位,占全国的11%。

四、重点企业带动作用日益显著

全年销售收入过10亿元的企业达到48家,比上年增加18家,48家企业累计实现销售收入、利税、利润分别为2066.9亿元、442.6亿元、296.9亿元,占全行业的比重分别为61.44%、77.07%、78.26%,居于决定地位。这些企业不仅产品规模、经济总量膨胀较快,而且资产质量、经营管理水平、企业竞争力等都有了较大提高,对全行业发展的支撑作用不断增强。　　　　(李文峰)

5－8　2004年山东省石油化学工业规模以上过10亿元企业

单位:万元

序号	企业名称	销售收入	序号	企业名称	销售收入
1	中国石化胜利油田有限公司	5162430.0	25	青岛黄海橡胶集团有限责任公司	196230.5
2	中国石化股份有限公司齐鲁分公司	2325081.2	26	山东胜通集团股份有限公司	180716.2
3	山东海化集团	1071730.0	27	山东昌邑石化有限公司	176216.9
4	山东滨化集团有限责任公司	1039985.1	28	山东宏信化工股份有限公司	169178.4
5	中国石化齐鲁股份有限公司	984174.8	29	山东西水橡胶集团有限公司	165091.8
6	中国石化股份有限公司济南分公司	981939.7	30	山东联盟化工集团有限公司	160658.2
7	青岛石油化工厂	646627.1	31	潍坊弘润石化助剂有限公司	151700.0
8	荣成市橡胶厂	519245.0	32	山东泸河集团有限公司	150140.8
9	山东省鲁北企业集团总公司	435412.6	33	山东恒源石油化工集团有限公司	149383.3
10	双星集团有限责任公司	403851.3	34	山东银河德普胶带有限公司	147232.4
11	三角集团有限公司	389160.1	35	山东恒通化工股份有限公司	138694.1
12	山东鲁西化工集团	328647.1	36	青岛海湾集团有限公司	136081.1
13	山东玲珑橡胶有限公司	320471.6	37	山东东岳化工有限公司	134613.1
14	山东崖头集团实业有限公司	309693.0	38	胜利油田东胜精攻石油开发集团公司	133728.3
15	山东利华益集团股份有限公司	302840.9	39	淄博金城石化有限公司	131397.8
16	东明县石化集团有限公司	302757.6	40	山东华鲁恒升集团有限公司	118751.9
17	烟台万华合成革集团有限公司	301409.0	41	山东翔龙实业集团有限公司	110910.7
18	山东广饶石化集团股份有限公司	256449.5	42	山东泰鹏集团有限公司	106562.1
19	龙口市福利橡塑雨布厂	245226.0	43	山东省肥城市化肥厂	105236.7
20	山东垦利石化有限责任公司	235369.2	44	山东齐鲁增塑剂股份有限公司	104577.5
21	山东华星石油化工集团有限公司	209729.9	45	山东红日阿康化工股份有限公司	104287.4
22	山东京博石化有限公司	207241.0	46	青岛海晶化工集团有限公司	103276.9
23	山东石大科技有限公司	206331.6	47	威海市金泓化工集团有限公司	103113.1
24	济南正昊化纤新材料有限公司	203593.7	48	山东金沂蒙集团有限公司	101634.7

5－9　2004年山东省贸易情况综述

2004年,全省流通行业广大干部职工在省委、省政府的正确领导下,坚持全面、协调、可持续的科学发展观,以推进流通现代化为总抓手,不断深化改革,调整结构,开拓市场,流通规模不断扩大,流通现代化水平进一步提高,流通经济呈现良好态势。

全省全年实现社会消费品零售总额4483.4亿元,同比增长13.9%,增幅与去年同期持平,增幅高于全国0.6个百分点。全省贸易系统完成商品销售收入1373.6亿元、盈亏相抵实现利润23.9亿元,同比分别增长23.9%和59.1%。全省重点调度的80户流通企业实现销售收入814.4亿元、利润总额24.2亿元,同比分别增长39.9%和57.2%。主要大类商品销售全面增长。与上年同期比,移动电话增长95.8%、通讯器材类增长69.2%、家用电脑增长66.3%、家具类增长59.1%、大屏幕彩电增长24.9%、汽车增长24.8%,消费结构升级的趋势十分明显;餐饮消费不断增长,全年实现零售额587亿元,同比增长18.1%。全省批零贸易和住宿餐饮业基本建设投资达221亿元,比上年增长32.4%;全省批发零售和住宿餐饮业的招商引资完成2亿美元以上。我省已先后有沃尔玛、家乐福、麦德龙等11家外资零售企业的29个门店开业投入运营。

主要做法

一是以政策扶持促发展。省政府出台《关于振兴服务业的意见》和《关于进一步做好农村商品流通工作的实施意见》后,烟台市委、市政府下发了《关于扶持服务业发展的意见》,就编制服务业发展规划、简化行政审批、财税支持等作了明确规定;滨州市政府出台了《关于进一步加快商办工业发展的意见》,把发展商办工业作为培植流通行业新的增长点来抓,莱芜市政府出台了《关于进一步加快发展服务业的意见》,对服务业的发展规划、目标和扶持政策等,作了明确规定。

二是以规划引导促规范。首先,编制商业网点规划,引导社会商业的发展。按照商务部和省贸易办关于加快商业网点规划编制工作的要求,济南、青岛、烟台、德州四市已完成城市商业网点规划编制工作;东营市商业网点规划已通过评审论证;其他市的网点规划正在进行中。其次,向社会发布导向性政策,合理引导社会投资。青岛等市每年都向全社会发布当年全市商业网点、商品市场建设和餐饮、住宿业发展指导意见,使流通业的发展进一步走向规范。第三,制定标准和规范。为引导现代流通业规范有序的发展,各级流通主管部门先后制定发布了《商业分级设置规范》和《商业零售业态规范》等地方性标准,对促进新兴商业的规范运作发挥了较好的作用。

三是以产权制度改革促改制。全省贸易办系统国有流通企业有995户,与2003年相比,减少117户,产权制度改革面为83.7%。国有资本全部退出企业126户,依法破产企业76户。

四是以营销创新拓市场。首先,开拓农村市场有了新进展。各地抓住我省城乡居民消费结构升级的时机,工商联手开拓城乡市场。特别是在开拓农村市场上,部分企业采取超市下乡的做法,得到了商务部领导的充分肯定。威海家家悦超市公司的90多处连锁门店中,有42处设在县及乡镇、村,近40%的销售额是在农村实现的。潍百集团已在乡镇、村开办超市、便利店43处。新星集团已在农村开办超市84处,其中村级店12个。其次,开拓省外市场迈出了新步子。组织流通企业参加了山东省名牌产品万里行北线的组织工作。承担了天津和东北三省的市场调研、考察和当地参展商业企业的邀请等工作。第三,餐饮消费日趋繁荣活跃。成功举办了全省第二届名小吃认定等活动、第四届山东省发型化妆大赛等形式多样的餐饮服务比赛和业务技术交流活动,促进了鲁菜与各大菜系之间的交流,在大中城市各地风味小吃、名菜、名店交互融会,有力地促进了全省餐饮服务业的发展。

五是以依法行政管行业。结合实施《行政许可法》,进一步完善了行政许可工作制度,先后开展了清理汽车市场、肉类市场和地区封锁等专项整治活动,使行业管理逐步规范化、制度化。制定了《山东省贸易系统消防安全规定》,进一步落实安全责任,加强安全监督检查,杜绝了重特大事故的发生。在开展"百城万店无假货"活动中,我省率先在全国实施了"百城万店无假货"活动百分考核办法,并会同省直有关部门进行了认真检查,取消了部分企业"百城万店无假货"活动示范店的称号。通过开展青年文明号和"百城万店无假货"活动示范店创建活动,有力地促进了行业精神文明建设。 (何敬梅)

5－10　2004年山东省轻工业基本情况

一、概况

山东省轻工行业紧紧围绕省委、省政府提出的关于建设制造业强省以及“三个亮点”和“三个一批”的发展思路,抓住机遇,以发展为主题,以结构调整为主线,以改革开放和科技进步为动力,大力培植壮大食品和家电两大产业链以及造纸、塑料等重点产业,积极实施名牌发展战略,努力促进强势产业和大型企业集团以更快的速度发展,从而使全行业迈上了一个新台阶。2004年全省轻工行业现有规模以上生产企业7246家,比2003年末净增加1613家,完成工业增加值1582.96亿元,比上年增长32.51%,完成出口交货值1060.56亿元,增长25.74%。实现销售收入5527.21亿元,利税454.55亿元,利润273.41亿元。分别比上年增长37.02%、36.73%和41.43%。各项经济指标均居全省各工业部门第一位。与全国同行业相比,经济总量和效益继续稳居第二位。机制纸及纸板、冷冻箱、电热水器、日用玻璃、农用薄膜、原盐、淀粉、食用添加剂、天然色素、白酒、啤酒、葡萄酒、植物油、肉禽加工产品、果蔬加工产品、水产加工产品、抽纱刺绣、地毯等产品产量继续保持全国第一位。铅笔、革皮服装、机制板纸、日用陶瓷、洗衣机、电冰箱、空调器等产品居全国第二位。

1.重点行业增势强劲。七大产业链之一的食品行业,全年实现销售收入2489.33亿元,同比增长37.48%,利税207.27亿元,同比增长38.54%,利润125.72亿元,同比增长37.36%,居全国第一位。我省最具竞争优势的造纸行业,全年规模以上企业实际完成产量997.25万吨,同比增长31.42%,实现销售收入682.61亿元,同比增长32.73%,利税73.33亿元,同比增长19.39%,利润44.6亿元,同比增长14.88%,各项指标均居全国第一位。七大产业链之一的家电行业,全年实现销售收入561.72亿元,同比增长23.8%,实现利税26.5亿元,同比增长19.32%,利润13.88亿元,同比增长19.53%,在全国同行业中居第二位。

2.重点企业集团发展势头迅猛。现有年销售收入5亿元以上的大型企业集团140家,比上年增62家,50亿元以上特大型企业集团7家,比上年增2家,100亿元以上企业集团2家。其中金锣集团首次突破百亿元大关,达100.5亿元,海尔集团全球营业额则首次突破千亿元大关,达1016亿元。在2004年省政府确定的200家重点企业集团中,轻工企业有45家,占全省的22.5%。

二、结构调整和技术进步成效显著

1.加大技改投入,促进结构调整。2004年山东省轻工业主要以食品、家电产业链的发展及造纸、塑料等重点行业的结构调整为重点,全面带动和促进全省轻工业的快速发展。全省轻工行业全年共完成固定资产投资292.47亿元,同比增长21.27%。其中技术改造投资完成234亿元,约占总投资的80%。食品行业全年完成固定资产投资100.22亿元,同比增长29.37%,新增规模以上生产企业671家,平均企业生产规模比全国同行业高出近一倍。造纸行业全年完成固定资产投资100.42亿元,实际新增产量145.14万吨,平均单厂生产规模为3.5万吨,比全国平均水平高出2倍多。塑料行业全年完成固定资产投资15.62亿元,比上年增长103.39%,是全省轻工行业固定资产投资增长最快的行业。在坚持用高新技术改造传统产业的同时,非常注重项目水平和科技含量的提高,新上了一批高起点和高水平的重点项目。如:泉林纸业总投资22.5亿元的林浆纸一体化项目,华泰纸业总投资57亿元的林浆纸一体化项目,日照森博集团100万吨木浆项目,晨鸣纸业30万吨/年涂布白卡纸项目,太阳纸业25万吨/年铜版卡纸项目,博汇集团40万吨/年高档涂布白卡纸项目。山东金晶科技股份有限公司汽车专用低辐射镀膜玻璃深加工项目。贺友集团总投资7.3亿元年产70万立方米高密度板生产项目。诸城外贸30万吨玉米淀粉项目,以及西王集团60万吨玉米深加工等一大批项目。这些项目的陆续建成投产,将为我省轻工业的持续、快速发展奠定了坚实的基础。

2.抓好技术创新体系建设,增强企业竞争能力。2004年山东省轻工业新增国家级企业技术中心1个,即青岛即发集团的技术中心。新批省级企业技术中心19个,撤消3个。截止年底,全省轻工行业共有省级以上企业技术中心64个,占全省的23.2%。其中:国家级技术中心12个,占全省的30%,省级技术中心52个,占全省的22.66%。海尔、澳柯玛、双星、即发、万华、张裕等6家企业2004年被授予国家企业技术中心成就奖,占全省获奖数的60%,其中海尔集团综合评比居全国第一位。2004年全省轻工行业共完成科研和新产品开发项目311项,其中达到国际先进水平的有59项,填补国内空白的有76项。有1项获得国家科技进步二等奖,有28项获得省科技进步奖,其中有1项获得全省发明二等奖。列入省科技发展计划和科技成果计划项目的有20项,列入省技术创新计划项目的有160项,共获得财政支持资金400万元。技术创新能力较强的家电行业全年共完成重大科研、新产品开发项目128项,其中达到国际领先水平的有32项,达到国际先进水平的有36项,家电行业的核心竞争能力得到了进一步加强。

三、名牌战略和市场开拓取得新突破

1.企业名牌发展战略成效显著。2004年全省轻工行业有12家企业的16种产品荣获中国名牌,占全省的50%。截止年底,全省轻工行业共有25家企业的36种产品获得中国名牌,名牌企业和名牌产品分别占全省的55.5%和59.02%,居全省第一位。其中海尔、青岛啤酒和张裕葡萄酒还被国家列为16个重点培植的国际品牌。在地方名牌创建中,2004年全省轻工行业有74家企业的75种产品获得山东名牌,占全省的42%,加上原有的211种省名牌产品,全省轻工行业名牌产品的产值已超过50%以上。其中海尔品牌价值已达616亿元,连续三年蝉联中国最有价值品牌榜首,比排名第二位的红塔集团高出147亿元。十年来,海尔品牌价值增长了13.46倍,2004年比2003年增长16.2%,是我国发展最快的品牌,其家电产品生产总规模和市场份额等综合实力排名世界第五位,并在世界品牌实验室评选的"世界最具影响力的100个品牌"中名列95位。青岛啤酒的品牌价值也已达112.2亿元,居全国第十位,啤酒行业第一位。截至年底,有21种轻工产品获得中国驰名商标,占全省的51.22%。有399家企业的405种产品获得山东省著名商标。有10家企业的15种产品获国家免检产品,占全省的35.71%。另有青岛澳柯玛股份有限公司、万华合成革集团、云龙绣品和西王集团等四家企业被授予2004年山东省质量管理奖企业。

2.企业市场意识明显加强,市场结构进一步优化。2004年全省轻工产品省外市场比重达27%,高于全省4个百分点。其中造纸行业为60%,家电行业为62.5%。全省轻工产品销往国外市场的比重已达20%,高于全省平均水平8个百分点。全年出口创汇128亿美元,居全省工业部门首位。其中:食品行业51.8亿美元,家电行业10.5亿美元,皮革制品行业15亿美元,工艺美术行业18.5亿美元。龙大集团面对不断凸现的技术壁垒和绿色壁垒,积极采取措施,主动迎接挑战,在一次次打破壁垒中迅速提升了企业管理水平和国际竞争力。为抓好源头建设,他们进一步完善了"公司+农场"模式,大力推行标准化生产。为确保产品质量,他们建立了完善的食品安全保障体系,从原料供应、生产加工、检测到成品发货等各个环节,都完全处于控制之中。同时建起了国家级的一流检测中心,并与日本伊藤忠商事株式会社合作,在全国率先建立了质量追溯体系,取得了日本、欧盟及美国的有关认证。2004年有400多种产品出口世界20多个国家和地区,出口创汇1.2亿美元,同比增长39.5%。

四、"三个亮点"工作活力增强

1.外经贸工作进一步加强。2004年全行业实际利用外资达20亿美元,比上年增长37.93%。一些大的外商投资项目已签订协议或开工建设,如日照森博浆纸有限责任公司2004年5月与金鹰国际集团签署了股权转让协议,金鹰国际集团收购森博浆纸90%的股份,实际投资4.2亿美元,将其改组为亚太森博(山东)浆纸有限责任公司,并正式开始其木浆项目的建设。山东玻璃总公司与美国PPG公司建立战略合作关系,并签署在线镀膜超白浮法玻璃生产工艺技术转让合同,用汇3504万美元,引进其当前国际最先进的专有技术和设备,项目已在去年底完成,可年产在线镀膜超白浮法玻璃260万重量箱,填补了国内空白。截止年底,全省轻工行业现已建有规模以上的外商投资企业1675家,比上年增加281家,是迄今为止增加最多的一年。全年完成销售收入1312.64亿元,比上年增长34.04%,出口创汇61.5亿美元,比上年增长20.02%,外商投资企业总资产已达1060.3亿元,比上年增长23%。

2.高新技术发展迅速,高新技术产品比重持续攀升。2004年全行业高新技术产品增加值完成332亿元,约占全部增加值的21%。

3.民营经济得到较快发展。2004年全省轻工行业有规模以上民营企业即非公有制企业6363家,同比增长37.37%,占全行业企业总数的87.81%,同比增加5.6个百分点,涌现了金锣、龙大、菱花、西王、太阳、博汇等一批大型民营企业集团。民营企业实现的销售收入也已达4160.1亿元,同比增长36%,利润218.18亿元,同比增长40%,出口102亿美元,同比增长30%,分别占全省轻工业的75%、64%和81%。如博汇集团抓住机遇,超常规快速发展。他们以造纸产品发展为突破口,不断加大技术改造投入力度,引进世界一流的造纸生产技术和设备,使其生产规模和水平迅速提升,已跃升全省造纸行业第五位。同时积极实施多元化经营战略,抓住塑料原料需求旺盛,价格不断攀升的有利时机,积极扩大化工原料等产品的生产能力,2004年整个集团实现销售收入45.63亿元,比上年翻了近一番。

五、可持续发展战略和循环经济

1.加大可持续发展战略的研究和实施力度。以造纸、食品酿造、皮革、塑料、日用陶瓷和日用玻璃等行业为重点,积极开展循环经济发展战略的研究,并荣获山东省生态省建设研究成果二等奖3项,三等奖和优秀奖各1项。为适应节约型社会建设发展的需要,全面推进能源的综合利用,重点抓了造纸、白酒、啤酒、日用玻璃和日用陶瓷等行业产品能耗标准的制定工作,针对现阶段行业发展的特点,及时调整、修订原有不合适宜的标准。

2.积极推行清洁生产,实现企业的可持续发展。目前全省轻工行业骨干企业大都完成了ISO14000环境管理体系认证,90%以上的企业通过了清洁生产审计。通过审计、贯标,企业管理和环境管理提升了层次,实现了经济效益和环境效益的双赢。海尔集团采用五大节能技术开发的节能系列热水器,获得了国家节能贡献奖,国内市场份额已达31.4%,居行业之首。另外,海尔高效氧吧空调由于采用的是世界领先的DDC技术(数字直流变频技术),同时在压缩机优化、电控驱动、系统控制三大方面首先采用世界领先的创新技术,能效比大大高于目前国内同类产品,使之成为我国第一个获得欧洲最高A级“节能之星”、美国“能耗之星”认证以及中国“节能明星”三星称号的空调产品。泉林纸业和万华合成革集团被国家发改委确定为循环经济示范企业,有34家企业通过了省经贸委的综合利用企业认证,22家企业开展了清洁生产审计工作,使生产管理和污染防治工作上了一个新台阶。

(丁学华)

5－11 2004年山东省轻工业50强企业名单

以销售收入排序	企业名称	以销售收入排序	企业名称
1	海尔集团公司	26	山东大洋食品集团有限公司
2	山东金锣企业集团总公司	27	青岛万福集团股份有限公司
3	山东晨鸣纸业集团股份有限公司	28	嘉祥县嘉冠油脂化工有限公司
4	青岛澳柯玛集团总公司	29	青岛九联集团股份有限公司
5	诸城市外贸有限责任公司	30	日照森博浆纸有限责任公司
6	华泰集团有限公司	31	青岛三湖制鞋有限公司
7	山东太阳纸业股份有限公司	32	山东华金集团总公司
8	山东淄博博汇实业总公司造纸厂	33	龙口新龙食油有限公司
9	山东泉林纸业有限责任公司	34	山东省鲁洲食品集团有限公司
10	青岛啤酒股份有限公司	35	菱花集团公司
11	得利斯集团有限公司	36	青岛泰光制鞋有限公司
12	中国轻骑集团有限公司	37	山东兖州雪花淀粉有限公司
13	山东凤祥有限责任公司	38	山东三维油脂企业集团总公司
14	烟台张裕集团有限公司	39	山东天府集团公司
15	山东九发集团公司	40	青岛海王纸业股份有限公司
16	山东渤海油脂工业有限公司	41	青岛康大外贸集团有限公司
17	黄海粮油工业(山东)有限公司	42	山东晨鸣纸业集团齐河板纸有限公司
18	山东海化集团有限公司	43	威海市金猴集团有限责任公司
19	青岛飞龙工艺品集团公司	44	山东新昌肉食有限责任公司
20	银河纸业有限责任公司	45	威海光威渔具有限公司
21	山东龙大企业集团有限公司	46	山东新良油脂有限公司
22	青岛嘉里植物油有限公司	47	日照大海油脂有限公司
23	莱阳鲁花浓香花生油有限公司	48	高唐蓝山集团总公司
24	山东金龙企业集团公司	49	潍坊乐港食品股份有限公司
25	山东香弛粮油有限公司	50	山东省文登市啤酒厂

5－12 2004年山东省对外经济贸易行业发展综述

2004年,在省委、省政府的正确领导下,全省上下努力克服国家退税政策调整、原材料价格上涨以及国外技术性贸易壁垒挑战等不利因素,超额完成了省委、省政府确定的各项工作目标,全省外经贸发展实现了新的跨越。对外贸易跃上新的台阶;利用外资实现新的突破;实施"走出去"战略迈出新的步伐;经济园区建设取得新的进展。

一、对外贸易跃上新的台阶

据海关统计,2004年全省进出口突破600亿美元,累计完成607.8亿美元,比去年同期增长36.1%。其中,出口358.7亿美元,出口额居全国第五位,增长35%;进口249.1亿美元,增长37.7%。

1.中西部城市出口增长较快,重点城市拉动作用突出。2004年,中西部城市中菏泽、莱芜出口翻番增长,分别增长1.4倍和1.2倍;聊城、济宁、泰安、临沂、枣庄、日照、东营7市出口增幅超过全省平均水平;德州、滨州出口增幅低于全省平均水平。重点城市中,除潍坊出口增幅低于全省平均水平外,青岛、济南、淄博、威海、烟台5市出口增幅高于全省平均水平。重点城市对全省出口增长的贡献率为76%。

2.机电、高新技术产品出口增长较快,农副产品出口稳定增长。2004年机电产品出口97.2亿美元,同比增长50.9%,拉动全省出口增长12.3个百分点,占全省出口比重为27.1%,同比上升3个百分点,机电产品出口首次超过纺织服装,成为我省第一大出口商品;高新技术产品出口24.9亿美元,同比增长62.1%;纺织服装出口88.7亿美元,同比增长18.7%,增幅低于全省平均水平16.3个百分点;农副产品出口83亿美元,同比增长26.1%,增幅与去年同期持平。

3.对新兴市场出口增长较快,对日本出口增长缓慢。2004年,对新兴市场出口增长56%,高于全省平均增幅21个百分点。其中对俄罗斯、南亚、拉美、非洲出口分别增长55.4%、64.2%、56.7%和48.5%。重点市场中,对欧盟出口增长38.3%,高于全省平均增幅;对美国、韩国、日本出口分别增长34.1%、32.5%和18.1%,均低于全省平均增幅。

4.民营企业出口成倍增长,国有企业出口增长缓慢。2004年,民营企业出口85.2亿美元,增长68.5%,占全省出口总额的比重为23.8%,比去年同期上升4.8个百分点,其中私营企业出口增长1.3倍;外商投资企业出口184.1亿美元,增长33.7%,增幅比全省平均水平低1.3个百分点,占全省出口总额的比重为51.3%,比去年下降0.5个百分点;国有企业出口89.4亿美元,增长15.5%,占全省出口总额的比重为24.9%,比去年同期下降4.2个百分点。

5.进口保持快速增长。受国内市场需求旺盛、进口关税降低及加工贸易发展较快等因素的影响,2004年全省进口一直保持高速增长,同比增长37.7%。原油、铁矿砂、棉花、纸浆、塑料原料等大宗商品进口增长较快,分别增长300.2%、228.3%、95.8%、49.8%和45.5%。进口前5位的国家(地区)是韩国、日本、欧盟、美国、东盟,占全省进口的69.2%。其中从韩国进口最多,占28.4%,增长29.7%。新兴市场中,对南亚增长136.9%,对拉美增长91.2%,对非洲增长63%。

二、利用外资实现新的突破

根据商务部反馈数据,2004年全省新批外商投资合同外资金额214.5亿美元,增长53.7%;实际使用外资金额98.2亿美元,增长32.4%。其中新批外商直接投资合同外资金额202.8亿美元,首次跃居全国第二位;实际使用外资金额87亿美元,居全国第三位。

1.青烟威三市带动作用显著,中西部城市大幅度增长。2004年,青烟威三市合同外资占全省总数的67%,实际使用外资占全省总数的69%。中西部城市中,淄博、济宁、泰安、莱芜四市合同外资增幅,枣庄、济宁、临沂、菏泽四市实际外资增幅均高于全省平均水平。菏泽市实际使用外资实现新突破,实际使用外商投资首次超过1亿美元。

2.韩国投资稳居首位,港、台、日投资呈现加大趋势。韩国投资项目数、合同外资和实际使用外资三项指标均居首位。全年新批韩国投资项目2885个,合同外资额82亿美元,实际使用外资35.9亿美元,分别增长19%、79.9%和26.5%,分别占全省总数的49%、40%和41%。香港投资居第二位,实际使用外资17.4亿美元,增长28.8%,高于全省平均增幅。台湾、日本投资合同额增长较快,分别达16.2亿美元和11.8亿美元,分别增长58.7%和60.7%。

3.大项目拉动作用增强。2004年全省新批和增资总投资1000万美元以上的大项目824个,合同外资104亿美元,分别占全省总数的14%和51%。其中,总投资过3000万美元项目16个。总投资过亿美元项目有,兖矿集团有限公司与巴哈马ITABIRA RIO DOCE COMPANY LIMITED、日本伊藤忠株式会社在济宁合资设立的山东兖矿国际焦化有限公司,总投资21.9亿元人民币;南山集团有限公司与澳大利亚力顶康赛特集团有限公司在烟台合资设立的龙口南山铝压延新材料有限公司,总投资2.47亿美元;韩国(株)爱森在威海投资的山东爱森精细化工有限公司项目,总投资1.9亿美元;魏桥纺织股份有限公司,总投资1亿美元。

4.制造业吸纳外资保持主导地位,新型服务业利用外资加快发展。2004年新批制造业外商直接投资项目4958个,合同外资169亿美元,实际使用外资72.7亿美元,同比分别增长11%、69%和31%,均占全省直接投资总数的83%以上。金融业、软件服务、租赁和商务服务业、科学研究、文化体育娱乐业等新型服务业吸收外资快速启动,实现了翻番增长。

5.吸收外商投资形式多样化,外商独资项目和境外发行股票成为亮点。2004年新批外商独资项目4300个,合同外资168.7亿美元,实际使用外资67.3亿美元,占全省总数的比重分别达到73%、83%和77%。省内大企业纷纷开辟境外上市融资渠道,境外发行股票7.8亿美元,外商投资股份公司新增3家。济宁兖州煤业股份有限公司增发H股融资2.1亿美元,潍柴在香港上市融资1.6亿美元,魏桥纺织在香港融资1.18亿美元,临沂江泉肉制品等5家民营企业通过其境外企业在新加坡上市融资1.97亿美元。

三、实施“走出去”战略迈出新的步伐

截至2004年底,全省有1200多家企业在102个国家和地区开展了境外加工贸易、资源开发和承包工程。全年新签对外承包劳务合同额14.7亿美元,完成营业额15.2亿美元,分别增长18%和52.8%;新批境外企业(机构)127家,协议投资总额2.96亿美元,其中中方投资2.68亿美元。山东电力、胜利油田、青岛建设三大工程公司合计实现对外承包工程营业额占全省总额的65.2%。山东电力基建公司入选美国《工程新闻纪录》(ENR)2004年度全球最大225家工程承包商名单。11个外派劳务基地县和专业基地挂牌运行。境外资源开发取得重大突破,兖矿集团在澳大利亚成功收购煤炭企业,开创全国煤炭企业开发境外资源的先河;烟台西北林业在俄罗斯森林资源开发、潍坊宏昌路桥工程公司在蒙古、尼日利亚等国工程项目,临沂雅禾、泰安岱银、德州德棉、莱芜泰丰等一批棉纺企业到境外投资办厂都取得成功。民营企业在全省境外投资总额中所占比重达到53%,成为境外投资新的增长点。

四、经济园区建设取得新的进展

2004年经济开发区对全省外向型经济贡献进一步增强,全年共引进外商直接投资项目1394个,合同外资额82.5亿美元,实际使用外资40.2亿美元,分别比上年增长了23.7%、8%和27.6%。新批1000万美元以上大项目275个,占全省的33%。出口98.5亿美元,增长51.3%,占全省出口总额的27.5%。完成工业增加值1162.7亿元,增长64.7%;财政收入140.4亿元,增长82.8%。在商务部公布的国家经济开发区最新排名中,青岛开发区综合排名居第四位,月均吸纳外商投资1亿多美元。青岛保税区列入国家首批区港联动试点,功能优势进一步加强。

总结入世以来,特别是2004年的外经贸工作,主要有以下几点体会:

1.各级党委政府高度重视,各部门合力推进,是外经贸加快发展的重要保证。省委、省政府始终高度重视,把外经贸作为全省经济工作的“亮点”来抓。省委、省政府主要领导多次对外经贸工作做出重要指示。各级党委、政府都把外经贸工作摆到了更加突出的位置,坚持抓开放促改革、促调整、促发展。全省上下始终保持了高昂的热情,形成了“全力以赴抓开放,万众一心大合唱,千军万马奔外向”的良好局面。各地都出台了一系列扶持外经贸的政策。省市各有关部门围绕外经贸这个亮点主动参与、大力支持。外事、对台、侨务等部门进一步拓宽了对外联络渠道。国税、海关、国检等部门提高效率,主动服务。全省上下形成了推动外经贸事业加快发展的整体合力和浓厚氛围。

2.抓住战略机遇期,积极承接国际产业转移,是不断提高外经贸发展能力的重大举措。围绕“迎接日韩产业转移,加强区域经济合作,打造先进制造业强省”的外经贸工作主线,按照省委、省政府加快建设半岛制造业基地的战略部署,出台了特色鲜明的产业发展规划,制定了扶持政策,半岛地区大搞招商引资、大搞加工贸易,开放型经济蓬勃发展。进一步突出了面向日韩台的招商,推动了一批造船、汽车、化工、电子等大项目的洽谈,在日韩掀起新的“山东热”。突出产业特色,创新招商方式。浪潮与微软结成战略联盟,诸城、文登、章丘、胶州、兖州等市拉长、加宽、增厚优势产业链,一批

规模大、后劲足、带动力强的企业迅速崛起。软件出口(含嵌入式软件)达到创纪录的5.2亿美元,出口汽车零部件的企业已达900家。到去年底,全省共在日本、韩国设立了60多个招商代表处或办事机构。青岛电子家电博览会、威海东北亚经济合作论坛、中日韩制造业交易会、潍坊鲁台经贸洽谈会、济南信博会等一批各具特色的经贸活动,成为打造制造业强省的新平台。

3.始终保持良好的精神状态,迎接新挑战、克服新困难,是推动外经贸事业加快发展的强大动力。针对建设用地和信贷资金紧张的实际,各地创造性地开展工作。在清理土地中"促、收、转、并"多管齐下,盘活围而不用、宽打窄用的土地资源。济宁、临沂、潍坊、滨州依托大企业,积极开展海外上市融资。济南市对沃尔沃、美标等大项目,落实专门责任人,为企业增资扩股创造条件。去年全省外商投资企业增资额达到31亿美元,占当年合同外资总额的15%。针对禽流感疫情,我省及时启动了与国家质检总局的农产品出口预警机制,上半年,有19家禽肉熟制品加工企业逐步恢复出口;10月份,欧盟又恢复了对我省兔肉、养殖鱼、蜂蜜、虾等动物源性食品的进口。针对纺织服装被动配额即将取消的新形势,企业抢抓机遇,调整结构。魏桥、鲁泰、即发、亚光、兰雁、孚日家纺等企业采用新技术、新设备、新工艺,把一部分生产能力转移到海外,大力开拓境外高端市场,促进了全省纺织服装出口的稳步发展。

4.进一步强化分类指导,是促进开放型经济的协调发展的重要途径。按照省委、省政府"东部率先、中部崛起、西部跨跃"的区域经济发展战略,突出了重点城市、骨干企业和园区建设,青烟威三市外经贸保持快速增长,青岛去年进出口总额超过200亿美元,列全国重点城市第7位;潍坊、淄博的一批外向型大企业快速膨胀,济南进出口去年达到30亿美元;临沂、德州、莱芜、聊城开发区招商力度大,发展步伐快,在当地经济发展中发挥了重要辐射带动作用。去年,枣庄、日照、菏泽3市实际使用外资实现了翻番增长;1-11月份,济南、莱芜、聊城、菏泽、东营、泰安、临沂7市外贸出口增幅超过50%。县域开放型经济发展加快。

5.不断深化体制机制创新,是突破外经贸发展中重要瓶颈的关键所在。认真落实省政府提出的"八个突出"的工作要求,在招商引资、环境改善、加工贸易、大项目推进、经济园区开发建设和管理、大通关、行业协会等诸多方面进行了体制机制创新。抓大户、带群体,培植了一批加工贸易新的增长点,青岛太平货柜、兖矿科澳铝业、青岛乐金浪潮等企业,开展加工贸易首次实现出口,全年出口额均超过1亿美元。山东高新投资与新加坡大华银行、牛津剑桥集团合作之后,又与美国China Vest公司共同出资1.2亿美元,创立投资基金,为吸引更多高新企业来我省发展产生积极影响。

(廉波)

5－13 2004年山东省进出口50强企业

金额单位：万美元

序号	企业名称	进出口	出口	进口
1	新华锦集团	143133	94052	49081
2	山东魏桥创业集团有限公司	127623	56818	70805
3	海尔集团	121312	59044	62268
4	济南钢铁集团总公司	89112	40526	48586
5	山东三星通讯设备有限公司	75596	46987	28609
6	莱芜钢铁集团有限公司	72751	28093	44658
7	青岛朗迅科技通讯设备有限公司	64666	30410	34256
8	益佳集团	57138	25671	31467
9	青岛马士基集装箱工业有限公司	56160	31319	24841
10	山东省机械进出口公司	54602	48484	6118
11	浪潮乐金数字移动通信公司	46992	13311	33681
12	中煤日照分公司	44429	42403	2026
13	凯远集团	43971	32047	11924
14	东营科英激光电子有限公司	40985	25001	15984
15	青岛中集冷藏箱制造有限公司	39196	22523	16673
16	山东省对外贸易集团有限公司	32940	14104	18836
17	海信集团	34274	16819	17455
18	青岛中集集装箱制造有限公司	30060	24156	5904
19	三角集团	28111	15907	12204
20	山东绮丽集团	26794	22058	4736
21	山东晨鸣纸业集团股份有限公司	25742	4155	21587
22	青岛泰光制鞋有限公司	24828	14835	9993
23	青岛乐金浪潮数字通信有限公司	23921	10996	12925
24	烟台东方不锈钢工业有限公司	22921	0	22921
25	青岛钢铁进出口公司	22558	845	21713
26	青岛埃力生进出口有限公司	21860	2821	19039
27	淄博张钢制铁铸管股份有限公司	21469	9229	12240
28	青岛即发进出口公司	20862	19188	1674
29	山东省裕丰化工进出口有限公司	20794	0	20794
30	孚日家纺股份有限公司	20732	11200	9532
31	大宇重工业烟台有限公司	20289	2729	17560
32	中国外运山东公司(保税堆场)	19887	0	19887
33	山东省东方国际贸易股份有限公司	19878	10462	9416
34	鲁泰纺织股份有限公司	19086	14789	4297
35	青岛安普连接器有限公司	18942	10578	8364
36	岚山粮油工业有限公司	18911	91	18820
37	龙口市东海贸易有限公司	18327	14064	4263

续表

金额单位：万美元

序号	企业名称	进出口	出口	进口
38	烟台康益谷物有限公司	17986	1776	16210
39	山东淄博通宇新材料有限公司	17881	0	17881
40	青岛三美电机有限公司	17398	10601	6797
41	山东成山橡胶（集团）股份有限公司	16845	7636	9209
42	青岛松下电子部品(保税区)有限公司	16640	7588	9052
43	青岛星电电子有限公司	16155	8888	7267
44	兖州天章纸业有限公司	16155	48	16107
45	山东海洋化工集团有限公司	15938	12339	3599
46	中煤青岛分公司	15836	15833	3
47	中国船舶燃料供应青岛公司	15800	8873	6927
48	山东三维油脂企业集团有限公司	15153	0	15153
49	山东省食品进出口公司	14712	9500	5212
50	兖矿科澳股份铝业公司	14684	13449	1235

5－14　2004年山东省钢铁工业概况

2004年,全省钢材产量首次突破2000万吨大关,生铁、粗钢、钢材产量居全国各省市、自治区同产品产量排序的第三、三、四位次(同比均前移一位);产销平衡、库存合理,生产与效益继续同步增长,产品销售收入、实现利税和实现利润均超过50%,其中,省冶金总公司企业实现利润超过100%。山东钢铁业发展迅猛其原因是:近两年,在原有济南钢铁集团总公司、莱芜钢铁集团有限公司、青岛钢铁控股有限公司等的基础上,又迅速建成了6家年产百万吨级的民营钢铁企业。2004年,全省钢铁企业促进产品结构调整,加大固定资产投资幅度,科技成果显著,技术经济指标改善,进出口贸易增长。

1.生产与效益。2004年,全省生产钢1855.4万吨、铁1873.7万吨、钢材2011.6万吨,同比分别增长31%、40.9%和40%,其中,省冶金总公司企业生产钢1372.2万吨、铁1213.3万吨、钢材1184.1万吨,同比分别增长44.34%、34.29%和33.69%;全省生产铁矿石1161.9万吨、(省冶金总公司企业)铁精粉218.5万吨和十种有色金属81万吨,同比分别增长16.95%、8.73%和113.15%。全省冶金完成工业总产值(现价)812.1亿元、工业销售产值(现价)800.6亿元、工业增加值(现价)158.9亿元,同比分别增长53.13%、50.74%和27.31%,其中,省冶金总公司企业完成工业总产值(现价)521亿元、工业销售产值(现价)513亿元、工业增加值(现价)121亿元,同比分别增长76%、72.60%和52.32%;全省冶金实现产品销售收入933.7亿元、实现利税83.7亿元、实现利润49.1亿元,同比分别增长74.82%、35.88%和68.73%,其中,省冶金总公司企业实现产品销售收入624.5亿元、实现利税61.64亿元、实现利润37.9亿元,同比分别增长113.58%、60.98%和122.71%。

2.产品结构调整与企业发展后劲。2004年,全省钢铁企业以市场为导向、以订单促生产,加快产品结构调整速度、增强企业发展后劲。随着市场需求的变化以生产建筑用钢材为主的形势已转变为长、扁、平材、普碳和优特钢共同发展的格局。济南钢铁集团总公司JG590、16MnR、C级船板、锅炉板等高技术含量和高附加值产品已实现大批量生产。品种板比例达63%,同比提高21个百分点;锅炉扳、地合金扳国内市场占有率分别达到了22.6%和18.3%;容器扳市场占有率11.4%;为满足顾客需求还成功开发了X52、X60管线钢、贝氏体钢等新产品。莱芜钢铁集团有限公司齿轮钢国内市场占有率21%;完成新产品开发17项。青岛钢铁控股集团有限责任公司合金比达到60%,品种钢产量占钢材总量的57.09%;焊条钢、焊丝钢销量居国内市场第一。泰山钢铁集团950毫米热轧带钢填补了省内空白,产品供不应求。寿光巨能特钢公司生产的采油用成品钢管填补了省内空白。2004年,全省冶金共完成固定资产投资176.6亿元,同比增长160%,钢、铁、钢材新增生产能力分别为800万吨,新增铁矿能力300多万吨。济南钢铁集团总公司开工建设的镀锌板、彩涂板工程已竣工投产,1700中薄扳坯连铸连扎工程、双机架冷轧工程均在建设中。青岛钢铁控股集团有限责任公司新增烧结矿生产能力150万吨、高炉移地大修新增炼铁生产能力100万吨、炼钢系统技术改造新增钢坯生产能力100万吨、双高线技术改造新增线材生产能力100万吨。张店钢铁总厂实现钢铁配套,引进外资建设的炼钢项目全面建成并生产出合格产品。金岭铁矿1号高炉和1号烧结机已分别投产运行。

3.科技成果与技术经济指标。2004年,全省冶金鉴定科技成果150项,其中,达到国际领先水平1项,国际先进水平6项,国内领先水平45项,国内先进水平98项。本年度,有41项成果获省科技进步奖,其中,一等奖2项,二等奖12项,三等奖27项;有8项电子信息优秀项目在山东省电子信息推广应用办公室、省科委、省经委联合组织的山东省电子信息优秀项目评选中获奖,其中,二等奖2项,三等奖6项;有158项获山东省冶金科技进步奖,其中,一等奖42项,二等奖63项,三等奖53项;省冶金总公司企业申请专利38件,其中,发明专利14件,使用新型24件,在第七届山东省专利奖评选中有1项获专利金奖,有2项获专利创新奖。2004年,全省重点钢铁企业10项主要技术经济指标有9项同比有所改善(高炉利用系数同比降低),省冶金总公司企业10项主要技术经济指标有8项同比提高(高炉利用系数和转炉炉龄同比降低)。全省重点钢铁企业炼铁折算综合焦比534公斤/吨,同比降低2公斤/吨,转炉钢铁料消耗1066公斤/吨,同比降低9公斤/吨,电炉冶炼消耗319千瓦时/吨,同比降低17千瓦时/吨,吨钢综合能耗742公斤标煤/吨,同比降低47公斤标煤/吨,钢材综合成材率达到96.70%,同比提高0.15个百分点。莱芜钢铁集团有限公司在全国重点大中型钢铁企业57项可比技术经济指标中,有9项位居第一名,有15项进入前三名,吨钢耗薪水3.5吨/吨;济南钢铁集团总公司吨钢综合能耗同比降低57公斤标煤/吨,燃气—蒸汽联合循环发电比常规煤电机组效率提高50%,吨钢可比能耗降低50公斤标煤。

4.进出口贸易。2004年,全省冶金和省冶金总公司企业分别实现出口256.04万吨和229.74万吨,同比分别增长90.19%和89.73%,实现出口交货值分别为74.91亿元和67.22亿元,同比分别增长180.21%和177.15%。济南钢铁集团总公司出口钢铁产品117万吨,创汇4.4亿美元,进口铁矿石850万吨,进出口贸易总额9.4亿美元,分别提高85%、180%、37%、160%,出口钢铁产品和进口铁矿石总量在全行业排名第三,出口中厚板排名第一。莱芜钢铁集团有限公司出口钢铁产品72.3万吨,创汇2.92亿美元,同比增长302.8%。张店钢铁总厂出口生铁占总产量的57.92%,创汇1.16亿美元,出口铸管2691吨,创汇138.5万美元。泰山钢铁集团950毫米热轧带钢出口日本、韩国、印度等国家和地区;进出口总额1.2亿美元。

5.企业管理和创建钢铁生态型企业。2004年,评出2003年度全省冶金企业管理现代化创新和优秀应用成果116项,其中,一等奖32项,二等奖34项,三等奖50项;评出2003年度全省冶金企业管理现代化工作先进单位6家,济南钢铁集团总公司创建精品车间的经验和绩效管理的经验、莱芜钢铁集团有限公司推进学习性组织创建的经验均受到好评。本年度,评出全省冶金系统优秀质量管理小组一等奖40个、二等奖31个、三等奖44个,优秀质量管理工作者12人、质量能手13人,荣获全国优秀质量管理小组6个、全国质量信得过班组1个、全国冶金行业优秀质量管理小组16个。莱芜钢铁集团有限公司荣获“全国质量管理先进企业”、“山东省质量管理奖”。2004年,创建钢铁生态园工作拉开序幕。济南钢铁集团总公司按照科学发展观和“五个统筹”的要求,追求经济与效益、环境的协调发展,坚持节能与环保并行,坚持源头削减,过程控制,污染资源化治理的方针,启动了创建国家环境友好企业计划;莱芜钢铁集团有限公司按照建设“生态莱钢”的总体目标要求,制定实施了《来港大气污染治理规划》、《烟气排放细则》,各类固体废弃资源综合利用率达到95.61%;青岛钢铁控股有限公司积极推行职业安全健康管理体系和环境管理体系,已通过年度审核。本年度,莱芜钢铁集团有限公司、济南钢铁集团总公司等已取得认证的企业又通过了职业安全健康管理体系和环境管理体系监督审核,青岛钢铁控股集团有限公司通过青岛市政府清洁生产验收。 (宫鸿仑)

5－15 2004年山东省有色金属工业概况

2004年,山东省有色金属生产主要有铝、部分铜和少量的钴产品等,生产的这些企业通过改制已转换了所有权属性,除少数企业仍是国有或国有控股性质外绝大多数企业已转化为民营性质。铝生产企业主要有:山东铝业股份公司(上市公司)、山东平阴铝厂、青岛博信铝业公司、淄博铝厂有限公司、南山集团铝业公司(南山集团属上市公司)、山东丛林集团铝业公司、茌平华信铝业有限公司、邹平铝业有限公司、邹平魏桥纺织铝业公司、曲阜远东铝业有限公司(台湾独资)等;铜生产企业主要有:烟台有色金属集团有限公司、山东金鹏铜业有限公司、山东金升铜业集团有限公司、菏泽广源铜带有限责任公司、山东嘉祥铜业集团有限公司等;钴生产企业:山东东佳集团淄博钴业股份有限公司。

1.生产与经营。2004年,山东铝业股份公司生产氧化铝103.9万吨、化学品氧化铝63.5万吨、电解铝6.6万吨、铝材0.6万吨,同比分别增长11.64%、52.22%、46.24%、10.42%,中铝公司山东企业累计完成企业总产值68.59亿元、同比增长36.20%,山东铝业股份公司实现主营业务收入38.08亿元、同比增长38.09%、存续企业实现15.12亿元、同比增长33.37%,企业实现销售收入70.74亿元、其中A股公司实现主营业务收入38.82亿元、同比增长46.11%,实现利税16.71亿元,实现利润8.42亿元、同比增长90%;山东平阴铝厂生产电解铝1363吨、铝材7560吨,同比分别降低95.20%和62.29%,产品销售收入9068万元、同比减少77%,实现利润3003万元、同比增长701.80%;青岛博信铝业公司生产铝材701吨、同比增长55.78%,实现产品销售收入1800万元、同比增长9.69,实现利润300万元,同比减亏51.53%;南山集团铝业公司生产重熔用铝锭11万吨、铝棒4万吨、A356合金672吨、铝母线1956吨,销售铝材3.8万吨、同比增长15.80%,实现利润1.06亿元、同比增长6%;山东丛林集团铝业公司生产铝材8万吨,实现销售收入9.7亿元,实现利税1.1亿元;茌平华信铝业有限公司生产电解铝12.5万吨,实现销售收入17.17亿元;邹平铝业有限公司生产电解铝6.1万吨、铸轧卷4509吨、铝母线207吨,实现销售收入9亿元,实现利润4006万元;曲阜远东铝业有限公司销售铝材6800吨,实现销售收入1.6亿元,实现利税2100万元。烟台有色金属集团有限公司生产电解铜5万吨,铜加工材5900吨,实现销售收入16.2亿元、同比增长65.60%,实现利润8800万元、同比增亏5114万元;山东金鹏铜业有限公司最大限度的提高产量,加工成本同比降低1.5%;山东金升有色集团有限公司产品产量全面提升,铜线杆生产能力由月产180吨提高到日产300吨,电解铜由年产5000吨提高到年产10万吨;菏泽广源铜带有限责任公司销售铜带8000吨、同比增长46.5%,实现销售收入1.71亿元、同比增长61.7%,实现利税2502万元、同比增长75.2%;山东东佳集团淄博钴业股份有限公司生产硫酸钴445.04吨、同比增长83.15%,生产硫化钴68.09吨、同比增长44.76%,生产海面铜90.03吨、同比增长19.27%,生产硼酰化钴5.33吨。

2.技术改造和科技进步。2004年,山东铝业股份有限公司围绕氧化铝提产降耗、化学品氧化铝基地建设、产品工艺改进和结构调整实施了一批技改投资项目,投资10亿元开工项目43项、竣工投运35项,电解铝节能环保改造、新建10万吨4A沸石生产线已全部完工并实现了达标达产,12万吨拜耳法氧化铝技改提产项目已基本完成,黄山西石灰石矿投入正常剥离生产,氧化铝厂蒸发器改造、第二氧化铝厂南组蒸发器改造、6000吨/年型材挤压生产线、高温氧化铝后续工艺技改工程、新建氢铝仓、东组脱硅、5#水泥窑改造等项目也已完成并投入生产,全年有15项科技成果通过了中国有色金属工业协会的鉴定,其中,有5项达到国际先进水平、有5项达到国内先进水平;南山集团铝业公司成功实施了冷捣糊产品开发、电解铸造烟气改造、阴极厂设备综合改造、二电解车间技术调整等,提升了企业技术水平和产品技术含量;山东丛林集团铝业公司开发新产品、新技术、新工艺项目30多个,其中,有6项达到国际先进水平、20项达到国内先进水平,获3项国家专利,1项被列入国家重点火炬计划,4项被列为山东省重点创新项目,该集团开发的适用大型场馆建设工程需要的、宽达1300毫米的大型遮阳板型材在深圳国际会展展馆工程一举中标;茌平华信铝业有限公司进行了电解槽“四低两高”技术改造、电解槽启动非正常期工艺技术改造、铝母线提升装置除尘机构改造、电解监控系统开发、加料除尘器改造、电解保护环碳泥研制、电解天车限位装置改造等;邹平铝业有限公司为提高电解槽寿命探索出了一条侧部中修的新方法,既延长了电解槽寿命,又节约了成本,创国内电解槽使用寿命最长;曲阜远东铝业有限公司针对市场需求开发了工业用、民用、建筑用型材截面50多种,提高了企业技术水平和抗市场风险能力。山东金鹏铜业有限公司将精炼炉由50吨扩建至70吨,还原材料由重油改为煤粉,由此,每吨阳极铜可节约资金25元,又通过电解车间更换新型节能整流器和更换电解液循环泵,将原来30千瓦电机循环泵改为22千瓦电机循环泵,每小时节电8千瓦时,还通过调整极距将原来每槽20块阳极增为21块阳极,有效的提高了设备利用率;山东金升有色集团有限公司不断进行设备更新和技术改造,使企业的产品产量不断扩大,2003年5月,投资2.5亿元且年产10万吨级的高纯阴极铜生产线又于2004年7月全面投产,企业规模达到一定水平;菏泽广源铜带有限责任公司将原有年产8000吨汽车水箱精密铜带的生产能力扩大到年产15000吨,自行研制开发的具有自主知识产权的厚度0.035毫米GTOIA汽车水箱散热片专用精密铜箔和厚度0.1毫米GH7OP汽车水箱冷却管专用耐腐蚀黄铜带通过国家级技术成果鉴定;山东东佳集团钴业股份有限公司投资70余万元对除铁、蒸发两个工序进行扩产改造,强化稳定了钴产品生产,还针对硫化钴产品转化率不稳定的原因对辊道窑进行了改造,通过进行热风炉焙烧试验和各参数的调整,找到一条在低温条件下焙烧硫化钴的可行途径,平均转化率提高了3个百分点。

3.管理与改革。2004年,山东铝业股份有限公司深入开展了以“一标三创五加强”(一标:ISO9000系列质量体系、ISO14000环境管理体系和职业安全健康管理体系为标准;三创:以推行生产精益化为目标创建精益生产模式,以完善设备点巡检制度为核心创建设备管理模式,以发展为第一要务创建快速发展单位;五加强:加强人力资源管理和三项制度改革,加强“三全”管理,加强信息化管理,加强资源整合管理,加强基础管理)为主要内容的管理创新工程,全面推行价值化管理,不断深化安全生产标准化建设。本年度,氧化铝厂、电解铝厂、动力厂获“山东省学习性组织示范企业”荣誉称号,化学品氧化铝公司、铝加工厂创建为“山东省现场管理样板企业”,动力厂获“山东省管理创新优秀企业”荣誉称号,上市公司省国税局和地税局联合评为山东省首批上市公司省国税局和地税局联合评为山东省首批A级信用企业,全公司通过了淄博市政府《厂长(经理)2004年年安全目标责任书》的考核验收,被山东省经贸委评为“山东省清洁生产示范企业”;南山集团铝业公司加强成本管理、强化成本责任意识,对各生产工序都制定了费用定额,实行超罚节奖的政策,对各车间各工序段都坚定了责任状、将产品质量责任落实到人,确保了产品质量;邹平铝业有限公司在加强职工劳保户品管理的同时实行工伤与奖金挂钩的奖惩措施,一个职工出现工伤、视情节严重情况来决定全班或全车间安全奖金扣罚,营造一种团结监护的工作氛围,以相互监督、相互提醒、坚决杜绝各类工伤事故;曲阜远东铝业有限公司严格按照照GB/T5237.1 – 3《铝合金建筑铝型材》标准和公司内部控制标准,使产品质量始终保持同行业领先水平,公司还从美国聘请了高级销售专家来公司直接管理,简化了工作流程、提高了工作效率。烟台有色集团有限公司在2004年完成改制企业14家的基础上重点推进了烟台铜材厂和烟台鑫洋铜业公司的改革工作,烟台铜材厂的购售式债务重组方案已经烟台市政府研究通过。山东金升有色集团有限公司投资100万元新上ERP信息管理软件,提升了企业管理档次和企业管理效率。山东东佳集团钴业股份有限公司针对生产管理凸现问题,制定了详细的现场管理标准和实施细则,加强了品质保障管理,使产品一次质量合格率100%,该公司在本年度顺利通过了ISO9000管理体系认证工作。

(宫鸿仑)

5 – 16　2004年电子信息产业经济运行情况分析及2005年经济形势预测

2005年是认真贯彻党的十六大和十六届三、四中全会精神的重要一年,也是全面完成“十五”计划的关键一年,信息产业和信息技术的快速发展以及激烈的市场竞争,既给我省信息产业带来了难得的发展机遇,也使我省仍面临严峻的挑战。

一、2004年经济运行情况分析

1.2004年经济运行情况。2004年以来,我省电子信息产业以科学的发展观为指导,坚持解放思想,深化改革,与时俱进,提高了技术创新的能力,加大了招商引资的力度,全行业呈现出产业规模平稳增长,出口大幅度提高,经济效益水平大幅度提升的健康运行态势。我省电子信息产业经济运行始终保持着良好的发展态势。

(1)产业规模发展持续平稳增长。2004年,全省电子信息产业实现产品销售收入2357.3亿元,同比增长29.33%;截至2004年底销售收入超过了100亿元的企业有3家,比去年增加了1家,进入第18届中国电子信息百强的企业有8家,进入全省200家重点扶持企业12家。

(2)经济效益总体水平继续提高。今年以来,在青岛、烟台、威海、浪潮等重点市和企业的拉动下,我省经济效益指标一直保持较高的增速,1-12月份全行业实现利税121.85亿元,同比增长35%,其中,实现利润总额达75.2亿元,同比增长40.57%。

(3)主要产品产销两旺。2004年,全行业产销率为98.5%,主要产品如彩电、打印机、电子元器件等产销量比去年都有较大幅度提高,尤其是手机产品发展形势良好,比去年同期增长70%以上。

(4)产业规模进一步向优势企业集中。随着我省信息产业大公司、大集团战略的不断推进,以及企业经济体制改革的不断深入,产业规模进一步向优势企业集中,1-12月份电子信息百强企业海尔、海信、浪潮、澳柯玛、北洋集团、首钢东星、宏安、中创实现产品销售收入1530.8亿元,占全行业总64.9%,实现利税合计55.46亿元,占全行业45.5%,完成利润总额29.3亿元,占全行业总额的39%。

(5)软件企业仍然是我省信息产业新的增长点。2004年,全行业软件及系统集成实现208.62亿元,同比增长27%。到目前为止,全省软件产品登记1093项,著作权登记560个,软件企业认证有239家,有 6家企业跻身中国软件企业百强,有7家企业被列入国家规划布局内重点软件企业。

(6)全行业产品出口增速加快。2004年以来,全行业出口增幅加快,2004年,我省电子信息产业完成出口46.3亿美元,同比增长44.62%,占全省机电产品出口的比重为47.6%,我省信息产业出口对机电产品出口贡献率为43.63%。

2.2004年经济运行中出现的问题。

(1)结构性矛盾仍然是影响我省电子信息产业快速发展的突出问题。我省电子信息产业企业近800家,但大多数企业小而散,缺乏具有地区带动性龙头企业和拳头产品,具有自主知识产权和竞争力较强的知名品牌、大企业数量少。企业创新能力、融资能力弱,没有形成规模,2004年全国电子信息百强企业中,山东有8家,而广东是24家。

(2)我省信息产业链条短,缺少区域性的产业集聚优势,配套能力差。我省电子信息产品省内配套率目前只有25%左右,以至于有的企业转移到南方去生产。如果配套产品上不去,企业采购成本高,就会直接影响市场竞争力,影响企业发展。产品配套问题是关系产业发展的大问题。

(3)我省高新技术、高附加值的产品数量少。我省在家电方面有较强的优势,但从整体上讲,高新技术、高附加值的产品屈指可数,产品缺少龙头规模,电子信息主要产品在全国排位占据龙头地位的不多。

(4)软件产业虽然增长较快,但是整体规模不大,产品出口能力较弱。尽管我省软件产业已进入快速增长期,成为信息产业新的增长点,但软件产业占全行业的比重较小,还不到10%。

(5)亏损企业亏损额仍然偏高。总的看,工业品价格的上升特别是能源原材料价格的上涨有利于拉动全省工业企业效益的提高,但部分下游行业由于不能及时消化增支减利因素,造成部分生产成本增加、亏损上升。1-12月份,全行业亏损企业亏损额3.67亿元,亏损企业亏损额比去年同期有所下降,但亏损企业亏损额仍居高不下,减亏任务依然艰巨。

(6)产业投入不足,部分企业资金短缺。主要表现在:银行贷款、政府专项资金的支持仍然是企业所需资金的主要来源;风险资金市场机制不健全,部分企业缺乏有效的融资渠道与融资手段,大多数中小企业特别是新型的电子信息企业,如软件企业等在产业化的过程中资金问题更加突出。

二、主要产品发展情况

1.彩电。2004年以来,国内彩电市场呈现出稳步增长的良好态势,国际市场虽然受到了美国反倾销的影响、欧盟关税及电子垃圾回收等等强制性条款的制约,普通显像管电视的出口受到了较大影响,同时随着欧美数字电视的快速发展,为中国等离子、液晶等平板电视产品提供了更为广阔的市场。

2004年我省彩电业的主要特点:

(1)生产、销售、出口稳定增长,较去年有了较大的提高。我省生产彩电的主要有海尔、海信、山东松下三家企业,今年,我省彩电累计生产1000万台,同比增长39.47%,销售995万台,同比增长39.94%,产销率99.5%,表现出良好的发展势态。

(2)产品结构调整取得显著进展、高端产品的比重逐渐加大。尽管传统CRT电视仍然在国内彩电市场中拥有最大的份额,但我国彩电业的战略重心已经开始向高端的平板显示方向转移。以高清、宽屏、超薄为主要特征的平板显示电视日益成为彩电厂商数字化道路上激烈竞争的"主战场"。

海尔V6系列为主的46英寸等离子占据中国46英寸等离子市场份额的88.4%。去年海信等离子的市场份额已经上升到11.77%,成为中国等离子电视国产品牌第一名,海信等离子、液晶等数字高清产品出口量同比增长了180%。

(3)各企业加大技术创新和投入,取得明显的成效。其中海尔彩电拥有5个日韩数字电视研发团队和众多的专家科研攻关小组,海尔V6系列全线产品在技术上实现了"3A"即"Any Digital(全程数字)、Any Compatible(无限兼容)、Any media(全媒体)",在平板电视市场引发了一场新的技术革新风暴。

海信等离子技术已经走在了世界等离子技术的最前列,目前已经在等离子领域申请了20多项专利技术,在最普通的CRT高清电视领域海信也取得了九大项技术突破,第四代等离子TPW-4211和高清电视HDTV3202经专家鉴定达到国际领先水平。

2005年我省彩电业的环境预测:

(1)经济有望实现软着陆,经济增速将趋缓,消费稳定增长。2004年4月以来,国家宏观调控的效果初步显现,预测GDP增长速度将在四季度和明年初回到9%左右。

消费是中国经济的大头,占中国GDP的40%-60%。我们预计,随着居民收入水平的提高和消费结构的变化以及城市化进程的加速,消费有望继续保持稳定增长。

(2)不利因素。虽然国家实行宏观调控,大宗原材料价格出现短期回落,但是一些进口商品,比如平板电视的屏等关键部件还是要依靠进口,再加上国际市场的激烈竞争,以及不可预测的汇率问题,石油价格问题等等都会挤压彩电制造业的利润,给未来市场竞争增添了诸多不可控的因素。对企业最直接的影响已经显现:材料价格上升,企业生产成本加大。

电子信息产品所需的原材料(铜、钢、铝、锡、塑料等)价格,自去年下半年开始持续上涨,这对企业盈利状况会产生负面影响。

国内、省内市场总体走势,城市和农村消费的变化趋势:

在未来两年,城市电视机市场仍然保持了较高的预期购买率,由肯定购买和可能购买两项指标相加得到的预期购买率为20.9%。

在消费者购买预期调查中发现,当前消费市场对高清彩电的购买欲望强烈,电视机产品的更新换代需求达到72.3%,几乎所有消费者首先会选择购买高清彩电。

2004年以来,国内外主要厂商都纷纷加大了对高清、平板类彩电的投入,在全面提升产能的同时,降低市场价格、加强宣传推广,产品性能进一步提升和稳定,消费者的认知能力提高,需求规模持续快速扩张,有效促进了高端电视的销售。2004年平板类产品的总销量有望比上年增长100%以上。

到2004年10月国产42寸等离子电视降到了19000元以下,30寸液晶电视也降到了15000以下,普通高清背投彩电的价格下限最低探至8000元;高端产品的价格降低,为消费者提供了更为丰富的选择机会。

在技术不断取得突破的形势下,高端彩电产品的生产规模正在迅速扩张,成本和价格迅速降低,这将进一步促进未来彩电市场产品结构调整,占据市场主角地位30多年的显像管彩电开始加快衰落,高端彩电已经成为市场新的利润增长点。根据赛迪顾问的预测,未来5年内,中国高端电视市场的销售量将保持快速增长,2004-2008年的年均复合增长率将达到57%。随着市场规模基数的增大,增长率将呈现不断下降趋势,而国家的数字电视进程和2008年北京奥运将对高端彩电的推广和普及起到明显的推动作用。

随着国家经济快速发展,农民减负措施的进一步落实,农产品的价格回升,农村市场各自在原有的消费结构水平上向较高的水平发展。据一些调查机构(如赛诺)分析,29寸普通纯平电视将取代25寸纯平成为农村市场消费的主流,原因是随着农业税的逐步减免,农民负担的减轻,农村的消费增长将首先表现为日用品的增长。

我国农村家电市场在1998年有过一次“井喷”式增长后,便趋于低靡。而农民负担减轻后,对家电产品价格不像过去那样敏感,原来用于出口的传统CRT电视有望成为农村市场的重要商品。农村家电市场的爆发性需求增长有望在未来三年凸显,增长周期将持续5年左右,年均增长率将在15%左右。

2.手机。由于政府宏观调控,经销商很难取得贷款,并且原材料紧缺导致新品上市速度减缓,今年手机市场出现销量大幅下滑的趋势;国产手机生产企业利润率下降,行业竞争激烈,如夏新发布公告第三季度预亏。

2004年我省手机产量攀升、产值扩大,较去年有了较大的提高。我省生产手机的主要有海尔、浪潮、海信3家企业,2004年,我省手机累计生产1008万台,同比增长57.25%,销售984万台,同比增长52.79%,产销率97.6%。

国内、省内市场总体走势,城市和农村消费变化趋势:

整体来看,市场容量仍处于增长态势,但数量不大。2004年全年市场容量在7000万左右;目前主流机型为折叠彩屏,价位1000元左右,而且一直处于下降状态;运营商比以往更注重发展自己的销售渠道,如建立直营营业厅、合作营业厅等。

省内市场与国内整体市场类似,根据往年经验,山东移动市场容量大,消费者购买力强,增长速度高于全国平均水平。

农村市场潜力大,随着经济增长,农村消费者购买力增强,1000元以下折叠彩屏机和500元左右灰白机得到消费者的青睐。

城市消费者需求层次多样,年轻中产阶层手机需求较大,他们乐于更换最新款产品,实现最新的功能;同时城市消费者中有一部分收入不高的下岗工人,年龄稍大的工薪阶层和年轻学生对于低端产品具有较大需求。

产品技术发展趋势:

通信技术经历了第一代模拟移动通信、第二代数字移动通信GSM/CDMA/PHS/PDC,发展到目前的2.5G(CDMA 1X、GPRS)和在部分区域试用的的3G(WCDMA、CDMA2000),数据传输速率由2G的14.4Kbp/s到2.5G的153.6Kbp/s再到3G的384Kbp/s,实现了视频、多媒体邮件和流媒体业务。

随着第三代移动通信系统逐渐进入商用,国内外有关第四代移动通信的研究已经开始。欧盟在前期研究计划(第五框架研究计划)的基础上,成立了世界无线通信研究论坛(WWRF),着手进行“IMT2000”之后的第四代移动通信研究的概念、需求与基本框架研究,并将把第四代移动通信系统列入2002年启动的欧盟“第六框架研究计划”。韩国有关运营商和通信研究所ETRI也向政府提出了有关第四代移动通信研究计划。我国科技部也将第四代移动通信列入国家863“十五”研究计划,开始启动。

三、重点企业发展情况

1.海尔。2004年,海尔集团实现营业额1016亿元,同比增长26.13%,实现利税32.61亿元,同比增长76.40%。

2004年1月,世界品牌实验室编制的《世界最具影响力的100个品牌》,中国海尔惟一入选,排在第95位,5月30日,海尔集团被评选为《2003年中国最受尊敬企业》第一名。

海尔集团为适应全球日益激烈的竞争和市场的变化,凭借创新的思路持续发展。

(1)全面实现国际化战略。海尔集团坚持全面实施国际化战略,已建立起一个具有国际竞争力的全球设计网络、制造网络、营销与服务网络。现有设计中心18个,工业园10个,海外工厂及制造基地22个,营销网点58800个,服务网点11976个。

(2)观念创新。海尔的观念是:定单是天,要为客户找产品。海尔集团坚持“出口创牌”,而不仅是“出口创汇”的思路,2004年上半年,海尔集团累计实现出口创汇10 亿美元,同比增长88%,超过去年全年创汇总额。

(3)战略创新。海尔提出并实施“一低三高”战略(低成本,高增值、高增长、高质保),提高产品和企业的国际竞争力,使海尔产品具备了有国际竞争力的性价比优势。

(4)管理创新。海尔集团以“三主 ”(主体、主线、主旨)为宗旨,在流程再造的基础上推进人人都成为 SBU(战略业务单元),建立一个自运转的机制,以创新和创业的精神,持续提高海尔国际品牌的竞争力。

(5)技术创新。海尔以超过30亿的研发投入位居国内家电企业之首,国内家电企业平均每年科研投入比率是3.3%,而海尔是6.6%。海尔国家级技术中心在所有中国企业技术中心评比中连续四年获得第一名。

(6)市场创新。海尔产品依靠高质量和个性化设计赢得了越来越多的消费者。在国内市场,海尔冰箱、冷柜、空调、洗衣机四大主导产品均拥有30%左右的市场份额。

实施市场链业务流程再造以来,海尔加快了销售渠道的变革与拓展的步伐,以变制变,参与到大流通时代。2004年上半年,海尔集团国内市场取得了较去年增长50%的市场业绩。在海外市场,大客户始终是海尔开拓海外市场的主渠道,目前,海尔已成为欧洲12大连锁店和美国10大连锁店的世界级供应商。

2005年,海尔继续贯彻“创新、速度、SBU”的发展思路,在新经济条件下,一手抓住用户的需求,一手抓住可以满足用户 需求的全球供应链,把这两种能力结合在一起,形成了海尔的核心竞争力。以“大资源、大客户、大定单”为导向,一方面拓展国际市场发展空间,一方面使企业形成家电通讯开发制造服务业、流通服务业和金融、软件业的多元化产业格局。

2005年海尔集团的营业额目标1270亿元,预计同比增长25%。

2.浪潮。2004年,浪潮集团继续贯彻专注化、一体化、国际化经营理念,以客户为中心,市场需求为导向,抓住国内信息化建设大潮的有利时机,企业经济运行持续呈现良好态势。

2004年9月3日,浪潮集团以其在电子政务领域的卓越实力和突出业绩,名列“2004年中国电子政务IT100强”第三名。在近期发布的2004年山东省百强企业排名中,浪潮集团列在第十八位。1-12月份,浪潮集团实现销售收入1058796万元,同比增长27.67%;利税总额完成48089万元,同比增长46.95%;利润总额预计完成22438万元,同比增长19.59%。微机产量52万部,市场占有率3%,位于国内同行业第八位;服务器产量9万部,同比增长12.50%,市场占有率15.6%,位于国内同行业第一位;CDMA产量307万部,同比增长143.65%,市场占有率13%,位于国内同行业第五位;软件销售收入达到165425万元。

2004年上半年,浪潮集团展开自上而下的战略规划,通过对相关业务的分析、梳理和对未来发展的规划,对现有产业分为4个产业群:计算机(含服务器)、应用软件、智能终端、移动通信四大产业群。

根据目前公司各主导产品的发展趋势,预计2004生产服务器9万台、商用计算机52万台、CDMA手机300万部;可累计完成工业增加值(现价)9.33亿元、出口交货值(现价)2.6亿元、销售收入110亿元、利税总额4.3亿元。

2005年是“十五”计划的最后一年,也是实施2133工程目标的关键一年。充沛的市场需求为浪潮产业的发展提供了机遇。2005年,浪潮将不断优化产品结构,提高产品规模和档次,培育产品增值空间,保证服务器、商用PC及终端、手机和软件产品的健康稳定发展。预计2005年,浪潮集团可生产服务器10万台、商用PC和终端52万台、手机600万部;将实现工业增加值(现价)10亿元、出口交货值(现价)2.7亿元、销售收入122亿元、利税总额5.2亿元。

3.中创。2005年计划完成销售收入18亿元,预计比2004年增长33%;计划完成利税6500万元,预计比2004年增长51%;计划出口创汇1000万美元,预计比2004年增长18%。

2005年,中创软件将继续贯彻“两大一稳”的市场战略,坚持“持续、稳定、高速”发展的三原则,在国民经济支柱行业中不断开拓市场,建立稳定的客户群,实现利润增长速度位居国内同类企业前列。通过持续的知识积累和知识转化,不断形成具有自主知识产权的、国内领先或国际先进的产品。同时,以市场为中心,以管理和技术研发为支撑,迅速开拓市场,全面整合产品体系,做稳做大主打产品,积极推广中间件,拓展海外出口创汇能力。为实现2005年发展目标,中创软件将重点在以下业务领域加速发展。

(1)继续拓展高速公路系列产品的省外市场。2004年1月中创软件成功进入广东高速公路市场,在外省高速公路市场方面实现了零的突破,2005年,预计在山东高速、广东高速等重大交通领域项目中实现销售收入8-10亿元。

(2)开拓金融产品新的市场领域。预计2005年中创软件与各类银行尤其是专业行的合作将更加深入、更加广泛,预计2005年实现销售收入在5-6亿元。

(3)国家海事局“电子海事”工程全面铺开推广。预计2005年在交通部海事局“电子海事”工程中实现销售收入2-3亿元。

(4)继续坚持“软总线+软构件”的发展思路,大力发展infor系列中间件产品。预计2005年在infor系列中间件销售及政府采购方面将出现较大增长,销售收入可达1亿元。

(5)实现产品出口稳步增长。2004年中创软件数字化系列产品EyeTv已实现出口交货值近400万美元,预计2005年数字化系列产品出口可实现销售收入1000万美元。

(6)充分发挥外向型开发基地的重要作用:一期工程总投资6000万元的昆山外向型开发基地,于2003年4月开始动工建设,并将于2004年9月底10月初正式投入运行。该基地投产后,中创软件在长江三角洲地区的销售将实现更大突破。

2005年中创软件将面临着更多机遇,同时也将面临着巨大挑战,目前公司正把以上计划目标作为原则,积极进行2005年的工作策划,为全面完成2005年的销售任务做好充分准备。

四、2005年经济运行情况预测

1.2005年经济运行形势分析。2005年是“十五”计划的最后一年,也是为“十一五”打下良好基础的关键一年,电子信息产业发展有许多的有利条件,同时也有很多不利因素。

(1)国际经济形势可能继续好转。世界经济将保持加快回升的态势,与我省经贸关系较为密切的韩国、东南亚等周边国家和地区经济将继续保持较快增长。总体来说促进我省信息产业发展的外部环境比较有利。

(2)国内环境进一步改善。今年以来,国民经济保持良好的发展势头,宏观调控取得了初步成效,明年国家将保持一定的调控力度,调控的重点可能从主要解决当前经济运行中的突出问题转向解决制约经济发展的深层次的矛盾,更加体现有控有保、有堵有疏的指导思想,努力保持经济平稳较快发展的良好势头,这将为我省信息产业的发展创造良好的宏观环境。

(3)支撑经济快速增长的市场条件比较好。目前我省电子信息产业发展思路明确,调控措施得力,在产业发展方面以把我省建设成为全国重要的信息产品制造业基地为目标,完成推进信息化、发展信息产业的两个任务,突出招商引资、技术创新、抓大促小三个重点,紧紧围绕“网上山东”建设,大力实施五大战略(大公司、高科技、国际化、高人才、大行业管理),为明年和今后一个时期的发展奠定了坚实的基础。

(4)不确定、不稳定的因素可能对我省信息产业的发展带来一定的影响。初步分析主要是由于近几年经济的快速增长,部分生产要素供求紧张,价格居高不下,各方面仍然绷得过紧;随着投资、信贷等宏观调控政策逐步到位,发展速度将明显回落,在结构调整、市场开拓、提高效益等方面面临的矛盾和困难将有所扩大。另外如全球范围内的国际竞争加剧,贸易摩擦和纠纷的压力增大,进口产品的大量增加将加剧国内市场竞争,国际贸易保护主义特别是反倾销和技术壁垒已经成为我国电子信息产品出口的主要障碍。另外技术进步是企业进入市场的技术和投资门槛大大降低,市场更加拥挤、竞争更加激烈。

2.2005年全行业的主要目标。2005年全行业的主要目标是:实现产品销售收入2910亿元,比2004年预计增长30%,实现工业增加值526亿元,比2004年预计增长31%,出口交货值429亿元,比2004年预计增长30%,利税122亿元,比2004年预计增长20%。

3.2005年的工作重点。明年我省电子信息产业继续进一步实施“以信息化带动工业化,以工业化促进信息化”战略,按照党的十六大提出的走新型工业化道路和建设制造业强省为目标,突出招商引资、高新技术、民营经济三个重点,不断调整产业结构,创造出更多的知名品牌,保证全行业快速、健康的发展。

(1)加大结构调整力度,抓好市场开拓。在产品结构方面继续发展“三高两新一软”,即高性能计算机及外围设备、高速宽带网络与通信产品、高性能信息家电、新型元器件、新型电子材料和软件的发展。以优势项目、拳头产品、重点工程为突破口,充分发挥名牌企业和地域优势的聚集效应,加强信息产业园建设,通过加大投入和合资合作力度,建设起技术含量高、生产规模大的新型产业群体。

(2)实施大公司、大集团战略。以进入全国电子信息百强企业和全省200家大企业,积极开展推动大企业集团发展的思路、规划、政策引导方面的研究工作和各项体制改革配套工作,继续发挥我省国有经济的发展优势和特色,积极探索新形势下国有企业、民营企业的发展改革方向和新的经营管理模式,积极实施大公司、国际化、外向型、高技术、创名牌和人才战略,重点促进大企业集团和大企业集团培养对象与世界500强大企业的全面合作,积极发展汽车电子、船舶电子、医疗电子、军工电子、信息系统集成和信息服务业,进一步做大做强大企业集团,形成较大规模的大企业发展群体,带动信息产业发展。

(3)围绕省委省政府提出的壮大发展七个产业链的战略部署,重点做好七个产业链中家电、电子信息两个产业链的发展规划、成龙配套工作,以大企业为核心,以产品供销链为链条,以价值链为经营管理链条,积极发展外围配套企业,扩大和延长两个产业链,形成合理的物流体系和人才、信息、资金、市场氛围。

(4)抓好环境创新,认真贯彻企业主体原则、持续发展原则、开放性原则、市场化原则、整体推进原则和政府推动原则,着重在营造良好的政策环境、市场环境、产业环境上下工夫,吸引更多的资金、人才、技术、企业在我省发展。

(5)大力推进企业理念创新、制度创新、管理创新、营销创新、品牌创新、资本运营创新、文化创新,积极发展一批管理科学、机制灵活、主业突出、拥有自主知识产权、核心竞争力强、发展前景好、具有国际竞争力和超前意识的企业群体。积极发展外围产业,不断壮大和延伸产业连,促进重点产业园区的聚集效应,进一步促进“三个一批”的发展,形成沿海和胶济线的两个主要信息产业带。

(刘晶)

第六篇 企业政策

6－1　山东省人民政府关于印发《山东省走新型工业化道路建设制造业强省发展纲要》的通知

鲁政发[2004]108号

各市人民政府,各县(市、区)人民政府,省政府各部门,各直属机构,各大企业,各高等院校:

《山东省走新型工业化道路建设制造业强省发展纲要》已经省委、省政府同意,现印发给你们,请认真贯彻落实。

山东省人民政府

二00四年十二月一日

山东省走新型工业化道路建设制造业强省发展纲要

为认真贯彻党的十六大和十六届三中、四中全会精神,树立和落实科学发展观,省委、省政府做出了走新型工业化道路,建设制造业强省的战略部署。为此,特制订本发展纲要。

一、制造业现状

制造业是工业化和现代化的主导力量,其发展水平是衡量国家或地区综合实力和国际竞争力的重要标志。经过多年努力,山东制造业得到了长足发展,具备了建设制造业强省的基础和条件。一是制造业总量得到提升。截至2003年底,全省规模以上制造业企业有1.5万户,资产合计1.1万元,从业人数497万人。2003年制造业完成增加值3711亿元,同比增长24%,占规模以上工业的79%,占全省GDP的30%,占全国制造业的10%;实现销售收入12660 亿元,利税1140亿元,利润624亿元,分别增长38%、43%和56%,占规模以上工业的85%、71%和68%。二是制造业基础比较完善。山东制造业门类齐全,轻工、纺织、机械、化工、建材和冶金六大传统产业是工业的主体。2003年共完成增加值2960亿元,占全省制造业的80%。除冶金外,其他行业实力均居全国前四位。电子信息、生物技术及制药、新材料三六高新技术产业已具有一定的规模,成为高新技术产业的主体。2003年共完成增加值550亿元,占全省制造业增加值的15%。三是大企业支撑带动作用明显。全省136户重点工业企业中有制造业企业127户,2003年实现销售收入4603亿元,占全省工业的31%,其中销售收入过百亿的企业有9家,实现销售收入1980亿元,占全省工业的13%。四是“山东制造”初显成效。全省现有中国名牌产品40个,中国驰名商标33件,总量分别居全国第三位和第二位。在2003年度世界最具影响力的品牌评比中,“海尔”品牌居第95位,成为全国第一品牌。山东多种产品在全国占重要地位,家用电冰箱、冷冻箱、机制纸及纸板、化肥、轮胎、水泥、农机、食用植物油、布等产品产量居全国第一位。

但是,山东制造业发展中仍然存在着一些问题和不足。主要是产业结构不合理,产业层次较低,装备制造业规模小,产品水平不高;技术创新能力弱,拥有自主知识产权的产品少;产业集中度低,产业链比较短。全省上下要站在战略和全局的高度,充分认识建设制造业强省的重要性,按照省委、省政府的战略部署,抓住国际产业转移的机遇,加快制造业结构的战略性调整,着力推进制造业强省建设,提高制造业的国际竞争力,使山东制造业率先走向世界。

二、指导思想、目标和原则

(一)指导思想

以邓小平理论和“三个代表”重要思想为指导,认真贯彻党的十六大和十六届三中、四中全会精神,树立和落实科学发展观,坚持走新型工业化道路,围绕一个目标,坚持六项原则,突出三个重点,强化八项措施,着力培育一批支柱产业,一批大型企业集团和一批知名品牌,不断增强制造业的综合实力和竞争力,为建设“大而强、富而美”的社会主义新山东做出贡献。

(二)目标

到2010年,全省规模以上制造业增加值突破1万亿元,年均增长15%,占全省工业的比重提高到90%,占全省GDP的比重提高到40%,实现利税4000亿元,年均增长18%。高新技术产业产值占规模以上工业的比重提高到35%,装备制造业占制造业的比重提高到40%,主要行业65%的技术装备达到国内先进水平,其中30%达到国际先进水平。重点培育100户营业收入50亿元以上、具有国际竞争力的大企业集团,世界500强有200家以上落户山东。制造业出口突破1000亿美元,年均增长20%以上,其中机电产品出口300亿美元,年均增长25%,制造业产品的国际标准认证水平明显提高。争取中国名牌产品达到150个,培育20户知名品牌企业,其中10户企业创世界知名品牌。

(三)原则

1.信息化带动原则。实施制造业信息化工程,加快发展信息产业,以信息化带动制造业提升,以制造业发展促进信息化进程,实现制造业跨越式发展。

2.技术进步原则。建立和完善技术创新体系,加快技术引进,消化和吸收,用高新技术和先进适用技术改造提升传统产业,发展装备制造业,培育企业自主创新机制,全面推进制造业技术进步。

3.集聚发展原则。加快优势产业区域性集中,提高制造业的协作配套水平,实现产业集群化,经济板块化发展,提高经济整体质量和效益。

4.国际化原则。面向全国,面向未来,面向世界,积极承接国内外产业和资本转移,加强与大型跨国企业的战略合作,引进资金、技术、品牌和管理。鼓励企业“走出去”,提高制造业国际竞争力。

5.统筹发展原则。把发展制造业与推进城市化进程,促进就业,解决“三农”问题和加快流通业发展结合起来,形成东西联动,优势互补,共同发展的制造业新局面。

6.可持续发展原则。坚持经济发展与环境保护、经济效益与社会效益相统一的原则,大力发展资源消耗低、环境污染少、经济效益好的新兴产业。严格控制高耗能、高耗水、高污染产业。淘汰落后生产能力、工艺和设备,发挥人力资源优势,实现经济可持续发展。

三、基本构架和发展重点

追踪现代制造业发展趋势,承接国际制造业转移,突出产业体系,区域布局,企业组织三个重点。打造强势产业,培育产业集聚区,壮大龙头企业,构筑山东制造业新构架。

(一)产业体系构架

落实好《山东省人民政府关于印发2003-2005年山东省工业产品结构调整意见的通知》(鲁政发〔2003〕23号),加快发展电子信息,生物技术及制药,新材料三大高新技术产业,改造提升轻工,纺织,机械,化工,冶金,建材六大传统行业,突出抓好电子信息,汽车,船舶,石化,家电,食品,服装纺织七个产业链,形成以高新技术产业为先导,优势产业为骨干,信息技术为支撑的产业体系。到2010年,七个产业链销售收入达到2.2万亿元,年均增长18%。

1.电子信息产业链。到2010年,产业销售收入达到5000亿元,年均增长16%。微机达到300万台,服务器100万台,程控交换机2000万线,手机2500万部,新型电子元器件1000亿只,软件及系统集成销售额达到1500亿元,主要产品达到国际同期先进水平。加快引进、消化一批关键技术和产品,提高自主开发水平,增强电子信息产业对制造业发展的支撑能力,使其成为带动制造业升级换代的主导产业。重点发展高性能计算机及外围设备、网络与通信产品、汽车电子产品、新型元器件与电子新材料、软件等五大系列产品。

2.汽车产业链。到2010年,产业销售收入达到3600 亿元,年均增长18%。整车生产能力达到170万辆,其中重型车25万辆,轻型车100万辆,轿车45万辆,改装车15万辆,低速载重车(农用车)300万辆。

落实《山东省人民政府关于加快汽车工业发展的意见》(鲁政发〔2003〕79号),以龙头骨干企业为载体,以先进制造技术为支撑,积极参与世界汽车产业分工,尽快形成整车与原材料同步推进,整车与零部件协调配套,龙头企业与一般企业共同发展的现代汽车工业体系,使汽车工业成为山东经济的支柱产业。重点依托中国重汽集团,上海通用东岳汽车有限公司,一汽青岛汽车厂"三大平台",发展重型车,轿车,轻型车,特种车,低速载重车以及配套零部件和原材料。

3.船舶产业链。到2010年,产业销售收入达到600亿元,年均增长22%。造船能力达到600万载重吨,产品技术性能和质量达到国内先进水平。落实《山东省人民政府关于加快船舶工业发展的意见》(鲁政发〔2002〕71号),完善造船基础设施,提高建造大型船舶能力,增强技术开发和产业协作配套,发展现代化总装造船,提高产业集中度,扩大规模效益。以青岛和日照、烟台和威海、济宁为主建设三大船舶制造中心,构筑北海船舶重工,烟台莱佛士,威海造船,黄海造船,日照造船,济宁造船六大平台,形成一批特色主导产品,重点发展集装箱船,海洋工程船,散货船,特种船,游艇及其配套设备和原材料。

4.石化产业链。到2010年,产业销售收入达到2200亿元,年均增长22%。炼油能力达到5000万吨,乙烯200万吨,合成树脂350万吨、合成橡胶40万吨。以大型化、集约化、精细化为方向,积极发展精细化工和化工新材料,拉长石化产业链。重点提升炼油能力和水平,发展高指标环保型清洁汽油、柴油;大力发展石油裂解及后续深加工产品,提高合成材料、有机材料生产能力和水平,为开发精细化工产品提供原料来源。

5.家电产业链。到2010年,产业销售收入达到1100亿元,年均增长16%,电冰箱产量达到1100万台,电冰柜700万台,洗衣机900万台,空调器1400万台,实现由家电大省向家电强省的跨越,巩固、提升白色家电,积极开发数字视听新产品,提高产业配套能力,打造家电发展新优势。重点是采用数字,环保,节能新技术改造提升冰箱、冰柜、洗衣机、空调器等传统产品;加快开发数字电视机,多媒体一体机,数字音响,数码摄像机和数码照相机;大力发展小家电,家电配套产品和原材斜。

6.食品产业链。到2010年,产业销售收入达到5000亿元,年均增长16%,粮食,油料,水产品加工率达到70%以上;果品、蔬菜加工率达到30%以上,巩固全国第一的行业地位。加快生物技术和信息技术推广应用,提升加工层次,搞好农副产品深加工,提高产品附加值,增强食品产业竞争能力。按照安全、营养、方便、多样的要求,重点发展以农副产品,油料,畜禽,水产为主的食品加工业,以乳品,调味品和食品添加剂为主的食品制造业,以啤酒、葡萄酒、多种营养成分饮料为主的饮料制造业。

7.服装纺织产业链。到2010年,产业销售收入达到4500亿元,年均增长16%。服装产量达到16亿件。突出服装、面料和原料三个环节,提高服装设计和制作水平,打造知名品牌。重点发展西服,衬衫,牛仔服,时装,职业装,针织内衣,针织时装,休闲运运装八大系列服装,开发生态纺织服装产品,促进服装纺织产业升级和产品更新换代。

(二)区域布局构架

打造胶东半岛制造业基地,建设胶济沿线制造业隆起带,培植六大产业集聚区,培育一批制造业特色县,形成产业集聚,配套协调,布局合理的制造业新格局。

1.打造胶东半岛制造业基地。落实《山东省人民政府关于加快胶东半岛制造业基地建设的意见》(鲁政发〔2003〕61号),以青岛、烟台、威海为主体,加快与国际接轨,积极承接日韩、欧美等发达国家和地区国际资本和产业转移。把胶东半岛建设成为世界制造业中心,辐射和带动全省制造业跨越式发展。重点发展交通运输设备、电子信息及家电、化工医药、服装纺织、食品工业五大产业群,到2010年,三市制造业销售收入达到1.8万亿元,年均增长18%以上,占全省制造业的47%。

2.建设胶济沿线制造业隆起带。以山东半岛城市群为载体,充分发挥胶济铁路作用,整合现有资源,大力发展现代制造业,建设胶济沿线制造业隆起带,带动西部,促进全省制造业共同发展。重点发展交通运输设备、电子信息及家电、新材料、钢铁、化工医药、服装纺织、食品等产业。到2010年,山东半岛城市群制造业销售收入达到2.8万亿元,年均增长17%,占全省制造业的75%。

3.培植六大产业集聚区。突出区域特色,瞄准国际先进水平,整合区域资源,依托现有骨干企业,辐射带动周边中小企业协调发展,形成钢铁、装备制造、医药、盐化工、煤化工、新型建材六大产业集聚区。到2010年,六大产业集聚区销售收入达到1万亿元,年均增长25%。

钢铁产业集聚区。以济南、青岛和莱芜为中心,采用节能降耗环保新技术,促进产业升级换代,加快发展薄板、宽厚板、涂层板、大型 H型钢,中宽带钢,不锈钢板带材,合金钢材等新型优质钢材,提高质量,增加品种,适当扩大规模,带动周边中小企业发展冶金新材料和机械加工。到2010年,钢产量达到3800万吨,销售牧入达到2000亿元,年均增长25%。

装备制造业集聚区。以济南、青岛、潍坊、济宁为中心,以信息化大型成套装备为重点,集中发展精密数控机床、加工中心、发动机、锅炉等通用装备,农机、工程机、环保及资源综合利用、现代物流、发电及输变电等专用装备,汽车、船舶、机车等交通运输装备,计算机、网络及通信设备、软件及系统集成、新型电子元器件等电子信息装备,使数控机床、发电及输变电设备、载重汽车、干熄焦装备、柴油机、工程机械等一批重大装备产品达到国际先进水平,形成一批拥有自主知识产权的主导产品。到2010年,销售收入达到6000亿元,年均增长25%。

医药产业集聚区。以青岛、烟台、淄博、济宁为中心,重点发展化学合成药、抗生素类药物、海洋药物、生物制药、中成药以及医疗设备和器械。到2010年,销售收入达到400亿元,年均增长20%,

盐化工产业集聚区。以潍坊、青岛、东营、滨州为中心,重点发展低盐重质纯碱、离子膜烧碱、钙盐、镁盐及其深加工产品,扩大氯碱规模和品种,加快发展有机氯产品,溴及溴系产品,海洋生物化工产品。到2010年,销售收入达到200亿元,年均增长20%。

煤化工产业集聚区。以济宁、泰安、枣庄、菏泽为中心,发挥煤炭资源优势,依靠现代化工技术,加大技术开发投入,重点发展煤电化一体、甲醇、醋酸、醋酐、低碳烯烃系列联产的煤化工联合装置和深加工配套装置,积极发展合成气和甲醇制烯烃、合成气和煤液化制汽油、水煤浆等产业。到2010年,销售收入达到600亿元,年均增长35%。

新型建材产业集聚区。以淄博、泰安、枣庄、临沂为中心,加快产业改造升级步伐,重点发展新型干法旋窑水泥、无碱玻璃纤维及制品、纸面石膏板、高档浮法玻璃、建筑陶瓷、新型墙体材料等高档新型建材。到2010年,形成新型干法旋窑水泥4000万吨、无碱玻璃纤维及制品60万吨、纸面石膏板8亿平方米、高档浮法玻璃3200万重箱、建筑陶瓷10亿平方米的生产能力,销售收入达到800亿元,年均增长30%。

4.培育一批制造业特色县。落实《中共山东省委山东省人民政府关于加快县域经济发展的意见》(鲁发〔2003〕25号),以30个经济强县为载体,以发展地方优势产业和配套企业为重点,通过招商引资,壮大民营经济,发展工业园区,大力培植制造业增长点,培育具有较强竞争力的制造业特色县。食品,把莱阳、荣成、诸城建成全国重要的加工基地;造纸,把寿光、广饶、兖州培育成国内重要的生产基地;抽纱制品,把文登培育成全图最大的出口基地;服装纺织,巩固诸城、即墨、胶南中国服装纺织产业名城地位,把邹平、周村培育成为中国服装纺织产业名城;黄金加工,把招远、蓬莱、莱州建成中国著名的黄金精深加工基地;轮胎,把荣成建成国内知名的产业集聚区;装备类产品,把诸城、文登、青州建成成套设备及配套产品特色县;煤化工,把滕州建成煤炭深加工特色县,其它县(市)要壮大骨干企业和优势产品规模,大力发展高技术产业,推动制造业升级,建成特色鲜明、优势突出的强县。到2010年,30个经济强县制造业销售收入达到1.5万亿元,年均增长18%,有20个县(市)进入全国百强县,已经进入全国百强的县(市)争取位次前移。

(三)企业组织构架

发展一批大型企业集团,壮大一批专业配套企业,新增一批规模以上企业,形成分工明确、协作配套、优势互补、共同发展的企业组织体系。

1.发展一批大型企业集团。实施品牌战略,加快资产重组,依靠技术进步,培植拥有知名品牌和自主知识产权、主业突出、核心竞争力强的大型企业集团。到2010年,营业收入过50亿元的企业集团达到100户,其中过500亿元的9户,100亿－500亿元的66户。按产业链分,电子信息及家电7户,汽车14户,船舶1户,石化13户,食品10户,服装纺织7户,其他48户。以上企业营业收入达到2万亿元,占全省规模以上制造业的53%以上。海尔集团营业收入达到1500亿元,进入世界500强。这些企业要普遍建立起省级以上技术中心,培育具有自主知识产权的主导产品,加强与国际大公司的战略合作,争创中国驰名商标和名牌产品。

2.壮大一批专业配套企业。围绕七个产业链和大企业集团产品配套要求,找准产业定位,实施专业化、标准化、系列化生产,加快零部件和原材料生产企业的发展。到2010年,围绕汽车、工程机械、船舶、电子信息及家电等产业。重点发展16类零部件产品,培植80户零部件骨干企业;围绕电子信息及家电、汽车及船舶、石油化工、服装纺织、食品等产业,重点发展26类新材料产品,培植100户新材料骨干企业。

3.新增一批规模以上企业。放宽民间资本和外商投资的准入行业和领域,减少准入障碍,鼓励民间资本和外商投资兴办企业,形成以产业链为纽带,分工协作,经营灵活的企业集群,不断壮大建设制造业强省的骨干队伍。到2010年,力争新增规模以上制造业企业1.5万户,全省规模以上制造业企业达到3万户。

四、主要措施

(一)加大资金投入力度

加快制造业发展必须把加大投入放在重要位置。到2010年,全省制造业投入达到2万亿元以上。

1.加快招商引资步伐。围绕六大产业集聚区和七个产业链,筛选好招商引资项目,建立招商引资项目库,引导外资投向规划建设的重点区域和重点行业。抓住国际资本、产业转移机遇,发挥区位优势,加强对日本、韩国的招商引资。高度重视与世界500强企业的战略合作,积极吸引大型跨国公司来我省投资。到2010年,制造业实际利用外资500亿美元,年均增长35%。

2.扩大社会融资渠道。鼓励和引导民间资本以独资、合作、联营、参股、特许经营等方式,参与制造业强省建设。拓宽直接融资渠道,优先推荐重点制造业企业上市和发行债券,已上市的优先推荐配股和增发新股,并确保筹措资金用于制造业建设。到2010年,力争社会融资达到1000亿元以上。

3.加大金融机构支持力度。抓住金融业对外开放和国有商业银行改革的有利时机,争取更多的股份制银行和外资银行到山东设立分支机构。大力发展地方融资体系,加快金融产品创新。金融机构要加大贷款力度,支持制造业企业搞好结构调整。到2010年,争取金融机构用于制造业发展的贷款达到5000亿元。

4.引导企业加大资金投入。认真落实国家和省制定的鼓励企业技术开发费列支、加速固定资产折旧、技改项目所需国产设备投资部分抵免企业所得税等优惠政策,支持和鼓励制造业结构调整。各级财政对制造业的项目和发展要给予支持,省里设立制造业强省专项资金,各市财政也要积极支持制造业结构调整,引导企业加大投入,加快制造业发展。到2010年,企业投入要达到1万亿元。

(二)加快制造业技术创新步伐

技术创新是制造业发展的核心动力,必须加快企业技术创新步伐,提高技术创新能力,提升产业层次,形成制造业自主创新的新机制。

1.加快技术创新体系建设。制定《山东省工业企业知识产权工作行动计》,构建符合企业特点的知识产权保护体系。鼓励制造业企业与跨国公司开展技术合作和人才交流,支持有条件的企业建立技术中心或博士后工作站。围绕七个产业链和六大产业集聚区,加快建立行业共性与关键技术中心。各级财政对企业的重点技术研发要给予支持,省里设立技术中心建设专项资金,各市财政也要支持制造业技术创新工作。至2010年,全省行业技术中心达到15家,国家级技术中心企业达到45家,省级技术中心企业350家。

2.加快技术引进和创新步伐。加强与国外大企业的合作交流,注重引进国外先进技术和设备,在引进技术的基础上搞好二次开发,支持有条件的企业开展自主创新,形成一批拥有自主知识产权的主导产品和核心技术,积极吸引跨国公司来山东建立研发机构,提升制造业技术创新能力。到2010年,争取20家跨国公司来山东建立研发中心。

3.推进产学研联合进程。大力推进产学研联合,充分发挥高等院校和科研院所的作用,推进科技、人才、信息等资源与重点行业和企业有机结合。大力组织产学研联合技术攻关、新产品开发以及科技成果转化工作。到2010年,重点企业产学研联合项目经费支出占全部技术开发经费支出的40%以上。

(三)培育大企业集团

大力推进投资主体多元化、经营国际化、管理信息化,培育能够提升制造业产业层次的大企业集团,形成强有力的制造业组织体系。

1.加快企业制度改革。按照建立现代企业制度要求,加快企业体制创新,把国有企业改制为投资主体多元化的公司制企业。完善公司法人治理结构,转换企业经营机制,推进企业管理信息化,加快培育具有国际竞争力的大企业集团。推出山东工业百强企业,做大做响山东大企业品牌。力争用3年左右的时间,实现省属国有企业投资主体多元化,建立起完善的法人治理结构。

2.实施名牌推进战略。企业要制定自创名牌、合作创名牌等战略,扎扎实实地培育名牌,形成品牌效应。开展学海尔创名牌活动,引导更多的企业特别是大企业通过品牌经营,增强产品竞争力。积极推动七个产业链的名牌产品建设,对获得中国名牌产品或中国驰名商标称号的企业,给予表彰或奖励。

3.实施国际化战略。要充分利用两种资源,积极开拓两个市场,加强与国际大公司的战略合作,精心组织策划类似沃尔沃、卡特彼勒等大公司来山东参与国企改组改制。大力发展加工贸易,提高加工制造业能力和对外贸易水平。鼓励具备实力的大企业集团到国外建厂,拓展市场发展空间。同时,按照国际通行标准规范生产经营管理,在重点企业中大力推进ISO系列国际标准认证、3C认证等,逐步取得国际市场的“通行证”。

(四)促进产业空间聚集

提高产业集中度,形成产业发展配套环境,推动产业集群式发展。

1.加快城镇建设。城镇具有较强的积聚功能、辐射效应和经济带动能力,是建设制造业强省的重要载体。要把建设制造业强省与加快城镇建设结合起来,着力培育一批支柱产业和骨干企业,提升产业层次,延长产业链,形成具有县域特色的产业结构。对规模大、特色鲜明的产业基地,要给予“名城”、“基地”等命名称号。要把建设制造业强省与城镇体制改革结合起来,按照我省户籍管理制度改革的要求,逐步消除城市户口与农村户口的政策性差别,引导好农村剩余劳动力向制造业转移,为建设制造业强省提供丰富的劳动力资源。

2.整合现有园区。要充分发挥制造业产业集聚的优势,集中力量整合提升各类工业园区,提高园区的投资密度和产出水平。按照适当集中、形成规模、体现特色的要求,重点建设100个布局合理、功能完善、主业突出、产业配套、管理规范、环境优美的工业园区和开发区。通过高起点、高标准统筹规划,打破区域、行业界限,重点建设若干个大型集聚新区,成为承接国内外大企业投资的新平台。

3.加快民营经济聚集发展。进一步放宽政策,积极发展民营经济,提升产业层次和集约化程度。要下大力气培植一批规模大、效益好、有核心竞争力的民营企业,促进民营企业向园区和小城镇转移,提高产业集中度。

(五)加快发展循环经济

按照建设生态省的要求,努力培育与资源节约、环境保护、生态建设相辅相成、相互促进的制造业发展新机制。

1.推行清洁生产。落实《中华人民共和国清洁生产促进法》,指导企业开展清洁生产活动。要以提高资源有效利用、减少污染物产生和排放为重点,研究制定重点行业清洁生产评价与审核标准,组织开展创建清洁生产先进企业活动,对取得优异成绩的要给予表彰或奖励,在全省树立一批资源利用率高、污染物排放量少、环境清洁优美、经济效益显著、具有国际竞争力的清洁生产先进企业。

2.大力开展资源节约和综合利用工作。依靠科技进步推进资源利用方式的根本转变,不断提高资源利用的经济、社会和生态效益,实现资源的永续利用。推广节能降耗新技术、新工艺,降低对资源的依赖度,按照资源消耗减量化、无害化的要求,加快发展循环经济。建立废旧物资回收利用系统,尽快形成再生资源回收、加工、利用的产业链条。研究废物回收再利用技术,探索建立生产者和消费者合理分担处理费用的责任制度。落实好国家有关政策,鼓励企业降低资源消耗,减少污染,提高经济效益。

3.建立资源环境评价体系。要充分考虑资源和环境的承载能力和承受能力,严格市场准入制度,坚决控制高耗能、高污染、低水平重复建设,加速淘汰落后生产工艺和设备,促进产业结构优化升级。要研究绿色国民经济核算办法,探索将发展过程中的资源消耗、环境损失和环境效益纳入经济发展水平的评价体系,建立和维护人与自然相对平衡的关系。

(六)建设现代物流体系

要把制造业与服务业发展紧密结合起来,形成相互促进、相互保障、相互提高、统一发展新格局。

1.完善基础设施。按照现代物流的要求,进一步增强铁路、公路、港口、航空的通行能力和服务水平,降低制造业物流成本。铁路,重点建设胶州经临沂至新沂铁路、烟大铁路轮渡、大莱龙铁路等,加快胶济铁路电气化改造;公路,进一步完善全省高速公路网络规划,加密胶东半岛制造业基地高速公路,完善山东西部高速公路网络,重点建设济南一莱芜一青岛高速公路、德州一商丘高速公路、青州一鲁苏交界高速公路、新河一滨州高速公路、潍坊－日照高速公路,加快国省道改造和农村公路建设,构筑互联互通的公路运输网络;港口,加快青岛北方航运中心建设,加强集装箱、矿石、粮食、煤炭等专业化深水码头建设,重点加快青岛前湾港、烟台港三期工程和日照、威海、龙口深水港等项目建设,改善港口集疏运条件,提高港口吞吐能力;民航,改造和扩建济南、青岛等机场,增辟国内外航线。

2.建设物流配送中心。根据企业实际,合理确定企业内部配送中心的建设规模和水平,逐步实现仓库立体化、装卸搬运机械化、拆零商品配货电子化、物流功能条码化、配送过程无纸化,并建立自动补货系统,为企业提供安全可靠、高效便捷的配送体系。

3.建设专业化、社会化的物流企业。通过资产重组和专业化改造,充分利用和整合现有物流资源,特别是与批发企业和储运企业改组、改造相结合,打破行业界限和地区封锁,有计划、有步骤地完善和发展社会化物流企业,满足中小企业发展的需要。积极吸引外资向物流产业投资,参与物流企业的重组和改造,提高物流现代化水平。

(七)建立与完善科技教育体系

创造为制造业发展的科技教育、人才智力配套体系,使制造业在人才聚集中得以快速发展。

1.完善科技体系。改革科技管理体制,加快建设以高等院校和重点科研机构为主体的知识创新体系,以各类科技中介服务组织为主体的科技成果推广应用体系,促进全社会科技资源高效配置和综合集成,提高我省科技自主创新和持续发展能力,为建设制造业强省提供有力支撑。

2.大力发展教育。继续深化高等教育改革,整合现有教育资源,扩大学校自主权,提高工科院校和高级技工学校办学水平,发展一批与制造业相关的高等职业院校和特色学科。鼓励企业与省内外高等院校联合办学,大力推进中外合作办学,采取有效措施扶持民办教育。

3.壮大人才队伍。实施“泰山学者”建设系列工程,加快专业技术人才队伍建设,形成各具特色的人才群体。着力培育一支素质高、善经营、懂管理、适应国际竞争需要的企业家队伍,大力引进和培养一批适应制造业发展需要的工程技术人才,培养和造就一大批中高级技工和熟练工人。建立起一批面向产业群的职业培训示范基地、博士后流动工作站,增强发展的后劲。到2010年,争取高级、中级、初级技工占技术工人的比重分别达到20%、60%和20%,形成以初级为基础、中级为主体、高级和技师为骨干的技术工人队伍。

(八)加强组织领导

建设制造业强省必须有坚强的组织领导和政策保障,各级、各部门要把加快制造业发展作为落实科学发展观的重要举措,抓紧抓好。省政府成立建设制造业强省领导小组,负责制定并组织实施建设规划,研究制定具体政策措施。各市也要成立相应领导机构和工作班子,按照本纲要的要求,结合实际制定相应实施意见和规划方案,把制造业强省建设工作纳入各级政府和部门的目标责任制考核内容。省经贸委要有专门机构,负责组织日常管理工作。省发展改革委、外经贸厅、科技厅、信息产业厅等有关部门要把加快制造业强省建设摆上重要议事日程,密切配合,通力合作,务求实效。要调动和发挥各方面积极因素,在全社会形成建设制造业强省的共识和合力。要深入贯彻实施《中华人民共和国行政许可法》,规范行政权利,严格行政责任,转变政府职能,加强宏观调控。各级、各部门要用科学发展观统一思想,凝聚力量,指导工作,努力实现建设制造业强省的目标任务。

附件:1.关于加快发展重点零部件产品的说明
2.关于加快发展新材料产品的说明
3.关于加快培育大型企业集团和知名品牌的说明

附件1：

关于加快发展重点零部件产品的说明

根据《山东省走新型工业化道路建设制造业强省发展纲要》的要求,围绕汽车、工程机械、船舶、电子信息及家电等产业,确定到2010年,我省重点发展16类零部件产品,培育80户零部件骨干企业,形成为制造业服务的零部件供应支撑体系。具体情况说明如下。

一、汽车零部件

重点发展发动机、底盘系统、车身系统、汽车电子4类零部件产品,培育30户骨干企业。到2010年,全省规模以上汽车零部件企业实现销售收入800亿元,年均增长18%。各类载货汽车省内综合配套率达到90%以上,轿车零部件达到50%。

发动机,依托济南华沃、潍柴、山东大宇发动机、华源莱动、重点发展达到欧Ⅲ和欧Ⅳ排放标准的重、轻型发动机和轿车发动机;依托济南汽配、渤海活塞、天润曲轴、龙口油泵油嘴、山东康达等,加快发展为发动机配套的气门、活塞、曲轴、油泵油嘴、新型喷油泵、喷油器等零部件。

底盘系统,依托重汽车桥厂、青岛特种车、一汽山东汽车改装厂、诸城义和车桥等,发展重、轻型车车桥;依托山东隆基、山东汇金、山东金麒麟、信义集团,发展刹车盘、刹车鼓、刹车片;依托威海万丰奥威、渤海活塞、泰安华泰铝轮毂、山东通力车轮、济宁车轮厂,发展铝轮毂、车轮等。

车身系统,依托山东旭日汽车饰件、山东只楚民营科技园、烟台华润内饰件、济南鲁得内贝车灯等,重点发展汽车外饰件、高档内饰件、汽车灯具、座椅总成等。

汽车电子产品,依托海尔、浪潮、烟台首钢东星、烟台矢崎、潍坊华光、诸城龙光电力、曲阜天博、青岛晶星汽车电子等,重点发展自动导航、车载通讯、汽车空调、电动座椅总成、电线束、仪表、数码信息标识系统和汽车音响等。

二、工程机械零部件

重点发展发动机及液压传动系统、行走装置、工作装置、电气控制系统4类零部件,培育10户骨干企业。到2010年,全省规模以上工程机械零部件企业实现销售收入300亿元,年均增长20%。各种零部件省内配套率达到80%以上,关键零部件产品技术达到国际先进水平。

发动机及液压传动系统,依托潍坊柴油机、淄博柴油机,重点发展低速大功率大扭矩发动机;依托山工机械、山东润光液压、济宁伊顿液压件、泰安东岳油缸等,重点发展液力变矩器、液压齿轮、泵、阀、马达、油缸等液压传动系统。

行走装置,依托山推机械、临工桥箱、烟台富野机械、山东汽车齿轮、临沂汽车齿轮、济宁车轮厂等,重点发展履带总成、变速箱、四轮总成、轮毂、车桥、链轨等行走装置。

工作装置,依托山推机械、临工机械,发展高质量铲刀、铲斗、台车、动臂、斗杆等工作装置。

电气控制系统,依托济宁蓄电池、淄博蓄电池、临沂电子仪表等,重点发展蓄电池、电子仪器仪表、电线束等电气控制系统。

三、船舶配套设备

重点发展动力装置、甲板机械、舱室设备、通信导航及自动化系统等4类配套设备,培育10户骨干企业。到2010年,全省规模以上船舶配套设备企业实现销售收入300亿元,年均增长18%。船用关键配套设备省内配套率达到40%以上,关键配套产品质量达到国际先进水平。

动力装置,依托潍坊柴油机、淄博柴油机,重点发展大马力中低速柴油机等。

甲板机械,依托北海船舶重工、青岛锚链、淄博锚链、胶州阀门等,加快发展锚泊机械、装卸机械、舵机、拖曳机械、船用阀门、救生艇等。

舱室设备,依托欧堡锅炉、青岛船用锅炉、青岛风机等,重点发展风机、空压机、船用锅炉、船用环保设备、海水淡化装置、热交换机、空调装置及冷藏设备、空气瓶、消防灭火装置等。

通信导航及自动化系统,依托海尔、海信、浪潮等,加快开发生产无线电通讯装置、导航仪器、普航仪器、自动操舵装置、监测报警系统、综合船桥系统等。

四、电子信息及家电配套产品

重点发展新型电子元器件、电子材料、光电子产品、家电配件等4类产品,培育30户骨干企业。到2010年,全省规模以上电子信息及家电配套产品企业实现销售收入1200亿元,年均增长18%。省内综合配套率达到45%以上,主要产品质量达到国际先进水平。

新型电子元器件,依托济南固锝、鲁颖电子、山东沂光、淄博美林、山东电波、山东晨鸿电工、山东博航、青岛三莹等,重点发展集成电路、高亮度二极管、片式电感、电容元件及微型片式元器件、晶片、石英晶体器件、半导体分立器件、陶瓷覆铜板(DCB)、氧化铝陶瓷基片、陶瓷电容、陶瓷谐振器、铝电解电容等。

电子材料,依托招远金丝、山东金宝、烟台正海、青鸟华光、菏泽天宇等,重点发展集成电路用金丝、高档电解铜箔、覆铜板、钕铁硼磁性材料、纳米电子涂层材料、导电玻璃、光导纤维、锂离子二次电池电极材料、电极铝箔等。

光电子产品,依托山东华光光电子、山东英克莱、东营科英电子,重点发展激光器件、芯片、光通信模块、激光头、高亮度和蓝光半导体发光器件外延片等。

家电配件,依托章丘海尔电机、莱州维特机电、青岛大星电子、烟台正海网板、烟台宇成电子、德州三和电子、烟台大同电器等,重点发展电机、压缩机、显像管荫罩、电子调谐器、行输出变压器、偏转线圈等。

为了加快重点零部件产品发展步伐,今后要在五个方面加大工作力度。一是调整产品结构,引导企业向专业化、模块化、总成化发展,做专做精做强主导产品,促进一批专业配套企业上规模、上水平,壮大企业实力。二是加强技术创新体系建设,支持零部件企业建立技术中心,鼓励企业与跨国公司开展技术合作与交流,注重引进国外先进技术和设备,在消化吸收的技术上搞好二次开发。三是建立符合国际化标准的产品质量认证体系,提高企业质量管理水平,争取更多的企业进入跨国公司产品供应链,逐步成为世界重要零部件生产基地。四是推进零部件企业联合重组,做强做大,提高生产集中度,形成一批具有国际竞争力的大型零部件企业集团,增强产业竞争力。五是积极引进和培育零部件产业人力资源,形成各具特色的人才群体,为零部件工业提供强有力的人才支持。

附件2:

关于加快发展新材料产品的说明

根据《山东省走新型工业化道路建设制造业强省发展纲要》的要求,围绕电子信息及家电、汽车及船舶、石油化工、服装纺织、食品加工及其它特色新材料产业领域,确定到2010年,我省重点发展26类新材料产品,培育100户新材料骨干企业,形成为制造业服务的新材料供应支撑体系。具体情况说明如下。

一、电子信息及家电新材料

重点发展人工晶体、显示器材料、高性能磁性材料、新型电路用材料、电子能源材料5类新材料产品,培育15户骨干企业。到2010年,全省规模以上电子信息及家电新材料企业实现销售收入600亿元,年均增长30%。

人工晶体,发挥山东大学晶体材料所优势,发展大直径硅单晶、砷化镓与磷化镓单晶、金刚石、压电石英等人工晶体材料。

显示器材料,以青岛石墨、黑鲤公司为依托,开发生产特细拉丝石墨乳、超平纯平显像管石墨乳等产品;依托烟台多纳勒,研发ITO透明、触摸屏、电致变色镜导电玻璃;依托烟台万润化工,开发生产高档混合液晶材料。

磁性材料,以莱芜磁性材料、枣庄磁性材料为依托,研究开发高导高频新材料;以烟台磁王集团、烟台正海磁性材料为依托,采用低氧工艺技术和超细晶体技术,研究开发烧结钕铁硼永磁新材料;以临淄有色金属和省冶金研究院为依托,研究开发纳米双相钕铁硼磁粉。

新型电路材料,依托山东金宝,开发耐高温、超薄(12um)、无针孔、延展性好的电解铜箔和平整度好、冲孔性能好、电性能高的覆铜箔板;依托招远金丝厂,开发生产具有国际先进水平的集成电路用合金金丝。

电子能源材料,依托青岛华光,开发生产锂电池负极改性石墨材料、正极锂钴氧材料,锂锰氧、锂钴氧等正极材料和新型负极材料;依托菏泽天宇,研究开发通迅电池用连续拉网式泡沫镍新材料。

二、汽车及船舶新材料

重点发展金属材料、新型复合材料、车用玻璃、橡塑助剂及辅料、涂料5类新材料产品,培育20户骨干企业。到2010年,全省规模以上汽车及船舶新材料企业实现销售收入200亿元,年均增长20%。

金属材料,依托济钢、莱钢、威海万丰镁业等,重点发展汽车用钢、船用耐腐蚀钢板、钢铁粉末材料、汽车及船用新型铝合金等。

新型复合材料,依托山东天泰,生产长寿命刹车片、离合器片用碳纤维复合材料;依托兵器部五三所、济南大学复合材料所,建设武城、烟台、威海树脂基复合材料产业化基地,发展高档轿车用聚氨酯顶棚等。

车用玻璃,依托山东玻璃、蓝星玻璃、威海烟华等,加快高档汽车玻璃原片及深加工生产线的建设,开发生产钢化、挡风夹胶等汽车玻璃。

橡塑助剂及辅料,依托圣奥化工、宁阳飞达等企业,开发硫化促进剂、耐磨填加剂和抗老化剂等橡胶助剂;依托三角集团、荣成橡胶、青岛橡胶、招远玲珑等,发展钢丝帘线、纤维帘线等新型橡胶用新材料。

涂料,依托青岛海建、青岛海鼎等,发展汽车专用涂料和船舶用阴极电泳漆、水性漆、水溶性面漆等环保型涂料。

三、石油化工新材料

重点发展合成材料、精细化工新材料、膜材料3类新材料产品,培育15户骨干企业。到2010年,全省规模以上石油化工新材料企业实现销售收入500亿元,年均增长25%。

合成材料,依托烟台万华合成革,开发MDI聚氨酯及其系列深加工产品;依托潍坊亚星,引进国外先进的悬浮法生产技术和设备,开发氯化聚乙烯和氯化聚氯乙烯新材料。

精细化工新材料,依托齐鲁石化、齐鲁增塑剂、山东东岳高分子等,发展高效催化剂、聚苯硫醚及聚四氟乙烯等新材料;依托兖矿集团,开发聚甲醛;依托海化集团、亚星集团开发聚对苯二甲酸丁二醇酯、气相法白炭黑;依托山东大学,发展聚碳酸酯等;依托胜利油田、莱芜振华等,生产乳化剂和新型水溶性引发剂,开发三次采油用大分子量高性能聚丙烯酰胺。

膜材料,依托招远膜天集团,研究开发液体脱气膜和聚乙烯中空纤维微孔滤膜;依托省海洋化工研究院,生产均相阳膜、均相阴膜。

四、服装纺织新材料

重点发展特种纤维、新型纤维、生态纤维、天然纤维4类新材料产品,培育10户骨干企业。到2010年,全省规模以上服装纺织新材料企业实现销售收入400亿元,年均增长15%。

特种纤维,依托烟台氨纶等企业,重点发展耐氯、易染、超细旦、高伸长、复合功能性氨纶纤维和芳纶纤维等新产品。

新型纤维,依托济南涤纶、淄博腈纶、潍坊粘胶、烟台化纤等企业,重点发展化纤仿真纤维。

生态纤维,依托滨州印染、德棉集团、安丘天昊、青岛即发、潍坊粘胶等,开发生产玉米纤维、大豆纤维、甲壳素纤维等。

天然纤维,依托省农科院,发展高性能彩色棉,形成菏泽、滨州、德州、聊城、东营天然棉种植基地。

五、食品加工新材料

重点发展基础原料、辅料、食品添加剂3类产品,培育20户骨干企业。到2010年,全省规模以上食品新材料企业实现销售收入500亿元,年均增长26%。

基础原料,依托济南、青岛白樱花、青岛丰夏、兖州雪花、诸城淀粉等企业,发展各类专用粉和谷元粉、变性淀粉、膳食纤维等产品。

辅料,依托渤海油脂、青岛嘉里、莱阳鲁花等企业,发展各类专业油脂和玉米胚油、葵花籽油等功能性油脂,以及大豆(花生)脱脂蛋白粉、功能性蛋白、活性肽、异黄酮等产品;依托山东西王、禹城保龄宝企业,发展结晶葡萄糖、异麦芽低聚糖、低聚木糖等。

食品添加剂,依托济宁菱花、茌平味精、济南德馨斋、山东玉兔、烟台欣和等,发展新型调味料;依托淄博中轩、诸城外贸、安丘柠檬酸等,发展黄原胶、天然色素、有机酸等产品。

六、其他特色新材料

重点发展玻璃纤维、结构陶瓷、功能陶瓷、耐火材料、新型建材、纳米材料6类新材料产品,培育20户其他特色新材料骨干企业。到2010年,全省规模以上其它特色新材料企业实现销售收入300亿元,年均增长20%。

玻璃纤维,依托泰山玻纤、中材金晶玻纤,研究在线短切工艺,开发电子基玻纤等精深加工产品,建成国内最先进的无碱玻璃纤维生产基地。

结构陶瓷,依托省工陶院、省硅研院、山东大学、博航、中博等单位,重点发展氧化铝陶瓷基片、熔融石英陶瓷、碳化硅陶瓷材料和造纸机用耐磨陶瓷脱水板、陶瓷轴承(球)、刃具、活塞及内衬钢管等。

功能陶瓷,促进淄博工陶与日本旭硝子的合作,研究开发红外隐身、热敏、压电、蜂窝陶瓷汽车尾气净化材料及陶瓷质电容式压力传感器等。

耐火材料,依托青耐、淄博旭硝子,开发生产钢铁企业用X型水口、薄板坯连铸用水口、电熔锆刚玉系列等新型耐火材料。

新型建材,发挥省科学院新材料所天虹公司技术优势,研究开发高档全瓷抛光弧面板;依托红日化工、华玉集团,发展石膏深加工高附加值α——高纯度石膏粉、纤维石膏板、麦草石膏板等;依托新汶矿业、烟台渤海、博兴圣源水泥等,重点发展全煤矸石烧结砖、粉煤灰砌块、多孔砖等新型墙体材料;依托胜利股份、青岛宏达、山东鲁宏等,开发生产聚乙烯输气管、超高分子量聚乙烯管、铝塑复合管等化学建材。

纳米材料,依托青岛科大、淄博广通、烟台佳隆等,开发生产纳米钯——氧化碳助燃剂、钙法二氧化锆等材料和达到TCO-99环保标准的贵金属纳米涂层材料。

为了加快相关新材料产业发展步伐,今后要在六个方面加大工作力度。一是加快新材料产品技术研发,以省科学院新材料研究所、山东大学晶体材料研究所为基础,建立新材料行业技术中心。鼓励新材料生产企业建立技术中心,开发共性、关键和前瞻性技术。二是加强产学研联合,鼓励专业相近的科研机构整建制地进入企业或与企业共建经济实体、研究开发机构。三是加大政策支持力度,对新材料产品优先纳入省财政专项资金扶持计划,连续两年享受省财政政策性资金扶持。四是鼓励企业走出去,与世界500强企业建立长期稳定的合作关系,提高国际化合作水平。五是加强新材料企业国际标准认证,提高新材料产品质量。六是搞好新材料产业战略研究,成立山东省新材料产业专家咨询委员会,为政府和企业决策提供服务。

附件3:

关于加快培育大型企业集团和知名品牌的说明

根据《山东省走新型工业化道路建设制造业强省发展纲要》的要求,现就加快培育大型企业集团和知名品牌说明如下。

一、加快培育一批大型企业集团

到2010年,营业收入过50亿元的企业集团达到100户,营业收入由2003年的5900亿元提高到2万亿元,占全省制造业的比重由47%提高到53%。其中过500亿元的9户,100-500亿元的66户,海尔集团营业收入达到1500亿元,进入世界500强。100户企业集团要确立与国际大公司特别是世界500强企业对接的目标,加强与国际大公司的战略合作,提升大型企业集团的国际竞争力(见附表1)。

二、加快培育一批知名品牌

到2010年,争取中国名牌产品达到150个,培育20户知名品牌企业,其中10户企业创世界知名品牌。20户知名品牌企业分别是海尔、海信、青啤、澳柯玛、中国重汽、潍柴、浪潮、张裕、魏桥、晨鸣、济钢、兖矿、海化、鲁能、时风、如意、华泰纸业、山工机械、文登曲轴、金锣。这些企业要在企业规模、经济效益、市场占有率、技术创新能力等方面居国内同行业前列(见附表2)。

附表1

2010年100户营业收入过50亿元大企业集团规划表

序号	企业名称	营业收入（亿元）		
		2003年	2007年	2010年
合计	100户	6221.0	13514	20337
1	海尔集团	805.7	1200	1500
2	海信集团	222.0	600	1000
3	山东魏桥创业集团	114.7	500	1000
4	浪潮集团	81.2	400	700
5	中国石化胜利油田有限公司	468.9	550	650
6	山东电力集团	303.6	500	600
7	中国重型汽车集团	152.7	300	500
8	青岛钢铁集团	129.6	320	500
9	济南钢铁集团	144.6	300	500
10	兖矿集团	152.6	277	400
11	上海通用东岳汽车有限公司	26.7	200	400
12	山东齐星集团	18.2	310	400
13	莱芜钢铁集团	131.9	280	380
14	山东鲁能集团	174.1	260	350
15	青岛澳柯玛集团	60.5	160	300
16	潍坊柴油机厂	52.1	200	300
17	中国石化股份有限公司齐鲁分公司	183.3	250	300
18	山东海化集团	53.8	200	300
19	山东招金集团	30.6	121	294
20	山东金锣企业集团	62.4	156	260
21	山东泰山钢铁有限公司	20.3	150	250
22	山东晨鸣纸业集团	75.3	120	225
23	新汶矿业集团	71.6	160	215
24	大宇重工烟台有限公司	34.6	118	204
25	山东正昊电子有限公司	20.5	150	200
26	荣成华泰汽车有限公司	10.0	100	200
27	中国石化齐鲁股份有限公司	94.6	150	200
28	青岛广源发集团	40.3	150	200
29	南山集团	66.3	150	200
30	山东工程机械集团	84.2	150	200
31	双星集团	57.9	120	200
32	山东里能集团	23.3	90	200
33	山东信发铝电集团	28.7	80	200
34	青岛啤酒集团	78.3	130	180
35	万杰集团	75.3	135	180
36	华电国际电力股份公司	80.9	120	180
37	华泰集团	31.5	120	160
38	华盛江泉集团	32.1	129	155
39	山东时风集团	85.3	130	150
40	北汽福田车辆股份有限公司诸城汽车厂	50.8	100	150
41	山东滨化集团	82.4	120	150
42	中国石化股份有限公司济南分公司	65.3	100	150

附表 1-1

序号	企业名称	营业收入（亿元）		
		2003年	2007年	2010年
合计	100户	6221.0	13514	20337
43	利华益集团	18.8	100	150
44	诸城外贸有限责任公司	54.1	100	150
45	山东西王集团	10.1	100	150
46	山东太阳纸业集团	33.5	85	150
47	福田重工潍坊农业装备分公司	23.7	80	150
48	一汽解放青岛汽车厂	121.6	130	146
49	山东德棉集团	28.0	85	145
50	青岛黄海橡胶集团	29.3	66	133
51	新华鲁抗药业集团	51.9	90	130
52	中国石化集团青岛石油化工有限责任公司	42.0	100	120
53	山东鲁北企业集团	30.1	80	120
54	力诺集团	22.6	80	120
55	三角集团	31.0	93	111
56	颐中烟草集团	61.1	86	111
57	得利斯集团	20.8	54	105
58	济南齐鲁化纤集团	30.1	90	102
59	山东成山集团	35.2	70	100
60	山东五征农用车有限公司	23.3	70	100
61	烟台首钢东星集团公司	12.1	57	100
62	山东渤海活塞集团	8.3	50	100
63	山东东明石化集团	22.7	50	100
64	山东垦利石化有限责任公司	16.8	40	100
65	将军烟草集团	44.6	80	100
66	青岛即发集团	23.9	50	100
67	山东如意科技集团	16.7	50	100
68	山东博汇集团	25.2	100	100
69	枣庄矿业（集团）	58.1	95	100
70	宏安集团	37.9	80	100
71	济南山水集团	21.4	75	100
72	淄博矿业集团	38.0	70	100
73	华能国际德州电厂	32.2	70	100
74	山东泉林纸业有限责任公司	22.0	50	100
75	威海市金猴集团	18.3	50	100
76	正和集团股份有限公司	16.7	48	90
77	青岛朗讯科技通讯企业有限公司	33.1	50	80
78	烟台万华合成革集团	20.7	45	80
79	龙大食品集团公司	17.2	42	80
80	山东海龙股份有限公司	11.0	50	80
81	山东石横特钢有限公司	22.5	60	80
82	龙口矿业集团有限公司	13.0	50	80
83	青岛捷能电工电子公司	10.2	50	80
84	山东威高集团有限公司	7.0	30	80
85	山东沂州水泥集团总公司	11.0	52	78
86	山东临工工程机械有限公司	17.7	46	78
87	山东渤海油脂工业有限公司	20.8	29	76
88	山东玲珑橡胶有限公司	20.6	60	75

附表 1-2

序号	企业名称	营业收入（亿元）		
		2003年	2007年	2010年
合计	100户	6221.0	13514	20337
89	山东铝业股份有限公司	27.8	55	70
90	山东聊城鲁西化工集团	26.2	50	70
91	科达集团	27.8	45	70
92	中国轻骑集团	29.6	50	70
93	山东恒通化工股份有限公司（郯化集团）	8.5	30	65
94	肥城矿业集团	29.5	55	60
95	南车四方机车车辆股份公司	12.9	40	60
96	青岛泰发集团	27.4	42	55
97	万达集团	18.0	30	52
98	山东只楚集团公司	16.3	32	52
99	山东丛林集团	25.3	40	50
100	青岛变压器集团	16.4	35	50

附表 2

中国名牌产品培育规划表

序号	产业链名称	中国名牌产品数量（个）
一	2003年	40
1	电子信息产业链	5
2	家电产业链	15
3	食品产业链	7
4	服装纺织产业链	8
5	其它	5
二	到2007年	100
1	电子信息产业链	8
2	汽车产业链	8
3	石化产业链	4
4	家电产业链	17
5	食品产业链	19
6	服装纺织产业链	12
7	船舶产业链	1
8	其它	31
三	到2010年	150
1	电子信息产业链	10
2	汽车产业链	12
3	石化产业链	5
4	家电产业链	17
5	食品产业链	28
6	服装纺织产业链	21
7	船舶产业链	1
8	其它	56

6－2 山东省人民政府关于表彰我省中国名牌产品生产企业的通报

鲁政字[2004]899号

各市人民政府,各县(市、区)人民政府,省政府有关部门:

2001年以来,国家质量监督检验检疫总局和中国名牌战略推进委员会,在公布的96类产品评审目录范围内,开展了中国名牌产品的评审工作,我省44家企业生产的61个产品被评为中国名牌产品,获奖数量居全国前列。为鼓励先进,充分发挥先进企业的模范带头作用,省政府决定,对上述44家企业予以通报表彰。

希望受表彰的企业再接再厉,珍惜名牌荣誉,在激烈的市场竞争中不断创新,努力掌握核心技术和自主知识产权,积极参与国际经济技术合作和竞争,全面提升质量和品牌形象,争创世界品牌产品,为广大企业树立起追求卓越质量的典范。全省广大企业要以他们为榜样,学习他们坚持以质取胜、勇于创新、争创名牌产品,积极参与国际竞争,振兴民族工业的先进经验,为全面贯彻落实党的十六届三中、四中全会精神,加快形成一批有实力的大企业集团和著名品牌,建设制造业强省做出新的贡献。

附件: 2001年－2004年山东省获得中国名牌产品生产企业名单

山东省人民政府

二〇〇四年十一月三日

附件

2001－2004年山东省获得中国名牌产品生产企业名单

序号	企业名称	序号	企业名称
1	浪潮集团有限公司	10	青岛黄海橡胶集团有限责任公司
2	济南一机床集团有限公司	11	青岛即发集团有限责任公司
3	山东小鸭集团热水器有限公司	12	青岛崂山矿泉水有限公司
4	海尔集团公司	13	青岛圣元乳业有限公司
5	海信集团有限公司	14	青岛双星轮胎工业有限公司
6	青岛啤酒股份有限公司	15	青岛喜盈门集团公司
7	双星集团有限责任公司	16	青岛雪驰有限公司
8	青岛澳柯玛集团总公司	17	青岛白樱花实业有限公司
9	青岛碱业股份有限公司	18	青岛昌隆文具有限公司

续表

序号	企业名称	序号	企业名称
19	青岛汉缆集团有限公司	32	山东新郎服饰有限公司
20	青岛市琴岛电器有限公司	33	山东济宁如意毛纺织股份有限公司
21	鲁泰纺织股份有限公司	34	菱花集团公司
22	山东清源集团有限公司	35	特变电工山东鲁能泰山电缆有限公司
23	烟台张裕集团有限公司	36	威海华羽服装有限公司
24	烟台威龙葡萄酒股份有限公司	37	威海市金猴集团有限责任公司
25	山东南山实业股份有限公司	38	三角集团有限公司
26	山东玲珑橡胶有限公司	39	山东成山集团有限公司
27	烟台市喜旺食品有限公司	40	山东临沂工程机械股份有限公司
28	得利斯集团股份有限公司	41	临沂新程金锣肉制品有限公司
29	山东海化股份有限公司	42	德州巨嘴鸟工贸有限公司
30	孚日家纺股份有限公司	43	山东齐鲁味精集团公司
31	耶莉娅集团	44	山东亚光纺织集团有限公司

6－3　山东省人民政府办公厅关于调整全省重点工业企业集团名单的通知

鲁政办发[2004]63号

各市人民政府,各县(市、区)人民政府,省政府各部门、各直属机构,各大企业,各高等院校:

近年来,在省委、省政府的正确领导下,我省重点扶持的136户工业企业集团中涌现出一批有实力、有活力、有竞争力和影响力的大公司、大企业集团,对推动全省经济结构优化升级和经济发展做出了重要贡献。但因改制、分立、兼并、重组和行业不景气等原因,有的企业生产经营规模严重萎缩。随着经济的发展,我省又涌现出一批具有发展潜力的大公司、大企业集团。为充分发挥大公司、大企业集团在推进产业结构调整、建设制造业强省中的骨干带动作用,省政府决定,对全省重点工业企业集团进行调整。现将调整后的名单予以公布。

各级、各部门要站在全局和战略的高度,切实加强领导,进一步转变政府职能,转变工作作风,依法行政,为企业有序公平竞争创造良好的外部环境。各重点工业企业集团要按照科学发展观和走新型工业化道路的要求,紧跟国际经济发展新趋势,学习借鉴世界500强创新发展的成功经验,推进体制创新、技术创新和管理创新,实施国际化战略、信息化战略、名牌战略和人才战略,尽快成为主业突出、机制灵活、国际化程度高、核心竞争力强的现代企业集团,为带动全省产业结构优化、促进全省经济持续、快速、健康发展做出新的贡献。

山东省人民政府办公厅
二○○四年七月二十三日

山东省重点工业企业集团名单(200户)

山东电力集团
山东鲁能集团
中国重汽集团
济南钢铁集团
浪潮集团
华电国际电力股份公司
中国石化股份有限公司济南分公司
将军烟草集团
济南齐鲁化纤集团
中国轻骑集团
力诺集团
济南山水集团
齐鲁制药有限公司(集团)
山东黄金集团
山东中创软件工程股份有限公司
齐鲁考格尔集团
山东胜利股份有限公司
济南农工商集团
济南二机床集团
济南玫德铸造有限公司
海尔集团
海信集团
青岛钢铁控股集团
一汽解放青岛汽车厂
青岛啤酒集团
颐中烟草集团
青岛澳柯玛集团
双星集团
中石化集团青岛石油化工有限责任公司
青岛广源发集团
青岛黄海橡胶集团
青岛泰发集团
青岛即发集团
青岛变压器集团
青特集团
青岛星火纺机纺织集团
青岛红星化工集团
青岛汉缆集团
南车四方机车车辆股份公司
青岛海湾集团
青岛喜盈门集团
青岛海晶化工集团
青岛捷能电工电子公司
青岛中集集装箱制造公司
青岛宏大纺织机械有限责任公司
中国石化股份有限公司齐鲁分公司
中国石化齐鲁股份有限公司
万杰集团
新华鲁抗药业集团
淄博矿业集团
山东铝业股份有限公司
山东博汇集团
山东宏达冶金有限公司
鲁泰集团
山东大成化工集团
兰雁集团
山东东大化学工业集团
山东东岳化工集团
山东玻璃集团
山东省药用玻璃股份有限公司
淄博傅山企业集团
枣庄矿业(集团)
华众集团
山东丰源煤电股份有限公司
中国石化胜利油田有限公司
华泰集团
科达集团
利华益集团
万达集团
山东垦利石化有限责任公司
正和集团
山东石大科技有限公司
山东大海集团
山东胜通集团
东营市天信纺织有限公司
信义集团
南山集团
山东招金集团
上海通用东岳汽车有限公司
山东丛林集团
新牟国际集团
烟台万华合成革集团
山东玲珑橡胶有限公司
烟台张裕集团
龙大食品集团
山东百年电力发展股份有限公司
山东只楚集团
山东九发集团
烟台冰轮集团
莱阳鲁花浓香花生油有限公司
龙口矿业集团
烟台首钢东星集团
一汽山东汽车改装厂
方圆集团
山东天府集团
山东莱动内燃机有限公司
烟台氨纶集团
烟台东方电子信息产业集团

烟台正海集团	天润曲轴有限公司
山东隆基集团	山东华力电机集团股份有限公司
山东晨鸣纸业集团	威海市金泓化工有限公司
诸城外贸有限责任公司	山东云龙绣品工业公司
山东海化集团	东安黑豹股份有限公司
潍坊柴油机厂	山东五征集团
北汽福田车辆股份有限公司诸城汽车厂	黄海粮油工业(山东)有限公司
福田重工潍坊农业装备分公司	山东日照森博浆纸有限公司
得利斯集团	莱芜钢铁集团
山东巨力集团	山东泰山钢铁有限公司
潍坊钢铁集团	泰丰纺织集团
孚日家纺股份有限公司	山东魏桥创业集团
山东联盟化工集团	山东滨化集团
山东海龙股份有限公司	山东鲁北企业集团
潍坊亚星集团	山东渤海油脂工业有限公司
耶莉娅集团	山东齐星集团
诸城市新郎服饰有限责任公司	山东京博集团
兖矿集团	山东香驰集团
山东工程机械集团	华纺股份有限公司
山东太阳纸业集团	山东亚光纺织集团
山东里能集团	山东西王集团
山东如意科技集团	山东渤海活塞集团
山东樱花纺织集团	山东时风集团
济宁矿业集团	山东信发铝电集团
菱花集团	山东聊城鲁西化工集团
山东雪花生物化工股份有限公司	山东泉林纸业有限责任公司
山东齐天化学集团	山东凤祥集团
山东英克莱集团	临清市彩虹集团
山东银河德普胶带有限公司	临清银河纸业集团
新汶矿业集团	聊城双力集团
肥城矿业集团	东阿阿胶集团
山东石横特钢有限公司	聊城客车工业集团
山东泰开电气有限公司	华能国际德州电厂
山东岱银纺织集团	山东德棉集团
山东华阳农药化工集团	山东恒源石油化工集团
泰山玻璃纤维股份有限公司	山东华鲁恒升集团
泰山生力源集团	德州晶华集团
肥城阿斯德化工有限公司	山东德齐龙化工集团
特变电工山东鲁能泰山电缆有限公司	山东金锣企业集团
宏安集团	华盛江泉集团
山东成山集团	山东临工工程机械有限公司
三角集团	山东沂州水泥集团
山东三星通信设备有限公司	临沂金升有色金属集团
威海市金猴集团	山东常林机械集团
好当家集团	山东恒通化工股份有限公司
山东工友集团	鲁南制药集团
荣成华泰汽车有限公司	山东阜丰发酵有限公司
山东华夏集团	山东东明石化集团
威海光威渔具集团	山东华瑞集团
山东威高集团	山东现代达驰电工电器公司
山东蓝星玻璃集团	菏泽睿鹰制药集团
威海北洋电气集团	

6－4　山东省人民政府办公厅关于公布山东省人民政府国有资产监督管理委员会履行出资人职责企业名单的通知

鲁政办发[2004]70号

各市人民政府,各县(市、区)人民政府,省政府各部门、各直属机构,各大企业,各高等院校:

省政府授权山东省人民政府国有资产监督管理委员会(以下简称省国资委)履行出资人职责的企业名单已经省政府同意,现予公布。今后,省国资委履行出资人职责的企业增加或减少及企业名称变更,省政府授权省国资委随时予以公布。

山东省人民政府办公厅

二〇〇四年八月二十四日

山东省人民政府国有资产监督管理委员会履行出资人职责企业名单

序号	企业名称	序号	企业名称
1	山东省鲁信投资控股有限公司	23	山东三联集团有限公司
2	兖矿集团有限公司	24	浪潮集团有限公司
3	济南钢铁集团总公司	25	山东省企业信用担保有限公司
4	莱芜钢铁集团有限公司	26	山东省交通工业集团总公司
5	新汶矿业集团有限责任公司	27	山东工程机械集团有限公司
6	中国重型汽车集团有限公司	28	山东省公路工程总公司
7	山东华鲁集团有限公司	29	山东路桥集团有限公司
8	山东黄金集团有限公司	30	山东省交通开发投资公司
9	山东省商业集团总公司	31	山东省盐业总公司
10	山东省丝绸集团有限公司	32	山东省汽车工业集团有限公司
11	山东省水产企业集团总公司	33	山东农村经济开发投资公司
12	山东省冶金工业总公司	34	山东永兴集团有限公司
13	山东省对外贸易集团有限公司	35	山东省地方铁路局
14	山东省高速公路有限责任公司	36	山东省医药集团有限公司
15	山东机场有限公司	37	山东机械设备进出口集团公司
16	山东里能集团有限公司	38	山东省皮革工业总公司
17	枣庄矿业(集团)有限责任公司	39	山东齐鲁石油化工联营开发总公司
18	新华鲁抗药业集团有限责任公司	40	中国山东国际经济技术合作公司
19	龙口矿业集团有限公司	41	山东省工业设备安装总公司
20	肥城矿业集团有限责任公司	42	山东省旅游汽车公司
21	淄博矿业集团有限责任公司	43	山东省水利工程局
22	山东省经济开发投资公司	44	山东省公路产业开发中心

续表:

序号	企业名称	序号	企业名称
45	深圳东华实业(集团)有限公司	56	齐鲁建设集团公司
46	山东水利工程总公司	57	山东省五金矿产进出口公司
47	山东和华电子信息有限公司	58	山东省交通运输集团总公司
48	山东省牧工商总公司	59	山东省农村经济开发服务总公司
49	山东省林工商总公司	60	济南煤炭设计研究院
50	山东煤炭物资总公司	61	临沂矿务局
51	山东省石油化工经贸集团总公司	62	上海山东齐鲁实业总公司
52	山东省石油天然气开发总公司	63	山东省物资集团总公司
53	山东省轻工业供销总公司	64	山东省食品进出口公司
54	山东省交通运输管理服务中心	65	山东省畜产进出口公司
55	山东省装饰集团总公司	66	山东省信息总公司

6－5 韩寓群同志在胶东半岛制造业基地暨山东半岛城市群建设工作座谈会上的讲话

(2004年8月26日)

省委、省政府作出加快推进胶东半岛制造业基地和山东半岛城市群建设这一重大战略性决策,已近两年时间。在省委、省政府领导下和有关市、省直有关部门协力推进之下,这两项工作进展顺利,取得初步成效。对于召开这次会议,省政府常务会和省长办公会议都进行了专题研究。上个月,省政府在认真调研的基础上研究了进一步加快半岛制造业基地建设的意见,并向省委常委作了汇报。高丽同志在会上讲了重要意见,昨天我们已经传达学习。省政府还组织了有关部门并聘请国内知名专家编制了半岛城市群发展规划。我们这次会议的主要任务就是认真学习高丽同志的讲话,落实省委、省政府的要求,深入研究加快胶东半岛制造业 基地和半岛城市群建设的措施。两天来,八市市长和省直有关部门的负责同志都作了很好的发言。克志、仁元、守璞和惠来同志都从不同的角度,结合胶东半岛制造业基地和半岛城市群建设工作,作了简短、精彩的讲话,谈了很好的意见。会后,各市要组织专门的班子来研究学习胶东半岛制造业基地和半岛城市群发展规划,修订和完善各地各行业分规划,抓紧实施。下面,我讲四个问题。

一、切实解放思想,提高对这一重大战略决策的认识

加快推进胶东半岛制造业基地和山东半岛城市群建设,是省委省政府在新形势下积极顺应世界经济发展规律,冷静分析国内外发展态势,根据我省经济社会发展的实际作出的一项重大战略决策,是贯彻省委“一二三四五六”发展思路的重要举措。全省一定要从全局的高度,着眼于山东的长远发展,进一步解放思想,充分认识这一举措的重大意义,增强加快发展的紧迫感、压力感。

改革开放以来,国内几个大经济区逐步形成,近

年已经开始了新一轮的合纵连横。在我省南面,珠三角、长三角等地区带动辐射力越来越强,珠三角地区已经突破广东省界限,开始了更大范围的区域合作,“9+2”的泛珠三角发展构想正进入实质性发展阶段,拓宽了珠三角发展空间和腹地,进一步增强了该区域的竞争力。长三角以上海为中心向周边扩散,其辐射能力不仅仅局限于浙江、苏南,现在已经扩大到江西、安徽、苏北等地区,影响整个长江流域。北面,京津塘区域合作已提上日程,并以北京、天津为核心,开始向河北、山西、内蒙古及我省等地扩展。在国家振兴东北战略的带动下,辽沈板块正在加速突起。西面,河南省提出了“中原城市群经济隆起带”战略,力求成为欧亚大陆桥经济走廊的枢纽,促进区域经济发展。在这种态势下,各大经济区之间竞争将越来越激烈。山东省正处在南、北、西三面夹击之中。在这种情况下,如果我们没有强大的区域经济板块与之竞争和抗衡,我们的北部发展将会依附于京津塘地区,南部将会被动接受长三角和苏南的辐射,我们的资本、技术、人才等就会大量流失,我们资源丰富的优势就会转变为别人的资源供应地,我们的产业结构调整升级、经济发展质量和效益提高就会受到极大的影响。省委、省政府审时度势,作出加快半岛城市群建设、加快胶东半岛制造业基地率先建设的决策正是出于这样一种考虑,从山东本世纪头二十年以及更长远的发展看,这一步非走不可。

半岛地区的崛起,是基于半岛地区优越的条件,有着巨大的现实性和可能性。首先,这个区域处于亚太经济圈西环带和环黄海经济圈的重要部位,与日本、韩国隔海相望,在整个东北亚地区具有十分重要的地位。它还处于京津塘和长江三角洲两大经济区之间,连贯南北,优势突出。其次,资源产业等基础条件较好,有3000多公里的海岸线,有着建设深水大港的独特优势。半岛地区以占全省46.6%的陆地面积和43%的人口,创造了全省66.5%的生产总值和90%的进出口总额,人均GDP一直高于全省平均水平50%左右,城市化水平自“九五”以来一直高于全省平均水平10个百分点左右,全省20个国家驰名商标和出口100强企业大多集中于此。区内科技、教育、文化、体育、医疗、卫生等社会事业机构较多,基础设施完备,劳动力素质较高。无论从战略布局、发展需要,还是从经济优势、现有基础看,半岛地区都是全省发展水平最高、潜力最大、活力最强的经济区域,是我省经济发展的龙脊,完全有条件进一步加快发展,成为长三角、珠三角之后北方开放程度最高、发展活力最强、最具核心竞争力的增长极。但是,我们也要看到半岛地区与珠三角、长三角相比还有很大的差距。第一是产业层次低,产业聚集度低,配套能力低,国际标准化程度低。第二是高新技术产业发展较慢,拥有自主知识产权的大型企业集团少,发展后劲不足。第三是海、陆、空交通基础还很薄弱,尤其是国际航线少,制约半岛国际化程度。第四是海洋产业开发进展较慢,海洋资源优势没有充分发挥。第五是国有企业改革步伐不快,民营经济发展缓慢,体制、机制亟待创新。第六是人才聚集度低,各类专业技术人才缺乏,尤其是高层次金融人才、管理人才缺乏。第七是行政区域分割造成招商引资工作无序和成本提高。第八是海岸带的管理不够,港口资源分散。对于这些差距和问题,我们必须要有清醒认识,进一步增强紧迫感、责任感,解放思想,干事创业,奋力拼搏,着力打造制造业基地和半岛城市群两大品牌,促进半岛地区率先崛起,推动我省经济和社会持续快速协调健康发展。

二、进一步明确青岛市的龙头地位

国内外区域经济和城市群发展的成功经验表明,区域经济的崛起,必须有强大的龙头城市来带动和辐射,长三角的上海,珠三角的深圳、广州,在带动区域发展中起到了巨大作用。建设胶东半岛制造业基地和山东半岛城市群,也必须有一个龙头,没有一个强大的龙头带动,就不可能有整个半岛的崛起。在目前的半岛八市中,只有青岛具备了龙头城市的条件。2003年,青岛GDP1780.4亿元,占到全省的14.3%;规模以上工业增加值、地方财政一般预算收入、出口总额、实际利用外资分别占到全省的14.4%、16.7%、46.6%、45.5%。同时,青岛是新亚欧大陆桥和沿黄流域经济带的最大出海口,是中国北方、环黄海经济圈和东北亚地区的物流中心、旅游中心和制造业基地,是全国为数不多的同时拥有国家级高新区、经济技术开发区、保税区和出口加工区的城市之一。它孕育发展了海尔、海信、澳柯玛、青啤、双星等众多名牌,被誉为“名牌之城”。港口货物吞吐量占到全省的54%,国际集装箱吞吐量居全国第三、世界第十四位。青岛空港是山东半岛最大航空港,客货运量皆是全省第一。青岛还是中国海洋研究、海洋产业的中心,集中了全国一半以上的高层次海洋科研人员和三分之一的海洋科研机构,承担了“十五”期间半数以上的国家海洋科研重大项目。这样一个城市的国际化程度、带动辐射能力是全省最强的,其龙头地位是客观条件决定的。对进一步发挥青岛的作用,高丽同志极为重视,要求十分明确。高丽同志多次到青岛调查研究,并对一些重要工作和建设项目作出指示。大家要充分理解省委、省政府的要求,树立青岛强则半岛强,半岛强则山东强的观念,充分认识把青岛发展成为龙头城市的重大意义,努力支持青岛发展得更大更强。

青岛要成为名副其实的龙头,必须有更高的目标定位。仅仅赶苏州是不行的,作为半岛的龙头,要向长三角、珠三角的龙头看齐,真正发挥龙头城市的作用。青岛要以建设现代化、国际化大都市和确立环黄经济圈重要经济中心城市为目标,充分发挥北方最优良港口的优势,突出海洋经济、旅游经济、港口经济和信息产业特色,形成区域性贸易中心、金融中心、信息中心、高新技术产业中心和北方国际航运中心,成为带动全区、辐射全省、服务沿黄省区的龙头城市。要实现这一目标,必须按照科学发展观的要求,全面贯彻落实中央加强宏观调控的各项政策措施,大力推进经济结构调整、进一步深化体制改革、加快经济增长方式转变。努力在六个方面实现更大突破:一是城市建设实现更大突破。青岛要抓住举办2008年奥运会的机遇,努力构筑特色鲜明的现代化国际大都市框架,加快由半岛型城市向海湾型城市发展,加快由基地型向中心型转变。进一步提高城市规划建设水平,高起点、高标准、高水平建设城市基础设施。尤其要注意城市的人文、自然风貌,突出山海城一体化的特点,绿化美化城市环境,提高城市的国际化程度。二是城市功能实现更大突破。青岛作为现代化国际大都市和龙头城市,现代服务业的发展十分重要。要加快金融业的对外开放,建设区域性金融中心。建设现代物流中心,大力建设高新技术产业中心,吸引国外的大企业集团来青岛建立研发中心,构建为半岛、为山东服务的资本、物流、技术、人才平台。三是临港经济实现更大突破。青岛港要切实用足用好自己的潜力和优势,切实增加对港口建设改造的投入,整合港口资源,提高腹地竞争能力,力求形成东北亚和我国北方的次级世界航运中心。要依靠港口,大力发展海洋运输业、临港工业、临港物流业。特别要抓住国家批准青岛区港联动试点的机遇,加快实现港口与保税区在政策、功能、区域等方面最大限度地融合、互补,积极探讨向自由贸易区转型,使其成为半岛最具竞争力的特殊区域。四是制造业发展实现更大突破。青岛要想提高在世界城市体系中的地位,就要更加注重制造业的发展,坚定不移地走新型工业化道路,坚定不移地推进以制造业为重点的结构调整,加快发展,壮大规模,提高核心竞争力。要在现有的知名企业基础上,按照“三个一批”的要求,集中培育一批主业突出、核心竞争力强的骨干企业,努力创造更多国内外市场占有率高的名牌产品。要加快企业改革,加快结构调整,大力发展高新技术产业群,努力提高青岛第二产业规模和档次。五是海洋产业发展实现更大突破。切实发挥青岛海洋研究中心的优势,加快研究成果向现实生产力转化。大力发展海洋养殖、海洋化工、海洋医药、海洋旅游等产业。使海洋产业成为青岛乃至于山东的支柱产业。六是对外开放实现更大突破。

青岛要加快发展,离不开省与各市的积极支持。对于支持青岛发展的问题,省政府最近组织有关同志到青岛调查研究,征求意见,汇总后各有关部门对意见进行了研究,有些具体的意见明天还要召开座谈会专门讨论。今天我强调几点原则:一是省直部门要统一认识,态度要积极,全力以赴支持青岛发展。青岛是山东的青岛,青岛做大做强,有利于提高山东的核心竞争力,有利于提高山东的整体地位。二是应当下放和能下放的权力要尽快下放给青岛,不许以各种理由推诿拖延。三是法律法规规定不能下放的,或者过去下放现在上收的权力,要在不违反法律规定、服从宏观调控的前提下,为青岛创造一个便捷的办事渠道。四是半岛其他七市要从大局出发,提高对青岛龙头地位重要性的认识,减少内耗,主动对接青岛,主动接受青岛的辐射和带动,以便更好地发挥城市群资源集聚和配置作用。

三、大力推进半岛地区国际化进程

在当前经济全球化的大背景下,任何国家、任何区域的发展都与世界经济紧密联系在一起,可以说,没有国际化就没有现代化。半岛地区具有得天独厚的对外开放条件,对外开放步伐较快,经济开放程度较高,但与经济国际化的进程要求相比,与南方先进地区相比,还有较大差距。不管是胶东半岛制造业基地,还是山东半岛城市群,要在竞争中率先崛起,就必须把对外开放摆在突出重要的位置,融入东北亚经济圈,在更大范围、更广领域和更高层次上参与国际分工与合作。当前,要着重推动六个方面的国际化。

一是资源配置国际化。要实行开放型的资源供给战略,依托现代化港口群,通过进口国内紧缺资源,积极发展以进口资源为主的化工、钢铁、木材造纸和木材加工等临海加工产业。鼓励有实力的企业积极稳妥地开展对外投资,开发境外战略资源,建立制造业快速发展所必需的海外重要资源基地。

二是产业发展国际化。山东半岛与日韩许多城市同属于环黄海经济圈,我们产业结构调整首先要接受日韩和台湾地区的辐射。要抓住国际资本和产业转移的机遇,按照优胜劣汰的原则进行产业选择。在国际产业发展的大背景下,确立半岛主导产业,高标准搞好产业结构调整规划。

三是市场营销国际化。要加大国际市场的开拓力度,扩大国际市场份额,拓展经济发展空间。实施名牌带动、以质取胜战略,大力开展国际标准认证,用优质产品占领国际高端市场。鼓励具有比较优势的大中型企业、上市公司和民营企业走出国门,通过合资合作或者购买的方式,引进国外先进的制造业技术,把我省的成熟技术和设备转移出去,面向全球市场开展跨国生产经营,最大限度地规避不断增多的国际贸易摩擦和贸易壁垒。大力发展加工贸易,建立加工贸易协调促进机制和口岸公共信息平台,提高通关效率,充分发挥出口加工区的政策优势,大进大出,快进快出。

四是城市规划建设国际化。要坚持以人为本,高起点规划,高标准建设,高效能管理。借鉴国际大城市群发展的经验,打破计划经济时代小而全的城市建设模式,从各地的区位条件、资源禀赋、产业特色和内在经济联系出发,共同打造分工合理、优势互补、具有国际竞争力的城市群体。按照形成国际化都市群的要求,加速城市产业集聚和规模极化,努力形成城市密集、大中小城市功能互补、城乡经济融合一体的经济区域。强化环境意识和生态保护意,在半岛创造国际一流的生态环境。

五是城市功能国际化。半岛城市群要重点抓好服务业对外开放,在继续发展生活服务业的同时,大力发展生产服务业。进一步建立和完善金融市场、资本市场,加快金融业对外开放步伐,抓住青岛、济南获准对外资开放人民币业务的机遇,积极大力吸引国外银行和金融组织 在半岛设立外资银行和金融代表机构,建设适应现代化要求的涉外金融体系。大力发展胶东半岛地方金融机构,同时积极鼓励企业到国际市场融资。加快现代物流体系建设,围绕半岛海港、空港、铁路、公路枢纽接点,建设以网络化、信息化、国际化为主要特征的现代物流体系,为制造业营造大流通的环境。以我国扩大服务业开放领域为契机,大力发展商业、保险、会展、房地产、旅游等各类专业服务业,抢抓

CEPA机遇,借助港澳力量,提高半岛服务业发展水平和国际化程度。

六是经济环境国际化。要加强地方涉外经济立法,建立健全符合国际经济规则和WTO要求的法律、法规体系。各级政府要从自身做起,按照国际惯例,提高公共管理水平。要结合贯彻行政许可法,转变政府职能,削减行政审批事项,减少对企业的直接干预。要大力扶持中介机构的发展,推动建立跨区域的行业中介组织,充分发挥中介机构的作用,推动半岛的市场化和国际化进程。要强化服务意识,为外来的投资者提供良好的居住、生活、医疗、子女受教育条件。

四、加强工作的组织领导和管理协调

根据省委、省政府的安排和高丽同志的要求,我们要抓住机遇,进一步加大工作力度,抓紧抓实抓好半岛制造业基地和城市群建设,把这项事关全局的工作抓上去,抓出高水平。

第一,加快半岛一体化进程。半岛地区各市要树立区域发展“一盘棋”的大局意识,破除“诸侯经济”观念,打破传统的行政区划界限和部门经济束缚,按照区域一体化的要求,加强协调联动,提高整体竞争实力,形成城市个性突出、整体融合、区域特色鲜明的一体化区域经济格局。要重点抓好“六个一体化”:一是发展规划一体化。要统筹规划区域和各市在未来发展中的空间格局和目标定位,统一规划跨行政区划的资源开发、设施配套和市场开拓,各市市域发展规划必须主动与区域发展规划相衔接。二是基础设施布局一体化。要进一步强化重大基础设施建设的合作协调机制,统筹布局、统一标准、联合投资、一体化建设,提高基础设施的整体效能和综合效益。三是资源配置一体化。要自觉运用市场机制加快推动区域内资源的一体化开发、配置和整合,充分发挥整体优势。半岛要抓好海岸线的整体规划和整治,切实抓好海洋资源开发、海岛开发和沿海旅游开发。四是产业配置一体化。招商引资、产业设置要打破行政区划界限,科学配置,优化配置。要采取必要措施统一调整区域内产业结构,指导产业和配套企业合理设置,努力减少产业、产品的重复。促进跨行政区的产业融合,积极鼓励组建跨行政区域的企业集团,发展新型产业配套关系。五是市场一体化。要进一步清除行政壁垒,促进生产要素、商品、服务等在区域内自由流动和交易。六是经济政策一体化。要抓紧研究区域经济一体化基础上的财政、税收政策,抓紧研究制定市场准入、反不正当竞争等涉及到区域共同利益的政策法规。

第二,正确处理规划与市场的关系。一个区域的发展,必须要有规划,这是政府的重要职责。要根据科学发展观和国家产业政策的要求,按照充分体现市场经济规律和经济国际化发展趋势的原则,从半岛区域共同利益出发,高起点、高质量、高水平地编制产业规划。规划要具有较强的指导性,明确胶东半岛制造业基地区域性的主导产业和支柱产业是什么,产业如何配套,在国内甚至在世界上如何定位等。要积极主动地融入国际产业循环的大体系中,形成各具特色、关联度大、互补性强、配套完善的产业发展格局。对于规划严格限制的高耗能、高污染等不利于可持续发展的产业项目,即使能带来很多的投资、很大的经济效益,也不能引进来,这方面的工作,八市政府要联动,不仅要管起来,而且要管住管好。产业规划只能是指导性的,在市场经济条件下,企业是实施规划的主体,要注重充分发挥市场机制的作用。哪个产业项目落地到哪个地方,哪个企业搞什么产业项目等一些微观行为,只要不违背国家产业政策和区域产业发展规划的大原则,就不要限制过死,给予市场主体最大的自主性,通过市场来选择。

第三,积极推进半岛基础设施建设。目前,半岛城市群的基础设施还远远不能适应制造业基地和城市群的发展需要,必须加快交通、通讯、电力、供水、生态环境保护等方面基础设施的一体化建设,增强对区域经济发展的支撑能力。要优化区域内部交通,适度超前建设胶东半岛高速公路网络,规划建设青烟威之间的轨道交通,积极打造半日生活圈。努力争取国家支持,加强与沿黄和周边地区的经济联系,打通省际间的高速公路、铁路、海上运输等通道,发挥区域中心海港、空港的辐射带动作用,努力扩大腹地范围。要大力发展移动通信网、数据通信网等网络通讯,搞好快速干线邮运网和邮件中心局建设。要合理调度,尽可能多的从西部地区输入电力,同时进一步加强电网改造和完善,努力解决本区内电力不足、价格相对偏高的问题。要千方百计解决好胶东半岛水资源的瓶颈制约问题,重点实施南水北调和西水东调工程,建设一批蓄水、集雨和地下截流工程,严格控制敏感地区的地下水开采,加快中水回用和海水淡化项目的实施进度。

第四,加强人才引进、培养和使用。要适应现代化制造业基地和半岛城市群建设的需要,创新人才的引进、培养和使用机制,积极打造人才聚集高地,为区域经济发展提供科技和人才支撑。一是要大力吸引人才。要根据实际需要大力引进高层次管理人才、金融人才、高级工程技术人才。二是要加大人才培养力度。积极利用国内外的各种教育资源,搞好在职培训和继续教育,尽快造就一批高层次管理人才和学科带头人。切实抓好技术工人特别是高级技工的培养,进一步完善现有职业教育机构,在济南、青岛、烟台等大中城市集中办几所高级技术院校,鼓励高等院校、职业院校与大中型企业合作建立高级技能人才培训基地。加强以日韩为重点的外语教育,大力培养现代化制造业基地建设急需的外语人才。三是要创新人才管理机制。制定完善半岛地区人才自由流动的政策,确保各类人才能够出得来、引得进、留得住,充分发挥专业特长。

同志们,加快胶东半岛制造业基地建设,推进山东半岛城市群发展,使命崇高,责任重大,任务艰巨。让我们紧密团结在以胡锦涛同志为总书记的党中央周围,以邓小平理论和“三个代表”重要思想为指导,在省委的坚强领导下,牢固树立和实践科学发展观,解放思想,干事创业,加快发展,为实现半岛区域经济的早日崛起,为建设“大而强、富而美”的社会主义新山东作出新的更大贡献。

6－6　山东省经济贸易委员会印发《关于大力发展循环经济推进新型工业化的意见》的通知

鲁经贸资字[2004]4号

各市经贸委(经委)、各行办,省直有关部门,有关企业:

近年来,我省经贸系统认真贯彻实施可持续发展战略,大力开展资源节约综合利用,有力地促进了经济运行质量和效益的提高,为全省经济社会发展做出了重要贡献。海化、鲁北、新矿、济钢等一批先进企业结合实际,勇于创新,在提升资源综合利用水平的基础上,积极探索发展循环经济的路子,创造出宝贵经验,取得良好的经济效益和社会效益。为在全省大力发展循环经济,推进新型工业化进程,统筹经济社会发展,统筹人与自然和谐发展,根据十六大和十六届三中全会精神,我们在调查研究的基础上制定了《关于大力发展循环经济推进新型工业化的意见》。现印发你们,请结合实际,认真组织实施。

山东省经济贸易委员会

二00四年一月二日

关于大力发展循环经济推进新型工业化的意见

党的“十六大”提出,要“坚持以信息化带动工业化,以工业化促进信息化,走出一条科技含量高、经济效益好、资源消耗低、环境污染少、人力资源优势得到充分发挥的新型工业化路子”。随着经济建设的快速发展,资源相对不足的矛盾越来越突出,保证水资源、能源以及重要矿产资源的可持续利用,已经成为事关工业化进程和实现经济社会可持续发展的重大问题。走新型工业化道路,必须切实解决工业化与资源、环境的矛盾,统筹经济社会发展,统筹人与自然和谐发展。发展循环经济是解决这一问题的重要举措。

近年来,我省海化集团、新汶矿业集团、鲁北企业集团、济钢集团等一批企业,积极探索发展循环经济的路子,取得了初步成效。特别是以海化集团为骨干企业的潍坊海洋化工高新技术产业开发区探索出以资源合理开发和综合利用、产品精深加工为主要内容的循环经济发展模式,取得了走可持续发展之路的宝贵经验。实践证明,拓宽资源综合利用领域,提升资源综合利用水平,大力发展循环经济,是企业降低物质资源消耗、降低生产成本、减少工业污染、提高经济效益的必由之路;也是我省实现经济与社会可持续发展,建设大而强、富而美社会主义新山东的重要任务。为在全省工业系统加快发展循环经济,现提出如下意见:

一、充分认识发展循环经济的重要意义

发展循环经济的首要目的是降低资源消耗,解决资源不足的矛盾。我省经济发展对资源的依赖性比较大,以工业为例,轻工业中以农产品为原料的工业占70%以上;重工业中,采掘业、原材料工业所占比重超过60%,资源型、初加工型和粗放型工业占主导地位。但资源的人均占有水平低,开采强度过大,导致资源的支撑力下降,造成后备资源不足。循环经济通过对自然资源的循环利用,可以达到节约资源的目的,是解决经济发展和资源不足矛盾的重要途径。

发展循环经济是转变经济增长方式和实现产业升级的必然选择。发展循环经济有利于促进经济建设从主要依靠增加投入、铺新摊子、追求数量的拼资源、拼环境的粗放型经营,转到追求科技进步、以效益为中心的集约型发展轨道上来;有利于推动社会和企业的技术创新,快速提升产业结构和经济运行质量。

发展循环经济是从源头上减少污染,统筹人与自然和谐发展的战略措施。循环经济要求从生产过程的源头开始,充分合理地利用各种物质资源,减少浪费和污染,实现经济社会的可持续发展,实现人与自然的和谐发展。我省要率先基本实现现代化,必须走循环经济的路子,建立资源与环境相协调的经济发展体系。

发展循环经济是扩大就业,充分发挥人力资源优势的有效途径。循环经济通过开发利用再生资源、延伸产业链,可以开辟新的生产领域,增加就业岗位,为企业增加经济效益,为群众增加收入。

二、树立循环经济观念,把握减量化、再利用、再循环三个原则

1.循环经济是“资源一产品一资源(再生资源)”的新型发展模式,表现为“两低两高”,即低消耗、低污染、高利用率和高循环率,使物质资源得到充分、合理的利用,把经济活动对自然环境的影响降低到尽可能小的程度。在推进新型工业化的进程中,要主动摈弃粗放的资源消耗型的传统发展模式,树立循环经济理念。

2.紧紧把握减量化、再利用、再循环三个原则。减量化就是最大限度地降低产品生产过程中能源、矿产资源、水资源等自然资源消耗,从经济活动的源头节约资源和减少污染;再利用就是最大限度地提高产品使用价值,延长使用寿命,减少一次性产品(尤其是包装物)使用量;再循环就是最大限度地把社会生产和生活中产生的各种废弃物转化为再生资源,循环利用。

三、以企业为主体、园区为平台,构建循环经济体系

1.建设循环经济型企业。企业是发展循环经济的基础和主体。首先要组织实施循环经济613工程。抓好煤炭、建材、发电、轻工、化工、冶金等6个重点行业、10个资源综合利用、循环经济示范企业和300个循环经济骨干企业。及时总结和推广试点示范企业的经验,发挥典型的示范和引导作用。第二,工业企业要采用资源综合利用、节能、节水、节约原材料和清洁生产工艺、技术,降低产品能耗、物耗、水耗,达到或基本达到工业三废零排放,实现企业内部的资源综合利用和循环利用。

2.建设循环经济型园区。工业园区是发展循环经济的平台。要依据循环经济理念和工业生态学原理,整合园区各种要素,以最终实现园区内废物零排放为目标,规划设计新建工业园区,调整完善已建工业园区。合理规划园区内的资源流和能源流,研究入园企业的产业链接关系,促进园区产业优化升级。通过废物交换、循环利用、清洁生产等手段,使园区内上游企业产生的废物转化为下游企业的原料。

2.促进循环经济型城市建设。在建设循环经济型企业、园区的基础上,建立再生资源回收利用体系,提高社会再生资源利用率,实现城市内、外物流的循环,促进循环经济型城市建设。

四、突出工作重点,扎扎实实推进循环经济发展

1.加快工业结构调整。通过产业政策引导等措施,鼓励企业发展低消耗、低污染、高附加值的产品,淘汰技术落后、浪费资源、污染严重的产品;加快发展新材料、电子信息、生物技术及制药等高新技术产业;用高新技术、先进适用技术、清洁生产技术改造提升轻工、纺织、化工、机械、建材、冶金六大传统产业,推进产业结构的优化升级。

2.深化资源综合利用。以提高资源利用效率和经济效益为中心,以发展资源综合利用技术为重点,不断拓宽资源综合利用领域。重点发展煤系共伴生矿利用技术,煤炭地下气化、液化技术,大容量煤矸石、煤泥发电技术,全煤矸石制砖技术,粉煤灰利用技术,冶炼废液回用、中水回用和高浓度有机废水综合利用技术,化工废气回收技术等。

3.推行清洁生产。各级经贸委要认真履行《清洁生产促进法》赋予的"负责组织、协调清洁生产促进工作"职能,贯彻实施《清洁生产促进法》的各项规定,指导企业开展清洁生产活动。组织实施清洁生产审核。企业要按照资源消耗低、环境污染少的要求,采用先进技术,优化产品设计和生产工艺,降低产品能耗物耗和废物排放,推广绿色包装。

4.搞好废旧物资回收利用。建立废旧物资回收利用系统,尽快形成再生资源回收、加工、利用的产业链条。组织研究废电池、废家电、废微机等废电子产品的回收、拆解、再利用技术,探索建立生产者和消费者合理分担处理费用的责任制度。

5.实施能源结构调整。优化能源结构,提高清洁能源比例。开发洁净能源技术,发展新能源和可再生能源产业。重点发展风能发电、潮汐能发电、太阳能光热利用、地热能利用技术和产品;结合处理城市生活垃圾、工业有机废物和农业废弃物,发展大型沼气项目;发展水煤浆气化项目等。

五、落实配套措施,保障循环经济稳步发展

1.依靠技术进步,为发展循环经济提供技术支撑。企业要增加投入,勇于创新,用高新技术和先进适用技术提升循环经济水平。省经贸委将以解决发展循环经济中的共性和关键技术为重点,选择具有标志性目标和推广前景的项目,通过国债资金等渠道,组织实施一批重大的循环经济示范工程。

2.加强法制建设,依法推动循环经济发展。各企业要认真贯彻《节能法》、《清洁生产促进法》、国务院《关于进一步开展资源综合利用的意见》和《山东省节能条例》、《山东省资源综合利用条

例》等法律法规,严格按照法律法规规定做好节能、节水、综合利用、清洁生产等各项工作。各级经贸委要加强执法工作,用法律手段促进循环经济发展。

3.用好优惠政策,增强发展循环经济的动力。充分运用国家鼓励资源综合利用的各项优惠政策,调动企业开展资源综合利用、发展循环经济的积极性和创造性。切实加强资源综合利用企业(电厂)的认定管理,协调落实优惠政策,扶持循环经济骨干企业。企业获得的优惠资金要全部用于资源综合利用和发展循环经济

4.加大宣传力度,营造发展循环经济的氛围。采取各种有效形式,充分利用广播、电视、互联网、报纸、杂志等宣传工具,加大宣传力度,增强全社会的"资源意识"、"清洁生产意识",树立循环经济理念和全面、协调、可持续的发展观。

6－7　山东省经济贸易委员会关于印发2004年全省现代物流工作要点的通知

鲁经贸交字[2004]17号

各市经贸委(经委)、有关市交通局,省直有关部门:

2003年,在省委、省政府的正确领导下,在各级经贸委(经委、交通局)、各有关部门和企业的积极努力下,我省现代物流工作取得新的进展,对现代物流意义和作用的认识进一步深化,加快发展现代物流的氛围开始形成,企业物流管理取得新的成效,第三方物流发展势头良好,物流基础设施建设得到加强,物流对经济增长的贡献有所提高,全省现代物流进入了新的发展时期。

2004年,全省现代物流工作总的指导思想是,以党的十六大和十六届三中全会精神为指针,认真贯彻全省经济工作会议精神,进一步落实《关于加快全省现代物流发展的意见》,加大工作力度,突出抓好企业物流管理、第三方物流和中心城市物流三个重点,努力把现代物流业培育成为重要的支柱产业,以适应建设现代制造业强省的需要。

一、学习推广先进经验,进一步优化企业物流管理

优化企业内部物流管理,对于降低物流成本、提高企业竞争力、促进第三方物流发展具有重要意义。各级经贸委要对前段开展物流管理活动的情况进行回顾总结,抓好试点,培育典型,宣传推广先进经验。重点企业要把优化物流管理与深化内部改革结合起来,不断加大改革力度,积极采用现代物流管理方法。要学习推广海尔集团经验,将分散的物流管理职能重新整合,设立物流管理部门,对从原材料采购到产品配送的物流全过程实施一体化管理;学习推广潍坊发电厂实行"物资超市"经验,减少物资积压浪费,降低资金占用;学习推广鲁抗集团物资招标采购经验,搞好采购物流,降低采购成本;学习推广青岛啤酒集团"主辅分离"经验,利用好国家的有关优惠政策,逐步把运输、仓储等辅助业务分离出去,精干强化主业;学习推广山推集团调整工艺流程,原材料、零部件和半成品直送工位经验,搞好企业内部物流配送,减少中间周转环节;学习推广高密天达制药公司依靠邮政物流配送系统,建立销售网络的经验,树立新的营销理念,扩大产品覆盖面;学习推广时风集团销售零赊欠、产品零积压、供应零库存的经验,把物流管理作为压缩流动资金占用的重要措施,加速流动资金周转;学习推广三联集团实行电子商务,与制造业企业建立物流联盟,实行信息互通共享的经验,提高商贸企业管理水平,为制造业企业提供及时准确的市场信息。要通过学习推广先进经验,使面上企业学有目标,赶有方向,把物流管理更加深入广泛地开展起来。

二、以煤炭、汽车行业为切入点,提升重点行业物流管理水平

在推进面上工作的同时,选择部分工作有基础或物流特点突出的行业,如煤炭和汽车行业,作为整

体推进的试点。煤炭行业大企业多,企业办社会负担重,物流潜力大,且已有一批先进典型,可在全行业推行,进一步降低企业物流成本。汽车行业产业关联度与生产自动化水平较高,产品协作配套复杂。抓好汽车行业的物流管理,对于指导自动化生产企业具有积极作用。汽车行业要全面推行现代物流管理,使企业内部供应、生产、销售衔接更加紧密,提升企业上下游之间的供应链管理水平,增强汽车行业的竞争力。煤炭、汽车行业管理部门要抓紧调查研究,提出在全行业推行现代物流管理的工作方案,并积极组织实施。

三、重视培育大企业大集团,带动与促进物流业发展

物流企业是第三方物流的主体,是现代物流发展主要力量。在物流企业发展中,要重视培育大企业大集团,逐步解决企业小、散、弱、差等问题,提高物流业务的聚集度和服务水平。要在对全省物流企业普遍调查摸底的基础上,选择10户左右经营业绩好、发展潜力大的企业作为重点,授牌公布,加大宣传扶持力度,促其加快发展。国有交通运输企业要进一步深化改革,发挥优势,增强服务意识,拓展经营发展空间,加快转型步伐。要加大招商引资力度,创造良好的发展环境,把国外省外有实力、管理经验丰富的物流企业引进来,壮大我省第三方物流力量。要放手、放胆、放开发展民营物流企业,清除体制障碍,使民营物流这个"亮点"更加亮起来。要鼓励支持整合社会物流资源,打破行业、部门、区域界限,尽快形成一批功能齐全、设施完善、服务规范的骨干物流企业,实行规模化经营。对物流企业整合社会运输车辆开展物流服务,行业管理、税务等部门在经营类型认定、发票使用等方面应予以支持。

四、以知名品牌为龙头,实施物流品牌工程

品牌是企业水平和实力的象征,是企业文化的体现。物流企业也要增强品牌意识,培育物流品牌。要突出宣传推介"中邮物流"、"交通物流"、"佳怡物流"等物流品牌,提高其美誉度和影响力,努力争创省"著名商标"和国家"驰名商标"。有关企业要加强内部管理,提升服务水平,遵守诚信原则,增加业务收入,做好商标注册和广告发布工作,为打响物流品牌奠定基础。

五、以连锁经营、商贸物流配送为重点,促进流通现代化

要加强连锁企业内部物流配送中心建设,构筑支撑连锁经营快速发展的物流配送平台;推进生产资料分销企业的转型,促使更多的企业跳出"一买一卖"的传统购销模式,走采购、加工、配送的路子;推动传统商业批发、仓储、运输企业发挥其现有物流基础设施和靠近港口、铁路、公路等区位优势,通过资源整合,大力发展第三方物流。

六、搞好调查研究,加快建立物流统计制度

现代物流统计指标体系不同于传统产业统计,具有创新性和独特性。省统计部门已将建立现代物流统计指标体系作为一项课题进行研究,计划2004年4月底完成。在此基础上,选择部分单位进行试点,取得经验后,在全省推广物流统计制度。

七、以点带面,推进物流标准化

省质量技术监督部门要继续把物流标准化作为工作重点,对2003年选定的16家推行物流标准化典型企业进行跟踪调查,分类指导,总结经验。要加强对企业物流标准化工作的引导和服务,指导企业制定标准,建立并完善标准体系;引导企业贯彻执行IS09000族质量管理标准,帮助95个物流配送企业建立商品质量保证体系;加强物流条码、EDI等关系现代物流标准的宣传、培训和贯彻工作,引导企业积极采用商品条码和物流条码技术;组织建立农产品批发市场标准化示范项目,推进农产品流通领域物流标准化。

八、重视信息网络建设,推进企业信息技术应用

加快信息网络建设对于推动现代物流发展至关重要。各网络运营单位要继续加大对网络建设的投入,扩大网络对终端用户的覆盖面,提高上网速度和网络服务水平。省信息产业部门将按照市场化原则对全省网络资源进行整合,通过招标竞争、专家论证,从中选择几家具备条件的网络运营单位予以重点扶持,建设具有国际化水平、代表山东形象的综合物流信息网络服务平台。有关部门要制定电子商务管理办法,加快推行数字认证,完善网上支付体系、信用安全体系和物流配送体系,实现网上信息流、资金流、物流的交换与服务。要大力支持企业信息化建设,推广以先进的控制技术、计算机辅助设计及辅助制造技术、企业资源计划、因特网及企业内部网为代表的现代信息技术在企业的应用,提高企业生产、经营、管理的信息化水平。企业要把信息化作为一项战略任务来抓,技术改造项目要增加信息化建设内容,使信息化建设与技术升级同步进行。

九、加强组织引导,加快发展步伐

一是强化部门协同配合。按照《关于加快全省现代物流发展的意见》要求,发挥现代物流联席会议的作用,坚持季度例会制度,定期通报情况,研究部署工作。各有关部门要明确分工,落实责任,相互配合,齐抓共管。二是搞好物流发展规划。规划事关物流发展的全局。规划好才能建设好、管理好。规划好是最大的节约、最大的效益。按照全省振兴服务业会议要求,省经贸委将牵头编制全省现代物流发展规划,从省有关部门、科研单位抽调人员组成规划编制小组,争取上半年完成规划初稿。各市也要结合城市规划和交通枢纽及物资集散地建设,尽快制定物流发展规划,科学论证,合理布局,避免盲目上马或重复建设。三是筹建山东省物流协会。把相关部门和企业联合起来,加强交流与协作,开展培训咨询等服务活动,协助政府部门推动物流工作。计划2004年上半年完成调研和筹备,6月底前挂牌成立。

山东省经济贸易委员会
二00四年一月七日

6-8 山东省经济贸易委员会2004年工业经济运行调控指导意见

鲁经贸运字[2004]18号

2004年是认真贯彻党的十六届三中全会精神,积极推进小康社会建设的重要一年,也是全面完成第十个五年计划关键的一年。在组织经济运行工作中,我们要坚持以解放思想,干事创业,加快发展为指导,开拓创新,扎实工作,精心组织,适时调控,努力保持工业经济的良好发展势头,促进全省国民经济持续稳定快速发展。

一、2004年全省工业经济运行形势

2003年,全省经贸系统认真贯彻省委工作会议精神,努力开创工作新局面,工业发展呈现良好势头。由于“三个亮点”的带动,技改投入大幅度增长的拉动,结构优化的积极推动,工业经济运行较好实现了速度、效益、质量和结构的统一,主要经济指标创出近年来的较好水平,也为今年工业保持稳定快速增长态势打下了坚实基础。

2004年,综合分析各方面条件,总体看仍是有利因素多于不利因素,工业经济运行将在上年基础上继续保持较快的增长势头。从有利条件看,一是中央坚持扩大内需的方针,继续实施积极的财政政策和稳健的货币政策,保持宏观经济政策的稳定性和连续性,预计整个国民经济仍将处于快速增长的轨道。二是今年世界经济预期好于2003年,国际货币基金组织预测2003年全球经济增长3.2%,2004年达到4.1%,其中美国经济增长率2003年第三季度已达7.2%,2004年预计将超过4%。美国经济的强劲复苏将会对欧盟、日本经济产生积极影响。国际经济环境的改善,有利于我省企业扩大利用外资,增加产品出口。三是社会需求将有力地拉动经济的快速增长。从三大需求看,固定资产投资特别是工业投资持续快速增长,一批重大项目正在施工建设,投资需求预计仍会成为今年工业增长的主要拉动因素。城镇住房、汽车、旅游、保健等消费热点继续趋旺;去年农村水源充足,近期农产品价格全面反弹,农民收入将明显增加,城乡消费需求仍是上升势头。世界经济增长预期好转有利于出口需求的扩大,出口退税政策调整后对农副业加工产品、部分机电产品出口较为有利,出口需求将继续保持稳定增长。四是我省工业结构调整加快,企业竞争力明显增强。作为我省工业主体的制造业,近两年产品结构的调整升级明显加快,竞争优势得到进一

步发挥;高新技术产业发展势头良好,在工业总量中所占比重明显提高;通过不断推进大企业战略,全省大企业、大集团进一步发展壮大,支撑和带动作用显著增强,将在全省工业发展中进一步发挥主力军作用。五是工业增长的物质支撑条件仍然比较有利。我省电力供应充足,煤炭供求总体看基本平衡,水资源较为充裕,粮食、木浆等工业原料能够满足重点企业生产需要。

从全省13个重点行业分析,预计今年大多数行业生产效益继续保持稳定增长。从发展态势预测看,主要分为以下三种类型:

(一)机械、化工、建材、医药、电子、轻工、烟草、煤炭、电力9个行业生产效益保持稳定增长

生产总量占全省的68.5%左右。其中7个重工业行业占全省工业总量的43.1%,继续成为今年工业增长的主导力量;2个轻工业行业占全省工业总量的25.4%,由于有较强的竞争优势将保持较快速的发展势头。

机械工业。在机械三大类产品中,农业机械重点企业竞争优势明显,将继续保持较高的市场份额;工程机械在经历持续高速增长后,今年总体上趋于平稳;电工电器行业随着电力行业的快速发展,重点企业订货充足,成为机械行业发展的新亮点。另外,机床工具行业由于装备类工业的发展,继续保持快速发展的态势。船舶工业今年市场看好,主要船厂修造船能力有较大提高,生产任务饱满,订单充足,一批技术改造项目正在进行,生产将保持强劲增长。预计机械行业今年生产增长20%,效益增长25%左右。

建材工业。受固定资产投资快速增长的拉动,将继续保持稳定发展的势头。水泥产品结构调整加快,今年将有11条新型干法旋窑水泥生产线投产,新增能力1100万吨。目前水泥市场需求增加,价格上涨,企业效益较好。预计今年全省水泥产量可达到11000万吨。平板玻璃行业生产能力较大,随着市场需求的增长,今年将保持生产效益的稳定。玻璃纤维、石膏等产品随着一批技改项目的投产,生产效益将继续稳定增长。预计全行业生产效益增长15%左右。

化工工业。从占全行业生产总量70%的四大类产品看,轮胎受汽车、工程机械等行业快速增长的拉动,产能扩张较快,市场需求稳中有升,生产将有较大增长。化肥由于国内以天然气为原料的尿素生产线多数停产,使尿素市场价格回升,出口增加;今年国家将恢复对尿素生产增值税先征后返50%的政策,有利于尿素企业效益的提高;我省重点尿素企业主要以煤炭为原料,产销形势进一步趋好。石油化工随着齐鲁石化扩产改造项目的实施,后加工能力增强,生产效益将稳定增长。基本化工产品中,纯碱受进口冲击较大,国内需求平稳,价格回落,预计今年仍将在低价位徘徊。烧碱市场需求总体平稳,但目前库存较大,价格走低,效益将有所回落。预计全行业总体上将保持稳定发展态势,今年生产效益增长20%左右。

电子信息行业。社会信息化建设不断加快,相应带动服务器、系统集成、软件、元器件等投资类产品快速增长。但微型电脑、低端手机等产品也面临竞争激烈、价格下降、盈利空间缩小等问题,产销增长乏力。预计今年全行业生产效益增长15%左右。

医药工业。在非典过后国家加大社会公共卫生领域的投入,政府采购增加,给相关的医疗设备、医疗器械、通用药品、卫生材料等产品的生产带来机遇;医疗体制改革和医药连锁化经营快速发展,为医药重点企业创造了更大的市场和发展空间。预计今年医药行业生产效益将增长20%。

轻工业。造纸行业市场需求持续强劲,我省骨干企业产能增加较多,今明两年全省新增产能250万吨以上,今年造纸行业将继续快速增长,成为全行业增长的主要拉动因素。家电行业重点企业具有较强的竞争能力,总体看发展态势平稳,对全行业生产效益的稳定仍将起到有力的支撑作用。食品行业随着结构调整加快和人民生活水平的提高,市场需求增加,生产将保持较快增长,但酿酒、味精、肉制品等行业因农副产品价格上涨,生产效益将受到一定影响。塑料制品市场需求旺盛,农膜产品和管材产品产销水平将进一步提高。预计全行业生产效益增长20%左右。

烟草工业。烟草市场经营秩序继续好转,专营渠道市场控制力增强,今年生产及消费总量将平稳增长。全省5处小卷烟厂2003年内已关闭停产,产业集中度进一步提高,产品结构明显改善,三类以上卷烟所占比重将明显上升,单箱获利能力明显提高。预计全行业今年实现利税增长20%以上。

煤炭工业。今年钢铁、电力、建材等行业对煤炭的需求明显增加,煤炭市场形势继续看好,价格将保持在较好水平。煤炭产量稳定增长,今年全省煤炭产量预计仍将超过1.4亿吨。非煤产业发展较快,成为全行业新的经济增长点。预计今年全行业速度效益增长15%左右。

电力工业。随着国民经济的快速发展,今年全省工业及社会用电量需求将继续保持12%以上的增长速度。但由于装机容量增长快于用电需求的增长,全省电厂平均机组发电利用小时近年来呈逐年降低态势,电煤价格上涨致使发电成本上升,发电企业盈利水平将有明显回落。预计今年电力行业将平稳发展。

(二)汽车、冶金2个行业产能扩大,但原料供应和市场需求方面的不确定因素增加,有可能带来产销形势的较大波动。2个行业占全省工业总量的7.8%

冶金工业。今明两年我省钢铁和电解铝在建及投产项目较多,产能增长较快。从生产看,今年预计生产铁1700万吨、钢及钢材1800万吨,均比2003年增长500万吨;电解铝产量将由2003年的30万吨增加到100万吨以上,净增加70万吨,将带动行业生产快速增长。但由于铁矿石、焦炭、氧化铝等资源供应紧张、价格大幅上涨和市场需求等因素影响,企业生产能力发挥及经济效益的提高将受到一定制约。从市场看,由于全国性的产能扩张,供给增加较快,今年钢铁产品价格不稳定性增加。总体上看今年生产将保持较快增长态势,效益增幅会低于去年,但仍会保持在较高的增长水平。

汽车工业。去年4季度以来全国汽车工业高速增长的态势已明显放缓,汽车库存增加,价格全线回落,今年开始将由快速增长期转为调整增长期。我省烟台轿车产量将达到10万辆,是主要增长因素;重型汽车产能及产量继续扩大,但汽车市场会面临更加激烈的竞争。同时,随着全国范围内加强汽车交通秩序整顿和查禁货车超载,载重车及改装车市场需求将受到明显影响,今年特别是上半年载货汽车销售形势不容乐观。预计今年全行业生产将继续保持较快增长幅度,效益将有所回落。

以上11个行业生产总量占全省76.3%,效益占70.2%,对今年全省工业稳定增长起着主导作用。

(三)纺织、石油工业效益增长将明显回落2个行业生产总量占全省的15.3%,效益占全省的26.3%

纺织工业。棉纺织行业产能增长较快,但今年由于棉花资源缺口较大,供应紧张,价格上涨,企业组织生产将受到一定影响;出口退税率降低以后,产品出口利润空间缩小,将在短期内影响出口。化纤行业形势好转,受棉价上涨的拉动,化纤原料类产品市场形势看好,今年将呈快速增长态势。服装类产品主要受出口退税影响,生产效益增幅将有所回落。预计今年全行业竞争将进一步加剧,经济效益预计增长15%左右,增幅将明显回落。

石油工业。从产能看,今年胜利油田原油产量将稳定在2600万吨左右。从价格看,今年预测国际市场原油价格总体呈回落态势。据测算2004年平均油价有可能回落到25美元/桶左右,比去年平均28美元下降3美元,胜利油田相应比去年减少利税40亿元,下拉全省利税增长近3个百分点。从时间上看,去年上半年原油价格平均30美元左右,今年初回落到28美元左右,对胜利油田上半年效益的影响将更加明显。

2004年全省工业经济运行虽然面临许多有利条件,但工业在快速发展过程中也存在和面临一些突出矛盾和问题,需要引起高度重视,并积极采取措施予以解决。

1.部分煤炭品种缺口较大。今年经济继续保持快速发展,特别是电力、冶金、建材等高耗煤工业产能迅速扩张,对煤炭的需求将大幅度增加。仅从我省情况看,今年电力用煤预计需增加700万吨,冶金用煤增加600万吨。但从煤炭供应情况看,近两年全国重点产煤省矿井建设相对滞后,老矿井报废较多,新增生产能力较少,预计一季度及上半年山西、山东、河南等省煤炭资源仍将相对紧张。我省资源匮乏的贫瘦煤、焦煤、无烟煤等煤种,只能从山西、河南、河北等省调入,供求短缺的矛盾将更加突出。

2.部分原材料供应紧张,价格明显上涨。(1)铁矿石。2003年全国钢产量将突破2亿吨,到2005年末全国高炉炼铁能力将突破3亿吨,需成品矿4.87亿吨,国内仅能供应1.4亿吨,需进口3.47亿吨,比2003年增加2亿吨,进口依赖度达到70%。我省2003年预计钢产量达到1300万吨,增长30%;今年钢铁材产量将达到1700万-1800万吨,需进口铁矿石1800

万吨,比2003年增加500万吨。目前国际上铁矿资源量严重不足,价格上涨近1倍。(2)焦炭。焦煤、焦炭供给缺口较大,导致焦炭供求紧张,价格上扬,每吨由去年初的550元上涨到1100元。(3)氧化铝。电解铝行业2003年底全国产能将达到700万吨,2005年到1000万吨以上。目前国内6个氧化铝厂产能只有530万吨,预计到2005年最多能增加到700万吨,其余1300万吨需进口解决。我省到2003年底形成电解铝产能104.7万吨,到2005年达到195.2万吨。2004年需进口氧化铝150万吨,比去年增加100万吨。资源缺口较大,价格明显上涨,氧化铝价格比同期上涨近一倍。(4)棉花及部分农副产品。随着棉纺产能快速扩张,国内棉花需求明显增加,价格大幅度上涨。目前每吨已比同期上涨5000元以上。今年我省需要棉花150万吨,省内缺口90万吨。去年10月份以来,粮食及生猪价格也出现明显上涨,供应紧张,已对相关企业产生影响。

3.铁路运输运能与运量的矛盾突出,港口疏港压力较大。随着经济的快速发展,铁路请车量明显提高,装车率不足。目前济南路局日均请车20000车以上,日均装车仅为7400车左右,装车满足率不足40%。京九线、京沪线提速改造,以及胶济线电气化改造影响运输通过能力,今年京沪线加5对客车,减10对货车,运输紧张的矛盾更加突出。

铁路运力紧张增加了港口的疏港压力。铁路运输是港口疏港的主渠道。黄岛、烟台、日照港都是向内地大钢厂输送原料的物资集结地,其辐射范围到北京、内蒙、山西、陕西、河北、河南等省市。黄岛前湾港现存矿石600万吨需要疏运。

4.公路运输查处超载带来运输市场的调整,短期内公路货运量明显下降。查处超载有利于保证运输安全和道路质量,但短期内运输结构调整也导致货运量的下降。报停歇业的运输业户较多,运力下降。公路运费明显上涨,企业运输成本提高。据调查,公路运费平均提高了20-30%。同时,公路运载力的下降,造成大批货物转向铁路运输,使铁路运输更加紧张。

总之,目前部分生产要素和原材料供应紧张,给企业均衡组织生产带来了很大困难。各有关方面必须切实加强综合协调工作,积极搞好生产要素的供求衔接和平衡,确保企业生产运行。

二、2004年工业经济运行的指导思想、主要任务目标及工作措施

组织2004年工业经济运行的基本要求是:认真贯彻落实党的十六届三中全会精神,按照全省经贸工作会议的部署和要求,以提高经济增长的质量和效益为中心,改进完善和充分发挥好经济运行监测预测和综合协调两大职能的作用,突出抓好把握经济运行动态、加强行业信息指导、培植新的经济增长点和生产要素供求协调四项重点工作,深入调研,超前指导,适时调节,努力实现工业经济的持续稳定快速发展,为全省经济发展做出新的更大贡献。

根据全省2004国民经济和社会发展主要预测指标,结合我省工业经济所面临的国内外形势和发展实际,确定2004年全省工业经济运行实现以下调控目标:

(一)总量目标

1.规模以上工业企业增加值同比增长15%,争取增长20%。

2.实现利税、利润增长15%,力争达到20%。

3.规模以上工业企业户数比2003年增加10%以上。

(二)监测目标

1.工业产品销售率达到97.5%以上。

2.全部企业亏损面控制在15%左右,亏损企业亏损额控制在45亿元以内。

3.产成品存货和应收帐款两金占用明显低于生产和销售增长;全省两金占用占流动资产比例控制在35%以内。

2004年组织工业经济运行重点抓好以下几个方面的工作:

(一)深化对经济运行的监测分析和预警预测

经济运行是整个经贸工作的“旗舰”,准确把握运行动态是组织经济运行的关键和基础。要进一步强化“宏观、市场、服务”三个意识,着眼于国际、国内两个市场,努力把宏观经济政策与微观经济活动结合起来,密切关注国家宏观经济政策的调整变化,及时调研和监测分析投资、出口、消费、信贷、物价等方面政策调整对我省工业经济的影响,提出对策和建议。

围绕中央属企业、省属企业、市属及以下企业“三个层次”和重点地区、重点行业、重点产品、

重点企业、新列统企业"五个重点",对主要经济指标的变化及时进行调度,分析各个层面企业对工业经济增长的影响,监测工业经济运行,把握全省经济运行态势。积极配合有关部门抓好新增规模以上企业的"列统"工作,深入分析"列统"企业情况,及时加以指导,培育新的经济增长点。

抓好关键时期生产运行的组织。按照抓早、抓紧、抓好的要求,安排部署和扎实组织好一季度的生产运行,做好各项计划和生产准备工作,争取实现开门好,为全年工业经济稳定增长奠定良好基础。把抓好节日生产作为组织经济运行的重要环节,精心组织好节日生产运行。安排好春节、"五一"、"十一"等节假日期间重点企业的生产,搞好节日生产情况调度,及时协调生产运行中出现的问题,努力保持节日生产稳定。

加强对工业主要生产效益指标的监测分析和预测。强化月报的及时性、动态性,增强季度报告的深度和指导性。改进和完善经济运行分析监测指标体系,把电力运行、重点产品价格动态纳入运行监测分析内容;探索完善工业经济运行预测工作,不断提高经济运行预测的科学性。

改进和完善全省经济运行分析例会制度,发挥其交流情况、监测运行、研讨工作、明确阶段性工作重点的良好功能,及时把握经济运行动态,反映和解决经济运行中存在的突出问题,确保全年调控目标的实现。

(二)积极抓好行业经济运行的宏观指导和调控

重点行业经济运行动态的变化,已成为影响整个工业经济运行的重要方面。为了适时搞好经济运行的调节,增强工作的针对性,必须积极抓好行业发展信息指导和调控工作。

要认真贯彻落实国家产业政策,加强行业发展的宏观指导,搞好行业发展动态信息交流和发布,密切关注重要生产资料、重要工业产品的市场变化,为企业生产经营决策及时提供信息指导,防止盲目投资、盲目发展和低水平重复建设。引导企业增强市场意识和投资风险意识,准确把握行业发展变化趋势,促进行业的健康发展。

要围绕全省工业结构调整规划和重点,加快产品结构调整。要大力发展新型工业和国家优先发展的先进技术和工艺,以煤炭、建材、化工、纺织、轻工等行业为重点,鼓励和支持企业加快淘汰落后生产能力,严格禁止新上质量低劣、浪费资源、污染严重、不符合安全生产条件的各类五小企业。积极关注当前在建和新投产项目情况,及时协调解决存在的问题,为项目及早投产达产创造良好条件。

要充分发挥有关行业主管部门和行业自律组织的作用,规范企业经营行为,完善行业自律机制,积极反映企业的要求,及时协调解决企业发展面临的共性问题,为企业提供良好服务。

(三)继续抓好企业扭亏增盈,大力压缩两项资金占用

把企业扭亏增盈和压缩两项资金占用作为监测经济运行,提高经济运行质量和效益的重要内容,适应经济市场化的要求,面向各类型企业,坚持不懈地抓出成效。

在扭亏增盈方面,一是密切关注今年影响我省工业经济效益增长的主要因素,对重要生产资料和原材料价格走势搞好测算分析,引导企业采取有效措施,努力消化增支减利因素,防止企业亏损出现反弹。二是加强对亏损企业的监测和分析。重点抓好亏损大户、新增亏损企业、连续性亏损企业的调度分析;结合新形势下企业亏损的特点,研究三资及民营企业的趋利性亏损、老企业的历史性亏损、改制企业的体制性亏损和国际产业转移过程中的结构亏损等深层次的问题,针对企业亏损的不同特点和成因,分类提出对策措施,指导企业扭亏增盈。三是把扭亏增盈与产权改革结合起来。打破不同所有制产权流动的障碍,促进各类资本重组,积极发展混合所有制经济,推进亏损企业与优势企业的重组,盘活亏损企业的优质资产。四是继续总结和推广各地开展企业扭亏增盈工作的先进经验,发挥典型引路的作用,引导企业提高经营管理水平,努力向管理要效益。

在压缩两项资金占用方面,一是加强对两项资金占用的分析监测。从市场供求及价格变化、产品结构、帐目处理、统计规范等方面,对两项资金占用变动情况进行深入调研分析,及时把握两项资金占用增长趋势。搞好调度通报,引导企业不断强化资金效益观念,加快资金周转,确保今年继续实现"两低一快"(两金占用增幅低于销售收入增幅、两金占流动资产的比重继续降低、流动资产周转率继续加快)的监测目标。二是突出重点。对重点行业和重点企业从市场开拓、结构调整、落实财务政策等方面进行帮促,压缩不合理的资金占用。在重点企业特别是中央企业及国有和国有控股企业普遍开展一次两金占用帐龄结构调查,认真落实省里已出台的各项政策,加快处理库存积压产品和核销呆坏帐,提高资产质量。三是推进企业市场营销方式转变,从源头上控制两项资金占用的增长。按照经济市场化要求,继续在企业中大力推行订单生产,积极搞好以销促产、产销结合,不断提高产销衔接水平,最大限度降低库存。要及时发布重点产品的市场供求信息,引导企业坚持以市场为导向组织生产,准确分析和把握市场走势,为企业开拓市场、组织生产搞好服务。四是推进企业管理创新,提高资金管理水平。深入推广海尔集团实行企业流程再造的经验和时风集团“供应零库存、生产零积压、销售零赊欠”的资金管理经验,整合企业内部资源,形成科学的物流、产品流和资金流,实行企业流程再造,提高管理素质。加强成本管理,降低企业变动成本和固定成本;引导企业进一步完善企业预算管理制度,加强资金结算中心建设,推行客户信用评价管理,努力降低企业经营风险,全方位提高企业资金使用效益。

(四)搞好重要生产要素的供求协调,建立和完善应急保障机制

为了保证生产运行的快速健康发展,按照市场经济发展的要求,综合运用经济手段、法律手段和辅之以必要的行政手段,切实抓好生产要素的供求衔接和平衡工作。

抓好煤电运的供求衔接和供应保障。煤炭企业要在保证安全生产的前提下,合理组织生产,增加供给。要按照保重点、保合同的原则,首先考虑省内重点企业需要,特别是对电力、冶金、燃料、化工、热电、煤制气等关系到国计民生的重点用户,要确保优先供应。

各电力企业要采取有力措施,提高煤炭库存量。一方面要积极与省内煤炭企业衔接,按实际需要签订合同,不留缺口;另一方面要主动出击,加强与外省煤炭企业衔接,落实煤炭资源和运力,千方百计增加省外煤的调运量。要加强企业内部管理,确保电厂正常发电,电网安全运行,绝不允许随意停机。

抓好交通运输保障。铁路部门要把电力、冶金、化工、煤制气、热电等重点用户的煤炭运输放在首要位置;积极调整运输货物结构,优先安排铁路运输计划,努力增加进港重车数量,做好疏港工作。同时,对重点用户煤炭汽车运输开通“绿色通道”。

对重要生产要素的供求情况进行定期调度。建立调度分析制度,对煤炭、电力、原油、棉花、矿石、钢铁、资金、运输等重要生产要素、原材料的供需变化,定期进行分析,加强运行动态的监测。加强与重点企业的联系,强化重点订货合同完成进度的调度考核,及时研究解决企业生产要素供应中存在的突出问题,为企业组织生产经营提供良好的物质和运输支撑条件。

做好应对抗旱防汛、抗震救灾及其它突发事件的救灾物资准备工作。完善现有的工作机制和运行网络,制定供应保障预案,落实保障供应企业和产品生产能力,形成强有力的应急保障工作支持系统,满足应急保障工作需要。

(五)转变职能,改进工作作风,提高工作效率

按照宏观与微观结合的要求,切实改善和加强经济运行调节工作，把握动态，突出重点，适时调控，努力保持经济的平稳运行。

要进一步提高经济运行工作的前瞻性和指导性,密切与计划、统计、财税、金融、外经贸等有关部门的联系,共享信息资源,进一步从宏观上把握工业经济运行发展态势。改进和完善经济运行的组织方式,发挥运行系统机构完善、联系畅通、熟悉企业的优势,及时把握微观经济活动的变化,把宏观与微观紧密结合起来,及时准确把握经济运行动态。

要加强对企业的指导和服务。强化市场经济意识,着眼于两个市场,立足各类企业,突出重点企业,研究和解决经济运行中存在的突出矛盾和问题。要努力学会综合运用经济、法律手段和必要的行政手段,改善综合协调工作,为企业搞好生产创造条件,提供服务。

要进一步健全经济运行监测体系。在改进、完善经济运行分析制度、协调制度基础上,加大对重大问题、重点工作的研究和措施落实。不断完善经济运行信息系统,加快建立以重点企业为主要对象的信息监测和反馈网络,扩大信息覆盖面,提高工作效率。

注意调查研究,抓好典型引路。对经济运行中存在的热点、难点问题,通过组织多种形式的调研活动,摸透情况,找准问题,提出解决的措施和对策。注意总结经济运行工作中的好做法、好经验,带动经济运行工作搞好职能转变,提高工作水平。

加强经济运行工作知识学习和培训,搞好对中央和省委、省政府有关经济工作方针政策,市场经济条件下组织经济运行有关的国际贸易、法律、金融、财税、信息网络等知识的学习,提高工作人员素质。制定和完善各项工作制度,增强服务意识,提高工作效率,更好地为全省经济和企业发展服务。

山东省经济贸易委员会

二00四三月十五日

6-9 山东省经济贸易委员会 山东省财政厅关于公布山东省管理信息化试点企业通知

鲁经贸企字[2004]33号

各市经贸委(经委),财政局,省直有关厅局(公司)、各行办,各大企业:

按照省经贸委、省财政厅《关于进一步开展企业管理信息化试点工作的通知》(鲁经贸企字〔2003〕126号)要求,经企业自愿申请,各市经贸委、财政局和省直有关部门审查推荐,省经贸委、省财政厅研究确定,将中国烟草总公司山东省公司等100户企业列入全省企业管理信息化试点范围,现予公布。

各试点企业要高度重视试点工作,主要负责人要切实增强推进管理信息化的意识和紧迫感、责任感,并在人力、财力上予以保障;要做好企业管理信息化人才培训工作,选拔具有实践经验的技术骨干、管理骨干送大专院校进行管理信息化知识培训,争取短时间内培养一批管理信息化急需人才;要多渠道筹集资金,用足用好技术开发费据实列支、加速折旧等优惠政策,加大对企业管理信息化的投入,可将管理信息化投资列入技改项目总投资,今后新建技改项目要安排相应的管理信息化配套资金。对于水平高、实用性强、具有示范、推广价值的管理信息化项目和软件开发,各级政府应筹集必要的资金,进行导向性支持。

全省企业管理信息化试点工作由省经贸委、省财政厅统一领导,各市经贸委、财政局负责组织实施。各市要加强指导,及时总结试点经验,并将试点工作进展情况报告省经贸委、省财政厅企业处。

附件:山东省管理信息化试点企业名单

山东省经济贸易委员会

山东省财政厅

二00四年一月五日

附件:

山东省管理信息化试点企业名单

中国烟草总公司山东省公司
将军烟草集团有限公司
山东铝业股份有限公司
山东移动通信有限责任公司
中国联通有限公司山东分公司
中通客车控股股份有限公司
山东航空集团有限公司
浪潮集团有限公司
济南二机床集团有限公司
济南正昊化纤新材料有限公司
海尔集团公司
青岛港(集团)有限公司
海信集团有限公司
青岛啤酒股份有限公司

山东省通信公司青岛市分公司
青岛维客集团股份有限公司
青岛利群集团股份有限公司
山东新华制药股份有限公司
山东鲁抗医药股份有限公司
山东东大化学工业(集团)公司
山东玲珑橡胶有限公司
烟台正海集团有限公司
烟台东诚生化有限公司
南山集团公司
烟台万华合成革集团有限公司
蓬莱金创集团公司
山东只楚民营科技园股份有限公司
山东双力集团股份有限公司
山东临清银河纸业有限责任公司
山东时风(集团)有限责任公司
东阿阿胶集团
山东聊城鲁西化工集团有限公司
齐鲁制药厂
山东邹平电力集团有限公司
山东滨化集团有限责任公司
山东滨州渤海活塞股份有限公司
山东鲁北企业集团总公司
华纺股份有限公司
山东潍坊海龙股份有限公司
潍坊四棉纺织有限公司
潍坊新立克(集团)有限公司
潍坊二印纺织印染有限公司
山东潍坊百货集团股份有限公司
山东景芝集团有限公司
山东泰山钢铁有限公司
莱芜新开元织锦有限公司
山东泰山纸业股份有限公司
山东广寒宫集团有限公司
泰丰纺织集团
平原县电业公司
德州晶华集团有限公司
山东德棉集团有限公司
禹城市电力总公司
莱芜钢铁集团有限公司
烟台市振华百货集团股份有限公司
华泰集团有限公司
山东垦利石化有限责任公司
万达集团股份有限公司
山东利华益集团股份有限公司
东营科英激光电子有限公司
山东大海集团有限公司
临沂华盛集团总公司
山东银凤股份有限公司
金沂蒙集团有限公司
山东常林机械集团股份有限公司
山东如意科技集团有限公司
山东樱花纺织集团有限公司
山东济宁矿业集团有限公司
山东华阳科技股份有限公司
泰山玻璃纤维股份有限公司
山东泰山生力源集团股份有限公司
山东阿斯德化工有限公司
山东省七五生建煤矿
山东光岳转向节总厂
山东省潍坊生建集团
山东省三河口生建煤矿
中国重型汽车集团有限公司
鲁南制药股份有限公司
山东山工机械有限公司
山推工程机械股份有限公司
山东丰源煤电股份有限公司
山东金洲矿业集团有限公司
山东省威海糖酒采购供应站
威海广泰空港设备股份有限公司
山东成山轮胎股份有限公司
山东双轮集团股份有限公司
天润曲轴有限公司
三角轮胎股份有限公司
淄博矿业集团有限责任公司
兖矿集团有限公司
新汶矿业集团有限责任公司
山东玻璃总公司
青岛基珀密封工业有限公司
山东五征农用车有限公司
日照三木木业股份有限公司
莒县供电公司
山东银座商城股份有限公司
山东博泵科技股份有限公司
山东正大福瑞达制药有限公司

6－10 山东省经济贸易委员会关于印发2004年全省企业治乱减负工作要点的通知

鲁经贸法字[2004]72号

各市人民政府、省直有关部门:

经省政府同意,现将《二00四年全省企业治乱减负工作要点》印发给你们，请结合实际，认真组织实施。

山东省经济贸易委员会

二00四年三月四日

2004年全省企业治乱减负工作要点

今年是实现“十五”计划的关键一年,也是全面落实十六届三中全会和省委工作会议精神,深化改革、扩大开放、促进发展的重要一年。做好今年的企业治乱减负工作,对保持经济持续快速协调健康发展,建设“大而强、富而美”的社会主义新山东具有十分重要的意义。根据国务院减负办和省政府关于企业治乱减负的工作部署,制定2004年全省企业治乱减负工作要点如下。

一、指导思想

深入贯彻党的十六大、十六届三中全会和中央经济工作会议精神,以“三个代表”重要思想为指导,以服务市场主体、优化企业发展环境为目标,以整治企业和社会反映强烈的问题为重点,坚持标本兼治,加大治本力度,努力开拓企业治乱减负工作的新局面。

二、重点工作

(一)进一步整治和优化企业生产经营环境

一是全面清理收费项目。要根据《行政许可法》对部门现行的收费逐项进行清理,凡是不符合《行政许可法》的收费项目要予以取消。二是清理整顿涉及生产销售的各类收费项目,重新审核收费标准。要按照减轻企业负担、科学管理的原则,重新审核、确定生产销售的各类收费项目和标准,产品质量检验重复收费等不合理的收费项目要取消,收费标准过高的予以降低。三是清理、简化年检和报表,进一步方便企业。对企业年检、年度复核、年度审核及报表进行全面清理,除法律、法规和规章规定以外,能合并的合并,该取消的取消。四是继续抓好重点部门和重点项目的专项治理。要会同税务、物价、环保、质监、药监、工商、海关、铁路、水利等部门对企业和群众反映强烈的各种协会乱收费乱摊派、限制商品流通等问题进行专门督查,集中整治。五是进一步清理对企业乱检查、乱评比、乱培训和强制企业订购书报刊物、音像制品等行为。要认真执行国务院批准的《控制对企业进行经济检查的规定》,税务、质监对同一企业的检查,每年一般不得超过两次,其他行政机关一般不得超过一次;同时,本着精简效能的原则,能合并检查的要合并查检。政府各部门和单位不得强制企业参加培训、订购书报刊物和音像制品,不得对企业进行乱评比、乱排序;凡是政府部门要求企业参加的强制培训,组织者不得向企业收取任何费用。六是继续整顿中介服务收费,建立正常的中介服务收费秩序。中介机构在向企业提供有关服务时,要按照"自愿有偿"原则和有关规定收费用,禁止中介机构利用政府部门的职权,向企业强行服务和收费。

(二)继续治理向机动车乱收费和整顿道路站点

一是认真检查已取消的收费项目和收费目录落实情况。根据市场经济发展的新形势,坚决取消不合理的收费项目,降低过高的收费标准,对收费目录以外的收费,一律按乱收费进行查处。二是以城市道路收费站点为重点,继续清理整顿道路收费站点。按规定该撤销的一定要按时撤销,同时严禁将已取消的收费转移到未被撤销的道路收费站点进行变相收费。对保留的收费站点,要重新核定收费标准和收费期限。对已转让收费权的道路的收费项目,要按国家及省里规定的收费标准、期限进行收费。三是进一步整顿和规范机动车综合性能检测收费和安全技术检测收费。各市要加强对车辆安全技术和综合性能检测站的监督管理,对违规的检测站该整顿的整顿、该取消的取消,并要追究相关人员和领导的责任。要认真解决车辆检测收费过高、重复检测、重复收费等问题。

(三)继续加大乡镇企业治乱减负工作力度

全面贯彻落实《乡镇企业负担监督管理办法》,配合"三农"工作和农民增收减负政策,逐步建立乡镇企业负担监测联系点和监督员制度;继续组织开展乡镇企业治乱减负"回头看"活动,总结经验,吸取教训,切实把企业治乱减负的各项政策落实到乡镇企业和非公有制企业。要注重调查研究工作,针对向乡镇企业和非公有制企业乱摊派、乱罚款和各种摊派问题,及早制定相应措施,及时予以解决。

(四)深入开展"三查"活动,加大监督检查和执法力度

各市要重视开展"三查"(查基层单位、查薄弱环节、查突出问题)活动,做到有部署、有查处、有落实,把抓典型、抓查处、抓曝光作为治乱减负的有效手段,采取普遍检查和重点检查相结合、明查和暗访相结合、督办和实地调查处理相结合等多种方式,严格实行"三乱"案件督办制度和重大典型案件通报制度。要健全各级信访举报制度,强化减负办、主管部门和企业三级监督网络,充分发挥企业和社会治乱减负监测、联系制度的作用,形成广泛的企业负担监督网络体系。

(五)整章建制,推进企业减负进入法制化轨道

继续完善收费公示制度、收支两条线管理制度、收费登记制度、企业内部收费报告制度;完善企业负担监测联系制度和涉企执收执罚评议制度,建立并强化监测和评议体系;督促、指导企业建立内部交费监督管理机制,制定企业收费监督管理有关规定。加强收费公路总量控制及城市贷款道路收费方式的改革,积极实施高速公路联网收费;制定收费公路车辆通行费相关管理办法,建立收费公路定价听证制度。推进治乱减负工作走向规范化、制度化、法制化轨道。

三、几点要求

(一)抓好落实

各市和省直有关部门要认真学习领会中央和省有关企业治乱减负的精神,按照省里的统一部署,制定好今年的工作思路,要突出重点,突出典型,努力做好正反两方面的引导教育工作。各市减负办要搞好组织协调,各成员单位和有关部门要密切配合,落实分工,搞好衔接,切实把今年的治乱减负工作任务落到实处,取得实效。

(二)加强督查

要开展形式多样的督查工作,坚持行之有效的督办制度、大检查和专项检查制度,充分发挥重大案件查处的威慑作用和新闻媒体的监督作用,拓宽工作思路,创新工作方式,力求工作实效。

(三)加强领导

针对机构改革、人员变动较大的情况,要加强对企业治乱减负工作的组织领导,高度重视企业治乱减负工作机构和干部队伍的建设,保持队伍的稳定性和工作的连续性。各市减负办和减负工作牵头单位,要切实负起责任,建立和完善各项工作制度,按照"谁主管、谁负责"的原则,落实减负工作责任制,确保企业治乱减负工作顺利进行。

6－11 山东省经济贸易委员会关于贯彻《中共山东省委关于牢固树立和认真落实科学发展观的决定》的意见

鲁经贸综字[2004]119号

各市经贸委(经委)、省行业办公室:

为认真贯彻《中共山东省委关于牢固树立和认真落实科学发展观的决定》(鲁发〔2004〕11号)精神,以科学发展观指导经贸工作,省经贸委研究提出了以下工作意见,现发给你们,请结合各自实际,切实抓好落实。

(一)切实提高对科学发展观重要意义的认识,以科学发展观,指导推动工业流通经济更快更好发展

科学发展观的提出,是我党在社会主义建设理论和实践上的重大发展,是党执政理念的一次飞跃,指明了新世纪新阶段我国现代化建设的发展道路、发展模式和发展战略,具有重要的现实意义和深远的历史意义。树立和落实科学发展观,是贯彻落实“三个代表”重要思想的具体体现,是全面建设小康社会的必然选择。对经贸系统来讲,坚持科学发展观,就是坚持发展这个主题不动摇,坚持走新型工业化道路不动摇,把发展的出发点和落脚点落实到以人为本,实现全面、协调、可持续发展上来;落实到“五个统筹”上来;落实到切实转变经济增长方式,实现速度和结构、质量、效益相统一,经济发展和人口、资源、环境相协调上来。当前,我省已进入工业化中期阶段,产业升级步伐加快,市场对资源配置的基础性作用迅速增强,国际国内经济日益融为一体,工业发展同城市化进程、农业和服务业发展更加紧密地联系在一起,在国民经济和社会发展中的带动和促进作用增强。面对工业发展的新形势、新特点,全省经贸系统必须牢固树立和认真落实科学发展观,坚持用科学发展观指导经贸工作,准确把握工业流通经济的发展规律和重点环节,努力抓住本世纪头二十年这一重要战略机遇期,突出加快发展先进制造业和现代流通业,促进工业流通经济发展得更快、更好、更协调。

(二)加大结构调整力度,加快制造业强省建设步伐

抓紧修改完善《走新型工业化道路建设制造业强省发展纲要》,形成发展先进制造业的指导性《意见》。一是培育七大产业链,打造强势产业。着眼于提升拉长电子信息、汽车、船舶、石化、家电、食品、服装纺织七大产业链,突出搞好载体建设,抓项目,抓企业,抓技术,抓资金,抓人才。探索设立行业技术开发中心,完善会展、信息咨询、文化、教育等服务环节,形成“龙头带配套,配套促龙头”的良性循环,全力打造强势产业链。二是引导产业聚集,优化区域工业结构。进一步修改完善青岛、烟台、威海三市产业发展规划,加大招商引资力度,积极承接日韩、欧美等国家地区的资本、技术、品牌和管理的转移,把胶东半岛建设成为山东制造业的龙头,叫响“山东制造”。突出特色和产业聚集,强化工业立县思想,以30个经济强县为主要载体,形成一批在全国具有较强竞争力的制造业特色县。同时,认真落实省委“东西结合,突破菏泽”战略,推进“百个项目进菏泽”工程,带动西部欠发达县跨越式发展。三是强化技改投向的引导,确保制造业强省建设规划落到实处。紧紧围绕建设制造业强省,及时发布产业政策信息和市场信息,引导社会和企业技改投向。在省重大投资项目的组织筛选上,集中考虑建设制造业强省所需要的重点领域、重点企业和重点产品;在组织申报国债项目上,优先考虑建设制造业强省的需要。

(三)大力实施名牌战略,推动大企业加快发展

一是深入开展学海尔创品牌活动。针对当前市场消费向名牌集中的趋势,大力推广海尔创世界品牌的经验,搞好发展名牌的宣传和研讨,引导大企业重点通过提高质量、开拓市场、加大创新、以人为本、对外开放等措施,创造自己的品牌。搞好山东名牌产品万里行活动,实地宣传推介山东名牌,扩大山东名牌的影响,提高“山东制造”的品牌形象。二是进一步搞好对大企业发展的指导。年内召开全省大企业工作会议,借鉴发达国家大企业发展经验,深入研究掌握大企业快速健康发展的内在规律,重点推动大企业在现代企业制度、技术创新体系和市场营销体系建设上取得新突破,加快培育形成一批核心竞争力强、拥有自主知识产权和知名品牌的大公司、大企业集团。

(四)“引进来”与“走出去”并举,推进经济国际化进程

一是大力招商引资。突出先进制造业这个重点,加强与跨国公司的合作,着力引进国外资金、先进技术、管理经验和高素质人才。鼓励支持国有及国有控股企业,向以跨国公司和世界行业领先企业为重点的战略投资者转让国有股权,吸引外商增资扩股。二是大力发展加工贸易。积极争取国家机电产品技术改造专项贷款和贴息资金,以此为引导,推进加工贸易环节的升级。支持各地为跨国公司和大型外资加工贸易企业提供加工配套,提高加工贸易的国内配套率。建立加工贸易电子通关便捷绿色通道,对加工贸易项目所需进口的料件和出口的产品,协调海关、商检、外管等部门设立电子通关便捷绿色通道,采取特事特办的原则,给加工贸易企业提供快捷服务。三是积极实施“走出去”战略。继续推广海尔、德棉等企业到境外投资的经验,引导具有竞争优势的省内企业到境外投资建厂。推动国内资源短缺、开采成本高的能源类、资源性企业加快"走出去",拓宽发展空间。鼓励企业将产品生产导入跨国公司的产业链,将产品销售纳入跨国商贸企业的采购体系,借此快捷地走向国际市场。

(五)以产权制度改革为重点,推进国有经济布局的战略性调整

一是深入抓好省属企业公司制改革。以股份制为主要形式,推进国企投资主体多元化,大力发展混合所有制经济。二是抓好国有大中型企业主辅分离、辅业改制。尽快出台国有大中型企业主辅分离、辅业改制实施方案,组织指导30户需实施主辅分离的地方国有大中型企业和234个需分离改制的辅业单位,实施好主辅分离、辅业改制工作。同时,落实好相关政策措施,推进国有大中型企业精干主业,提升核心竞争力。三是抓好劣势企业退出市场和国有股份减持转让。目前,全省需退出市场的国有及国有控股企业有225户,涉及职工30.1万人,资产总额248.1亿元。对这些企业,符合条件的争取列入《全国企业兼并破产和职工再就业工作计划》,实行政策性破产;对不能列入全国计划但符合破产条件的企业,依法实施破产。对一般竞争领域的国有独资公司、未改制国有企业和国有股比重大的有限责任公司、股份有限公司,加快减持、转让国有资本。

(六)放手发展民营经济,不断培植新的经济增长源

一是抓好省委、省政府加快民营经济发展的《决定》和《补充规定》等各项政策措施的落实。继续放宽民间资本和外来投资的准入领域,降低准入门槛,减少准入障碍,鼓励各种资本兴办企业。近期,在全省范围组织一次政策落实情况大检查,总结经验,发现问题,研究采取对策措施。二是继续搞好民营企业产学研合作。5月份,召开全省民营企业产学研洽谈会,力争在技术创新成果水平、参会民营企业规模、实际合作效果上实现新突破,为民营企业技术创新搭建平台。三是加大对省外民营资本的引进。9月份,筹备召开好第二届全国知名民营企业家“齐鲁行”暨经贸洽谈活动,吸引更多的国内民营大企业到山东投资兴业。四是加快服务体系建设。加强信用担保体系建设,重点发展商业性担保和会员制互助性担保公司,逐步形成多层次、多渠道的民营企业信用担保体系。

(七)搞好资源节约综合利用,大力发展循环经济

一是广泛开展“资源节约年活动”。在搞好企业节能自愿协议试点的基础上,继续推进节能机制创新。加强对年耗能5000吨标煤以上重点用能单位的节能管理,进一步挖掘节能潜力。制订工业节水规划,出台《山东省工业节水管理办法》,规范企业用水管理,严格限制新上高耗水项目,加速淘汰高耗水、高污染、低效益产品,大力发展节水产业。二是贯彻实施《清洁生产促进法》。出台《山东省清洁生产审核办法》,组织重点企业实施清洁生产审核,积极组织清洁生产示范试点。三是指导循环经济发展。重点抓好煤炭、建材、电力、轻工、化工、冶金6个行业和新汶矿业集团等10个综合利用示范企业以及300个循环经济骨干企业提高资源综合利用水平。

(八)大力推进流通现代化,全面提升流通业发展水平

尽快出台《山东省关于培育发展流通领域大集团的意见》,以15户规模大、效益好、成长性强的流通领域大企业、大集团为重点,加快流通企业扩张、壮大步伐。一是大力发展连锁经营。鼓励大型流通企业通过输出商标、商号及经营管理技术、发展特许经营等方式,大胆走出省门、国门,实现跨地区、跨行业低成本扩张。二是完善物流配送。认真学习借鉴国内外先进的物流服务理念和物流管理模式,合理确定建设规模和水平,在完善内配、增强外配功能上下功夫,逐步由企业内部配送为主向第三方物流配送方向发展。三是落实和完善政策措施。围绕贯彻落实省委、省政府出台的促进现代流通业发展的扶持政策,并根据流通业发展新形势,抓紧制订配套政策措施,为流通企业加快发展创造良好的政策环境。

(九)加强宏观调控,促进工业流通经济健康有序发展

学习贯彻《中华人民共和国行政许可法》,提高依法管理、依法调控的能力。严格和完善市场准入制度,认真研究制订重点特种行业的市场准入标准,坚决遏止盲目投资和低水平重复建设。加大关闭"五小"、淘汰落后、压缩过剩生产能力工作力度,巩固实施总量调控和淘汰落后的成果。

继续整顿和规范市场经济秩序。加强市场监管,严厉打击制假售假、商业欺诈、偷税骗税逃税和恶意逃废债务等违法犯罪行为,重点抓好直接关系人民群众健康安全和切身利益的食品、医药、房地产市场专项整治。全面推进"诚信山东"建设。

强化抓生产必须紧抓安全的意识,重点抓好两个环节。一是在项目的备案或审批管理上,坚持安全门槛不降低。二是在企业经营管理上,引导企业时刻绷紧安全生产这根弦,严格安全规章,健全安全机制,堵塞安全漏洞,确保安全生产不出大的问题。

山东省经济贸易委员会

二00四年四月三十日

6－12　山东省经济贸易委员会关于全省2004年上半年经贸工作情况和下半年安排的报告

鲁经贸综字[2004]157号

省政府:

现将2004年上半年全省经贸工作情况和下半年的安排报告如下。

一、上半年经贸工作情况

今年以来,在省委、省政府的正确领导下,全省经贸系统坚决贯彻落实国家宏观调控政策,以科学发展观为指导扎实开展各项经贸工作,精心组织经济运行,整个工业流通经济呈现出生产快速增长、需求稳步扩大、运行质量大幅度提高的良好发展势头,圆满完成了上半年任务目标。上半年全省规模以上工业企业完成增加值2930.4亿元,比去年同期增长26.5%,增幅同比提高5个百分点;实现利税1024.1亿元、增长39.4%,其中利润619.9亿元、增长44.2%;规模以上企业达到19025户,比年初增加2853户。实现工业产品出口140.1亿美元,增长34.7%。实现社会消费品零售总额2058.7亿元,增长13.3%。完成发电量777.2亿千瓦时,增长18.2%;工业用电量603.6亿千瓦时,增长21%。各种运输方式共完成换算周转量2199.98亿吨公里,增长11.7%。邮电业务收入完成171.8亿元,增长25.02%。

回顾上半年,结构调整、市场开拓、招商引资、大企业改革与发展、流通现代化等各项经贸工作都取得了新的进展。

(一)大力推进技术进步,工业结构调整迈出新步伐

一是突出制造业强省建设规划的编制和引导。按照省委、省政府建设制造业强省的战略决策,起草了《山东省走新型工业化道路,建设制造业强省发展纲要》,确立了以建设具有国际竞争力的制造业强省为总目标,"形成一个基地"、"建设一条制造业隆起带"、"培植六大产业聚集区"、"抓好七个产业链"的总体思路、规划和相应措施,正在待省政府常务会研究。对重点发展的七个产业链规划细化编制了具体实施方案。初步拟定了到2010年的胶东半岛制造业基地建设产业发展规划,促进建立统一协调、共同发展的青烟威经济协作区。二是突出抓好技术改造,促进大项目建设。年初,围绕制造业强省建设需要,经有关行业专家论证,推出了2004年技术改造导向项目,共783个项目,总投资934亿元,为抓好全年技术改造提供了重要导向和依据。省里重点抓好国债项目和重大技改项目的实施。对在建国债项目,引导各级、各部门和项目企业加快工作进度,今年又有20个国债项目下达了投资计划,总投资20.3亿元,新下达贴息资金1.55亿元;积极争取新的国债项目,会同省计委或单独上报项目69个,总投资102.2亿元,目前有6个项目国家已同意立项,总投资3.6亿元。对投资过亿元的重大技改项目,加强调度协调,推动建设进度。落实好国家制止钢铁、电解铝、水泥、电石、铁合金、焦炭等行业盲目投资和低水平重复建设,抑制固定资产投资过快增长等方面的措施,扎扎实实地做好项目清理工作,目前已完成自查。上半年,全省工业技改投资累计完成820.6亿元,同比增长52%;建成投产亿元以上项目65个,完成投资149.1亿元。三是着力提高企业和重点产业链技术创新能力。对省级以上企业技术中心,加强了运行绩效的督查,促其提升建设质量和水平。积极搭建重点产业链研发中心平台,在重型汽车、橡胶两个产业领域,分别以重汽集团、青岛软控公司为依托,新组建了行业技术中心,开展了对行业共性技术的联合攻关。上半年,全省累计开发新技术新产品4500项,其中达到国际水平和填补国内空白的750项,投产率达85%;组织实施重点技术创新项目232项,总投资30亿元。四是贯彻落实全省人才工作会议精神,加强企业人才培训。在全省实施了"企业高级经营管理人才培养工程",加大对企业高层次经营管理人才的培养。开展了大规模企业经营管理人员和基层管理人员的培训工作,夯实企业管理人才培训基础。

(二)引导企业强化品牌营销工作,市场开拓取得新成效

积极搭建扩大山东名优产品辐射能力的新平台。在省政府的领导下,与省质监局、济南铁路局一起,组织279家名牌产品生产企业,开展了山东名牌产品万里行活动,租用专列到天津、沈阳、长春、哈尔滨四市,重点推介了380多种获得中国名牌和山东名牌称号的产品,沿途签订购销协议131.2亿元,其中合同金额78.3亿元,开创了集中促进山东名牌产品销售的新途径。同时,组织举办了东亚地区纺织服装经贸洽谈会、华东华北地区农机汽车工程机械产品春季展销订货会,承办了第十届中国家具及机械展览会,组团参加了第15届哈尔滨经贸洽谈会,均取得了较好效果。组织省内企业积极抓住国家实施西部大开发战略的机遇,主动到中西部省份以投资拓市场。通过近年来的互动洽谈,今年上半年,我省先后与青海、山西两省举办了项目洽谈会,共达成合作项目29个,总金额88亿元,这些项目大多是省内企业到省外开发资源和实行销地产,拓宽了企业的市场空间。大力开展电子商务。对全省销售收入过10亿元企业的信息化建设状况进行了专题调研,摸清了企业信息化建设的现状及存在的问题。与省信息产业厅联合召开了部分重点商贸、物流企业参加的电子商务座谈会,引导企业搞好网络建设,构筑网上商务平台。上半年,全省规模以上工业企业实现产品销售收入9405.1亿元,同比增长41%;工业产品销售率为97.45%,同比提高0.07个百分点。

(三)以招商引资为重点,大力推进了工业外经贸发展

从年初开始精选招商项目,编制了2004年山东工业七大产业链对外合作项目(共58个项目,总投资30.9亿美元),和山东省企业国有股权转让项目

(共16个项目,涉及资产413.5亿元),具体工作着力抓了两大项。一是突出抓了我省与美国卡特彼勒公司的全面合作,使我省装载机等工程机械,可望在较短时间内实现与国际先进水平接轨。在推进卡特彼勒并购青州山工的基础上,4月份与潍坊市政府联合举办了山东与卡特彼勒合作项目对洽会,组织省内87家企业与卡特彼勒42家全球配套企业进行了对接,达成合作意向12项。二是积极推进船舶工业招商。年初召开了全省船舶工业工作会议,安排了以招商引资为突破口加快船舶工业发展的具体措施,推动了北方船舶重工集团、哈尔滨工程大学与我省的全面合作。4月份跟随韩寓群省长,在韩国举办了船舶工业招商推介会,着重推介了青烟威三市的7个重点造船项目,初步达成了一些合作意向。推进船舶工业对欧美招商,促成了蓬莱渤海造船公司和意大利船舶工程设计与承包公司的合作,总投资2400万美元,重点建设化学品船专业生产基地。整个工业招商引资增长迅速,上半年制造业实际利用外资44.3亿美元,同比增长63.8%。

推动企业扩大出口。充分利用国家机电产品出口技改专贷优惠政策,努力培育出口大户,今年以来争取国家机电产品出口贴息技改项目40个、研发资金项目12个,提高了机电产品出口骨干企业加快发展的积极性。对浪潮LG、荣成华泰、重汽沃尔沃、莱钢等重点企业在关键件及零配件进口、技术设备引进方面,给予了全力支持,及时满足企业需要,以进促出。组织企业参加了第三届APEC中小企业(青岛)技术交流暨展览会、第八届厦门机电产品对台交易会等专业展洽会,为企业开拓国外区域市场创造了条件。上半年,全省机电产品出口42.3亿美元、增长52%,占外贸出口的比重为27.2%,同比提高3.5个百分点。

(四)搞好国有企业改革改组,在大企业发展上采取了新举措

认真组织实施《关于深化省属国有企业改革的意见》,加快了省属工贸企业改革。抓好国有大中型企业主辅分离、辅业改制,指导其制定好主辅分离、辅业改制总体方案,并深入落实。抓了劣势企业退出市场。制订了《2004-2007年山东省国有困难企业关闭破产工作总体规划方案》,从225户需退出市场的国有及国有控股企业中,选择79户企业列入2004-2007年企业政策性关闭破产规划,涉及职工10.04万人、资产总额105.2亿元、负债总额155.1亿元,需核销国有金融机构债权85.8亿元,目前正分步抓好实施。继续做好债转股后续工作,及时协调解决企业实施债转股过程中遇到的问题。

深入推进大企业加快发展。与省统计局一起,调度分析了全省大公司大集团的基本数据,首次推出了山东省工业企业(集团)百强,并利用报刊等新闻媒体进行广泛系列宣传,进一步提高了山东大企业的知名度。目前,百强企业实现营业收入、利税、利润,分别相当于全省规模以上工业企业的42.6%、48.8%、47.1%。开展了学海尔创品牌活动。认真落实中央和省领导指示精神,大力总结推广海尔创世界品牌的经验,搞好发展名牌的宣传和研讨,引导大企业重点通过提高质量、开拓市场、加大创新、以人为本、对外开放等措施,创造更多的自主品牌。

(五)加大提升传统商业力度,推进了流通现代化

一是搞好商业网点的规划与建设。目前,青岛市的商业网点规划已公布实施,济南、烟台、东营、潍坊等市的规划正在论证,其他各市正加紧编制。结合商业网点规划,各地建设了一大批现代化流通基础设施,大型综合超市、专业店、仓储式商场、购物中心及现代批发市场等已成为全省商品流通的重要载体,连锁经营已成为零售业最具活力的组织形式和经营方式。二是组织开展工商、商商、农商联手促销。春节、"五一"两个黄金周,各地适时调整商品结构,突出服务特色,通过集中展销、优惠促销、以文促销等多种形式,扩大了商品销售。据统计,今年"五一"黄金周期间,重点调度的40家零售大店实现商品销售8.3亿元,同比增长83.8%。对农村市场开拓,各地积极探索多种有效形式,实施超市下乡战略,延伸了服务网点。三是实施食品放心工程,大力促进餐饮业发展。大力推动以"倡导绿色消费、培育绿色市场、开辟绿色通道"为主要内容的食品"三绿工程",组织实施了居民厨房工程和放心早(午)餐工程,启动了晚间消费,繁荣夜经济。5月份组织举办了第二届"山东名小吃"认定活动,共向社会推介了262个品种的"山东名小吃"。启动了国家级酒家酒店等级评定工作,在全省餐饮行业推广了《酒家酒店分等定级规定》国家标准。

(六)积极搞好技术、融资等服务,民营经济发展步伐进一步加快

一是按照省领导要求,加大了对民营经济的宣传力度。组织省内主要新闻媒体,大力总结推广了一批发展民营经济的典型,起到较好的示范引导作用。二是加大对民营企业的技术支撑。5月份,成功举办了2004年民营企业产学研洽谈会,突出项目推介、人才交流、技术服务,共达成合同、协议312项,总金额68亿元,涉及100多所高校、科研单位和全省280家企业。三是强化融资服务。突出加强信用担保体系建设,各类担保机构发展到51家,注册资本20.5亿元,其中13家担保机构列入全国中小企业信用担保体系试点范围。上半年,省担保公司为29户企业担保62笔,累计担保额近5亿元,有力地扶持了中小企业的发展。主要为中小企业融资服务的典当业快速发展,上半年累计发放当金11.7亿元,同比增长1.4倍,其中对中小企业业务占68.7%。成功举办了山东省首届民营企业发展与海外融资论坛,来自美国、加拿大等地的14位专家,分别就上市、实务、法律、财务等方面做了主题演讲,使企业进一步了解了国外上市的基本条件和要求。四是搞好民营企业工业园区规范发展。按照国家清理整顿现有各类开发区的要求,各级对民营经济园区进行了清理、撤销、整顿、规范,促进了民营经济园区用地进一步规范,投资强度、产出效益和土地利用率不断提高。上半年,规模以上私营工业实现增加值453亿元,同比增长51%。

(七)全面贯彻落实省委、省政府加快县域经济发展的决策精神,分类指导推动了县域工业经济发展

开展了对经济强县工业发展的研究指导。2、3月份,集中进行了30个经济强县工业发展情况的专题调研,总结了强县工业发展经验和存在的困难矛盾,研究确定了点面结合推进县域工业发展,即面上突出抓规划指导和典型引路,点上突出抓特色产业提升,培育区域产业优势,形成一批特色经济强县的工作思路,并制定了相应措施。以实施“百个项目进菏泽”工程为主抓手,落实省委、省政府“突破荷泽”战略,加快经济弱县工业发展。2月底召开了“百个项目进荷泽”工程第一次项目对接会,共签订项目合作协议38项,总投资109.6亿元,目前有些项目已经开始启动。组织了“知名专家菏泽行”活动,已帮助菏泽的8家企业研讨规划、对接项目、解决难题,提供技术支持。组织菏泽企业管理人员到东部地区优势企业挂职学习,从济南、青岛、淄博、烟台、潍坊、威海几市落实30家企业接受挂职干部,目前第一批挂职干部已到位。组织开展了对曹县的对口帮扶。4月份组织有关专家对曹县工业发展规划进行了论证;组织了曹县企业与东部企业项目对接洽谈会,有16家省内重点企业与曹县相关企业达成了合作意向。

(八)一手抓节能增效,一手抓煤电运综合协调,较好地保证了经济发展对能源等要素的需要

以开展节能宣传周系列活动为契机,高举节能降耗大旗,推进了资源节约综合利用工作。建立了资源节约联席会议制度,大力开展节能宣传,推动了全社会资源意识、节约意识的提高。积极推进重点企业节能自愿协议试点,济钢、莱钢的节能自愿协议试点工作得到国家充分肯定。大力抓好以资源综合利用为代表的循环经济发展,我省《关于大力发展循环经济,推进新型工业化的意见》,在各地和企业逐步深入落实,并被国家发改委转发全国推广。会同有关部门制订了《关于全面推行清洁生产的意见》,从源头上治理工业污染迈出重要步伐。

加强煤电运综合调控,为社会生产生活提供了电力保障。针对全国性煤炭紧张,省内发电企业普遍缺煤的紧急局面,我们按照省政府的部署,将电煤调运作为保障经济运行第一位的工作来抓。建立了快速反应和协调工作机制,从煤炭、电力、铁路等部门抽专人组成了省煤电运办公室,坚持日调度、日协调。认真组织省内煤电双方落实电煤供应合同,积极到山西、河南等省协调落实电煤资源。加强电煤运输协调,坚持铁路、公路、水路“三管齐下”,争取国家发改委将我省7家电厂列入保障重点,铁道部3次专门给我省下达运输调度令,开通了11个电煤直达专列,省外电煤到货率由3月份的45%提高到目前的70%;协调公安、交通部门对公路电煤运输超限超载车辆实行快速通行政策,开辟了电煤公路运输快速通道。积极加强全省电力资源调控,搞好电网稳定性分析研究,加强电力技术监督,及早安排电力迎峰度夏,合理安排电力设施检修,出台政策促进东部地区错峰平谷,保证了电网稳定运行。

(九)加强了依法行政和市场监管,经贸发展环境不断改善

深入学习《行政许可法》,积极推进政务公开,切实转变政府职能,搞好服务,努力创建创新型、学习型、服务型机关,被授予“省直机关作风建设年活动先进单位”荣誉称号。继续强化了整顿和规范市场经济秩序工作。切实抓好诚信建设,协调有关部门继续开展专项整顿,大力治乱减负,维护了正常市场秩序。继续治理向机动车辆乱收费和整顿道路站点,先后对滨州、济南、济宁等7市公路“三乱”进行了明查暗访,对存在的问题限期有关市整改到位。牵头组织了对改装车生产的治理,与有关部门一起认真开展了对“大吨小标”车辆的清理整顿。按照任务分工,继续抓了纠正医药购销中的不正之风,严肃查处药品和医疗器械购销活动中的商业贿赂行为。全面贯彻建设“平安山东”的决策部署,狠抓了安全生产措施的落实。重点抓了对事故多发领域和民营企业、化工食品企业的事故隐患排查和整改督察,抓好安全生产专项整治。

当前经贸运行中存在的突出矛盾和困难有:市场经济条件下,如何充分发挥产业结构调整规划的引导作用,使政府鼓励的企业、项目得到有效激励和顺利发展,使政府限制的企业、项目得以有效遏制,这是急待研究解决的紧迫课题;受国家宏观调控政策影响,企业资金和项目用地紧张;煤电运持续紧张,电煤供应和电网运行形势不容乐观,铁路运能与运量矛盾突出,港口疏港压力较大;部分能源、原材料价格上涨带来企业生产成本上升,亏损和微利企业明显增加。

二、下半年工作安排

总的想法是,按照省委、省政府的部署,继续牢固树立和落实科学发展观,认真贯彻全省领导干部座谈会精神,以建设制造业强省为目标,全面推进各项经贸工作深入开展,圆满完成工业流通经济全年各项任务目标,为全省经济发展多做贡献。

(一)加大结构调整力度,加快制造业强省建设步伐

抓紧修改完善《建设制造业强省发展纲要》,近期向省委、省政府做出专门汇报,争取早日下发实施,并对条件成熟的工作先期启动。一是抓好七大产业链培育,打造强势产业。以产业链发展规划为导向,突出搞好带动作用大的重点项目建设,推进配套产业发展,提升、拉长产业链条。二是引导产业集聚,优化区域工业结构。指导青岛、烟台、威海三市进一步完善产业发展规划,加强区域合作协调,加快打造先进的胶东半岛制造业基地。筹备召开经济强县工业工作会议,引导30个经济强县进一步强化工业立县思想,突出特色和产业集聚,加快形成一批在全国具有较强竞争力的制造业特色县。同时,继续推进“百个项目进荷泽”工程,做好对口帮扶曹县工作,跟踪落实签约项目,抓好新项目对接,争取下半年组织第二次项目对接会,再达成一批新合作项目。三是强化产业政策对投资方向的引导。紧紧围绕建设制造业强省,及时发布产业政策信息和市场信息,引导社会和企业投资方向。在省重点投资项目的组织筛选上,集中考虑建设制造业强省所需要的重点领域、重点企业和重点产品。加快搞好企业项目清理,对技术含量高、市场需求好、符合结构调整要求的项目,继续给予支持;对技术含量低、明显超出市场需求、不符合结构调整要求的项目,特别是过度投资和低水平重复建设的高耗能、高耗水、高物耗、污染严重的项目,坚决停建整改。四是抓好行业和企业技术中心创新能力培育。按照开放式、国际化要求,完善技术中心评价机制,推行动态管理,进一步提高技术中心建设水平和创新能力。五是加强人才队伍建设,为制造业发展提供智力支撑。制订下发《关于大力推行人才兴企战略,进一步加强人才队伍建设的实施方法》,指导企业培训、引进等多方式并举,努力为各种人才营造良好工作环境,大力提高人才队伍活力。在全省重点工业领域实施“工程技术英才”建设工程,推进企业高层次科技队伍建设。

(二)大力实施名牌和创新战略,推动大企业加快发展

一是进一步搞好对大企业创新发展的指导。7月底召开全省大企业集团创新工作会议,积极学习借鉴发达国家大企业创新发展的经验,深入研究掌握大企业持续健康发展的内在规律,推进大企业现代企业制度、技术创新体系和市场营销体系建设,使我省大企业依靠深入创新,进一步开创快速协调发展的新局面。二是深入开展学海尔创品牌活动。对今年以来开展的学海尔创品牌活动,进行一次全面总结,从各个学习侧面,发掘一些学得深、学得实、效果好的先进企业,通过现场交流等多种形式,将学海尔活动形象、深入、扎实地推广下去。在对山东名牌产品万里行北线活动进行认真总结的基础上,三季度再组织一次山东名牌万里行西线活动,以兰州、乌鲁木齐等城市为中心,进一步开拓西北市场。三是引导企业切实加强内部管理。大力推广时风集团等企业的管理经验,进一步完善企业预算管理制度,加强资金结算中心建设管理,推行客户信用评价管理,努力降低企业经营风险。

(三)加强重点领域招商,推进经济国际化进程

一是突出先进制造业这个重点,加强与跨国公司的合作,着力引进国外资金、先进技术、管理经验和高素质人才。继续推动我省与卡特彼勒公司的合作,帮助其选好地址,力争其将中国产品研发中心落户我省。同时,充分利用我省与卡特彼勒公司成功合作的经验和良好国际影响,争取在几个关键制造业领域,再与国际大公司达成类似合作,加快我省制造业赶超国际先进水平的进程。抓好船舶专题招商会洽谈项目跟踪,对有意向项目跟上做好工作。跟踪推进泰国正大集团在我省的超市投资项目。二是大力支持加工贸易发展,扩大机电产品出口。积极争取国家机电产品技术改造专项贷款和贴息资金,以此为引导,推进加工贸易环节的升级。支持各地为跨国公司和大型外资加工贸易企业提供加工配套,提高加工贸易的国内配套率。三是搞好口岸“大通关”工作,为对外经贸往来创造优质服务环境。突出抓好各通关环节的衔接和管理系统的优化,推动口岸信息平台建设,努力提高口岸工作效率。继续做好开辟国际航线工作,争取尽快开通济南至日本空中航线。

(四)加快发展民营经济,不断培植新的经济增长源

一是继续抓好省委、省政府加快民营经济发展的《决定》和《补充规定》等各项政策措施的落实。下半年开展一次政策落实的调研和专项督察,督促各地切实将已有政策落到实处。二是抓好民营企业产学研洽谈会项目的落实。落实好上半年召开的全省民营企业产学研洽谈会取得的成果,继续举办小规模、专业性的洽谈活动,推动产学研联合经常化、制度化。三是加大对省外民间资本的引进。9月份,筹备召开好第二届全国知名民营企业家“齐鲁行”暨经贸洽谈活动,力争吸引60户以上国内民营大企业到山东考察投资事宜,进一步将这个活动办成我省对国内招商的重要品牌。四是加快信用担保体系建设。大力发展商业性担保和会员制互助性担保公司,逐步形成多层次、多渠道的民营企业信用担保体系。

(五)搞好资源节约综合利用,大力发展循环经济

一是扎扎实实组织开展资源节约活动。制定和实施重点行业能耗定额,促进企业降低能耗。积极推行合同能源管理,进一步加强节能服务机制创新。实施节能设备(产品)认证,研究实施强制性能效标识制度的方法、政策,促进节能新技术、新工艺、新设备的开发应用。继续加大工业节水力度,限制高耗水项目,加速淘汰高耗水、高耗能、高污染的技术、产品;组织开展创建节水型企业活动,争取年内全省三分之一的企业达到节水型企业标准。对节能自愿协议试点工作进行总结,进一步规范完善,向面上企业推广。二是发挥示范企业和骨干企业作用,大力提高循环经济和综合利用水平。组织好节能、节水、资源综合利用重大项目和示范项目以及现役火电厂脱硫设施国债建设项目的申报工作,对已批的国债项目继续加强管理,大力培育节能与综合利用示范企业和骨干企业。研究制订再生资源回收利用的政策措施,促进再生资源的循环利用。继续搞好资源综合利用认定管理,加大监督检查力度,提高综合利用企业和电厂的管理水平。三是制定政策,抓好示范,全面推进清洁生产工作。加快制订清洁生产审核办法,组织重点企业实施清洁生产审核。抓好清洁生产示范工作,组织济南、青岛、东营、日照四个城市,青岛、烟台两个经济技术开发区和威海高新技术开发区,制定清洁生产实施方案,带动全省清洁生产工作。在全省重点培育30户清洁生产示范企业。

(六)以大力发展服务业为契机,全面推进流通现代化建设

贯彻省政府《关于振兴服务业的意见》,筹备召开全省流通现代化工作会议,动员各级、各部门进一步解放思想,抢抓机遇,突出加快批零贸易和餐饮业发展,全面推进流通现代化建设。一是促进连锁经营在市区、城乡和东西部协调发展。继续抓好城市中心区大型网点建设,按照市级商业中心、区域商业中心、居民区商业和商业街四个重点,加快市地网点建设规划编制,力争年底前17市地全部完成编制工作。积极引导鼓励骨干连锁企业、大型商贸流通企业,通过多种途径向县城和大集镇延伸,在农村构建起新型消费品流通网络、农资购销网络和农副产品购销网络,促进城乡流通现代化协调发展。进一步加快城区集贸市场和社区夫妻店改造,加快便利店进社区和集贸市场超市化改造步伐,促进城市区域布局协调发展。引导骨干企业向西部地区延伸渗透,发展现代流通业态,促进东西部地区协调发展。二是搞好物流配送和现代批发市场建设的规划及重点项目。做好全省现代物流发展规划的研究编制工作,积极借鉴南方省市经验,力争年内完成规划编写任务。通过招商引资,新建扩建、改造一批产地型、销地型和集散型批发市场,增强其辐射带动功能。三是大力发展新兴服务业。瞄准国内外知名商业企业,积极引进最新的经营业态;在扩大与港澳商品贸易的同时,积极引进管理咨询、特许经营、会展、电子商务、广告设计等新兴服务业;积极发展现代租赁业,不断扩大租赁业服务对象和范围,满足不同的需求。同时,积极引导家政服务、美容、洗浴等新兴行业的发展。

(七)加强经济运行的组织指导和综合协调,促进工业流通经济平稳健康发展

一是继续深入学习贯彻《行政许可法》,提高依法管理、依法调控的能力。密切关注国家宏观调控政策对我省经济运行的影响,及时采取应对措施。二是加强煤、电、油、运和其他重要生产要素的组织协调,确保电煤供应和电网稳定运行。继续抓好电煤运输保障工作,加大外省煤炭调入力度,努力提高省外电煤合同兑现率。继续加强电网运行监控,强化统调电厂考核;搞好电力需求侧管理,加大峰谷分时电价政策实施力度;推进电网、电源建设,协调加快泰安、淄博、青州、莱阳、崂山输变电工程建设,努力缓解东部地区用电紧张状况,确保经济发展和人民生活用电需要。三是继续整顿和规范市场经济秩序。全面推进"诚信山东"建设,加强市场监管,严厉打击制假售假、商业欺诈、偷税骗税逃税和恶意逃废债务等违法犯罪行为,重点抓好直接关系人民群众健康安全和切身利益的食品、医药、房地产市场专项整治。

特此报告。

山东省经济贸易委员会

二00四年七月十九日

6－13　山东省经济贸易委员会关于支持县域经济加快发展的意见

鲁经贸综字[2004]240号

省加快县域经济发展领导小组:

为落实省委、省政府《关于加快县域经济发展的意见》(鲁发[2003]25号),我委确定,主要从建设特色产业县、打造产业高地的角度,支持县域企业发展。

1.强化投资主体的投资自主权。认真贯彻国务院《关于投资体制改革的决定》,完善省管技术改造项目登记备案管理制度,进一步落实工业流通企业的投资自主权,有条件的县域企业可通过互联网办理备案手续。积极帮助县域企业落实国产设备投资抵免税政策。

2.引导县域企业加大制造业投入。通过制造业强省专项资金,引导企业投资制造业的优化升级,优先支持县域特色产业龙头企业发展。

3.推动县域企业加快技术创新体系建设。加大技术中心建设专项资金引导力度,重点支持县域大企业完善技术创新机制,强化以企业技术中心为代表的研发机构建设,努力开发拥有自主知识产权的主导产品和核心技术,形成新产品投产和技术储备的良性循环。

4.培植发展特色产业县。推动县域经济走产业链发展的路子,做大做强优势产业,完善配套体系,实现产业升级。对规模大、特色鲜明的县域经济,给予"名城"、"基地"等命名称号,推荐参加全国特色产业基地评选。

5.强化对县域企业的融资担保服务。鼓励支持股份制、会员制等各类形式的担保机构健康发展。对业务量大、效益好的县域担保机构,按国家要求分批上报争取列入全国中小企业信用担保体系试点范围。

6.支持县域企业参会参展。推动县域企业通过参加展销会,发现新客户,通过参加产学研洽谈会,寻求技术合作。由我委组织参加的展洽活动,优先安排县域企业参加,对欠发达县企业参加的,适当补助参展费用。

7.组织开展好"百个项目进菏泽"工程。落实省委、省政府"突破菏泽"的战略部署,大力推进省内优势企业特别是东部地区大企业到菏泽进行合资合作。将实施"百个项目进菏泽"工程与帮扶曹县结合起来,帮助做好资金、技术等的合作衔接。

山东省经济贸易委员会
二00四年十二月三十一日

6－14　山东省经济贸易委员会 山东省统计局关于公布2004年度山东省工业企业(集团)100强的通知

鲁经贸产字[2005]48号

各市经贸委(经委)、统计局:

近年来,我省工业系统牢固树立和落实科学发展观,围绕建设制造业强省目标,实施省委、省政府发展一批支柱产业、壮大一批大型企业集团和培育一批知名品牌"三个一批"战略,我省大企业集团迅速成长,促进了我省工业经济持续、健康、快速发展。省经贸委、省统计局按各企业(集团)2004年营业收入统计年报数确定了2004年度山东省工业企业(集团)100强,现予以公布。

附件:2004年度山东省工业企业(集团)100强名单

山东省经济贸易委员会
山东省统计局
二00五年四月五日

附件:

2004年度山东省工业企业(集团)100强名单

名次	企业(集团)名称	营业收入(万元)
1	海尔集团	10162893
2	中国石化胜利油田有限公司	5639818
3	山东电力集团	4608286
4	山东莱芜钢铁集团	2928921
5	济南钢铁集团	2919181
6	海信集团	2776967
7	中国石油化工股份有限公司齐鲁分公司	2714331
8	中国重型汽车集团	2352219
9	山东魏桥创业集团	2323353

续表

名次	企业(集团)名称	营业收入(万元)
10	兖矿集团	2319013
11	青岛钢铁控股集团	2008338
12	山东鲁能集团	1737993
13	一汽解放青岛汽车厂	1206686
14	枣庄矿业集团	1156764
15	山东海化集团	1103305
16	山东滨化集团	1095514
17	新汶矿业集团	1069592
18	浪潮集团	1058796
19	华电国际电力股份有限公司	1031805
20	中国石化齐鲁股份有限公司	1025757
21	南山集团	1021420
22	山东金锣企业集团	1012504
23	潍坊柴油机厂	1001886
24	中国石油化工股份有限公司济南分公司	986421
25	山东晨鸣纸业集团	947170
26	山东时风集团	912376
27	万杰集团	906653
28	青岛啤酒集团	891778
29	山东工程机械集团	849615
30	青岛澳柯玛集团	747066
31	颐中集团	731768
32	双星集团	678908
33	中国石化集团青岛石油化工有限责任公司	647571
34	华盛江泉集团	644685
35	北汽福田汽车股份有限公司诸城汽车厂	639006
36	诸城外贸有限责任公司	613284
37	青岛广源发集团	608071
38	新华鲁抗药业集团	590714
39	淄博矿业集团	577861
40	山东太阳纸业集团	552927
41	华泰集团	551032
42	山东成山集团	525679
43	将军烟草集团	492264
44	山东博汇集团	477514
45	宏安集团	438137
46	山东鲁北企业集团	436250
47	山东三星通信设备有限公司	428897
48	山东铝业股份有限公司	421943
49	烟台东方不锈钢工业有限公司	421488
50	山东招金集团	411610
51	山东五征集团	409406
52	日照钢铁控股集团	406152
53	山东信发铝电集团	404728
54	肥城矿业集团	402887
55	青岛朗讯科技通讯企业有限公司	393287

续表

名次	企业(集团)名称	营业收入(万元)
56	三角集团	392821
57	山东福田重工股份有限公司	374129
58	中国轻骑集团	366549
59	济南齐鲁化纤集团	366359
60	力诺集团	365939
61	青岛泰发集团	360570
62	大宇重工业烟台有限公司	359220
63	上海通用东岳汽车有限公司	353249
64	华能国际电力股份有限公司德州电厂	351997
65	科达集团	346279
66	山东黄金集团	345457
67	山东泰山钢铁集团	344917
68	山东石横特钢有限公司	344692
69	青岛海湾集团	329999
70	山东聊城鲁西化工集团	329842
71	山东玲珑橡胶有限公司	329525
72	中国石化集团齐鲁石油化工公司	328432
73	山东泉林纸业有限责任公司	328246
74	青岛即发集团	318011
75	青岛黄海橡胶集团	311925
76	山东京博集团	311239
77	万达集团股份有限公司	305045
78	山东里能集团	304166
79	山东东明石化集团	303916
80	利华益集团	303121
81	山东淄博付山企业集团	301397
82	山东如意科技集团	290900
83	山东寿光巨能电力集团	290548
84	济南山水集团	284098
85	山东西王集团	277198
86	临沂矿务局	274674
87	山东丛林集团	272213
88	小松山推工程机械有限公司	264207
89	正和集团	255714
90	山东只楚集团	255157
91	得利斯集团	252608
92	烟台张裕集团	250728
93	山东凤祥集团	246221
94	山东垦利石化有限责任公司	245910
95	龙口矿业集团	244550
96	烟台万华合成革集团	240701
97	临清彩虹集团	238628
98	山东九发集团	235415
99	山东渤海油脂工业有限公司	234681
100	山东德棉集团	234542

6－15　关于印发《山东省2004年度鼓励外经贸发展的政策》的通知

鲁外经贸计财字[2003]1037号

各市外经贸局、财政局、省属有关企业：

《山东省2004年度鼓励外经贸发展的政策》已经省政府审定，现印发给你们，请遵照执行，并迅速传达到各级各类进出口企业。

山东省2004年度鼓励外经贸发展的政策

为进一步增强我省外经贸国际竞争力，促进我省外经贸事业继续保持快速发展，带动全省国民经济增长，特制定如下鼓励政策。

一、对企业进行出口产品研究开发提供资助

为促进企业加大出口产品的研究开发力度，进一步优化我省出口产品结构，提高出口产品的技术含量和附加值，对我省重点出口企业从事产学研贸联合研发和技术创新、标准化生产、技术改造等提供资助。

二、对省级出口企业参加出口信用保险和进行反倾销应诉提供资助

为鼓励企业开拓新市场、发展新客户，灵活运用结算方式、规避收汇风险；同时，利用WTO规则保护自身利益，稳定和扩大出口市场，对省级出口企业参加出口信用保险和反倾销应诉提供资助。其中：对参加出口信用保险全年支付保费8万美元以上的省级企业，在享受国家出口信用扶持发展资金资助基础上再增加补贴10%；对参加反倾销应诉没有享受到国家反倾销应诉资金资助的省级企业，参加国外反倾销应诉、复审工作发生的律师费用，给予资助20%，每次资助限额不超过5万元。

三、对外派劳务基地县及专业培训基地给予资助

为进一步加快实施“走出去”战略，大力推动劳务出口，确保外派劳务质量和素质，对重点劳务出口基地县和专业培训基地建设给予适当资助。

四、对招商引资工作进行奖励。

为充分调动招商引资工作的积极性，对省直部门、重点市以及开发区的招商引资工作进行考核奖励。

五、对为外贸出口做出突出贡献的单位和个人进行奖励

为充分调动各方面的出口积极性，对为外贸出口做出突出贡献的企业或法人代表以及中央驻鲁有关单位进行奖励。

六、对企业参加省政府统一组织的境内外招商、贸易洽谈活动摊位费给予适当补助

以上政策自2004年1月1日起实行，具体执行办法和实施细则由省财政厅、省外经贸厅共同制定。

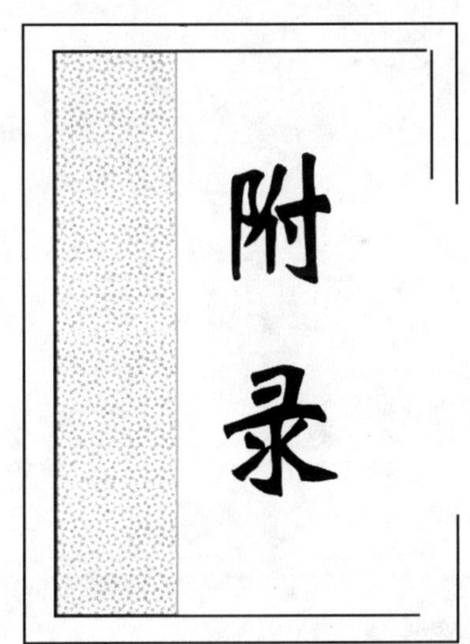

附录

山东省国家级“守合同重信用”企业名单

截至目前,国家工商行政管理局共向社会公示了三批全国守合同重信用企业,我省有210家企业榜上有名,其名单如下:

第一批

1.胜利石油管理局
2.中国石化集团齐鲁石油化工公司
3.兖矿集团有限公司
4.莱芜钢铁集团有限公司
5.济南一建集团总公司
6.山东阳谷电缆集团公司
7.山东兰陵企业集团总公司
8.山东景芝酒厂
9.山东省济南汽车运输总公司
10.润华集团股份有限公司
11.淄博热电股份有限公司
12.兖矿鲁南化肥厂
13.万达集团股份有限公司
14.诸城市大龙实业有限公司
15.菱花集团公司
16.泰山集团股份有限公司
17.三角集团股份有限公司
18.中国石化胜利油田有限公司滨南采油厂
19.蒙阴银麦啤酒有限公司
20.山东东明石化集团有限公司
21.青岛海尔电冰箱股份有限公司
22.青岛益青印刷包装厂
23.青岛双星集团
24.青岛市琅琊台酒业(集团)股份有限公司
25.山东工艺品进出口集团股份有限公司
26.山东德建集团
27.烟台建设集团有限公司
28.青岛交运集团
29.青岛市第二建筑工程公司

第二批

1.济南铁路局
2.山东省交通工程公司
3.中国建筑第八工程局第一建筑公司
4.山东电力工程咨询院
5.山东胜利股份有限公司
6.中国人民保险公司山东分公司
7.山东三箭建设工程股份有限公司
8.山东电力设备厂
9.山东省章丘鼓风机厂
10.淄博金城实业股份有限公司
11.山东瑞阳制药有限公司
12.山东美陵化工设备股份有限公司
13.淄博商厦股份有限公司
14.淄博华瑞铝塑包装材料有限公司
15.山东国际电源开发股份有限公司十里泉发电厂
16.枣庄矿业(集团)有限责任公司蒋庄煤矿
17.胜利油田胜利工程建设(集团)有限责任公司
18.华泰集团有限公司
19.烟台啤酒朝日有限公司
20.蓬莱金创集团公司
21.山东鸿达建工集团有限公司
22.山东玲珑橡胶有限公司
23.龙口市龙海精细化工有限公司
24.山东环日集团总公司
25.莱州市开发建设总公司
26.颐中烟草(集团)有限公司青州卷烟厂
27.山东新郎服饰有限公司
28.山东寿光联盟化工集团有限公司
29.孚日家纺股份有限公司
30.山东仙霞集团有限公司
31.济宁市建工建筑有限公司
32.山东华金集团总公司
33.山东国际电源开发股份有限公司邹县发电厂
34.山东七五生建煤矿

续表1

35.山东升华玻璃股份有限公司
36.山东石横发电厂
37.山东华新建筑集团有限责任公司
38.山东双轮集团股份有限公司
39.威海市洪安建筑集团有限公司
40.日照百货大楼有限公司
41.日照东昇地毯有限公司
42.山东煤矿莱芜机械厂
43.山东滨州渤海活塞股份有限公司
44.山东滨化集团有限责任公司
45.德州常兴集团有限公司
46.山东绿源化工有限公司
47.山东德棉股份有限公司
48.山东聊建集团总公司
49.山东高唐蓝山集团总公司
50.山东临沂九州集团总公司
51.山东临沂工程机械股份有限公司
52.山东天元建设集团总公司
53.山东大陆企业集团有限公司
54.菏泽市交通集团总公司
55.山东现代达驰电工电器股份有限公司
56.山东金光玻璃钢集团公司
57.青岛喜盈门集团有限公司
58.中港第一航务工程局第二工程公司
59.青岛特种汽车集团公司
60.青岛振华工业集团有限公司
61.青岛中房股份有限公司
62.青岛前进船厂(中国人民解放军第4808工厂)
63.青岛第一市政工程有限公司
64.青岛市胶州建设集团有限公司
65.青岛雪达集团有限公司
66.青岛市市南区燕儿岛冷藏加工厂

第三批

1.山东电力集团公司
2.中铁十四局集团有限公司
3.中国建筑第八工程局第二建筑公司
4.山东电力建设第一工程公司
5.山东万得福装饰工程有限公司
6.山东岩土工程勘察总公司
7.山东省建设第一安装有限公司
8.山东水利工程总公司
9.山东黄河工程局
10.济南四建(集团)有限责任公司
11.济南铁路天龙集团有限责任公司
12.山东水泥厂
13.济南长兴建设工程有限公司
14.山东省济南生建电机厂
15.济南市第二建筑工程总公司
16.青岛啤酒集团有限公司
17.青岛广源发集团有限公司
18.青岛福瀛建设集团有限公司
19.青岛汉缆集团有限公司
20.青岛安装建设股份有限公司
21.青岛变压器集团有限公司
22.即墨市温泉建设工程有限公司
23.青岛胶南纺织机械厂
24.青岛利客来商贸股份有限公司
25.青岛宏泰铜业有限公司
26.青岛东方铁塔股份有限公司
27.青岛市第一建筑工程公司
28.山东黄岛发电厂
29.青岛九联集团股份有限公司
30.青岛经济技术开发区创统科技发展有限公司
31.淄博万昌集团有限公司
32.山东星辰供水集团公司
33.山东鲁宝冶金股份有限公司
34.山东新城建工股份有限公司
35.山东宝山生态建材有限公司
36.山东博泵科技股份有限公司
37.山东侨牌集团有限公司
38.山东益康食品集团有限公司
39.山东文隆化轻建材有限公司
40.山东枣建建筑集团有限公司
41.胜利油田胜利石油化工建设有限责任公司
42.山东乾元工程集团有限公司
43.山东金宇建设集团有限公司
44.东营市东辰集团有限公司
45.科达集团股份有限公司
46.山东金河实业有限公司
47.烟台市飞龙建筑开发有限公司
48.烟台吉斯家具有限责任公司
49.烟台市振华百货集团股份有限公司
50.山东鲁花集团有限公司
51.山东莱阳重型机械厂
52.山东招金集团金翅岭矿冶有限公司

续表2

53.莱州市建筑工程公司	85.日照港(集团)岚山港务有限公司
54.莱州金仓矿业股份有限公司	86.山东鲁圣电力器材有限公司
55.山东洁月集团有限公司	87.日照市海纳商城有限责任公司
56.潍坊百货集团股份有限公司	88.山东泰山钢铁有限公司
57.山东三工橡胶有限公司	89.泰丰纺织集团有限公司
58.山东海化股份有限公司	90.莱芜供电公司
59.山东益都阀门厂	91.临沂供电公司
60.山东昌邑石化有限公司	92.山东临沂陶瓷企业集团总公司
61.山东高密银鹰化纤有限公司	93.山东鲁班建设集团总公司
62.山东乐化集团有限公司	94.临沂万全食品有限公司
63.山东省诸城市建筑工程公司	95.山东新光股份有限公司
64.济宁正大建筑安装有限公司	96.山东华鲁建安集团有限公司
65.山东樱花五金集团有限公司	97.山东冠鲁股份有限公司
66.济宁市鲁西南公路工程有限公司	98.山东省临沂市华丰建筑安装工程公司
67.山东省三河口生建煤矿	99.山东华鲁恒升化工股份有限公司
68.济宁市机械设计研究院	100.山东省德州新华出版发行企业集团总公司
69.中铁十四局集团第五工程有限公司	101.山东德兴建设集团有限公司
70.山东金塔王股份有限公司	102.山东华乐实业集团公司
71.山东金地建筑集团公司	103.山东照东方纸业集团有限公司
72.山东鲁能泰山电力设备有限公司	104.山东古贝春有限公司
73.山东电力管道工程公司	105.山东时风(集团)有限责任公司
74.新汶矿业集团有限责任公司华丰煤矿	106.山东东阿阿胶股份有限公司
75.山东省肥城市建筑安装工程公司	107.聊城电力华昌实业总公司
76.山东厚丰汽车散热器有限公司	108.山东华鲁制药有限公司
77.泰安拍卖行有限公司	109.东阿阿胶阿华医疗器械有限公司
78.泰安市金山口锅炉有限责任公司	110.山东美景集团有限公司
79.威海建设集团股份有限公司	111.中国石油化工股份有限公司山东滨州石油分公司
80.威海同仁食品有限公司	112.菏泽供电公司
81.天润曲轴有限公司	113.山东移动通信有限责任公司菏泽分公司
82.好当家集团有限公司	114.山东花冠酒业集团有限公司
83.威海中兴房地产发展有限公司	115.山东省郓城水浒酒业有限责任公司
84.日照港湾工程有限公司	

山东省省级"守合同重信用"企业名单

为了加强社会信用建设,倡导企业诚信守约,逐步在全社会营造诚信为本、操守为重的良好氛围,适应入世后形势发展的需要,创建"诚信山东",加快经济发展,经研究决定:现将全省2433家省级重合同守信用企业,向全社会进行公示。名单如下:

省直

济南铁路局
中铁第十四局集团有限公司
中国石油化工股份有限公司山东石油分公司
中国人民保险公司山东省分公司
润华集团股份有限公司
山东鑫龙房地产有限公司
山东华森消防工程有限公司
中国建筑第八工程局第二建筑公司
中国建筑第八工程局装饰公司
济南中建建筑设计院
山东省燃料集团总公司
山东省路桥集团有限公司
山东省交通运输集团公司
齐鲁制药厂
山东省地质测绘院
山东省物化探勘查院
山东泰山地矿装备总公司
山东省地质探矿机械厂
济南铁路局青岛铁路分局
山东国泰集团公司
山东胜利股份有限公司
山东省齐鲁汽车贸易有限公司
山东省地矿工程勘察院
山东万得福装饰工程有限公司
山东省金鹏装饰工程有限公司
山东纸业集团总公司
山东省第一地质矿产勘查院
山东银座商城股份有限公司
山东鲁能集团有限责任公司贵和购物中心
山东电力建设第一工程公司
山东省联运中心
山东水利工程总公司
山东省商业集团总公司
山东省工业设备安装总公司
山东泉兴石化经贸有限公司
山东省深基建设工程总公司
中国工商银行山东省分行
山东电力工程咨询院
山东省建筑科学研究院
山东省鲁能物业公司
山东黄河河务局招待所
山东英大科技有限公司
山东省鲁风装饰工程有限公司
山东中建电器设备厂
山东省水利工程局
山东省饲料公司
山东省粮油工业公司
山东旅科集团总公司
山东天力干燥设备有限公司
山东省科力有限责任公司
山东长城爆破工程有限公司
山东省化工规划设计院
山东展鸿华商装饰工程有限公司
山东鲁能物资集团有限公司黄台发电物资分公司
山东岩土工程公司
山东省塑料工业总公司
山东省皮革工业总公司
山东省皮革商场
山东省装饰集团总公司
山东鸿达科技信息工程公司
山东省建筑工程监理公司
山东黄河冶金设备有限公司
山东省对外建设工程总公司
山东省文物工程公司
山东省工程建设监理公司
齐鲁建设集团公司
山东黄河工程局
中国电信集团山东电信公司
山东振大实业有限公司
山东现代创新化工科技开发有限公司
山东省康鲁节能设备厂
山东省邮电工程公司
山东力诺集团有限责任公司
山东德泰装饰有限公司
山东华鲁建筑工程公司
山东省邮政局
山东省能建工程监理有限公司
山东省齐鲁装饰设计院
山东省永隆装饰工程有限公司
山东剑桥装饰工程有限公司
山东鲁建工程有限公司
山东友华装饰工程有限公司

续表 1

山东福思特建筑装饰有限公司	山东里能里彦矿业有限公司
山东电力集团公司	山东众海公共安全器材有限公司
山东黄台火力发电厂	东港安全印刷股份有限公司
山东鲁电基础工程有限公司	山东三龙电气有限公司
山东迈英德化学有限公司	**济南市**
山东省羽田建筑安装工程有限公司	
山东岩土工程勘察总公司	山东山大环保水业有限公司
山东省建设第一安装有限公司	济南长兴建设工程有限公司
山东电力建设第二工程公司	济南钢铁集团总公司耐火材料厂
山东正元地理信息工程有限责任公司	山东省公路工程总公司
山东三利实业有限公司	济南市历城区东郊第一建筑安装工程公司
山东省惠鲁工程有限责任公司	济南凯莱电器有限公司
济南铁路分局工程承包公司	济南一建集团总公司
山东华能建设工程监理有限公司	济南市第二建筑工程公司
山东省光合科技有限公司	山东三箭建设工程股份有限公司
山东大羽设计工程有限公司	济南四建(集团)有限责任公司
山东省鸿鑫工程有限公司	山东省建设建工(集团)有限责任公司
山东奥百特自动设备有限公司	济南建设设备安装有限责任公司
山东省三益工程建设监理有限公司	济南建工总承包集团公司
山东诚信工程建设监理有限公司	山东省机械施工公司
山东省基础工程公司	山东建设机械股份有限公司
山东省深基础工程勘察院	济南工程建设监理有限公司
山东荣祥房地产开发有限公司	中铁建厂工程局第二建筑工程处
山东省华宇钢结构有限公司	济南城安建工有限责任公司
济南铁路局济南铁路分局	济南三塑集团有限公司
山东津单幕墙有限公司	济南锅炉集团有限公司
山东裕丰源有限公司	济南化肥厂有限责任公司
山东创艺装饰工程有限公司	山东济南生建电机厂
中国建筑第八工程局第一建筑公司	山东水泥厂
山东佳隆建工集团有限公司	济南铁路局实业发展总公司
山东球墨铸铁管有限公司	济南铁路新科实业发展总公司
山东省建设工程招标中心	济南瑞得卷闸有限责任公司
山东川大庄园园林有限公司	济南铁路天龙集团有限责任公司
山东鲁咨工程咨询有限公司	济南铁路局工程集团有限责任公司
山东阳光招标有限公司	济南铁路局工程总公司建筑工程公司
山东送变电工程公司	济南铁路局电务工厂
山东富达装饰工程有限公司	济南神奇建筑装饰有限责任公司
山东迪尔安装有限公司	山东华邦实业有限公司
山东众成工程建设服务有限公司	济南市中变压器厂
山东远景绿化有限公司	山东电力设备厂
山东省科信置业有限公司	济南市建华五金交电化工公司
山东交通济宇高速运业有限公司	济南金诺电器有限公司
山东省万平建设工程有限公司	山东鲁丰机械厂
山东赛福特装饰材料有限公司	济南市凯平印刷物资公司
山东嘉成建设工程有限公司	济南建华黄河汽车配件有限公司
山东晨阳科技工程有限公司	济南运通西门子机电设备有限公司
山东省建筑设计研究院	济南市防震建设工程公司
山东恒艺建筑装饰工程有限公司	济南张夏水暖器材厂
山东中实易通集团股份有限公司	济南平安建筑集团有限公司
山东帝都房地产开发有限公司	济南长兴建设工程有限公司
山东国铁天龙物流有限公司	长清县第五建筑工程公司
山东三汇利重型工程机械有限公司	长清县花岗石材装饰有限公司
山东华银拍卖有限公司	济南三九益民制药有限责任公司
山东齐鲁瑞丰拍卖有限公司	济南玫德铸造有限公司
山东鲁咨招标咨询服务中心	山东省平阴县建筑安装公司
山东鲁得贝车灯股份有限公司	章丘炊具机械总厂

续表2

山东省章丘鼓风机厂
济南市双山建筑机械有限公司
章丘市石油化工配件厂
章丘市第二建筑安装(集团)有限责任公司
章丘市第三建筑工程公司
济南市章丘建筑安装有限公司
济南永冠建筑安装工程有限公司
商河县第三建筑公司
商河县第二建筑公司
山东省中鲁建筑集团总公司
济南市历城区古建筑艺术公司
济南市外经建安工程有限责任公司
济南科信达建筑安装有限公司
济南三特高技术产业有限公司
济南市洪楼房产开发有限责任公司
济南长城锅炉配套制造有限公司
枣庄建筑工程总公司济南分公司
山东省双城工程建设公司
济南长城建设监理公司
济南市新华中装饰安装工程有限公司
济南英雄山建筑安装工程有限公司
济南市市中区房地产开发(集团)总公司建筑装修公司
济南新型建筑材料厂
济南茶叶批发市场
章丘百脉建筑机械有限责任公司
章丘市双山街道办事处建筑安装工程公司
山东绣阳集团安装工程有限公司
济南冶金化工设备有限公司
山东龙箭置业集团有限公司
济南市宏达供热设备有限公司
济南铁路分局济南第二建筑段
山东力神起重运输有限公司
济南市市中舜玉建筑安装工程处
山东智邦建筑装饰有限公司
济南舜联建筑安装工程有限公司
济南金黄海实业有限公司
济南华民铸锻有限公司
章丘市汽车烤漆设备厂
济南利民制药有限责任公司
济南市历城区建筑安装工程公司
济南市锻造厂
济南华阳应用技术有限公司
章丘电信鲁通有限责任公司
济南市建设监理总公司
济南市长清区一箭建设有限公司
长清第二建筑工程有限公司
济南中恒建设集团有限公司
济南金拓亨机械制造有限责任公司
济南环冠设备有限公司
济南福源设备安装有限公司
济阳县帅兴建筑安装工程有限公司
济南一建集团总公司房地产开发公司
中铁十局集团电务工程有限公司
济南铁路顺达工程建设监理有限责任公司
济南振大基础建筑工程有限责任公司
济南三新铁路润滑材料有限公司
济南铁路材料开发中心
山东世纪装饰工程有限公司
济南市新型金属材料房屋厂
济南鲁泉建筑装饰有限责任公司
济南天源宏大门窗有限公司
山东融海建筑工程有限公司
济南钢铁集团新事业有限公司
山东三正医药有限公司
山东省汇丰机械集团总公司章丘市铸造厂
章丘市凤凰建筑安装工程有限责任公司
济南百脉酿酒有限公司
商河县电业公司电气安装公司
商河县电业公司电器修造厂
济南泰星精细化工有限公司
济南海启明化工有限责任公司
山东省华森建筑安装工程总公司
济南市经四路人防工程管理服务中心

青岛市

山东滨鹰包装机械集团公司
青岛建设集团零零一工程有限公司
青岛太行环境工程有限公司
青岛海都房地产有限公司
青岛市装饰集团公司
青岛第一市政工程有限公司
青岛电度表厂
青岛城建集团有限公司
青岛前哨精密机械公司
青岛金源电器有限公司
青岛三百惠商厦股份有限公司
青岛双星集团有限责任公司
青岛前进船厂
山东省筑港总公司
青岛市房产工程公司
青岛地矿岩土工程有限公司
青岛市第一建筑工程公司
山东省食品进出口公司青岛冷藏厂
青岛市第二建筑工程公司
青岛建设集团公司
青岛交运零担运输有限公司
青岛量子机电仪器厂
青岛弹簧床垫厂
青岛安装建设股份有限公司
青岛园林集团有限公司
青岛红星化工集团有限责任公司
青岛银河集团有限公司
山东省对外贸易集团有限公司
青岛千川百货有限公司千川百货商厦
青岛木工机械制造总公司
青岛创统科技发展有限公司
青岛橡六集团有限公司
青岛华联商厦股份有限公司
海信集团有限公司
青岛利群集团股份有限公司
青岛市台东交电商场
青岛钢铁有限公司

续表 3

青岛大洋涂料厂	青岛崂塑建材集团公司
青岛元鼎非金属制品有限责任公司	青岛市崂建建筑工程有限责任公司
青岛市第二汽车运输公司	青岛汉缆集团有限公司
青岛市汽车租赁公司	青岛高科技工业园西韩预制构件厂
青岛交运第一汽车运输有限公司	青岛北方国贸大厦股份有限公司
青岛交运陆海国际货运股份有限公司	青岛风机厂
青岛远东旅行社	青岛青义锅炉工程有限公司
青岛交运银通旅游汽车有限公司	青岛崂山五交化公司
青岛交运集团公司	青岛利客来商贸股份有限公司
青岛市施工运输公司	青岛中能电线电缆制造有限公司
青岛丰源物资配送有限公司	青岛市李沧区建筑安装工程总公司
青岛黄海橡胶集团有限责任公司	青岛古镇集团公司
青岛铁路科达实业总公司	青岛仙家寨工贸公司
青岛双蝶集团股份有限公司	青岛喜盈门集团公司
中港第一航务工程局第二工程公司	青岛正进实业集团公司
中国对外建设青岛公司	青岛城阳中星厨房设备有限公司
青岛益青印刷包装厂	青岛变压器集团有限公司
青岛金属集团有限公司	青岛浩源食品有限公司
青岛宏达塑胶总公司	青岛宏丰集团股份有限公司
青岛远东运输代理有限公司	青岛美晶化工有限公司
青岛长生集团股份有限公司	青岛城阳兴源建筑工程有限公司
青岛中房股份有限公司	青岛泰旭木业有限公司
海尔集团公司	青岛帅通电器有限公司
山东省医药保健品进出口公司	青岛市城阳区仙家寨建筑工程公司
青岛捷能汽轮机股份有限公司	青岛亿路发集团有限公司
山东工艺品进出口集团股份有限公司	青岛统帅门业有限公司
青岛中通实业总公司	青岛华东电缆电器有限公司
青岛同泰有限责任公司	青岛特种汽车集团公司
青岛电瓶车厂	青岛通用铝制品厂
青岛华琦沙发有限公司	青岛广源发集团公司
青岛龙腾高层楼设备有限公司	青岛城阳夏庄丰华彩印有限公司
青岛包装印刷物资公司	青岛市城阳区夏庄建筑工程有限公司
青岛市市南区燕儿岛冷藏加工厂	青岛磊鑫集团有限公司
青岛钢锯条厂	青岛电站辅机有限公司
青岛市市南区标牌厂	青岛四洲电力设备有限公司
青岛工贸合营包装厂	青岛华光电缆有限公司
青岛华光包装容器有限公司	青岛营海建设集团有限公司
青岛电子检测仪器厂	青岛牧马城门业有限公司
青岛德美消防工程公司	青岛锻压机械集团公司
青岛浮山钢管防腐保温厂	青岛九龙建设工程有限公司
青岛金集实业公司	青岛东方铁塔股份有限公司
青岛海鸥摄影器材公司	中国石油天然气第七建设公司
青岛锅炉压力容器厂	青岛船用锅炉厂有限公司
青岛工业设备安装工程公司	胶州市南关安装股份有限公司
青岛经济技术开发区市政工程总公司	青岛市胶州建设集团有限公司
山东兴华建设集团有限公司	青岛双泰橡胶制品有限公司
山东黄岛发电厂	青岛北通工贸有限公司
青岛澳柯玛股份有限公司	青岛即墨市大华风机厂
青岛高新建筑安装工程有限公司	青岛金华粮油食品集团股份有限公司
青岛高科技工业园房地产建设开发总公司	即墨市温泉建筑工程有限公司
中国建筑土木工程公司第四建筑公司	青岛即墨市新世界大厦
青岛市崂山区环卫园林总公司	青岛岙山汽车保修机械厂
青岛高科技产业开发有限公司	青岛雪达集团有限公司
青岛万年集团有限公司	青岛磐石容器制造有限公司
青岛市沙子口建设工程总公司	山东平度利民水泥股份有限公司
青岛沙子口化工厂	青岛畅隆电力设备有限公司

续表4

青岛飞华齿轮制造有限公司	青岛建豪集团有限公司
中国轻骑集团青岛鸿达厂	青岛中联建业股份有限公司
青岛酿酒有限公司	青岛亚星集团有限公司
青岛宏泰铜业有限公司	青岛白樱花实业有限公司
青岛平度新时代商贸有限公司	青岛公平衡器总公司
青岛同和空调设备股份有限公司	青岛福华物产发展有限公司
山东省平度市滑石矿业有限公司	青岛啤酒股份有限公司
青岛海王纸业集团股份有限公司	欧美投资集团有限公司
青岛振华工业集团有限公司	青岛金王集团有限公司
青岛胶南市第一建筑工程股份有限公司	青岛海都房地产有限公司
青岛德维集团有限公司	青岛市城阳区园林绿化工程有限公司
胶南市建筑工程公司	青岛昊星塑钢型材有限公司
青岛市琅琊台酒业(集团)股份有限公司	青岛良木股份有限公司
胶南市高戈庄纸箱设备厂	青岛恒宇房地产开发有限公司
青岛华海环保工业有限公司	青岛勤德索具有限公司
青岛万德集团股份有限公司	青岛喜盈门双驼轮胎有限公司
青岛亚东橡机有限公司	青岛城阳鑫源房地产开发有限公司
青岛胶南纺织机械厂	青岛铁路玻璃钢厂
青岛星火纺机纺织集团股份有限公司	青岛城阳恒升建筑安装工程有限公司
山东红建建安集团公司	青岛红福集团有限公司
青岛蓝宝石酒业股份有限公司	青岛高科技工业园花乡园林工程有限公司
青岛东方化工集团股份有限公司	裕龙集团有限公司
青岛昌华集团股份有限公司	青岛旅游汽车有限公司
青岛铁路宏达实业总公司	胶州市宏达锻压机械有限公司
青岛城阳豪迈橡胶机械有限公司	青岛益友锻压机械有限公司
青岛吉顺达汽车销售有限公司	胶州市鸿泰房地产开发有限公司
青岛市城阳区建安工程有限公司	青岛建华屠宰设备制造有限公司
青岛市旅游开发公司	青岛联谊木业有限公司
青岛崇杰集团有限公司	青岛宏光化工有限公司
青岛建筑构件厂	青岛安泰房地产开发有限公司
青岛丛林染整有限公司	青岛浮盛建材公司
青岛市万红绿化有限公司	青岛泰瑞达发展有限公司
青岛广业房地产开发总公司	青岛新黎明装饰设计工程有限公司
青岛华厦建设监理公司	青岛康佳装饰有限公司
青岛金盛机械有限公司	青岛天地鑫装饰工程有限公司
青岛市崂山达翁工贸总公司	青岛海瑞国际交流有限公司
青岛东亚建筑装饰有限公司	青岛雷诺电站设备有限公司
青岛经济技术开发区顺源建筑工程有限公司	青岛烈马咨询事务有限公司
青岛华池包装机械有限公司	青岛光辉网印设备有限公司
青岛胶城建筑工程有限公司	青岛国能电器设备安装有限公司
青岛洋河建设工程有限公司	青岛新宇建筑装饰有限公司
青岛市花木公司	青岛国运集团有限公司
青岛泰发集团股份有限公司	青岛松林实业发展有限公司
青岛东生药业有限公司	青岛顺通公路工程开发有限公司
平度市金泰建筑有限公司	青岛市舜华实业总公司
青岛市泽惠建筑安装工程有限公司	青岛亚都工贸有限公司
青岛城市建设集团股份有限公司	青岛天马市政工程有限公司
青岛高科技工业园辉达建筑安装有限公司	青岛黄河旅行社有限公司
青岛金亨利电气有限公司	青岛华清食品有限公司
青岛高达花边有限公司	青岛华青汽车有限公司
青岛花林实业有限公司	青岛隆华印务有限公司
青岛海乾物流有限公司	青岛中亚工贸有限公司
青岛华龙盛实业有限公司	青岛太行环境工程有限公司
青岛拍卖行有限责任公司	青岛星华集团有限公司
青岛海尔股份有限公司	青岛天元化工股份有限公司
青岛电缆股份有限公司	青岛灵山船业股份有限公司

续表 5

青岛恒生源集团有限公司
青岛瑞华制衣有限责任公司
青岛营上建设集团有限公司
即墨市东方家具有限公司

淄博市

淄博市周村鸿林建筑安装有限公司
淄博公正拍卖有限公司
临淄顺达铁矿
山东铝业工程有限公司
山东晨龙纸业股份有限公司
淄博晨龙橡胶助剂有限公司
山东黄河龙酒业集团股份有限公司
淄博特种泵阀有限公司
山东起凤建工股份有限公司
桓台县索镇北辛建筑公司
山东森美人造板有限公司
山东同济万鑫建工有限责任公司
桓台县建筑工程总公司
山东省淄博蠕墨铸铁股份有限公司
山东东岳化工有限公司
山东齐泰建工实业股份有限公司
淄博市桓台县建安有限公司
山东天齐置业集团股份有限公司
淄博晨钟机械股份有限公司
淄博华天轴承有限公司
山东淄博中环木制家私公司
淄博东方机械有限公司
山东早春集团股份有限公司
淄博金城石化有限公司
山东新城建工股份有限公司
山东万祥电气集团股份有限公司
淄博桓台周董建工实业有限公司
山东省淄博高桥建工实业有限公司
淄博桓台荆家建工有限公司
山东宏博建工实业股份有限公司
沂源海达食品有限公司
淄博庆源建安有限公司
沂源县城关建筑工程有限公司
山东鲁阳股份有限公司
山东瑞阳制药有限公司
沂源鲁村煤矿有限公司
淄博草埠实业有限公司
山东光力士集团股份有限公司
山东省药用玻璃股份有限公司
山东省沂源县造纸厂
山东沂源内燃机配件厂
山东沂源酿酒总厂
山东东风化肥厂
高青县清河建工有限责任公司
山东侨牌集团有限公司
高青县田兴建工有限责任公司
山东板倒井股份有限公司
淄博热电股份有限公司
淄博板纸股份有限公司
淄博开发区医药化工厂
齐鲁石油化工公司商业公司
齐鲁石油化工公司机械厂
齐鲁石油化工公司胜利炼油厂
中国石化集团第十建设公司
齐鲁石化公司储运厂齐威工贸总公司
齐鲁石化公司热电厂鑫亚工贸总公司
齐鲁石化公司职工大学齐大实业公司
淄博鲁中水泥厂
淄博兴辉化工有限公司
山东皇冠陶瓷有限公司
淄博常鑫建筑陶瓷有限公司
淄博双凤陶瓷有限公司
山东华荣机械公司
山东淄博沈淄耐火材料有限公司
山东华岩集团冶金建材有限公司
淄博华瑞铝型包装材料有限公司
山东星辰供水集团公司
淄博市消防器材厂
山东淄川泉龙化工厂
淄博市兴隆化工有限公司
淄川区城二建筑公司
山东华海电器股份有限公司
淄博金城实业股份有限公司
淄博鲁鹰炊事机械总厂
淄博市王村建工实业总公司
淄博农药机械厂
淄博齐鲁焊业有限公司
山东鲁宝冶金股份有限公司
山东赫达股份有限公司
山东岳尔风机有限公司
淄博三惠利电器有限公司
齐鲁乙烯塑编厂有限公司
山东齐鲁乙烯化工股份有限公司
淄博万昌集团有限公司
山东美陵化工设备股份有限公司
淄博市临淄有机化工股份有限公司
山东高阳建设公司
淄博塑料助剂厂
山东朱台建工有限公司
山东省淄博市博山化肥设备厂
淄博八陡耐火材料有限公司
淄博大通矿山机械制造有限公司
淄博市博山弹簧厂
山东博山天齐水泵厂
山东博山彩釉砖厂
淄博真空设备厂有限公司
山东博山减速机厂
山东省淄博纺织器材二厂
淄博市博山区福山耐火材料厂
山东祥和集团股份有限公司
山东博泵科技股份有限公司
淄博特信百货商城有限公司
淄博三元换热设备有限公司
淄博矿山建材设备总厂
淄博市博山重型机械厂
山东博山东方红陶瓷厂

续表6

淄博安泰建工有限公司
淄博恒福化工设备有限公司
淄博昌国特种水泥股份有限公司
淄博华信化工股份有限公司
淄博商厦股份有限公司
山东张店水泥股份有限公司
山东齐赛纺织有限责任公司
淄博工业搪瓷厂
淄博市化工设备厂
山东富博集团公司
中国人民保险公司淄博分公司
中国人民保险公司淄博市淄川区支公司
中国人民保险公司淄博市周村区支公司
中国人民保险公司淄博市临淄区支公司
中国人民保险公司淄博市张店区支公司
中国人民保险公司淄博市博山区支公司
中国人民保险公司淄博市桓台县支公司
中国人民保险公司淄博市沂源县支公司
中国人民保险公司淄博市高青县支公司
中国人民保险公司淄博市开发区支公司
中国石化集团齐鲁石油化工公司
淄博美达装饰设计工程有限公司
淄博市建筑工程公司
张店钢铁总厂
淄博市焦化煤气公司
淄博牵引电机集团股份有限公司
山东省淄博糖酒站股份有限公司
山东省生建八三厂
淄博市自来水公司
山东东大化学工业集团公司
淄博柴油机厂
淄博市钢模板租赁公司
淄博山国电热电有限公司
山东玻璃总公司
济南铁路局工程公司机械化工程公司
山东汽车弹簧厂
青岛铁路分局淄博站广达实业公司
山东鲁能物资集团有限公司南定发电物资分公司
淄博鲁能实业公司
山东新华医疗器械股份有限公司
中国华能集团公司白杨河电厂
华能国际电力股份有限公司辛店电厂
山东省淄博医药采购供应站
中国石油化工股份有限公司山东淄博分公司
山东淄博锦宏水泥有限公司
淄博玉泰集团有限公司
山东金玲铁矿
淄博面粉厂
山东公泉化工股份有限公司
山东沂源汇泉矿业有限公司
淄博市淄川金烨建安有限公司
山东桓台建设工程有限公司
山东省淄博市周村酒厂
淄博水环真空泵厂有限公司
山东省电信公司淄博市分公司
中国太平洋保险股份有限公司淄博中心支公司
淄博宝艺服装有限责任公司
淄博矿业集团有限责任公司
淄博祥宇机床制造有限公司
淄博华洋集团有限公司
淄博市淄川盛业建筑安装有限公司
山东淄博般阳造纸总厂
淄博黄河建工有限公司
淄博高青千乘建工有限公司
高青县建筑安装总公司
淄博长城电缆制造有限公司
博山福泰日用瓷器有限公司
山东北金集团有限公司
山东新华工贸股份有限公司
山东新华制药股份有限公司
淄博市临淄顺达铁矿
山东铝业工程有限公司
淄博市临淄天务建筑工程有限公司
桓台县聚荣建工有限公司

枣庄市

枣庄市山亭区汽车配件厂
枣庄市山亭区建筑工程公司
滕州市运通机电设备有限责任公司
滕州市文隆化轻建材有限责任公司
滕州市盐业总公司
滕州市衡达有限责任公司
山东鲁南牧工联合公司肉联厂
滕州市安装公司
滕州市第三建筑工程公司
滕州市水利建筑安装公司
滕州市中远建设工程公司
滕州市古滕建筑安装工程有限公司
滕州市第四建筑工程公司
滕州市第四建筑工程公司二分公司
山东联华印刷包装有限公司
滕州市永兴化工有限责任公司
山东益康集团公司
青岛啤酒(薛城)有限公司
枣庄市采暖设备有限责任公司
枣庄市宝兴建筑有限责任公司
枣庄福兴玻璃制品有限公司
枣庄常兴纸业有限公司
枣庄市联兴玻璃有限公司
枣庄薛城区陶庄镇215煤矿
枣庄市一大纸业有限公司
山东榴园水泥有限公司
枣庄市峄城区建筑工程公司
枣庄市台儿庄鹏达建筑工程有限公司
枣庄市台儿庄镇西关建筑公司
枣庄市台儿庄区建筑工程公司
枣庄市声望水泥有限公司
枣庄祥瑞针织制衣有限公司
山东恒久集团公司
枣庄市石榴园水泥制造有限责任公司
枣庄金都建筑工程有限责任公司
枣庄市乔山特种水泥有限责任公司

续表 7

枣庄矿业(集团)有限责任公司蒋庄煤矿	日照美佳食品工业有限公司
中国石油化工股份有限公司山东枣庄分公司	山东省日照运总交通有限公司
枣庄市裕鲁化工轻工有限公司	山东同泰集团股份有限公司
枣庄医药采购供应站	日照东升地毯有限公司
枣庄矿业(集团)有限责任公司田陈煤矿	青岛啤酒(日照)有限公司
枣庄购物中心有限公司	日照市友谊商店有限公司
山东国际电源开发股份有限公司十里泉发电厂	日照火车站经济开发公司
山东枣建建筑集团有限公司	石臼车辆段东荣经济开发公司
枣庄矿业(集团)有限责任公司柴里煤矿	日照市石臼建筑工程公司
枣庄市建筑设计研究院	日照市鲁明装饰集团
枣庄市清泉化工有限公司	日照市鲁艺建筑工程有限责任公司
山东枣建集团第一建筑工程有限公司	日照市制钉设备总厂
山东鲁南水泥有限公司	山东省日照市变压器厂
山东神工化工股份有限公司	山东华远造纸集团有限公司
枣庄市薛城区建筑工程公司	山东省标志服装股份有限公司
枣庄市薛城区百益建筑安装有限公司	莒县城市建设综合开发公司
枣庄高新技术产业开发区第三建安工程公司	日照中信建安有限公司
枣庄高新技术产业开发区第二建筑安装工程公司	日照市浮来建筑有限责任公司
滕州市银丰有限公司	莒县开发建筑工程公司
滕州市洪绪建筑安装工程公司	山东信达装饰工程有限公司
滕州市东郭水泥有限公司	莒县安装公司
滕州市城郊建筑安装工程公司	山东五莲县山前石材有限公司
滕州市中地建筑工程有限责任公司	山东泰山民爆器材有限公司
滕州市建兴基础工程有限公司	山东华龙纺织有限公司
滕州市金长城建筑安装有限公司	五莲县电力公司
滕州市恒源油脂有限公司	山东蓬宝矿业集团
枣庄市长城建筑工程有限公司	五莲县风利包装材料厂
兖矿鲁南化肥厂	日照港务局
滕州市大力建筑安装工程有限公司	中铁第十四局第一工程处
枣庄市天赋建筑安装工程有限公司	日照海纳商城有限责任公司
滕州市建筑安装工程集团公司	日照市锦华集团建筑总公司
滕州市恒源油脂有限责任公司	日照海纳企业集团公司
枣庄市市中区建筑公司	日照市荣信水产食品有限公司
枣庄供电公司	山东金马工业集团铝塑门窗厂
枣庄鑫盛建筑有限公司	山东金马工业集团股份有限公司
枣庄市银都装饰工程有限公司	日照市石港房地产开发公司
山东亨元精细化工有限公司	山东昌华海产食品有限公司
枣庄市金筑塔建筑工程有限公司	日照市岚山宏昌建筑工程有限公司
枣庄华润纸业有限公司	日照市公路管理局材料处
山东丰源煤电股份有限公司	日照市南湖建筑工程有限公司
滕州市安泰建筑安装工程有限责任公司	日照市供水工程安装公司
日照市	山东金马工业集团锻造模具厂
中国联通有限公司日照分公司	日照路通建设机械有限公司
日照城市建设综合开发公司	日照三银纺织有限公司
日照市岚山开发区建筑安装工程总公司	日照信中食品有限公司
五莲县山阳建筑工程公司	山东鲁圣电力器材有限公司
日照港建筑安装工程有限公司	山东丰华食品有限公司
日照百货大楼有限公司	山东万平置业有限公司
日照五金交电化工有限责任公司	日照市天德建筑安装工程有限责任公司
山东凌云工贸集团股份有限公司	日照市海港液化气公司
山东洁晶集团股份有限公司	日照金粮油脂有限公司
山东省三维丝绸有限公司	山东日照阿掖山食品有限公司
山东省日建建设集团有限公司	日照市港西建筑工程有限公司
山东日照酒业有限公司	山东万方路桥工程有限公司
日照医药集团公司	日照华泰食品有限公司
	日照裕鑫动力有限公司(原中国轻骑集团日照摩托车公司)

续表 8

中国石油化工股份有限公司山东日照石油分公司
日照市鲁意资源利用有限公司
日照市科大建筑工程有限公司
山东日正建筑工程有限公司
日照方圆建设集团有限公司
山东省国际贸易集团日照公司

临沂市

山东兰陵美酒股份有限公司
临沂东颐制盖有限公司
临沂恒昌煤业有限责任公司
临沂矿务局
山东轻工设备工程安装公司
山东省临沂市第一建筑工程总公司
山东天元建设集团总公司第二建筑工程公司
临沂华建工程有限责任公司
临沂矿务局株柏煤矿
临沂亿金物资有限责任公司
中铁十四局集团第四工程有限公司
临沂市工业设备安装公司
山东省农业生产资料公司临沂分公司
山东大陆企业集团有限公司
山东临沂工程机械股份有限公司
山东天元建设集团总公司
临沂电业局
临沂金升有色金属工业有限公司
山东旭洋机械股份有限公司
山东天元建设集团总公司第一建筑工程公司
山东天元建设集团总公司第四工程公司
山东真情集团有限公司
山东省舜天化工有限公司
山东临沂九州集团总公司
山东省临沂九州商业大厦
山东临沂陶瓷企业集团总公司
临沂市总发贸易有限公司
山东温和股份有限公司
山东银光化工集团有限公司
山东天鸿建筑安装有限公司
费县永盛建筑安装工程有限公司
山东省费县恒基建筑安装工程有限公司
费县现代建设有限公司
费县兴华建筑安装工程有限公司
费县蒙台建筑工程有限公司
临沭县丰收化肥厂
临沭县发电厂
山东古泉春酒业集团有限公司
临沭县华丰化肥厂
临沭县华泰建筑工程有限公司
山东金沂蒙集团有限公司
临沭县富民建筑工程有限公司
临沭田方肥业有限公司
临沂金大地复合肥有限公司
临沭县启元建筑工程有限公司
临沭县华安建筑工程有限公司
临沭县搪瓷有限公司
临沭县宏祥建筑工程有限公司
临沭县复合肥厂
临沭县第一建筑工程有限公司
蒙阴银麦啤酒有限公司
山东蒙阴建业有限公司
山东兰陵企业集团总公司蒙阴分公司
山东省蒙阴棉纺织有限公司
蒙阴县第二建筑公司
郯城建筑(集团)有限公司
山东恒通化工股份有限公司
山东省郯城县电力水泥厂
山东精华机械集团股份有限公司
山东省郯城县纸板厂
山东郯城酒厂
山东沂蒙轴承股份有限公司
沂南县天彩礼花有限责任公司
山东省沂南县龙泉石英砂厂
沂南县广辰建筑安装工程有限责任公司
山东声乐鞋业有限公司
山东正兴建筑安装工程有限公司
临沂市兰田建筑工程公司
山东三维油脂股份有限公司
山东鲁班建设集团总公司
临沂市华丰建筑安装工程公司
临沂金泉家具有限公司
临沂市冠蒙建设集团有限公司
山东中联包装集团总公司
山东华森水泥集团公司
山东华泰建安集团总公司
临沂市沂蒙路百货大楼
山东华兴工程机械有限公司
平邑县九间棚花岗石厂
平邑县卞桥镇建筑安装工程公司
临沂天源食品有限公司
平邑县莲花山建筑工程公司
山东冠鲁置业有限公司
山东冠鲁股份有限公司
山东省莒南县医药公司
山东华鲁建安集团有限公司
山东玉皇粮油食品有限公司
苍山县华鲁石膏矿
苍山县农村信用合作社联合社
山东星发食品有限公司
国营苍山农垦实业总公司
临沂金罗电池有限公司
临沂联合毛纺染织有限公司
临沂云雀陶瓷有限公司
临沂市安装公司
临沂市电力电杆厂
临沂市罗庄区罗庄供销合作社
山东临沂烟草有限公司罗庄分公司
临沂市通泰工业设备有限公司
临沂市华荣建筑有限公司
临沂市汽车齿轮厂
山东省临沂市陶瓷股份有限公司
临沂新光纺织有限公司
临沂市罗庄区宏业搪瓷厂

续表 9

临沂市罗庄区兴达瓷厂
山东连杆厂
山东沂水鲁南造漆厂
山东沂水县乐福记食品有限责任公司
中国人民保险公司沂水县支公司
山东沂蒙建安有限公司
中国人寿保险公司沂水县支公司
山东寰宇建安工程公司
沂水县许家湖建筑工程公司
山东省沂水黄山建筑工程有限公司
山东省沂水县华明纸业有限责任公司
山东青援食品集团有限公司
山东省沂水县第二水泥厂
山东双成纸业有限公司
临沂华太电池有限公司
临沂市第九建筑安装工程有限公司
临沂大林食品有限公司
山东鲁泰鞋业有限公司
山东蒙凌工程机械有限公司
山东双山电子锁业股份有限公司
临沂市第八建筑工程公司
临沂万金食品有限公司
临沂鲁能超越电器制造有限责任公司
山东沂蒙交通工程有限公司
临沂天泰消防工业设备安装有限公司
临沂强泰建设发展有限公司
山东临沂亚太装饰有限公司
临沂兴元煤业有限责任公司
山东银光化工股份有限公司
临沂市万通饲料有限公司
费县银光抽纱有限公司
山东省费县金城建设有限公司
临沭县前庄鲁南制杆厂
临沭县美华建筑工程有限公司
蒙阴县第六建筑公司
山东省郯城县种子公司
山东鲁蒙莎制衣有限公司
山东省鲁洲食品集团有限公司
山东清华同方鲁颖电子有限公司
中国人寿保险公司沂南县支公司
临沂金湖水泥厂
苍山县星火蔬菜冷藏有限公司
临沂伯利恒家俱有限公司
临沂市河东区万宝企业总公司
临沂市河东区农业生产资料总公司
临沂大鹏食品有限公司
临沂市顺宝棉业有限公司
山东天友棉麻有限公司
临沂拍卖行有限公司
山东凌骏集团有限公司
山东升跃食品有限公司
山东沂州水泥集团总公司
临沂市圣威锅炉有限公司
山东银凤股份有限公司
临沂市宏发建筑安装有限责任公司
临沂市玉龙造纸机械有限责任公司
临沂市客运有限责任公司
临沂市圣鑫机械制造有限公司
临沂三元建筑工程有限公司
临沂市前园建筑安装工程有限公司
临沂市罗庄区宏翔瓷厂
山东省莒南县坪上石材厂
莒南县优盛花生制品有限责任公司
山东勇进石材有限公司
莒南县凤凰纺织有限责任公司
莒南县信义机械制造有限公司
临沂福安电器有限公司
莒南县金胜粮油实业有限公司
临沭县振华建材有限公司
苍山工程机械配件厂
山东荣庆物流有限公司
平邑县兴东石材有限公司
平邑县住宅建设有限公司
平邑县德宝石材有限公司
平邑县龙力石材有限公司
临沂市宝石龙工具有限公司
山东力国建安有限公司
山东省沂水大仓制粉股份有限公司
山东正航食品有限公司
山东天名茶叶有限公司

菏泽市

郓城县城区建筑工程公司
菏泽交通集团总公司
山东天香毛纺织有限公司
菏泽华瑞食品有限责任公司
山东菏泽地区建筑工程总公司
山东省菏泽华星油泵油嘴有限公司
山东省菏泽华瑞油脂有限责任公司
菏泽盐业公司
菏泽市沙发家具厂
菏泽市康菏沙发家具厂
菏泽市丹阳开发区建筑工程有限公司
山东省郓城水浒酒业有限责任公司
郓城县黄泥岗酒业有限公司
郓城四龙种禽有限公司
山东郓城县黄河食品有限公司
山东郓城县华源空压机有限公司
山东东明石化集团有限公司
东明县棉纺织厂
东明县方明建筑(安装)集团有限公司
东明铁路工程贸易公司
山东都庆股份有限公司
定陶县建筑工程总公司
定陶县定陶镇建筑工程公司
定陶县定陶镇第二建筑工程公司
曹县建安集团工程总公司
曹县第三建筑安装工程公司
山东莱河酒业有限公司
中国人寿保险公司单县支公司
单县云海建筑安装工程有限公司
单县建筑安装工程公司

续表10

成武县恒达建筑安装工程总公司
山东省呈祥电工电气有限公司
山东现代达驰电工电气股份有限公司
山东省鄄城县建筑工程总公司
山东省菏泽广厦建筑安装工程总公司
成武县宏达纸业有限责任公司
巨野县第三建筑安装工程公司
巨野县建筑工程公司
山东花冠酒业有限公司
山东鲁沪棉纺织厂
山东省郓城县华灵集团有限公司
山东圣龙集团
菏泽市丹阳建筑公司
菏泽南城建筑公司
菏泽市西城建筑工程公司
菏泽市华庆建筑工程公司
菏泽市第二建筑工程公司
菏泽市北城建筑工程公司
山东菏泽电力实业总公司
菏泽市建业建筑工程公司
定陶县农村信用合作社联合社
定陶县城镇建设综合开发公司
单县金盾农用运输车辆销售公司
单县四君子酒业有限公司
单县环亚家电有限公司
郓城县郓州百货大楼有限公司
山东菏泽黄河工程局
菏泽电业局
山东移动通信有限责任公司菏泽分公司
山东菏泽南华购物广场有限公司
中国人寿保险公司菏泽分公司
菏泽市阳光建筑有限公司
郓城县蒋庙种禽有限公司
郓城县工艺玻璃瓶厂
郓城县建筑公司
郓城县五州肉类食品有限公司
中国联通有限公司菏泽分公司
巨野县新华建筑工程有限公司
巨野县益康食品有限公司
曹县建筑工程承包总公司
山东单县建筑安装工程有限责任公司
菏泽市洪森家俱有限公司
青岛啤酒(菏泽)有限公司
菏泽南华百味鲜食品有限公司
菏泽市永安建筑安装工程有限公司
山东菏达纸业有限公司
菏泽市绿野化工厂
菏泽泰龙化工有限公司
菏泽鲁闽生物工程有限公司
山东通达路桥工程有限公司
山东方明化工有限公司
菏泽睿鹰制药集团有限公司
菏泽统和木业有限公司
菏泽林海裘革制品有限公司
菏泽牡丹医药有限责任公司
菏泽怡海房地产开发有限公司
山东省成武县农业机械有限公司
山东移动有限责任公司郓城分公司
山东省三利轮胎制造有限公司
山东天时空间钢结构工程有限公司
菏泽中油燃气有限责任公司
山东步长制药有限公司
菏泽开发区曹州农用化学公司
山东圣奥化工股份有限公司
菏泽裕鲁西达食品有限公司
山东多丰种业有限公司
菏泽市鲁杰建筑工程有限公司
中国网通（集团）有限公司菏泽分公司
菏泽市新永建筑工程有限公司

东营市

山东恒丰橡塑有限公司
东营永盛建安有限责任公司
中国石化集团胜利石油管理局
中国石化胜利油田有限公司地球物理勘探开发公司
胜利石油管理局海洋钻井公司
胜利石油管理局运输总公司
中国石化胜利油田有限公司物资供应处
中国石化胜利油田有限公司孤岛采油厂
中国石化胜利油田有限公司井下作业公司
中国石化胜利油田有限公司孤东采油厂
中国石化胜利油田有限公司胜利采油厂
中国石化胜利油田有限公司现河采油厂
中国石化胜利油田有限公司东辛采油厂
胜利石油管理局测井公司
中国石化胜利油田有限公司河口采油厂
中国石化胜利油田有限公司采油工艺研究院
胜利石油管理局供水公司
中国石化胜利油田有限公司桩西采油厂
中国石化胜利油田有限公司海洋石油开发公司
中国石化胜利油田有限公司油气集输公司
胜利石油管理局电力管理总公司
胜利油田胜利石油化工建设有限责任公司
胜利石油管理局黄河钻井总公司
中国石化胜利油田有限公司石油化工总厂
胜利油田胜利工程建设(集团)有限责任公司
胜利石油管理局通讯公司
中国石化胜利油田有限公司地质科学研究院
中国石化胜利油田有限公司规划设计研究院
胜利石油管理局总机械厂
胜利石油管理局胜利发电厂
山东省东营市百货大楼
山东省建设建工集团东营有限公司
胜利油田胜华集团公司
胜利油田同利实业公司
胜利石油管理局孤岛社区管理中心
胜利石油管理局胜利采油厂劳动服务公司
东营金光安装工程有限公司
胜利油田海洋钻井公司海兴总公司
东营自来水建设开发集团公司
东营市辛达建筑安装有限责任公司
胜利油田桩西劳动服务公司

续表 11

胜利油田金岛实业公司劳动服务分公司	中国石化胜利油田有限公司物探研究院
胜利油田东方实业集团公司	胜利油田胜利建设监理有限公司
胜利石油管理局钻井二公司劳动服务公司	山东富邦房地产开发有限公司
胜利油田海发工贸有限公司	山东金禹王防水材料有限责任公司
万达集团股份有限公司	胜利油田胜东绿化工程有限责任公司
东营顺通化工有限责任公司	东营市胜辉木业有限公司
胜利油田钻井五公司劳动服务公司	山东红星化工有限公司
东营腾达建安有限公司	东营市五通石油化工有限公司
山东省东营市新华印刷厂	
山东半球面粉有限公司	**威海市**
山东广饶石化集团股份有限公司	威海金通灯具有限公司
山东省广饶县兵圣酒业有限责任公司	威海市金猴集团有限责任公司
东营市华誉实业集团有限公司	三角轮胎股份有限公司
山东大海集团有限公司	山东双轮集团股份有限公司
山东华鹏包装有限公司	威海际高工程有限公司
山东金岭集团公司	威海建设集团股份有限公司
华泰集团有限公司	乳山市白沙滩建筑工程公司
东营市东方装饰集团有限责任公司	威海光威渔具集团公司
山东华星石油化工集团公司	威海际高空调装饰工程有限公司
科达集团股份有限公司	威海市锅炉制造厂
山东金宇建筑有限公司	威海银洁绣品有限公司
山东省广饶琛磊石材有限责任公司	威海华通开关设备有限公司
山东利华益集团股份有限公司	威海双丰电子传感有限公司
利津县建筑安装公司	威海木机集团公司
利津黄河工程有限公司	威海中兴房地产发展有限公司
利津县振利油料加工有限公司	威海昆仑实业股份有限公司
胜利石油管理局胜东社区管理中心	威海市瓷厂
胜利石油管理局河口社区管理中心	威海华联商厦股份有限公司
胜利石油管理局渤海钻井总公司	威海啤酒集团公司
胜利石油管理局无杆采油泵公司	山东威海五交化集团总公司
胜利油田华野实业开发公司	威海市鸿安建筑集团有限公司
胜利油田东辛新大安装工程有限责任公司	威海工友集团公司
东营天海建安有限责任公司	威海市铸造设备厂
东营胜利电化有限责任公司	威海市汇泉工业总公司
济南军区黄河三角洲生产基地酒厂	中国人民解放军第四八零九工厂
山东省垦利县新型电力器材厂	威海七八一工厂
山东胜通集团股份有限公司	威海银兴金属制品有限公司
利津县金源农机销售有限责任公司	威海齐全木机集团有限公司
山东省电信公司利津县电信局	威海市金泓化工集团有限公司
东营市黄河工程局	威海市四氟制品厂
东营市东辰集团有限公司	威海市翰玉化纺有限公司
利津县建筑装饰工程有限公司	文登市钢窗总厂
东营市金辰建设有限公司	山东成山轮胎股份有限公司
胜利油田胜利水泥厂	荣城市建筑工程有限公司
胜利石油管理局胜北社区管理中心	荣城市益发安建公司
利津县电力实业公司	山东省鸿洋神水产科技有限公司
山东滨海拍卖有限公司	山东连杆集团总公司
东营市尚力基础工程有限责任公司	荣城市锻压机床厂
山东鲁星建筑工程有限公司	山东华鹏玻璃有限公司
东营市陆地科学技术发展有限责任公司	山东华力电机集团股份有限公司
胜利油田胜建园林工程有限公司	荣城市电焊机厂
东营市福通工贸有限公司	山东双兴集团有限公司
东营鑫泉拍卖有限责任公司	荣城市京润石材有限公司
东营科龙建筑装饰有限公司	荣城市第一轮胎厂
山东华隆工程建设有限公司	山东恒力虎山机械科技有限责任公司
山东安泰建筑筑路工程有限公司	荣城市宇翔实业有限公司

续表12

好当家集团有限公司
马山集团有限公司
荣城市实力安装工程有限公司
文登市平板弹簧厂
文登市天润曲轴有限公司
文登市空间网架工程总公司
文登市第二电机厂
文登市华厦建材集团公司
文登市建筑工程公司
威海华阜环保集团有限公司
文登市尚山福利塑料厂
文登市温阳无纺织制品集团公司
文登市通信电缆集团公司
山东乳山东海活塞环有限公司
乳山市酿酒机械有限公司
山东省乳山市机床厂
乳山市城市建设综合开发公司
威海市大洋酱菜有限责任公司
乳山茂盛地毯有限公司
山东海大集团第二水产食品加工厂
山东乳山金洲集团有限公司
山东乳山工艺品集团工业公司
山东华冠丝绸有限公司
乳山泉源花生制品有限公司
山东笙歌集团公司
乳山市崖子镇建筑工程公司
乳山市曙光啤酒有限公司
威海强丰建筑有限公司
威海鲸园建筑安装公司
威海市广林建设有限责任公司
威海化工器械有限责任公司
威海颐阳酒业集团有限公司
威海海马地毯有限公司
威海滨田印刷机械有限公司
威海高新技术开发区泰山建筑工程有限责任公司
山东建工建筑安装工程有限公司
威海玉泉渔具有限公司
荣成盛泉实业有限公司
山东好当家海洋发展股份有限公司
威海克莱特菲尔风机有限公司
山东西港水产集团公司
威海市大众汽车贸易有限公司
文登市文城建设集团有限公司
威海国际经济技术合作股份有限公司
山东威高集团医用高分子制品股份有限公司
荣成市金城建筑工程有限公司
威海六合门业有限公司
威海市戚家庄建筑工程公司
荣成市金城建筑工程有限公司
文登市金洋乳品有限公司
山东鹏程食品股份有限公司
乳山市第二水泥厂
乳山长城住宅开发有限公司
乳山市乳嘉造锁设备有限公司
乳山市水利机械修造厂
山东华羽集团有限公司
威海金城房地产开发有限公司
威海汽车运输有限公司
威海鲁能电气有限公司
威海市水利工程有限公司
威海市艺境园林建设有限公司
威海新华日出文化传媒有限公司
华能威海发电有限公司
威海市鲁邦装修有限公司
山东健人食品有限公司
威海中联通讯设备有限公司
荣成市双利建筑工程有限公司
山东金田小商品市场发展有限公司
乳山市环宇化工有限公司
乳山市电业总公司
山东环球塑业有限公司
威海豪迈房地产开发有限公司

滨州市

山东惠民黄河工程有限责任公司
山东滨州渤海活塞股份有限公司
中国石化胜利油田有限公司滨南采油厂
中国石化胜利油田有限公司纯梁采油厂
胜利石油管理局滨南社区管理中心
滨州双峰石墨密封材料有限公司
山东滨州华城科工贸开发总公司
中国石油化工股份有限公司山东滨州石油分公司
山东滨化集团有限责任公司
山东省黄河三角洲产销集团总公司沾化综合公司
山东滨州医药集团公司
滨州电业局
山东省滨州市水利建筑安装工程处
山东滨州印染集团有限责任公司
滨州市天龙建工集团有限责任公司
山东滨州建工集团有限责任公司
滨州市百货大楼有限责任公司
山东滨州黄河纸业集团有限公司
山东省滨州市浩佳工商总公司
山东滨州市锻压机械厂
滨州市滨城区杜店供销合作社
山东省亿通塑胶有限公司
山东省阳信第三油棉有限责任公司
山东省阳信县怡云抽纱有限责任公司
阳信瑞鑫毛制品有限公司
山东省阳信县巨龙纺织有限公司
惠民县建筑安装工程公司
惠民县惠民镇建筑工程公司
惠民县建筑装饰工程有限公司
山东京博石化有限公司
山东省鲁宝厨房设备总厂
山东博兴华宇酒精总厂
山东省博兴县成套厨房设备总厂
山东省博兴县厨房设备制造厂
山东皇冠厨房设备总厂
山东省博兴县建筑安装工程公司
山东渤海油脂工业有限公司
山东香驰粮油有限公司

续表 13

山东魏桥纺织集团有限责任公司
山东华中琥珀啤酒有限公司
山东滨州医药集团邹平医药公司
山东省邹平县保健品有限公司
山东邹平农药有限公司
邹平染织有限责任公司
山东亚视集团公司
山东邹平建筑集团公司
山东良友油脂股份有限公司
山东万德酒业有限公司
山东省无棣县建筑公司
无棣星一皮革有限公司
山东鲁北企业集团总公司
山东埕口盐化有限责任公司
山东金羚毛纺有限公司
山东滨州黄河工程有限责任公司
山东省无棣电缆厂
无棣县振华建筑公司
山东滨州恒泰工程有限公司
山东华兴机械集团有限责任公司
山东滨州城建集团公司
滨州市古建圆林工程有限公司
山东省滨州市德星实业有限责任公司
滨州市蒲城建筑安装工程公司
惠民县太和建筑安装有限责任公司
惠民县民安房地产开发有限责任公司
山东省滨州市宝鼎建筑工程有限公司
山东滨州黑马种业有限公司
滨州中信担保有限公司
滨州市阳信县华明建筑安装有限公司
山东良友食品饮料有限公司
山东农兴种业有限责任公司
山东省博兴县鲁厨厨业有限公司
山东省万事达物资有限公司
博兴县亮晶晶厨具（集团）有限公司
山东邹平锦华纺织有限公司
山东西王集团有限公司

德州市

山东德建集团有限公司
德州电业局
德州晶华集团振华有限责任公司
中国水利水电第十三工程局
山东黑马集团有限公司
山东中大空调集团有限公司
德州振华建筑安装有限公司
德州顺达建筑有限公司
德州医药股份有限公司德州制药厂
德州常兴集团有限公司
德州市德兴建筑实业有限公司
德州德隆(集团)机床有限公司
德州天元集团有限责任公司
德州巨龙空调设备有限公司
德州又一村股酒有限公司
中国水利水电第十三工程局汽车修理总厂
德州生达医药保健品有限公司
山东德州石油化工总厂
德州晶华集团晶峰有限公司
山东德棉股份有限公司
山东华鲁恒升集团有限公司
山东省德州市土产杂品有限责任公司
德州龙马金建集团有限公司
山东德州百货大楼(集团)有限责任公司
中国石油化工股份有限公司山东德州分公司
山东省石油集团平原公司
山东省平原县化工实业公司
德州医药股份有限公司平原制药厂
山东照东方纸业集团有限公司
山东征宙机械有限公司
平原广厦建安工程有限公司
青岛啤酒(平原)有限公司
平原县城市建设综合开发公司
中国石化胜利油田有限公司临盘采油厂
山东恒源石油化工股份有限公司
临邑县翟家建筑安装工程公司
临邑县克代尔啤酒有限公司
临邑县顶力水泥制品有限公司
山东省宁津县又一春酿酒厂
中国人民保险公司宁津县支公司
山东省宁津县华通汽车配件有限公司
山东省宁津县三岭实业有限公司
宁津宏达工艺品有限公司
山东省宁津县通达工艺地毯总厂
山东省宁津县百货公司
中国人寿保险公司宁津县支公司
宁津县鹏达集团有限责任公司
德州市玻璃钢制品总厂
德州市跃华玻璃钢总公司
德州市德州商场
山东省陵县棉纺织有限责任公司
山东省陵县建筑工程公司
山东颜春集团
山东绿源化工集团有限公司
陵县农友化塑制品有限公司
山东宏祥化纤集团有限公司
山东鲁西兽药股份有限公司
山东金石集团有跟公司
齐河县齐建建筑有限责任公司
山东省夏津县建筑工程公司
山东兴禹化工集团公司
山东省禹城通裕集团公司
禹城市建筑工程公司
山东贺友集团公司
山东禹王亭集团酒业股份有限公司
德州大陆架油气高科技有限公司
乐陵市洁能日化有限公司
山东华乐实业集团公司
东陵大壮建筑装饰设计工程有限公司
乐陵市天力建筑工程有限公司
山东金光玻璃钢集团公司
山东中南集团有限公司
山东震宇实业有限公司

续表 14

山东省武城县地毯厂
山东古贝春有限公司
山东武城华丰建筑工程有限公司
山东省武城县玻璃钢风机厂
武城县玻璃钢旅游设备开发公司
武城县建筑安装工程有限公司
武城县汽车密封配件厂
山东省武城县新通橡塑有限公司
武城县汽车配件厂
山东省武城县南洋纺织有限公司
山东北方玻璃钢工程有限公司
德州市银兴建筑安装有限公司
德州联兴建筑集团有限公司
德州德志建筑有限公司
山东省乐陵市建筑工程公司
德州宏大市政工程总公司
山东省宁津县鲁北纺织机械有限公司
山东省宁津县炬龙火柴有限公司
山东省禹城市东方大厦有限公司
临邑县临邑镇东街建筑安装公司
临邑县临邑镇北街建筑安装公司
德州黄河建业工程有限责任公司
齐河县晏建建筑工程有限责任公司
乐陵市磐古工具有限公司
临邑县盘高建筑安装有限公司
乐陵市庞大调味食品有限公司
乐陵市浩天面粉食品有限公司
平原县方园建筑安装工程有限公司
临邑县宏建有限公司
乐陵市飞达调味食品有限公司
山东名岳家具有限公司
山东双企集团建筑工程有限公司
德州亚太集团有限公司
德州天华房地产开发有限公司
德州地鑫建筑开发有限公司
德州鼎达工程有限公司
山东德州扒鸡集团有限公司
德州双鸿集团有限公司
山东永乐食品有限公司
武城县腾龙空调集团有限公司
山东中澳农工商集团有限公司
山东龙祥橡塑制品有限公司
德州市第二建筑工程公司
庆云县建筑工程公司
山东德棉集团有限公司
山东圣吉装饰工程有限公司
德州市青龙建筑有限公司
德州市房地产开发总公司
山东德力塑胶有限公司
陵县陵城镇第四建筑工程公司
山东腾飞金融机具有限公司
山东鼎力枣业食品集团有限公司
山东省庆云东星塑料制品有限公司
临邑县临盘镇建筑安装公司
山东金秋种业有限公司
乐陵市乐鑫油脂有限责任公司
宁津县新华书店
海弘鞋业有限公司
德州威远建筑安装工程有限公司
德州粮建集团建筑安装有限公司

烟台市

烟台开发区翱特实业有限责任公司
山东中粮建设集团有限公司
烟台港务局
山东省三环制锁集团
山东省烟台糖酒茶副食品有限公司
山东省农资公司烟台分公司
烟台鲁宝钢管有限公司
山东黄金集团烟台设计研究工程有限公司
山东烟台钢管总厂
烟台铁路汇通实业总公司
烟台港务工程公司
烟台市农业生产资料总公司
烟台建设集团有限公司
烟台鑫海矿山机械有限公司
烟台未来自动装备有限公司
交通部烟台海上救助救捞局
烟台市政工程总公司
烟台啤酒朝日有限公司
烟台万华合成革集团有限公司
烟台海洋渔业公司建港工程公司
烟台东方电子信息产业股份公司
烟台市供销金色家园房地产有限公司
烟台鲁银药业有限公司
烟台华联商厦
烟台华盛革制品公司
烟台福山聚氨脂材料厂
福山锦程化工厂
山东仙丰复合化肥有限公司
烟台金河实业有限公司
烟台特达家俱有限公司
烟台振华商厦
烟台热工设备有限公司
烟台市电缆厂
嘉禾农业生产资料有限公司
烟台广源建筑安装有限公司
烟台市石油机械厂
烟台二建实业股份有限公司
烟台九洲农业生产资料有限公司
山东芝山集团有限公司
蓬莱市福鑫橡塑有限公司
山东蓬莱制药机械厂
蓬泰特种漆包线有限公司
蓬莱市渤海五金工具有限公司
蓬莱百达电力工程有限公司
蓬莱磐龙水泥有限公司
山东京蓬药业有限公司
蓬莱市华威聚氨酯机械有限公司
蓬莱市第三建筑工程公司
蓬莱市渤海印刷有限公司
蓬莱市河西金矿

续表 15

蓬莱金琅音响有限公司	烟台火焰山锅炉有限公司
蓬莱市蓬仙制冷空调有限公司	栖霞市银云活塞液压件有限公司
山东蓬莱黑岚沟黄金工业公司	龙口市电力实业总公司
古井集团蓬莱酒业有限公司	山东广林集团公司
山东蓬莱电力设备制造公司	龙口市电业公司
山东小鸭电器股份公司蓬莱洗涤设备厂	胜利石油管理局海洋石油船舶公司
蓬莱金馨铜业有限公司	龙口市大王石材有限公司
烟台市建盛实业有限公司	龙口市金丰股份有限公司
长岛船业总公司	龙口市正友食品有限公司
长岛县南隍城渔业总公司	山东洁月集团有限公司
长岛县渔轮厂	山东省龙口市对外贸易集团总公司
莱州市建筑工程公司	山东龙口双龙化工有限公司
莱州明发隔热材料有限公司	山东龙口油管集团总厂二厂
山东莱州市宏大建材厂	山东省龙口市广告装璜总公司
莱州市卓越啤酒设备有限公司	山东省中允建筑集团有限公司
山东莱州市合众集团总公司	龙口市龙海精细化工有限公司
莱州市永丰造纸机械有限公司	龙口矿务局
莱州市橡塑厂	龙口市建安装饰工程有限公司
莱州市土山鲁丰建设有限公司	山东省招远市第二百货股份有限公司
山东环日集团总公司	招远市机电展销有限公司
山东黄金集团有限公司三山岛金矿	山东外贸新永康食品集团有限公司
燕京啤酒(莱州)有限公司	招远利奥橡胶制品有限公司
莱州金仓矿业有限公司	招远市康泰工业集团公司
莱州市开发建设总公司	招远市针织厂有限公司
山东建发集团有限公司	中国石油化工股份有限公司山东烟台招远石油分公司
莱州永兴汽车传动轴有限公司	招远金星电子有限公司
山东省烟台证照厂	山东招远市机电设备有限公司
莱州市第二建设有限公司	招远市矿山铸造机械厂
山东省莱州市化工机械厂	招远市夏甸金矿
莱州三维机械设备有限公司	招远七六一有限责任公司
莱州大光明铅笔芯有限公司	山东金辉集团公司
莱阳市枣行建筑工程有限公司	招远市北截矿冶有限责任公司
山东龙大企业集团有限公司	山东金林集团有限公司
中国人寿保险公司莱阳支公司	招远市金翅岭金矿
山东莱阳绢纺有限公司	山东力源食品有限公司
莱阳永昌食品有限公司	招远市河东金矿
莱阳市聚英大厦	山东省招远缸盖厂
莱阳市第四水泥厂有限责任公司	招远市鹰轮机械有限公司
莱阳市盛大建筑有限公司	烟台远星塑料机械有限公司
莱阳昌源铸钢有限公司	招远金港粉丝蛋白有限公司
山东莱阳重型机械厂	招远市振华建筑材料有限公司
莱阳市自来水公司	烟台市招远龙口粉丝加工总厂
莱阳市新冷大食品有限公司	山东金峰五金锁业有限公司
莱阳鲁花浓香花生油有限公司	招远市河西金矿
山东鸿达建工集团有限公司	山东帝阁门业有限公司
莱阳莱励食品有限公司	海阳方圆集团有限公司
莱阳市古柳建筑公司	海阳市抽纱有限公司
山东省莱阳标志服装厂	烟台海圣变压器有限公司
烟台市飞龙建筑开发有限公司	山东省锦业建安装饰有限公司
上海大众汽车烟台销售服务有限公司	烟台益得家具有限公司
烟台市黄海汽车销售服务有限公司	烟台交运集团有限责任公司
山东绿叶制药股份有限公司	山东丽鹏包装有限公司
中国水利水电科学研究院烟台天圣橡胶坝有限公司	烟台丰玉工业有限公司
核工业华东烟台机械厂	烟台市牟平区西直格庄金矿
烟台白洋河酿酒有限公司	烟台市牟平区养马岛建筑工程有限公司
烟台宝桥锦宏水泥有限公司	烟台市牟平区电业集团公司

续表16

烟台市新潮实业股份有限公司	山东牟平农业机械有限责任公司
烟台市吉斯家具有限公司	烟台冰科氧业有限公司
烟台市永生金属结构有限公司	山东瑞康药业有限公司
烟台市第五建筑工程公司	烟台同化防水保温工程有限公司
山东鲁信耐腐泵有限公司	蓬莱市昌盛石油化工机械有限公司
烟台市惠安建筑公司	烟台山村果园绿色生物股份有限公司
烟台首钢(东星)集团公司	烟台市自来水公司
烟台开发区金桥建安公司	烟台冰轮集团有限公司
烟台开发区金建房地产公司	烟台市牟平区五里头建筑安装工程公司
烟台开发区自来水公司	海阳市全盛建筑安装有限公司
烟台开发区热力公司	烟台金圆缸套有限公司
烟台华润汽车内饰件有限公司	烟台市泰和建设监理有限公司
烟台开发区东方建筑开发有限公司	烟台桦林建筑开发有限公司
烟台氨纶股份有限公司	烟台市清泉建筑建材有限公司
(烟台)大宇重工业有限公司	山东祥隆企业集团有限公司
烟台西蒙西塑料包装品有限公司	烟台金桥建筑开发有限公司
烟台华润锦纶有限公司	烟台新世纪建设监理有限公司
山东河西黄金矿业集团公司	烟台市园林绿化工程公司
山东金金潮科技发展股份有限公司	山东东方海洋科技股份有限公司
烟台市芝建建筑工程有限公司	烟台市凤凰台建筑工程有限公司
烟台北方安德利果汁股份有限公司	山东蓬建建工集团有限公司
烟台隆达纸业有限公司	莱州市茂盛石材有限公司
烟台市旅游建设开发有限公司	烟台润丰装饰工程有限公司
烟台海德福利工贸有限公司	莱阳市建业建筑工程有限责任公司
烟台玛斯特电气有限公司	烟台市兴盛建筑工程有限公司
烟台开发区翱特实业有限责任公司	烟台市福山东方聚氨脂有限公司
烟台开发区科达电子设备有限公司	山东金都塔林食品有限公司
龙口市医药药材有限责任公司	烟台清韵家纺有限公司
莱州市刚磊石材有限公司	烟台供电公司
海阳市天工塑胶制品有限责任公司	烟台市鑫和建筑装饰有限公司
蓬莱市开元建筑有限公司	烟台世源建筑工程有限公司
烟台华健检测工程有限公司	烟台海普制盖有限公司
山东中粮建设集团有限公司	烟台宏泰达化工有限责任公司
莱阳市大华房地产开发有限责任公司	烟台市福山区果汁厂有限公司
蓬莱顺达船业有限公司	烟台市通用耐腐蚀泵有限公司
龙口市化工颜料厂	烟台市大成食品有限责任公司
山东莱阳春雪食品有限公司	莱州冷却塔风机制造有限公司
海阳市东延建筑机械有限公司	莱州鲁达轿车配件有限公司
烟台蓝白食品有限公司	莱州市宜佳百货有限公司
烟台华龙粉丝有限公司	莱州市宏元石料建材有限公司
海阳市辛安建筑有限公司	莱州市新锦都石材有限公司
海阳市恒大毛织有限责任公司	莱州市明磊石材公司
烟台市清泉建筑建材有限公司	山东方兴建筑材料有限公司
莱阳裕隆建筑工程有限公司	山东莱州宏建石材有限公司
山东丛林集团公司	莱州市三鸣石材工艺有限公司
海虹老人牌(烟台)有限公司	山东华证集团有限公司
菲尔普斯道奇烟台电缆有限公司	莱州市汇元建安有限公司
龙口市泛林球墨铸铁管有限公司	莱州市鼓城建筑安装工程公司
烟台爱尔玛科技发展有限公司	招远市元勃实业有限公司
蓬莱金创精铸阀业有限公司	招远市黄金矿山设备有限公司
烟台昌盛工艺美术装璜有限责任公司	山东金海集团有限公司
蓬莱市大柳行金矿	山东国大黄金股份有限公司
烟台开发区天马基础工程有限责任公司	莱阳市酒厂有限责任公司
蓬莱市宏达实业有限公司	烟台威龙葡萄酒股份有限公司
烟台鑫汇空间钢结构有限公司	山东龙口蓄电池总厂
龙口市丛林塑胶带厂	龙口市通力家电汽车配件有限公司

续表 17

龙口广源食品有限公司	青州市人民商场有限公司
海阳市西关建筑公司	潍坊益都铁厂
烟台鲁阳车轮有限责任公司	山东青州金山煤炭有限责任公司
烟台市友谊制线有限公司	山东青州市南张石油机械厂
潍坊市	青州市高源建筑公司
山东巨能电力集团金玉米开发有限公司	青州市朝阳建筑公司
潍坊市路通公路工程有限公司	青州市明祖山水泥厂
潍坊百货集团股份有限公司	青州市万达建筑安装有限公司
潍坊百货大楼集团股份有限公司	诸城市龙大实业有限公司
潍坊亚星集团有限公司	山东华宇家具集团股份有限公司
山东丽波日化股份有限公司	山东兰凤针织集团有限公司
潍坊昌大建设有限公司	诸城市人民商场股份有限公司
潍坊兴鲁农业生产资料有限公司	山东省诸城市建筑工程公司
潍坊市供销实业有限公司	山东三工集团股份有限公司
山东省潍坊生建集团	诸城市三源机械制造总公司
潍坊市城市建设综合开发公司	诸城市新东铸造机械有限公司
山东潍坊发电厂	诸城市新郎服饰有限责任公司
潍坊柴油机厂	诸城市供销商场股份有限公司
山东潍坊医药集团股份有限公司中药厂	山东泸河集团总公司
山东潍坊精鹰医疗器械有限公司	诸城市第二水泥厂
潍坊市第六建筑公司	山东景芝酒业股份有限公司
潍坊百汇装饰工程有限公司	山东安丘蓝天纸业集团有限公司
山东巨力股份有限公司	安丘市轻工机械厂
潍坊市潍城区城市建设综合开发公司	潍坊恒安散热器有限公司
潍坊刺绣厂	安丘市铸造厂有限公司
青岛铁路分局潍坊信通公司	安丘市华安建筑安装有限责任公司
潍坊中兴建筑安装集团公司	山东景芝建设股份有限公司
潍坊通亭建筑材料集团公司	潍坊市华夏建安有限责任公司
潍坊市华源实业总公司建筑公司	安丘市大地食品有限公司
潍坊华明建筑集团公司	寿光市建筑工程公司
潍坊市第三建筑工程公司	山东寿光第一建筑有限公司
潍坊华居建筑安装有限公司	山东晨鸣新力热电有限公司
潍坊市立昌建筑工程公司	寿光市侯集建筑公司
潍坊市寒亭区鸿达建筑安装工程公司	山东寿光齐民思酒业有限责任公司
山东鹏飞集团有限公司	寿光市糖酒茶副食品有限公司
山东裕川内燃机配件有限公司	山东寿光联盟化工集团有限责任公司
潍坊凤凰纸业有限公司	山东省寿光市商业大厦有限公司
潍坊良友制线有限公司	山东仙霞集团有限公司
山东金宝集团总公司	寿光宏源钢结构有限公司
潍坊防火设备厂	鲁丽集团有限公司
潍坊华美标准件有限公司	山东墨龙石油机械股份有限公司
潍坊锅炉厂	山东晨鸣纸业集团股份有限公司
潍坊港峰纺织有限公司	寿光市金河纺织集团总公司
潍坊宏力冷暖设备有限公司	寿光市第三建筑安装工程有限公司
潍坊鲁伟实业总公司	山东圣海集团公司
山东海化集团有限公司	青岛啤酒(寿光)有限公司
山东龙威集团总公司	中国石化山东潍坊寿光石油分公司
山东裕源集团总公司	寿光百货大楼有限公司
山东潍坊海化开发区新城实业总公司建筑安装公司	寿光市凯马奥峰车辆有限公司
山东海化建筑材料有限公司	寿光市开发区建筑公司
潍坊大成化工有限公司	山东东宇集团总公司建筑公司
山东益都阀门厂	寿光市第二建筑有限公司
山东工程机械厂	寿光市留吕福利棉纺织厂
青州造纸股份有限公司	山东菜央子盐场
颐中烟草(集团)有限公司青州卷烟厂	寿光万龙汽车车身制造有限公司
	山东海源盐化集团有限责任公司岔河盐场

续表18

山东寿光人造板厂
寿光市供电公司
寿光市北关建筑公司
寿光市清河实业有限公司
寿光市圣龙钢结构工程有限公司
山东红叶地毯集团公司
山东万豪纸业集团股份有限公司
潍坊万利食品有限公司
山东巨龙建工集团公司
山东临朐县鲁艺红木家具有限公司
潍坊风筝集团公司
临朐县辛寨建筑公司
潍坊辛雁化工有限公司
山东乐化集团有限公司
山东江海麦芽有限公司
昌乐县平原建筑有限公司
昌邑市海美塑品有限责任公司
昌邑市昌春建工有限公司
昌邑市昌龙染织有限公司
昌邑市重型帆布厂
潍坊中云机械有限公司
山东省昌邑乾隆杯酒业有限责任公司
山东华发丝绸服装有限公司
昌邑市华信丝绸有限责任公司
潍坊新威锅炉制造有限公司
潍坊鲁邑橡胶制品有限公司
潍坊富丽华纺织有限公司
昌邑市华裕丝绸有限责任公司
昌邑市信泰建筑安装工程有限公司
昌邑鑫东农业机械有限责任公司
昌邑市兴昌建筑有限责任公司
潍坊金丝达印染有限公司
山东奥达铸造有限公司
昌邑恒丽非织造布有限公司
山东昌邑石化有限公司
山东潍坊医药集团股份有限公司昌邑公司
昌邑市纺织品有限公司
中国人寿保险公司昌邑市支公司
高密市锅炉安装维修公司
高密市海建建筑工程有限公司
山东高密彩虹分析仪器有限公司
山东高密高锻机械有限公司
山东高密医药经贸中心
高密市广安第一建筑工程有限公司
高密市昌华市政工程有限公司
山东洁玉纺织股份有限公司
山东长盛泰玻璃制品有限公司
高密市油脂化工厂
山东高密化纤集团有限公司
山东省高密市农业机械厂
青州中储物流有限公司
潍坊银象曲轴有限责任公司
山东华源凯马车辆有限公司
寿光市康跃增压器有限公司
寿光市裕鑫化工有限公司
山东高密信德电器有限公司
山东高密君盛机电制造有限公司
潍坊恒联铜版纸有限公司
潍坊市工程建设监理有限责任公司
山东高密密谊纺织器材有限公司
诸城市鑫城房地产开发有限公司
潍坊交运汽车运输有限公司
潍坊市钢联金属材料有限公司
潍坊富特空调设备有限公司
潍坊市路通公路工程有限公司
高密市中亚暖通设备有限公司
山东圣荣建设集团有限公司
潍坊圣荣物业管理有限公司
潍坊圣荣房地产开发有限公司
潍坊圣荣大酒店有限公司
中国人寿保险股份有限公司临朐县支公司
青州市剪刀厂有限公司
潍坊华美精细技术陶瓷有限公司
帛方纺织有限公司
潍坊弘润石化有限公司
高密星合建业有限公司
山东樱园建筑工程有限公司
潍坊华特磁电设备有限公司
诸诚市德利源纺织有限公司
山东宏昌路桥工程有限公司
山东经纬工程管理有限公司
山东海王化工有限公司
山东寒亭第一盐场
昌邑市翔达实业有限公司
昌邑市康达实业有限公司
潍坊海惠建筑有限公司
山东高密大昌纺织有限公司
山东新方矿业集团有限公司
潍坊华潍膨润土有限公司
昌邑市中信塑料包装有限公司

济宁市

山东华鲁基础工程公司
山东省济宁地质工程勘察院
鱼台县飞跃路桥工程有限公司
济宁兴鲁建筑工程有限公司
济宁中油石化有限公司
济宁市泰和建筑工程有限责任公司
济宁市建筑装饰总公司
济宁九巨龙建筑工程有限公司
山东省济宁建筑安装工程公司
山东省济宁市医药(集团)总公司
济宁市惠友进出口公司
济宁华联商厦股份有限公司
山东永泰照明电器股份有限公司
济宁市中区第二建筑工程公司
济宁市鲁西南公路工程有限公司
济宁明珠建筑工程公司
济宁市金桥油脂有限责任公司
山东金地建筑集团公司
菱花集团公司
济宁市建工建筑有限公司

续表 19

山东华仙甜菊股份有限公司	中国轻骑集团曲阜活塞厂
山东济宁金塔建安有限公司	山东天幕集团总公司
济宁利民建筑工程有限公司	山东孔府家集团有限公司
济宁张山水泥厂	山东省曲阜汽车配件厂
济宁市柳行建筑工程公司	燕京啤酒(曲阜三孔)有限责任公司
济宁市城中建筑工程公司	曲阜市琉璃瓦厂
泗水永胜建筑工程有限公司	曲阜电缆集团股份有限公司
济宁市市中区城市建设综合开发公司	曲阜市建筑工程公司
济宁宁侨房地产开发有限公司	曲阜市圣时建安有限公司
济宁华园建设有限责任公司	济宁市任城区唐口建筑工程公司
泗水县苗馆镇肉类加工厂	兖州煤业股份有限公司
山东华金集团总公司	山东微山湖医药化工集团有限公司
泗水柳絮淀粉制品有限公司	微山县建筑安装工程公司
邹城市祥业日化制造有限公司	山东省微山县矿区综合服务总公司
邹城市拔丝厂	山东省岱庄生建煤矿
邹城市方正建筑安装工程公司	山东省三河口生建煤矿
济宁市中永安建筑管道锅炉安装公司	山东省微山县碳素厂
济宁市中区第一建筑工程公司	微山县夏镇建筑公司
曲阜远东铝业有限公司	微山县供销大厦
兖矿集团有限公司	微山县付村建筑公司
兖矿集团有限公司北宿煤矿	济宁市机械设计研究院
兖矿集团海鲁建筑安装有限公司	山东省金曼克电气集团股份有限公司
兖矿集团有限公司机械制修厂	兖州煤业股份有限公司济宁三号煤矿
兖矿集团新陆冻结安装有限公司	山东省金乡县建筑安装工程股份有限公司
兖矿集团公司铁路运输处	金乡县缗城建筑安装装饰有限责任公司
兖矿集团邹城东联工贸有限公司	邹城市东鲁建材五金有限责任公司
中煤第六十八工程处	山东太阳纸业股份有限公司
兖矿集团唐村实业有限公司	兖州市建筑安装工程总公司
兖州矿务局东滩煤矿	山东雪花淀粉集团公司
兖州煤业股份有限公司鲍店煤矿	兖矿集团有限公司兴隆庄分公司
邹城市自强建筑公司	中铁十四局集团第三工程有限公司
曲阜市建筑安装工程公司	兖州市四建建筑安装有限公司
邹城市中山建筑有限责任公司	山东拖拉机厂
曲阜远大工程有限公司	兖矿集团有限公司杨村煤矿
金乡县兴隆第二建筑工程公司	兖州环宇拖配有限责任公司
济宁市医药集团总公司邹城分公司	中铁十四局集团第五工程有限公司
微山县住宅建筑公司	兖州市兴隆阀门有限公司
山东省汶上县建筑公司	兖州工务段永安铁路工程公司
山东凤凰纺织集团公司	中国建筑材料工业建设兖州矿山工程公司
汶上县第三建筑公司	山东省鲁南地质工程勘察院
汶上县第五建筑公司	济宁市兖州粮库
汶上县第四建筑工程公司	兖州市云龙科技开发有限公司
汶上县第二建筑公司	山东泗水丰田农药有限公司
山东梁山水泊商场	泗水昌隆建筑工程有限公司
嘉祥县疃里建筑工程公司	山东大丰机械有限公司
嘉祥县建筑安装工程有限责任公司	兖州市谷村建筑安装工程有限公司
嘉祥县嘉祥镇第二建筑工程公司	兖州市恒基建工程有限公司
山东鲁祥铜业集团有限公司	兖州市兖北建筑安装有限责任公司
嘉祥县黄岗水泥厂	济宁市公路工程公司
嘉祥县汇通建筑工程公司	山东省鱼台水利机械厂
嘉祥县西关建筑公司	中国人寿保险鱼台营业部
鱼台县清河建筑公司	邹城市圣峰集团府前建筑有限公司
嘉祥县三磊建筑安装有限公司	山东省七五生建煤矿
鱼台县建筑工程公司	邹城市第二建筑工程公司
兖矿集团有限公司物资部	邹城市百货大楼有限责任公司
山东金塔王股份有限公司	济宁市市中区振业建筑工程公司

续表20

山东鲁宝食品集团公司	曲阜大禹水利工程有限公司
山东济宁输送带厂	**泰安市**
济宁市中区兴隆建筑工程公司	泰安市协和建筑安装工程有限公司
中国石油化工股份有限公司山东济宁石油分公司	山东煤矿泰安机械厂
济宁市鸿顺建筑工程有限公司	泰安拍卖行有限公司
山东九巨龙房地产开发有限公司	山东泰山生力源集团股份有限公司
邹城市建筑安装工程总公司	山东巨菱股份有限公司
邹城市东方建筑有限责任公司	泰安建筑工程公司
兖州市华一建筑安装有限公司	山东省泰安市第二建筑安装工程公司
邹县发电厂	泰安市热电厂
山东鲁鑫油脂集团公司	泰安市中房城市建设综合开发公司
济宁华升建筑工程公司	山东省建材工业设备安装公司
济宁市煤气公司建筑装饰公司	泰安金缔建筑装饰工程有限公司
山东樱花五金制品集团公司	泰山集团股份有限公司
微山县微湖建筑工程有限公司	泰安交通汽车制造厂
济宁市市中区济阳街道办事处房地产综合开发公司	中铁十四局集团第二工程有限公司
山东鲁王集团总公司	济南铁路局工程总公司第二工程公司
济宁市东郊热电厂	山东鲁能泰山电力设备有限公司
兖州市兴华建筑安装工程有限公司	泰安永佳塑料有限公司
青岛钢铁集团兖州焦化厂	泰安市东方建筑设计有限公司
山东黄河东平湖工程局	泰安市锦林实业有限公司
嘉祥县第三建筑工程公司	交通银行泰安支分行青年路支行
山东鱼台电力制造业有限公司	山东泰安糖酒副食品总公司
济宁市华凝建筑工程有限责任公司	山东厚丰汽车散热器有限公司
济宁高新技术产业开发区房地产开发公司	泰安市泰山建筑安装工程公司
山东洪通水利施工有限公司	泰安市华联商厦
济宁市天力农业生产资料有限公司	中国人民保险公司泰安市泰山区支公司
济宁中油石化有限公司	泰安市巨大工程机械有限公司
曲阜圣阳电源实业有限公司	山东岱银纺织集团股份有限公司
邹城市平阳寺建筑公司	泰安市泰山区青山建筑安装工程公司
邹城市瑞升机械有限公司	泰山市省庄建筑安装工程总公司
邹城市建筑工程公司	泰安市泰山旅游服务公司
济宁市华辉装璜工程有限公司	山东鲁能泰山开关(集团)厂
济宁天恒拍卖行有限公司	泰安开发区华茂开发建设总公司
曲阜弘道市政工程有限公司	泰安市金山口锅炉有限责任公司
枣庄矿业(集团)有限责任公司新安煤矿	泰安市金港机械制造有限责任公司
山东鲁抗医药股份有限公司	泰安市振华机械有限公司
兖州市富平装饰有限公司	山东鼎力股份有限公司
兖州市宏宇胶带有限责任公司	泰安市泰山精细化工实业总公司
济宁兴唐房地产开发有限公司	泰安市泰山泉酿酒设备有限公司
济宁市东方建设工程监理公司	泰安市宏康机械制造有限公司
济宁市同诚建筑安装有限公司	泰安市鑫海建筑安装工程有限公司
山东移动通信有限责任公司济宁分公司	泰安市岱岳区堰西建筑工程公司
山东良福集团制药有限公司	泰安市良庄建筑安装工程公司
济宁中煤建设工程有限公司	泰安市祝阳建筑安装工程公司
山东省水利疏浚工程处	泰安市范镇建筑安装工程公司
济宁建威安装工程有限公司	山东华阳农药化工集团有限公司
济宁市兴业监理有限责任公司	新汶矿业集团有限责任公司华丰煤矿
济宁市建设监理公司	宁阳县西关建筑安装工程公司
山东圣都置业有限公司	宁阳县东关建筑安装工程公司
曲阜市园林古建筑工程有限公司	宁阳县连桥建筑安装公司
曲阜市建设监理有限公司	

续表 21

宁阳县华润纸业有限公司	肥城市新城建筑安装工程有限公司
宁阳金彩山酒业有限公司	肥城市第六建筑安装有限公司
山东省泰安泰龙软轴软管厂	肥城市万灵山水泥有限公司
宁阳县北关建筑安装工程公司	山东省肥城市第一建筑安装公司
山东飞达化工科技有限公司	肥城市联谊水暖器材有限公司
山东唐龙酒业有限公司	山东省肥城市化肥厂
山东东平工具总厂	肥城市新城东付村建筑安装工程公司
东平县宿城建筑安装有限责任公司	肥城矿业集团有限责任公司白庄煤矿
东平县州城建筑安装有限责任公司	山东省肥城市第一设备安装工程公司
山东东平面粉有限责任公司	山东省肥城市第四建筑安装公司
东平县市政工程管理处	泰安市范镇建筑安装工程公司
东平县建筑安装总公司	泰安市祝阳建筑安装工程公司
新泰市高佐煤矿	交通银行泰安分行青年路支行
新汶矿业集团有限责任公司协庄煤矿	山东飞达化工科技有限公司
泰安双丰化肥有限公司	泰安市新方圆装饰有限责任公司
山东省电力线路器材厂	泰安开发区泰山创业投资有限公司
新汶矿业集团有限责任公司	泰安市正兴建筑安装有限公司
新汶矿业集团有限责任公司孙村煤矿	泰安泰山福神齿轮有限责任公司
新汶矿业集团有限责任公司良庄煤矿	泰安市山口锻压有限公司
新泰市汶南煤矿	泰安立人科工贸有限责任公司
泰安阳光矿业集团有限责任公司	新泰市水泥机械设备厂
山东泰山能源股份有限公司翟镇煤矿	山东光明起重机械有限公司
新泰市翟镇煤矿	山东泰山稀土有限公司
山东省新泰市开关厂	山东裕鑫玻璃纤维有限公司
山东升华玻璃股份有限公司	山东省宁阳县水泥厂
山东省新泰市建筑安装工程总公司	山东海力实业集团有限公司
新泰市染料化工厂	泰山水泥有限公司
山东盛大建设股份有限公司	宁阳县城市建设综合开发公司
新泰市矿山机械有限公司	泰安玻璃纤维股份有限公司
新泰市农业信用合作社联合社	山东泰山啤酒有限公司
新泰市沈家庄建筑安装工程公司	山东泰山复合材料有限公司
山东明兴小港煤矿(集团)	泰安市泰山区农村信用合作联社
新泰市海颖矿山设备有限公司	泰安市东城建筑安装有限公司
新泰市市中第一建筑工程公司	泰安市信德建筑安装工程有限公司
山东华新建筑工程集团有限责任公司	泰安市泰山国铁物资有限公司
山东惠普矸石电力股份有限公司	泰安市诚金市政工程有限公司
山东青云矿山设备有限公司	泰安市兴建物资有限公司
新泰市泰山门窗有限公司	山东清大实业集团有限公司
新汶矿业集团物资供销有限责任公司	山东巨龙食品有限公司
山东石横发电厂	山东华宁矿业有限公司
肥城石横电力实业公司	宁阳县鑫晶阳面粉有限公司
肥城矿业集团有限责任公司查庄煤矿	新泰市新汶食品酿造有限公司
山东肥城水泥股份有限公司	新泰市宏达化工有限公司
山东省肥城市建筑安装工程公司	新泰市光明煤矿
肥城市第五建筑安装公司	山东平阳纺织有限公司
山东省肥城市设备安装工程公司	新泰市建新煤矿
山东省肥城市安装工程公司	新泰市新汶建筑工程公司
肥城市建利水泥有限公司	山东泰山建能机械有限公司
肥城矿业集团有限责任公司杨庄煤矿	山东云亭装饰工程有限公司
肥城市磷铵厂	东平县赤脸店建筑安装工程公司
肥城市第三建筑安装有限公司	肥城市鲁强健安工程有限公司

续表22

莱芜市

山东煤矿莱芜机械厂
莱芜钢铁集团有限公司
山东泰山钢铁有限公司
山东广寒宫集团有限公司
山东莱芜塑料制品股份有限公司
莱芜方圆建设有限公司
新汶矿业集团有限责任公司南冶煤矿
山东莱芜香山食品厂
莱芜凤凰建工集团羊里建安有限公司
莱芜市莱城建工集团正盛建筑安装工程有限公司
山东大地企业集团有限公司
莱芜市钢城企业集团公司
莱芜钢铁集团商业有限公司
莱芜市莱城建工集团有限责任公司
莱芜市中新建筑安装工程有限公司
莱芜莱城建工集团振华建筑安装工程有限公司
莱芜泰丰纺织有限公司
莱芜市口镇离合器厂
新汶矿业集团潘西煤矿有限责任公司
莱芜钢铁集团粉末冶金有限公司
莱芜市城市信用社
山东省莱芜市医药公司
鲁中冶金矿业集团公司
莱芜鲁能开源集团有限公司
山东磐百商贸有限公司
莱芜市里辛建筑安装工程有限公司

聊城市

冠县住宅建筑工程公司
山东聊建集团第四建筑工程公司
东阿县建筑工程有限责任公司
山东省东阿县面粉厂
山东东阿酒厂
山东省高唐县金兴企业集团总公司
山东时风(集团)有限责任公司
高唐县金铭建筑安装工程有限公司
高唐县建筑安装工程总公司
高唐县第二建筑安装工程有限公司
山东省高唐县金铭实业总公司
山东省高唐蓝山集团总公司
临清市卫河酒业有限责任公司
临清市第二色织厂
山东临清洪流化工总公司
山东省临清市糖酒菜副食品公司
山东省临清药物机械厂
山东润源实业有限公司
临清市面粉厂
山东省临清市华冠皮革有限公司
临清市祥和建筑安装工程有限公司
山东临清华威药业有限责任公司
山东景阳冈酒厂
阳谷县电业管理公司
山东省方舟集团公司
山东阳谷标志服装厂
山东风祥集团总公司
山东阳谷电缆集团公司
阳谷县建筑工程总公司
茌平永安建筑安装总公司
山东华鲁制药有限公司
茌平吉星汽车零部件有限公司
冠县四棉纺织有限责任公司
山东省冠县铁安绳网有限公司
山东省冠县新华实业公司
山东省冠县泵业有限公司
冠县植物油总厂
山东省冠县冠宜春酒业有限公司
山东冠县冠星纺织集团总公司
聊城市精诚电力建筑工程有限公司
中国人寿保险公司聊城市东昌府区支公司
山东聊城明星实业有限公司
山东省聊城市百货大楼
山东昌裕集团有限公司
聊城市裕兴建筑安装有限责任公司
聊城市电力华昌实业总公司
聊城电力设计院
聊城百货集团总公司
聊城市塑料工业公司
聊城市规划建筑设计院
聊城蓝威化工有限公司
聊城市物华贸易有限公司
聊建集团总公司
聊城市鲁西化肥厂
山东活塞环总厂
山东聊城贝格建筑安装工程有限公司
冠县冠宇塑窗型材有限公司
山东东阿阿胶股份有限公司
山东省冠县建筑安装总公司
聊城杰孚电机有限公司
山东聊城建工集团第二建筑工程有限公司
山东神盾电子有限责任公司
山东聊城热电有限责任公司
山东百卉园林科技有限公司
临清市昱泰纺织有限公司
莱芜市锻造厂
银河纺织集团有限公司
山东汇金股份有限公司
肥城市通达建筑安装工程有限公司
山东东岳能源有限责任公司
山东金柱建设发展有限公司
茌平县兴安建筑工程有限责任公司
山东冠洲股份有限公司
冠县华丰建筑安装工程有限公司

2005年中国民营企业500强企业名单

联想控股有限公司
上海复星高科技(集团)有限公司
江苏沙钢集团有限公司
东方集团实业股份有限公司
南京斯威特集团有限公司
广厦控股创业投资有限公司
万向集团
太平洋建设集团有限公司
苏宁电器集团
横店集团
杭州娃哈哈集团有限公司
雅戈尔集团股份有限公司
正泰集团
上海永乐家用电器有限公司
德力西集团有限公司
新疆广汇实业投资(集团)有限责任公司
南京钢铁联合有限公司
天正集团有限公司
人民电器集团有限公司
奥克斯集团
上海人民企业(集团)有限公司
华芳集团有限公司
惠州侨兴集团有限公司
华立控股股份有限公司
唐山市冀东物贸集团有限责任公司
江苏三房巷集团有限公司
江苏新科电子集团有限公司
内蒙古伊利实业集团股份有限公司
江苏雨润食品产业集团有限公司
红星家具集团有限公司
通威集团有限公司
红豆集团有限公司
长城电器集团有限公司
上海新高潮(集团)有限公司
桐昆集团股份有限公司
江苏力联实业集团有限公司
江阴澄星实业集团有限公司
山东金锣企业集团总公司
海南航空股份有限公司
江苏永钢集团有限公司
家世界连锁商业集团有限公司
浙江远东化纤集团有限公司
大连实德集团有限公司
山西海鑫钢铁集团有限公司
大连华农豆业集团股份有限公司
新华联集团
永鼎集团有限公司
中天建设集团有限公司
四川新希望集团有限公司
浙江康桥汽车工贸集团股份有限公司
萍乡钢铁有限责任公司
重庆力帆实业(集团)有限公司
南京钢铁集团江苏淮钢有限公司
西安海星科技投资控股(集团)有限公司
河北华龙面业集团有限公司
浙江恒逸集团有限公司
江苏苏宁建设集团有限公司
五洋建设集团股份有限公司
均瑶集团
隆鑫控股有限公司
江苏高力实业集团有限公司
东方希望集团有限公司
成都林凤实业集团
浙江永通染织集团有限公司
西洋集团
武进中天钢铁有限公司
兴乐集团有限公司
浙江卡森实业股份有限公司
江苏综艺集团
纵横控股集团有限公司
宗申产业集团有限公司
内蒙古小肥羊餐饮连锁有限公司
唐山宝业集团
沈阳和光集团股份有限公司
四川蓝光实业集团有限公司
山西通达集团有限公司
唐山建龙实业有限公司
江苏森达集团有限公司
江苏三胞集团有限公司
新奥集团股份有限公司
四川宏达集团
南通四建集团有限公司
山东太阳纸业股份有限公司
荣盛化纤集团
亨通集团有限公司
镇江江奎集团有限公司
科达集团股份有限公司
无锡兴达泡塑新材料有限公司

续表1

青岛泰发集团股份有限公司	河南省定角实业总公司
深圳海王集团股份有限公司	万达集团股份有限公司
富通集团有限公司	宁波洛兹集团有限公司
美锦能源集团有限公司	中大工业集团公司
浙江富春江通信集团有限公司	天津天狮集团有限公司
飞跃集团有限公司	人本集团有限公司
华翔集团股份有限公司	健康元药业集团股份有限公司
江苏远东集团有限公司	浙江华成控股集团有限公司
江苏隆力奇集团有限公司	大庆市庆客隆经贸有限公司
唐山市宏文实业集团有限公司	浙江胜达包装材料有限公司
盼盼安居股份有限公司	野风集团有限公司
辽宁曙光汽车集团股份有限公司	浙江兆山建材集团有限公司
浙江赐富化纤集团有限公司	江苏双良集团有限公司
耀华电器集团有限公司	龙大食品集团有限公司
山东五征农用车有限公司	华通机电集团有限公司
华峰集团有限公司	吉林修正药业集团股份有限公司
浙江龙盛集团股份有限公司	山东垦利石化有限责任公司
邢台德龙钢铁实业有限公司	湖北联谊实业集团有限公司
天津天士力集团有限公司	传化集团有限公司
广东恒兴集团有限公司	昆山三牛实业集团有限公司
波司登股份有限公司	青岛变压器集团有限公司
天龙控股集团有限公司	苏州华成汽车贸易集团有限公司
常州市武进第二物资总公司	万丰奥特控股集团有限公司
浙江海滨建设集团有限公司	利达(柳州)化工有限公司
西子电梯集团有限公司	浙江中富建筑集团股份有限公司
亚厦控股有限公司	广东天建实业集团有限公司
江苏月星家具集团有限公司	亚邦化工集团有限公司
汇仁集团有限公司	江苏威信染纺有限公司
南通宝港油脂发展有限公司	江苏华尔润集团有限公司
三花控股集团有限公司	东港工贸集团有限公司
三一重工股份有限公司	苏泊尔集团有限公司
浙江大普集团有限公司	杭州西子奥的斯电梯有限公司
浙江航民实业集团有限公司	营口青花耐火材料集团
神力集团有限公司	江苏三笑集团
南通神勇建设工程总承包有限公司	亿阳集团有限公司
浙江富可达皮业集团股份有限公司	南京新华海科技产业集团有限公司
浙江亚太高科股份有限公司	浙江闰土化工集团有限公司
安徽亚夏实业股份有限公司	奥康集团有限公司
江苏澳洋实业(集团)有限公司	江苏九洲投资集团有限公司
深圳市中汽南方投资有限公司	江苏旋力集团股份有限公司
杭州道远化纤集团有限公司	江苏上上电缆集团
宁波海天集团股份有限公司	维信(集团)有限公司
四川汇源科技产业控股集团有限公司	江苏新丽华企业集团有限公司
杭州锦江集团有限公司	江苏常发实业集团有限公司
徐州华厦集团有限公司	浙江翔盛集团有限公司
上海太平洋百货有限公司	昌泰集团
美特斯邦威集团有限公司	星星集团有限公司
上海海欣集团股份有限公司	上海瀛通(集团)有限公司
罗蒙集团股份有限公司	山西金业煤焦化集团有限公司
浙江天圣控股集团有限公司	纳爱斯成都有限责任公司
江苏虎豹集团有限公司	上海市轻纺集团有限公司
盾安控股集团有限公司	江苏金鼎电动工具集团有限公司

续表2

厦门升汇纺织工业控股有限公司	重庆小天鹅投资控投(集团)有限公司
浙江万利工具集团有限公司	腾达建设集团股份有限公司
金轮集团股份有限公司	宁波浙东建材集团有限公司
华伦集团	青岛喜盈门集团公司
青岛特种汽车集团有限公司	宁波富达股份有限公司
江苏万象集团公司	合肥中建工程机械有限责任公司
报喜鸟集团有限公司	江苏梦兰集团有限公司
上海君益商贸有限公司	双菱集团有限公司
湖南曾氏企业(集团)有限公司	四川汉龙(集团)有限公司
浙江华瑞集团有限公司	法派集团有限公司
上海卫良物资有限公司	浙江青山特钢有限公司
光宇集团有限公司	徐龙食品集团有限公司
浙江万马集团有限公司	上海斯尔丽服饰有限公司
山东鲁花集团有限公司	浙江嘉欣丝绸股份有限公司
浙江银泰百货有限公司	四川科伦实业集团有限公司
浙江新中天控股集团有限公司	青岛金王集团有限公司
浙江杭萧钢构股份有限公司	浙江万亨盛印染有限公司
卧龙控股集团有限公司	江苏天工集团有限公司
江苏长江电气集团有限公司	上海龙工机械有限公司
哈尔滨光宇电源集团股份有限公司	世纪阳光控股集团有限公司
浙江日月首饰集团有限公司	浙江开氏纺纤集团有限公司
江苏丰立国际贸易有限公司	四川华侨凤凰集团股份有限公司
江苏华宏实业集团有限公司	浙江金鹰股份有限公司
杭州长城机电实业有限公司	江苏恒瑞医药股份有限公司
嘉祥县嘉冠油脂化工有限公司	江苏长城物资贸易有限公司
四川富临实业集团有限公司	开元旅业集团有限公司
好孩子儿童用品有限公司	江阴润华化工制品有限公司
方远建设集团	广东省梅州市塔牌集团有限公司
上海致达科技(集团)股份有限公司	广西北生集团有限责任公司
江苏骏马集团	浙江永利实业集团有限公司
江苏江南实业集团	成都国腾通讯(集团)有限公司
亿利资源集团公司	红蜻蜓集团有限公司
科瑞集团有限公司	上海宝翔物资有限公司
重庆华宇集团	庄吉集团
昆山市震雄电线电缆有限公司	恒力集团有限公司
上海博泰实业有限公司	杭州龙达差别化聚酯有限公司
江苏新世纪造船股份有限公司	山东鲁洲食品集团有限公司
山东鸿达建工集团有限公司	海宁蒙努集团有限公司
浙江南方集团有限公司	天津德利得集团有限公司
山西安泰集团股份有限公司	唐山市丰南区群利钢铁有限公司
山西常平集团有限公司	湖南九芝堂股份有限公司
南京钢加工程机械实业有限公司	浙江新和成股份有限公司
山东翔龙实业集团有限公司	浙江绍兴华宇印染纺织有限公司
帅康集团有限公司	浙江春晖集团有限公司
温州金州集团有限公司	伟星集团有限公司
欧美投资集团有限公司	宁波兴业电子铜带有限公司
德仁集团有限公司	山东大陆企业集团有限公司
浙江雄峰实业集团有限公司	浙江兴惠化纤集团有限公司
丰南区冀发特种钢材有限公司	浙江中南建设集团有限公司
山东华夏集团有限公司	江苏宏大集团
山西华宇集团有限公司	马佐里(东台)纺机有限公司
合肥华泰食品有限责任公司	康奈集团有限公司

续表3

江苏新华昌集团有限公司
泗水西尔康制药有限公司
苏州金鹰国际购物中心有限公司
浙江江南涤化有限公司
江苏飞达工具集团股份有限公司
上海家饰佳实业有限公司
青岛九联集团股份有限公司
上海西本钢铁贸易发展有限公司
桐乡市凤鸣合纤有限公司
温州挺宇集团有限公司
上海大昌铜业有限公司
苏州人民商场股份有限公司
浙江上风实业股份有限公司
华仪电器集团有限公司
浙江虞乐工贸集团公司
山西三佳煤化有限公司
温州中城建设集团有限公司
宁波太平鸟投资集团有限公司
青岛万福集团股份有限公司
江阴市新大铝业有限公司
北海银河高科技产业股份有限公司
通光集团有限公司
浙江利时投资集团股份有限公司
星月集团有限公司
山西阳光焦化集团有限公司
民生实业(集团)有限公司
山东华金集团有限公司
山西振兴集团有限公司
浙江华威实业集团有限公司
浙江柳桥羽毛有限公司
江苏红豆实业股份有限公司
江苏金达来集团公司
上海盛顺服装有限公司
安徽长江钢铁有限责任公司
浙江广博集团股份有限公司
浙江医药股份有限公司新昌制药厂
森马集团有限公司
云蝠集团公司
江苏琼花集团有限公司
四川龙蟒集团有限责任公司
浙江黄岩进出口公司
河南思达科技发展股份有限公司
上海宏泉集团有限公司
河北中旺食品集团有限公司
旺旺集团杭州旺旺食品有限公司
吴江鹰翔化纤有限公司
海城市后英经贸集团有限公司
北京渔阳集团
杭州杭挂机电有限公司
浙江景兴纸业股份有限公司
上海干巷汽车镜(集团)有限公司
苏州函数集团有限责任公司
四川德胜集团楚雄钢铁有限公司
飞腾集团股份有限公司
山东津华集团有限公司
上海长峰房地产开发有限公司
天津津海集团公司
江苏华瑞国际实业集团有限公司
青岛正进集团有限公司
甘肃荣华企业集团
浙江多凌控股集团有限公司
山东岱银纺织集团股份有限公司
浙江加佰利控股集团有限公司
上海威达高科技(集团)有限公司
北京中润发汽车销售有限公司
重庆百事达汽车有限公司
江苏沃得机电集团有限公司
上海中盛实业(集团)公司
重庆博赛矿业(集团)有限公司
厦门银鹭集团有限公司
厦门惠尔康集团有限公司
光明集团
山西皇威实业有限公司
哈尔滨和平金属材料有限公司
温州人造革有限公司
江苏宏宝集团有限公司
浙江华港染织有限公司
奉化市爱伊美服饰有限公司
花园工贸集团有限公司
江苏向阳集团
四川禾嘉实业(集团)有限公司
江苏国强镀锌实业有限公司
万事利集团有限公司
绍兴富陵实业集团有限公司
山东雪花生物化工股份有限公司
青岛康大外贸集团有限公司
华乐集团
宁波培罗成集团有限公司
东冠集团有限公司
大连宏光好运来集团有限公司
新沂市良晨工贸有限公司
珠海市珠光汽车有限公司
四川高金食品股份有限公司
杭州协和陶瓷有限公司
浙江无名皮塑集团有限责任公司
江苏菊花味精集团有限公司
河北明慧养猪集团有限公司
浙江星鹏铜材集团有限公司
江苏申海集团股份有限公司
山东乐化集团
江苏英田集团
天地集团
安徽精诚实业集团有限公司
山东鲁南牧工商联合公司

续表 4

江苏邗建集团有限公司
无锡市江南线缆有限公司
荣光集团有限公司
嘉兴市良友进出口有限公司
湖南金荣企业集团有限公司
浙江飞虹通信集团有限公司
精益电器集团有限公司
温州吉尔达鞋业有限公司
抚顺罕王实业集团有限公司
青援食品有限公司
浙江兽王集团有限公司
上海健特生物科技有限公司
浙江华达通信器材集团有限公司
浙江富帮集团有限公司
新华电器集团有限公司
南方投资集团有限公司
山东金升有色集团有限公司
浙江三元集团有限公司
慈溪市慈客隆超市有限公司
江阴联通实业有限公司
浙江万达集团公司
山东阜丰发酵有限公司
浙江中誉(控股)集团有限公司
马鞍山市大汗物资有限责任公司
广西佳用商贸股份有限公司
浙江展望控股集团有限公司
青岛振华工业集团有限公司
成都三旺集团有限公司
江苏 AB 集团有限责任公司
红桃开集团股份有限公司
浙江钱清热电集团有限责任公司
浙江华川实业集团有限公司
哈尔滨黑天鹅集团股份有限公司
上海灿坤实业有限公司
浙江永泰纸业集团股份有限公司
江苏裕纶纺织有限公司
上海华盛企业(集团)有限公司
江苏茶梅灯芯绒有限公司
上海中发电气(集团)有限公司
常安集团有限公司
浙江联丰集团公司
日照兴业集团有限公司
鄂尔多斯市乌兰煤炭集团有限责任公司
青岛国美电器有限公司
浙江一星饲料集团有限责任公司
江苏胜阳实业股份有限公司
无锡华东汽车商城
苏州永盛混凝土有限公司
兰州天奇物资集团有限公司
南通港德油脂有限公司
浙江环洲钢业股份有限公司
山东冠洲股份有限公司
鄂尔多斯市兴泰置业集团有限公司
京卫医药科技集团有限公司
台州医药有限公司
浙江东南网架集团有限公司
张家港华达涂层有限公司
浙江新亚太机电集团有限公司
冠县冠星纺织有限责任公司
上海华东电器(集团)有限公司
杭州萧宏建设集团有限公司
成功控股集团有限公司
霸州市前进带钢有限责任公司
温州市亚泰进出口有限公司
江西博能实业集团有限公司
浙江汇宇营建集团
鄂尔多斯市东方路桥集团
上海南大集团有限公司
江苏鸿联集团有限公司
浙江华通控股集团有限公司
浙江华鼎集团有限公司
浙江五洋印染有限公司
江苏中联科技集团
河南省安阳市豫北金属冶炼厂
四川怡和企业(集团)有限责任公司
浙江禾欣实业股份有限公司
石家庄神威药业股份有限公司
上海海泰钢管有限公司
江阴金属材料市场
浙江三弘国际羽毛有限公司
浙江威陵金属集团有限公司
中利科技集团有限公司
杭州施乐事达通讯设备有限公司
上海星城石油有限公司
浙江彪马集团有限公司
扬州纪元纺织有限公司
江苏三星绣品集团有限公司
江苏磊达股份有限公司
南通市新华建筑安装工程有限公司
江苏万顺机电集团
步森集团有限公司
甘肃建新实业集团有限公司
长沙高新技术产业开发区中标实业有限公司
宁波贝发集团有限公司
常熟市汽车内饰件材料厂
广东明珠集团股份有限公司
重庆南方集团有限公司
福建亚通新材料科技股份有限公司
浙江新风热电有限公司
浙江黄岩洲煌实业有限公司

2005年中国企业500强名单

2005年排名	企业名称	地区	销售收入(单位：万元)	2004年排名
1	中国石油化工集团公司	北京	63428709	3
2	国家电网公司	北京	59005564	1
3	中国石油天然气集团公司	北京	57125749	2
4	中国移动通信集团公司	北京	19829300	5
5	中国工商银行	北京	19404700	4
6	中国人寿保险(集团)公司	北京	18019793	6
7	中国电信集团公司	北京	17846473	7
8	中国中化集团公司	北京	16868707	8
9	上海宝钢集团公司	上海	16175652	12
10	中国建设银行股份有限公司	北京	15765600	9
11	中国南方电网有限责任公司	广东	15666985	11
12	中国银行	北京	14865500	10
13	中国第一汽车集团公司	吉林	12522986	13
14	中国农业银行	北京	12506000	15
15	中国粮油食品(集团)有限公司	北京	11744287	14
16	百联集团有限公司	上海	11476486	37
17	中国五矿集团公司	北京	10924157	22
18	海尔集团公司	山东	10090705	19
19	上海汽车工业(集团)总公司	上海	10006301	16
20	东风汽车公司	湖北	9805882	18
21	中国铁路工程总公司	北京	9630818	23
22	中国远洋运输(集团)总公司	北京	9347026	21
23	中国建筑工程总公司	北京	9283326	24
24	中国铁道建筑总公司	北京	9122600	25
25	中国网络通信集团公司	北京	8792366	20
26	飞利浦(中国)投资有限公司	上海	7780000	28
27	国家开发银行	北京	7523500	69
28	中国海洋石油总公司	北京	7091750	29
29	华润(集团)有限公司	广东	6824979	169
30	摩托罗拉(中国)电子有限公司	天津	6576400	42
31	中国兵器装备集团公司	北京	6435475	33
32	中国兵器工业集团公司	北京	6406092	32
33	中国平安保险(集团)股份有限公司	广东	6325100	26
34	鞍山钢铁集团公司	辽宁	6272637	49
35	中国人民财产保险股份有限公司	北京	6200300	/
36	首钢总公司	北京	6190000	34
37	中国航空工业第一集团公司	北京	5805801	/

续表 1

2005年排名	企业名称	地区	销售收入(单位：万元)	2004年排名
38	中国华能集团公司	北京	5381246	36
39	中国冶金建设集团公司	北京	5377627	41
40	国家邮政局	北京	5339767	30
41	北京铁路局	北京	5250452	35
42	山东电力集团公司	山东	5217590	/
43	中国太平洋保险(集团)股份有限公司	上海	5120506	/
44	中国华源集团有限公司	上海	4849295	38
45	中国铝业公司	北京	4767682	51
46	郑州铁路局	河南	4760392	54
47	北京汽车工业控股有限责任公司	北京	4749519	48
48	京东方科技集团股份有限公司	北京	4510657	112
49	神华集团有限责任公司	北京	4480296	45
50	上海广电(集团)有限公司	上海	4323682	44
51	广州汽车工业集团有限公司	广东	4300000	50
52	中国港湾建设(集团)总公司	北京	4270386	60
53	武汉钢铁(集团)公司	湖北	4232189	59
54	TCL 集团股份有限公司	广东	4209900	43
55	中国船舶重工集团公司	北京	4193668	56
56	联想控股有限公司	北京	4192245	39
57	中国大唐集团公司	北京	4120790	181
58	中国中煤能源集团公司	北京	4055136	62
59	中国铁路物资总公司	北京	4018446	65
60	上海电气(集团)总公司	上海	3941795	/
61	浙江省物产集团公司	浙江	3742302	46
62	中国海运(集团)总公司	上海	3696285	57
63	中国航空集团公司	北京	3637377	/
64	中国对外贸易运输(集团)总公司	北京	3624362	73
65	中国华电集团公司	北京	3616798	53
66	上海埃力生(集团)有限公司	上海	3602321	79
67	攀枝花钢铁(集团)公司	四川	3395449	63
68	玉溪红塔烟草(集团)有限责任公司	云南	3361811	58
69	中国国电集团公司	北京	3334368	67
70	珠海振戎公司	北京	3301496	/
71	沈阳铁路局	辽宁	3244348	85
72	华为技术有限公司	广东	3152126	/
73	上海建工(集团)总公司	上海	3151527	66
74	邯郸钢铁集团有限责任公司	河北	3116577	87
75	江苏沙钢集团有限公司	江苏	3112365	86
76	唐山钢铁集团有限责任公司	河北	3071611	107
77	天津市物资集团总公司	天津	3044823	89
78	莱芜钢铁集团有限公司	山东	3010277	135
79	太原钢铁(集团)有限公司	山西	2913867	83
80	中国电力投资集团公司	北京	2893283	/
81	广东物资集团公司	广东	2868026	119
82	中国航天科工集团公司	北京	2823504	/
83	上海复星高科技(集团)有限公司	上海	2813000	61
84	熊猫电子集团有限公司	江苏	2800388	64

续表2

2005年排名	企业名称	地区	销售收入(单位：万元)	2004年排名
85	南京钢铁集团有限公司	江苏	2788062	92
86	马钢(集团)控股有限公司	安徽	2759924	105
87	济南钢铁集团总公司	山东	2739635	141
88	广东省粤电集团有限公司	广东	2738399	74
89	海信集团有限公司	山东	2729319	78
90	中国机械装备(集团)公司	北京	2690906	84
91	交通银行	上海	2686700	47
92	上海铁路局	上海	2683201	52
93	中国国际海运集装箱(集团)股份有限公司	广东	2656778	132
94	江苏华西集团公司	江苏	2603864	157
95	湖南华菱钢铁集团有限责任公司	湖南	2603385	117
96	上海华谊(集团)公司	上海	2582632	82
97	广州铁路(集团)公司	广东	2558865	77
98	山西省煤炭运销总公司	山西	2522131	106
99	中国水利水电建设集团公司	北京	2506283	91
100	上海纺织控股(集团)公司	上海	2504160	68
101	上海农工商(集团)有限公司	上海	2470000	/
102	中国路桥(集团)总公司	北京	2466203	100
103	国美电器有限公司	北京	2440090	130
104	中国南方航空集团公司	广东	2432100	70
105	东方国际(集团)有限公司	上海	2396152	72
106	本溪钢铁(集团)有限责任公司	辽宁	2351505	55
107	中国重型汽车集团有限公司	山东	2338889	124
108	兖矿集团有限公司	山东	2319013	121
109	山东魏桥创业集团有限公司	山东	2312463	154
110	大连大商集团有限公司	辽宁	2308492	96
111	中国航空油料集团公司	北京	2268167	76
112	华晨汽车集团控股有限公司	辽宁	2265000	75
113	福建捷联电子有限公司	福建	2260190	/
114	招商银行股份有限公司	广东	2260006	108
115	北大方正集团有限公司	北京	2224599	111
116	安徽海螺集团有限责任公司	安徽	2216343	/
117	苏宁电器连锁集团股份有限公司	江苏	2210764	148
118	北台钢铁(集团)有限责任公司	辽宁	2209134	/
119	杭州钢铁集团公司	浙江	2208555	120
120	包头钢铁(集团)有限责任公司	内蒙古	2205411	129
121	成都铁路局	四川	2203860	94
122	广州钢铁企业集团有限公司	广东	2193050	80
123	广厦控股创业投资有限公司	浙江	2128632	118
124	中兴通讯股份有限公司	广东	2122006	114
125	大连西太平洋石油化工有限公司	辽宁	2111512	115
126	哈尔滨铁路局	黑龙江	2100266	93
127	万向集团公司	浙江	2085725	122
128	内蒙古电力(集团)有限责任公司	内蒙古	2066511	/
129	济南铁路局	山东	2062948	99
130	广东省广新外贸集团有限公司	广东	2045941	95
131	中国中钢集团公司	北京	2037365	137

续表3

2005年排名	企业名称	地区	销售收入(单位：万元)	2004年排名
132	天津天铁冶集团有限公司	天津	2034354	127
133	中国东方航空股份有限公司	上海	2023113	/
134	青岛钢铁控股集团有限责王公司	山东	1995570	144
135	春兰(集团)公司	江苏	1969624	90
136	厦门建发集团有限公司	福建	1946397	196
137	上海烟草(集团)公司	上海	1932700	110
138	南京斯威特集团有限公司	江苏	1919860	/
139	中国农业生产资料集团公司	北京	1918727	/
140	大同煤矿集团有限责任公司	山西	1882711	193
141	新华人寿保险股份有限公司	北京	1882071	102
142	北京城建集团有限责任公司	北京	1852732	97
143	天津市机电工业控股集团公司	天津	1850809	133
144	山西焦煤集团有限责任公司	山西	1832602	162
145	中国民生银行股份有限公司	北京	1795878	/
146	安阳钢铁集团有限责任公司	河南	1792154	145
147	中国医药集团总公司	北京	1769477	147
148	泰康人寿保险股份有限公司	北京	1768800	136
149	黑龙江北大荒农垦集团总公司	黑龙江	1761871	103
150	中国南方机车车辆工业集团公司	北京	1749852	126
151	北京建工集团有限责任公司	北京	1747600	128
152	中国核工业集团公司	北京	1732963	138
153	UT斯达康通讯有限公司	浙江	1729687	156
154	徐州工程机械集团有限公司	江苏	1700551	125
155	中国化学工程集团公司	北京	1685800	150
156	江西铜业集团公司	江西	1643739	160
157	华侨城集团公司	广东	1635233	113
158	广东省韶关钢铁集团有限公司	广东	1632049	179
159	广东省丝绸(集团)公司	广东	1621609	134
160	天津渤海化工集团公司	天津	1620000	143
161	河南省漯河市双汇实业集团有限责任公司	河南	1602002	149
162	上海永乐家用电器有限公司	上海	1584910	185
163	江苏悦达集团有限公司	江苏	1538658	/
164	中国北方机车车辆工业集团公司	北京	1534889	140
165	上海华冶钢铁集团有限公司	上海	1528000	254
166	安徽省徽商集团有限公司	安徽	1518931	146
167	南昌铁路局	江西	1503409	195
168	金川集团有限公司	甘肃	1501867	212
169	中国长江航运(集团)总公司	湖北	1498254	182
170	国家开发投资公司	北京	1475233	164
171	天津三星通信技术有限公司	天津	1474494	/
172	中国中纺集团公司	北京	1439522	180
173	横店集团控股有限公司	浙江	1422500	152
174	铜陵有色金属(集团)公司	安徽	1417325	201
175	雅戈尔集团股份有限公司	浙江	1394456	176
176	哈尔滨航空工业(集团)有限公司	黑龙江	1394130	/
177	四川长虹电子集团有限公司	四川	1389319	116
178	苏果超市有限公司	江苏	1388000	198

续表4

2005年排名	企业名称	地区	销售收入(单位：万元)	2004年排名
179	浙江省建设投资集团有限公司	浙江	1383937	187
180	珠海格力电器股份有限公司	广东	1383264	88
181	四川省宜宾五粮液集团有限公司	四川	1382093	151
182	深圳华强集团有限公司	广东	1374917	175
183	酒泉钢铁(集团)有限责任公司	甘肃	1372710	217
184	天津市冶金集团(控股)有限公司	天津	1372027	/
185	江苏森达集团有限公司	江苏	1364253	/
186	中谷粮油集团公司	北京	1343592	142
187	广东发展银行股份有限公司	广东	1332683	163
188	北京物美投资集团有限公司	北京	1329151	205
189	北京索爱普天移动通信有限公司	北京	1325927	/
190	广东省交通集团有限公司	广东	1324747	139
191	兰州铁路局	甘肃	1272666	158
192	天津钢管集团有限责任公司	天津	1263097	362
193	中国诚通控股公司	北京	1254378	252
194	中国铁通集团有限公司	北京	1244322	214
195	黑龙江龙煤矿业集团有限责任公司	黑龙江	1239116	/
196	兴业银行	福建	1229675	/
197	平顶山煤业(集团)有限责任公司	河南	1219144	224
198	江苏国泰国际集团有限公司	江苏	1206000	168
199	天津市医药集团有限公司	天津	1204240	177
200	湖南省建筑工程集团总公司	湖南	1201418	233
201	中国建筑材料集团公司	北京	1200000	349
202	湖南省长沙卷烟厂	湖南	1199076	197
203	广西柳州钢铁(集团)公司	广西	1195231	273
204	正泰集团有限公司	浙江	1194966	178
205	新余钢铁有限责任公司	江西	1180495	220
206	江苏永钢集团有限公司	江苏	1166189	317
207	新疆广汇实业投资（集团）有限责任公司	新疆	1165767	192
208	枣庄矿业(集团)有限责任公司	山东	1162764	298
209	湘火炬汽车集团股份有限公司	湖南	1154042	170
210	广州市建筑集团有限公司	广东	1150050	173
211	海航集团有限公司	海南	1149235	238
212	杭州娃哈哈集团有限公司	浙江	1140727	174
213	唐山国丰钢铁有限公司	河北	1132529	/
214	昆明卷烟厂	云南	1131114	183
215	哈尔滨电站设备集团公司	黑龙江	1122000	295
216	南京汽车集团有限公司	江苏	1113675	155
217	江苏三房巷集团有限公司	江苏	1110717	265
218	广州医药集团有限公司	广东	1106163	171
219	常德卷烟厂	湖南	1103934	241
220	山东海化集团有限公司	山东	1103305	313
221	建龙钢铁控股有限公司	河北	1099360	270
222	昆明钢铁控股有限公司	云南	1092863	256
223	山东大王集团有限公司	山东	1087805	226
224	安徽江淮汽车集团有限公司	安徽	1086766	242
225	中国恒天集团公司	北京	1086017	184

续表 5

2005 年排名	企业名称	地区	销售收入(单位：万元)	2004 年排名
226	华夏银行股份有限公司	北京	1082680	207
227	江苏阳光集团有限公司	江苏	1074472	263
228	重庆钢铁(集团)有限责任公司	重庆	1074462	259
229	德力西集团有限公司	浙江	1072810	200
230	深圳创维-RGB 电子有限公司	广东	1071241	189
231	广西玉柴机器集团有限公司	广西	1070421	255
232	新汶矿业集团有限责任公司	山东	1069592	246
233	中国东方电气集团公司	四川	1069569	286
234	上海城建(集团)公司	上海	1062984	167
235	呼和浩特铁路局	内蒙古	1061630	247
236	宣化钢铁集团有限责任公司	河北	1061276	271
237	中国工艺品进出口总公司	北京	1059883	191
238	苏州创元(集团)有限公司	江苏	1048051	190
239	山东滨化集团有限责任公司	山东	1039985	225
240	中国通用技术（集团）控股有限责任公司	北京	1039667	208
241	柳州铁路局	广西	1037061	172
242	广州万宝集团有限公司	广东	1031940	216
243	惠州市德赛集团有限公司	广东	1025524	222
244	人民电器集团有限公司	浙江	1024823	203
245	奥克斯集团有限公司	浙江	1024653	250
246	宁波波导股份有限公司	浙江	1024599	161
247	中国广东核电集团有限公司	广东	1024539	166
248	天津市建工集团(控股)有限公司	天津	1021072	218
249	上海绿地(集团)有限公司	上海	1020332	274
250	南山集团公司	山东	1020009	266
251	天津天钢集团有限公司	天津	1018106	330
252	华立控股股份有限公司	浙江	1015968	261
253	锦江国际(集团)有限公司	上海	1013314	/
254	厦门国贸集团股份有限公司	福建	1009638	321
255	江铃汽车集团公司	江西	1009631	244
256	天津一商集团有限公司	天津	1007960	215
257	江阴兴澄特种钢铁有限公司	江苏	1006313	296
258	浙江东方集团控股有限公司	浙江	1002395	188
259	广州佳都集团有限公司	广东	993409	383
260	唐山市冀东物贸集团有限责任公司	河北	989272	/
261	红河卷烟总厂	云南	977474	/
262	杭州卷烟厂	浙江	959749	248
263	重庆商社(集团)有限公司	重庆	959345	307
264	宁波富邦控股集团有限公司	浙江	957978	227
265	海南汽车集团有限公司	海南	957416	229
266	江苏五星电器有限公司	江苏	937890	340
267	淮北矿业(集团)有限责任公司	安徽	937818	279
268	开滦(集团)有限责任公司	河北	932963	275
269	乐金电子(天津)电器有限公司	天津	928875	228
270	无锡威孚集团有限公司	江苏	924681	219
271	北京市市政工程总公司	北京	923315	/
272	大连大显集团有限公司	辽宁	921915	204

续表6

2005年排名	企业名称	地区	销售收入(单位：万元)	2004年排名
273	四川华西集团有限公司	四川	921546	221
274	山西晋城无烟煤矿业集团有限责任公司	山西	920529	328
275	淮南矿业(集团)有限责任公司	安徽	915674	249
276	上海国际港务(集团)有限公司	上海	914530	/
277	河北津西钢铁股份有限公司	河北	914441	325
278	中国电子进出口总公司	北京	914271	194
279	阳泉煤业(集团)有限责任公司	山西	914000	288
280	钱江集团有限公司	浙江	905692	234
281	北京住总集团有限责任公司	北京	904000	199
282	万杰集团有限责任公司	山东	901286	232
283	南京纺织品进出口股份有限公司	江苏	900047	/
284	山东晨鸣纸业集团股份有限公司	山东	896171	230
285	广东省建筑工程集团有限公司	广东	893625	/
286	新兴铸管股份有限公司	河北	892500	316
287	徐州矿务集团有限公司	江苏	877640	287
288	浙江中大集团控股有限公司	浙江	874556	213
289	内蒙古伊利实业集团股份有限公司	内蒙古	873499	276
290	广州恒大实业集团有限公司	广东	871982	281
291	青岛啤酒股份有限公司	山东	862069	231
292	承德钢铁集团有限公司	河北	853115	378
293	惠州市华阳集团有限公司	广东	851277	235
294	维维集团股份有限公司	江苏	851189	/
295	海亮集团有限公司	浙江	850866	495
296	中国上海外经(集团)有限公司	上海	848917	/
297	云南铜业(集团)有限公司	云南	848248	343
298	陕西东岭工贸集团股份有限公司	陕西	844800	/
299	北京银行	北京	840590	/
300	深圳发展银行股份有限公司	广东	832300	/
301	大连冰山集团有限公司	辽宁	827368	282
302	天津荣程联合钢铁集团有限公司	天津	825925	431
303	广州轻工工贸集团有限公司	广东	822996	484
304	山东工程机械集团有限公司	山东	822650	210
305	清华同方股份有限公司	北京	819672	262
306	唐山宝业实业集团有限公司	河北	818628	/
307	江阴澄星实业集团有限公司	江苏	815007	310
308	南京医药产业(集团)有限责任公司	江苏	813764	245
309	深圳市能源集团有限公司	广东	813379	264
310	桐昆集团股份有限公司	浙江	812560	/
311	上海兰生(集团)有限公司	上海	812100	/
312	福建省三钢(集团)有限责任公司	福建	807986	311
313	天津劝业华联集团有限公司	天津	804124	243
314	昆明铁路局	云南	802689	366
315	佳能珠海有限公司	广东	801953	337
316	通化钢铁集团有限责任公司	吉林	800651	300
317	天津三星电子显示器有限公司	天津	796469	260
318	红豆集团有限公司	江苏	791261	285
319	新疆八一钢铁集团有限责任公司	新疆	785335	301

续表 7

2005 年排名	企业名称	地区	销售收入(单位：万元)	2004 年排名
320	杭州斯达康通讯有限公司	浙江	784125	/
321	华北制药集团有限责任公司	河北	777313	253
322	烟台三环锁业集团有限公司	山东	772182	/
323	万科企业股份有限公司	广东	766723	272
324	中国葛洲坝集团公司	湖北	762574	342
325	大连华农豆业集团股份有限公司	辽宁	762002	348
326	江苏开元国际集团有限公司	江苏	747746	269
327	哈药集团有限公司	黑龙江	743920	239
328	北京金隅集团有限责任公司	北京	741114	267
329	青岛澳柯玛集团总公司	山东	740766	284
330	曲靖卷烟厂	云南	740531	/
331	深圳市赛格集团有限公司	广东	738194	297
332	四川省川威集团有限公司	四川	734710	/
333	合肥百货大楼集团股份有限公司	安徽	730000	/
334	湖北新冶钢有限公司	湖北	728502	/
335	颐中烟草(集团)有限公司	山东	725399	290
336	家世界连锁商业集团有限公司	天津	722539	323
337	蒙牛乳业有限公司	内蒙古	721383	/
338	山西海鑫钢铁集团有限公司	山西	711229	338
339	冠捷电子(福建)有限公司	福建	711061	/
340	太极集团有限公司	重庆	711000	292
341	上海振华港口机械（集团）股份有限公司	上海	710966	/
342	深圳市天音通信发展有限公司	广东	708817	341
343	侨兴集团有限公司	广东	708460	/
344	中国化工供销(集团)总公司	北京	707535	303
345	萍乡钢铁有限责任公司	江西	703578	371
346	海城市西洋耐火材料有限公司	辽宁	702621	438
347	山东保龄宝生物技术有限公司	山东	701293	/
348	山西煤炭进出口集团公司	山西	700287	405
349	杉杉投资控股有限公司	上海	699520	409
350	延锋伟世通汽车饰件系统有限公司	上海	697813	/
351	深圳开发科技股份有限公司	广东	692129	223
352	中天建设集团有限公司	浙江	691522	/
353	陕西煤业集团有限责任公司	陕西	689599	422
354	广州发展集团有限公司	广东	682126	305
355	重庆力帆实业(集团)有限公司	重庆	680428	375
356	中天钢铁集团有限公司	江苏	679330	/
357	海澜集团公司	江苏	679100	319
358	双星集团有限责任公司	山东	678928	299
359	光明乳业股份有限公司	上海	678568	289
360	北京燕京啤酒集团公司	北京	677542	283
361	山西潞安矿业(集团)有限责任公司	山西	676906	344
362	鄂城钢铁集团有限责任公司	湖北	676443	309
363	南京卷烟厂	江苏	674085	361
364	河北敬业集团有限责任公司	河北	671641	/
365	邢台钢铁有限责任公司	河北	671148	360
366	大连实德集团有限公司	辽宁	670000	327

续表 8

2005 年排名	企业名称	地区	销售收入(单位：万元)	2004 年排名
367	天津投资集团公司	天津	669269	/
368	浙江森桥实业集团有限公司	浙江	668207	/
369	吉林粮食集团有限公司	吉林	665428	240
370	浙江恒逸集团有限公司	浙江	661873	411
371	沪东中华造船(集团)有限公司	上海	661475	/
372	上海航空股份有限公司	上海	659305	377
373	法尔胜集团公司	江苏	658199	385
374	天津市一轻集团(控股)有限公司	天津	657527	345
375	石家庄钢铁有限责任公司	河北	655630	413
376	中华联合财产保险公司	新疆	655300	/
377	比亚迪股份有限公司	广东	640000	/
378	南昌钢铁有限责任公司	江西	639524	386
379	凌源钢铁集团有限责任公司	辽宁	638949	406
380	华盛江泉集团有限公司	山东	638000	490
381	陕西有色金属控股集团有限责任公司	陕西	636973	387
382	维科控股集团股份有限公司	浙江	636736	/
383	金东纸业(江苏)有限公司	江苏	635133	236
384	浙江中成控股集团有限公司	浙江	632657	350
385	华龙日清食品有限公司	河北	630574	/
386	新华联控股有限公司	北京	629566	/
387	宁波卷烟厂	浙江	628247	314
388	江苏省苏中建设集团股份有限公司	江苏	627540	370
389	郑州宇通客车股份有限公司	河南	627087	/
390	浙江远东化纤集团有限公司	浙江	625771	/
391	石家庄制药集团有限公司	河北	621506	/
392	人人乐连锁商业(集团)有限公司	广东	620013	481
393	淄博矿业集团有限责任公司	山东	619902	402
394	四川新希望集团有限公司	四川	616420	364
395	华映光电股份有限公司	福建	615717	302
396	江苏新长江实业集团公司	江苏	615528	390
397	诸城外贸有限责任公司	山东	614000	320
398	山东石横特钢集团有限公司	山东	612613	/
399	上海地产(集团)有限公司	上海	608026	/
400	中国一拖集团有限公司	河南	607921	359
401	水城钢铁(集团)有限责任公司	贵州	606085	382
402	天津城建集团有限公司	天津	605586	334
403	青岛广源发集团有限公司	山东	605133	410
404	石家庄三鹿集团股份有限公司	河北	602147	322
405	贵阳卷烟厂	贵州	600947	393
406	天津港(集团)有限公司	天津	597808	354
407	安徽佳通轮胎有限公司	安徽	594498	414
408	江门市大长江集团有限公司	广东	593691	408
409	大连机床集团公司	辽宁	588578	467
410	江苏南通三建集团有限公司	江苏	581860	/
411	广东志高空调股份有限公司	广东	581140	308
412	申能(集团)有限公司	上海	579529	427
413	中国材料工业科工集团公司	北京	578487	/

续表9

2005年排名	企业名称	地区	销售收入(单位：万元)	2004年排名
414	河南安彩集团有限责任公司	河南	577965	379
415	深圳市中金岭南有色金属股份有限公司	广东	574664	363
416	重庆建工集团有限责任公司	重庆	573900	401
417	隆鑫集团有限公司	重庆	572896	423
418	新华鲁抗药业集团有限责任公司	山东	571919	333
419	长治钢铁(集团)有限公司	山西	570535	455
420	陕西建工集团总公司	陕西	569615	357
421	深圳三星视界有限公司	广东	568557	388
422	北京首都创业集团有限公司	北京	566584	237
423	山东招金集团有限公司	山东	564987	443
424	云南建工集团总公司	云南	563901	376
425	环宇集团有限公司	浙江	560000	/
426	龙元建设集团股份有限公司	浙江	554118	416
427	舞阳钢铁有限责任公司	河南	552118	/
428	江苏舜天股份有限公司	江苏	552112	/
429	华泰集团有限公司	山东	551032	/
430	白银有色金属公司	甘肃	550816	475
431	世纪金源投资集团有限公司	北京	550000	/
432	浙江省丝绸集团有限公司	浙江	547100	367
433	铁法煤业(集团)有限责任公司	辽宁	546772	396
434	奥的斯电梯(中国)投资有限公司	天津	545951	/
435	江南造船(集团)有限责任公司	上海	541234	/
436	纳爱斯集团有限公司	浙江	541104	315
437	南海油脂工业(赤湾)有限公司	广东	537327	/
438	申达集团有限公司	江苏	533738	418
439	浙江省商业集团公司	浙江	531765	/
440	山西路桥建设集团有限公司	山西	528240	368
441	上海良友(集团)有限公司	上海	526479	356
442	西安电力机械制造公司	陕西	524236	430
443	北京京客隆商业集团股份有限公司	北京	523590	324
444	河北建工集团有限责任公司	河北	523000	/
445	深圳市燃气集团有限公司	广东	522832	365
446	天津市津能投资公司	天津	522700	419
447	山东成山集团有限公司	山东	519577	449
448	许继集团有限公司	河南	519221	398
449	辽宁华锦化工(集团)有限责任公司	辽宁	518472	391
450	宁波金田铜业(集团)股份有限公司	浙江	516867	/
451	浙江吉利控股集团有限公司	浙江	516000	331
452	天安保险股份有限公司	上海	515225	/
453	黑龙江九三油脂有限责任公司	黑龙江	513847	/
454	杭州中策橡胶有限公司	浙江	513337	436
455	佛山普立华科技有限公司	广东	513322	351
456	中联控股集团有限公司	湖南	513101	470
457	春风实业集团公司	河北	512715	/
458	成都建筑工程集团总公司	四川	512262	/
459	北京市汽车修理公司	北京	511683	306

续表10

2005年排名	企业名称	地区	销售收入(单位：万元)	2004年排名
460	利群集团股份有限公司	山东	510502	448
461	广西建工集团有限责任公司	广西	508764	/
462	夏新电子股份有限公司	福建	505454	/
463	三一集团有限公司	湖南	502742	/
464	巨化集团公司	浙江	502455	485
465	江苏高力集团有限公司	江苏	501609	/
466	三角集团有限公司	山东	501353	440
467	陕西汽车集团有限责任公司	陕西	500884	424
468	永城煤电(集团)有限责任公司	河南	500564	/
469	宁波市慈溪进出口股份有限公司	浙江	500025	395
470	三胞集团有限公司	江苏	500000	/
471	三河汇福粮油集团有限公司	河北	498874	/
472	长春建工集团有限公司	吉林	495251	450
473	山西建筑工程(集团)总公司	山西	494818	/
474	佳能(中山)办公设备有限公司	广东	491385	432
475	惠州三星电子有限公司	广东	491112	399
476	奇瑞汽车有限公司	安徽	490670	/
477	宁夏煤业集团有限责任公司	宁夏	489769	453
478	三环集团公司	湖北	487227	/
479	深圳桑菲消费通信有限公司	广东	486828	/
480	天津市建筑材料集团（控股）有限公司	天津	486241	425
481	云南冶金集团总公司	云南	483727	472
482	南通化工轻工股份有限公司	江苏	482420	/
483	上海华虹(集团)有限公司	上海	480787	/
484	五洋建设集团股份有限公司	浙江	476432	/
485	内蒙古伊泰集团有限公司	内蒙古	474380	/
486	大华(集团)有限公司	上海	473615	/
487	上海焦化有限公司	上海	470420	/
488	北京华联综合超市股份有限公司	北京	469323	/
489	将军烟草集团有限公司	山东	469236	394
490	浙江康桥汽车工贸集团股份有限公司	浙江	465140	/
491	广西柳工集团有限公司	广西	463623	462
492	上海九百(集团)有限公司	上海	463600	/
493	株洲冶炼集团有限责任公司	湖南	462735	479
494	山东银座商城股分有限公司	山东	462164	/
495	重庆重型汽车集团有限责任公司	重庆	461702	/
496	成都卷烟厂	四川	461522	/
497	广西卷烟总厂	广西	458888	/
498	上海三菱电梯有限公司	上海	458162	392
499	河南新郑烟草(集团)公司	河南	457946	428
500	宗申产业集团有限公司	重庆	457278	373

2005年中国服务业企业500强名单

2005年排名	企业名称	地区	销售收入(单位：万元)
1	国家电网公司	北京	59005564
2	中国移动通信集团公司	北京	19829300
3	中国工商银行	北京	19404700
4	中国人寿保险(集团)公司	北京	18019793
5	中国电信集团公司	北京	17846473
6	中国中化集团公司	北京	16868707
7	中国建设银行股份有限公司	北京	15765600
8	中国南方电网有限责任公司	广东	15666985
9	中国银行	北京	14865500
10	中国农业银行	北京	12506000
11	中国粮油食品(集团)有限公司	北京	11744287
12	百联集团有限公司	上海	11476486
13	中国五矿集团公司	北京	10924157
14	中国远洋运输(集团)总公司	北京	9347026
15	中国网络通信集团公司	北京	8792366
16	国家开发银行	北京	7523500
17	华润(集团)有限公司	广东	6824979
18	中国平安保险(集团)股份有限公司	广东	6325100
19	中国人民财产保险股份有限公司	北京	6200300
20	中国华能集团公司	北京	5381246
21	国家邮政局	北京	5339767
22	北京铁路局	北京	5250452
23	山东电力集团公司	山东	5217590
24	中国太平洋保险(集团)股份有限公司	上海	5120506
25	郑州铁路局	河南	4760392
26	中国大唐集团公司	北京	4120790
27	中国中煤能源集团公司	北京	4055136
28	中国铁路物资总公司	北京	4018446
29	浙江省物产集团公司	浙江	3742302
30	中国海运(集团)总公司	上海	3696285
31	中国航空集团公司	北京	3637377
32	中国对外贸易运输(集团)总公司	北京	3624362
33	中国华电集团公司	北京	3616798
34	中国国电集团公司	北京	3334368
35	珠海振戎公司	北京	3301496
36	沈阳铁路局	辽宁	3244348
37	天津市物资集团总公司	天津	3044823

续表1

2005年排名	企业名称	地区	销售收入(单位：万元)
38	中国电力投资集团公司	北京	2893283
39	广东物资集团公司	广东	2868026
40	广东省粤电集团有限公司	广东	2738399
41	中国机械装备(集团)公司	北京	2690906
42	交通银行	上海	2686700
43	上海铁路局	上海	2683201
44	广州铁路(集团)公司	广东	2558865
45	山西省煤炭运销总公司	山西	2522131
46	上海农工商(集团)有限公司	上海	2470000
47	国美电器有限公司	北京	2440090
48	中国南方航空集团公司	广东	2432100
49	东方国际(集团)有限公司	上海	2396152
50	大连大商集团有限公司	辽宁	2308492
51	中国航空油料集团公司	北京	2268167
52	招商银行股份有限公司	广东	2260006
53	苏宁电器连锁集团股份有限公司	江苏	2210764
54	成都铁路局	四川	2203860
55	哈尔滨铁路局	黑龙江	2100266
56	内蒙古电力(集团)有限责任公司	内蒙古	2066511
57	济南铁路局	山东	2062948
58	广东省广新外贸集团有限公司	广东	2045941
59	中国中钢集团公司	北京	2037365
60	中国东方航空股份有限公司	上海	2023113
61	厦门建发集团有限公司	福建	1946397
62	中国农业生产资料集团公司	北京	1918727
63	新华人寿保险股份有限公司	北京	1882071
64	中国民生银行股份有限公司	北京	1795878
65	中国医药集团总公司	北京	1769477
66	泰康人寿保险股份有限公司	北京	1768800
67	中国核工业集团公司	北京	1732963
68	广东省丝绸(集团)公司	广东	1621609
69	上海永乐家用电器有限公司	上海	1584910
70	上海华冶钢铁集团有限公司	上海	1528000
71	安徽省徽商集团有限公司	安徽	1518931
72	南昌铁路局	江西	1503409
73	中国长江航运(集团)总公司	湖北	1498254
74	国家开发投资公司	北京	1475233
75	中国中纺集团公司	北京	1439522
76	苏果超市有限公司	江苏	1388000
77	中谷粮油集团公司	北京	1343592
78	广东发展银行股份有限公司	广东	1332683
79	北京物美投资集团有限公司	北京	1329151
80	广东省交通集团有限公司	广东	1324747
81	兰州铁路局	甘肃	1272666
82	中国诚通控股公司	北京	1254378
83	中国铁通集团有限公司	北京	1244322
84	兴业银行	福建	1229675

续表2

2005年排名	企业名称	地区	销售收入(单位：万元)
85	江苏国泰国际集团有限公司	江苏	1206000
86	新疆广汇实业投资（集团）有限责任公司	新疆	1165767
87	海航集团有限公司	海南	1149235
88	中国恒天集团公司	北京	1086017
89	华夏银行股份有限公司	北京	1082680
90	呼和浩特铁路局	内蒙古	1061630
91	中国工艺品进出口总公司	北京	1059883
92	中国通用技术（集团）控股有限责任公司	北京	1039667
93	柳州铁路局	广西	1037061
94	中国广东核电集团有限公司	广东	1024539
95	上海绿地(集团)有限公司	上海	1020332
96	锦江国际(集团)有限公司	上海	1013314
97	厦门国贸集团股份有限公司	福建	1009638
98	天津一商集团有限公司	天津	1007960
99	浙江东方集团控股有限公司	浙江	1002395
100	广州佳都集团有限公司	广东	993409
101	唐山市冀东物贸集团有限责任公司	河北	989272
102	重庆商社(集团)有限公司	重庆	959345
103	江苏五星电器有限公司	江苏	937890
104	上海国际港务(集团)有限公司	上海	914530
105	中国电子进出口总公司	北京	914271
106	南京纺织品进出口股份有限公司	江苏	900047
107	浙江中大集团控股有限公司	浙江	874556
108	广州恒大实业集团有限公司	广东	871982
109	中国上海外经(集团)有限公司	上海	848917
110	陕西东岭工贸集团股份有限公司	陕西	844800
111	北京银行	北京	840590
112	深圳发展银行股份有限公司	广东	832300
113	广州轻工工贸集团有限公司	广东	822996
114	南京医药产业(集团)有限责任公司	江苏	813764
115	深圳市能源集团有限公司	广东	813379
116	上海兰生(集团)有限公司	上海	812100
117	天津劝业华联集团有限公司	天津	804124
118	昆明铁路局	云南	802689
119	杭州斯达康通讯有限公司	浙江	784125
120	万科企业股份有限公司	广东	766723
121	江苏开元国际集团有限公司	江苏	747746
122	合肥百货大楼集团股份有限公司	安徽	730000
123	家世界连锁商业集团有限公司	天津	722539
124	深圳市天音通信发展有限公司	广东	708817
125	中国化工供销(集团)总公司	北京	707535
126	山西煤炭进出口集团公司	山西	700287
127	广州发展集团有限公司	广东	682126
128	天津投资集团公司	天津	669269
129	吉林粮食集团有限公司	吉林	665428
130	上海航空股份有限公司	上海	659305
131	中华联合财产保险公司	新疆	655300

续表3

2005年排名	企业名称	地区	销售收入(单位：万元)
132	维科控股集团股份有限公司	浙江	636736
133	人人乐连锁商业(集团)有限公司	广东	620013
134	上海地产(集团)有限公司	上海	608026
135	天津港(集团)有限公司	天津	597808
136	申能(集团)有限公司	上海	579529
137	北京首都创业集团有限公司	北京	566584
138	江苏舜天股份有限公司	江苏	552112
139	世纪金源投资集团有限公司	北京	550000
140	浙江省丝绸集团有限公司	浙江	547100
141	浙江省商业集团公司	浙江	531765
142	上海良友(集团)有限公司	上海	526479
143	北京京客隆商业集团股份有限公司	北京	523590
144	深圳市燃气集团有限公司	广东	522832
145	天津市津能投资公司	天津	522700
146	天安保险股份有限公司	上海	515225
147	黑龙江九三油脂有限责任公司	黑龙江	513847
148	北京市汽车修理公司	北京	511683
149	利群集团股份有限公司	山东	510502
150	江苏高力集团有限公司	江苏	501609
151	宁波市慈溪进出口股份有限公司	浙江	500025
152	大华(集团)有限公司	上海	473615
153	北京华联综合超市股份有限公司	北京	469323
154	浙江康桥汽车工贸集团股份有限公司	浙江	465140
155	上海九百(集团)有限公司	上海	463600
156	山东银座商城股份有限公司	山东	462164
157	江苏苏宁环球集团有限公司	江苏	453200
158	重庆医药股份有限公司	重庆	451973
159	上海机场(集团)有限公司	上海	449012
160	内蒙古小肥羊餐饮连锁有限公司	内蒙古	433000
161	杭州汽轮动力集团有限公司	浙江	426418
162	青岛港(集团)有限公司	山东	422976
163	宁波联合集团股份有限公司	浙江	422962
164	北京能源投资(集团)有限公司	北京	421437
165	北京王府井百货(集团)股份有限公司	北京	412892
166	北京市燃气集团有限责任公司	北京	407308
167	黑龙江省农业生产资料公司	黑龙江	400771
168	安徽省能源集团有限公司	安徽	391612
169	天津纺织集团有限公司	天津	386341
170	武汉武商集团股份有限公司	湖北	384947
171	华联超市股份有限公司	上海	383805
172	上海蜂星国际贸易有限公司	上海	378814
173	新疆农资(集团)有限责任公司	新疆	377300
174	北方国际集团有限公司	天津	376632
175	中国国旅集团公司	北京	374942
176	青岛海湾集团有限公司	山东	373205
177	上海东昌企业(集团)有限公司	上海	371943
178	山西国际电力集团有限公司	山西	371290

续表4

2005年排名	企业名称	地区	销售收入(单位：万元)
179	天津市粮油集团有限公司	天津	368400
180	上海巴士实业(集团)股份有限公司	上海	367751
181	河北物产金属材料有限公司	河北	367491
182	广州纺织品进出口集团有限公司	广东	366048
183	辽宁成大股份有限公司	辽宁	361707
184	鲁银投资集团股份有限公司	山东	360981
185	浙江浙大网新科技股份有限公司	浙江	355856
186	中国纺织物资(集团)总公司	北京	350222
187	深圳市长城地产(集团)股份有限公司	广东	348874
188	宁波港集团有限公司	浙江	347457
189	武汉中百集团股份有限公司	湖北	347342
190	北京天鸿集团公司	北京	345935
191	中储发展股份有限公司	天津	342671
192	福建省农资集团公司	福建	340513
193	天津二商集团有限公司	天津	338902
194	亿达集团有限公司	辽宁	335134
195	广西物资集团总公司	广西	335083
196	天津环渤海建筑材料中心	天津	333752
197	南京新街口百货商店股份有限公司	江苏	329992
198	保利房地产股份有限公司	广东	320581
199	大众交通(集团)股份有限公司	上海	319626
200	金地(集团)股份有限公司	广东	317536
201	重庆百货大楼股份有限公司	重庆	317266
202	深圳市东部开发(集团)有限公司	广东	315046
203	北京粮食集团有限责任公司	北京	313651
204	北京首都国际机场股份有限公司	北京	313363
205	浙江沪杭甬高速公路股份有限公司	浙江	313199
206	天津国能投资有限公司	天津	312987
207	山东京博控股发展有限公司	山东	310597
208	秦皇岛港务集团有限公司	河北	309858
209	山东绮丽集团公司	山东	309715
210	江苏宁沪高速公路股份有限公司	江苏	306997
211	润华集团股份有限公司	山东	306207
212	广深铁路股份有限公司	广东	303815
213	天津市丽兴京津钢铁贸易有限公司	天津	291986
214	河北省新华书店	河北	291950
215	嘉里大通物流有限公司	北京	286301
216	安徽省高速公路总公司	安徽	284017
217	内蒙古小尾羊餐饮连锁有限公司	内蒙古	281590
218	厦门商业集团有限公司	福建	280730
219	湖南友谊阿波罗股份有限公司	湖南	279991
220	艾默生网络能源有限公司	广东	270660
221	石家庄北国人百集团有限责任公司	河北	269000
222	辽宁曙光汽车集团股份有限公司	辽宁	268897
223	中国电力工程顾问集团公司	北京	268748
224	北京北辰实业集团公司	北京	266897
225	福建华闽进出口有限公司	福建	261856

续表5

2005年排名	企业名称	地区	销售收入(单位：万元)
226	无锡商业大厦股份有限公司	江苏	260693
227	成都红旗连锁有限公司	四川	260410
228	大连宏光好运来集团有限公司	辽宁	258468
229	天津滨江集团有限公司	天津	258171
230	园城实业集团有限公司	山东	258121
231	大连港集团有限公司	辽宁	257121
232	广州港集团有限公司	广东	251494
233	大连华南集团有限责任公司	辽宁	243881
234	深圳南山热电股份有限公司	广东	243271
235	深圳中电投资股份有限公司	广东	242580
236	东软集团有限公司	辽宁	240000
237	亿城集团股份有限公司	辽宁	239778
238	广东省航运集团有限公司	广东	238955
239	北京新燕莎控股(集团)有限责任公司	北京	237813
240	九乐农资股份有限公司	重庆	235462
241	上海交运(集团)公司	上海	235103
242	天津市燃气集团有限公司	天津	234555
243	大连福佳企业集团有限公司	辽宁	233900
244	深圳市中汽南方投资集团有限公司	广东	232978
245	徐州华厦集团有限公司	江苏	232956
246	山东航空集团有限公司	山东	232873
247	安徽新华发行集团有限公司	安徽	232172
248	南京中央商场股份有限公司	江苏	231099
249	欧美投资集团有限公司	山东	229864
250	深圳茂业商厦有限公司	广东	229360
251	重庆市物资(集团)有限责任公司	重庆	228803
252	深圳市农产品股份有限公司	广东	227104
253	中国深圳对外贸易(集团)公司	广东	222539
254	北京巴士股份有限公司	北京	219476
255	航天信息股份有限公司	北京	216499
256	大汉控股集团有限公司	湖南	215000
257	中华企业股份有限公司	上海	211913
258	步步高商业连锁股份有限公司	湖南	211700
259	上海陆家嘴金融贸易开发股份有限公司	上海	210899
260	天津市商业银行股份有限公司	天津	208084
261	天津大田集团有限公司	天津	204981
262	宁波银亿集团有限公司	浙江	204542
263	上海强生集团有限公司	上海	197062
264	北京华方投资经营公司	北京	196812
265	天津纺织集团进出口股份有限公司	天津	196059
266	宁波市工艺品进出口有限公司	浙江	195456
267	上海金桥(集团)有限公司	上海	193737
268	安徽亚夏实业股份有限公司	安徽	193532
269	重庆新华书店集团公司	重庆	191155
270	深圳市振业(集团)股份有限公司	广东	190426
271	深圳市广聚能源股份有限公司	广东	187800
272	上海同济科技实业股份有限公司	上海	187391

续表6

2005年排名	企业名称	地区	销售收入(单位: 万元)
273	海城市后英经贸集团有限公司	辽宁	185539
274	秦皇岛五兴实业有限公司	河北	184710
275	武汉地产开发投资集团有限公司	湖北	183314
276	湖南老百姓大药房连锁有限公司	湖南	182000
277	天津市天海集团有限公司	天津	181000
278	中国农业机械华北集团有限公司	天津	179800
279	北京首联商业集团有限公司	北京	179721
280	青岛宝井钢材加工配送有限公司	山东	178720
281	重庆华宇物业(集团)有限公司	重庆	176889
282	宁波宁兴房地产开发集团有限公司	浙江	176835
283	中兴—沈阳商业大厦（集团）股份有限公司	辽宁	176480
284	苏州国信集团有限公司	江苏	176318
285	武汉工贸有限公司	湖北	175318
286	中青旅控股股份有限公司	北京	174491
287	金融街控股股份有限公司	北京	173984
288	华星北方汽车贸易有限公司	天津	173000
289	深圳天虹市场有限公司	广东	172286
290	沿海绿色家园有限公司	广东	170000
291	云南新华书店集团有限公司	云南	168105
292	重庆粮油(集团)有限责任公司	重庆	166299
293	安徽省宏宇粮贸集团有限公司	安徽	165210
294	秦皇岛秦发实业集团有限公司	河北	163620
295	沈阳商业城(集团)	辽宁	163228
296	浙江华瑞集团有限公司	浙江	162240
297	深圳市顺电连锁股份有限公司	广东	161536
298	苏州新区高新技术产业股份有限公司	江苏	161472
299	开元旅业集团有限公司	浙江	160795
300	山西汽车运输集团有限公司	山西	160229
301	深圳市水务(集团)有限公司	广东	158359
302	中国宝安集团股份有限公司	广东	156033
303	深圳赤湾港航股份有限公司	广东	155828
304	广州白云国际机场股份有限公司	广东	154176
305	河南中原汽车贸易集团股份有限公司	河南	153652
306	湖南电广传媒股份有限公司	湖南	151381
307	天津现代集团有限公司	天津	151258
308	西安解放集团股份有限公司	陕西	150960
309	青岛维客集团股份有限公司	山东	150060
310	山西省机电设备总公司	山西	148667
311	上海华丽家族(集团)有限公司	上海	148213
312	成都百货大楼集团有限公司	四川	147821
313	中国民航信息集团公司	北京	147498
314	西安市商业银行股份有限公司	陕西	145952
315	南昌市政公用投资控股集团有限责任公司	江西	143800
316	上海淮海商业(集团)有限公司	上海	142958
317	大连友谊(集团)股份有限公司	辽宁	142793
318	华天实业控股集团有限公司	湖南	142399
319	广州恒运企业集团股份有限公司	广东	142241

续表7

2005年排名	企业名称	地区	销售收入(单位：万元)
320	唐山百货大楼集团有限责任公司	河北	140097
321	重庆小天鹅投资控股(集团)有限公司	重庆	140070
322	天津市宁河县供销合作社联合社	天津	139390
323	中国新时代控股(集团)公司	北京	138288
324	廊坊市物产企业集团有限公司	河北	138259
325	河北怀特集团股份有限公司	河北	137700
326	上海盛大网络发展有限公司	上海	136700
327	河北省农业生产资料有限公司	河北	136551
328	大连市汽车贸易集团有限公司	辽宁	135286
329	山西大昌汽车集团有限公司	山西	135172
330	银泰百货有限公司	浙江	134996
331	山西华宇集团有限公司	山西	134800
332	江阴市长江钢管有限公司	江苏	133350
333	成都人民商场(集团)股份有限公司	四川	133040
334	北京中关村科技发展（控股）股份有限公司	北京	132969
335	北京市糖业烟酒公司	北京	132929
336	新疆生产建设兵团棉麻公司	新疆	131474
337	上海宝信软件股份有限公司	上海	131188
338	天津地天泰实业发展有限公司	天津	130662
339	青岛正进集团有限公司	山东	128635
340	北京城乡贸易中心股份有限公司	北京	128609
341	北京翠微集团	北京	127950
342	三星爱商(天津)国际物流有限公司	天津	127159
343	恒丰银行	山东	126252
344	河北圣仑进出口集团公司	河北	126043
345	河南金博大购物中心有限公司	河南	126000
346	俊安(天津)实业有限公司	天津	124669
347	山东聊城客车工业集团有限责任公司	山东	124240
348	广州友谊商品股份有限公司	广东	123921
349	河南中原高速公路股份有限公司	河南	123734
350	湖南金正方企业集团股份有限公司	湖南	123209
351	新疆生产建设兵团农业生产资料供应公司	新疆	123208
352	济南市商业银行股份有限公司	山东	123119
353	上海市曹河泾新兴技术开发区发展总公司	上海	122848
354	青岛交运集团公司	山东	122738
355	中国国际技术智力合作公司	北京	120442
356	南昌港城大厦股份有限公司	江西	120438
357	北京西单友谊集团	北京	120126
358	新疆友好(集团)股份有限公司	新疆	119789
359	百大集团股份有限公司	浙江	119488
360	河北省纺织品进出口(集团)公司	河北	119040
361	北京天桥北大青鸟科技股份有限公司	北京	118618
362	营口港务集团有限公司	辽宁	117526
363	青岛市房产置业集团有限公司	山东	117000
364	天津德利得集团有限公司	天津	116331
365	南京金陵饭店集团有限公司	江苏	116164
366	大连金港集团有限公司	辽宁	116007

续表 8

2005 年排名	企业名称	地区	销售收入(单位：万元)
367	中国出国人员服务总公司	北京	115959
368	福建发展高速公路股份有限公司	福建	114764
369	上海东方明珠(集团)股份有限公司	上海	114481
370	天津住宅建设发展集团有限公司	天津	114407
371	上海宏泉集团有限公司	上海	114363
372	青海数码网络投资（集团）股份有限公司	青海	113933
373	上海世茂股份有限公司	上海	113367
374	东莞市商业银行股份有限公司	广东	113223
375	赛特集团有限公司	北京	112732
376	上海中凯企业集团有限公司	上海	112692
377	河北东盛英华医药有限公司	河北	111651
378	深圳鹏基(集团)公司	广东	111342
379	北青传媒股份有限公司	北京	110134
380	浙江国际嘉业房地产开发有限公司	浙江	110000
381	石家庄东方热电集团有限公司	河北	109323
382	湖南心连心实业有限公司	湖南	108732
383	上海城投置地有限公司	上海	107889
384	重庆市金科实业(集团)有限公司	重庆	107508
385	银川新华百货商店股份有限公司	宁夏	106448
386	杭州解百集团股份有限公司	浙江	105291
387	浙江华联商厦有限公司	浙江	105000
388	中国建筑设计研究院	北京	104949
389	安徽国元控股(集团)有限责任公司	安徽	103327
390	江西赣粤高速公路股份有限公司	江西	102987
391	西安高新技术产业开发区房地产开发公司	陕西	102843
392	江苏新城房产股份有限公司	江苏	102050
393	宝龙集团发展有限公司	福建	100213
394	青岛天泰集团股份有限公司	山东	99133
395	河北保龙仓商业连锁经营有限公司	河北	98145
396	廊坊市明珠商业企业集团有限公司	河北	97280
397	西安高科(集团)新西部实业发展公司	陕西	96528
398	北京万通先锋置业股份有限公司	北京	95286
399	天津贻成集团有限公司	天津	95281
400	淄博市商业银行股份有限公司	山东	95188
401	陕西旅游集团公司	陕西	94842
402	河北新亚商贸股份有限公司	河北	94100
403	河北保百集团有限公司	河北	93056
404	北京科技园建设(集团)股份有限公司	北京	92568
405	深圳市机场股份有限公司	广东	92258
406	北京华胜天成科技股份有限公司	北京	91541
407	上海大众公用事业（集团）股份有限公司	上海	91431
408	南京栖霞建设股份有限公司	江苏	90827
409	太原洪达(集团)有限公司	山西	90614
410	广东省高速公路发展股份有限公司	广东	90608
411	现代投资股份有限公司	湖南	88973
412	四川成渝高速公路股份有限公司	四川	88477
413	长沙通程控股股份有限公司	湖南	88079

续表 9

2005 年排名	企业名称	地区	销售收入(单位：万元)
414	长春欧亚集团股份有限公司	吉林	87105
415	青岛中房集团股份有限公司	山东	86876
416	昆明百货大楼(集团)股份有限公司	云南	86729
417	中宝科控投资股份有限公司	上海	85607
418	深圳市鸿基(集团)股份有限公司	广东	85239
419	新疆农垦进出口(集团)股份有限公司	新疆	85086
420	青岛地恩地投资集团有限公司	山东	85000
421	南宁百货大楼股份有限公司	广西	84173
422	湖州市浙北大厦有限责任公司	浙江	83519
423	上海精文置业(集团)有限公司	上海	82853
424	南京中北(集团)股份有限公司	江苏	82689
425	河北保定时代商厦有限公司	河北	82317
426	宁波海运股份有限公司	浙江	81844
427	中信证券股份有限公司	北京	81796
428	上海康桥半岛(集团)有限公司	上海	81001
429	烟台港集团有限公司	山东	80785
430	上海海博股份有限公司	上海	80660
431	邯郸市阳光百货集团总公司	河北	78855
432	青岛商业银行股份有限公司	山东	77436
433	天津创业环保股份有限公司	天津	75526
434	扬州医药集团有限公司	江苏	75164
435	青岛家乐福商业有限公司	山东	74496
436	荣盛房地产发展股份有限公司	河北	72861
437	北京用友软件股份有限公司	北京	72587
438	北京歌华有线电视网络股份有限公司	北京	72285
439	广西超大运输有限责任公司	广西	72125
440	浙江震元股份有限公司	浙江	72096
441	江西公路开发总公司	江西	71838
442	苏州汽车客运集团有限公司	江苏	71394
443	江西洪客隆投资集团有限公司	江西	71369
444	深圳高速公路股份有限公司	广东	70636
445	苏州中苗集团有限公司	江苏	70627
446	中国软件与技术服务股份有限公司	北京	70253
447	重庆东方菜根香餐饮有限公司	重庆	70244
448	深圳泰然(集团)股份有限公司	广东	70133
449	重庆南方集团有限公司	重庆	68333
450	大连航运集团有限公司	辽宁	67921
451	华北高速公路股份有限公司	北京	67845
452	山西美特好连锁超市有限公司	山西	67336
453	上海新黄浦置业股份有限公司	上海	67239
454	天津市公共交通集团(控股)有限公司	天津	67174
455	浙江金帝集团有限公司	浙江	66785
456	北京天恒置业集团公司	北京	65067
457	秦皇岛渤海物流控股股份有限公司	河北	65024
458	江阴市城镇建设综合开发有限公司	江苏	65000
459	银座渤海集团股份有限公司	山东	64981
460	青岛公交集团有限责任公司	山东	63952

续表 10

2005年排名	企业名称	地区	销售收入(单位：万元)
461	浙江名城房地产集团有限公司	浙江	62658
462	深圳市盐田港股份有限公司	广东	61630
463	温州市商业银行股份有限公司	浙江	61359
464	北京顺峰饮食娱乐有限公司	北京	61000
465	中国寰球工程公司	北京	60981
466	青岛北方国贸大厦股份有限公司	山东	59235
467	天发石油股份有限公司	湖北	58020
468	东北高速公路股份有限公司	吉林	57750
469	马鞍山中房置业有限公司	安徽	57680
470	宁波大红鹰实业投资股份有限公司	浙江	57279
471	上海实业发展股份有限公司	上海	57109
472	青岛市海润自来水集团有限公司	山东	56771
473	深圳市恒波商业连锁有限公司	广东	56412
474	天津市房地产发展（集团）股份有限公司	天津	56200
475	武汉大汉隆城房地产营销策划有限公司	湖北	56000
476	中惠建设(集团)有限公司	江苏	55771
477	山东三利源经贸有限公司	山东	55633
478	天津津滨股份有限公司	天津	55518
479	上海紫都置业发展有限公司	上海	55494
480	株洲百货股份有限公司	湖南	54255
481	临沂市商业银行	山东	54120
482	厦门港务发展股份有限公司	福建	54067
483	黄山旅游发展股份有限公司	安徽	53078
484	江西省物资集团公司	江西	53005
485	保定商场股份有限公司	河北	52880
486	中新苏州工业园区置地有限公司	江苏	52296
487	石家庄东方城市广场有限公司	河北	52201
488	上海益民百货股份有限公司	上海	52009
489	郑州市紫荆山百货大楼	河南	52000
490	福建东百集团股份有限公司	福建	51901
491	南通汽运实业集团有限公司	江苏	51762
492	江西民生集团有限公司	江西	51665
493	江西思创数码科技股份有限公司	江西	51387
494	青岛利客来商贸股份有限公司	山东	51346
495	洛阳市第二汽车运输公司	河南	51224
496	浙江丽水括苍房屋开发有限公司	浙江	51000
497	辛集市物资开发有限公司	河北	50801
498	北京市长途汽车有限公司	北京	50800
499	上海佳苑房地产发展有限公司	上海	50676
500	大发集团有限公司	浙江	50561

2005年中国制造业企业500强名单

2005年排名	企业名称	地区	销售收入(单位：万元)
1	上海宝钢集团公司	上海	16175652
2	中国第一汽车集团公司	吉林	12522986
3	海尔集团公司	山东	10090705
4	上海汽车工业(集团)总公司	上海	10006301
5	东风汽车公司	湖北	9805882
6	飞利浦(中国)投资有限公司	上海	7780000
7	摩托罗拉(中国)电子有限公司	天津	6576400
8	中国兵器装备集团公司	北京	6435475
9	中国兵器工业集团公司	北京	6406092
10	鞍山钢铁集团公司	辽宁	6272637
11	首钢总公司	北京	6190000
12	中国航空工业第一集团公司	北京	5805801
13	中国华源集团有限公司	上海	4849295
14	中国铝业公司	北京	4767682
15	北京汽车工业控股有限责任公司	北京	4749519
16	京东方科技集团股份有限公司	北京	4510657
17	上海广电(集团)有限公司	上海	4323682
18	广州汽车工业集团有限公司	广东	4300000
19	武汉钢铁(集团)公司	湖北	4232189
20	TCL集团股份有限公司	广东	4209900
21	中国船舶重工集团公司	北京	4193668
22	联想控股有限公司	北京	4192245
23	上海电气(集团)总公司	上海	3941795
24	上海埃力生(集团)有限公司	上海	3602321
25	攀枝花钢铁(集团)公司	四川	3395449
26	玉溪红塔烟草(集团)有限责任公司	云南	3361811
27	华为技术有限公司	广东	3152126
28	邯郸钢铁集团有限责任公司	河北	3116577
29	江苏沙钢集团有限公司	江苏	3112365
30	唐山钢铁集团有限责任公司	河北	3071611
31	莱芜钢铁集团有限公司	山东	3010277
32	太原钢铁(集团)有限公司	山西	2913867
33	中国航天科工集团公司	北京	2823504
34	上海复星高科技(集团)有限公司	上海	2813000
35	熊猫电子集团有限公司	江苏	2800388
36	南京钢铁集团有限公司	江苏	2788062
37	马钢(集团)控股有限公司	安徽	2759924

续表 1

2005 年排名	企业名称	地区	销售收入(单位：万元)
38	济南钢铁集团总公司	山东	2739635
39	海信集团有限公司	山东	2729319
40	中国国际海运集装箱（集团）股份有限公司	广东	2656778
41	江苏华西集团公司	江苏	2603864
42	湖南华菱钢铁集团有限责任公司	湖南	2603385
43	上海华谊(集团)公司	上海	2582632
44	上海纺织控股(集团)公司	上海	2504160
45	本溪钢铁(集团)有限责任公司	辽宁	2351505
46	中国重型汽车集团有限公司	山东	2338889
47	山东魏桥创业集团有限公司	山东	2312463
48	华晨汽车集团控股有限公司	辽宁	2265000
49	福建捷联电子有限公司	福建	2260190
50	北大方正集团有限公司	北京	2224599
51	安徽海螺集团有限责任公司	安徽	2216343
52	北台钢铁(集团)有限责任公司	辽宁	2209134
53	杭州钢铁集团公司	浙江	2208555
54	包头钢铁(集团)有限责任公司	内蒙古	2205411
55	广州钢铁企业集团有限公司	广东	2193050
56	中兴通讯股份有限公司	广东	2122006
57	大连西太平洋石油化工有限公司	辽宁	2111512
58	万向集团公司	浙江	2085725
59	天津天铁冶金集团有限公司	天津	2034354
60	青岛钢铁控股集团有限责任公司	山东	1995570
61	春兰(集团)公司	江苏	1969624
62	上海烟草(集团)公司	上海	1932700
63	南京斯威特集团有限公司	江苏	1919860
64	天津市机电工业控股集团公司	天津	1850809
65	安阳钢铁集团有限责任公司	河南	1792154
66	中国南方机车车辆工业集团公司	北京	1749852
67	UT 斯达康通讯有限公司	浙江	1729687
68	徐州工程机械集团有限公司	江苏	1700551
69	江西铜业集团公司	江西	1643739
70	华侨城集团公司	广东	1635233
71	广东省韶关钢铁集团有限公司	广东	1632049
72	天津渤海化工集团公司	天津	1620000
73	河南省漯河市双汇实业集团有限责任公司	河南	1602002
74	江苏悦达集团有限公司	江苏	1538658
75	中国北方机车车辆工业集团公司	北京	1534889
76	金川集团有限公司	甘肃	1501867
77	天津三星通信技术有限公司	天津	1474494
78	横店集团控股有限公司	浙江	1422500
79	铜陵有色金属(集团)公司	安徽	1417325
80	雅戈尔集团股份有限公司	浙江	1394456
81	哈尔滨航空工业(集团)有限公司	黑龙江	1394130
82	四川长虹电子集团有限公司	四川	1389319
83	珠海格力电器股份有限公司	广东	1383264
84	四川省宜宾五粮液集团有限公司	四川	1382093

续表2

2005年排名	企业名称	地区	销售收入(单位：万元)
85	深圳华强集团有限公司	广东	1374917
86	酒泉钢铁(集团)有限责任公司	甘肃	1372710
87	天津市冶金集团(控股)有限公司	天津	1372027
88	江苏森达集团有限公司	江苏	1364253
89	北京索爱普天移动通信有限公司	北京	1325927
90	天津钢管集团有限责任公司	天津	1263097
91	天津市医药集团有限公司	天津	1204240
92	中国建筑材料集团公司	北京	1200000
93	湖南省长沙卷烟厂	湖南	1199076
94	广西柳州钢铁(集团)公司	广西	1195231
95	正泰集团有限公司	浙江	1194966
96	新余钢铁有限责任公司	江西	1180495
97	江苏永钢集团有限公司	江苏	1166189
98	湘火炬汽车集团股份有限公司	湖南	1154042
99	杭州娃哈哈集团有限公司	浙江	1140727
100	唐山国丰钢铁有限公司	河北	1132529
101	昆明卷烟厂	云南	1131114
102	哈尔滨电站设备集团公司	黑龙江	1122000
103	南京汽车集团有限公司	江苏	1113675
104	江苏三房巷集团有限公司	江苏	1110717
105	广州医药集团有限公司	广东	1106163
106	常德卷烟厂	湖南	1103934
107	山东海化集团有限公司	山东	1103305
108	建龙钢铁控股有限公司	河北	1099360
109	昆明钢铁控股有限公司	云南	1092863
110	山东大王集团有限公司	山东	1087805
111	安徽江淮汽车集团有限公司	安徽	1086766
112	江苏阳光集团有限公司	江苏	1074472
113	重庆钢铁(集团)有限责任公司	重庆	1074462
114	德力西集团有限公司	浙江	1072810
115	深圳创维-RGB电子有限公司	广东	1071241
116	广西玉柴机器集团有限公司	广西	1070421
117	中国东方电气集团公司	四川	1069569
118	宣化钢铁集团有限责任公司	河北	1061276
119	苏州创元(集团)有限公司	江苏	1048051
120	山东滨化集团有限责任公司	山东	1039985
121	广州万宝集团有限公司	广东	1031940
122	惠州市德赛集团有限公司	广东	1025524
123	人民电器集团有限公司	浙江	1024823
124	奥克斯集团有限公司	浙江	1024653
125	宁波波导股份有限公司	浙江	1024599
126	南山集团公司	山东	1020009
127	天津天钢集团有限公司	天津	1018106
128	华立控股股份有限公司	浙江	1015968
129	江铃汽车集团公司	江西	1009631
130	江阴兴澄特种钢铁有限公司	江苏	1006313

续表 3

2005 年排名	企业名称	地区	销售收入(单位：万元)
131	红河卷烟总厂	云南	977474
132	杭州卷烟厂	浙江	959749
133	宁波富邦控股集团有限公司	浙江	957978
134	海南汽车集团有限公司	海南	957416
135	乐金电子(天津)电器有限公司	天津	928875
136	无锡威孚集团有限公司	江苏	924681
137	大连大显集团有限公司	辽宁	921915
138	河北津西钢铁股份有限公司	河北	914441
139	钱江集团有限公司	浙江	905692
140	万杰集团有限责任公司	山东	901286
141	山东晨鸣纸业集团股份有限公司	山东	896171
142	新兴铸管股份有限公司	河北	892500
143	内蒙古伊利实业集团股份有限公司	内蒙古	873499
144	青岛啤酒股份有限公司	山东	862069
145	承德钢铁集团有限公司	河北	853115
146	惠州市华阳集团有限公司	广东	851277
147	维维集团股份有限公司	江苏	851189
148	海亮集团有限公司	浙江	850866
149	云南铜业(集团)有限公司	云南	848248
150	大连冰山集团有限公司	辽宁	827368
151	天津荣程联合钢铁集团有限公司	天津	825925
152	山东工程机械集团有限公司	山东	822650
153	清华同方股份有限公司	北京	819672
154	唐山宝业实业集团有限公司	河北	818628
155	江阴澄星实业集团有限公司	江苏	815007
156	桐昆集团股份有限公司	浙江	812560
157	福建省三钢(集团)有限责任公司	福建	807986
158	佳能珠海有限公司	广东	801953
159	通化钢铁集团有限责任公司	吉林	800651
160	天津三星电子显示器有限公司	天津	796469
161	红豆集团有限公司	江苏	791261
162	新疆八一钢铁集团有限责任公司	新疆	785335
163	华北制药集团有限责任公司	河北	777313
164	烟台三环锁业集团有限公司	山东	772182
165	大连华农豆业集团股份有限公司	辽宁	762002
166	哈药集团有限公司	黑龙江	743920
167	北京金隅集团有限责任公司	北京	741114
168	青岛澳柯玛集团总公司	山东	740766
169	曲靖卷烟厂	云南	740531
170	深圳市赛格集团有限公司	广东	738194
171	川省川威集团有限公司	四川	734710
172	湖北新冶钢有限公司	湖北	728502
173	颐中烟草(集团)有限公司	山东	725399
174	蒙牛乳业有限公司	内蒙古	721383
175	山西海鑫钢铁集团有限公司	山西	711229
176	冠捷电子(福建)有限公司	福建	711061

续表4

2005年排名	企业名称	地区	销售收入(单位：万元)
177	太极集团有限公司	重庆	711000
178	上海振华港口机械（集团）股份有限公司	上海	710966
179	侨兴集团有限公司	广东	708460
180	萍乡钢铁有限责任公司	江西	703578
181	海城市西洋耐火材料有限公司	辽宁	702621
182	山东保龄宝生物技术有限公司	山东	701293
183	杉杉投资控股有限公司	上海	699520
184	延锋伟世通汽车饰件系统有限公司	上海	697813
185	深圳开发科技股份有限公司	广东	692129
186	重庆力帆实业(集团)有限公司	重庆	680428
187	中天钢铁集团有限公司	江苏	679330
188	海澜集团公司	江苏	679100
189	双星集团有限责任公司	山东	678928
190	光明乳业股份有限公司	上海	678568
191	北京燕京啤酒集团公司	北京	677542
192	鄂城钢铁集团有限责任公司	湖北	676443
193	南京卷烟厂	江苏	674085
194	河北敬业集团有限责任公司	河北	671641
195	邢台钢铁有限责任公司	河北	671148
196	大连实德集团有限公司	辽宁	670000
197	浙江森桥实业集团有限公司	浙江	668207
198	浙江恒逸集团有限公司	浙江	661873
199	沪东中华造船(集团)有限公司	上海	661475
200	法尔胜集团公司	江苏	658199
201	天津市一轻集团(控股)有限公司	天津	657527
202	石家庄钢铁有限责任公司	河北	655630
203	比亚迪股份有限公司	广东	640000
204	南昌钢铁有限责任公司	江西	639524
205	凌源钢铁集团有限责任公司	辽宁	638949
206	华盛江泉集团有限公司	山东	638000
207	陕西有色金属控股集团有限责任公司	陕西	636973
208	金东纸业(江苏)有限公司	江苏	635133
209	华龙日清食品有限公司	河北	630574
210	新华联控股有限公司	北京	629566
211	宁波卷烟厂	浙江	628247
212	郑州宇通客车股份有限公司	河南	627087
213	浙江远东化纤集团有限公司	浙江	625771
214	石家庄制药集团有限公司	河北	621506
215	四川新希望集团有限公司	四川	616420
216	华映光电股份有限公司	福建	615717
217	江苏新长江实业集团公司	江苏	615528
218	诸城外贸有限责任公司	山东	614000
219	山东石横特钢集团有限公司	山东	612613
220	中国一拖集团有限公司	河南	607921
221	水城钢铁(集团)有限责任公司	贵州	606085
222	青岛广源发集团有限公司	山东	605133

续表 5

2005年排名	企业名称	地区	销售收入(单位：万元)
223	石家庄三鹿集团股份有限公司	河北	602147
224	贵阳卷烟厂	贵州	600947
225	安徽佳通轮胎有限公司	安徽	594498
226	江门市大长江集团有限公司	广东	593691
227	大连机床集团公司	辽宁	588578
228	广东志高空调股份有限公司	广东	581140
229	中国材料工业科工集团公司	北京	578487
230	河南安彩集团有限责任公司	河南	577965
231	深圳市中金岭南有色金属股份有限公司	广东	574664
232	隆鑫集团有限公司	重庆	572896
233	新华鲁抗药业集团有限责任公司	山东	571919
234	长治钢铁(集团)有限公司	山西	570535
235	深圳三星视界有限公司	广东	568557
236	环宇集团有限公司	浙江	560000
237	舞阳钢铁有限责任公司	河南	552118
238	华泰集团有限公司	山东	551032
239	白银有色金属公司	甘肃	550816
240	奥的斯电梯(中国)投资有限公司	天津	545951
241	江南造船(集团)有限责任公司	上海	541234
242	纳爱斯集团有限公司	浙江	541104
243	南海油脂工业(赤湾)有限公司	广东	537327
244	申达集团有限公司	江苏	533738
245	西安电力机械制造公司	陕西	524236
246	山东成山集团有限公司	山东	519577
247	许继集团有限公司	河南	519221
248	辽宁华锦化工(集团)有限责任公司	辽宁	518472
249	宁波金田铜业(集团)股份有限公司	浙江	516867
250	浙江吉利控股集团有限公司	浙江	516000
251	杭州中策橡胶有限公司	浙江	513337
252	佛山普立华科技有限公司	广东	513322
253	中联控股集团有限公司	湖南	513101
254	春风实业集团公司	河北	512715
255	夏新电子股份有限公司	福建	505454
256	三一集团有限公司	湖南	502742
257	巨化集团公司	浙江	502455
258	三角集团有限公司	山东	501353
259	陕西汽车集团有限责任公司	陕西	500884
260	三胞集团有限公司	江苏	500000
261	三河汇福粮油集团有限公司	河北	498874
262	佳能(中山)办公设备有限公司	广东	491385
264	奇瑞汽车有限公司	安徽	490670
265	三环集团公司	湖北	487227
266	深圳桑菲消费通信有限公司	广东	486828
267	天津市建筑材料集团（控股）有限公司	天津	486241
268	云南冶金集团总公司	云南	483727
269	南通化工轻工股份有限公司	江苏	482420

续表6

2005年排名	企业名称	地区	销售收入(单位：万元)
270	上海华虹(集团)有限公司	上海	480787
271	上海焦化有限公司	上海	470420
272	将军烟草集团有限公司	山东	469236
273	广西柳工集团有限公司	广西	463623
274	株洲冶炼集团有限责任公司	湖南	462735
275	重庆重型汽车集团有限责任公司	重庆	461702
276	成都卷烟厂	四川	461522
277	广西卷烟总厂	广西	458888
278	上海三菱电梯有限公司	上海	458162
279	河南新郑烟草(集团)公司	河南	457946
280	宗申产业集团有限公司	重庆	457278
281	深圳市爱施德实业有限公司	广东	453519
282	沈阳机床(集团)有限责任公司	辽宁	453098
283	广州南方高科有限公司	广东	451920
284	天津三星电子有限公司	天津	450156
285	山西新临钢钢铁有限公司	山西	448517
286	理光(深圳)工业发展有限公司	广东	445943
287	云天化集团有限责任公司	云南	441647
288	佛山塑料集团股份有限公司	广东	440378
289	宏安集团有限公司	山东	438137
290	龙岩卷烟厂	福建	434254
291	内蒙古鄂尔多斯羊绒集团有限责任公司	内蒙古	429918
292	厦门华侨电子股份有限公司	福建	424967
293	杭州华东医药集团有限公司	浙江	416308
294	天津药业集团有限公司	天津	415680
295	辽宁忠旺集团有限公司	辽宁	415483
296	亨通集团有限公司	江苏	414817
297	云南锡业公司	云南	412940
298	四川化工控股(集团)有限责任公司	四川	404291
299	五矿营口中板有限责任公司	辽宁	403840
300	厦门厦工集团有限公司	福建	403208
301	宝胜集团有限公司	江苏	403009
302	夏普办公设备(常熟)有限公司	江苏	402454
303	浙江大东南集团有限公司	浙江	402250
304	中国华录集团有限公司	辽宁	401041
305	京瓷美达办公设备(东莞)有限公司	广东	399308
306	重庆烟草工业有限责任公司	重庆	399028
307	抚顺新抚钢有限责任公司	辽宁	398570
308	天津三星视界有限公司	天津	398485
309	中国贵州茅台酒厂有限责任公司	贵州	397256
310	上海建筑材料(集团)总公司	上海	395609
311	上海海立(集团)股份有限公司	上海	395372
312	上海锅炉厂有限公司	上海	389848
313	新大洲本田摩托有限公司	天津	388704
314	波司登股份有限公司	江苏	388100
315	瓦房店轴承集团有限责任公司	辽宁	385148

续表7

2005年排名	企业名称	地区	销售收入(单位：万元)
316	淮阴卷烟厂	江苏	384943
317	兴乐集团有限公司	浙江	380860
318	广州金鹏集团有限公司	广东	378534
319	长丰(集团)有限责任公司	湖南	378175
320	广州珠江啤酒集团有限公司	广东	375728
321	青铜峡铝业集团有限公司	宁夏	374665
322	永鼎集团有限公司	江苏	371893
323	天津有色金属集团有限公司	天津	371867
324	中国神马集团有限责任公司	河南	371643
325	许昌卷烟总厂	河南	370827
326	珠海中富工业集团有限公司	广东	370788
327	西子联合控股有限公司	浙江	369925
328	东北制药集团有限责任公司	辽宁	368795
329	深圳海王集团股份有限公司	广东	367451
330	特变电工股份有限公司	新疆	367408
331	庆铃汽车(集团)有限公司	重庆	366879
332	江苏隆力奇集团有限公司	江苏	366581
333	力诺集团有限责任公司	山东	365226
334	佳能大连办公设备有限公司	辽宁	362200
335	经纬纺织机械股份有限公司	北京	361104
336	青岛泰发集团股份有限公司	山东	360570
337	德龙钢铁有限公司	河北	356000
338	宁波乐金甬兴化工有限公司	浙江	355201
339	大连重工起重集团有限公司	辽宁	350815
340	河南济源钢铁(集团)有限公司	河南	350098
341	重庆红岩汽车有限责任公司	重庆	346866
342	科达集团股份有限公司	山东	346279
343	万达集团股份有限公司	山东	346039
344	山东泰山钢铁集团有限公司	山东	344917
345	唐山港陆钢铁有限公司	河北	343857
346	西林钢铁集团有限公司	黑龙江	342751
347	江苏张铜集团有限公司	江苏	335280
348	河北滦河实业集团有限公司	河北	331328
349	金龙精密铜管集团股份有限公司	河南	329442
350	浙江化纤联合集团有限公司	浙江	328099
351	石家庄常山纺织集团有限责任公司	河北	327151
352	上海胜华电缆(集团)有限公司	上海	326144
353	宁波海天集团股份有限公司	浙江	325683
354	盾安控股集团有限公司	浙江	325520
355	长城汽车股份有限公司	河北	323785
356	焦作万方铝业股份有限公司	河南	323344
357	湖南泰格林纸集团有限责任公司	湖南	322063
358	沈阳化工集团有限公司	辽宁	320698
359	山东玲珑橡胶有限公司	山东	320000
360	青岛即发集团控股有限公司	山东	318011
361	深圳海量存储设备有限公司	广东	316852

续表8

2005年排名	企业名称	地区	销售收入(单位：万元)
362	上海迪比特实业有限公司	上海	316789
363	大恒新纪元科技股份有限公司	北京	316770
364	浙江龙盛控股有限公司	浙江	315434
365	红太阳集团有限公司	江苏	313665
366	天津通广三星电子有限公司	天津	313212
367	柳州五菱汽车有限责任公司	广西	313147
368	青岛黄海橡胶集团有限责任公司	山东	311925
369	广东北电通信设备有限公司	广东	311287
370	南昌卷烟厂	江西	308605
371	三花控股集团有限公司	浙江	307823
372	深圳易拓科技有限公司	广东	304773
373	大化集团有限责任公司	辽宁	303469
374	四川省达州钢铁集团有限责任公司	四川	303295
375	河南豫光金铅集团有限责任公司	河南	303198
376	利华益集团股份有限公司	山东	302841
377	升华集团控股有限公司	浙江	302797
378	山东东明石化集团有限公司	山东	302757
379	美锦能源集团有限公司	河南	302740
380	浙江富春江通信集团有限公司	浙江	302226
381	河北普阳钢铁有限公司	河北	301889
382	山东淄博傅山企业集团有限公司	山东	301127
383	江苏宏图高科技股份有限公司	江苏	300929
384	杭州金鱼电器集团有限公司	浙江	299220
385	中国高科集团股份有限公司	上海	298058
386	富士施乐高科技(深圳)有限公司	广东	296974
387	河南新飞电器有限公司	河南	294987
388	富通集团有限公司	浙江	292893
389	佳能精技工业发展(深圳)有限公司	广东	292184
390	天津天士力集团有限公司	天津	289329
391	宝鸡卷烟厂	陕西	287135
392	浙江红剑集团有限公司	浙江	285858
393	江苏锡钢集团有限公司	江苏	285062
394	厦门金龙旅行车有限公司	福建	285032
395	江阴市华发实业有限公司	江苏	284931
396	广东东菱凯琴集团有限公司	广东	283577
397	济南山水集团有限公司	山东	282519
398	风神轮胎股份有限公司	河南	280117
399	大连东芝电视有限公司	辽宁	280039
400	飞跃集团有限公司	浙江	280000
401	新疆天业(集团)有限公司	新疆	279549
402	浙江华孚集团有限公司	浙江	278308
403	太原重型机械集团有限公司	山西	277943
404	安徽蚌埠卷烟厂	安徽	277160
405	日本电产(大连)有限公司	辽宁	276398
406	洛阳铜加工集团有限责任公司	河南	275969
407	东芝复印机(深圳)有限公司	广东	271890

续表9

2005年排名	企业名称	地区	销售收入(单位：万元)
408	郑州卷烟总厂	河南	271285
409	成都神钢工程机械(集团)有限公司	四川	268019
410	芜湖卷烟厂	安徽	267898
411	山东华乐实业集团公司	山东	267600
412	安徽叉车集团公司	安徽	266954
413	世成电子(深圳)有限公司	广东	264897
414	唐山三友集团有限公司	河北	262904
415	保定天威集团有限公司	河北	262606
416	华峰集团有限公司	浙江	260113
417	盼盼安居股份有限公司	辽宁	260000
418	江苏常发实业集团有限公司	江苏	257801
419	山东胜通集团股份有限公司	山东	257352
420	正和集团股份有限公司	山东	256450
421	天津乐金大沽化学有限公司	天津	255472
422	宁波中华纸业有限公司	浙江	254225
423	中国耀华玻璃集团公司	河北	254137
424	太原煤炭气化(集团)有限责任公司	山西	253294
425	浙江航民实业集团有限公司	浙江	251969
426	河南省莲花味精集团有限公司	河南	251510
427	陕西法士特齿轮有限责任公司	陕西	250516
428	唐人神集团股份有限公司	湖南	248700
429	茉织华实业(集团)有限公司	浙江	247280
430	山东烟台张裕集团有限公司	山东	246475
431	三九医药股份有限公司	广东	246169
432	山东垦利石化有限责任公司	山东	245898
433	锦化化工(集团)有限责任公司	辽宁	245518
434	河北东升集团有限公司	河北	243277
435	衡水京华制管有限公司	河北	242868
436	合肥钢铁集团有限公司	安徽	239987
437	湖南冷水江钢铁总厂	湖南	238952
438	天津塑力线缆集团有限公司	天津	238487
439	江苏华宏实业集团有限公司	江苏	238101
440	烟台万华合成革集团有限公司	山东	236875
441	江苏上上电缆集团有限公司	江苏	236529
442	唐山市兴业工贸有限公司	河北	236388
443	广州广船国际股份有限公司	广东	236340
444	湖南水口山有色金属集团有限公司	湖南	235756
445	安徽国风集团有限公司	安徽	235715
446	重庆啤酒(集团)有限责任公司	重庆	234806
447	山东渤海油脂工业有限公司	山东	234610
448	健康元药业集团股份有限公司	广东	234580
449	辛集市澳森钢铁有限公司	河北	231490
450	石家庄卷烟厂	河北	230764
451	罗蒙集团股份有限公司	浙江	230257
452	龙大食品集团有限公司	山东	230006
453	张家口卷烟厂	河北	229980

续表 10

2005年排名	企业名称	地区	销售收入(单位：万元)
454	合肥卷烟厂	安徽	229907
455	河北省冀东水泥集团有限责任公司	河北	229843
456	杭州制氧机集团有限公司	浙江	229773
457	山东德棉集团有限公司	山东	228588
458	华伦集团有限公司	浙江	228370
459	武汉锅炉股份有限公司	湖北	227974
460	青岛变压器集团有限公司	山东	227364
461	浙江万马集团有限公司	浙江	227339
462	浙江华东铝业有限公司	浙江	226173
463	山东贺友集团有限公司	山东	226000
464	合肥美菱集团控股有限公司	安徽	224243
465	金星啤酒集团有限公司	河南	222268
466	河北宝硕集团有限公司	河北	222147
467	中国四联仪器仪表集团有限公司	重庆	222082
468	合肥荣事达集团有限责任公司	安徽	221722
469	河北文丰钢铁有限公司	河北	220967
470	万丰奥特控股集团有限公司	浙江	220000
471	金洲集团有限公司	浙江	219882
472	华新水泥股份有限公司	湖北	218810
473	广东开平春晖股份有限公司	广东	218297
474	中信重型机械公司	河南	217674
475	北京顺鑫农业股份有限公司	北京	217128
476	唐山贝氏体钢总厂	河北	215984
477	临清银河纸业有限责任公司	山东	214976
478	哈尔滨卷烟总厂	黑龙江	214933
479	威海市金猴集团有限责任公司	山东	213659
480	崇利制钢有限公司	河北	212870
481	江西月兔企业(集团)有限公司	江西	212409
482	河北五得利面粉集团有限公司	河北	211000
483	中国第二重型机械集团公司	四川	210448
484	中国－阿拉伯化肥有限公司	河北	210094
485	广东华美集团有限公司	广东	209417
486	宁波申洲针织有限公司	浙江	209154
487	天津三星电机有限公司	天津	208965
488	浙江海正集团有限公司	浙江	208405
489	胜达集团有限公司	浙江	208111
490	河北新金钢铁有限公司	河北	207863
491	西宁特殊钢集团有限责任公司	青海	207608
492	奥林巴斯(深圳)工业有限公司	广东	207524
493	浙江南方控股集团有限公司	浙江	207327
494	河北中兴汽车制造有限公司	河北	206649
495	天津市金桥焊材集团有限公司	天津	206562
496	河北旭日集团有限责任公司	河北	205866
497	株洲硬质合金集团有限公司	湖南	204885
498	金龙联合汽车(苏州)有限公司	江苏	204282
499	卧龙控股集团有限公司	浙江	202803
500	美特斯帮威集团有限公司	浙江	202109

福布斯2004年度全球500强公司排行榜

排 名	公司英文名称	公司中文名称	总部所在地	主要业务	营业收入（百万美元）
1	Wal-Mart Stores	沃尔玛	美国	一般商品零售	263,009.0
2	BP	英国石油	英国	炼油	232,571.0
3	Exxon Mobil	埃克森美孚	美国	炼油	222,883.0
4	Royal Dutch/Shell Group	壳牌石油	英国／荷兰	炼油	201,728.0
5	General Motors	通用汽车	美国	汽车与零件	195,324.0
6	Ford Motor	福特汽车	美国	汽车与零件	164,505.0
7	DaimlerChrysler	戴姆勒克莱斯勒	德国	汽车与零件	156,602.2
8	Toyota Motor	丰田汽车	日本	汽车与零件	153,111.0
9	General Electric	通用电气	美国	多元化公司	134,187.0
10	Total	道达尔	法国	炼油	118,441.4
11	Allianz	安联	德国	财产意外保险	114,949.9
12	ChevronTexaco	雪佛龙德士古	美国	炼油	112,937.0
13	AXA	安盛	法国	人寿健康保险	111,912.2
14	ConocoPhillips	康菲	美国	炼油	99,468.0
15	Volkswagen	大众汽车	德国	汽车与零件	98,636.6
16	Nippon Telegraph & Telephone	日本电报电话	日本	电信	98,229.1
17	ING Group	荷兰国际集团	荷兰	人寿健康保险	95,893.3
18	Citigroup	花旗集团	美国	商业与储蓄银行	94,713.0
19	Intl. Business Machines	国际商用机器	美国	计算机办公设备	89,131.0
20	American Intl. Group	美国国际集团	美国	财产意外保险	81,303.0
21	Siemens	西门子	德国	电子、电气设备	80,501.0
22	Carrefour	家乐福	法国	食品、药品店	79,773.8
23	Hitachi	日立	日本	电子、电气设备	76,423.3
24	Hewlett-Packard	惠普	美国	计算机办公设备	73,061.0
25	Honda Motor	本田汽车	日本	汽车与零件	72,263.7
26	McKesson	麦克森	美国	保健品批发	69,506.1
27	U.S. Postal Service	美国邮政	美国	邮递包裹货运	68,529.0
28	Verizon Communications	弗莱森电讯	美国	电信	67,752.0
29	Assicurazioni Generali	忠利保险	意大利	人寿健康保险	66,754.9
30	Sony	索尼	日本	电子、电气设备	66,365.7
31	Matsushita Electric Industrial	松下电器	日本	电子、电气设备	66,218.4

续表 1

排　名	公司英文名称	公司中文名称	总部所在地	主要业务	营业收入（百万美元）
32	Nissan Motor	日产汽车	日本	汽车与零件	65,771.1
33	Nestle	雀巢	瑞士	食品	65,414.6
34	Home Depot	家居百货	美国	专业零售	64,816.0
35	Berkshire Hathaway	伯克希尔哈撒韦	美国	财产意外保险	63,859.0
36	Nippon Life Insurance	日本生命	日本	人寿健康保险	63,840.7
37	Royal Ahold	皇家阿霍德	荷兰	食品、药品店	63,455.8
38	Deutsche Telekom	德国电信	德国	电信	63,195.5
39	Peugeot	标致	法国	汽车与零件	61,384.6
40	Altria Group	阿尔特里亚	美国	烟草	60,704.0
41	Metro	麦德龙	德国	食品、药品店	60,656.9
42	Aviva	阿维瓦	英国	人寿健康保险	59,719.4
43	ENI	埃尼	意大利	炼油	59,304.4
44	Munich Re Group	慕尼黑再保险	德国	财产意外保险	59,082.6
45	Credit Suisse	瑞士信贷	瑞士	商业与储蓄银行	58,957.1
46	State Grid	国家电网	中国	电力	58,348.0
47	HSBC Holding	汇丰控股	英国	商业与储蓄银行	57,608.0
48	BNP Paribas	法国巴黎银行	法国	商业与储蓄银行	57,271.8
49	Vodafone	沃达丰	英国	电信	56,844.5
50	Cardinal Health	卡地纳健康	美国	保健品批发	56,829.5
51	Fortis	富通	比利时／荷兰	商业与储蓄银行	56,695.2
52	China National Petroleum	中国石油天然气	中国	炼油	56,384.0
53	State Farm Insurance	州立农业保险	美国	财产意外保险	56,064.6
54	Sinopec	中国石化	中国	炼油	55,062.0
55	Samsung Electronics	三星电子	韩国	电子、电器设备	54,400.2
56	Kroger	克罗格	美国	食品、药品店	53,790.8
57	Fannie Mae	房利美	美国	多元化金融	53,766.9
58	Fiat	菲亚特	意大利	汽车与零件	53,499.6
59	France Télécom	法国电信	法国	电信	52,198.1
60	Tesco	特易购	英国	食品、药品店	51,570.2
61	Zurich Financial Services	苏黎世金融	瑞士	财产意外保险	51,357.0
62	Electricite De France	法国电力	法国	天然气与电力	50,837.7
63	Boeing	波音	美国	航天国防	50,485.0
64	AmerisourceBergen	美国人伯根	美国	保健品批发	49,657.3
65	Toshiba	东芝	日本	电子、电器设备	49,395.5
66	Pemex	墨西哥石油	墨西哥	原油生产	49,240.1
67	E.ON	欧翁	德国	贸易	48,708.9
68	Deutsche Bank	德意志银行	德国	商业与储蓄银行	48,670.4
69	Rwe	莱茵集团	德国	能源	48,406.7
70	Unilever	联合利华	英国／荷兰	食品	48,318.4
71	Target	塔吉特	美国	一般商品零售	48,163.0

续表2

排　名	公司英文名称	公司中文名称	总部所在地	主要业务	营业收入（百万美元）
72	Bank of America Corp.	美国银行	美国	商业与储蓄银行	48,065.0
73	UBS	瑞士银行集团	瑞士	商业与储蓄银行	47,741.0
74	BMW	宝马	德国	汽车与零件	46,996.5
75	Deutsche Post	德国邮政	德国	邮递包裹货运	46,651.3
76	PDVSA	委内瑞拉国家石油	委内瑞拉	炼油	46,000.0
77	Pfizer	辉瑞	美国	制药	45,950.0
78	Crédit Agricole	农业信贷银行	法国	商业与储蓄银行	45,928.1
79	Dai-ichi Mutual Life Insurance	第一生命	日本	人寿健康保险	45,065.6
80	Suez	苏伊士里昂水务	法国	能源	44,842.5
81	J.P. Morgan Chase	摩根大通	美国	商业与储蓄银行	44,363.0
82	Meiji Life Insurance	明治生命	日本	人寿健康保险	44,064.0
83	AOL Time Warner	美国在线时代华纳	美国	娱乐	43,877.0
84	Royal Bank of Scotland	苏格兰皇家银行	英国	商业与储蓄银行	43,757.6
85	NEC	日本电气公司	日本	电子、电器设备	43,440.2
86	Procter & Gamble	宝洁	美国	家居个人用品	43,377.0
87	Tokyo Electric Power	东京电力	日本	天然气与电力	42,971.0
88	Costco Wholesale	好市多	美国	专业零售	42,545.6
89	Renault	雷诺	法国	汽车与零件	42,469.5
90	Fujitsu	富士通	日本	计算机办公设备	42,201.4
91	Repsol YPF	雷普索尔 YPF	西班牙	炼油	42,031.5
92	Johnson & Johnson	强生	美国	制药	41,862.0
93	Dell	戴尔	美国	计算机办公设备	41,444.0
94	Robert Bosch	博世	德国	汽车与零件	41,147.6
95	Sears Roebuck	西尔斯罗巴克	美国	一般商品零售	41,124.0
96	SBC Communications	西南贝尔电讯	美国	电信	40,843.0
97	Thyssen Krupp	蒂森克虏伯	德国	工业农业设备	39,188.3
98	Hyundai Motor	现代汽车	韩国	汽车与零件	39,100.8
99	Valero Energy	瓦莱罗能源	美国	炼油	37,968.6
100	BASF	巴斯夫	德国	化学品	37,757.0
101	ABN AMRO Holding	荷兰银行	荷兰	商业与储蓄银行	37,682.1
102	Marathon Oil	马拉松石油	美国	炼油	37,137.0
103	Sumitomo Life Insurance	住友生命	日本	人寿健康保险	36,913.0
104	Freddie Mac	弗雷迪马克	美国	多元化金融	36,839.0
105	Tyco International	泰科国际	美国	电子、电器设备	36,801.3
106	MetLife	大都会人寿	美国	人寿健康保险	36,261.0
107	HBOS	苏格兰哈里法克斯银行	英国	商业与储蓄银行	36,023.6
108	Safeway	西夫韦	美国	食品、药品店	35,552.7
109	Prudential	保诚	英国	人寿健康保险	35,472.6
110	Enel	意大利电力	意大利	天然气与电力	35,443.5
111	Albertson's	艾伯森	美国	食品、药品店	35,436.0

续表3

排　名	公司英文名称	公司中文名称	总部所在地	主要业务	营业收入（百万美元）
112	Statoil	国家石油	挪威	炼油	35,241.8
113	Telecom Italia	意大利电信	意大利	电信	35,221.6
114	GlaxoSmithKline	葛兰素史克	英国	制药	35,050.9
115	Morgan Stanley	摩根斯坦利	美国	证券	34,933.0
116	AT&T	美国电话电报	美国	电信	34,529.0
117	Medco Health Solutions	美可保健	美国	保健	34,264.5
118	EADS	欧洲航空防御及航天公司	荷兰	航天国防	34,103.5
119	SK	鲜京	韩国	炼油	33,768.5
120	Saint-Gobain	圣戈班	法国	建材玻璃	33,488.9
121	United Parcel Service	联合包裹运输	美国	邮递包裹货运	33,485.0
122	Nokia	诺基亚	芬兰	网络通讯设备	33,336.1
123	J.C. Penney	彭尼	美国	一般商品零售	32,923.0
124	Royal Philips Electronics	皇家飞利浦电子	荷兰	电子、电器设备	32,863.0
125	Dow Chemical	道化学	美国	化学品	32,632.0
126	Walgreen	沃尔格林	美国	食品、药品店	32,505.4
127	Groupe Auchan	欧尚	法国	食品、药品店	32,488.4
128	Veolia Environnement	威立雅	法国	水务	32,371.9
129	Bayer	拜耳	德国	化学品	32,331.1
130	Microsoft	微软	美国	计算机软件	32,187.0
131	Aegon	全球保险集团	荷兰	人寿健康保险	32,174.9
132	Allstate	好事达	美国	财产意外保险	32,149.0
133	Deutsche Bahn	德国联邦铁路	德国	铁路运输	31,947.4
134	Lockheed Martin	洛克希德马丁	美国	航天国防	31,844.0
135	Wells Fargo	富国银行	美国	商业与储蓄银行	31,800.0
136	BT	英国电信	英国	电信	31,668.6
137	Telefónica	西班牙电话	西班牙	电信	31,541.7
138	Sumitomo Mitsui Financial Group	三井住友金融集团	日本	商业与储蓄银行	31,450.5
139	Lowe's	劳氏	美国	专业零售	31,263.0
140	Aeon	永旺	日本	食品、药品店	31,161.2
141	United Technologies	联合技术	美国	航天国防	31,034.0
142	Barclays	巴克莱银行	英国	商业与储蓄银行	30,843.0
143	CNP Assurances	法国国家人寿保险	法国	人寿健康保险	30,805.9
144	Petrobrás	巴西石油	巴西	炼油	30,797.0
145	Archer Daniels Midland	阿彻丹尼尔斯米德兰	美国	食品生产	30,708.0
146	Intel	英特儿	美国	半导体	30,141.0
147	LG Electronics	乐金电子	韩国	电子、电气设备	29,873.9
148	Arcelor	阿塞洛	卢森堡	金属产品	29,338.7
149	Ito-Yokado	伊藤洋华堂	日本	食品、药品店	29,332.7
150	Centrica	英国煤气	英国	天然气与电力	29,312.9
151	Mitsubishi Electric	三菱电机	日本	电子、电器设备	29,300.4

续表 4

排　名	公司英文名称	公司中文名称	总部所在地	主要业务	营业收入（百万美元）
152	J. Sainsbury	桑斯博里	英国	食品、药品店	29,034.6
153	Vivendi Universal	威望迪环球	法国	娱乐	28,839.6
154	UnitedHealth Group	联合健康	美国	保健	28,823.0
155	Northrop Grumman	诺斯洛普格拉曼	美国	航天国防	28,686.0
156	DZ Bank		德国	商业与储蓄银行	28,663.1
157	Nippon Oil	新日本石油	日本	炼油	28,560.6
158	SociétéGénérale	兴业银行	法国	商业与储蓄银行	28,556.7
159	Mizuho Financial Group	瑞穗金融集团	日本	商业与储蓄银行	28,335.2
160	Delphi	德尔福	美国	汽车与零件	28,096.0
161	HVB Group	德国裕宝银行	德国	商业与储蓄银行	28,082.5
162	Prudential Financial	宝德信金融集团	美国	人寿健康保险	27,907.0
163	Merrill Lynch	美林	美国	证券	27,745.0
164	DuPont	杜邦	美国	化学品	27,730.0
165	Canon	佳能	日本	计算机办公设备	27,591.7
166	Groupe Pinault-Printemps	春天集团	法国	一般商品零售	27,570.7
167	Gazprom	俄罗斯天然气工业	俄罗斯	能源	27,526.5
168	MCI	微波通信	美国	电信	27,331.0
169	Swiss Reinsurance	瑞士再保险	瑞士	财产意外保险	27,086.8
170	Walt Disney	沃特迪斯尼	美国	娱乐	27,061.0
171	Motorola	摩托罗拉	美国	网络通讯设备	27,058.0
172	Fonciére Euris		法国	一般商品零售	27,005.0
173	PepsiCo	百事	美国	食品	26,971.0
174	Santander Central Hispano Group	桑坦德银行	西班牙	商业与储蓄银行	26,956.8
175	CVS		美国	食品、药品店	26,588.0
176	Viacom	维亚康姆	美国	娱乐	26,585.3
177	Mitsui	三井物产	日本	贸易	26,385.0
178	Sprint	斯普林特	美国	电信	26,202.0
179	Sysco	西斯科	美国	食品杂货批发	26,140.3
180	Franz Haniel	弗朗茨海涅尔	德国	保健品批发	26,073.6
181	TIAA-CREF	美国教师退休基金会	美国	人寿健康保险	26,016.2
182	Nippon Steel	新日铁	日本	金属产品	25,902.9
183	American Express	美国运通	美国	多元化金融	25,866.0
184	Mazda Motor	马自达汽车	日本	汽车与零件	25,816.6
185	New York Life Insurance	纽约人寿保险	美国	人寿健康保险	25,699.7
186	Petronas	马石油	马来西亚	炼油	25,660.9
187	SNCF	法国国营铁路	法国	铁路运输	25,490.7
188	Lloyds TSB Group	劳埃德 TSB 集团	英国	商业与储蓄银行	25,378.0
189	Indian Oil	印度石油	印度	炼油	25,316.3
190	KDDI		日本	电信	25,196.6
191	International Paper	国际造纸	美国	林产品、纸制品	25,179.0

续表5

排 名	公司英文名称	公司中文名称	总部所在地	主要业务	营业收入(百万美元)
192	Best Buy	百思买	美国	专业零售	24,901.0
193	Novartis	诺华	瑞士	制药	24,864.0
194	Bouygues	布依格	法国	工程与建筑	24,697.4
195	Millea Holdings	千禧控股	日本	财产意外保险	24,573.5
196	Marubeni	丸红	日本	贸易	24,559.8
197	Tyson Foods	泰森食品	美国	食品生产	24,549.0
198	Wachovia Corp.	瓦乔维亚银行	美国	商业与储蓄银行	24,474.0
199	Norsk Hydro	挪威水电	挪威	金属产品	24,276.3
200	Rabobank	拉博银行	荷兰	商业与储蓄银行	24,124.7
201	A.P.Moller-Maersk Group	马士基集团	丹麦	海运	23,887.9
202	Goldman Sachs Group	高盛集团	美国	证券	23,623.0
203	Kmart Holding	凯马特	美国	一般商品零售	23,485.0
204	Duke Energy	杜克能源	美国	天然气与电力	23,483.0
205	Roche Group	罗氏	瑞士	制药	23,212.9
206	Honeywell International	霍尼韦尔国际	美国	航天国防	23,103.0
207	ABB	阿西布朗勃法瑞	瑞士	电子、电器设备	23,079.0
208	Groupe Caisse d'epargne		法国	商业与储蓄银行	23,077.8
209	Caterpillar	卡特彼勒	美国	工业农业设备	22,763.0
210	TUI	国际旅游联盟集团	德国	旅游	22,730.4
211	UFJ Holdings	日联控股	日本	商业与储蓄银行	22,722.9
212	Volvo	沃尔沃	瑞典	汽车与零件	22,692.4
213	Denso	电装	日本	汽车零件	22,685.1
214	Fuji Photo Film	富士胶卷	日本	科学、摄影设备	22,667.2
215	Johnson Controls	约翰逊控制	美国	汽车零件	22,646.0
216	BellSouth	贝尔南方	美国	电信	22,635.0
217	Mitsubishi Tokyo Financial Group	东京三菱金融集团	日本	商业与储蓄银行	22,621.1
218	Ingram Micro	英格雷姆麦克罗	美国	电子办公设备批发	22,613.0
219	East Japan Railway	东日本铁路	日本	铁路运输	22,507.0
220	Kansai Electric Power	关西电力	日本	天然气与电力	22,488.1
221	FedEx	联邦快递	美国	邮递包裹货运	22,487.0
222	Merck	默克	美国	制药	22,485.9
223	Bunge		美国	食品生产	22,345.0
224	Mitsubishi Motors	三菱汽车	日本	汽车与零件	22,304.7
225	Sanyo Electric	三洋电机	日本	电子、电气设备	22,203.5
226	ConAgra Foods	康尼格拉	美国	食品	22,052.5
227	JFE Holdings		日本	金属产品	21,900.0
228	HCA		美国	保健	21,808.0
229	Alcoa	美铝公司	美国	金属产品	21,728.0
230	Delhaize Group	德尔海兹集团	比利时	食品、药品店	21,719.9
231	Standard Life Assurance	标准人寿保险	英国	人寿健康保险	21,711.9

续表 6

排 名	公司英文名称	公司中文名称	总部所在地	主要业务	营业收入（百万美元）
232	Electronic Data Systems	电子数据系统	美国	计算机软件与数据服务	21,596.0
233	Bank One Corp.	美一银行	美国	商业与储蓄银行	21,454.0
234	Vinci	芬奇	法国	工程与建筑	21,363.2
235	Comcast	康卡斯特	美国	电信	21,263.0
236	Mass. Mutual Life Ins.	麻省人寿	美国	人寿健康保险	21,075.8
237	Coca-Cola	可口可乐	美国	饮料	21,044.0
238	Mitsubishi Heavy Industries	三菱重工	日本	工业农业设备	21,012.1
239	Bristol-Myers Squibb	百时美施贵宝	美国	制药	20,894.0
240	George Weston	乔治威斯顿	加拿大	食品、药品店	20,838.4
241	China Lift Insurance	中国人寿	中国	人寿健康保险	20,782.1
242	China Mobile Communications	中国移动通信	中国	电信	20,764.7
243	Industrial & Commercial Bank of China	中国工商银行	中国	商业与储蓄银行	20,757.3
244	La Poste	法国邮政局	法国	邮递包裹货运	20,376.3
245	WellPoint Health Networks		美国	保健	20,359.7
246	Georgia-Pacific	乔治亚－太平洋	美国	林产品、纸制品	20,255.0
247	Supervalu		美国	食品杂货批发	20,209.7
248	Aventis	安万特	法国	制药	20,162.4
249	Sharp	夏普	日本	电子、电气设备	19,983.7
250	Bridgestone	普利司通	日本	轮胎橡胶	19,877.3
251	Weyerhaeuser	惠好	美国	林产品、纸制品	19,873.0
252	Almanij		比利时	商业与储蓄银行	19,745.5
253	British American Tobacco	英美烟草	英国	烟草	19,684.1
254	Abbott Laboratories	雅培	美国	制药	19,680.6
255	Alstom	阿尔斯通	法国	工业农业设备	19,627.1
256	Suzuki Motor	铃木汽车	日本	汽车及零件	19,467.7
257	China Telecommunications	中国电信	中国	电信	19,464.5
258	AutoNation	全美汽车租赁	美国	专业零售	19,381.1
259	Lukoil	卢克石油	俄罗斯	炼油	19,345.0
260	Landesbank Baden-Wurttemberg		德国	商业与储蓄银行	19,270.8
261	Williams		美国	能源	19,265.6
262	Royal & Sun Alliance	皇家太阳保险	英国	财产意外保险	19,259.1
263	Samsung Life Insurance	三星人寿	韩国	人寿健康保险	19,159.0
264	Banco Bilbao Vizcaya Argentaria	毕尔巴鄂比斯开银行	西班牙	商业与储蓄银行	19,144.9
265	Korea Electric Power	韩国电力	韩国	天然气与电力	19,144.3
266	Bertelsmann	贝塔斯曼	德国	娱乐	19,014.8
267	Dexia Group		比利时	商业与储蓄银行	18,889.1
268	Cisco Systems	思科系统	美国	网络通讯设备	18,878.0
269	AstraZeneca	阿斯利康	英国	制药	18,849.0
270	Sinochem	中国化工进出口总公司	中国	贸易	18,846.1
271	Gaz de France	法国煤气	法国	天然气与电力	18,840.5

续表7

排　名	公司英文名称	公司中文名称	总部所在地	主要业务	营业收入（百万美元）
272	Cigna	信诺	美国	保健	18,808.5
273	Endesa		西班牙	天然气与电力	18,768.0
274	Hartford Financial Services	哈特福德金融服务	美国	财产意外保险	18,733.0
275	Anglo American	英美资源集团	英国	采矿、钻石	18,637.0
276	Washington Mutual	华盛顿互助	美国	商业与储蓄银行	18,629.0
277	Chubu Electric Power	中部电力	日本	天然气与电力	18,600.8
278	Adecco	阿第克	瑞士	人力资源服务	18,391.2
279	Mitsui Sumitomo Insurance	三井住友保险	日本	财产意外保险	18,294.8
280	Sara Lee	莎莉	美国	食品	18,291.0
281	3M		美国	多样化	18,232.0
282	Cendant	圣达特	美国	不动产、酒店、租车服务	18,192.0
283	Groupama	甘保险集团	法国	财产意外保险	18,155.8
284	Raytheon	雷神	美国	航天国防	18,109.0
285	UniCredito Italiano	意大利联合信贷银行	意大利	商业与储蓄银行	18,092.2
286	Compass Group	金巴斯集团	英国	饮食服务	18,072.0
287	Lufthansa Group	汉莎集团	德国	航空公司	18,059.6
288	Michelin	米其林	法国	轮胎橡胶	18,047.6
289	Aetna	安泰	美国	保健	17,976.4
290	Japan Tobacco	日本烟草	日本	烟草	17,881.4
291	Banca Intesa	联合商业银行	意大利	商业与储蓄银行	17,789.1
292	Idemitsu Kosan	出光兴产	日本	炼油	17,669.6
293	Visteon	伟世通	美国	汽车零件	17,660.0
294	Daiei	大荣	日本	一般商品零售	17,518.3
295	News Corp.	新闻集团	澳大利亚	娱乐	17,493.9
296	AMR	美利坚公司	美国	航空公司	17,440.0
297	Japan Post	日本邮政	日本	邮递	17,430.8
298	Tech Data		美国	电子办公设备批发	17,406.3
299	Coca-Cola Enterprises	可口可乐企业	美国	饮料	17,330.0
300	Commerzbank	德国商业银行	德国	商业与储蓄银行	17,316.0
301	Lehman Brothers Holdings	莱曼兄弟	美国	证券	17,287.0
302	KarstadtQuelle	卡尔施泰特	德国	一般商品零售	17,282.5
303	Royal Bank of Canada	加拿大皇家银行	加拿大	商业与储蓄银行	17,203.9
304	Old Mutual	耆卫公司	英国	人寿健康保险	17,145.4
305	McDonald's	麦当劳	美国	饮食服务	17,140.5
306	Japan Airlines System	日本航空	日本	航空公司	17,101.8
307	Northwestern Mutual	西北相互	美国	人寿健康保险	17,059.7
308	Mitsubishi Chemical	三菱化学	日本	化学品	17,045.0
309	Man Group	曼恩集团	德国	汽车与零件	17,000.2
310	Bombardier	庞巴迪	加拿大	航天国防	16,996.2
311	Liberty Mutual Insurance Group	利宝相互保险	美国	财产意外保险	16,914.0

续表 8

排　名	公司英文名称	公司中文名称	总部所在地	主要业务	营业收入（百万美元）
312	Publix Super Markets		美国	食品、药品店	16,848.3
313	Nationwide		美国	财产意外保险	16,808.0
314	Sompo Japan Insurance	日本财产保险公司	日本	财产意外保险	16,794.9
315	Anthem		美国	保健	16,771.4
316	Tenet Healthcare		美国	保健	16,746.0
317	AT&T Wireless Services		美国	电信	16,695.0
318	General Dynamics	通用动力	美国	航天国防	16,617.0
319	Rite Aid	来德爱	美国	食品、药品店	16,600.4
320	Skanska		瑞典	工程与建筑	16,451.1
321	Groupe Danone	达能集团	法国	食品	16,376.6
322	Halliburton	哈利佰顿	美国	石油天然气设备与服务	16,271.0
323	Hanwha	韩华集团	韩国	化学	16,181.8
324	Coles Myer		澳大利亚	食品、药品店	16,042.8
325	Swiss Life Insurance & Pension	瑞士人寿养老金保险	瑞士	人寿健康保险	16,035.6
326	Sunoco	太阳石油	美国	炼油	15,930.0
327	L'oreal	欧莱雅	法国	家居个人用品	15,877.6
328	Magna International	曼格纳国际	加拿大	汽车零件	15,870.0
329	Gap		美国	专业零售	15,853.8
330	Wyeth	惠氏	美国	制药	15,850.6
331	China Construction Bank	中国建设银行	中国	商业与储蓄银行	15,824.8
332	National Australia Bank	澳洲银行	澳大利亚	商业与储蓄银行	15,819.5
333	Exelon		美国	天然气与电力	15,812.0
334	Loews	洛斯	美国	财产意外保险	15,809.6
335	Ricoh	理光	日本	办公设备	15,760.6
336	Lear	里尔	美国	汽车零件	15,746.7
337	Sun Life Financial	永明金融	加拿大	人寿健康保险	15,741.2
338	Legal & General Group		英国	人寿健康保险	15,729.7
339	Xerox	施乐	美国	办公设备	15,701.0
340	Woolworths		澳大利亚	食品、药品店	15,681.8
341	BHP Billiton	必和必拓集团	澳大利亚	采矿、原油生产	15,608.0
342	Nippon Mining Holdings		日本	炼油	15,551.1
343	Bayerische Landesbank	巴伐利亚银行	德国	商业与储蓄银行	15,549.4
344	Deere	迪尔	美国	工业农业设备	15,534.6
345	Dentsu	电通广告	日本	广告传播	15,484.9
346	Lafarge	拉法基	法国	建筑材料、玻璃	15,457.6
347	American Electric Power	美国电力	美国	能源	15,441.0
348	Itochu	伊藤忠	日本	贸易	15,393.2
349	Electrolux	伊莱克斯	瑞典	电子、电气设备	15,361.4
350	U.S. Bancorp		美国	商业与储蓄银行	15,354.4
351	National Grid Transco	国家电力供应公司	英国	天然气与电力	15,300.7

续表9

排　名	公司英文名称	公司中文名称	总部所在地	主要业务	营业收入（百万美元）
352	Federated Department Stores	联合百货	美国	一般商品零售	15,264.0
353	Banco Bradesco		巴西	商业与储蓄银行	15,179.5
354	Travelers Property Casualty	旅行者保险	美国	财产意外保险	15,139.2
355	Sumitomo	住友商事	日本	贸易	15,126.2
356	Goodyear Tire & Rubber	固特异轮胎橡胶	美国	轮胎橡胶	15,119.0
357	Kookmin Bank	韩国国民银行	韩国	商业与储蓄银行	15,112.4
358	Bank Of China	中国银行	中国	商业与储蓄银行	15,021.6
359	Yukos	尤科斯	俄罗斯	炼油	14,966.0
360	Qwest Communications	奎斯特通讯	美国	电信	14,936.0
361	POSCO	埔项制铁	韩国	金属产品	14,930.2
362	Migros		瑞士	食品、药品店	14,880.2
363	Banco Do Brasil	巴西银行	巴西	商业与储蓄银行	14,844.2
364	Lagardere Groupe	拉卡德尔	法国	出版、印刷	14,790.7
365	Akzo Nobel	阿克苏诺贝尔	荷兰	化学品	14,770.7
366	Computer Sciences	计算机科学	美国	计算机软件与数据服务	14,767.6
367	Nippon Express	日本通运	日本	邮递包裹货运	14,757.5
368	Royal Mail Group	皇家邮政集团	英国	邮递包裹货运	14,623.2
369	Hilton Group	希尔顿集团	英国	酒店	14,599.2
370	L.M. Ericsson	爱立信	瑞典	网络通讯设备	14,576.6
371	RAG	莱茵集团	德国	采矿、原油生产	14,559.2
372	Shanghai Baosteel Group	上海宝钢集团	中国	金属产品	14,548.0
373	Kingfisher	翠丰	英国	专业零售	14,536.4
374	Flextronics International	伟创力	新加坡	半导体、其他元器件	14,530.4
375	Air France Group	法国航空	法国	航空公司	14,509.8
376	FleetBoston Financial	舰队波士顿金融	美国	商业与储蓄银行	14,442.0
377	Royal KPN		荷兰	电信	14,420.9
378	Amerada Hess	阿拉美达赫斯	美国	炼油	14,408.0
379	Alliance Unichem	单化联盟	英国	保健品批发	14,384.7
380	Kajima	鹿岛	日本	工程与建筑	14,357.5
381	Kimberly-Clark	金佰利	美国	家居个人用品	14,348.0
382	Schlumberger	斯伦贝谢	美国	石油天然气设备与服务	14,278.8
383	KFW Bankengruppe		德国	商业与储蓄银行	14,240.3
384	Aisin Seiki	爱信精机	日本	汽车零件	14,211.3
385	Alcatel	阿尔卡特	法国	电信	14,161.8
386	Taisei	大成建设	日本	工程与建筑	14,151.7
387	Anheuser-Busch	安海斯布希	美国	饮料	14,146.7
388	BCE	加拿大贝尔电子	加拿大	电信	14,119.0
389	Mitsubishi	三菱商事	日本	贸易	14,116.4
390	Christian Dior	克里斯汀迪奥	法国	服装服饰	14,108.6
391	Marks & Spencer	马克斯思班塞	英国	一般商品零售	14,061.6

续表 10

排　名	公司英文名称	公司中文名称	总部所在地	主要业务	营业收入（百万美元）
392	Emerson Electric	艾默生电气	美国	电子、电气设备	13,999.0
393	Vattenfall		瑞典	天然气与电力	13,858.2
394	Tohoku Electric Power	东北电力	日本	天然气与电力	13,835.1
395	Cathay Life	国泰人寿	中国台湾	人寿健康保险	13,804.6
396	Stora Enso	斯道拉恩索	芬兰	林产品、纸制品	13,776.2
397	Shimizu	清水建设	日本	工程与建筑	13,727.1
398	UAL	联合航空	美国	航空公司	13,724.0
399	BAE Systems		英国	航天国防	13,710.7
400	Otto Versand	奥托邮购	德国	专业零售	13,708.0
401	Countrywide Financial		美国	金融	13,659.5
402	San Paolo Imi		意大利	商业与储蓄银行	13,658.1
403	Sumitomo Electric Industries	住友电工	日本	电子电气	13,654.9
404	Alcan	加拿大铝业	加拿大	金属产品	13,652.0
405	AMP	安宝	澳大利亚	人寿健康保险	13,515.7
406	KT	韩国电信	韩国	电信	13,485.4
407	Hutchison Whampoa	和记黄埔	中国香港	多样化	13,473.5
408	TPG		荷兰	邮递包裹货运	13,429.5
409	May Department Stores	五月百货	美国	一般商品零售	13,343.0
410	TJX		美国	专业零售	13,327.9
411	Eastman Kodak	伊士曼柯达	美国	科研、摄影设备	13,317.0
412	Agricultural Bank of China	中国农业银行	中国	商业与储蓄银行	13,303.1
413	Delta Air Lines	德尔塔航空	美国	航空公司	13,303.0
414	Express Scripts		美国	保健	13,294.5
415	COFCO	中粮集团	中国	贸易	13,290.1
416	Nordea Bank	北欧联合银行	瑞典	商业与储蓄银行	13,194.1
417	Staples		美国	专业零售	13,181.2
418	Wolseley		英国	多样化	13,084.9
419	Continental	大陆	德国	轮胎橡胶	13,054.2
420	Corus Group	康力斯集团	英国	金属产品	13,001.2
421	Gasunie		荷兰	能源	12,973.2
422	Fortum		芬兰	炼油	12,893.1
423	British Airways	英国航空	英国	航空公司	12,805.6
424	Union Pacific	联合太平洋	美国	铁路运输	12,792.0
425	GUS		英国	专业零售	12,785.3
426	Fuji Heavy Industries	富士重工	日本	汽车与零件	12,743.5
427	Cosmo Oil		日本	炼油	12,691.5
428	Isuzu Motors	五十铃汽车	日本	汽车	12,662.8

续表11

排 名	公司英文名称	公司中文名称	总部所在地	主要业务	营业收入（百万美元）
429	El Paso		美国	能源	12,653.0
430	Telstra	澳洲电信	澳大利亚	电信	12,641.6
431	Plains All American Pipeline		美国	能源	12,589.8
432	Cepsa		西班牙	炼油	12,588.6
433	Eli Lilly	礼来大药厂	美国	制药	12,582.5
434	Sodexho Alliance	索迪斯联合	法国	饮食服务业	12,532.1
435	Seiko Epson	精工爱普生	日本	计算机办公设备	12,511.5
436	Nippon Yusen	日本邮船	日本	海运	12,379.4
437	Office Depot		美国	专业零售	12,358.6
438	Onex		加拿大	半导体、其他元器件	12,352.6
439	Kyushu Electric Power	九州电力	日本	天然气与电力	12,320.6
440	Mitsui Mutual Life Insurance	三井生命	日本	人寿健康保险	12,318.7
441	Firstenergy		美国	天然气与电力	12,317.7
442	Central Japan Railway	中日本铁路	日本	铁路运输	12,253.1
443	Humana		美国	保健	12,226.3
444	CRK		爱尔兰	建筑材料、玻璃	12,194.0
445	Manpower		美国	人力资源	12,184.5
446	Whirlpool	惠尔普	美国	电子、电气设备	12,176.0
447	Winn-Dixie Stores	温迪克斯	美国	食品、药品店	12,168.4
448	Edison International	爱迪生国际	美国	天然气与电力	12,156.0
449	Dominion Resources		美国	天然气与电力	12,078.0
450	Bharat Petroleum	布哈拉特石油	印度	炼油	12,053.7
451	Dai Nippon Printing	大日本印刷	日本	出版、印刷	11,987.9
452	Thales Group		法国	航天国防	11,962.1
453	Bank of Nova Scotia	丰业银行	加拿大	商业与储蓄银行	11,960.0
454	Hochteif		德国	工程与建筑	11,922.4
455	Obayashi	大林组	日本	工程与建筑	11,918.8
456	PTT	泰国国家石油管理局	泰国	炼油	11,904.6
457	Progressive	前进保险	美国	财产意外保险	11,892.0
458	Manulife Financial	宏利保险	加拿大	人寿健康保险	11,887.3
459	Canadian Imperial Bank of Commerce	加拿大帝国商业银行	加拿大	商业与储蓄银行	11,863.7
460	Accenture	埃森哲	美国	咨询公司	11,818.0
461	Shanghai Automotive	上海汽车	中国	汽车	11,754.6
462	Hindustan Petroleum	印度斯坦石油	印度	炼油	11,750.5
463	Reliant Energy		美国	能源	11,707.3
464	Solectron	旭电	美国	半导体、其他元器件	11,700.4
465	MBNA		美国	信用卡	11,684.4

续表 12

排 名	公司英文名称	公司中文名称	总部所在地	主要业务	营业收入(百万美元)
466	SHV Holdings		荷兰	贸易	11,624.9
467	Marsh & Mclennan	马什麦克里安	美国	保险经纪	11,588.0
468	Waste Management	废物管理	美国	废物处理	11,574.0
469	Toys "R" Us	玩具反斗店	美国	专业零售	11,566.0
470	Asahi Mutual Life Insurance	朝日生命	日本	人寿健康保险	11,550.6
471	Sekisui House	积水建房	日本	工程与建筑	11,544.6
472	Diageo	迪阿吉奥	英国	饮料	11,537.6
473	Eurohypo	欧洲抵押银行	德国	商业与储蓄银行	11,535.8
474	Kintetsu	近畿日本铁道	日本	铁路运输	11,489.9
475	Toppan Printing	凸版印刷	日本	出版、印刷	11,485.5
476	Danske Bank Group	丹斯克银行	丹麦	商业与储蓄银行	11,479.4
477	AFLAC	美国家庭人寿保险	美国	人寿健康保险	11,447.0
478	Sun Microsystems	太阳微系统	美国	计算机办公设备	11,434.0
479	Chubb	丘博	美国	财产意外保险	11,394.0
480	Kuraya Sanseido	三星堂	日本	保健品批发	11,366.6
481	Public Service Enterprise Group	PSEG 环球	美国	天然气与电力	11,340.0
482	Reliance Industries	瑞来斯实业	印度	炼油	11,327.7
483	TXU	德州公用	美国	能源	11,325.0
484	Taiyo Life Insurance	太阳生命	日本	人寿健康保险	11,275.1
485	UPM-Kymmene	芬欧汇川集团	芬兰	林产品、纸制品	11,258.8
486	Southern	南方	美国	天然气与电力	11,251.0
487	Power Corp. of Canada	加拿大鲍尔集团	加拿大	人寿健康保险	11,238.5
488	PG&E Corp.	太平洋煤气电力公司	美国	天然气与电力	11,221.0
489	Masco	马斯柯	美国	家居个人用品	11,134.0
490	Iberdrola	伊维尔德罗拉	西班牙	天然气与电力	11,111.2
491	Asahi Kasei	旭化成	日本	化学品	11,097.6
492	Health Net		美国	保健	11,062.5
493	Samsung	三星	韩国	贸易	11,051.4
494	Abbey National	阿比国民银行	英国	商业与储蓄银行	11,041.2
495	Great Atlantic & Pacific Tea	大西洋与太平洋茶叶	美国	食品、药品店	11,033.7
496	PacifiCare Health Systems		美国	保健	11,008.5
497	Daiwa House Industry	大和房建	日本	工程与建筑	10,841.8
498	Swisscom	瑞士电信	瑞士	电信	10,841.3
499	Tokyu	东京急行电铁	日本	工程与建筑	10,830.8
500	Toronto-Dominion Bank	多伦多道明银行	日本	商业与储蓄银行	10,827.2

福布斯2005年度全球500强公司排名榜

排 名	公司英文名称	中文常用名称	总部所在地	主要业务	营业收入 百万美元
1	Wal-Mart Stores	沃尔玛	美国	一般商品零售	287,989.0
2	BP	英国石油	英国	炼油	285,059.0
3	Exxon Mobil	埃克森美孚	美国	炼油	270,772.0
4	Royal Dutch/Shell Group	皇家壳牌石油	英国／荷兰	炼油	268,690.0
5	General Motors	通用汽车	美国	汽车	193,517.0
6	DaimlerChrysler	戴姆勒克莱斯勒	美国	汽车	176,687.5
7	Toyota Motor	丰田汽车	日本	汽车	172,616.3
8	Ford Motor	福特汽车	美国	汽车	172,233.0
9	General Electric	通用电气	美国	多元化	152,866.0
10	Total	道达尔	法国	炼油	152,609.5
11	ChevronTexaco	雪佛龙	美国	炼油	147,967.0
12	ConocoPhillips	康菲	美国	炼油	121,663.0
13	AXA	安盛	法国	保险	121,606.3
14	Allianz	安联	德国	保险	118,937.2
15	Volkswagen	大众汽车	德国	汽车	110,648.7
16	Citigroup	花旗集团	美国	银行	108,276.0
17	ING Group	荷兰国际集团	荷兰	保险	105,886.4
18	Nippon Telegraph & Telephone	日本电报电话	日本	电信	100,545.3
19	American Intl. Group	美国国际集团	美国	保险	97,987.0
20	Intl.Business Machines	国际商用机器	美国	计算机办公设备	96,293.0
21	Siemens	西门子	德国	电子、电气设备	91,493.2
22	Carrefour	家乐福	法国	食品、药品店	90,381.7
23	Hitachi	日立	日本	电子、电气设备	83,993.9
24	Assicurazioni Generali	忠利保险	意大利	保险	83,267.6
25	Matsushita Electric Industrial	松下电器	日本	电子、电气设备	81,077.7
26	McKesson	麦克森	美国	保健品批发	80,514.6
27	Honda Motor	本田汽车	日本	汽车	80,486.6
28	Hewlett-Packard	惠普	美国	计算机办公设备	79,905.0
29	Nissan Motor	日产汽车	日本	汽车	79,799.6
30	Fortis	富通	比利时／荷兰	银行	75,518.1
31	Sinopec	中国石化	中国	炼油	75,076.7
32	Berkshire Hathaway	伯克希尔哈撒韦	美国	保险	74,382.0
33	ENI	埃尼	意大利	炼油	74,227.7
34	Home Depot	家得宝	美国	专业零售	73,094.0
35	Aviva	阿维瓦	英国	保险	73,025.2
36	HSBC Holding	汇丰控股	英国	银行	72,550.0
37	Deutsche Telekom	德国电信	德国	电信	71,988.9

续表 1

排　名	公司英文名称	中文常用名称	总部所在地	主要业务	营业收入百万美元
38	Verizon Communications	弗莱森电讯	美国	电信	71,563.3
39	Samsung Electronics	三星电子	韩国	电子、电气设备	71,555.9
40	State Grid	国家电网	中国	电力	71,290.2
41	Peugeot	标致	法国	汽车	70,641.9
42	Metro	麦德龙	德国	食品、药品店	70,159.3
43	Nestle	雀巢	瑞士	食品	69,825.7
44	U.S. Postal Service	美国邮政	美国	邮递	68,996.0
45	BNP Paribas	法国巴黎银行	法国	银行	68,654.4
46	China National Petroleum	中国石油天然气	中国	炼油	67,723.8
47	Sony	索尼	日本	电子、电气设备	66,618.0
48	Cardinal Health	卡地纳健康	美国	保健品批发	65,130.6
49	Royal Ahold	皇家阿霍德	荷兰	食品、药品店	64,675.6
50	Altria Group	阿尔特里亚	美国	烟草食品	64,440.0
51	Pemex	墨西哥石油	墨西哥	原油生产	63,690.5
52	Bank of America	美国银行	美国	银行	63,324.0
53	Vodafone	沃达丰	英国	电信	62,971.4
54	Tesco	特易购	英国	食品、药品店	62,458.7
55	Munich Re Group	慕尼黑再保险	德国	保险	60,705.5
56	Nippon Life Insurance	日本生命	日本	保险	60,520.8
57	Fiat	菲亚特	意大利	汽车	59,972.9
58	Royal Bank of Scotland	苏格兰皇家银行	英国	银行	59,750.0
59	Zurich Financial Services	苏黎世金融	瑞士	保险	59,678.0
60	Crédit Agricole	农业信贷银行	法国	银行	59,053.8
61	Credit Suisse	瑞士信贷	瑞士	银行	58,825.0
62	State Farm Insurance	州立农业保险	美国	保险	58,818.9
63	France Télécom	法国电信	法国	电信	58,652.1
64	Electricite De France	法国电力	法国	天然气与电力	58,367.2
65	J.P. Morgan Chase	摩根大通	美国	银行	56,931.0
66	UBS	瑞士银行集团	瑞士	银行	56,917.8
67	Kroger	克罗格	美国	食品、药品店	56,434.4
68	Deutsche Bank	德意志银行	德国	银行	55,669.5
69	E. ON	欧翁	德国	贸易	55,652.1
70	Deutsche Post	德国邮政	德国	邮递	55,388.4
71	BMW	宝马	德国	汽车	55,142.2
72	Toshiba	东芝	日本	电子、电气设备	54,303.5
73	Valero Energy	瓦莱罗能源	美国	炼油	53,918.6
74	AmerisourceBergen	美国人伯根	美国	保健品批发	53,179.0
75	Pfizer	辉瑞	美国	制药	52,921.0
76	Boeing	波音	美国	航天国防	52,553.0
77	Procter & Gamble	宝洁	美国	家居个人用品	51,407.0
78	Rwe	莱茵集团	德国	能源	50,951.9
79	Suez	苏伊士里昂水务	法国	能源	50,670.1
80	Renault	雷诺	法国	汽车	50,639.7
81	Unilever	联合利华	英国／荷兰	食品	49,960.7
82	Target	塔吉特	美国	一般商品零售	49,934.0
83	Robert Bosch	博世	德国	汽车零件	49,759.2

续表 2

排名	公司英文名称	中文常用名称	总部所在地	主要业务	营业收入 百万美元
84	Dell	戴尔	美国	计算机办公设备	49,205.0
85	Thyssen Krupp	蒂森克虏伯	德国	工业农业设备	48,756.1
86	Costco Wholesale	好市多	美国	专业零售	48,107.0
87	HBOS	苏格兰哈里法克斯银行	英国	银行	47,755.7
88	Johnson & Johnson	强生	美国	制药	47,348.0
89	Prudential	保诚	英国	人寿健康保险	47,055.8
90	Tokyo Electric Power	东京电力	日本	天然气与电力	46,962.7
91	BASF	巴斯夫	德国	化学	46,686.6
92	Hyundai Motor	现代汽车	韩国	汽车	46,358.2
93	Enel	意大利电力	意大利	天然气与电力	45,530.4
94	Marathon Oil	马拉松石油	美国	炼油	45,444.0
95	Statoil	国家石油	挪威	炼油	45,440.0
96	NEC	日本电气公司	日本	电子、电气设备	45,175.5
97	Repsol YPF	雷普索尔 YPF	西班牙	炼油	44,857.5
98	Dai-ichi Mutual Life Insurance	第一生命	日本	保险	44,468.8
99	Fujitsu	富士通	日本	计算机办公设备	44,316.0
100	AOL Time Warner	时代华纳	美国	娱乐	42,869.
101	ABN AMRO Holding	荷兰银行	荷兰	银行	42,319.0
102	SBC Communications	西南贝尔电讯	美国	电信	41,098.0
103	Tyco International	泰科国际	美国	电子、电气设备	41,042.0
104	Dow Chemical	陶氏化学	美国	化工	40,161.0
105	Albertson's	艾伯森	美国	食品、药品店	40,052.0
106	Saint-Gobain	圣戈班	法国	建材玻璃	39,831.5
107	Morgan Stanley	摩根士丹利	美国	证券	39,549.0
108	MetLife	大都会人寿	美国	保险	39,535.0
109	EADS	欧洲航空防务航天公司	荷兰	航天国防	39,503.1
110	Barclays	巴克莱银行	英国	银行	39,347.2
111	Telecom Italia	意大利电信	意大利	电信	39,228.2
112	Aeon	永旺	日本	食品、药品店	38,943.6
113	Meiji Life Insurance	明治安田生命	日本	保险	38,835.1
114	Telefónica	西班牙电话	西班牙	电信	38,188.0
115	LG Electronics	乐金电子	韩国	电子、电气设备	37,757.5
116	Royal Philips Electronics	皇家飞利浦电子	荷兰	电子、电气设备	37,709.6
117	SK	鲜京	韩国	炼油	37,691.6
118	Arcelor	阿塞洛	卢森堡	金属	37,531.7
119	Walgreen	沃尔格林	美国	食品、药品店	37,508.2
120	United Technologies	联合技术	美国	航天国防	37,445.0
121	Groupe Auchan	欧尚	法国	食品、药品店	37,370.1
122	GlaxoSmithKline	葛兰素史克	英国	制药	37,304.2
123	UnitedHealth Group	联合健康	美国	保健	37,218.0
124	Bayer	拜耳	德国	化工	37,011.9
125	Petrobrós	巴西石油	巴西	炼油	36,987.7
126	CNP Assurances	法国国家人寿保险	法国	保险	36,942.9
127	Microsoft	微软	美国	计算机软件	36,835.0
128	United Parcel Service	联合包裹运输	美国	邮递包裹货运	36,582.0
129	Lowe's	劳氏	美国	专业零售	36,464.0

续表3

排 名	公司英文名称	中文常用名称	总部所在地	主要业务	营业收入 百万美元
130	Nokia	诺基亚	芬兰	网络通讯设备	36,401.2
131	Archer Daniels Midland	阿彻丹尼尔斯米德兰	美国	食品生产	36,151.4
132	Sears Roebuck	西尔斯罗巴克	美国	一般商品零售	36,099.0
133	Petronas	马石油	马来西亚	炼油	36,064.8
134	Safeway	西夫韦	美国	食品、药品店	35,822.9
135	Lockheed Martin	洛克希德马丁	美国	航天国防	35,526.0
136	Aegon	全球保险集团	荷兰	保险	35,463.4
137	Medco Health Solutions	美可保健	美国	保健	35,351.9
138	Motorola	摩托罗拉	美国	网络通讯设备	35,349.0
139	Gazprom	俄罗斯天然气工业	俄罗斯	能源	35,089.5
140	BT	英国电信	英国	电信	34,672.7
141	Intel	英特尔	美国	半导体	34,209.0
142	Nippon Oil	新日本石油	日本	炼油	34,150.7
143	Allstate	好事达	美国	保险	33,936.0
144	Wells Fargo	富国银行	美国	银行	33,876.0
145	Ito-Yokado	伊藤洋华堂	日本	食品、药品店	33,631.9
146	CENTRICA	森特理克	英国	天然气与电力	33,536.9
147	Sumitomo Mitsui Financial Group	三井住友金融集团	日本	银行	33,318.2
148	Mitsui	三井物产	日本	贸易	32,805.9
149	Mitsubishi	三菱商事	日本	贸易	32,735.0
150	Fannie Mae	房地美	美国	金融	32,564.0
151	Merrill Lynch	美林	美国	证券	32,467.0
152	Société Générale	兴业银行	法国	银行	32,411.2
153	DZ Bank	DZ Bank	德国	银行	32,261.9
154	Canon	佳能	日本	计算机办公设备	32,071.5
155	Santander Central Hispano Group	桑坦德银行	西班牙	银行	31,803.6
156	Mitsubishi Electric	三菱电机	日本	电子、电气设备	31,735.4
157	Nippon Steel	新日铁	日本	金属	31,536.9
158	Sumitomo Life Insurance	住友生命	日本	保险	31,000.2
159	Walt Disney	沃特迪斯尼	美国	娱乐	30,752.0
160	Veolia Environnement	威立雅	法国	水务	30,687.7
161	CVS	CVS	美国	食品、药品店	30,594.3
162	AT&T	美国电话电报	美国	电信	30,537.0
163	Caterpillar	卡特彼勒	美国	工农业设备	30,251.0
164	Franz Haniel	弗朗茨海涅尔	德国	保健品批发	30,244.5
165	Groupe Pinault-Printemps	春天集团	法国	一般商品零售	30,114.8
166	Northrop Grumman	诺斯洛普格拉曼	美国	航天国防	29,868.0
167	Goldman Sachs Group	高盛集团	美国	证券	29,839.0
168	Deutsche Bahn	德国联邦铁路	德国	铁路运输	29,803.0
169	Fonciére Euris	Fonci è re Euris	法国	一般商品零售	29,666.2
170	Indian Oil	印度石油	印度	炼油	29,643.2
171	Sysco	西斯科	美国	食品杂货批发	29,335.4
172	PepsiCo	百事	美国	食品	29,261.0
173	Groupe Caisse d'epargne	Groupe Caisse d'epargne	法国	银行	29,174.9
174	American Express	美国运通	美国	金融	29,115.0
175	Bouygues	布依格	法国	工程与建筑	29,106.5

续表4

排　名	公司英文名称	中文常用名称	总部所在地	主要业务	营业收入 百万美元
176	Swiss Reinsurance	瑞士再保险	瑞士	保险	29,045.1
177	Lloyds TSB Group	劳埃德TSB集团	英国	银行	28,925.0
178	Lukoil	卢克石油	俄罗斯	炼油	28,810.0
179	Delphi	德尔福	美国	汽车零件	28,700.0
180	Volvo	沃尔沃	瑞典	汽车	28,643.1
181	RABOBANK	荷兰合作银行(拉博银行)	荷兰	银行	28,513.2
182	J. Sainsbury	桑斯博里	英国	食品、药品店	28,427.8
183	Prudential Financial	保德信金融	美国	保险	28,348.0
184	Mizuho Financial Group	瑞穗金融集团	日本	银行	28,278.7
185	Marubeni	丸红	日本	贸易	28,273.7
186	Novartis	诺华	瑞士	制药	28,247.0
187	WACHOVIA	美联银行	美国	银行	28,067.0
188	DuPont	杜邦	美国	化工	27,995.0
189	A.P.Moller-Maersk Group	马士基集团	丹麦	海运	27,920.7
190	SNCF	法国国营铁路	法国	铁路运输	27,436.1
191	Best Buy	百思买	美国	专业零售	27,433.0
192	Sprint	斯普林特	美国	电信	27,428.0
193	New York Life Insurance	纽约人寿	美国	保险	27,175.5
194	KDDI	KDDI	日本	电信	27,170.1
195	HVB Group	德国裕宝银行	德国	银行	27,140.1
196	Viacom	维亚康姆	美国	娱乐	27,054.8
197	Millea Holdings	千禧控股	日本	保险	26,978.7
198	International Paper	国际纸业	美国	林产品、纸制品	26,722.0
199	Vivendi Universal	威望迪环球	法国	娱乐	26,651.3
200	Johnson Controls	约翰逊控制	美国	汽车零件	26,553.4
201	Tyson Foods	泰森食品	美国	食品生产	26,441.0
202	JFE Holdings	JFE Holdings	日本	金属	26,087.6
203	Denso	电装	日本	汽车零件	26,052.7
204	Caremark Rx	Caremark Rx	美国	保健	25,801.1
205	J.C. Penney	彭尼	美国	一般商品零售	25,678.0
206	Honeywell International	霍尼韦尔国际	美国	航天国防	25,601.0
207	Ingram Micro	英格雷姆麦克罗邦奇	美国	电子办公设备批发	25,462.1
208	BUNGE	邦奇	美国	食品生产	25,168.0
209	Roche	罗氏	瑞士	制药	25,166.3
210	VINCI	万喜	法国	工程与建筑	25,106.3
211	Mazda Motor	马自达汽车	日本	汽车	25,081.4
212	China Life Insurance	中国人寿	中国	保险	24,980.6
213	Anglo American	英美资源集团	英国	采矿、钻石	24,930.0
214	Alcan	加拿大铝业	加拿大	金属	24,885.0
215	FedEx	联邦快递	美国	邮递	24,710.0
216	Norsk Hydro	挪威水电	挪威	金属	24,552.9
217	Mitsubishi Tokyo Financial Group	东京三菱金融集团	日本	银行	24,457.5
218	Almanij	Almanij	比利时	银行	24,401.1
219	Kansai Electric Power	关西电力	日本	天然气与电力	24,317.7
220	British American Tobacco	英美烟草	英国	烟草	24,201.3
221	Mitsubishi Heavy Industries	三菱重工	日本	工农业设备	24,106.0

续表 5

排 名	公司英文名称	中文常用名称	总部所在地	主要业务	营业收入 百万美元
222	AIR FRANCE KLM	法航——荷航集团	法国	航空公司	24,011.3
223	Alcoa	美铝公司	美国	金属	23,960.0
224	China Mobile Communications	中国移动通信	中国	电信	23,957.6
225	Sharp	夏普	日本	电子、电气设备	23,632.6
226	JR	JR 东日本	日本	铁路运输	23,610.5
227	Fuji Photo Film	富士胶片	日本	科学、摄影设备	23,516.4
228	HCA	HCA	美国	保健	23,502.0
229	Industrial & Commercial Bank of China	中国工商银行	中国	银行	23,444.6
230	TIAA-CREF	美国教师退休基金会	美国	保险	23,411.3
231	TUI	国际旅游联盟集团	德国	旅游	23,293.9
232	RAG	莱茵集团	德国	采矿、原油生产	23,254.9
233	La Poste	法国邮政局	法国	邮递	23,229.7
234	Sunoco	太阳石油	美国	炼油	23,226.0
235	Coles Myer	Coles Myer	澳大利亚	食品、药品店	23,184.4
236	Mass. Mutual Life Ins.	麻省人寿	美国	保险	23,159.2
237	Sanyo Electric	三洋电机	日本	电子、电气设备	23,118.8
238	George Weston	乔治威斯顿	加拿大	食品、药品店	23,015.4
239	Merck	默克(默沙东)	美国	制药	22,938.6
240	ST PAUL TRAVELERS	圣保罗旅行者保险	美国	保险	22,934.0
241	BHP Billiton	必和必拓集团	澳大利亚	采矿、原油生产	22,887.0
242	Delhaize Group	德尔海兹集团	比利时	食品、药品店	22,793.0
243	Duke Energy	杜克能源	美国	天然气与电力	22,779.0
244	BELLSOUTH	南贝尔	美国	电信	22,729.0
245	Hartford Financial Services	哈特福德金融服务	美国	保险	22,693.0
246	Weyerhaeuser	惠好	美国	林产品、纸制品	22,665.0
247	MCI	微波通信	美国	电信	22,615.0
248	ЕЭСРОССИИ	俄罗斯统一电力	俄罗斯	天然气与电力	22,602.9
249	Gaz de France	法国燃气	法国	天然气与电力	22,548.2
250	Bridgestone	普利司通	日本	轮胎橡胶	22,350.0
251	SAMSUNG	三星生命	韩国	保险	22,347.9
252	William Morrison Supermarkets	William Morrison Supermarkets	英国	食品、药品店	22,264.3
253	MITTAL	米塔尔钢铁	荷兰	金属	22,197.0
254	Cisco Systems	思科系统	美国	网络通讯设备	22,045.0
255	Suzuki Motor	铃木汽车	日本	汽车	22,010.9
256	Endesa	Endesa	西班牙	天然气与电力	21,969.8
257	Coca-Cola	可口可乐	美国	饮料	21,962.0
258	ABB	阿西布朗勃法瑞	瑞士	电子、电气设备	21,886.0
259	Bristol-Myers Squibb	百时美施贵宝	美国	制药	21,886.0
260	Hilton Group	希尔顿集团	英国	酒店	21,792.5
261	Legal&General	法通保险	英国	保险	21,769.8
262	China Telecommunications	中国电信	中国	电信	21,561.8
263	T&D Holdings	T&D Holdings	日本	保险	21,556.9
264	UFJ Holdings	日联控股	日本	银行	21,450.8
265	Adecco	阿第克	瑞士	人力资源服务	21,441.2
266	Idemitsu Kosan	出光兴产	日本	炼油	21,434.9
267	AstraZeneca	阿斯利康	英国	制药	21,426.0

续表6

排 名	公司英文名称	中文常用名称	总部所在地	主要业务	营业收入百万美元
268	Banco Bilbao Vizcaya Argentaria	毕尔巴鄂比斯开银行	西班牙	银行	21,335.5
269	National Australia Bank	澳洲银行	澳大利亚	银行	21,313.9
270	Lehman Brothers Holdings	雷曼兄弟	美国	证券	21,250.0
271	Bertelsmann	贝塔斯曼	德国	出版、娱乐	21,163.8
272	Compass Group	金巴斯集团	英国	饮食服务	21,103.8
273	Lufthansa Group	汉莎集团	德国	航空公司	21,100.4
274	Electronic Data Systems	电子数据系统	美国	软件与数据服务	21,033.0
275	Plains All American Pipeline	Plains All American Pipeline	美国	能源	20,975.5
276	POSCO	埔项制铁	韩国	金属	20,929.1
277	Korea Electric Power	韩国电力	韩国	天然气与电力	20,914.2
278	Old Mutual	耆卫公司	英国	保险	20,892.1
279	Manulife Financial	宏利保险	加拿大	保险	20,855.4
280	WellPoint	WellPoint	美国	保健	20,815.1
281	LB BW	巴登－符腾堡州银行	德国	银行	20,807.5
282	News Corp.	新闻集团	美国	娱乐	20,802.0
283	MAGNA	玛格纳	加拿大	汽车零件	20,653.0
284	Nationwide	Nationwide	美国	保险	20,558.0
285	Abbott Laboratories	雅培	美国	制药	20,473.1
286	Halliburton	哈利伯顿	美国	石油天然气设备与服务	20,466.0
287	SINOCHEM CORPORATION	中化集团	中国	贸易	20,380.7
288	Mitsubishi Chemical	三菱化学	日本	化工	20,372.3
289	Woolworths	Woolworths	澳大利亚	食品、药品店	20,334.5
290	Comcast	康卡斯特	美国	电信	20,307.0
291	Dexia Group	Dexia Group	比利时	银行	20,292.0
292	Raytheon	雷神	美国	航天国防	20,245.0
293	Groupama	甘保险集团	法国	保险	20,237.2
294	Michelin	米其林	法国	轮胎橡胶	20,148.2
295	3M	3M	美国	多样化	20,011.0
296	Deere	迪尔	美国	工农业设备	19,986.1
297	CENDANT	胜腾	美国	不动产、酒店、租车服务	19,979.0
298	Aetna	安泰	美国	保健	19,904.1
299	Georgia-Pacific	乔治亚－太平洋	美国	林产品、纸制品	19,876.0
300	Chubu Electric Power	中部电力	日本	天然气与电力	19,849.0
301	Japan Airlines System	日本航空	日本	航空公司	19,817.8
302	Tech Data	Tech Data	美国	电子办公设备批发	19,790.3
303	Liberty Mutual Insurance Group	利宝相互保险	美国	保险	19,754.0
304	Mitsubishi Motors	三菱汽车	日本	汽车	19,750.4
305	AutoNation	全美汽车租赁	美国	专业零售	19,734.1
306	Kmart Holding	凯马特	美国	一般商品零售	19,701.0
307	Sara Lee	莎莉	美国	食品	19,566.0
308	General Dynamics	通用动力	美国	航天国防	19,552.0
309	Shanghai Baosteel Group	上海宝钢集团	中国	金属	19,543.3
310	Supervalu	Supervalu	美国	食品杂货批发	19,543.2
311	UniCredito Italiano	意大利联合信贷银行	意大利	商业与储蓄银行	19,527.8
312	Royal Bank of Canada	加拿大皇家银行	加拿大	银行	19,103.8
313	Sumitomo	住友商事	日本	贸易	19,068.1

续表7

排 名	公司英文名称	中文常用名称	总部所在地	主要业务	营业收入 百万美元
314	McDonald's	麦当劳	美国	饮食服务	19,064.7
315	China Construction Bank	中国建设银行	中国	银行	19,047.9
316	CHINA SOUTHERN POWER GRID	中国南方电网	中国	电力	18,928.8
317	OTTO	奥托集团	德国	专业零售	18,870.3
318	Nippon Mining Holdings	Nippon Mining Holdings	日本	炼油	18,817.0
319	Mitsui Sumitomo Insurance	三井住友保险	日本	保险	18,813.3
320	Japan Tobacco	日本烟草	日本	烟草	18,739.0
321	sanofi aventis	赛诺菲安万特	法国	制药	18,709.9
322	Publix Super Markets	Publix Super Markets	美国	食品、药品店	18,686.4
323	Power Corp.of Canada	加拿大鲍尔集团	加拿大	保险	18,683.8
324	Visteon	伟世通	美国	汽车零件	18,657.0
325	AMR	美利坚公司	美国	航空公司	18,645.0
326	Man Group	曼恩集团	德国	汽车与零件	18,590.5
327	Itochu	伊藤忠	日本	贸易	18,527.9
328	Commerzbank	德国商业银行	德国	银行	18,463.6
329	SwissLife	瑞士人寿	瑞士	保险	18,434.8
330	Goodyear Tire & Rubber	固特异轮胎橡胶	美国	轮胎橡胶	18,370.4
331	SABIC	沙特基础工业公司	沙特阿拉伯	化工	18,329.4
332	ConAgra Foods	康尼格拉	美国	食品	18,178.7
333	Cigna	信诺	美国	保健	18,176.0
334	Coca-Cola Enterprises	可口可乐企业	美国	饮料	18,158.0
335	Banca Intesa	联合商业银行	意大利	银行	18,155.2
336	L'oréal	欧莱雅	法国	家居个人用品	18,076.7
337	Japan Post	日本邮政	日本	邮递	18,006.4
338	L.M. Ericsson	爱立信	瑞典	网络通讯设备	17,966.1
339	Bank Of China	中国银行	中国	银行	17,960.4
340	Lafarge	拉法基	法国	建筑材料	17,954.9
341	Wolseley	Wolseley	英国	多样化	17,816.5
342	Northwestern Mutual	西北相互	美国	保险	17,806.3
343	KarstadtQuelle	卡尔施泰特	德国	一般商品零售	17,782.2
344	Sompo Japan Insurance	日本财产保险公司	日本	财产意外保险	17,677.1
345	Lagardere Groupe	拉卡德尔	法国	出版、印刷	17,384.3
346	Wyeth	惠氏	美国	制药	17,358.0
347	Hutchison Whampoa	和记黄埔	中国香港	多样化	17,280.8
348	Alstom	阿尔斯通	法国	工农业设备	17,194.8
349	Amerada Hess	阿拉美达赫斯	美国	炼油	17,126.0
350	Corus Group	康力斯集团	英国	金属	17,099.2
351	Groupe Danone	达能集团	法国	食品	17,039.5
352	SHV Holdings	SHV Holdings	荷兰	贸易	17,022.7
353	Daiei	大荣	日本	一般商品零售	17,020.5
354	Aisin Seiki	爱信精机	日本	汽车零件	17,018.9
355	Lear	里尔	美国	汽车零件	16,960.0
356	Ricoh	理光	日本	办公设备	16,879.7
357	Rite Aid	来德爱	美国	食品、药品店	16,816.4
358	Sun Life Financial	永明金融	加拿大	保险	16,705.8
359	BAE Systems	BAE Systems	英国	航天国防	16,664.9

续表8

排 名	公司英文名称	中文常用名称	总部所在地	主要业务	营业收入百万美元
360	Royal & Sun Alliance	皇家太阳保险	英国	保险	16,536.7
361	Royal Mail Group	皇家邮政集团	英国	邮递	16,522.8
362	Skanska	Skanska	瑞典	工程与建筑	16,508.2
363	Bayerische Landesbank	巴伐利亚银行	德国	银行	16,435.1
364	Electrolux	伊莱克斯	瑞典	电子、电气设备	16,424.9
365	Christian Dior	克里斯汀迪奥	法国	服装服饰	16,418.9
366	UAL	联合航空	美国	航空公司	16,391.0
367	Migros	Migros	瑞士	食品、药品店	16,338.4
368	Nippon Express	日本通运	日本	邮递	16,314.0
369	Alliance Unichem	单化联盟	英国	保健品批发	16,304.7
370	Gap	Gap	美国	专业零售	16,267.0
371	Hon Hai Precision Industry	鸿海精密	中国台湾	电子、电气设备	16,239.5
372	Sumitomo Electric Industries	住友电工	日本	电子、电气设备	16,192.0
373	PTT	泰国国家石油	泰国	炼油	16,023.3
374	Washington Mutual	华盛顿互助	美国	银行	15,962.0
375	Flextronics International	伟创力	新加坡	半导体、其他元器件	15,908.2
376	Banco Bradesco	Banco Bradesco	巴西	银行	15,899.0
377	Taisei	大成建设	日本	工程与建筑	15,892.0
378	Computer Sciences	计算机科学	美国	计算机软件与数据服务	15,849.1
379	Bombardier	庞巴迪	加拿大	航天国防	15,839.0
380	Akzo Nobel	阿克苏诺贝尔	荷兰	化工	15,780.8
381	Xerox	施乐	美国	办公设备	15,722.0
382	National Grid Transco	国家电力供应公司	英国	天然气与电力	15,720.2
383	TNT	TNT	荷兰	邮递	15,714.9
384	Kajima	鹿岛	日本	工程与建筑	15,700.6
385	Continental	大陆	德国	轮胎橡胶	15,668.2
386	CEPSR	西班牙石油公司	西班牙	炼油	15,650.0
387	Federated Department Stores	联合百货	美国	一般商品零售	15,630.0
388	Emerson Electric	艾默生电气	美国	电子、电气设备	15,615.0
389	KOC	KOC 集团	土耳其	多样化	15,578.8
390	Mediceo Holdings	Mediceo Holdings	日本	保健品批发	15,499.9
391	Vattenfall	Vattenfall	瑞典	天然气与电力	15,433.1
392	Stora Enso	斯道拉恩索	芬兰	林产品、纸制品	15,417.4
393	Hanwha	韩华集团	韩国	化工	15,406.3
394	Kimberly-Clark	金佰利	美国	家居个人用品	15,400.9
395	Premcor	Premcor	美国	炼油	15,334.8
396	Cosmo Oil	Cosmo Oil	日本	炼油	15,296.5
397	Agricultural Bank of China	中国农业银行	中国	银行	15,284.6
398	CRH	CRH	爱尔兰	建筑材料、玻璃	15,273.5
399	Alcatel	阿尔卡特	法国	网络通讯设备	15,254.7
400	KFW Bankengruppe	KFW Bankengruppe	德国	银行	15,218.9
401	Telstra	澳大利亚电信	澳大利亚	电信	15,193.1
402	Chinese Petroleum Corp.	中油公司	中国台湾	炼油	15,189.5
403	William HILL	威廉希尔	英国	博彩	15,185.7
404	Gasunie	Gasunie	荷兰	能源	15,117.2
405	Express Scripts	Express Scripts	美国	保健	15,114.7

续表9

排　名	公司英文名称	中文常用名称	总部所在地	主要业务	营业收入百万美元
406	CommonweaithBank	澳大利亚联邦银行	澳大利亚	银行	15,083.9
407	HOCHTIEF	豪赫蒂夫	德国	工程与建筑	15,066.3
408	Delta	达美航空	美国	航空公司	15,002.0
409	Tohoku Electric Power	东北电力	日本	天然气与电力	14,994.2
410	Nippon Yusen	日本邮船	日本	海运	14,944.3
411	Anheuser-Busch	安海斯布希	美国	饮料	14,934.2
412	MANPOWER	万宝盛华	美国	人力资源	14,930.0
413	TJX	TJX	美国	专业零售	14,913.5
414	KT	韩国电信	韩国	电信	14,901.1
415	SANPAOLO	意大利圣保罗银行	意大利	银行	14,899.0
416	BCE	加拿大贝尔电子	加拿大	电信	14,841.5
417	Reliance Industries	瑞来斯实业	印度	炼油	14,841.0
418	KPN	皇家 KPN 电信	荷兰	电信	14,828.1
419	Banco Do Brasil	巴西银行	巴西	银行	14,768.5
420	us bank	合众银行	美国	银行	14,705.7
421	Marks & Spencer	马克斯思班塞	英国	一般商品零售	14,652.6
422	AMP	安宝	澳大利亚	保险	14,600.8
423	Loews	洛斯	美国	保险	14,584.2
424	Exelon	Exelon	美国	核电	14,515.0
425	Fortum	富腾	芬兰	炼油	14,508.5
426	CFE	国家电力公司(联邦电力委员会)	墨西哥	电力	14,465.0
427	STAPLES	斯特普尔斯	美国	专业零售	14,448.4
428	May Department Stores	五月百货	美国	一般商品零售	14,441.0
429	Bharat Petroleum	布哈拉特石油	印度	炼油	14,436.9
430	EDEKA	艾德卡	德国	食品、药品店	14,418.5
431	British Airways	英国航空	英国	航空公司	14,414.1
432	GUS	GUS	英国	专业零售	14,366.1
433	American Electric Power	美国电力	美国	能源	14,357.0
434	COFCO	中粮集团	中国	贸易	14,189.4
435	ACS	ACS	西班牙	工程建筑	14,152.9
436	Hindustan Petroleum	印度斯坦石油	印度	炼油	14,114.9
437	USS	美国钢铁公司	美国	金属	14,108.0
438	Kingfisher	翠丰	英国	专业零售	14,060.9
439	Countrywide Financial	Countrywide Financial	美国	金融	14,050.7
440	Dominion Resources	Dominion Resources	美国	天然气与电力	13,980.0
441	Eurohypo	欧洲抵押银行	德国	银行	13,952.5
442	SAMSUNG	三星物产	韩国	贸易	13,919.2
443	Sodexho Alliance	索迪斯联合	法国	饮食服务业	13,899.8
444	Isuzu Motors	五十铃汽车	日本	汽车	13,897.2
445	Eli Lilly	礼来大药厂	美国	制药	13,857.9
446	SK Networks	SK Networks	韩国	贸易	13,844.3
447	Eastman Kodak	伊士曼柯达	美国	科研、摄影设备	13,829.0
448	China FAW Group Corporation	中国一汽集团	中国	汽车	13,825.4
449	AREVA	阿海珐	法国	核电	13,816.9
450	Shimizu	清水建设	日本	工程与建筑	13,811.2
451	Qwest Communications	奎斯特通讯	美国	电信	13,809.0
452	Progressive	前进保险	美国	保险	13,782.1
453	EPSON	精工爱普生	日本	计算机办公设备	13,768.6

续表10

排 名	公司英文名称	中文常用名称	总部所在地	主要业务	营业收入 百万美元
454	ONGC	印度石油天然气公司	印度	能源	13,751.7
455	Accenture	埃森哲	美国	咨询公司	13,673.6
456	ACC	旭硝子	日本	化工	13,647.8
457	Onex	Onex	加拿大	半导体、其他元器件	13,614.8
458	Nordea Bank	北欧联合银行	瑞典	银行	13,580.6
459	Office Depot	Office Depot	美国	专业零售	13,564.7
460	WestLB	西德意志银行	德国	银行	13,548.3
461	SUBARU	富士重工	日本	汽车	13,459.2
462	KOBELCO	神户制钢	日本	金属	13,433.8
463	NEXTEL	Nextel 电信	美国	电信	13,368.0
464	KOMATSU	小松	日本	工农业设备	13,350.3
465	AFLAC	美国家庭人寿保险	美国	保险	13,281.0
466	OfficeMax	OfficeMax	美国	专业零售	13,270.2
467	Dai Nippon Printing	大日本印刷	日本	出版、印刷	13,258.6
468	Whirlpool	惠而浦	美国	电子、电气设备	13,220.0
469	Chubb	丘博	美国	保险	13,177.2
470	Henkel	汉高	德国	家居个人用品	13,173.9
471	Toppan Printing	凸版印刷	日本	出版、印刷	13,152.9
472	JR	东海旅客铁道	日本	铁路运输	13,114.9
473	Kyushu Electric Power	九州电力	日本	天然气与电力	13,107.8
474	Humana	Humana	美国	保健	13,104.3
475	Obayashi	大林组	日本	工程与建筑	13,069.7
476	Flrst Energy	第一能源	美国	天然气与电力	12,949.0
477	estpac	西太平洋银行	澳大利亚银行	银行	12,943.3
478	Solectron	旭电	美国	半导体、其他元器件	12,903.2
479	Schneider Electric	施耐德电气	法国	电子、电气设备	12,892.0
480	Danske Bank Group	丹斯克银行	丹麦	银行	12,890.3
481	CENTEX	桑达克斯	美国	工程与建筑	12,859.7
482	Iberdrola	伊维尔德罗拉	西班牙	天然气与电力	12,828.8
483	Asahi Kasei	旭化成	日本	化工	12,819.0
484	Williams	Williams	美国	能源	12,814.7
485	THALES	泰雷兹集团	法国	航天国防	12,796.3
486	Sekisui House	积水建房	日本	工程与建筑	12,719.5
487	Daiwa House Industry	大和房建	日本	工程与建筑	12,709.4
488	CIBC	加拿大帝国商业银行	加拿大	银行	12,661.8
489	Scottishpower	苏格兰电力	英国	天然气与电力	12,635.2
490	ANZ	澳新银行	澳大利亚	银行	12,618.4
491	Texas Instruments	德州仪器	美国	半导体、其他元器件	12,580.0
492	Constellation Energy	Constellation 能源	美国	天然气与电力	12,549.7
493	Waste Management	废物管理	美国	废物处理	12,516.0
494	Bank of Nova Scotia	丰业银行	加拿大	银行	12,504.2
495	Tenet	Tenet 保健	美国	保健	12,496.0
496	YAMAHA	雅马哈发动机	日本	摩托车	12,471.5
497	HelneKen	喜力控股	荷兰	饮料	12,443.8
498	SCA	爱生雅集团	瑞典	林产品、纸产品	12,433.4
499	ENCANA	加拿大能源	加拿大	能源	12,433.0
500	Masco	马斯柯	美国	家居个人用品	12,431.0

中国人寿保险股份有限公司 山东省分公司

China Life Insurance Company Limited Shandong Branch

总经理：宋金平

中国人寿保险股份有限公司的前身是与新中国同期诞生的原中国人民保险公司。2003 年 8 月，正式重组为中国人寿保险股份有限公司，12 月，在纽约和香港同时成功上市，成为国内首家在港美两地同时成功上市的金融企业。经过 50 多年的发展，中国人寿逐步成长为一家具有国际影响力的大型商业保险公司。2003 年和 2004 年，公司连续两年入选《财富》“全球 500 强”企业排名，并位列 2003 年度全球销售排名的第 241 位，在我国入选的金融企业中排名第一。2004 年初被全球著名的《欧洲货币》杂志评为亚洲最好的保险公司，这是 7 年来中国企业获得的最高排名。在 2004 年度世界品牌实验室和世界经济论坛联合组织的“中国 500 最具价值品牌”评选活动中，中国人寿以 427.67 亿元的品牌价值成为中国 10 大品牌之一。

2004 年 10 月，世界权威品牌评审机构“超级品牌”组织首度在中国举办超级品牌评选，中国人寿一举获得了“超级品牌”、“行业特别奖”和“本土品牌成就奖”三项大奖。由此，中国人寿作为中国金融保险业的第一品牌和中国本土化杰出品牌的代表，跻身世界知名品牌行列，成为中国企业的骄傲和荣耀。在全国范围内开通的“95519”客户服务专线全国联网，统一服务，为客户提供咨询、查询、投诉、报案、挂失、回访服务。

隶属于中国人寿保险股份有限公司的山东省分公司是目前山东省内保险市场最大的商业寿险公司，保费收入已实现百亿跨越，占据了山东寿险业的半壁江山，市场份额已达到 57.84%。公司拥有近 6 万人的专业销售服务队伍、800 多个遍布城乡的分支机构和主导市场的 100 多个种类的保险产品。已累计为全省 2843 万人次承担 3664 亿元的保险责任，对建设大而强、富而美的社会主义新山东、安定山东人民生活，促进山东经济社会发展和稳定发挥了重要作用。

中国人寿山东省分公司积极培育健康向上的企业文化，以此统一员工的意志、激发员工的热情、凝聚员工的力量。图为公司召开以“成已为人，成人达已”为核心理念的“双成”企业文化新闻发布会。▼

根据党中央、国务院关于对国有保险公司实行股份制改革的战略决策，约占我国保险公司近一半资产的中国人寿保险公司重组为集团公司和股份公司。图为中国人寿保险股份有限公司山东分公司揭牌仪式暨新闻发布会现场。▲

诚信对中国人寿而言，就是要提高信誉，对客户负责，对社会负责，诚信是中国人寿的灵魂。图为中国人寿山东省分公司组织一线员工参加“全国百万保险营销人员诚信服务承诺”签名仪式。▲

地址：济南市泺源大街 88 号
电话：(0531)86915088-3105
传真：(0531)86919733
http://www.sd95519.com.cn
客服热线：95519

企业简介

中国重型汽车集团有限公司(简称中国重汽)总部坐落于山东省济南市，是国内主要的重型载重汽车和军车生产基地。以开发和制造中国第一辆“黄河”牌重型汽车、成功引进“斯太尔”重型汽车生产项目和与沃尔沃合资生产具有当代国际水平的重型汽车而闻名。

中国重汽董事长、党委书记 马纯济

中国重汽总经理 蔡东

2001年1月18日，中国重汽经过改革重组，对企业进行了再造，重新构架了企业运营机制，焕发了企业活力。

中国重汽目前在济南地区设有济南卡车股份有限公司、济南华沃卡车有限公司、济南商用车有限公司、特种车事业部和客车公司。山东地区的企业还有潍坊柴油机厂、青岛专用车公司和泰安五岳公司；省外企业包括杭州汽车发动机厂、重庆油泵油咀厂等。设在济南总部的技术发展中心作为国家级的企业技术中心，为重汽的产品开发和研制提供有力的技术保障。目前，中国重汽拥有各种专利378项，拥有HOWO、斯太尔王、斯太尔、斯太尔-III、黄河王子、黄河少帅、黄河、斯太尔·飞龙等系列800多个车型的产品，全面覆盖了用户对重型汽车的需求。

目前，中国重汽拥有两个上市公司，即A股“中国重汽”和H股“潍柴动力”。

中国重汽积极推动市场营销网络建设和4S店建设，全力打造“亲人”服务品牌，建立起了覆盖全国的销售服务网络。目前在各地设有53家销售分公司，经销商达615家，维修服务站436家。同时，不断加大市场营销和广告宣传的力度，市场占有率明显上升。目前在大功率、大吨位重型汽车方面中国重汽优势突出，其中载重14吨以上重型汽车销量约占全国市场份额的20%，20吨以上重型汽车销量约占市场份额的80%左右；达到欧II排放标准的发动机方面更具有明显的技术领先优势和资源优势。

不断地否定昨天，科学地安排今天，勇敢地创新明天。中国重汽一心一意打造中国重型汽车第一品牌，要把中国重汽建设成为国际知名、国内其他企业不可替代的重型汽车工业基地，为国民经济的发展做出更大的贡献。

地址：济南市无影山中路53号
邮编：250031
电话：0531-85582000
销售咨询热线：0531-87565718
亲人服务热线：800-8606016
网址：www.cnhtc.com.cn

技术创新

中国重汽济南工业园

总装线
（2004年10月28日，中国重汽面向中国市场打造的新一代重卡HOWO下线）

焊装机器人

涂装线

检测线

产品创新　　历久考验 成熟重卡

为小康社会铸造钢铁脊梁

weixiaokangshehuizhuzaogangtiejiliang

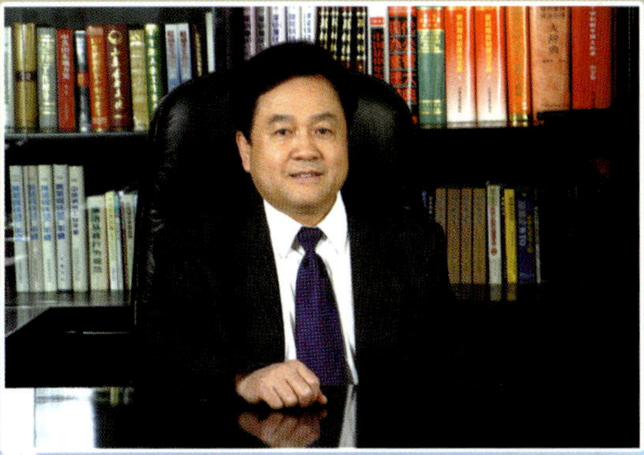

党的十六大代表
公司董事长、党委书记 姜开文

莱钢秉承“学习、超越、领先”的企业精神、“共赢共享、直到永远”的核心价值观，全力打造“科技莱钢”、“数字莱钢”、“生态莱钢”和“人文莱钢”。一座蓝天碧水、鲜花绿地相映成趣的现代化钢城在鲁中大地崛起。

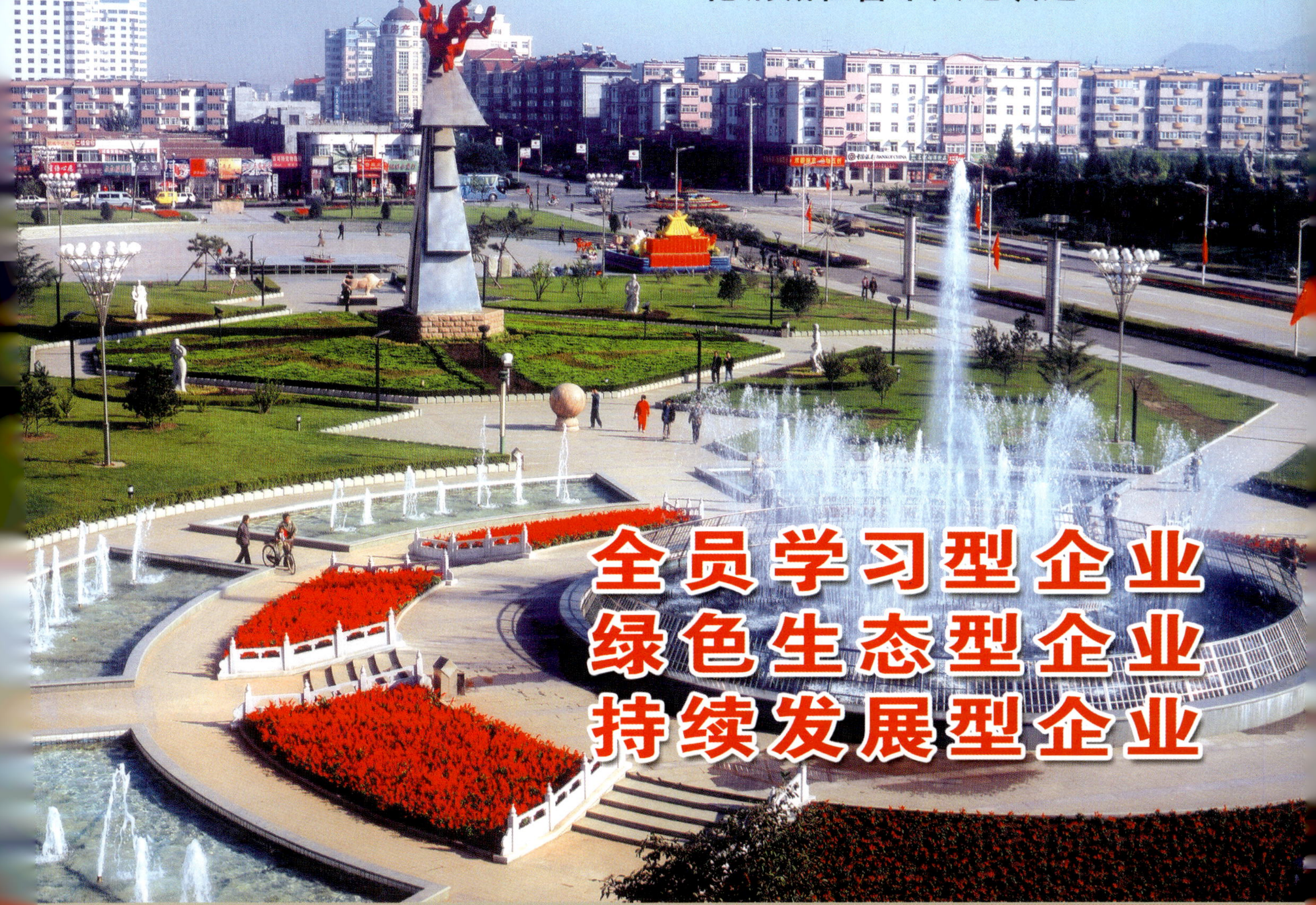

莱芜钢铁集团有限公司
LAIWUSTEELGROUP, LTD

烟台北方钢铁有限公司

YANTAI NORTHERN STEEL CO., LTD.

烟台北方钢铁有限公司成立于 2002 年 4 月，公司注册资本 1000 万元，法人代表宫东海。是集钢材的进口、加工、销售为一体，工贸结合型企业。

公司的钢材进口业务在国内依托中国五金矿产进出口集团总公司、中信贸易公司等专业的大型外贸集团，对外则与国际上的大型钢铁联合企业直接签约，如日本的 JFE 制铁株式会社、台湾统一实业、高兴昌钢铁、俄罗斯新利佩茨克钢铁集团等，进口的品种主要为冷轧卷板、热轧卷板、镀锌卷板、冷轧不锈钢卷板等。2004 年公司共进口各种钢材 20 万吨，总额 6000 万美元。

公司的销售网络覆盖山东、河北、河南、安徽以及东北三省，客户分布面广，并与主要的客户如海尔集团、山东巨力、山东五征等企业建立了长期的供货合同。为了进一步加强销售力度，公司在 2003 年下半年成立了上海、广州办事处，将公司的销售网络由原来的华北地区延伸到华东、华南地区。北方钢铁公司现总资产 1.5 亿元，2004 年公司全年实现销售收入约 8 亿元。

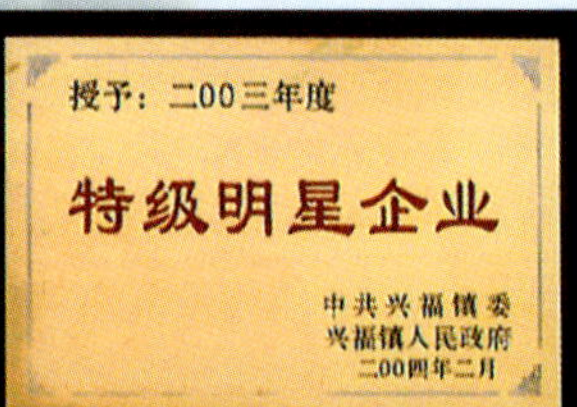

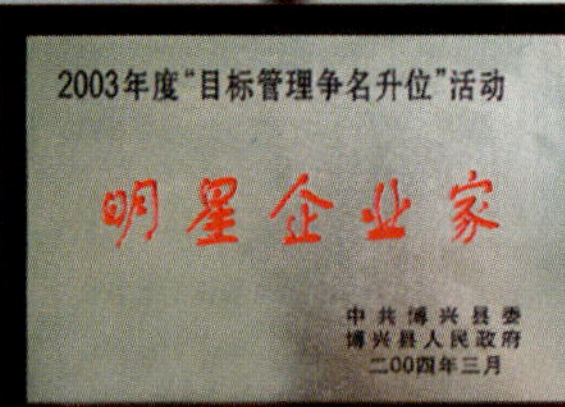

忠诚服务
笃守信誉
同心同德
共创辉煌

地址：山东省烟台市芝罘区朝阳街 80 号绮丽大厦
邮编：264001
电话：0535-6632182

山东新日钢板有限公司是山东省第一家中外合资的热镀锌板生产厂家，工厂坐落在全国最大的钢板集散地——山东福旺板材市场。工厂的镀锌板生产线投资 1.5 亿元，其中固定投资 4500 万元，占地面积 5.9 万平方米，年产热镀锌钢板 10 万吨。

新日钢板有限公司热镀锌生产线采用先进的镀锌机组，全套设备由北京钢铁研究总院总体设计，部分设备从德国西门子公司及意大利安莎尔多公司引进，生产线采用目前世界上最为先进的 PLC 控制系统来进行自动控制，可生产厚度为 0.17-1.0mm，宽度 700-1250mm 的热镀锌钢板，是工业、农业、建筑、家用电器及现代化装饰等行业应用广泛的热门产品。新日公司现总资产 2 亿元，2004 年共实现销售收入 7 亿元。

地址：山东省博兴县兴福镇工业区
邮编：256510
电话：0543-2428002
传真：0543-2428777

烟台东海薄板有限公司

YANTAI DONGHAI SHEET METAL CO., LTD.

烟台东海薄板有限公司是由烟台北方钢铁有限公司与香港合资兴办的大型冷轧薄板生产企业，坐落于烟台市芝罘区 APEC 工业园内。项目一期投资 4.6 亿元人民币，主要生产厚度 0.2mm ～ 2.0mm、宽度 750mm ～ 1280mm 的冷轧薄板，年产量 40 万吨。二期投资约 3.7 亿元人民币，进一步扩大薄板生产规模，产量将达到 80 万吨，并新上一条年产 30 万吨的热镀锌板生产线。项目总投资约 8.3 亿元人民币。今年 10 月份一期工程将投入试生产，2006 年将进行二期工程建设。全部达产后，预计实现年销售收入约 50 亿元，实现利税约 10 亿元，出口创汇约 1 亿美元。

专家预测，冷轧薄板在我国仍属短线产品，特别是 1.0mm 的薄板生产，目前国内尚属空白。该产品广泛应用于家电、汽车、电子等高科技领域。项目建成后将大量替代进口。市场前景极为广阔。同时，该项目将引进国外先进的设备与技术，装备水平高，投资消耗低，在市场上具有较强的竞争力。

山东省沂水县供电公司

孙培庆，男，汉族，1958年5月出生，沂水县黄山铺镇人，1975年7月参加工作，山东工业大学电力系毕业，中共党员，高级工程师，现任沂水县供电公司经理。2003年被省人民政府授予“山东省劳动模范”称号，2004年被有关部门命名为“山东省优秀企业家”。系中国企业家协会、中国企业联合会理事，沂水县第十五届人大常委会委员，临沂市第十六届人大代表。

沂水县供电公司地处沂蒙革命老区腹地，坐落在风景秀丽的沂山南麓、沂河之滨，属国有中（一）型企业，担负着全县的工农生产和人民生活的供用电服务工作。现有职工557人，下设20处供电所，有110千伏变电站4座，35千伏变电站13座，主变电容量573450千伏安；拥有35千伏及以上输电线路352千米，配电线路1865千米；总资产3.445亿元；2004年完成供电量5.8亿千瓦时，实现利税2500万元；截止2004年底，公司实现连续安全生产7025天。

多年来，沂水县供电公司发扬“追求卓越、服务真诚”的企业精神，坚持把发展作为第一要务，坚持以安全生产为基础，以经济效益为中心，以科技进步为先导，以优质服务为载体，以建设一流企业为主线，内强素质，外树形象，两个文明建设取得了丰硕成果。特别是“九五”以来，沂水电力坚持实施集团化发展战略，电力发展取得了历史性突破，企业实力显著增强。继在全省贫困县中率先实现村村通电和户户通电之后，又圆满完成了农网建设改造工程，使电网布局日臻合理。企业连续18年保持“省级文明单位”称号，并先后荣获“全国电力‘三为’服务达标单位”、“全省扶贫开发先进集体”、“全省村村通电功臣单位”、“省级思想政治工作优秀企业”、“山东省一流管理县供电企业”、“山东电力文明行业示范供电局”、“省级花园式单位”、“山东省管理创新优秀企业”、“全市十佳职业道德建设标兵单位”、“市明星企业”、“全市企业管理示范企业”、“全县优质服务标兵单位”等称号；被中国企业联合会、中国企业家协会收为理事单位。

团结奋进开拓创新的领导班子

原国家计委、省电力集团公司领导调研沂水网改情况

沂水县供电公司
地址：山东省沂水县沂水镇鑫华路
邮编：276400

花园式单位——南庄110千伏变电站一角

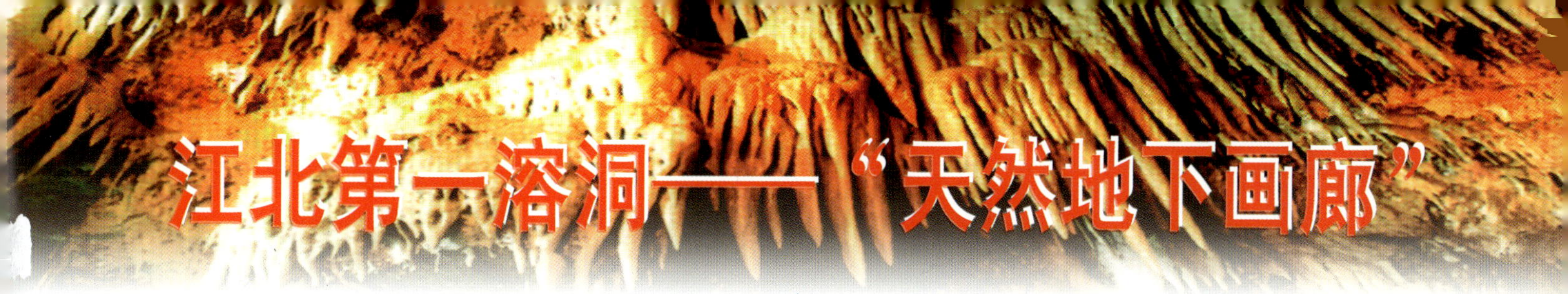

龙口矿业集团有限公司

董事长、党委书记 宋子安

龙口矿业集团有限公司位于胶东半岛西北部，渤海湾南岸的龙口市境内，是我国唯一一家大型海滨煤炭生产企业，也是全国唯一的实施海下采煤技术的企业。矿区东临烟台，西接潍坊，北与大连、天津隔海相望；设有5万吨级的龙口港与之为邻，大莱龙铁路、威乌高速公路和206国道横贯其中，距烟台机场1小时、青岛机场1.5小时车程。龙矿集团所辖煤田横跨龙口、蓬莱两市，已勘明地质储量26.8亿吨，其中陆地储量13.9亿吨，海底储量12.9亿吨；矿区设计生产能力500万吨，现有洼里、北皂、梁家三对生产矿井，设计生产能力为360万吨，2003年改造后已核定生产能力590万吨。

2003年3月30日，龙口矿业集团有限公司正式挂牌，按照规范公司制模式，建立健全了法人治理结构。集团公司下辖煤业、实业、物业3大专业化公司和工程建设、热电、矿山设备租赁3个子公司，是以煤为主，集煤炭电力、建筑材料、汽车运输、精密铸造、机械加工、橡塑制品、商贸旅游等业为一体的国有大型企业。2003年企业资产总额236451.2万元，员工总数13020人。

宋子安，男，汉族，1951年1月出生，山东省乳山县人，1971年12月加入中国共产党，大学文化，工程技术应用研究员，现任龙口矿业集团有限公司董事长兼党委书记，烟台市人大代表。

1968年2月—1974年8月 山东省莱阳农校学生、团支部组织委员，乳山县农技站技术员、农技教师

1974年8月—1977年8月 山东矿院采矿系学生、党支部书记

1977年8月—1982年8月 兖州矿务局南屯矿技术员、调度员，综采一队、二队党支部书记

1982年8月—1983年12月 兖州矿务局团委书记、矿区工会副主席

1983年12月—1988年12月 兖州矿务局兴隆庄煤矿党委副书记、副矿长

1988年12月—1996年12月 兖州矿务局生产处处长

1996年12月—2002年9月 兖矿集团32处处长，济三矿筹备处主任、矿长

2002年9月—2002年11月 兖矿集团济东分公司总经理

2002年11月至今 龙口矿业集团有限公司董事长、党委书记

2001年被IvB国际网络技术协会授予“世界建设者”荣誉称号，2002年被山东省人民政府授予“富民兴鲁劳动奖章”，2003年被国际名人交流中心授予“2003年世界成功人士”奖牌，被中国煤炭职工思想政治工作研究会授予“中国煤炭工业第七届石圪节精神奖”，被山东省人民政府授予“山东省劳动模范”称号，曾先后获得省部级其他荣誉称号13项，其他各级别荣誉称号41项。1998年获得国家科学技术进步奖1项，先后获得省部级科技成果奖19项，其他级别科技成果奖21

地址：山东省龙口市龙港开发区振兴路249号
邮编：265700
电话：0535-8658805
传真：0535-8811984

山东富安煤炭有限公司

董事长、党委书记 张延平

山东富安煤炭有限公司是在原枣庄市富安煤炭有限公司的基础上于2005年元月14日经省工商局批准注册的国有企业，隶属于枣庄市山亭区管辖。矿井位于滕州市姜屯镇境内，交通方便、经济地理区位优越。

原矿井始建于1985年12月，井田面积4.5平方公里，地质储量998万吨，其中可采储量528万吨。2003年核定生产能力21万吨。为确保公司实现持续、快速、健康发展，制订了东扩金庄一号井田计划，井田面积（采矿权面积）28.03平方公里，地质储量约3000万吨， 设计年生产能力30万吨。

企业坚持公司制运行，不断完善现代企业管理制度，取得了良好的经济效益和社会效益，先后荣获山东省枣庄市两级先进基层党组织，山东省枣庄市两级安全生产先进单位、依法办矿先进单位，枣庄市思想政治工作优秀企业、职业道德建设先进单位、百强企业、文明单位等荣誉，系部级质量标准化矿井，省级“双基”建设先进单位。

张延平，男，汉族，1963年2月出生，大学本科文化，经济师。2001年11月至今担任山东富安煤炭有限公司董事长、总经理、党委书记，是枣庄市山亭区人大常委会常务委员、山东省煤炭运销协会会员、枣庄市企业思想政治工作理论研讨会理事、山东省企业经营管理学会会员。2001年度获枣庄市二等功嘉奖，2002年度获山东省煤炭工业劳动模范、2003年度获枣庄市劳动模范、四强竞赛先进个人，2004年度被评为枣庄市优秀矿长。

地址：山东省滕州市姜屯镇 邮编：277521

荣成华泰汽车有限公司

李鹏同志来公司考察

国务委员、国务院秘书长华建敏来公司考察

省委书记张高丽来公司考察

荣成华泰汽车有限公司是国家定点汽车生产厂家，也是山东省重点企业，山东省汽车行业的支柱企业和山东省机械行业销售收入、利税总额前30强。总资产为18亿元，净资产7亿元。现有职工1000余人，年可生产越野车3万辆。

公司通过了IS09000质量体系认证、CCC强制性产品认证，并利用ERP对生产、销售、售后服务进行管理。主要产品有："华泰 现代特拉卡"；"吉田"牌SDH6470W型越野车；奥奔牌警备车、消防指挥车、血浆运输车等12种专用车。

主导产品华泰特拉卡是新一代高品质、多功能的越野车。TERRACAN意味着土地、地球、地域，韩国人把它称为"帝国之王"；它的另一种英文直译为"全能选手"。联合国驻海地维和部队选用过该车型。2004年商务部援助老挝项目中，华泰特拉卡成为国内众多SUV车型中唯一指定专用车，现已经成为老挝国家元首的警卫用车。

公司在北京设有销售公司，建立了"汽车销售、售后服务、零部件供应、信息反馈"四位一体的汽车售后服务体系。2004年又实施"2.10"服务工程，即对特拉卡产品实行2年或10万公里保修服务。同时还推行"海尔式服务承诺"：服务及时率不低于90%，一次服务到位率不低于80%。目前公司在全国设立4S店100多家，售后维修站170多家，服务半径不超过100公里，为用户提供了更满意的服务。

车身组焊线

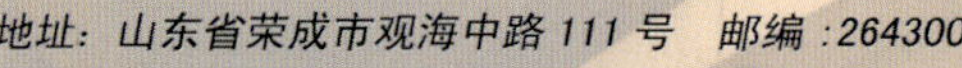

地址：山东省荣成市观海中路111号　邮编：264300
电话：0631-7558999　传真：0631-7585001
网址：http://www.htqc.cn

发展中的济南北郊热电厂

济南北郊热电厂是国家计委批准建设的"七五"国家及省、市重点节能、环保项目，是"八五"期间建成投产的大型二类热电联产企业。厂区占地面积380亩，固定资产3.3亿元，现有职工914人，高级职称20名，中级职称56名，初级职称253名。一期工程于1993年底全部建成投产，现有3台130吨/时次高压煤粉锅炉，配3台12MW次高压供热发电机组及一台5MW后置机，总装机容量为44MW，供热面积达380万平方米，是现代化城市建设的公益性基础设施。济南北郊热电厂自建成投产以来，承担着济南北部地区的供汽任务。现已发展到为78家机械、化工、纺织、轻工等大中型企业提供工业蒸汽，并向经四路以北、大纬二路、济洛路两侧方圆十余公里的机关（包括市政府）、医院、学校、商场、住宅小区进行集中供热。热力管网分南、西、东三线向周围辐射供热，现蒸汽管网已敷设36余公里，水网管线密布各商场、小区，长达79余公里。近年来企业快速发展，各项单耗指标稳居同行业先进水平。

根据济南市"十五"规划蓝图，未来五年内，我市北部地区政治、经济将快速发展，济南北郊热电厂供热范围将从二环东路向西至吴家堡，向南至经七路，北到北绕城高速，供热面积将大幅增加。为适应"创模工程"和环保要求，济南北郊热电厂适时提出了"三炉二机、整体规划、分布实施"加大环保力度，发展集中供热的发展战略，开始了二次创业。将新建3台240吨/时循环流化床锅炉和二台50MW供热机组。先期一台240吨/时锅炉于2003年12月建成投运，现一台50MW发电机组正在建设中，2004年年底已投入运行。工程全部完工后，济南北郊热点厂将增加600多吨/时的供热负荷，可以满足供热范围内近千万平方米的用热要求，发电指标也将大幅提高，其社会效益、环保效益、节能效益、经济效益将更为可观，并有效地改善省城北部的大气质量。届时，济南北郊热电厂不仅将成为济南市热电联产的航母企业，而且也将对济南的建设和发展做出更大的贡献！

济南百老泉酒业有限公司

JINAN BAILAOQUAN WINE CO., LTD.

总经理林祥超先生

百老泉酒业有限公司坐落在黄河湾畔，美丽泉城。传承千年白酒文化，利用现代科技工艺精心酿制纯粮好酒。经过八年的努力，公司现已初具规模，在山东、四川、山西、东北分别兴建了四个酿酒基地，公司产品质优、价廉，在市场竞争中始终处于领导行业和引导消费的强势地位。

近年来，百老泉散装白酒在全国市场上始终位于同行业第一，十几个系列，几十个品种深受消费者青睐。百老泉瓶装白酒品种丰富，包装新颖，质量过硬，得到消费者的一致好评。公司聘请了国家级白酒评委亲自把关，追求新、奇、特的产品风格。公司过硬的营销团队与代理商真诚配合，突出了特色产品，特色营销，特色服务的营销风格。2004年公司独家买断“女儿红”注册商标营养型白酒的使用权，生产销售营养型女儿红白酒，使公司产品上了新台阶。

公司曾荣获“中国公认名牌产品”、“中国知名品牌”、“中国酒文化科技成果一等奖”、“中轻产品质量保障中心保证产品”、“法律重点保护单位”、“重合同守信用单位”及“消费者满意单位”等荣誉称号。

公司始终坚持连锁销售方针，网络遍布全国21个省份，几千家连锁专卖店，已形成地区代理商为核心的地、县、乡（镇）的三级网络销售体系。

八年的发展，建立了良好的客情关系、优良的商业信誉、先进的管理体系和系统的销售网络。百老泉酒业有限公司坚持以诚待人、以质为本、互惠互利、携手共进的发展宗旨。总经理林祥超先生诚邀社会各界同仁加盟合作，携手并进，共同奋斗，开创发展百老泉更加辉煌的明天。

地址：　山东省济南市天桥区元易工业园1区-8号
电话：　0531-85708270　传真：0531-85707092
http://www.bailaoquan.com

山东省新华书店

山东省新华书店1944年7月诞生于临沂革命老区，现隶属于山东省出版总社。1993年经山东省政府批准成立山东省图书音像发行总公司，为全民所有制大型二类文化企业。1996年经山东省出版总社批准，山东省外文书店、山东省东方图书公司与山东省新华书店合并。山东省新华书店、山东省图书音像发行总公司、山东省外文书店为三块牌子，一个法人机构。

目前，山东省新华书店下设10个部室和图书批销中心、教材发行公司、音像发行公司、储运公司等7个经营实体。全省下辖17个市店，122个基层店，1000余处自身网点，在全省形成了以省店批销中心为中盘，各市店为骨干，市、县、区中心门市为阵地依托，农村网点为延伸的图书发行网络。承担着各家出版社图书的总发行和总经销以及国家部分出版物的中转、二级分发任务。经过多年的发展壮大，现成为总资产几十亿元，年图书销售过50亿元，利润过亿元，拥有职工近万人的大型文化企业集团。1993年，被国务院发展研究中心、国家新闻出版署、中国人民银行等11部委评为“中国500家最大服务业企业商业第27位”。2002年，被中国保护消费者基金会评为“诚信经营单位”。2004年，被山东省省直机关精神文明建设委员会评为“文明单位”。

企业荣誉

1993年　荣获中国500家最大服务企业商业第27位
1995年　荣获全国“送书下乡”活动先进组织单位奖
1997年　荣获“全国新华书店知识技能比赛”团体总分第一名
1999年　荣获服务“三农”全国农村图书大联展组织奖
2000年　荣获文化科技卫生“三下乡”活动先进单位奖
2001年　荣获山东省2001年度文化科技卫生“三下乡”活动先进集体奖
2002年　荣获“诚信经营单位”称号
2004年　荣获“文明单位“称号

威海东海船舶修造有限公司

威海东海船舶修造有限公司是一个独立经营、独立核算的股份制企业，始建于1974年，位于威海市经济开发区崮山镇皂埠口，固定资产3000万人民币。

船厂厂区面积6.2万平方米，具有专业化的造船设备，如等离子数控切割机、刨边机、钢材抛丸除锈涂装生产线、钢材加工和起重设备及承载能力1000吨级升船滑道变坡横移区一组，可同时修造1000吨级船舶8艘；5000吨级升船滑道一条，可修理和建造8000吨以下各类船舶。

全厂现有职工人数186人，工程技术人员28人。公司于2004年通过了ISO9001:2000质量体系认证。先进的设备、完善的工艺、科学的管理，上乘的服务，为水运事业的发展提供了理想的选择平台。

主要经营范围：

造船：散货船、客船、旅游船、滚装船、拖轮（BV）、驳船及各类渔船等；

修船：可承接外籍船舶及国内中小型运输船舶的修理和改造。

公司将以市场为导向，以质量求生存，以新品求发展，靠科技、靠诚信开拓市场。真诚希望能与各界同仁建立良好的合作关系，共同为祖国船舶事业发展出力。

山东航宇船舶修造有限公司

总经理　丁行

山东航宇船舶修造有限公司是股份制民营企业，是技术质量信得过企业，现有职工230余人，占地面积30000平方米，固定资产600万元。公司位于微山县城西部，坐落在中国长江以北最大的淡水湖——微山湖畔，紧邻京杭运河主航道，水域宽阔，河岸线长。东距京沪铁路、京福高速公路，北距济宁机场100公里，南距徐州观音机场80公里，交通便利，通讯发达。

公司现有高工2人，工程师5人，专业技术人员120余人。企业下设船舶设计室与国内多所船舶设计所合作，能随时开发研制新一代的船用产品，设计高效节能的运输船、工程船、艇、旅游船、渡船等。

公司现生产220KW、300KW、330KW内河拖轮，500-1000T钢质货驳，88KW-220KW高效节能的双艉机动货驳、集装箱船、客渡船、小型滚装船，12.8米高速交通艇，30-100客位豪华旅游船及各种工作船。产品主要销往山东省济宁、梁山、台儿庄等地，省外主要销往江苏多个县市、安徽、上海、浙江等地。

公司下属的设备公司是潍坊柴油机厂、杭州齿轮箱厂的特约经销和售后服务站，能在省内12小时 、省外24小时到达客户的服务地点进行服务。

公司现在1000T级上下坞道、满足内河船舶修造的机加工车间，冷加工设备有300T液压开口式多功能压力机1台、160T折弯机1台、剪板机1台、卷板机和肋骨顶弯机及起重设备。

公司拥有一支技术过硬的职工队伍，以质量第一、信誉至上求发展。经山东省船舶检验局检查认证取得了“船舶生产技术条件认可证书”，并被微山县人民政府授予“质量管理先进单位”的称号。注册商标“航宇”已被山东省商标事务所批准并实施。“航宇”产品受到广大客户的一致好评。公司为发展内河航运事业做出了一定贡献。

公司可根据市场和用户的需要，设计制造内河各种船舶。公司以质量第一、用户至上的原则，以低廉的价格、过硬的质量，竭诚为广大客户提供精良的产品，以优质的售后服务、诚挚欢迎省内外客商来我厂指导洽谈船舶修造业务。

地址：山东省微山县城西　邮编：277600　电话：0537—8235861 8225559 8297558

山东省威海船厂

山东省认定
企业技术中心
山东省经济贸易委员会
二〇〇四年一月

山东省省长韩寓群来船厂视察

威海船厂是一个具有 50 余年历史的国有造修船骨干企业。工厂占地 24 万平方米，员工 1100 余人， 其中各类工程技术人员 350 余人，可建造 1.8 万载重吨以下、坞修 7000 载重吨以下各类船舶，年造船能力 5 万载重吨，修船 100 艘。自 1962 年改建船厂以来，威海船厂共建造 1300TEU 集装箱船、3000 吨以下散货船等各类船舶 300 余艘。

威海船厂 1999 年通过 ISO9000 质量体系认证，同年获得自营进出口权，1996 年开始建造出口船，先后为德国、日本、荷兰、利比里亚、香港等国家和地区的船东建造多用途集装箱船、全冷藏集装箱船和工程船等 20 余艘，船舶质量受到船东和船级社的高度赞扬。特别是为德国船东建造的 1300TEU 集装箱船，是迄今山东省建造的最大吨位出口船。

为适应企业发展和城市建设需要，威海船厂目前正在实施整体搬迁工程，至 2006 年，搬迁一期工程完成后，年造船能力将达到 30 万载重吨，二期工程完成后，将达到 90 万载重吨。

威海船厂竭诚欢迎新老客户莅临指导，共图大业。

厂址：山东省威海市海滨北路 95 号
电话：0631-5322661
传真：0631-5321424
网址：http://www.wh-shipyard.com
邮箱：public@wh-shipyard.com
busi@wh-shipyard.com
邮编：264200

荣成荣通船业有限公司

荣通船业有限公司（原荣成市荣通船厂）属石岛交通环保局的辖属股份有限公司。主要以船舶修造为主，年可承修各类渔货船 600 余艘，是山东省船舶修造的骨干企业之一。公司拥有 250 米长的舾装码头一座；5000 吨级坞道一条（可承修国内、国外船舶）、500 吨的坞道三条；1000 吨冰厂一座；760 立方米的油罐四个；200 吨冷藏一座；公司实行昼夜为广大用户提供修船、加冰、加水、加油一条龙的服务体系。认真贯彻执行 ISO9001:2000 质量管理体系标准，不断强化企业管理，连续多年被省委、省政府，市委、市政府评为最佳经济企业，安全生产先进单位等荣誉称号。

荣通船业有限公司以科学的管理、精湛的技术、优良的设备、良好的服务和优惠的价格，欢迎广大用户惠顾。

山东日照焦化有限公司

山东日照焦化有限公司总经理 王凤仁

山东日照焦化有限公司是由日照港（集团）有限公司、潍坊振兴焦化公司、薛城振兴焦化公司、江苏联峰实业有限公司等单位和个人共同投资组建。总占地面积57.74万㎡，其中建筑面积13万㎡。

公司位于日照市岚山区日照工业园，222省道门前而过，坪岚铁路汾水火车站隔墙而设，南部与同三高速公路和204国道比邻，东距国家一类开放口岸岚山港不足5公里，地理位置优越，交通优势明显。

公司拥有采用目前国际先进技术的QRD-2000清洁型热回收捣固式机焦炉八座，具有清洁生产、煤种适应性强、操作方便、投资少、节约能源、焦炭质量高、盈利能力强等特点。

公司秉承“起点高、标准严、效益好”的企业宗旨，以“永不满足，干则必成”的企业精神，实现了当年开工，当年建成投产的既定目标，创造了同行业、同等规模企业建设速度最快、建设质量最好的记录。

公司坚持“贸易生产同步走”的发展战略，建有自己的生产基地和经贸货物集散基地，生产基地占地57.74万㎡。2005年末将具有年产120万t/a和4×12MW发电能力的规模。经贸基地设有煤炭部、焦炭部、供应部、信息部、开发部等部室，具有离岚山港不足5Km物流硬化场地32万㎡，具有十分广阔的贸易发展空间，发展前景广阔。

公司在建工程项目总投资4.5亿元，工程全部竣工投产后，可实现年产值15亿元，利税3亿元。其中一期工程投资2.8亿元，年产60万吨冶金焦的焦电工程，已于2004年12月29日正式投产。二期工程已经开工建设，预计将于2005年6月1日建成，8月1日正式投产，届时公司将达到年产120万吨焦炭和4×12MW的发电规模。

公司基础设施配套齐全，目前有10kv变电所一座，35t/h蒸汽锅炉4台，水泥硬化路面4万㎡，自备运输车辆斯太尔王40辆，具备充足的继续发展条件。

公司技术力量雄厚，实力强大。目前有大专以上学历100人，各类专业技术人员81人，其中高级职称8人，中级职称34人，其技术实力在全国行业中有着较强的影响力，为全国20余家焦化企业进行过技术培训和开工指导。

公司在抓好生产经营的同时，十分注重产业升级和技术进步，不断增强企业发展后劲和市场竞争力。公司控股的岚山物流运输有限公司具有50万t/年的运输能力；余热锅炉发电机组，年发电达4亿度；拟建12万t/a的氯碱项目，将进一步提高企业的经济效益和市场竞争能力。

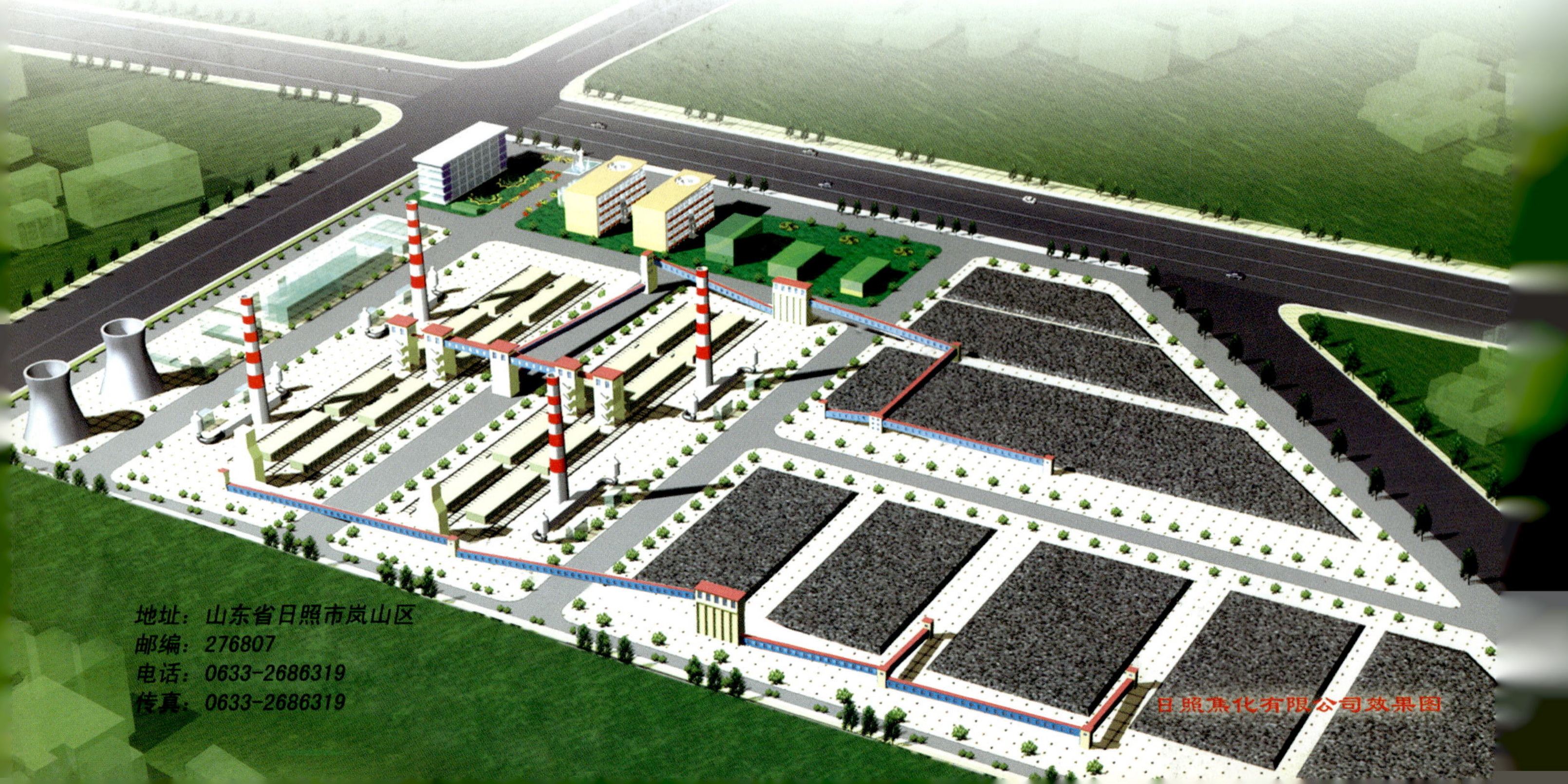

地址：山东省日照市岚山区
邮编：276807
电话：0633-2686319
传真：0633-2686319

日照焦化有限公司效果图

山东明兴小港煤矿（集团）

董事长、矿长 姜华

山东明兴小港煤矿（集团）始建于 1968 年，属地方国有中型企业，年设计生产能力 30 万吨。现有职工 3600 人，固定资产 2.5 亿元，资源储量 4000 万吨，所产原煤发热量高，硫份低，是优质动力用煤和炼焦用煤。磁莱铁路、京沪高速公路、济新公路穿越矿区，交通运输十分方便。

几年来，企业规模不断发展壮大，原煤产量逐年上升，经济效益稳步提高，为提高矿井生产能力，壮大企业发展规模，提高经济效益，现正在对矿井进行改造，改扩建工程完工后，矿井年生产能力将提升为 60 万吨，企业发展前景十分广阔，后劲十足。目前，矿下辖正大焦化、正大建材、铸钢厂、新港实业公司等多家非煤产业，主要产品有：焦炭、化工产品、精（砂）铸配件、耐磨、耐热铸钢材料，C 型钢、彩钢复合板、纯净水等。

新建年产 60 万吨焦化生产项目总投资 3.2 亿元，投产后，年产冶金焦 60 万吨，焦油 3400 吨，煤气 3.145 亿立方米，粗苯 1 万吨，硫铵 1 万吨，硫磺 900 吨，可实现年产值 8.4 亿元，利税 2.4 亿元，成为新的经济增长点。

企业先后荣获泰安市煤炭经营先进企业、科技进步先进企业、安全生产先进企业、发展非煤产业先进企业、泰安市百强企业、泰安市思想政治工作优秀企业，山东省煤矿安全程度评估 B 级矿井、省级重合同守信用企业、山东省企业信誉评价 AAA 级企业。

地址：山东省新泰市翟镇　　邮编：271204
电话：0538-7520463 7520464　　传真：0538-7520460
http://www.sd-xgmk.com　　E-mail:xgmk@vip.163.com

1、小港矿井下配电所

2、新泰正大建材车间流水线

3、正在建设中的新泰正大焦化有限公司

兖矿集团有限公司北宿煤矿

北宿煤矿党委书记 刘敏

北宿煤矿1976年12月26日建成投产，现实际年生产能力100万吨以上，跨入了全国百家高产高效矿井行列。在册职工4194人，固定资产原值2.9亿元，净值2.2亿元。

矿井地处邹城市境内，地理位置优越，交通便利。井田面积27平方公里，煤炭储量稳定。煤种为气煤，煤质优良，具有高发热量、低灰、低灰熔点等特点，是炼焦配煤、液化、气化和化工用煤的理想原料，属于优质工业动力用煤和良好的生活用煤。已连续十余年在全省名列前茅，被命名为山东省“煤炭质量管理信得过单位”、“产品质量先进单位”。

北宿煤矿在上级党政组织的正确领导下，努力实践“艰苦奋斗、勤俭创业、务实求新、争创一流”的企业精神，始终坚持“以观念创新为先导，以技术创新为手段，以市场创新为目标，以安全生产作保障”的企业管理理念，靠管理创效益，靠质量占市场，靠信誉赢客户，塑造出了现代化矿井的崭新形象。企业连续多年被评为“市级文明单位”、“煤炭系统双文明单位”、“花园式单位”，先后被授予并保持了全国薄煤层首批“质量标准化矿井”和“现代化矿井”、“煤炭工业二级企业”、省级“重合同、守信用”企业、“煤质管理标准化特级矿井”等荣誉称号。

北宿煤矿矿长 樊玉泉

淄博市焦化煤气公司

党委书记、经理 冯天甲

淄博市焦化煤气公司成立于1988年9月，是国有中型（一）类企业，现有职工1187人，固定资产4.43亿元。公司主要承担着淄博市的燃气生产经营和燃气工程施工任务，下属煤气厂、煤气安装公司、运销公司三家国有独资公司，另有淄博诚信燃气有限公司、淄博诚意燃气有限公司、淄博诚挚燃气有限公司、淄博付山焦化有限公司、淄博宝塔焦化有限公司、淄博恒鑫实业有限公司等九家控（参）股公司。目前，公司年产冶金焦143万吨，日供焦炉煤气30万立方米，日供天然气7.5万立方米。已铺设城区中低压管网1000多公里，发展管道燃气用户14万户，形成了人工煤气与天然气双供的局面。

随着我国公用事业市场化进程的加快，公司不断深化企业内部改革，积极面向市场，适应市场，适时调整产业结构，坚定不移的走现代企业的发展之路， 2002年公司成功实施商业债转股，成立了淄博诚信燃气有限公司；2003年初与村办企业合资控股成立了年产87万吨的淄博付山焦化有限公司，实现了强强联合，优势互补；2004年又与淄博宝塔焦化有限公司合资建设一期工程年产焦炭30万吨的焦化项目，现已投入运营。走向市场天地宽，诚信经营出效益，2003年，淄博市焦化煤气公司一举摘掉了多年的政策性亏损帽子，2004年更是实现了跨式发展，生产销售燃气、焦炭总量均创历年最高水平，公司及控股企业实现销售收入4.5亿元，利税6000万元。

在优质服务方面，全面推行社会服务承诺制度，牢记“服务居民、奉献社会、情系寻常百姓”的企业宗旨，先后设立了“111服务热线”和“陈虎服务热线”，及时受理用户提出的各类问题。目前，以“全国五一劳动奖章获得者、团十五大代表、全国建设系统劳模”陈虎名字命名的“陈虎服务热线”已成为淄博市服务行业的一面旗帜。近几年，公司先后获得了省级思想政治工作优秀企业、建设部规范化服务和燃气安 全管理先进单位、淄博市百强企业等荣誉称号，连续6年保持了省级文明单位称号。

在新形势下，公司将着力构建焦炭生产和燃气经营这两大产业优势，以此辐射和带动公司整体经济实现可持续发展，力争使淄博市焦化煤气公司发展成为山东省乃至全国燃气行业的名牌企业。

公司领导班子

地址：山东省淄博市张店区人民东路12号
电话：0533-3122439
传真：0533-3120192
网址：www.sdzbjhmq.com

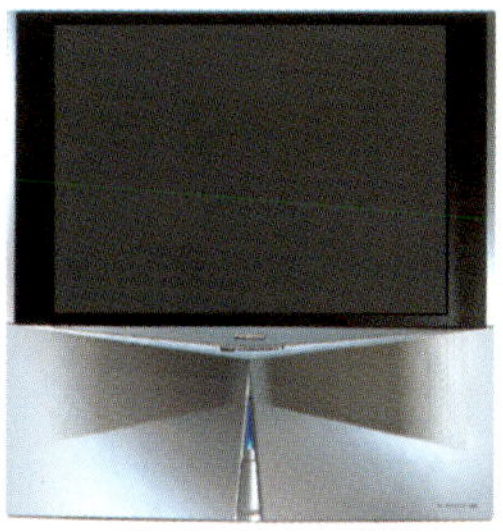

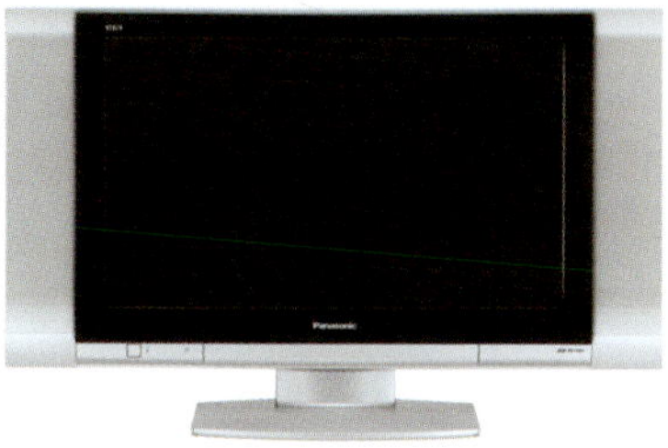

枣庄矿业（集团）公司柴里煤矿位于山东省滕州市西岗镇境内，是我国第一对厚含水冲击层下开采特厚煤层的试验型矿井。1964 年 10 月建成投产，经过三次改扩建，年设计生产能力 240 万吨，实际产量达 300 万吨，实现了一矿变十矿的目标。现有在册职工近 1.1 万人，建矿 40 年来，共生产原煤 6000 万吨。

进入机遇和挑战并存的新世纪以来，柴里煤矿在集团公司实施大集团战略的形势下，坚持走改革创新之路，大力创建学习型组织，加强企业文化建设，全面打造企业核心竞争力，树立了“持续学习、多元发展、文明富有”的共同愿景，形成了以“三三机制”、“四种理念”和“五种意识”为核心的企业文化理念，实施了准军事化管理与自主管理，推行了内部市场化运行模式，全矿上下呈现出职工士气高、安全形势稳、经济发展快的大好局面。相继获得全国文明煤矿、山东省企业管理创新先进单位、特级质量标准化矿井、现代化矿井、省级文明企业等一系列荣誉称号。

为了加快企业战略转移步伐，该矿在抓好煤炭主业的同时，大力发展非煤产业和民营经济，在矿区内部、附近城区、国内大中城市构建了“三大非煤经济板块”，组建成立了中国盛源科技集团，下设山东贝斯特机械设备有限公司、山东盛源热电公司、山东盛源煤焦化公司、山东正旺 KD*P 晶体研制和生态制品公司、山东贝莱德中央空调公司、山东鲁王矿用电器设备公司、山东润王石化有限公司等一大批非煤企业，矿井已经发展成为一个集煤炭生产、洗选加工、煤焦化工、矸石发电、机械修造、商贸流通、水泥制造、生态工程、文教卫生、后勤服务于一体的综合效益型企业，逐步走上了一条因煤而兴、无煤亦盛的健康发展之路。

全国政协常委张宝明主任、省煤炭工业局王宝山局长来矿视察。▲

省委书记张高丽、枣庄市委书记马金忠莅临我矿非煤公司指导工作。▶

王玉海　1955 年 4 月出生于山东淄博，清华大学 EMBA 高级工商管理硕士研究生，高级政工师。1972 年参加工作，历任枣矿集团蒋庄矿副矿长、远大公司经理兼党委书记等职务，现任柴里煤矿矿长。

姚　峰　1961 年 4 月出生于山东滕州，硕士研究生，工程师。1981 参加工作，历任柴里煤矿地质科长、办公室主任、副矿长，现任柴里煤矿党委书记。

地址：山东省滕州市西岗镇 邮编：277519

枣庄矿业集团公司田陈煤矿

山東廣润生物工程有限公司

全国煤炭系统 文明煤矿

全国煤炭工业 企业文化示范矿

煤炭质量管理 标准化矿井

荣誉证书

山东省思想政治工作 最佳企业

现代化礦井

全省煤矿“双基”建设先进矿井

张文胜，男，汉族，中共党员，1953年3月1日出生，山东省滕州市人，研究生学历，教授级高级政工师。1971年3月参加工作，1989年9月任田陈矿党委副书记，1992年2月至2005年5月任田陈矿党委书记，2005年5月16日兼任田陈煤矿矿长。

枣庄矿业集团公司田陈煤矿坐落于风景秀丽的微山湖畔，于1989年12月26日建成投产，年设计生产能力为120万吨，井田面积44平方公里，现有职工5763人，固定资产5.4亿元。

建矿十五年来，勇于创新、锐意进取的田陈人，在集团公司和现任党委书记、矿长张文胜的正确领导下，大力弘扬“诚信、勤俭、严实、创新”的企业精神，与时俱进，超越自我，各项工作呈现出蓬勃发展的良好势头，生产建设迅猛发展，安全质量持续稳定，企业文化独树一帜，经济效益逐年提高，生活福利不断改善，三个文明稳步推进，成为枣庄矿区的骨干矿井之一。先后荣获“现代化矿井”、“煤炭行业二级企业”、“全国煤炭现场管理先进单位”、“中国煤炭工业现代化管理优秀成果一等奖”、“山东省思想政治工作十佳企业”、“山东省‘双基’建设先进单位”、“全国文明煤矿”、“煤炭企业文化建设示范矿”等100多项荣誉称号。

矿井坚持科学发展观，依靠科技提高产量增强可持续发展能力，开创了国内首套薄煤层综采机组月产10万吨的新记录。创建了“精细化管理、市场化运作”的企业文化建设RMO全方位精细化管理模式，全面实施了准军事化、市场化、精细化“三化”管理，实现了企业文化与矿井深层次管理的成功对接。物业后勤改革主辅分离、市场化运作走在了矿区的前列。非煤发展突飞猛进，以高科技保健品——络合钙为主要产品的生物园，以低热值燃料电厂（2×50MW）工业园，以产品自制加工为主要内容的恒邦工业园已初具规模，显示出蓬勃生机和活力。矿井注重与世界通行的管理方式接轨，在集团公司率先通过了ISO9001质量管理体系认证、IOS14001环境管理体系认证和OHSMS18001职业安全卫生管理体系认证。

目前，田陈煤矿在党的十六大和十六届三中、四中全会精神指引下，以昂扬向上、奋发有为的精神状态，以求真务实、脚踏实地的工作作风，以开拓创新、争创一流的目标勇气，为共创田陈煤矿“六化”型（工作学习化、管理精细化、行动军事化、质量标准化、生产安全化、环境生态化）富美和谐的现代化矿井而努力奋斗。

山东省副省长王仁元（前右二）
等领导来田陈矿视察

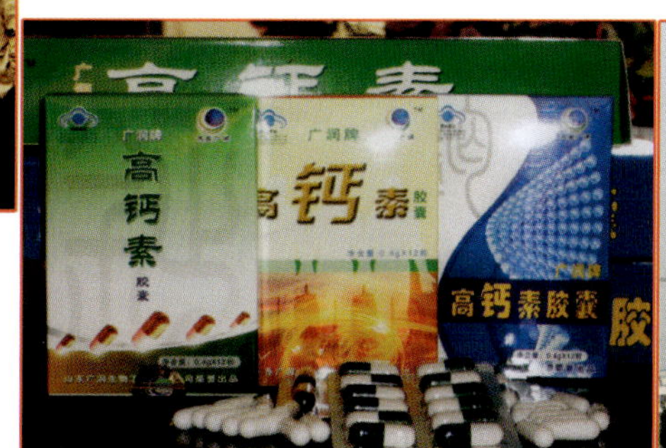

地址：山东省滕州市张汪镇田陈煤矿
电话：0632-4063145
传真：0632-4063145
网址：http://192.168.45.8

山东埕口盐化有限责任公司

董事长　张荣强

山东埕口盐化有限责任公司地处黄河三角洲经济开发区，位于渤海湾西南岸，鲁北平原无棣县境内，为北方沿海太阳能辐射高值区。

公司始建于1958年，是山东省第二大制盐企业，占地面积145万平方公里，现有固定资产1.8亿元，职工1500人，其中各类技术人员380人，年生产原盐60万吨，溴素2000吨，2.6二溴四硝基苯胺1700吨，十溴二苯醚1000吨，对虾300吨，贝类1000吨，丰年虫及丰年虫卵1000吨，是一个年产值过亿、利税二千余万元的全国盐业十强企业。本公司所产“鹏飞”牌原盐，晶体透明，色泽纯正，已通过国家采标验收，氯化钠平均含纯97%以上，是理想的化工原料和民用必需品。本公司具有自营进出口权，已被中国盐业总公司确定为出口盐基地，产品远销日本、朝鲜、韩国、菲律宾、泰国、香港等国家和地区。

公司于2004年8月成功改制为民营企业，企业股本实现整体一次性拍卖转让，并通过系列改革，企业轻装上阵，蓄势待发，为企业健康、持续、协调、快速发展提供了良好的平台。

公司盐田面积广阔，自然资源丰富，是山东盐业最大的鱼虾、蟹、贝、藻、卤虫综合养殖开发基地，以溴素为龙头的盐化工业和以盐为基本原料的氯碱加工将成为公司未来发展经济增长点，开发潜力巨大。

公司地理位置优越，海陆运输便利，电力供应充足，淡水资源丰富。随着滨州港、黄骅港及黄大铁路、津汕高速、威乌高速公路的相继建成，企业发展将更加迅猛，创造难得机遇。预计到2010年，山东埕口盐化有限责任公司将形成一个以盐为基础，热电、烧碱、液氯、溴系列和镁化工、海产品养殖及第三产业同步发展，工业总产值达10亿元，利税达2亿元，职工人均收入达5万元，经营范围跨行业、地域跨国界的大型企业集团。

公司董事长张荣强热忱欢迎国内外有志之士和各界朋友前来洽谈业务，共同发展。

地址：山东省无棣县马山子镇
电话：（0543）6581004
传真：（0543）6581105
邮编：251907

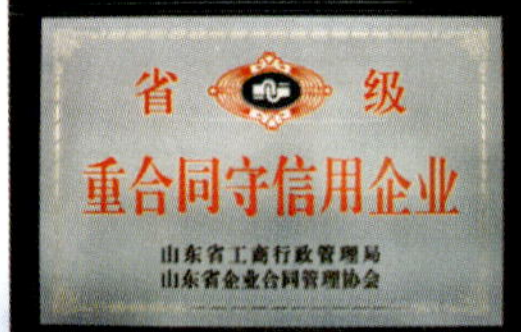

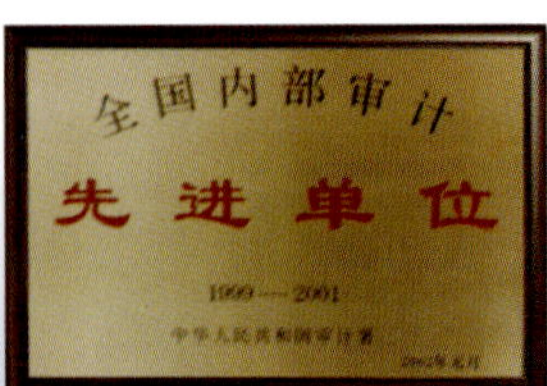

烟台三环锁业集团有限公司

YANTAI TRI-CIRCLE LOCK INDUSTRY GROUP CO., LTD.

董事长 解维坤

三环锁，20世纪30年代初诞生，50年代迈出国门，70年代畅销五大洲，80年代获国家经委颁发的最高质量奖—金质奖，为锁界独秀，90年代被国家工商总局认定为“驰名商标”， 21个世纪伊始被中国五金制品协会命名“中国锁王”。三环锁目前已在全球170多个国家和地区畅销，年创汇超过5000万美元，销售收入达7亿元人民币。

生产三环锁的烟台三环锁业集团有限公司，拥有电镀、印刷、有色金属炼铸、锁业加工、房地产开发五个行业，注册资本6000万元，总资产50000万元，拥有员工5000多人，辖设挂锁公司、轿车锁公司、印刷公司三个分公司；三环信和有限公司、三环门业有限公司、三环智能锁有限公司、三环锁件有限公司、中美合资三环铜材有限公司、三环电镀有限公司、三环物业公司、三环浦江制锁有限公司、三环集团蓬莱三菱有限公司、三环集团乳山双链有限公司、三环科技开发、三环国际贸易公司十二个子公司和阿联酋迪拜贸易公司一个跨国合资公司，拥有一个省级技术开发公司。生产经营挂锁、各类门锁、防盗门、保险柜（箱）、汽车锁等六个系列，并以指纹锁为领先标志的机械、机电联控、智能、生物识别四个量级的近200个花色品种，几乎进入世界生活的各个领域。三环标志着平安、时尚、未来。

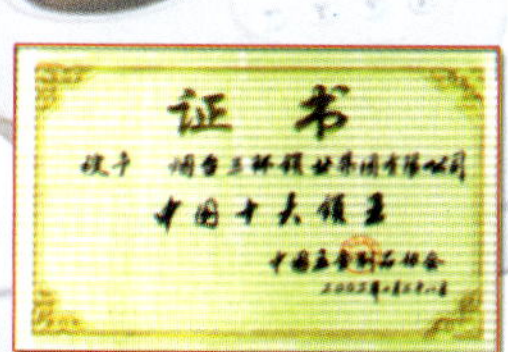

地址：山东省烟台市西南河路47号
电话：0086-535-6289949 6693223 6693225
传真：0086-535-6244704 6245765 6693227
邮编：264000
网址：www.tri-circle.com
电子信箱：ghd@tri-circle.com

莱州华汽机械有限公司

莱州华汽机械有限公司是中外合资经营汽车刹车盘、刹车鼓、刹车片的生产企业。公司投资总额 3890 万元人民币，注册资本 3115.3 万元。公司占地面积 120000 平方米，建筑面积 30000 平方米，铸造面积 8000 平方米，职工 700 人，其中技术人员 47 人。

公司于 1989 年开始生产汽车刹车盘、刹车毂，现有欧美刹车盘、刹车毂品种 1200 多个，年生产能力达 300 万件，铸造能力为 30,000 吨。企业以“内强素质树形象，持续改进提质量，顾客满意为宗旨，脚踏实地永争先”的质量方针为指导，实现了从铸造投料、机加工、清洗、防锈、包装至货物储运全过程的质量保证。于 2001 年 3 月通过德国 TUV 公司的 QS9000 质量体系认证，于 2004 年 4 月底通过 TS 16949 认证。

公司拥有 5T/h 冲天炉 3 座，美国应达公司产 1.5T 电炉一套，加工设备 120 台（套），其中 CNC 微机控制车床 60 台；公司拥有的日本光洋公司生产的全自动垂直造型线和美国贝尔德公司生产的光谱分析仪等先进生产和检测设备，物理实验、化学分析、金相分析、平衡实验等设备 30 台（套），确保了产品品质达到了国内先进水平。

2003 年投产的刹车片项目，一期投资 2000 万元，年生产能力 120 万套，主要生产设备全部从加拿大、韩国进口，检测设备由吉林工大提供，项目起点高，完全可达到给主机厂配套水平，目前已经生产半金属无石棉的刹车片 220 多种。

2004 年投资 3000 万元，将建设 5000 平方米的现代化铸造车间以及 7000 平方米的加工和包装车间个一座，主要生产设备有：日本光洋产 600X700mm 全自动水平造型线一条，美国应达产 3T 电炉一套，5T/H 水冷冲天炉 2 台，台湾产数控立车 2 台，国产全机能数控车床 10 台，数控钻床 6 台，以及其它必要的平衡和铣削设备，组成加工流水线 5 条，预计 2005 年 2 月底可投入使用，年增加铸造能力 1.2 万吨，生产能力 120 万件，达产后将使我公司刹车盘、刹车鼓的制造水平处于全国领先水平，可进一步满足主机配套市场的需要。

董事长范艺培先生及总经理韩国强先生携全体员工热忱欢迎各界朋友光临我公司，参观考察，共商合作大计。

地址：山东省莱州市文昌北路 368 号 邮编：261400 电话：0535-2260666 2228228 http://www.lzcapco.com

山东天泽昌大缸盖有限公司

SHANDOGN TIANZE CHANGDA CYLINDER CO.,LTD

董事长、总经理 张清敏先生

山东天泽昌大缸盖有限公司是全国专业生产柴油机机体和汽缸盖大型企业，占地面积10万平方米，职工人数1200人，其中工程技术人员168人，固定资产8000万元，公司技术力量雄厚，开发能力强，具备年产2万吨优质成品铸件，加工50万台单缸机缸盖和16万台多缸机缸盖，加工8万台多缸机机体的生产能力，拥有“昌大”牌缸盖、缸体、电机框架等10大系列60余个品种，其中六缸缸体、缸盖年为“一汽解放汽车有限公司大连柴油机分公司”配套30万余台套，双缸机、三缸机、四缸机分别为“常州柴油机厂”、“山东拖拉机厂”、“上海新江内燃机厂”等16个柴油机厂装机配套，六缸机机体、缸盖社会销售10万余台套。2004年，公司在十多年专业生产气缸盖经验基础上，投巨资联合国内外十多所大专院校及科研机构，开发出了技术含量高、质量优、耐久不开裂的蠕铁缸盖，通过了山东省科技厅的鉴定，各项技术指标均达到国际同类产品先进水平，被山东省科技厅授予“高新技术企业”，年为“一汽解放汽车有限公司大连柴油机分公司”配套5万件以上，年销售收入2亿元，填补了市场空白。电机框架主要出口南韩、台湾省等东南亚地区。年创汇500万美元，国内市场占有率达80%。

企业通过ISO9001国际质量体系认证，产品采用国际先进标准，省级“重合同守信用”企业，经过数年坚持不懈的努力探索和改进创新，产品使用寿命均创同行业之首，被中国名牌与市场战略促进委员会誉为“中国著名畅销品牌”，被“一汽解放汽车有限公司大连柴油机分公司”和“山东华源莱动内燃机有限公司”授予“优秀供应商”荣誉称号。

公司始终坚持以客户需求为导向，以提高科技创新和发展高新技术产品为主攻方向，不断强化企业管理，加大技术改造投入和新产品的开发力度，产品深受广大客户依赖和欢迎，使公司保持了持续、快速、高效、大跨越发展。

公司领导在研讨企业发展新方向

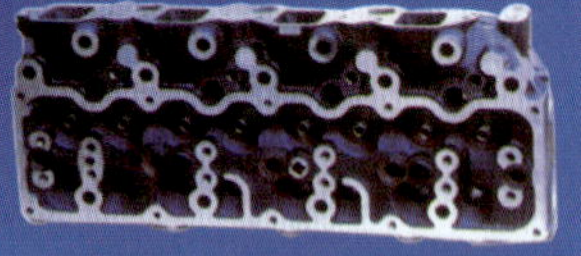
蠕铁缸盖

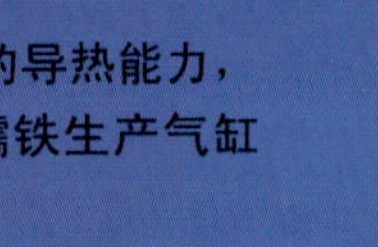

经研究发现：蠕墨铸铁（简称蠕铁）具有较高的强度，良好的导热能力，特别是蠕铁的耐热疲劳性能要比灰铸铁高1倍以上，因此采用蠕铁生产气缸盖比合金灰铸铁缸盖综合性能优良的多。

2004年，公司在十多年专业生产气缸经验基础上，投巨资联合国内外十多所大专院校及科研机构，开发出了技术含量高、质量优、耐久不开裂的蠕铁缸盖，填补了市场空白。并且对气门座的装配采用了目前世界上最先进的零下300℃“液氮”处理技术，避免气门座的脱落。

2004年7月，我公司蠕墨铸铁气缸盖通过了山东省科技厅的鉴定，各项技术指标均达到国际同类产品先进水平，并建议所有缸盖全部采用蠕铁。

2004年5月，经中国第一汽车集团大连柴油机厂，装机验证，蠕墨铸铁缸盖是灰铸铁缸盖使用寿命的2倍以上。大柴因此而垂直转产，全部采用蠕铁缸盖。

简单地讲，您购买一只蠕铁缸盖将达到过去2只以上的使用效果。

地址：山东省招远市蚕庄镇南
电话：0535-8322173
销售公司：0535-8322174 8323611
传真：0535-8323736
http://www.tzcdch.com
http://www.globlasources.com/wset.co
E-mail:tzcd@tzcdch.com
E-mail:wsct@public.ytptt.sd.cn

济宁医学院附属医院

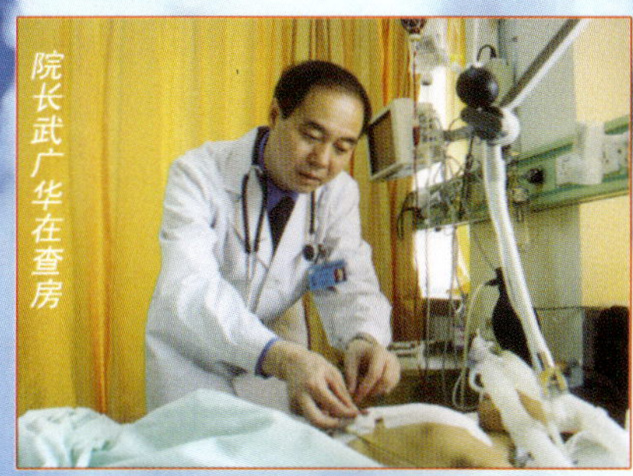
院长武广华在查房

济宁医学院附属医院座落在济宁市中区繁华的古槐路上，始建于1951年，其前身为济宁市红十字会医院、济宁市立医院，1987年经原国家教委和山东省人民政府批准改为现称。半个多世纪以来，医院有了长足的发展，特别是1993年以来，医院发展进入快车道，各项事业蒸蒸日上，整体面貌发生了翻天覆地的变化。2005年9月医院开放床位达到1200张，现有50多个临床医技科室，6个省、市（医学院）级重点学科。医院具有雄厚的医疗技术及管理力量，一批资深教授及高学历中青年技术骨干已经形成了一支医德高尚、医术精湛、以献爱心蔚然成风的医疗队伍。新建成的门诊医技病房综合楼总面积6万余平方米，由澳大利亚世界著名建筑设计师设计，是鲁西南最大、功能最齐全、最人性化的医疗大楼。

全院拥有美国GE公司产LightSpeed 16排高档螺旋CT机和PHILIPS公司产临床研究型双螺旋CT机各一台、德国SIEMENS公司产Avanto高档1.5T磁共振和63SP4000型1.5T磁共振各一台、PHILIPS公司产FD20型大平板DSA和德国SIEMENS公司产Angiostar DSA各一台、美国瓦里安高能双光子直线加速器、美国数字彩色多普勒超声诊断仪8台、多功能监护系统百余台、德国西门子300呼吸机、Drager呼吸机、美国纽邦呼吸机、日本、德国人工肾机、LaRen手术显微镜、STOCKER Ⅲ型和SARNS 7000体外循环机、手术超声吸引刀、PRK、CR、ECT、TCD、血栓消融仪、大型全自动生化分析仪、电生理仪、内窥镜系统、大型高压氧舱等具有世界先进水平的万元以上医疗设备485台（件）。

医院在心血管、脑血管、脊柱、关节、泌尿外、胸外、肝胆、胃肠、乳腺、甲状腺、糖尿病、眼科、妇产科、儿科、烧伤整形、手足外科、口腔、生殖医学、急危重症病人抢救监护、人工肾等专业疾病的诊疗及影像诊断方面具有较高水平，卓有成效地开展了冠状动脉搭桥术、复杂先心病矫治术、心脏瓣膜置换术、急诊PTCA＋支架植入术、冠脉内支架植入术、肾移植术、前列腺电切术、全膀胱切除原位回肠代膀胱术、颈椎前路钢板内固定术、脊柱侧弯前后路联合矫形术、全髋关节置换术、脑血管造影和脑动脉内支架置入术、腹腔镜治疗腹腔及妇科疾病、脑室镜微创手术、布加氏综合征的介入治疗、鼻窦镜手术治疗各种鼻窦疾病、外耳再造术、一手多指离断再植等。常规开展了体外受精－胚胎移植术，04年在鲁西南首先成功降生4名试管婴儿。1999年5月27日成功开展了山东省首例同位异体心脏移植手术，患者现已结婚生子，2002年12月13日开展了鲁西南首例肝脏移植手术，目前患者情况良好。

医院坚持以病人为中心、实行单病种限价收费，降低了病人的住院医疗费用；采取了各种便民服务措施，受到社会普遍赞扬。医院被山东省确定为全省文明行业示范点；获全省卫生系统先进集体、富民兴鲁劳动奖状和职业道德建设先进单位的荣誉称号；被中华医院管理学会推荐为全国首批"百姓放心示范医院"。

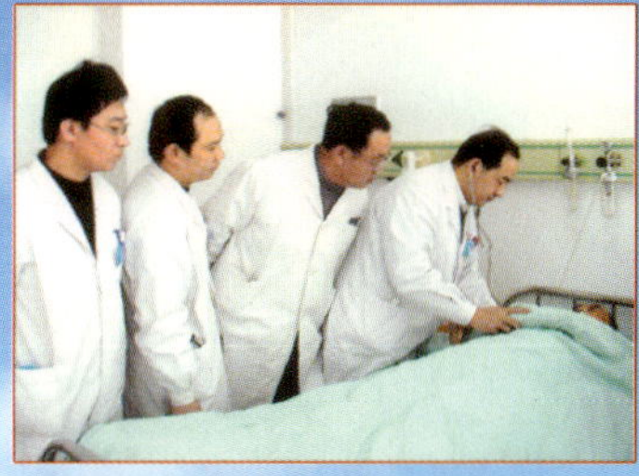
骨科蔡国强主任开展了脊柱侧弯前后路矫形术

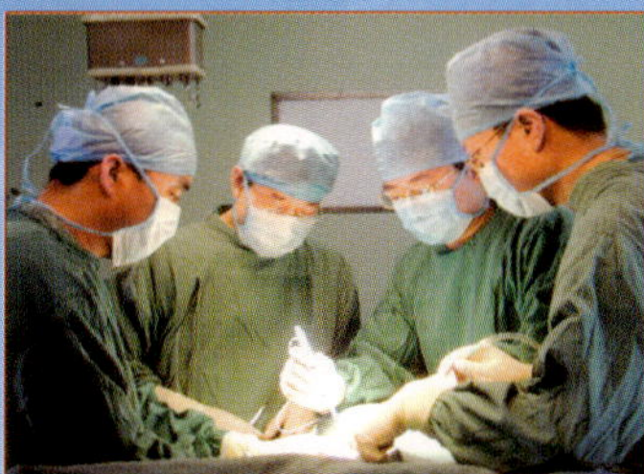
泌尿外科孟琳主任开展前列腺电切

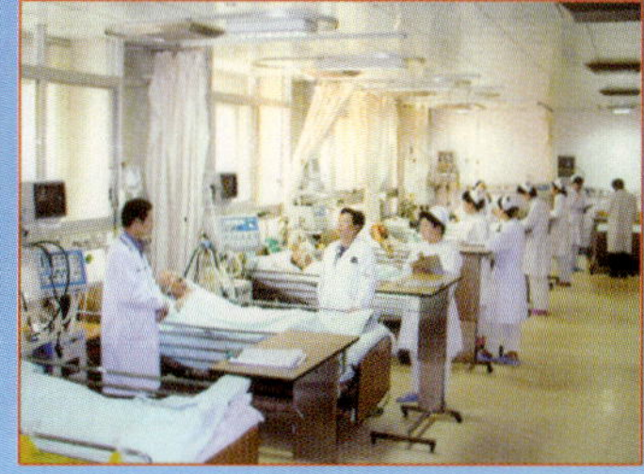
拥有美国太空、美联多功能床边监护仪15台、中心监护台2台、多功能呼吸机14台等设备完善的重症监护室

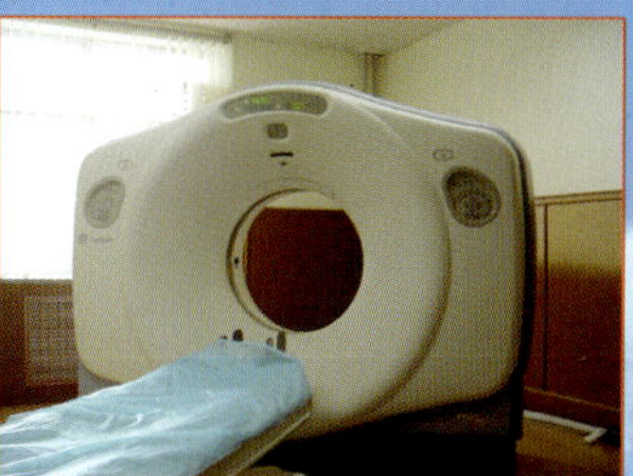
美国产16排高档螺旋CT

地址：山东省济宁市古槐路79号
医院总机：0537－2903399
免费咨询电话：0537－2966666
医院网址：www.jyfy.com.cn

肥城矿业集团有限责任公司电讯工程分公司

肥城矿业集团有限责任公司电讯工程分公司担负着肥城矿区供电、电气试验、通讯、信息的管理、建设、维护、整体规划和技术改造任务。公司现有35KV以上的高压供电线路100余公里，110KV供电线路28公里，35KV变电站6座，6KV变电站2座，年供电量8.53亿kWh。矿区通讯光缆60余公里，数字程控交换机18640门，电器实验仪器、仪表、设备先进，试验手段完备。公司立足矿区求发展，大力加强矿区供电、通讯设施基础建设，努力实现现代化、系统化管理。自筹资金600多万元，先后对国庄矿、大封矿两个35KV变电站进行技术改造，协助查庄矿、白庄矿、曹庄矿建成3个35KV变电站，增加矿区供电能力3万KVA。建立了矿区电气计量中心，并达到二级计量单位。2001年肥城矿区开始筹建矸石热电厂，目前有5座矸石热电厂于2003年建成发电，2004年发电量达到7.68亿kWh，实现利税2886.89万元，另有3座于2005年2月建成发电。矿区电厂全部建成后装机容量达306MV，总发电量可达18亿kWh。

2004年，电讯工程分公司在肥矿集团公司的正确领导下，在全公司干部职工的共同努力下，以“三个代表”重要思想和党的十六届四中全会为指针，紧紧围绕生产经营中心工作，上下团结一致，努力拼搏，开拓进取，克服了重重困难和压力，全面完成了安全、效益、电厂建设、电网建设等各项奋斗目标，公司的安全生产、经济效益又上了一个大台阶，再创公司历史最好水平。概括起来主要有“八个新突破”，即：一是完成各项生产任务实现新突破，2004年完成的生产任务是历年来最多的一年，质量最好的一年。二是发供电量实现新突破，再创历史新高，完成总供电量8.53亿kWh，各电厂完成发电量7.68亿kWh，发电小时数达7919小时，超集团公司下达的7000小时的发电小时奋斗目标。三是矿区电网建设实现新突破，克服了重重困难，全面完成了集团公司部署的电网建设任务。四是独立网运行实现新突破，东部矿区独立网经各级部门验收合格，运行正常。五是经济效益实现了新突破，在集团公司减少费用包干指标50万元的情况下，完成了集团公司下达的费用包干指标。六是职工收入有新突破，公司在费用紧张的情况下，采取各种措施，尽最大努力，使职工收入稳步增长。七是科技进步工作实现了新突破，完成科技项目两项，其中获集团公司科技一等奖一项、三等奖一项；矿区110KV电网调度主站系统运行可靠、性能稳定、数据准确、维护简单，在小机组群向大负荷供电方面具有广泛应用价值，达到了国内电力系统领先水平；公司办公自动化系统实现了电讯公司的办公自动化，提高了办公效率，采用的开发技术先进可靠，达到了省内同行业先进水平。八是公司改革有新突破，集团公司已拟定于2005年组建矿区电力公司，公司改革将进一步深化。电讯工程分公司所以取得如此好的成绩，是因为有一个团结向上的领导班子，有一支素质过硬的干部队伍，有一支特别能战斗的职工队伍。公司上下全体干部职工，团结一致，一心一意，谋发展，一心一意保安全，一心一意干工作，这是取得胜利的根本保证。电讯工程分公司连续多年被评为全国和全省一级供电单位、通讯工作先进单位、现场管理先进单位、现场管理最佳企业、市精神文明建设先进单位等。

地址：山东省肥城市王瓜店镇　邮编：271608　电话：0538-3128090　传真：0538-3128138

济南鲁东耐火材料有限公司

前排左：日本川崎炉材株式会社仲田裕一社长
前排中：济南鲁东公司方元德董事长
前排右：日本东京贸易株式会社立野嘉之社长

济南镁碳砖厂有限公司是我国生产炼钢用系列耐火材料的大型企业，下设中日合资“济南鲁东耐火材料有限公司”和中美合资“济南全盛耐火材料有限公司”两家合资公司和济南华美环球进出口有限公司，于 1999 年顺利通过 ISO9002 国际质量体系认证。

公司始建于 1986 年，拥有固定资产 7500 万元，总资产 1.6 亿元，占地面积 10 万平方米，职工 600 人，技术人员 80 多名，拥有一流的生产设施和先进的检测手段，组建了企业技术中心，形成了集研究、开发、生产、砌筑、维护等服务于一体的综合性耐火材料企业。

公司年生产定形和不定形耐火材料能力为 5 万吨，其中优质高档镁碳砖 3.5 万吨，各种不定形耐火材料 1.5 万吨，拥有 5000 平方米的微机自动化车间及国内最先进的 1000t、1600t 抽真空复合式压砖机。十多年来，企业出口稳定增长，出口创汇列全国同行业第一，创汇近 1000 万美元。“济”字牌优质镁碳砖被评为“省优”、“部优”产品，山东省名牌产品，产品销往日本川崎制铁、新日铁等六大钢铁公司 24 家钢铁企业及美国纽克钢厂、伯明翰钢厂等十几家用户和澳大利亚、德国、英国、中国台湾及东南亚等国家和地区，国内市场销往安钢、沙钢等二十几家钢铁企业，形成了较稳固的销售网络。

公司以“管理创新、持续改进、誉满中华、走遍世界”的理念，依靠先进的管理创造出了优良的业绩，先后荣获全国外商投资双优企业、全国出口创汇先进乡镇企业、全国乡镇企业先进企业、山东省特级信誉企业、中国山东专利明星企业、济南市明星乡镇企业等荣誉称号。

公司将在用户的不断支持下，以崭新的面貌，与时俱进，开拓创新，为形成多元化、集团化公司而快步前进。

地址：山东省济南市历城区郭店
电话：0531-88991172　88990652
传真：0531-88991327
邮编：250109
网址：http://www.jimei-group.com

海阳电业集团公司

海阳电业集团公司是隶属于山东电力集团公司的国有中（一）型供电企业。拥有110kV变电站2座，35kV变电站11座，变电总容量24.99万kVA；110kV输电线路3条，105.69km；35kV输电线路18条，174.82km；10kV配电线路79条，1338.38km；电网最高负荷7.2万kW。

总经理　杨葸田先生

该公司坚持以科技为导向，强化现代化管理，全力打造"数字化"供电企业。开发应用的"中低压电网用电管理综合自动化系统"，通过了山东省科技厅组织的技术产品鉴定，居"国内领先、国际先进水平。"开发应用的"县乡一体化系统"，获得"第十七届山东省管理现代化创新成果和优秀应用成果一等奖"。开发研制的"TY2100电能量采集管理自动化系统"，进一步提高电能计量、电能控制与信息交换的水平，为电量、负荷、线损管理提供可靠依据。

为适应新形势下供电企业改革发展的需要，海阳电业集团公司以市场为导向，以实现"产业结构多元化、企业规模大型化、市场组成社会化、企业发展大型化、企业制度现代化、股东利益最大化"为目标，大力实施集团化发展战略。成立了以电业公司为核心企业，以烟台通源科技有限公司、烟台华阳电气有限公司为骨干企业的全民、集体、股份不同性质中小型企业组成的集团公司。现拥有25个企业或实体，以供电为主，兼营电力自动化系统研制开发、电子式电能表制造、变电站微机集控系统制造、电力设备制造安装、电线电缆制造、中低压综合自动化系统制造、电气成套设备制造、房地产开发等业务，形成了集团化、多元化、全方位、跨区域、跨产业、跨行业的经营格局。

海阳电业集团公司弘扬"团结、创新、诚信、奉献"的企业精神，坚持不懈地抓管理、抓发展、抓队伍，创一流，大力推进体制、制度、管理、服务"四个创新"，企业走上了超常规、跨越式的发展轨道。近年来，公司先后荣获部级"三为服务达标"单位、省级文明单位、省委宣传部"先进党员活动室"、省总工会"模范职工之家"、烟台市"双文明活动先进单位"等荣誉称号。2002年被国家电力公司授予"国家一流县供电企业"称号。

地址：山东省海阳市城区龙山街52号　邮编：265100

山东省新泰市建新煤矿

山东省新泰市建新煤矿位于新泰市谷里镇驻地以东2公里，地理位置优越，交通便利，是国家二级中型企业，泰市"13511"工程企业。

在各级党委政府的正确领导和行业主管部门的关心支持下，建新煤矿认真贯彻党的一系列安全生产方针、政策，持管理、装备、培训并重的原则，狠抓安全生产。坚持走"地下采矿，地上办厂，多种经营，优势互补"，"发展规经济，增强企业抗衡能力"的企业发展之路，坚持以市场为导向，依托煤炭优势，积极培育新的经济增长点。先后起了玻璃纤维厂、纸箱厂、石料厂、食用菌养殖厂、商贸中心、化工厂等企业，大力发展非煤产业，为企业的持续康发展打下了坚实的基础。并成为新泰市"十强企业"。

近年来，企业领导班子加强"钢班子、铁队伍"建设，取得两个文明建设的双丰收。连续5年获得泰安市、新泰"最佳经济效益企业"、"明星乡镇企业"等称号。先后被省、地、市煤炭局评为"重合同守信用企业"，被省煤炭局为"科技进步先进单位"，1998年获国家煤炭部"部特级质量标准化矿井"称号，1999年、2000年被泰安市煤炭局、市煤炭局评为"综合管理先进单位"。

地址：山东省新泰市谷里镇大尧沟　邮编：271215

电话：0538-7752288　传真：0538-7752288

特别

（排名

中国人寿保险股份有限公司山东省分公司
中国石油天然气股份有限公司山东销售分公司
中国石油天然气股份有限公司山东济南销售分公司
中国石油天然气股份有限公司山东泰安销售分公司
中国石油天然气股份有限公司山东莱芜销售分公司
兖矿集团有限公司
中国重型汽车集团有限公司
济南钢铁集团总公司
莱芜钢铁集团有限公司
龙口矿业集团有限公司
淄博矿业集团有限责任公司
华能国际电力股份有限公司山东分公司
德州晶华集团有限公司
山东大宗集团有限公司
山东山大奥太电气有限公司
山东山铝水泥有限公司
山东天力焦化有限公司
山东天泽昌大缸盖有限公司
山东方明化工有限公司

山东日照焦化有限公司
山东长岛风力发电有限责任公司
山东正大纸业有限公司
山东汇金股份有限公司
山东玉龙车辆股份有限公司
山东兴创纸业集团
山东达驰电气股份有限公司
山东岱银纺织服装集团
山东明兴小港煤矿（集团）
山东松下电子信息有限公司
山东驼宝橡胶有限公司
山东临沂坪上玻璃厂
山东省威海船厂
山东省航宇船舶修造有限公司
山东省新华书店
山东闽源钢铁有限公司
山东埕口盐化有限责任公司
山东海阳电业集团公司
山东黄金矿业股份有限公司焦家金
山东黄金矿业股份有限公司新城金
山东黄金集团股份有限公司三山岛金
山东鲁耐窑业有限责任公司
无棣星一皮革有限公司

单位

后）

凌云工贸有限公司
市华安化工有限责任公司
市电业公司
市洼东煤矿有限公司
供电公司
市双龙棉纺织厂
国泰化工有限公司
集团有限公司北宿煤矿
市金诚典当有限责任公司
市富安煤碳有限公司
市薛城区天然焦矿
市薛城区防备煤矿
矿业（集团）有限责任公司第一机械厂
矿业集团公司田陈煤矿
矿业集团公司柴里煤矿
矿业集团公司新安煤矿
矿业集团公司滨湖煤矿
信发典当有限责任公司
通晟实业有限公司
矿业集团电讯工程公司
矿务局邱集煤矿
高阳铁矿
东海船舶修造有限公司

济宁医学院附属医院
济南北郊热电厂
济南百老泉酒业有限有限公司
济南鲁东耐火材料有限公司
荣成华泰汽车有限公司
荣成荣通船业有限公司
烟台三环锁业集团有限公司
烟台开发区科信新技术产业发展有限公司
烟台东海薄板有限公司
莱州市渤海滑石粉厂
莱州华汽机械有限公司
莱州华鲁汽车配件有限公司
莱芜市金汇经贸有限公司
莱钢莱芜天元气体有限公司
莱新铁矿有限公司
淄博市双兴油脂化工有限公司
淄博市华联矿业有限责任公司
淄博市焦化煤气公司
新泰市建新煤矿
滨州市京华汽贸集团有限公司
蓬莱市融鑫典当有限责任公司
德州德隆集团机床有限责任公司
燕京啤酒（莱州）有限公司

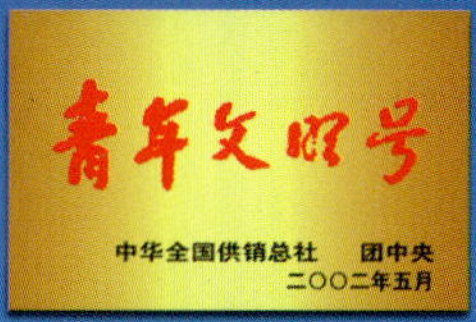

山东大宗集团有限公司
ShanDong DaZong Group Co., Ltd.

大宗集团董事长　宗成乐先生

山东大宗集团坐落在滕州市西南部大宗工业园区，东靠京沪铁路、京福高速公路，西临微山湖，境内 104 国道、枣沛公路纵横交错，交通便捷。集团公司有健全的法人治理结构，符合现代企业制度的要求，并在美国、日本、北京、济南等地设有对外办事机构，现有控股、参股企业 18 家，涉及热电、淀粉、煤炭焦炭、物流运输、生物化工、制药、房产、塑料、机械加工制造、国内外贸易等 10 大行业，有装机总容量 10 万 KW 的煤矸石热电公司，年产 10 万吨淀粉的生物股份公司，年产 100 万吨的大型洗煤公司，年吞吐量 120 万吨的大型铁路储运货场，年加工能力 3000 万条编织袋的塑料制品公司，运输车辆近 100 辆的物流公司，以建材、纺织、农产品为主的综合贸易进出口公司。集团公司在河南三门峡市买断大型重晶石、铁矿石矿产资源，现已步入初加工阶段，更深层次的加工正在招商引资寻求合作伙伴。至 2004 年底集团公司总资产 4 亿元，净资产 3 亿元，年实现销售收入 6 亿多元，利税总额近亿元。

集团公司有庞大的信息网络，销售人员遍布全国各地，资金雄厚，信誉良好，与国内金融机构常年保持正常的业务关系往来，连续多年被农业银行评为 AAA 级信用企业；在人才的培养上大宗集团有一套完整的育人体系，向国外选派留学生，大量引进各类先进人才。在项目开发上通过招商引资、内引外联，与清华大学、浙江大学科研机构建立常年的关系往来，使新的科研成果以最快的速度转化为生产力，在产品开发上能够研制一代、生产一代、储备一代、研发一代。集团公司董事长宗成乐同志先后荣获“全国优秀乡镇企业家”、“2003 年全国农村基层干部十大新闻人物”、“全国星火科技带头人”、“山东省劳动模范”、“山东省优秀企业家”“富民兴鲁劳动奖章获得者”，被枣庄市人民政府三次荣记“二等功”，被滕州市人民政府授予“人民功臣”　等称号。2005 年五一前夕又被评为全国劳动模范。

董事长宗成乐陪同蔡秋芳副省长参观文化广场

集团公司将以诚信为本、信誉第一、合作发展的经营理念，按照现代企业的运作机制，以资本为纽带，立足国内，放眼世界，内引外联，全方位开拓，谋求与海内外朋友真诚合作发展，共创辉煌！

董事长宗成乐陪同市领导参观企业

董事长宗成乐陪同外地客商参观文化广场

大宗文化广场

枣庄矿业集团公司新安煤矿

新安煤矿隶属于枣庄矿业（集团）有限责任公司，是枣矿集团公司自筹资金建设的一座现代化矿井。矿井位于微山县留庄镇境内，滕北煤田中部。原设计生产能力 60 万吨／年，经过技术改造和改扩建，矿井生产能力达到了 500 万吨／年，被誉为“鲁南第一矿”。建矿三年多来，先后被评为山东省十佳煤矿、全国双十佳煤矿、全国科技进步十佳煤矿、全国文明煤矿、行业特级高产高效矿井等一系列荣誉称号。

新安煤矿井田面积 84.6 平方公里，地质储量 47827 万吨，可采储量 14949 万吨，煤种为低灰—特低灰，低硫—特低硫的优质气肥煤，矿井在微山湖下采煤，煤质优良，发热量高，市场前景广阔。

该矿 1998 年 8 月 1 日正式开工建设，2001 年 3 月 5 日实现试出煤，2002 年元月 1 日正式投产，截止 2004 年底累计生产原煤 780 余万吨，矿井累计安全生产 2346 天。2004 年 8 月份新源井并入新安煤矿管理，实现“一矿两井”管理模式。新安煤矿目前全矿人员约 3300 人，其中正式在册 36 人，其余均为劳务输入。矿机关设三部一室，矿井按“三线一井”管理模式运行，即原煤生产线、供应销售线、后勤服务线及新源矿井。

新安煤矿在建设过程中勇于探索、创新，采用了业主负责制的管理机制，实行多元化投资，以较快的速度，建成了一座高产高效的现代化矿井，创造了矿井建设投资最省、速度最快、用人最少、成本最低、效率最高、效益最好的新水平。在矿井建设和管理过程中：

——引入竞争机制，深化三项制度改革。在劳动用工上，采用了劳务输入的办法，使员工做到能进能出；管理人员全部采用竞争上岗，打破干部身份，做到能上能下；工资分配上按照在什么岗，拿什么钱的办法，减少固定工资，增加活工资份额，做到收入能高能低。并根据精干高效的原则，实行一人多职，一职多能，减少了企业用工，提高了工作效率。

——推行分线管理，实施市场化经营。为提高企业管理水平，降低生产成本，该矿推行了分线管理，单独核算，并推行了以班清日结为主要内容的内部市场化管理和以人为本的 SC 精细化管理，增强了员工的成本意识、节约意识，提高了企业经济效益。

——依靠科技进步，提高生产效率。新安煤矿坚持科技兴企，采煤上，引进了综采放顶煤技术，煤巷掘进全部使用了综掘机，提高了单产单进；支护上积极推广使用新材料、新技术，降低了成本，保证了安全。针对人员较少的现实，大力推行办公自动化，提高了工作效率，井上下各重要岗点、场所安装了电视监控装置和安全监测、检测系统，提高了煤矿的现代化水平。

——建设企业文化，树立企业形象。为了增强企业的凝聚力和综合竞争力，坚持“两个文明”一起抓，“三个亮点”（质量标准化、企业文化、后勤环境面貌综合治理）齐推进，用先进的企业文化来武装员工的思想，用“三个代表”的重要思想激励广大员工立足岗位，奉献新安，建成了花园式煤矿，提高了后勤服务质量，并注重企业形象的对外宣传，达到外树形象，内聚人心的目的，以一流的形象和先进的企业文化展示了新安煤矿的骄人风采。

地址：山东省济宁市微山县留庄镇　　邮编：277642　　电话：0632-4069607　　传真：0632-4069604

枣庄矿业集团公司滨湖煤矿

枣庄矿业集团公司滨湖煤矿井田面积 44 平方公里，地质储量 7574 万吨，可采储量 3899 万吨，设计生产能力 45 万吨／年。矿井位于山东省滕州市滨湖镇境内，有京沪铁路从本区东部通过，井田东侧有济（宁）微（山）路和矿区专用公路，且紧邻年吞吐量高达 440 万吨的滕州港，经微山湖与大运河相连，矿井运输条件优越。

滨湖矿井建设项目是枣庄矿业集团公司实施主业扩张、实施大集团战略的五大重点工程之一，也是采取新井新机制和投资主体多元化建设的又一座现代化矿井。从 2003 年 11 月 26 日动工，短短的 18 个月，滨湖矿井就全部完成了矿、土、安三类工程建设，于 2005 年 5 月 26 日胜利实现了矿井联合试运转。创出了全国薄煤层矿井建设新纪录，创造了枣庄矿区建井史上的又一个奇迹。

团结奋进的领导班子

滨湖矿井开工建设伊始，枣庄矿业集团公司就提出了把滨湖煤矿建成“基建投资最少，建设周期最短，施工效率最高，文化气息最浓，文明程度最高”的矿井建设目标要求。滨湖煤矿筹备处发扬“敢打必胜、超越自我”的精神，科学组织、优化设计、严格管理、勇争一流、制定目标、倒排工期、抓关键、抓环节、抓协调。各施工单位和参战人员精诚团结、夜以继日、顽强拼搏、只争朝夕，鏖战在施工现场，矿井建设日新月异。坚持高境界定位、高标准设计、高起点建设，按照矿井建成之日，就是“质量标准化、企业文化、地面环境综合治理”三个亮点达标之时的总体要求。滨湖煤矿筹备处以建设科技滨湖、生态滨湖、人文滨湖的现代化示范矿井为己任，全面落实“科技兴煤”、“科技兴安”战略，立足安全装备水平的提升，全方位提高矿井的科技含量，矿井的自动化和现代化水平跨入国内先进行列。

滨湖矿井的建成投产，对于加快枣庄矿业集团公司大集团战略的实施进程，构建富美和谐的枣庄矿区和拉动地方区域经济的发展，必将发挥巨大的作用。

地址：山东省枣庄市滕州市滨湖镇　邮编：277515

电话：0632-4068018　传真：0632-4068019 4068116

与时俱进 再铸辉煌
——前进中的平度市电业公司

平度电业公司经理 侯文焕

平度市电业公司始建于 1976 年，现已发展到拥有固定资产 5.4 亿元，职工 890 人、年实现利税 4000 余万元的青岛电力系统唯一一家国有大型企业。辖区内拥有 220 千伏变电站 2 座，110 千伏变电站 6 座，35 千伏变电站 29 座，电网覆盖面积 3166 平方公里。先后荣获“电力部‘三为’服务达标单位”、“全国农村电气化县”、“省级文明单位”、“山东省消费者满意单位”等 30 余项省部级以上荣誉称号，2001 年顺利跨入了青岛首家、全国首批 22 个一流县供电企业行列。

公司领导班子以“地方当排头，行业创一流”为奋斗目标，抓班子，带队伍，树形象，增效益，创新发展，与时俱进，各项工作上水平，整体工作创一流，各项经济技术指标均保持全国一流县供电企业标准。农网改造被评为“山东省农村电网改造先进单位”，行风评议名列前茅，大泽山供电所荣获“全国为人民服务，树行业新风示范窗口”称号。

雄关漫道真如铁，而今迈步从头越。追求卓越的平电人正乘着党的十六大的强劲东风，扬帆起航，再铸辉煌。奔向更加美好的明天！

团结务实的公司领导班子

地址：山东省平度市青岛路 215 号
邮编：266700

山东长岛风力发电有限公司

山东长岛风力发电有限公司成立于1998年3月，由山东鲁能发展集团公司和长岛县电业总公司分别以60%和40%的股份合资成立，目前拥有固定资产1.25亿元。长岛风力发电场共安装20台风力发电机，总装机容量达1.23万kWh。该风场是山东省第一个商业化运营的风场，该风场自投运以来，风机运行良好，设备利用率在95%以上。目前，公司风电一期、一期续建和一期技改工程总投资1.2亿元，公司年发电量可达2300万kWh，年实现销售收入2000多万元，利税约700万元，成为长岛县第一利税大户。公司连年被长岛县政府授予“创利税先进单位”。

长岛风力发电场的建成，不仅给长岛县带来了经济效益和社会效益，也带来了生态环保效益。与同容量的火力发电相比，风力发电可节煤6000吨，减少CO_2、SO_2排放96吨，减少废气排放480万m^3。风力发电属新能源项目，它以洁净、低耗、无污染为特点，深受广大群众的欢迎。

长岛风力发电场在搞好工程建设的同时，也注重水土保持和绿化工作，建成了花园式风场。它依山傍海，风景迷人，极目远观，岛岸风光尽收眼底，成为长岛县一道亮丽的风景线。从而也促进了当地旅游业的发展。它的建成填补了山东省风力发电行业的空白，使全省的电力结构、资源配置及布局更趋合理，它积累提供了风力发电场第一手的商业化运营、管理经验，将对全省生态环境保护及新能源的开发有着重要的意义。

为大力发展风力发电事业，进一步振兴长岛经济，今年以来，我公司正在积极筹备二期风电技改工程。该工程共计划安装10台600KW国产风机，全部工程投产后，单台风机发电量约120万kWh，30台风机的年发电量约3600万kWh，年可实现销售收入约3100万元，实现利税约900万元，每年可为当地政府增加税收约600万元，其经济效益是十分可观的。

上述工程的建成，将大大改善长岛当地及周边地区的生存环境和生活质量，对于保护海岛及周边环境，促进长岛产业结构调整，推动长岛经济的发展将起到不可估量的作用。同时必将推动全省乃至全国风电事业的迅猛发展。

总经理：孙岩
联系电话：0535-3217650

山东山铝水泥有限公司

总经理 陈常杰

山东山铝水泥有限公司坐落于山东省淄博（沣水）建材工业园，是山东铝业公司为响应淄博市“环境立市”战略，对水泥厂 1#、2# 生产线进行异地搬迁改造，以新型干法水泥生产线淘汰落后工艺，由中铝山东企业职工和山东铝业公司法人共同出资新建的股份制企业。首条 3000 吨 / 日干法水泥熟料生产线 2003 年 9 月 28 日投产，主要生产 P.052.5R、P.042.5R、P.032.5R 系列普通硅酸盐水泥、熟料、硅酸盐水泥、混合材硅酸盐水泥等品种，年产水泥 200 万吨。

山东山铝水泥有限公司干法生产线以石灰石尾矿、氧化铝生产废渣－赤泥为主要原料生产高标号水泥熟料，属综合利用环保型企业。先进的生产线具有能耗低、烟尘排放小、无粉尘污染等特点，生产的“山铝”牌水泥具有早期强度高、抗折强度高，碱含量低、凝结时间适中、抗冻融性能好、抗海水侵蚀和抗硫酸盐侵蚀、耐磨性能好等特点。适用于高层建筑、港口码头桥梁、大型工程以及高速公路等项目建设。

2003 年 5 月成立东营分公司，在东营市西郊（董集乡）工业园建设年产 70 万吨水泥粉磨站，主要生产经营“山铝”牌硅酸盐水泥、普通硅酸盐水泥、混合材硅酸盐水泥、商品混凝土等产品。

山东山铝水泥有限公司凭借山铝水泥四十年的技术积淀，充分发挥现代企业制度优势，大力营造优秀企业文化，发扬“拼搏、创新”的企业精神，树立“严、俭、细、实”的企业作风，塑造“和谐、高效”的企业形象，恪守“诚信、回报”的经营理念，发挥“山铝”品牌优势，作大作强“山铝”水泥，回报股东、回报客户、回报社会。

公司地址：山东省淄博（沣水）建材工业园
邮政地址：山东淄博山东铝业公司矿山矿区东邻
销售电话：0533-2945785 2944318 2981167
传真：0533-2684016
邮编：255072
E-mail:sssn@slsn.com
HTTP://www.chinasssn.com

山东闽源钢铁有限公司

山东闽源钢铁有限公司是中国钢铁行业的后起之秀，也是中国民营企业的一颗新星。

公司位于山东省章丘市枣园镇工业园，占地面积 660000 平方米，职工 1000 多人，总投资 7.8 亿元，第一期投入 3.8 亿元。现拥有 30 吨转炉 3 座，连铸、连轧生产线两条，年产连铸钢坯 90 万吨，轧制 100 万吨热轧棒材，产品畅销山东、江苏、上海、河南、河北、安徽、浙江等地。

以人为本、超值服务、回馈社会是我们的理念，务实、创新、忠诚、团结是我们的精神，熔入的是我们的努力，铸就的是我们的希望，这就是蓬勃发展的闽源，钢铁在这里炼成，长城从这里起步，千锤百炼益求精，钢筋铁骨献真情。

董事长、总经理携全体员工竭诚欢迎各界朋友前来洽谈业务，让我们精诚合作，携手共创闽源钢铁辉煌明天。

地址：山东省章丘市枣园工业园（济青路 33 公里处）
电话：0531-83654888 83653588
传真：0531-83653555
邮编：250214
邮箱：bz565@sohu.com

枣庄通晟实业有限公司

董事长、党委书记　渠继富

总经理　高殿华

枣庄通晟实业有限公司由枣庄矿业集团公司山家林煤矿破产改制而来，濒临美丽富饶的微山湖，西接京沪铁路及京福高速公路，南临京杭大运河，地处枣薛铁路与店韩公路相接处，地理位置十分优越。

2004年改制成立的枣庄通晟公司，积极实施全方位突围战略，确立了“延续煤炭主业，同步发展非煤，多元持续快速，强企富民兴业”的指导方针及近中期发展的“123工程”目标，统筹兼顾，多措并举，逐步成为具有较强应变能力和市场竞争力的实体。

积极实施煤与非煤并重的战略，对内坚持靠内部残采找煤延续生产，年产量维持在40万吨左右，其主导产品“八级冶炼肥精煤”为国内独有优质煤种，市场需求旺盛。对外积极实施“走出去”战略，着力开发外部煤炭资源，尤其是 对济宁蔡园煤矿生产承包及贵州煤田的开发成效显著，走出了衰老破产矿井二次创业，可持续发展的新路子。非煤产业围绕建设“大非煤”战略构想，采取跟进主业“走出去”战略，突出壮大和开发双轮驱动机制，着力开拓外部市场，形成了集机械加工制造、矿用支护用品开发为龙头的产业链，产品统一注册为“晟强”牌商标，顺利通过了ISO9000国际质量体系认证，主要销往山西、贵州、辽宁、江苏、河南、北京等省市，年产值突破亿元，逐步形成了管理集团化、经营规模化、产品系列化的格局。

2005，公司被授予全国煤炭工业多种经营先进企业、省级文明单位，矿井被评为全省44家国有煤矿A级安全资质矿井之一。近来连续被枣庄市委、市政府和枣庄矿业集团公司授予文明单位、文明煤矿、基层党建先进集体、先进党委等荣誉称号。

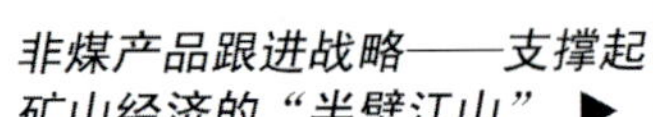

建设强势安全文化——安全生产形势稳定 ◀

地址：山东省枣庄市薛城市陶庄镇山家林
邮编：277011
电话：0632-4093346
传真：0632-4093014

非煤产品跟进战略——支撑起矿山经济的“半壁江山” ▶

兖矿国泰化工有限公司

公司总经理 丁辉

兖矿国泰化工有限公司是兖矿集团与美国国泰煤化控股有限公司合资建设的大型高科技煤化工企业，山东省重点工程。总投资27亿元人民币，由年产20万吨醋酸和日处理1000吨煤新型气化炉及配套工程两项目组成，建成达产后可形成年产20万吨醋酸、24万吨甲醇、联产8万千瓦发电的生产能力。项目于2003年5月1日正式开工建设，计划2005年建成投产。

一、项目的科技含量和先进的技术优势

国泰公司在建的两大项目工艺技术先进，有两项关键技术被国家科技部列入“863”计划，有多项具有我国自主知识产权的新工艺被首次应用于大工业生产。另外，通过对具有我国自主知识产权的“新型水煤浆气化技术”、“醋酸合成新技术”和“燃气发电技术”成功的工业化应用，完全打破了目前跨国公司对我国此类技术的垄断局面，可为下一步发展我国自己的洁净煤技术和醋酸合成新工艺提供关键性技术。

二、坚强有力、勇于科学探险的领导班子

兖矿国泰化工有限公司在总经理丁辉的带领下，创拼务实、开拓进取，以强烈的责任心、使命感和坚韧不拔的科学探险精神，瞄准世界煤化工产业的制高点，勇立中国煤化工的潮头，攻艰破难，闯过了大量的“急流险滩”，克服了无数的科技难题，工程建设日新月异。2005年6月23日，醋酸项目顺利实现一次投料成功，生产出合格醋酸。2005年7月21日，中国第一台日处理1000吨煤新型气化炉一次投料成功，并实现连续稳定运行80小时，这是继20万吨醋酸项目投料成功后国泰公司全体建设者取得的又一硕果。

国家863计划－新型气化炉点火烘炉

三、广阔的市场前景和强劲的发展势头

国泰公司在加强企业自身建设的同时，公司领导班子坚持以科学发展观为指导，放眼未来，制订了可持续发展性战略，继续拉长新型煤化工产业链。预计到2010年，醋酸、甲醇的生产规模将分别扩产到40万吨和80万吨，并将投资开发醋酐、醋酸乙烯、丙烯等产品，成为年产值近200亿元、利润约38亿元的特大型煤化工企业。

全国化工系统最大的每小时制氧能力6万立方米的空分装置主冷塔

地 址：山东省滕州市木石镇
邮 编：277527
电 话：0632-2368029

德州普利森机械制造有限公司
德州德隆（集团）机床有限责任公司

德州德隆（集团）机床有限责任公司，其前身为德州机床厂，始建于1945年，中国机械工业企业500强企业，公司占地总面积46万平方米，总资产3.2亿元，下设铸造、环保设备、特型油缸、印刷机械等6个子公司和10个分厂车间，现有员工1700人，其中高、中级专业技术人员330人。公司通过了ISO9001:2000版国际质量管理体系认证并拥有自主进出口经营权。

公司自1956年开始生产金属切削机床。主导产品有大中型普通车床、数控车床（经济型、全功能、车削中心）、深孔加工机床（深孔枪钻、深孔钻镗床和深孔珩磨机）、加工中心，以及其它各类专用机床，共70多个品种，200多个规格，年生产机床能力达4000余台，产品出口世界40多个国家和地区。车床类产品规格由ϕ260mm至ϕ2500mm，最长可达16m；数控车床有简式数控、中档次数控和全功能数控三大系列；深孔类产品加工直径自ϕ1.6mm至ϕ500mm，加工工件长度最长可达13m，主要用于钻镗、滚压和珩磨加工，深孔类产品在国内一枝独秀，特别是深孔珩磨的数控化、数控枪钻的多轴化已达到国际先进水平。

董事长 陈声环

ZK2103 数控深孔钻床

CW61160L 卧式车床

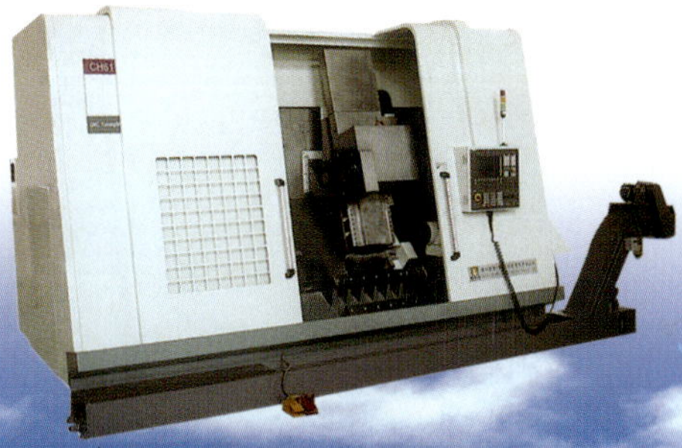

CH6171-4 车铣中心

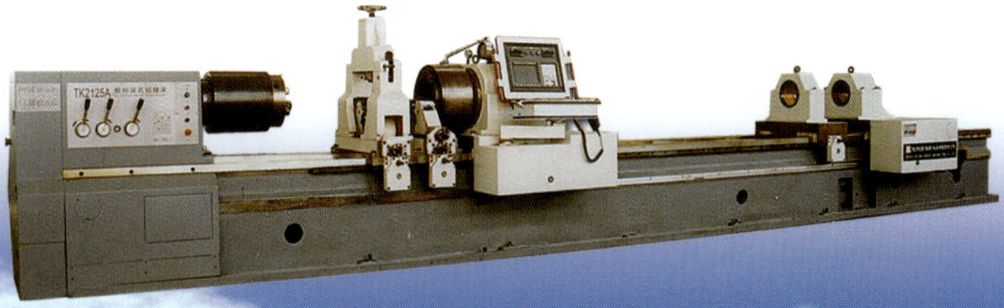

TK2125A 数控深孔钻镗床

地址：山东省德州市铁西南路116号
电话：0534-2426168
传真：0534-2448816
邮编：253003
http://www.dzjc.com
销售部：0534-2424888 2423888 2426168 转 560 562 563
传 真：0534-2421600
进出口：0534-2422580 2426168-580
售后服务：0534-2480199 2425326 或 2426168 转 126 128

山东德州德隆（集团）
机床有限责任公司

龙口市洼东煤矿有限公司

龙口市洼东煤矿有限公司，始建于1978年，1982年建成投产，是隶属龙口市经济贸易局的国有独资企业，核定年生产能力18万吨。公司地处徐福故里，渤海之滨，烟潍高速公路、大莱龙铁路从境内通过，开放的龙口港与国内外港口通航，水陆交通极为便利，治安状况稳定，具备了良好的投资环境。现有职工892人，其中各类专业技术人才118人，资产总值8728万元。

公司以柳学春董事长为首的新一届领导班子2001年11月30日正式组建到位以来，坚持以邓小平理论和“三个代表”重要思想为指导，全面贯彻党的十六大和十六届三中、四中全会精神，树立和落实科学发展观，认真贯彻上级关于国企改革与发展一系列指示精神，按照“发展靠改革，生存靠质量，销售靠市场，成功靠合力”的工作思路，求真务实，与时俱进，开拓创新。以提高经济效益为中心，以安全生产为重点，以经济结构调整为主线，以管理创新、制度创新、科技创新为先导，以加快发展为目标。深入开展煤矿安全生产专项整治，狠抓“双基”建设和煤矿安全程度评价工作，构筑长效安全机制。内抓管理，外拓市场，“三个文明建设”取得了令人瞩目的成就。曾先后荣获原煤炭部“特级质量标准化矿井”、“全国煤炭系统现场管理最佳企业”、“全国煤炭企业思想政治工作优秀企业”、“省级先进企业”、“烟台市文明单位”、“安全生产先进单位”等多项荣誉。在2003年和2004年度全省煤矿安全程度评估工作中，被评为A级矿井。

公司生产褐煤、长焰煤、油母页岩等，产品具有低硫、低燃点，高挥发份，不结焦、质优价廉等优点，可作生活、工业用煤和动力配煤使用。

公司坚持“以煤为主，多种经营，形成规模，全面发展”的方针，现已成为原煤生产、建筑安装、轻纺制线等多业并举的国有独资企业。中外合资“塑料、橡胶制品加工”项目已在高新工业园区投入生产，该项目为企业推行矿区经济外向化，走可持续发展战略打下了坚实的基础。

柳学春，男，49岁，1976年4月至1977年4月，龙口市洼东煤矿有限公司职工、班长、科长、主任。1997年5月至2001年11月，龙口市桑园煤矿有限公司经理、党委副书记。2001年11月至今，龙口市洼东煤矿有限公司董事长、党委书记。

地址：徐福镇洼东村　邮编：265714

电话：0535-8598190

淄博双兴油脂化工有限责任公司

淄博双兴油脂化工有限责任公司建于1990年，固定资产1130万元，流动资金1600余万元。主要有5000吨/年脂肪酸、500吨/年精甘油、600吨/年吊白块等产品。其中脂肪酸、吊白块等产品多年来一直用于齐鲁石化公司橡胶厂等厂家。

公司技术力量雄厚，产品标准可根据用户要求另行组织生产，并提供技术咨询与指导。

地　址：淄博市临淄区齐鲁乙烯南一公里

电　话：0533-7580581　7400615

传　真：0533-7400288

邮　编：255438

山东黄金矿业股份有限公司新城金矿

矿长 武玉江

山东黄金矿业股份有限公司新城金矿地处胶东半岛，位于莱州市金城镇境内。1975 年 11 月筹建，1980 年竣工投产，是一座具有采矿、选矿、冶炼综合生产能力的国家大型黄金矿山。2003 年 8 月 28 日，以新城金矿资产为主体组建的山东黄金矿业股份有限公司在上海证券交易所成功发行“山东黄金”股票，这标志着矿山步入了新的发展时期。

矿山现有员工 2100 人，拥有固定资产原值 5.5 亿元，截止到 2005 年上半年，已累计为国家生产黄金 40.47 吨，实现利税 8.6 亿元。曾先后被评为“全国 500 家最佳经济效益工业企业”、“‘八五’全国工业行业巨头”、“山东省大中型重点骨干行业企业经济实力十强”，并荣获“全省民主管理先进单位”、“全国首批管理创新示范单位”称号。

矿山设备装备优良，工艺技术先进。目前，井下开采已全部实现了无轨化，主要设备均是从美国、法国、芬兰、加拿大、瑞典等国引进的；井下广泛采用了先进的“机械化盘区上向高分层充填采矿法”，并辅以控爆落矿、锚杆锚网支护以及喷射混凝土隔离墙等安全技术措施，生产更安全、产量更高、效益更好，矿山已成为山东黄金集团的“台柱子”企业。

矿山坚持以科学发展观为指导，适时提出了“发展循环经济，建设绿色矿山”的奋斗目标，大力推进经济增长方式的转变。先后投资完成了氰化废水处理系统改造，实现了含氰废水“零”排放；投资建成了生活污水处理厂和尾矿回水再利用系统，并修建了高标准的绿色环保尾矿库，成功地走出了一条科技含量高、资源消耗低、环境污染少、经济效益好的可持续发展之路。继去年矿山被评为全省黄金行业唯一的“山东省循环经济示范企业建设试点单位”、全省黄金行业首家第一批“省级环境友好企业”之后，今年 6 月又被省环保局推荐为“国家环境友好企业”预选单位。

企业发展无止境。在市场经济飞速发展的今天，矿山坚持与时俱进，勇于改革创新，立足自身优势，发挥自身潜能，努力打造上市企业的新形象。矿山竭诚欢迎各位领导莅临指导工作，共谋发展大计，共创美好灿烂的明天！

地址：山东省莱州市金城镇　邮编：261438
电话：0535-2698211　传真：0535-2691456

三山岛金矿

山东黄金集团有限公司三山岛金矿位于山东省莱州市三山岛街道办事处，于 1984 年开始基本建设，1989 年建成投产，是中国目前生产规模较大，机械化程度最高的地下开采黄金矿山之一，主要产品为金锭、银锭、铅精矿和硫精矿。采用主竖井、斜坡道联合开拓和点柱式机械化水平分层充填采矿方法。选冶采用两段磨矿、两段选别、海水选矿、氰化浸金、湿法熔炼工艺流程。井下主要设备是从美国、法国、加拿大、瑞典等国引进的，其中 1997 年从瑞典 ABB 公司引进的两台电动卡车代表世界科技先进水平。

电动卡车

三山岛金矿十分注重企业管理工作，十几年来不断加强企业管理的各项基础工作，学邯钢降成本，苦练内功，挖潜降耗，不断向现代化管理迈进。近年来，面对资源负变、生产规模下降等不利局面，三山岛金矿加快了企业内部改革步伐，以改革谋发展，在改革中找出路。2001 年下半年出台了《三山岛金矿内部市场化改革框架方案》；2002 年市场化改革方案在全矿开始推行，调整完善了组织机构，建立了合理的价格体系、计量体系和内部结算体系，实现了日清月结。

在加强企业管理的同时，三山岛金矿还加大了对科技的投入，不断开展科技攻关，相继完成了“三山岛金矿海边采矿综合防治水研究”、“三山岛金矿点柱式机械化水平分层充填采矿方法试验研究” 等大的科技成果 50 项， 取得技术革新成果 228 项。 针对深部涌水增加、矿体形态变化较大的情况，与长沙矿山研究院共同开展了“三山岛金矿滨海矿床防治水与采矿技术综合研究” 。可以说，科技的发展是三山岛金矿腾飞的翅膀。

联合出矿

几年来，由于深部地质储量负变，导致资源不足、生产能力下降，因井下涌水增大、运输距离延长，使生产成本进一步增加。面临严峻的形势，三山岛金矿不断加大安全生产管理力度，加快改革步伐，加强科技投入，攻克了诸多难关，取得了较好成绩。至 2004 年末，已累计销售黄金 68.9 万两，实现利润 1.10 亿元，上交所得税近 3000 万元。

地址：山东省莱州市三山岛街道办事处
邮编：261442
电话：0535-2780000

莱芜市金汇经贸有限公司

莱芜市金汇经贸有限公司成立于 2000 年，注册资金 3000 万元，位于莱芜市钢城区，临 205 国道、莱新高速，交通便利。公司是主要以钢材、工程机械、炼钢炉料、铁精粉的营销和钢材深加工为主导产业的综合性民营企业。现有员工 200 余人，下设八个职能部门、四个子公司，业务涵盖华北、东北、西南等区域，销售网络稳固，综合经营能力强，市场竞争优势明显，具有良好的发展前景。

公司自成立以来，全身心致力于市场的全方位开发，经过几年来的不断努力，现公司业务涵盖全国二十几个省、直辖市，重点客户群上百个，年销售各类钢材 20 多万吨，装载机 300 余台，钢材深加工 2 万吨，炼钢炉料、铁矿粉 10 余万吨，年营业额过 10 亿元，实现利税 2000 多万元，是莱芜市模范纳税大户、重点民营企业。因业绩突出，被莱钢定为重点战略合作伙伴、十佳明星单位、优秀经销商，莱钢钢材东北地区唯一代理商；被山东临工集团指定为莱芜地区总代理、中国龙工集团指定为山东地区总代理；并被中国一汽集团、山东临工集团、江苏徐工集团等大型企业指定为钢材定点供货单位。

随着公司业务的发展，公司在不断的更新经营管理理念和调整发展坐标，优化产业结构，实现产品经营多元化，努力打造自己的品牌，提高市场抗风险能力，把企业向更大、更高、更强的目标推进。

公司始终坚持“以人为本，稳步发展”的原则，秉承“信誉为本，诚信守诺”的经营理念，坚持以企业整体形象设计和先进企业文化为导向，采用现代化企业管理模式，强化企业内部管理，力争打造管理一流，企业效益一流，企业文化一流的现代化的民营企业。“开拓进取，务实创新”是公司不变的企业精神，“携手并进，成功尽享”是金汇人永恒的追求。在今后的日子里，莱芜市金汇经贸有限公司将一如既往地与广大新老客户真诚合作，共创美好未来。

常年营销：

（一）莱钢产齿轮钢、碳结钢、合结钢、普碳钢、螺纹钢

（二）临工、龙工产各类装载机、挖掘机等工程机械设备

（三）锻造加工各类车辆、机械用轴、齿件

（四）国内外各种品位不同的铁精粉

钢材营销部：崔言利　张洪军　0634－6893876 6892918

工程机械部：孔祥昆　王洪彬　0634－6891216 6896839

锻造加工部：刘永田　王庆鑫　0634－6842479 6842174

铁 精 粉 部：尚孝飞　任启鹏　0634－6896889 6897099

地址：莱芜市钢城区永兴路 89 号

邮编：271104

山东鲁耐窑业有限责任公司

山东鲁耐窑业有限责任公司成立于 2001 年，是由原山东耐火材料厂通过产权制度改革组建的有限责任公司。其前身山东耐火材料厂始建于 1904 年，是一家有百年历史的全国重点耐火材料生产企业。公司位于鲁中工业重镇——淄博市博山区，有“滨博”高速公路与“京沪”、“济青”高速公路相连，公司有铁路专运线通向全国各地，交通便捷。

董事长、党委书记　张循俊　　　　总经理　刘伟

公司有员工 1000 余人，其中工程技术人员 150 余人；公司占地 38.5 万平方米，有三个生产分厂，一个机械模具分厂和一个动力分厂；公司为综合性耐火材料生产企业，主要生产粘土质、高铝质、莫来石质、含碳类耐火材料，优质合成原料，不定型耐火材料，耐火纤维制品，特殊耐火材料等，年生产能力 7 万余吨。其中，粘土质高炉砖曾在 1983 年、1988 年两次荣获国家耐火材料质量最高奖—国家银质奖；曾承担上海宝钢二期、三期建设配套用耐火材料的生产和供应任务。公司有较强的产品研发能力，与国内权威科研单位合作，曾承担多项国家耐材新产品的开发研制工作，如“七五”期间，与洛耐院合作进行了 AL203-SiC-C 砖的研制；“八五”期间，与武汉科技大学合作进行了锆莫来石砂的研制；“十五”期间，与武汉科技大学、鞍山焦耐院合作进行了“干熄焦用关键耐火材料研发”项目的攻关，并被指定为国内干熄焦配套用耐材的唯一定点生产厂家。

公司奉行“顾客满意是我们永恒追求”的质量方针，于 2001 年通过 ISO9001:2000 质量体系认证，有完善的质量保证体系。公司致力于产品结构调整，以更好的满足用户需要，干熄焦用耐火材料、铝硅碳制品、超致密、低蠕变系列制品、轻质刚玉莫来石制品，在国际、国内市场均有较好的使用业绩，并占有较大的市场份额。公司产品广泛的应用于冶金、建材、化工、电子等行业，行销全国各地。公司有自营进出口权，产品出口日本、美国、韩国及欧洲等国家和地区。

地址：山东省淄博市博山区柳杭东路 2 号　　邮编：255200

办公室电话：0533-4183506　　传真：0533-4183506

销售电话：0533-4180164　4163079　　外经电话：0533-4163083

网址：http//www.lunaiyaoye.com.cn　　电子信箱：shannai@163169.net